A mon cher Doublet
Bien sympathique
Medecine
[illegible]
J. [illegible]

LE PARTI RÉPUBLICAIN

AU COUP D'ÉTAT

ET

SOUS LE SECOND EMPIRE

HISTOIRE POLITIQUE CONTEMPORAINE

LE PARTI RÉPUBLICAIN

AU COUP D'ÉTAT

ET

SOUS LE SECOND EMPIRE

D'APRÈS DES DOCUMENTS ET DES SOUVENIRS INÉDITS

PAR

I. TCHERNOFF

DOCTEUR EN DROIT

---*---

PARIS
A. PEDONE, Éditeur
LIBRAIRE DE LA COUR D'APPEL ET DE L'ORDRE DES AVOCATS
13, RUE SOUFFLOT, 13
—
1906

AVANT-PROPOS

Mes publications précédentes sur le *Parti républicain sous la monarchie de juillet* et sur les *Associations et les sociétés secrètes sous la deuxième République* m'ont conduit à l'étude du *Parti républicain sous le second Empire*.

Des documents inédits tirés des *Archives nationales* et du *Ministère de la Justice*, des correspondances et des mémoires inédits, et surtout les entretiens avec les survivants, m'ont permis de compléter et de préciser, parfois de rectifier les notions courantes sur l'époque qui fait l'objet de ce volume (1).

(1) J'adresse mes remerciements les plus vifs aux personnes qui ont bien voulu me communiquer des correspondances inédites, des mémoires en manuscrit, et notamment, Madame Lévylier (*Correspondance de son père, Michel Goudchaux, avec Victor Schœlcher*); Mme Ernest Picard (*Correspondance d'Ernest Picard avec Ferrouillat, Hénon*); M. Joseph Reinach (*Correspondance de Jules Ferry et Clément Laurier avec Gambetta*); M. Charles Ferry (*Lettres de Jules Ferry à son frère*); Hérold (*Correspondance de Ferdinand Hérold avec Dréo, Jules Ferry, Garnier-Pagès, Jules Simon*); Henri Lefort (*Lettres avec Delescluze, Chaudey et surtout un très important dossier comprenant des lettres de Lelubez, Tolain, Fribourg, Karl Marx, Etienne Arago, J. Macé, relatives à l'Internationale et à la candidature ouvrière de 1864*); Ch. Seignobos (*l'Agenda de son père de 1851 à 1852*).

J'ai pu consulter en manuscrit les mémoires encore inédits de MM. Ferdinand Dreyfus; de Millet, fils d'un proscrit; de Michon, ancien membre de l'Internationale à Genève, et d'Alfred Naquet. M. Coulon, vice-président du Conseil d'Etat; M. L. Levraud, ancien député; M. Monin, dépositaire des papiers de Chassin, ont bien voulu mettre à ma disposition des imprimés et des documents qui sont introuvables dans les bibliothèques.

Grâce à l'obligeance de M. Pallain, gouverneur de la Banque de

On s'imagine généralement que la seconde République n'était qu'un accident, une crise à laquelle avait succédé un état plus stable, le second Empire. Cette affirmation se fonde sur le succès du coup d'Etat, sur l'insignifiance apparente de la résistance et la prétendue inaction du parti républicain au début de l'Empire.

Cette opinion est inexacte.

Nous verrons que jamais en France un changement de régime n'avait rencontré une résistance aussi énergique ; le second Empire, pour s'imposer au pays, eut recours à un ensemble de mesures dont l'arbitraire et la rigueur égalent les pires excès de l'ancien régime. Le coup d'Etat ne réussit que grâce à une surprise et ne se maintint qu'à la faveur d'une véritable terreur.

La résistance contre l'Empire ne cessa jamais ; elle dura avec plus ou moins de succès jusqu'à la fin, se manifestant soit par des conspirations et des attentats, soit par la presse et l'action parlementaire quand le régime, devenu plus

France, j'ai pu prendre connaissance de l'exemplaire de Prévost-Paradol, *la France Nouvelle*, annoté par Gambetta, qu'il possède dans sa bibliothèque.

Ma reconnaissance n'est pas moins grande envers les personnes qui m'ont confié leurs souvenirs. Ceux de M. Ranc, à l'inépuisable documentation duquel Blanqui aimait à faire appel en lui disant : « Ouvrez-vous, Bottin ! », ont été pour moi d'un intérêt particulier. La richesse et la précision des renseignements de M. Deroisin, ancien maire de Versailles, m'ont été également très utiles.

Je dois, en outre, des indications précises à MM. Avrial, Boisjolin, F. Buisson, Henri Brisson, Ad. Carnot, Casimir-Perier, Chauvière, Clemenceau, Georges Coulon, Croiset, Doniol, Dupleix (Genève), Henri Fazy (Genève), Charles Ferry, A. Hébrard, Henri Lefort, N. Leven, Levraud, Ch. Lyon-Caen, Pallain, Roger Prestat, Protot, Georges Renard, Taule, Wyrouboff ; à Mme la marquise de Charnacé.

Pour le mouvement républicain en province, je dois des notes écrites à M. Marius Villard (Valence); M. Benjamin Abram (Aix et Marseille); M. E. Bouchet (Dunkerque) ; et des renseignements, à Barkhausen (Bordeaux) ; Paul Faure (Valence) ; Ed. Millaud (Lyon) ; Victor Leydet et Grimanelli (Aix et Marseille); Patrice (Lille).

libéral, rendit inutile l'emploi de moyens révolutionnaires.

Quand le ministre d'État de l'Empire demanda au garde des sceaux, dans une lettre du 5 octobre 1868, des documents relatifs au coup d'Etat, pour répondre par des chiffres officiels aux attaques des écrivains républicains qui apprenaient aux nouvelles générations les horreurs des commissions mixtes, il lui fut répondu, entre autres choses, que « la série politique appelée P qui enregistrait les agissements des républicains, commencée le 22 décembre 1850, avait été close le 1er janvier 1861 » par suite du calme revenu dans les rangs républicains (1).

Parmi ceux qui avaient continué leur résistance à l'Empire, on comptait non seulement les vieux républicains datant de la Restauration et de la Monarchie de Juillet, épargnés par la proscription ou de retour de l'exil, mais aussi et surtout la génération de 1848 qui, émerveillée par l'aurore des journées de Février, n'avait pas renoncé à ses espérances, et conserva le culte et le souvenir de la République confisquée pour les transmettre aux générations appelées à la vie politique en 1863 et 1867.

La propagande républicaine ne s'était pas ralentie un seul instant. Elle se faisait dans les familles où l'idée démocratique se transmettait directement, elle se faisait par les publications de Ténot, par le rentissement donné au procès Baudin. Ces différentes générations, divisées parfois entre elles, étaient unies dans leur culte pour la République et leur haine contre l'Empire.

Un préjugé assez répandu et qui dénature complètement la physionomie du coup d'Etat et par là même la signification sociale de la seconde République, admet une certaine interruption de la propagande républicaine parmi les ou-

(1). A. M. J. *Evénements politiques du 2 décembre 1851 jusqu'au 10 décembre 1851*.

vriers qu'on représente comme ayant subi le coup d'Etat sans résistance et comme ayant consenti à accepter la dictature, contre la promesse des réformes sociales. Ce préjugé contient une insinuation et repose sur une erreur de fait. Pour discréditer l'œuvre de réformes sociales, on s'est toujours plu à affirmer que les réformateurs de la société faisaient bon marché de la liberté et pactisaient avec la dictature.

Sans parler de la confusion qu'on fait ainsi entre l'extension des attributions de l'Etat et l'établissement du pouvoir personnel et irresponsable, il suffit d'étudier l'histoire des idées démocratiques, pour se rendre compte que les républicains ont toujours affirmé qu'il y avait un lien étroit entre la forme politique et les réformes sociales, et que la République, fondée sur le suffrage universel et libre, leur paraissait toujours l'instrument indispensable de la réformation sociale.

Quant à la participation des ouvriers au mouvement démocratique et à leur adhésion à la République, leur haine du régime bonapartiste, elles étaient si évidentes que les procureurs généraux de l'Empire le constataient eux-mêmes dans leurs rapports.

Qu'on jette un coup d'œil sur les tables de proscription des commissions mixtes, et on verra que les ouvriers y dominent. A la tête des mairies insurrectionnelles, dans les départements où la résistance est la plus énergique, se trouvent les ouvriers.

Ce sont les ouvriers qui sont décimés par les poursuites dirigées pendant tout le temps de l'Empire contre les prétendues sociétés secrètes. Ils peuplent les prisons et les bagnes d'Afrique, ils sillonnent les routes de l'exil, et l'injustice historique fait retomber sur eux la responsabilité du succès du coup d'Etat. Cette légende a été pour beaucoup dans l'indifférence que certains républicains ont professé pour les réformes sociales, tenant avant tout à la consolidation des libertés politiques, comme si l'on pouvait séparer les unes des autres. Pourtant, même sous l'Empire, où le spectre rouge était si souvent évoqué, des esprits éclairés avaient compris la nécessité de seconder les ouvriers dans leur tentative de s'organiser, et nous verrons la bourgeoisie républicaine, — et c'est là encore un fait capital qu'il s'agit de faire ressortir, — encourager le mouvement syndical dans ses débuts et coopérer à la fondation de l'*Internationale* qui n'était nullement, dans la pensée de ses auteurs, une arme de combat, mais un instrument de solidarité, et aussi une preuve que les masses ouvrières ayant pris conscience de leurs intérêts et, s'étant rendu compte que l'action révolutionnaire d'un jour ne suffirait pas pour les résoudre, créaient une organisation leur permettant de tenter la solution des problèmes de la vie sociale par un effort lent et réfléchi.

Ainsi, même sous l'Empire, en pleine bataille, le parti républicain continuait à s'organiser, à compléter son programme, et nous saurons quels nouveaux éléments entrèrent dans la formation de son idéal. Dans le tumulte de passions, tout ce travail organique ne fut pas aperçu. Seule, la lutte retint l'attention.

En outre, les événements trop proches de nous s'obscurcissent souvent par les questions de personnes. Ainsi, pendant longtemps, Gambetta, Blanqui furent méconnus, et avec eux leur œuvre. Un certain recul a suffi pour rendre justice à leur mémoire. Il est temps de rendre justice à une période qui, malgré sa fin tragique, ne fut pas sans avoir profondément influé sur la génération actuelle.

Pour étudier cette période, il ne suffit pas de s'arrêter à une formule unique, à une seule personnalité. L'action républicaine sous l'Empire ne se confond pas avec les événements qui suivent le 4 septembre, et de même que Rigault ne représente pas la Commune, Napoléon III et les commissions mixtes ne résument pas la politique conservatrice de l'époque.

Le programme du parti étudié à côté de son action, les faits et les idées examinés ensemble, donnent seuls une notion précise de la vie politique. On a répété à satiété que le positivisme appliqué à la politique conduisait à l'absorption de l'individu, et c'étaient pourtant Gambetta et Jules Ferry qui étaient les représentants les plus autorisés de la politique positiviste qui fit son apparition dès la fin du second Empire. Ont-ils sacrifié l'individu à la collectivité ? Au cours des réunions politiques, les critiques les plus violentes furent dirigées contre la société dont on demandait la liquidation; mais toutes ces critiques aboutissaient à un simple projet, à l'abolition de l'article 291 du code pénal qui gênait la liberté d'association. Cabet dans son *Voyage en Icarie* traçait l'idéal d'une cité communiste régie par un dictateur, et les icariens étaient pourtant les communistes les plus pacifiques. Entre la formule philosophique qui traduit l'aspiration de l'homme à la recherche de l'absolu et son application juridique, la distance est très grande.

On a pourtant souvent essayé de compromettre un mouvement, en confondant le but qu'il poursuit avec les moyens qu'il ne fait que pressentir. C'est ainsi que la *Commune* fut mal comprise et que les otages furent mis sur le compte du programme social qui n'a jamais existé des membres du Comité central.

Une étude portant à la fois sur les faits et sur les doctrines et l'expression juridique qu'elles avaient reçue est indispensable pour se rendre compte de la vie politique si complexe de 1851 à 1870.

ABRÉVIATIONS

A. N. ibid. — Archives nationales Flc III.
A. M. J. P. C. A. — Archives du Ministère de la Justice: Rapport du procureur général de la Cour d'appel.

RECTIFICATIONS

P. 217. Ligne 17, lire : Gustave Jourdan *au lieu de* Frantz Jourdan.

Page 324, à propos de l'action des loges maçonniques à Marseille, les renseignements suivants nous ont été fournis par M. Favre, député de la Haute-Savoie.

Crémieux était le vénérable de la loge « La réunion des Amis choisis » ; Gambetta a été initié par la loge « La parfaite Sincérité », sans bandeau.

CHAPITRE I

L'état politique de la France à la veille du coup d'Etat (1).

I. La tranquillité du pays à la veille du coup d'Etat d'après les rapports des procureurs généraux.
II. Le succès de la propagande républicaine.
III. L'élaboration progressive de la théorie légale du coup d'Etat, et la destruction de toutes les organisations républicaines.

I

Pour bien établir la psychologie intime du coup d'Etat, il faut examiner de près les conditions dans lesquelles il se produisit.

Voici quelle est sur ce point la légende officielle. Le coup d'Etat devait son succès à l'état d'esprit de l'opinion publique, qui était lassée de l'agitation constante des partis et effrayée de la menace d'une action révolutionnaire projetée par les républicains.

Cette opinion est fausse. Rarement l'ensemble du pays avait été aussi calme qu'à la veille du coup d'Etat. Le parti républicain, à l'approche des élections de 1852, avait renoncé

---

(1) Les documents utilisés dans ce chapitre sont surtout les rapports inédits des procureurs généraux tirés des archives du Ministère de la justice.

à la tactique révolutionnaire et bornait son action à une propagande active dans les villes et les campagnes. Le gros du parti conservateur, tout en craignant le succès de la propagande des idées démocratiques, ne demandait que le maintien de la loi du 31 mai 1850 et la réconciliation des deux grands pouvoirs : l'Assemblée législative et le Président. Le coup d'Etat était contraire aux vœux de la presque totalité du pays.

L'agitation s'expliquait principalement par les efforts de l'administration pour entretenir l'épouvante du spectre rouge. On recueillait et colportait les moindres bruits de nature à inspirer des craintes pour le maintien du régime établi. Le calme dans le pays était pourtant si grand que les procureurs généraux, dans leurs rapports, malgré tout leur zèle, ne pouvaient que constater l'état de tranquillité que, seules, venaient troubler les initiatives, en apparence inexplicables, du Président, tantôt proposant la modification de la loi électorale, tantôt entrant en conflit avec les représentants du pays. Quant aux républicains, on leur reprochait, quoique la chose paraisse singulière, l'abstention de toute action révolutionnaire pouvant les compromettre et leur effort pour s'organiser en un parti régulièrement constitué, avec un programme et des moyens d'action déterminés.

C'est dans les rapports adressés par les procureurs généraux sur la situation morale et politique de leur ressort, dans les témoignages de source officielle, qu'on trouvera la preuve des sentiments du pays à la veille du coup d'Etat. On n'a qu'à lire entre les lignes pour deviner la vérité (1).

Que nous disent-ils ?

Prenons, par exemple, les rapports du procureur général

---

(1) Nous citons les rapports mensuels des procureurs généraux qui se trouvent aux *Archives du Ministère de la justice*, in extenso, ou d'après les extraits qui en furent faits par l'administration elle-même.

de Riom pour l'année 1851. Les départements de son ressort allaient être fortement éprouvés par le coup d'Etat et les commissions mixtes.

Voici ce que nous y lisons en mai 1851 (1):

« La situation politique, morale et religieuse de mon ressort est toujours bonne en apparence. Le calme et la tranquillité continuent à régner malgré la propagande incessante des ennemis de l'ordre. On comprend, à leur manière d'être, que pour eux le moment d'agir n'est pas encore venu. En attendant l'époque qui doit, disent-ils, assurer leur triomphe, ils se comptent, s'organisent, entretiennent l'agitation par de fausses nouvelles ou par des propos menaçants, et ne laissent échapper aucune occasion de calomnier le gouvernement. Agissant avec plus d'habileté et de prudence qu'ils ne l'avaient fait jusqu'ici, ils ont le soin, tout en se montrant hostiles aux actes du pouvoir, de ne pas dépasser les limites au-delà desquelles la répression devrait se produire.

« Aussi, M. le Ministre, les délits *ayant un caractère politique deviennent-ils de jour en jour plus rares, mais il faut l'attribuer, et je le dis à regret, plutôt à l'organisation et à la discipline du parti démagogique qu'à une amélioration dans l'esprit des populations.*

« Les faits..... démontrent d'une manière certaine que le système du parti socialiste tout entier consiste à savoir attendre, prêt d'ailleurs à agir au premier signal. »

Voici maintenant les manifestations que ce magistrat trouve inquiétantes :

« Dans le Puy-de-Dôme, à Issoire, sous le prétexte de venir au secours de quelques amis politiques malades, les chefs de la démagogie ont organisé des espèces de revues,

(1) A. M. J. 48 P.; P. C. A. Riom, 13 mai 1851.

socialistes, qui se sont propagées dans l'arrondissement. Depuis quelque temps, à diverses reprises et ordinairement le dimanche matin, cent et même cent cinquante cultivateurs se réunissaient et allaient travailler les champs de quelqu'un de leurs coreligionnaires politiques. Ils revenaient ensuite en corps dans la ville qu'ils parcouraient aux cris de : Vive la République !

« Ce fait, qui annonce que les auteurs obéissaient à un ordre donné, avait jeté l'inquiétude dans la population et éveillé mon attention. J'ai donné des ordres à mon substitut pour qu'il eût à faire cesser au plus tôt ces manifestations.

« Dans l'arrondissement de Brioude (Haute-Loire), des propos, émanés des plus ardents socialistes, semblaient, avant le 4 mai, faire croire à une prise d'armes prochaine :

« A la Voûte, un nommé Rachel, démagogue exalté, disait, après une longue conversation avec l'agent d'affaires d'un des représentants de la Haute-Loire : « On ne tardera pas à voir la guerre civile, elle éclatera avant deux mois, cela ne peut tarder ; dans six semaines ou deux mois, la France sera au pillage. »

« A Z..., un autre socialiste, s'entretenant avec quatre ou cinq de ses amis politiques, leur disait en leur serrant la main : « Ça se mitonne, ça va bientôt chauffer. »

« Dans la même localité, un aubergiste, bien connu pour son exaltation, disait : « Vos registres ne sont pas bien tenus ; il faut du sang pour les effacer et cela ne tardera guère. »

« Sans ajouter, M. le Ministre, plus d'importance qu'il ne convient à ces propos, on ne peut cependant méconnaître qu'ils ont pour résultat de ranimer de coupables espérances et d'inquiéter la population. »

Voilà à quoi aboutit tout l'effort de l'imagination du procureur général.

Mais continuons ; nous sommes maintenant au mois de septembre (1) :

« Un calme satisfaisant règne dans les départements compris dans mon ressort. Les travaux de la campagne occupent les cultivateurs, et soit par le fait de cette circonstance spéciale, soit parce que les agents actifs de la propagande anarchique ont reçu l'injonction d'ajourner leurs efforts à une époque prochaine, je n'ai à signaler aucune tentative coupable d'excitation au désordre.

« En résumé, M. le Garde des Sceaux, la situation politique de mon ressort paraît assez satisfaisante ; le calme matériel existe ; le vœu généralement exprimé, c'est que le pouvoir puisse enfin puiser, dans de nouvelles conditions de stabilité et dans l'union de tous les honnêtes gens, la force nécessaire pour parer à toutes les éventualités d'un avenir prochain ».

Nous sommes enfin à la veille du coup d'Etat. Ecoutons encore le même magistrat.

« Telle est, M. le Ministre, la situation actuelle de mon ressort. Si, comme je n'en doute pas, le message de M. le Président de la République contient des assurances nouvelles de la continuation de cette politique d'ordre et de conservation qui a jusqu'ici préservé la France de la guerre civile et de l'anarchie ; si l'Assemblée nationale de son côté comprend que l'union des deux grands pouvoirs de l'Etat est aujourd'hui la seule voie de salut pour tous, le pays se rassurera complètement et le parti de l'ordre pourra marcher résolument et avec confiance vers la crise de 1852. »

Peut-on mieux dire, malgré le désir évident du magistrat d'entrer dans les vues du gouvernement et de prétendre que

---

(1). A. M. J. 48 P., P. C. A. Riom, 4 septembre 1851.

le pays est troublé ; peut-on affirmer d'une façon plus complète le calme d'un département qui était particulièrement tranquille à la veille du coup d'Etat ?

Voici maintenant le rapport du procureur général de la Cour d'appel de Toulouse. Il est plus alarmant, mais ce ne sont pas les actes des républicains qui inquiètent la police (1).

« L'ordre le plus parfait n'a cessé de régner sur tous les points de mon ressort durant le mois d'octobre. Les graves événements qui se sont accomplis dans les hautes régions de la politique n'ont causé aucune agitation dans les masses et sont passés comme inaperçus pour les populations rurales, exclusivement occupées des travaux agricoles. Mais au sein des classes éclairées, fortement attachées à la politique sage et réparatrice pratiquée depuis trois ans par M. le Président de la République, l'émotion a été vive, et l'on a paru redouter un moment que la résolution d'abroger la loi du 31 mai n'amenât l'inauguration d'un autre système de gouvernement. La composition du nouveau cabinet et les fermes assurances du message ont atténué ces craintes. L'anxiété des esprits maintenant se porte principalement sur la question grave soumise aux délibérations de l'Assemblée par le projet d'abrogation de la loi du 31 mai, dans laquelle on s'était accoutumé généralement à voir une barrière contre la démagogie. Le danger d'un conflit entre les deux grands pouvoirs de l'Etat, unis jusqu'à ce jour par une courageuse solidarité, et dont l'accord est la force et la sécurité du pays, fait vivement désirer à tous les hommes sages qu'une transaction prudente prévienne une regrettable et périlleuse mésintelligence...... »

C'est la même constatation qui se dégage de tous les rap-

---

(1) A. M. J. 48 P., P. C. A. Toulouse, 15 novembre 1851.

ports. Les procureurs généraux de Bordeaux, de Rennes, d'Orléans, de Douai tiennent le même langage (1).

La tactique qui consistait à ne pas se livrer à des agitations révolutionnaires stériles était adoptée par tout le parti républicain. Le procureur général de la Cour d'appel de Lyon le constatait une fois de plus dans son rapport du 5 juin 1850. Son langage est très caractéristique, car il est difficile d'arriver à un plus haut degré d'inconscience ou de parti pris.

« La lettre de Doutre, écrit-il, qui est sans signature, me donne lieu de remarquer que la tactique à laquelle s'est arrêté le parti subversif de l'ordre est de « faire aujourd'hui la guerre par la paix » comme le dit le représentant Doutre ; de préserver des impatiences, éviter une insurrection qui aurait trop de chance de défaite, ou de compromettre par des tentatives inopportunes la cause des républicains liée à celle de la démocratie : telle est la ligne que, pour le présent, les anarchistes voudraient suivre. » Et le magistrat croit utile d'ajouter que peut-être « c'est à ce mot d'ordre transmis de même par les autres correspondants de Paris et propagé.... dans tous les rangs du parti qu'il faut attribuer le calme parfait en apparence dont ici nous jouissons (2) ».

Et telle n'était pas seulement l'attitude de la cité démocratique et ouvrière de Lyon : les ardents départements du Midi n'étaient pas moins tranquilles. Ils avaient toutes leurs organisations démocratiques brisées. Dans son rapport mensuel de février 1850, le procureur de la Cour d'appel de Nîmes écrivait déjà : « Le suffrage universel s'améliore sensiblement..... A l'agitation qui s'était répandue quelques jours avant le 24 février a succédé le calme le plus satisfaisant. Les projets de banquets ont été presque partout abandonnés

(1) V. annexe I, des extraits de leurs rapports.
(2) A. M. J., 8167.

dès que les arrêtés préfectoraux qui les interdisaient ont été connus. » (1)

En somme, le danger que l'administration feignait de redouter, que les rapports des procureurs et la presse officielle s'appliquaient à exagérer, était chimérique. Le pays était tranquille, on cherchait à l'inquiéter, à l'énerver pour le préparer à un nouveau régime. On sentait que, avec le cours normal des choses, le parti républicain gagnait du terrain. On prévoyait, à tort ou à raison, un déplacement de majorité aux élections de 1852 et c'était pour empêcher un résultat favorable aux républicains, en vertu d'un vote libre mais incertain des électeurs, que l'administration de Louis Bonaparte avait entrepris d'exploiter la peur et le spectre rouge. N'y ayant pas réussi, malgré les lois restrictives édictées, on arriva à l'idée du coup d'Etat qui était une violation de la volonté présumée du corps électoral.

II

La propagande républicaine que les mesures du 2 décembre devaient arrêter se poursuit avec une grande activité, avec une efficacité incontestable, rencontrant des adhésions et des sympathies dans tous les rangs de la société. C'est partout le même cri d'alarme. « Les républicains recrutent des partisans dans les campagnes et parmi les ouvriers des villes par l'action des journaux démagogiques », écrit le procureur de la Cour d'appel d'Aix dans son rapport de novembre 1849. « A Marseille, ajoute-t-il, on a beau fermer les clubs, ils se transforment en cercles. Quant aux petites villes et aux

(1) A. M. J., Extrait des rapports sur la situation morale et politique, sans cote.

campagnes, les chambrées se tiennent dans des maisons privées et échappent à la surveillance. La propagande y fait rage et l'administration est impuissante à l'arrêter », termine avec tristesse le magistrat (1).

De son côté, le procureur de la Cour d'appel de Besançon dénonce la propagande des partis anarchistes. Il signale, dans l'arrondissement de Gray (Haute-Saône), la diffusion d'un très grand nombre d'almanachs, de 45 à 50 centimes, vendus par les anciens membres de la Solidarité. Il dénonce particulièrement Genève, qui continue à inonder les pays voisins de publications socialistes (2).

Le procureur de la Cour d'appel de Bordeaux est encore plus mécontent. « Dans la Dordogne, écrit-il, le parti ultra-démocratique a fait d'immenses progrès dans les villes et dans les campagnes. » (3)

Le procureur de la Cour d'appel de Bourges dénonce de son côté les catéchismes, les almanachs, les « mauvais livres de tous genres, qui empoisonnent les ateliers et les campagnes ». Quand même on interdirait le colportage de ces publications pernicieuses, le magistrat redoute toujours les effets de la propagande orale qui s'exerce dans des chambrées et surtout au cabaret (4). C'est aussi l'opinion du procureur général de Bordeaux qui, dans son rapport de février 1850, tout en constatant les heureux effets de la loi sur le colportage, dont l'effet a été d'arrêter complètement la circulation des écrits socialistes, fait remarquer qu'elle n'a pas pourtant brisé l'élan de la propagande démocratique, « car elle se fait de cabaret à

---

(1) A. M. J., Extrait du rapport sur la situation morale et politique du 2 novembre 1849.
(2) A. M. J., Extrait du rapport mensuel de février 1849.
(3) A. M. J., Extrait du rapport de février 1849.
(4) Extrait du rapport du P. C. A. de Bourges de février 1849.

cabaret et même de maison à maison ».(1). Il n'y a qu'un moyen de réduire à l'impuissance les républicains, c'est de fermer les cabarets; de surveiller les moindres démarches, d'interdire les chambrées, de pénétrer dans les domiciles privés, d'arrêter toutes les manifestations de la pensée humaine.

La théorie légale du coup d'Etat s'élabore.

On ne songe pas, pour le moment, aux commissions mixtes, car on suit encore l'inspiration de la magistrature orléaniste qui admet bien les lois d'exception mais qui n'en demande pas moins une loi ; mais la propagande républicaine continue son œuvre. Les sous-officiers républicains dans les régiments sont nombreux. On dénonce des régiments entiers, le 29e de ligne par exemple, comme travaillés par les démocrates (2). Ce qui est plus grave — et la propagande républicaine n'y est pour rien — c'est qu'il y a dans l'armée des éléments dont la sympathie pour les républicains s'étale au grand jour. Un rapport de la Cour d'appel de Montpellier du 23 mai 1851 ne laisse aucun doute sur ce sujet. Il s'agissait, dans l'espèce, d'une collision entre deux régiments de la garnison de Montpellier, du 1er régiment du génie et du 35e de ligne (3). « Depuis très longtemps, nous explique le magistrat, un très malveillant esprit de rivalité anime les deux régiments..., ils professent des opinions opposées. Le 35e est dévoué au principe conservateur de l'ordre social : ses officiers sont tous d'excellents citoyens... Le 1er régiment du génie, comme tous ceux qui appartiennent aux armes spéciales, et qui sont commandés par des officiers sortant de l'école polytechnique, est en immense majorité voué aux idées socialistes, et, dans une occasion un peu grave, il serait bien moins un secours qu'un très grand

(1) A. M. J., Extrait du rapport de février 1850.
(2) A. M. J., Rapport du Procureur général de Lyon du 5 juin 1850.
(3) A. M. J., 89 P.

embarras. » Et le procureur général conclut en conseillant d'envoyer en Afrique une portion considérable du 1ᵉʳ génie.

La présence des éléments républicains dans l'armée était certaine. Mais la propagande républicaine, il faut le dire tout de suite, y était infiniment moins puissante que celles des orléanistes et des bonapartistes. Ce n'est pas de ce côté-là que le gouvernement de Louis Bonaparte pouvait craindre une surprise.

L'action des républicains dans les campagnes et dans les villes était beaucoup plus grave par ses conséquences. Elle l'était d'autant plus que, malgré tous les efforts et les provocations de l'administration, le rapprochement entre les ouvriers et les bourgeois s'accentuait. C'est pour cette raison que les élections de Paris en 1850 firent une énorme impression sur l'Assemblée législative. Les documents que l'administration possédait lui signalaient le même rapprochement dans d'autres centres ouvriers. Les rapports du procureur général de la Cour d'appel de Lyon étaient très affirmatifs et caractéristiques sur ce point. « Il y a, écrivait le magistrat à ce propos, à Saint-Etienne, une impulsion de travaux industriels. La rubannerie est dans l'état le plus prospère..... L'extraction houillère est florissante...... Mais cette situation satisfaisante n'influe pas sur les dispositions politiques de la population ouvrière. Républicanisme rigide...... adopté, au lieu des utopies du socialisme...... Cette tactique leur rallie ceux qui, par intérêt ou par caractère, sont trop portés à faire de l'opposition. » (1)

Contre le succès de la propagande républicaine, on songea à lutter d'abord par de nouvelles lois restrictives ; on eut recours ensuite au coup d'Etat.

(1) Extrait du rapport P. C. A. Lyon, février 1850, A. M. J.

Le programme des lois restrictives édictées depuis 1849 à 1851 se trouve dans les vœux exprimés par les procureurs généraux. L'un d'eux demande la création dans chaque ville d'un commissaire de police général ; un autre désire que le cautionnement des journaux soit élevé ; un troisième émet le vœu que les maires soient élus par les autorités supérieures. On sait que le projet présenté dans ce sens par le Gouvernement fut rejeté par la coalition des républicains et des légitimistes (1).

Le procureur de la Cour d'appel d'Agen formule un programme qui est un véritable manifeste du régime à la fois autocratique et démocratique de l'empire. Il désire d'une part que des mesures promptes soient prises en faveur des classes ouvrières, et que, d'autre part, on étende à toute la France le système de l'envoi de missionnaires catholiques qui avait produit de si bons résultats dans son ressort. C'est la réforme sociale par voie d'autorité, l'Eglise s'attribuant l'âme et l'Etat revendiquant le corps (2).

Enfin, le procureur général de Bordeaux nous donne franchement la théorie du coup d'Etat. Le conseil qu'il suggère au Gouvernement, dont il a su deviner l'arrière-pensée, tient dans la proposition suivante : « A une société fortement constituée et bien assise, toutes libertés sont bonnes, mais pour un corps malade comme est la société française, les conditions d'un autre temps peuvent entraîner danger de mort..... Il n'y a quant à présent de salut que dans la concentration des pouvoirs et l'extension de ses moyens d'action. » (3)

(1) A. M. J., **Extrait des rapports de février 1850**, P. C. A. Colmar, P. C. A. Lyon, P. C. A. Nancy.
(2) A. M. J., Extrait du rapport du P. C. A. d'Agen, de novembre 1849.
(3) A. M. J., Extrait du rapport de février 1850.

Le moyen d'étendre l'action du pouvoir central était très simple, c'était de paralyser la liberté des particuliers. Ainsi furent votées les lois sur la presse, sur le colportage, sur les attroupements, sur l'état de siège ; ainsi fut suspendue la liberté de réunion, brisée et anéantie la liberté des associations.

III

L'attitude de l'administration vis-à-vis des sociétés républicaines fait ressortir avec une force particulière les moyens mis en avant pour discréditer l'action des républicains en vue de rendre impossible toute résistance organisée au coup d'Etat. Sur ce point, l'histoire est à refaire ; c'est un procès à réviser. Ce que l'idée républicaine avait en elle de généreux, de fécond, de rassurant pour l'avenir, tout cela apparaissait dans l'incomparable développement du mouvement sociétaire de 1848 à 1852. C'est à l'association que les républicains avaient fait appel pour organiser le régime démocratique, consolider les conquêtes résultant des journées de février, introduire plus d'équité dans les rapports sociaux et résister à toute usurpation de la République.

Mais ces associations composées de républicains étaient particulièrement dangereuses pour Louis Bonaparte ; car, d'une part, elles offraient des cadres prêts pour la résistance, et d'autre part, par leur vertu propre, elles habituaient les individus à réfléchir, à user de leur initiative pour tenter de résoudre par leurs propres efforts les problèmes de la vie politique et sociale. Mais ces hommes libres organisant leurs destinées par le groupement de leurs efforts, c'étaient autant d'ennemis du régime qui devait aboutir au coup d'Etat et qui n'était qu'un pouvoir central formidablement renforcé en face de l'individu asservi. Le coup d'Etat ne pouvait réussir que si l'on arrivait préalablement à anéantir et à discréditer toutes les associations républicaines.

On y travailla avec zèle et esprit de suite. L'état d'une fraction de l'opinion publique et le décret du 28 juillet 1848 aidèrent puissamment l'administration de Louis Bonaparte. Une partie de l'opinion publique éprouva une certaine crainte devant l'inconnu que lui réservait la Révolution accomplie. On sentait bien, avec l'avènement au pouvoir des classes populaires après l'établissement du suffrage universel, que des passions jusqu'alors inconnues grondaient dans l'air, que de nouvelles aspirations se faisaient sentir. Mais on ne devinait pas le jaillissement naturel et spontané du mouvement social. On attribuait l'agitation, dont les origines lointaines échappaient à l'observation superficielle, à la propagande active des sociétés secrètes (1). C'était la peur qui s'emparait des esprits timides en face de l'inconnu dont ils n'osaient pas aborder franchement la solution.

Avec cette disposition de l'opinion publique, on comprend l'inspiration qui avait dicté le décret du 28 juillet 1848 et l'application qui en avait été faite par l'administration. Ce décret, contrairement à son titre, réformait dans un sens restrictif la législation en vigueur sur les sociétés. Il était conforme en cela à la tendance antérieure du législateur français qui, au fur et à mesure qu'il reculait les limites du corps électoral, s'empressait en revanche de resserrer de plus en plus la liberté d'association. L'abaissement du cens électoral en 1830 eut pour contre-coup la loi de 1834 qui renforçait les dispositions du code pénal. L'établissement du suffrage universel entraîna l'acte du 28 juillet 1848 qui surenchérissait sur les rigueurs de la loi de 1834.

(1) V. Tchernoff, *Associations et sociétés secrètes sous la deuxième République*, 1905, p. 26, un rapport du procureur de la République de Caen nous peint très bien cet état d'esprit.

Pour empêcher, suivant la terminologie de J.-J. Rousseau, la volonté générale d'errer, on avait pris le parti d'interdire les réunions privées. Jusqu'en 1848, les réunions de moins de vingt personnes, même ayant pour objet des matières publiques, pouvaient se former sans autorisation ; le décret de juillet leur enleva cette faculté. Toutes les réunions politiques non publiques, sans exception, étaient soumises à l'autorisation. Seuls les clubs, réunions politiques et publiques, en étaient exempts. Mais il ne fallait pas se fier au sens, en apparence libéral, du texte. L'ouverture des clubs était soumise à d'innombrables restrictions. L'article 3 du décret contenait par exemple ceci : « Les clubs seront publics et ne pourront dans aucun cas restreindre la publicité par aucuns moyens directs ou indirects, ni se constituer en comité secret. Pour assurer cette publicité, le quart au moins des places sera réservé aux citoyens étrangers aux clubs. Les femmes et les mineurs ne pourront être membres d'un club ni y assister. Les séances des clubs ne pourront se prolonger au delà de l'heure fixée par l'autorité pour la fermeture des lieux publics. » Toutes ces dispositions étaient pleines de pièges. Elles étaient, par exemple, immanquablement violées si les démocrates s'avisaient de percevoir à l'entrée d'une réunion la modique somme de 10 centimes pour couvrir les frais du local, parce que cette mesure était de nature à restreindre la publicité des séances du club.

Tout cela n'était rien auprès de l'article 6 qui défendait aux clubs de discuter des propositions contraires à l'ordre public. L'ordre public signifiait, aux yeux du législateur, l'ordre social et notamment la famille et la propriété. Il était violé par la simple lecture d'une page de l'« Organisation du travail » de Louis Blanc ou de quelque extrait de l'œuvre de Fourier. Qu'on ajoute à cela l'interprétation extensive du terme « club »

— des réunions publiques tenues dans des lieux différents par le même orateur ayant été assimilées à un club ambulant (1),
— et l'on verra combien peu il resta de dispositions libérales du décret du 28 juillet 1848. En revanche, on y trouve un article qui, en interdisant les sociétés secrètes, frappait à mort toutes les organisations démocratiques et contenait en germe le coup d'Etat. En effet — et c'est un point d'une importance capitale — était considérée comme société secrète toute société, toute réunion qui n'était pas conforme au décret qui vient d'être rappelé. On s'était refusé de parti pris à la définir autrement (2).

Comme les dispositions relatives aux clubs furent suspendues en 1849 pour être ensuite abrogées, définitivement, il n'y eut plus aucune liberté pour les réunions politiques. Elles furent toutes exposées à être confondues avec les sociétés secrètes. Le gouvernement se trouvait déjà ainsi investi d'une arme bien puissante contre les groupements républicains. Elle ne lui suffisait pas. L'élasticité de la définition de la société secrète allait lui permettre de réduire à rien la liberté organisée par les lois des 8 mars, 5 et 15 juillet 1850, en faveur des sociétés de secours mutuels. Une circulaire ministérielle du 25 juillet 1850 contenait la menace suivante : « Celles de ces sociétés qui refuseraient d'obtempérer à l'arrêté qui les aura dissoutes devront être poursuivies et punies des peines édictées par l'article 13 du décret du 28 juillet 1848 contre les sociétés secrètes (3). »

Il suffisait qu'une société de secours fût soupçonnée de

---

(1) V. Emile Ollivier, le 19 janvier 1865, p. 57-58.

(2) V. ce que nous disons sur ce point dans notre ouvrage déjà cité, *Associations et sociétés secrètes de la deuxième République*, p. 18.

(3) Tchernoff, *Associations et sociétés secrètes sous la deuxième République*, 1905, p. 20.

s'occuper des affaires politiques pour être exposée à un arrêté de dissolution et à une condamnation comme société secrète. Or, en vertu d'une présomption générale, était société politique, aux yeux de l'administration, toute association composée de républicains. Un document officiel de cette époque nous le dit très franchement : « Il est permis de croire, y lisons-nous, que la plupart des sociétés philanthropiques formées depuis 1848 sous les noms de sociétés de secours mutuels, de sociétés fraternelles, de boutiques pour la vie à bon marché, ne sont que des sociétés politiques déguisées. L'opinion uniforme des membres qui les composent et qui appartiennent à la démagogie la plus avancée, laisse peu de doutes à cet égard » (1).

On se trouva alors en présence d'une situation contradictoire. Les idées coopératives comptaient surtout des partisans parmi les républicains grâce aux conversions faites dans leurs rangs par les doctrines saint-simonienne, fouriériste, icarienne. L'association leur apparaissait comme le moyen le plus sûr de concilier le capital, le travail et le talent, et de mettre fin aux luttes sociales. C'est sous leur impulsion que se formaient d'innombrables sociétés de secours, sociétés coopératives de production et même de consommation. Mais le développement du mouvement coopératif fut brisé net par l'administration de Louis Bonaparte, sous prétexte qu'organiser des associations, c'est exciter les citoyens à la haine et au mépris du gouvernement. Les républicains prêchaient la conciliation de tous les intérêts. La plupart des sociétés de secours comptaient dans leurs rangs des bourgeois et des ouvriers. Mais cela même les rendait suspectes. Composées de républicains, elles pouvaient offrir des cadres pour la propagande démocratique. On évoqua à leur égard et très

(1) Tchernoff, *op. cit.*, p. 33-34.

habilement le spectre de « sociétés secrètes » pour les discréditer et les faire disparaître. Cela n'était pas difficile. L'opinion publique, sans se rendre compte du vague de la terminologie légale, entendait le terme de société secrète dans le sens usuel du mot. La société secrète, sans distinction, était une société qui devait rêver le massacre et le pillage. On arriva ainsi à prononcer en bloc la dissolution des sociétés de secours dans certains départements. On détruisit la puissante société des mutualistes de Lyon (1).

Les républicains essayèrent de fonder des journaux avec des cotisations individuelles en constituant en même temps des fonds permettant de distribuer un certain nombre d'exemplaires gratuitement. C'étaient encore des sociétés secrètes. On essaya de constituer des associations permettant aux citoyens pauvres de s'acquitter de leurs fonctions de juré ; c'était commettre le délit de « société secrète ». Constituer un comité électoral, se réunir dans un cabaret, c'était encore s'exposer à la rigueur de la loi. Le délit élastique de « société secrète » paralysait jusqu'aux moindres mouvements des groupements républicains (2).

C'est en confondant habilement les sociétés à affiliation avec les sociétés secrètes parce qu'illégales, qu'on avait pu atteindre ce résultat. Mais les sociétés à affiliation et à formules méritaient-elles ce discrédit ? Leur présence avait-elle été véritablement menaçante ?

(1) Tchernoff, *op. cit.*, p. 34, 125 et suiv.
(2) A. M. J., Rapport du procureur de la Cour d'appel de Dijon du 3 septembre 1849, p. 427. Le procureur de la cour d'appel de Colmar, dans son rapport de février 1850 déjà cité, s'exprime dans les termes suivants sur les sociétés secrètes : « Elles procèdent au grand jour. Le comité directeur siège au bureau des journaux de l'opposition qui reçoit l'impulsion de Paris et la transmet à sa localité par un article quotidien et par la propagande orale de ses affidés dans les brasseries et dans les cafés. »

Remarquons tout de suite qu'il ne fallait pas comprendre parmi elles les loges maçonniques, qu'on considérait seulement comme des sociétés « ayant des secrets » mais non « secrètes » (1). C'étaient plutôt des groupements, particulièrement connus dans le midi de la France, pays de chambrées, répandus déjà avant la Révolution de 1848 et composés surtout avant cette date de légitimistes. Sous l'influence, probablement, des traditions maçonniques, on y avait l'habitude de procéder à des initiations qui, d'ailleurs, n'avaient rien de secret et étaient de notoriété publique. Au cours des enquêtes faites après le coup d'Etat, on ne put relever à leur charge que l'emploi de formules datant des anciens régimes. Il n'y eut pas, sauf dans les sociétés lyonnaises, la moindre allusion à une idée socialiste. C'étaient des sociétés de résistance pour lutter contre l'éventualité d'un coup d'Etat. Elles n'avaient aucun rapport avec les anciennes sociétés secrètes. Qu'on parcoure les décisions des commissions mixtes chargées surtout de poursuivre les membres des sociétés dites secrètes, et l'on constatera que l'immense majorité des prétendus affiliés n'avaient jamais fait partie d'un groupement politique quelconque. Le seul reproche que l'administration pouvait leur adresser, c'était de croire à l'imminence d'un coup d'Etat et de s'y préparer. Le gouvernement redoutait si peu l'emploi des formules d'initiation et les sociétés de cette catégorie, qu'il en provoquait la formation quand il croyait trouver en elles un appui « dans un jour de crise » comme s'exprimaient prophétiquement les rapports des procureurs généraux. Elles n'étaient d'ailleurs qu'une infime minorité, et c'est après le coup d'Etat qu'on essaya d'exagérer leur

(1) V. Tchernoff, op. cit., p. 16.

rôle, pour représenter la résistance comme l'effet de leurs agissements ténébreux. Nous verrons, un peu plus loin, comment les commissions mixtes s'y prirent pour démontrer l'existence d'une société secrète. Pour leur prêter une certaine importance, on alla jusqu'à dire que le département de l'Hérault comptait à lui seul 60.000 affiliés et que celui des Basses-Alpes constituait une immense société secrète.

En réalité, leur importance politique était minime.

On concevait le danger qu'aurait pu offrir une société comme celles des « Saisons » et des « Familles » fondées à Paris, avant 1848, quand la province acceptait docilement les ordres de la capitale. Même à cette époque, l'action de ces dernières était insuffisante pour amener un changement de gouvernement. Elles n'arrivèrent pas à s'implanter dans une cité ouvrière comme celle de Lyon ; à plus forte raison l'action de pareilles sociétés était-elle impuissante avec le suffrage universel qui appelait à la vie publique toutes les portions du territoire et décentralisait ainsi la vie politique. Il y eut, entre les sociétés blanquistes de la monarchie de juillet et les sociétés à affiliation qu'on rencontrait dans le Midi après les journées de février, des différences capitales. Les unes, répétons-le, n'existaient qu'à Paris et comprenaient un fort élément ouvrier. Elles avaient des tendances communistes, qui leur venaient du babouvisme. Elles visaient à la transformation sociale par le changement de la forme de gouvernement. Elles ne reculaient pas devant l'action révolutionnaire, et étaient disposées à en prendre l'initiative.

Les sociétés secrètes du Midi avaient un caractère bien différent ; elles étaient locales et décentralisées ; elles comprenaient presque exclusivement des bourgeois ; elles ne professaient pas du tout le communisme, auquel elles étaient même hostiles. Tout au plus le paysan du Midi voyait-il dans le triomphe de la République sociale la promesse de la diminution des impôts sur le vin et sur le sel, et peut-être le lointain espoir de recevoir bien moins souvent la visite de l'huissier chargé de requérir le paiement d'une vieille dette dont le gros propriétaire du voisinage percevait les intérêts depuis de longues années, et ce, au grand désespoir du cultivateur qui n'arrivait pas à réaliser son rêve le plus doux : arrondir sa propriété. Enfin et surtout, les sociétés, quand même elles admettaient l'emploi de formules d'initiation, n'étaient pas faites pour prendre l'initiative d'un mouvement ; elles étaient organisées pour la résistance. L'établissement du suffrage universel, même à Paris, eut pour conséquence de réduire à l'impuissance les anciens groupements blanquistes. Il est difficile de hiérarchiser et de distribuer en décuries et en centuries un corps électoral comprenant des milliers et des milliers d'individus. A plus forte raison disparurent-elles dans les départements. L'administration de Louis Bonaparte le savait fort bien, et, tout en feignant de mettre sur le compte des sociétés à affiliation les désordres provoqués par le coup d'Etat, elle déclara, par le décret du 8 décembre 1851, comme susceptibles d'être transportés les membres des sociétés secrètes dans le sens légal, mais non dans le sens usuel du mot. Une circulaire de Morny, que nous retrouverons tout à l'heure, ne laisse aucun doute sur ce point.

Toutes les sociétés républicaines sans distinction furent poursuivies et surveillées. On fit le dénombrement de leurs forces. Là où elles paraissaient pouvoir offrir quelque résistance, elles furent dissoutes, dénoncées d'avance par les magistrats (1).

(1) Tchernoff, *op. cit.*, Introduction.

Les rapports des procureurs de la Cour d'appel de Montpellier et de Nîmes sont très suggestifs sur ce point. Ils se placent toujours au point de vue du danger que les sociétés républicaines pourraient offrir « un jour de crise ».

Là où les poursuites journalières ne semblaient pas produire l'effet voulu, il y eut des poursuites contre les auteurs de prétendus complots auxquels on assimila, après le vote de la loi du 31 mai 1850, les pétitionnements organisés en vue de l'abrogation de cette loi. Ce qu'il y avait d'absurde dans ces insinuations de l'administration, les rapports de la police le montrent. Dans le document sur le mouvement démagogique antérieur au 2 décembre, daté du 1ᵉʳ décembre et dont quelques fragments furent publiés après le coup d'État pour justifier la dictature de Napoléon, et par conséquent entaché d'un parti pris évident, on trouve les passages suivants : « Sur tous les points l'attitude des socialistes annonce une prochaine insurrection. Le jour de l'insurrection est fixé tantôt au 20 ou 21 mai, tantôt au 24 du même mois. Des poudres et autres munitions, ainsi que des armes, sont découvertes sur un très grand nombre de points, mais le vote de la loi du 31 mai et l'attitude du gouvernement ont fait contremander le mouvement projeté et ont changé la guerre des rues en une guerre de pétitions. » Voilà un complot qui, ayant eu sa raison d'être avec le suffrage universel non mutilé, devint un modeste pétitionnement, précisément au moment où il aurait fallu compter plutôt sur l'action. Mais continuons la lecture du dit rapport : « Ces dispositions insurrectionnelles donnèrent lieu à plusieurs instructions criminelles, à Béziers, à Oran et dans le département de la Drôme. »

On comprend, étant donnée la mauvaise foi évidente de l'administration, pourquoi on fut obligé de faire renvoyer l'affaire du complot de Béziers, pour cause de suspicion, devant une autre Cour. Le complot de Valence était un véritable roman. Rien que la lecture des pièces officielles donne l'idée de l'extravagance des poursuites. Voici le point de départ de l'instruction. « Une lettre du Préfet du département de la Drôme, du 31 mai 1850, fit connaître au Ministre de l'Intérieur qu'il existait dans son département un vaste complot contre la société et le gouvernement. Le but des conspirateurs était de renverser ce qui existe ; leurs moyens, le refus de l'impôt et l'insurrection armée. Ils s'engageaient sous serment à marcher au premier signal : leur récompense devrait être l'abolition des impôts et le partage des biens des riches. » Voilà une accusation bien nette, mais lisons la conclusion : « Les procédures, qui *paraissent* se réduire à une inculpation d'affiliation à des sociétés secrètes, ont été dévolues à la juridiction militaire par suite de l'état de siège. » Voilà en quoi se résume le complot et le profit qu'en tire l'administration (1).

L'état de siège fut étendu à tous les départements dont l'attitude inspirait le moindre soupçon. Les républicains des départements du Midi et de la ville de Lyon furent décimés avant le coup d'Etat par les conseils de guerre et les autres mesures administratives. Cet ensemble de mesures aurait suffi pour désorganiser le mouvement le mieux concerté. Tout ce qu'il y avait de spontané, de fécond dans le mouvement républicain ne devait-il pas se briser contre la puissante centralisation léguée par le premier empire et qui enserrait de tous les côtés les groupements démocratiques ? L'administration éprouvait le besoin de consommer la défaite des républicains en les discréditant moralement. Ce n'étaient pas seulement des gens avides de sang et de massacre, mais c'était encore le parti de l'étranger, obéissant à un mot d'ordre

(1) Tchernoff, *op. cit.*, p. 347-351.

venu d'un comité central ayant son siège à l'intérieur. Le point de départ de ce nouveau chef d'accusation était un renseignement publié par un journal de Nantes l'*Etoile du Peuple* et qui contenait ce qui suit : « Les sociétés secrètes se réorganisent avec beaucoup d'activité ; leurs principaux meneurs, qui ont été récemment amnistiés, sont les agents de cette réorganisation. Les chefs des clubs, qui étaient établis dans chaque arrondissement de Paris, ont constitué dans chacun de ces arrondissements un centre dont les délégués forment le gouvernement révolutionnaire du socialisme. Ce gouvernement est en rapport permanent avec les réfugiés socialistes en Suisse et à Londres. »

Dans son rapport du 29 décembre 1849, le procureur général de Rennes s'empressa d'enregistrer ce précieux entrefilet auquel il ne resta pas peut-être étranger. On savait par les journaux démocrates de Paris, qui ne le dissimulaient pas, qu'il y avait à Londres une société des proscrits démocrates socialistes français, un comité démocrate socialiste des réfugiés allemands, une société démocratique hongroise, une section de la démocratie polonaise, un comité national italien. On avait vaguement entendu parler de la constitution d'un comité central européen composé de Ledru-Rollin, Mazzini, Darntz et Ruge, généraux sans soldats. Cela suffisait pour échafauder une accusation dirigée contre tout le parti républicain en France(1).

Est-il nécessaire de dire qu'après avoir brisé toutes les organisations collectives dans les départements ; après avoir inventé le complot du Midi dont le chef aurait été Gent, après avoir fait condamner la *Solidarité républicaine* formée sous l'inspiration de Delescluze, Paris fut étroitement sur-

(1) Tchernoff, *op. cit.*, p. 342-343.

veillé. La suspension du décret sur les clubs, la condamnation qui avait frappé la fédération des associations ouvrières se rattachant à la commission de Luxembourg, avaient enlevé aux ouvriers le moyen de se grouper et surtout d'ébaucher un plan d'organisation de concert avec les députés et les éléments bourgeois. On reprocha plus tard aux députés montagnards de ne pas avoir préparé la résistance au coup d'Etat. Mais la surveillance administrative la rendait très difficile. Les moindres actes des représentants furent épiés (1).

Pour entraver les rapports des représentants avec leurs électeurs, des procureurs zélés proposaient non seulement de soumettre au timbre, mais aussi au cautionnement les comptes-rendus des députés (2).

Le Comité de résistance que Greppo, Miot et Démosthène Ollivier essayèrent de fonder à Paris fut immédiatement découvert, poursuivi et dissous (3).

(1) V. A. M. J., un dossier intitulé : *Représentants en voyage*, sans cote.

(2) V. A. M. J., 68 P. à propos de Greppo. Dans le même dossier il y a une pièce émanant du procureur général de la cour de Lyon qui propose de poursuivre Greppo, et voici les chefs d'accusation qu'il relève contre lui : délit d'attaque contre le respect dû à la loi (article 3 de la loi du 27 juillet 1849), pour avoir dit que la loi du 31 mai 1850 porte une atteinte à la souveraineté nationale ; délit d'excitation à la haine et au mépris du gouvernement pour avoir insinué que l'administration se livre à un immense gaspillage du budget ; délit d'offense à l'Assemblée nationale pour avoir reproché à l'Assemblée d'avoir plus de pitié pour les chiens que pour les citoyens.

(3) Il y a aux archives du Ministère de la Justice un dossier qui porte le titre :

Etat nominatif des membres du Comité central de résistance, et correspondants du département du Var et autres lieux.

Voici les noms qu'il relève :

Comité central de résistance.

PARIS. — Michel de Bourges, représentant du peuple ; Laboulaye ;

Alors, que restait-il à faire pour assurer le succès définitif du coup d'État ? Obtenir le concours d'un personnel dévoué, s'entourer d'un groupe d'aventuriers prêts à exécuter n'importe quelle besogne en vue de recueillir plus tard les profits de la victoire. Cela n'offrait aucune difficulté pour un homme qui portait le nom de Napoléon, qui s'appuyait sur plusieurs

Cholat ; Faure, du Rhône ; Colfavru ; Miot ; Greppo ; Démosthène Ollivier, à Batignolles-Monceaux.

Membres secondaires.

Pierre Dupont, poète ; Collet, voyageur de commerce ; Mercéron, menuisier ; Latour, tailleur.

Comités.

Bonnard, peintre ; Briron ; Durand, musicien.
MARSEILLE. — Augeard, mécanicien ; Couturat, libraire ; Rique.
TOULON. — Laurent ; Fouque, chocolatier ; Peyssel, ferblantier fondeur ; Vazangool, marchand de faïences ; Fortoul, pharmacien ; Raynaud, teinturier ; Laget, cordonnier.
DRAGUIGNAN. — Achard, sellier ; Allemand, chapelier ; Laborde, tailleur ; Cartier, cordonnier ; Imbert, charron ; Alte, cafetier ; Sanglar, aubergiste.
DIGNE (BASSES-ALPES). — Soustre fils, propriétaire ; Cotte, avocat.

Sous-Comités.

LE MOURILLON. — Anglade, tailleur.
PONT DE LAS. — Roque ; Bouzin.
OLLIOULES. — Bonnet, cafetier.
VIDAUBON. — Truc, fils.
SAINT-LUC. — David, cordonnier ; Nicolas, chapelier ; Malnourri.
GARDE FREINET. — Marquetty.
SAINT-TROPEZ. — Martel, serrurier.
FRÉJUS. — Sigaloux, boulanger.
SALERNES. — Cotte fils, fabricant de faïences ; Basset, pharmacien.
CANNES. — Lamotte, conducteur des diligences ; Autran.
ANTIBES. — Pellepot, maître maçon.
CAGNES et VENCE. — Landolphe, ex-ouvrier de l'arsenal.
FOURETTE de VENCE. — Bresse ou Bressi, propriétaire.
GRASSE. — Fau, armurier.
FAYENCE. — Fabre, marchand de poterie ; Mazard, aubergiste.
BRIGNOLES. — Constant, ex sous-préfet.

Orsini, membre de la Constituante romaine ; Autorné, marchand de crépins ; Belgrand, cordonnier ; Pepoli, ex-officier de la Légion étrangère.

millions d'électeurs et qui détenait entre ses mains la direction d'une administration où la centralisation était poussée au plus haut degré. Cela fut vite fait.

Il n'entre pas dans le plan de notre travail de raconter l'histoire intime et anecdotique du coup d'État. Rappelons seulement l'expédition de Kabylie qui servit à l'élévation du général Leroy de Saint-Arnaud. Nommé six mois plus tard ministre de la guerre, ce dernier se fit entourer d'un certain nombre d'officiers supérieurs et de régiments qui, couverts de récompenses, lui promirent leur concours. Le 15 septembre 1851, un état fut fourni par le ministère de la guerre, donnant sur tous les officiers généraux, les colonels, les corps d'officiers et les régiments, des renseignements complets (1).

La même épuration se poursuivit, avec non moins de facilité dans toutes les administrations. Les concours de Morny et de Persigny furent vite acquis. D'autres s'offraient à prix d'argent. Mais, c'était l'armée qui devait être le principal instrument de l'exécution du coup d'État. Le général Leroy de Saint-Arnaud lui traçait ses devoirs dans l'ordre du jour qui contenait les lignes suivantes : « Esprit de corps, culte du drapeau, solidarité de gloire, que ces nobles traditions nous inspirent et nous soutiennent. Portons si haut l'honneur militaire qu'au milieu des éléments de dissolution qui fermentent autour de nous il apparaisse comme moyen de salut à la société moderne. »

Une circulaire adressée aux généraux complétait cet ordre du jour. Elle recommandait l'obéissance passive. « La responsabilité ne se partage pas, proclamait-elle ; elle s'arrête au chef de qui l'ordre émane ; elle couvre à tous les degrés l'obéissance et l'exécution. » C'était net. La légitimité de l'acte qui allait s'accomplir ne pouvait être contrôlée que par les chefs qui le

(1) V. Jules Richard, *Comment on a restauré l'Empire*, 1884, p. 204-205.

commanderaient. Mais quels chefs ? Est-ce ceux qui parlaient au nom de l'Assemblée législative ? Non, le ministre de la guerre faisait effacer sur les murs des casernes le décret du 11 mai 1849 conférant à l'Assemblée législative le droit de requérir les troupes nécessaires à la sûreté. Ainsi le principe d'autorité allait trouver son appui dans l'obéissance passive de l'armée érigée en gardienne de la société contre les principes subversifs.

Résumons maintenant les causes qui devaient assurer le succès du coup d'Etat.

D'une part, toute une législation, restrictive absolument conforme à l'esprit de la législation antérieure et appliquée par une magistrature pénétrée des pratiques du régime censitaire ; d'autre part, la crainte habilement exploitée du spectre rouge. « Celle-ci eut deux sources : d'abord l'inquiétude qui s'empara de certains esprits en face de changements dont on ne devinait pas l'étendue, ensuite l'absence de tout esprit d'initiative individuelle dans la grande masse des conservateurs qui, au lieu d'avoir recours à leurs propres efforts pour contrebalancer ceux de leurs adversaires politiques, préféraient se décharger sur le pouvoir du soin de les défendre. Ensuite, la crainte du spectre rouge fut alimentée par la confusion que la loi et l'administration avaient établie entre les sociétés secrètes légales et les sociétés secrètes à affiliation. Tous les groupements républicains furent discrédités et désorganisés.

Grâce à cette désorganisation et à la loi du 31 mai 1850, l'ensemble du pays fut replongé dans un calme qui favorisa également la réussite du coup d'Etat.

Les mesures du 2 décembre durent en outre leur succès à l'excessive centralisation administrative qui permettait au chef du pouvoir exécutif de commander à toutes les portions du territoire et de garder dans ses mains le commandement suprême de l'armée.

CHAPITRE II

Le coup d'État (1).

I. La véritable psychologie du coup d'Etat.
II. Le coup d'Etat conçu par Louis Bonaparte.
III. Le coup d'Etat imposé par les circonstances. La nécessité de terroriser Paris.
IV. La résistance imprévue : la lenteur des adhésions, l'insurrection dans les départements.
V. Le coup d'Etat, envisagé après coup comme une mesure de conservation contre les agissements des sociétés secrètes. Fausseté de ce point de vue.
VI. La répression, les commissions mixtes et les fiches.

I

On a eu tort pendant longtemps d'envisager le coup d'Etat comme un bloc, sans en distinguer les différentes phases, sans essayer de démêler le rôle personnel de Napoléon III de celui de ses collaborateurs. S'il est évident que les mesures du 2 décembre et les commissions mixtes se tiennent logiquement, s'enchaînent, il n'est pas certain qu'elles soient sorties d'une même inspiration. Il y a à côté de Napoléon III

---

(1) En dehors des ouvrages imprimés que nous citons, dont ceux surtout de Ténot et les correspondances du *Journal de Genève*, nous avons utilisé particulièrement les documents inédits tirés des *Archives nationales* et des *Archives du ministère de la justice* dont les cotes seront indiquées dans la suite.

son entourage, des hommes comme de Morny et Saint-Arnaud qui étaient les sous-dictateurs agissant au nom de leur maître, mais avec une entière liberté. Puis le coup d'Etat lui-même n'était pas dans la pensée première de ses auteurs ce qu'il fut en réalité. Plus tard, quand les mesures du 2 décembre eurent rencontré une résistance inattendue dans les départements, on chercha à les expliquer par les agissements des sociétés secrètes et à justifier le coup d'Etat par la nécessité urgente de prévenir une jacquerie. Avec cette explication, le coup d'Etat, la résistance rencontrée par lui et les commissions mixtes semblent faire partie du même programme. Cela ne nous paraît pas être la vérité historique. Cette vue exagère le rôle de Napoléon III dans les mesures de répression, diminue celui de ses collaborateurs directs et indirects, et ne tient pas compte de cet état d'esprit de la société que George Sand avait caractérisé en disant que « la moitié de la France en dénonce l'autre ».

Le coup d'Etat, qu'on avait essayé de représenter comme une mesure préventive contre une jacquerie possible, apparaît à ce point de vue spécial comme une mesure de vengeance frappant dans l'ombre et exercée par ceux qui, s'étant sentis menacés dans la conservation des situations acquises, se livraient à des représailles d'autant plus violentes que leurs craintes étaient moins fondées.

Le coup d'Etat conçu par Louis Bonaparte, le coup d'Etat exécuté par la camarilla qui l'entourait, le coup d'Etat à l'ombre duquel purent s'épanouir comme sur un sol favorable mille lâchetés, des vengeances longtemps contenues, des haines sociales; tout cela ne doit pas être confondu. Les événements de 1851, analysés de plus près, ne perdent rien de leur gravité, de leur odieux ; au contraire. Ils montrent qu'un régime fondé sur l'arbitraire, issu d'un coup d'Etat, donne naissance à mille injustices, mille abus, et que la dictature d'en haut entraine avec elle, comme une suite inévitable, une série de dictatures d'en bas.

Voyons d'abord ce que devait être le coup d'Etat dans la pensée de Louis Bonaparte.

II.

Pour s'en rendre compte, il faut préciser la physionomie intellectuelle du futur Napoléon III. C'est d'abord un admirateur de Napoléon I*er*, qu'il considérait comme désigné par la Providence pour la conciliation de la démocratie et de l'autorité. La démocratie, c'était un gouvernement reposant sur le plébiscite ; l'autorité, c'était un pouvoir politique où toute la puissance était concentrée entre les mains du chef de l'Etat. Mais il y avait peut-être plus de sentiment démocratique chez Napoléon I*er*, qui avait passé toute sa vie sur les champs de bataille, constamment mêlé à la vie de ses troupes, que chez son neveu qui, par sa naissance, se croyait prédestiné à un grand avenir. Sans doute, Louis Bonaparte avait rêvé l'extinction du paupérisme, il semblait avoir étudié les problèmes d'ordre social ; mais il obéissait en cela à la tendance générale de l'époque où les doctrines saint-simoniennes faisaient l'objet d'une propagande active dans les salons, où les lecteurs du *Journal des Débats* et du *Siècle* apprenaient le socialisme par la lecture des romans d'Eugène Sue et de George Sand. Louis Bonaparte connaissait le « peuple » autant que Louis-Philippe qui sortait avec son parapluie, vêtu en simple bourgeois, prodiguant des poignées de mains aux ouvriers. En revanche, il avait le pressentiment du prestige irrésistible qu'exerçait le souvenir de la capote grise sur les esprits populaires et il y conformait sa conduite. Cela donnait à son langage des allures démocratiques. Comme son oncle, il croyait à l'opportunité d'un Brumaire, d'un coup d'Etat, d'une mainmise sur le pouvoir réalisée avec la complicité de l'armée et l'assentiment d'une fraction du Corps législatif. Comme lui, il ne voulait pas régner seulement par la grâce de Dieu, mais aussi avec le consentement de la nation. Après le 2 décembre, il s'empressa d'obtenir pour sa dictature l'approbation de la nation. Le premier plébiscite ne lui suffit pas : il provoqua les élections municipales et départementales, de nouvelles élections législatives, un nouveau plébiscite pour l'établissement de l'empire. Comme son oncle, il avait besoin de majorités écrasantes ; ses fonctionnaires s'affolaient à l'idée qu'une commune pouvait contenir un noyau plus ou moins considérable d'opposants. Toutes ces idées, il les avait trouvées dans son héritage.

Sa vie personnelle lui avait fourni d'autres éléments : il ne faut pas l'oublier, le futur empereur était un carbonaro (1), un conspirateur de métier, un révolutionnaire international ; il avait séjourné en Italie, où les sociétés secrètes avaient joué un rôle important. Dans ces réunions, il avait appris

(1) Louis Bonaparte fut également mêlé — le fait est presque ignoré — à la vie des sociétés républicaines en France.
Il suivit avec intérêt les événements résultant de l'application de la loi de 1834 sur les sociétés secrètes. D'après une note trouvée par H. Fazy dans les documents de James Fazy, en apprenant la nouvelle de l'insurrection lyonnaise, le futur auteur du coup d'Etat de 1851 se rendit à Genève avec l'intention de se jeter dans la mêlée. Il demanda à Fazy de le tenir au courant des événements de Lyon. Au cours de la conversation qu'il avait eue à ce propos avec ce dernier, il l'assura qu'il n'avait nullement l'intention de se présenter comme prétendant, mais que son seul but était, disait-il, de fournir au peuple français l'occasion de se prononcer sur son gouvernement. Fazy garda scrupuleusement le secret sur cet entretien et en emporta l'impression que Napoléon se ralliait définitivement à la forme du gouvernement républicain. En 1836, il l'aida dans la préparation de l'affaire de Strasbourg (V. H. Fazy, James Fazy, 1887, Genève, p. 92).

à apprécier la valeur des hommes d'action, l'efficacité d'un complot tramé dans le mystère. Étant par sa situation toujours dans l'état-major, connaissant peu les soldats, il ne se rendait pas compte de la profondeur du mouvement qui faisait réussir les révolutions. Tous les changements politiques étaient pour lui le résultat d'une opération plus ou moins heureuse dans le genre de celle qui avait couronné de succès les journées de Brumaire et qu'il avait renouvelée à Boulogne et à Strasbourg. C'était ainsi, probablement, qu'il se représentait dans sa pensée les révolutions en France. Le suffrage universel ne devait pas le gêner beaucoup plus que le plébiscite du premier empire. Au contraire, un plébiscite devait être l'accompagnement nécessaire, le cadre naturel de l'établissement d'un gouvernement. Il faut se rappeler que Louis Bonaparte avait quitté la France depuis longtemps, et qu'il ignorait le changement qui s'était produit dans les esprits. Pour lui, toute l'histoire de France s'était arrêtée depuis Napoléon Ier, et si elle avait marché c'était pour empirer et rendre de plus en plus indispensable le retour d'un autre Napoléon. Les journées de février réveillèrent ses espérances. Cette révolution, dont les causes étaient mal connues, se présentait à lui comme une révolution faite par Paris contre la branche cadette des Bourbons. La province semblait avoir aveuglément suivi la capitale, qui elle-même paraissait avoir obéi à un mot d'ordre de quelques sociétés secrètes. Ce que pouvaient accomplir des sociétés secrètes, après les avoir brisées si l'on n'arrivait pas à s'assurer leurs services, n'y avait-il pas moyen de le refaire au profit d'un Napoléon ? Une guerre civile pourrait en résulter, mais la réalisation des desseins de la Providence ne pouvait-elle pas la justifier ? Et puis, par une habile tactique, ne saurait-on limiter ses effets à la capitale qui, seule, d'après la tradition révolutionnaire, pourrait offrir une résistance. Le coup d'Etat ne devenait, dans ces conditions, qu'une affaire d'habileté. Il s'agissait de reconstituer avec de Morny et quelques autres affiliés de cette envergure une société secrète au sommet de l'Etat. L'ancien carbonaro avait tout ce qu'il fallait pour faire réussir dans une pareille entreprise. Il sut s'entourer du mystère nécessaire, il sut choisir ses hommes d'action, au besoin faire preuve d'une rare duplicité, proposer le rétablissement du suffrage universel après avoir pris l'initiative de la loi du 31 mai 1850. Il essaya de flatter les républicains, et s'il avait trouvé un bon accueil auprès d'eux, il aurait fait la révolution au nom de la démocratie sociale (1); mais il avait rencontré plus de complaisance auprès des conservateurs, et c'est au nom des principes d'ordre qu'il fit le coup d'Etat. Toujours dans l'opposition, devinant les instincts révolutionnaires de la masse, même conservatrice, qui aime les actes d'opposition hardie, il se comporta le 2 décembre comme l'adversaire de l'Assemblée législative que Paris détestait. Il avait rétabli le suffrage universel mutilé par la majorité des monarchistes. Le premier mouvement de surprise lui avait suffi pour gagner la partie.

Mais le coup d'Etat ne se déroula pas comme l'avait prévu l'ancien membre des sociétés secrètes. Il y eut des surprises, des moments de crainte, une résistance inattendue dans les départements. Tout cela dérangea le programme prévu. Un autre coup d'Etat se substitua à celui qu'on avait rêvé.

(1) V. sur ce point l'ouvrage de Fazy, déjà cité, p. 242, où se trouvent relatées quelques démarches faites, d'ailleurs sans succès, par J. Fazy, de passage à Paris, en vue de rapprocher les républicains de Louis Bonaparte. Constatant l'échec de l'une d'elles, le Président la souligna dans ces termes : « Les républicains me plantent là, il faut pourtant que je gouverne avec quelqu'un. »

III

Même à Paris, les choses ne se passèrent pas conformément aux prévisions. Sans doute, selon le programme établi d'avance, il y eut une saignée, les massacres de Montmartre. On aurait pu peut-être s'en passer, car, contrairement à l'attente générale, la résistance de Paris fut moins prompte à se produire qu'on ne le croyait ; mais la tradition voulait que Paris fût le premier à se soulever, que la capitale fût toujours considérée comme le nid des révolutionnaires. Des barricades et une répression énergique étaient d'autant plus indispensables que la nouvelle de la défaite d'une révolution à Paris, c'était la quasi-certitude du succès du coup d'État dans les départements. Le plan primitif était donc de laisser s'étendre le commencement de la résistance sauf à l'écraser ensuite d'un seul coup, à transformer la lutte en bataille rangée, et à éviter les petites escarmouches. Les événements ne s'y prêtaient pas : la grande résistance ne s'était pas produite, mais il y eut de petites escarmouches qui, précisément parce qu'elles éclataient de plusieurs côtés, semblaient prendre plus d'importance qu'elles n'en avaient en réalité et motivaient des mesures d'autant plus brutales qu'on ne connaissait pas exactement le danger auquel il s'agissait de parer.

Ce n'est pas du Corps législatif que pouvait venir la résistance efficace et victorieuse. On songea aux députés comme on songe à mettre un titre sur un livre dont toutes les pages sont remplies. A la rigueur, il eût mieux valu leur permettre de pénétrer dans l'enceinte de l'Assemblée pour les y enfermer tous. C'eût été plus commode, puisqu'on serait arrivé ainsi à les isoler complètement au lieu d'avoir à les suivre dans les différentes réunions où ils essayèrent de se grouper, à la mairie du X⁰ arrondissement, chez l'ancien constituant Boslay, chez Crémieux, dans une salle du quai de Jemmapes, chez le représentant Cournet, et le 3 décembre au café Roylin dans le faubourg Saint-Antoine. On aurait pu se dispenser de les conduire à Vincennes. Mais des représentants traînés en prison, cela faisait partie du décor de la Révolution, c'était le trophée du vainqueur, de celui qu'on s'était proposé d'y conduire un jour.

On se méfia avec plus de raison de certains généraux, surtout orléanistes, dont on craignait les attaches avec l'armée, de quelques démocrates dont on redoutait l'ascendant sur la foule. On les avait arrêtés le 2 au matin par mesure préventive ; soixante-douze à soixante-dix-huit personnes furent ainsi incarcérées.

La garde nationale aurait pu causer de grands embarras. En 1830, elle avait provoqué, par sa réapparition, la défection de quatre régiments de ligne de la garnison de Paris. Elle rendit les mêmes services à la révolution de 1848. Sans doute, aux journées de février, elle avait combattu les insurgés, mais, cette fois, il s'agissait, au nom de l'ordre, de renverser le régime établi. Par une série de mesures habiles, on s'assura le commandement de la garde nationale. Le 2 décembre, tous les colonels reçurent la consigne d'empêcher de battre le rappel et, par une réminiscence de ce qu'avait fait le général Bonaparte après Vendémiaire, de crever au besoin les caisses de leurs tambours s'ils ne pouvaient les mettre sous clef (1).

Seule, la troupe régulière devait assurer l'ordre. A l'armée allait revenir l'honneur de défendre la société.

Mais il ne suffisait pas de vouloir combattre, il fallait découvrir les combattants.

(1) J. Richard, *op. cit.*, p. 221.

A Paris, rien ne fut préparé pour la résistance. Cela ne surprenait guère de la part des conservateurs qui avaient gardé, même sous la République, l'habitude de ne compter que sur le gouvernement central. L'Assemblée législative dissoute, ils furent réduits à l'impuissance. Mais les républicains étaient-ils mieux organisés? Le reproche leur fut souvent adressé de ne pas avoir préparé les cadres de la résistance. Mais, disons-le encore une fois, on oublie trop souvent qu'ils furent décimés par les poursuites antérieures, Ledru-Rollin, Louis Blanc et Caussidière étaient en exil, Blanqui, Barbès, en prison; les procès contre le comité de résistance et la fédération des ouvriers mirent sous les verrous presque tout ce qui restait des anciens militants. Les journées de juin paralysèrent la masse ouvrière, et, ce qui était plus grave, plus d'un député républicain, influencé par le discrédit que les émeutes précédentes avaient jeté sur les démocrates, hésitait à faire appel à la résistance armée. Cela ne voulait pas dire qu'il n'y eût à Paris des hommes d'action prêts à engager la bataille. La tentative fut désordonnée et stérile, sans plan d'ensemble.

Toute la journée du 2 fut perdue. Le soir, on finit par nommer un comité de résistance dont faisaient partie Carnot, de Flotte, Victor Hugo, Jules Favre, Michel (de Bourges), Schœlcher, Madier de Montjau. Réuni à minuit chez le représentant Cournet, il décida la prise d'armes pour le lendemain. Le 3, on essaya de construire des barricades dans le faubourg Saint-Antoine. Déjà, dans la matinée, les ouvriers s'offrirent spontanément pour délivrer quelques représentants qu'on avait conduits à Vincennes. Mais ces derniers les supplièrent de rester tranquilles. Baudin et un petit nombre de Montagnards commencèrent la résistance en criant : « Aux armes! Aux barricades! Vive la Constitution! » C'est là que Baudin, élève et ami du vieux Teste, un des derniers babouvistes, et un ouvrier qui combattait à ses côtés, furent tués (1).

Ouvriers et bourgeois allaient se rencontrer sur les autres barricades qui furent construites le soir du 3 dans le centre de Paris, et le 4 près des Halles. L'opinion courante tend à montrer les ouvriers indifférents, laissant aux bourgeois seuls le soin de combattre le coup d'Etat. Cela est absolument contraire à la vérité. Un témoin oculaire de ces journées, Ranc, en rendant compte du livre de Ténot « Paris en décembre 1851 » (2), nous affirme le contraire en m'écrivant : « Je prendrai texte de cette citation pour relever une erreur imprimée bien souvent et qui, si on n'y prenait garde, tendrait à s'imposer comme une vérité historique. On a dit, on a répété, que, dans les journées de décembre, les ouvriers de Paris ont en masse refusé de s'associer au mouvement de résistance et ont laissé les bourgeois combattre seuls. Rien de plus faux. La vérité est que le 3 décembre, ce jour là et encore le 4 au matin, les ouvriers comme les bourgeois étaient dans les rassemblements. C'est une grosse erreur de dire que les ouvriers ne parurent pas aux barricades. En veut-on la preuve ? Prenez la liste des morts dressée par M. Trébuchet, de la Préfecture de police, liste bien incomplète, mais que l'on peut prendre comme moyenne. Sur 158 morts dont les noms et professions sont indiqués, il y a 101 ouvriers, presque les deux tiers. Est-ce assez concluant ? » (3)

(1) M. Barbier, dans un livre intitulé *Trois passions*, donne des détails sur ce dernier qu'il avait connu et qu'il a caractérisé dans les termes suivants : « Ce qu'il est rare de rencontrer, c'était le caractère moral du héros du drame, c'était ce profond sentiment de justice qui en faisait le fond, cet ardent désir du bien de l'humanité qui occupait sans cesse le cœur et l'âme d'un pauvre ouvrier et le portait, sans croyance religieuse, sans espoir de récompense, à sacrifier son temps, son bonheur et son existence elle-même au triomphe de l'idée.
(2) *Bilan de l'année* 1868, p. 143.
(3) Les correspondances parisiennes du *Journal de Genève* confir-

Si la résistance ouvrière n'avait pas réussi mieux que celle des bourgeois, cela tenait à l'insuffisance de leur organisation, à ce fait aussi que les ouvriers avaient été désarmés après les journées de juin. La résistance opposée par les centres ouvriers au coup d'État dans les départements, les poursuites habituelles pour sociétés secrètes auxquelles ils furent exposés, comme nous le verrons, pendant tout le temps de l'Empire, enlèvent tout crédit à l'opinion qui tend à les présenter comme acquis à la cause bonapartiste.

Il y eut parmi les républicains ayant tenté la résistance un élément que Louis Bonaparte pouvait considérer comme une quantité négligeable, mais dont l'opposition irréductible a servi plus tard à ébranler l'Empire. C'était la jeunesse universitaire et scolaire. Ranc, qui en était, nous raconte encore

ment cette appréciation des événements de décembre. Sur la journée du 1ᵉʳ décembre nous y lisons : « Le premier effet du coup d'État a été la stupeur et l'inquiétude. Le peuple se groupait autour des affiches mais ne les déchirait pas. Ce n'est que plus tard dans la journée que l'on a commencé à les arracher dans plusieurs endroits et surtout dans les faubourgs....

« Beaucoup d'ouvriers achètent le numéro de la *Patrie* qui a paru à deux heures et ils y cherchent avec avidité les noms des généraux et représentants arrêtés. Les ouvriers paraissent surpris de voir dans la liste des personnages envoyés à Vincennes MM. Greppo, Miot, Nadaud, Valentin. » (Supplément du *Journal de Genève* du 4 décembre 1851.)

Sur la journée du 2 décembre : « L'agitation commence à se répandre parmi les ouvriers des faubourgs. Depuis 10 heures tous les ateliers sont fermés, et l'irritation, la menace, l'inquiétude respirent dans les conversations... Quatre heures : Je viens de parcourir le faubourg Saint-Antoine, l'agitation grandit en même temps que la masse du peuple s'y accumule, mais les mesures me paraissent si bien prises qu'il me semble infiniment probable que personne ne bougera. » 3 décembre, 1 heure : « Depuis ce matin, l'agitation était intense dans le faubourg Saint-Antoine où 60 représentants montagnards s'étaient réunis. Des masses considérables de troupes ont été dirigées sur ce point. Partout, sur leur passage, elles étaient accueillies aux cris de : Vive la République, auxquels les soldats répondaient par celui de : Vive l'Empereur! ». V. *Journal de Genève* du 5 décembre 1851.

cette phase de la résistance comme suit : « C'était le 4 décembre. Le temps était brumeux. Les régiments étaient massés place du Panthéon, place Saint-Sulpice. On entendait le canon et la fusillade du côté de la porte Saint-Denis. Des groupes de jeunes gens avaient couru au feu ; mais les ponts étaient occupés et ils n'avaient pu passer. Ils revenaient au quartier latin, et, pauvres impuissants qu'ils étaient, ils ébauchèrent, c'est bien le mot, des barricades, rue de La Harpe, d'abord, rue des Mathurins Saint-Jacques, puis rue Dauphine, puis au carrefour Buci. Dispersés, ils recommençaient vingt pas plus loin. Ils étaient deux cents, sans armes contre dix mille hommes. Cela dura ainsi tout le jour et une partie de la nuit. Ils ne savaient rien de ce qui se passait ailleurs, sinon que le canon ne tonnait plus et que la fusillade diminuait. Vers minuit on entendit des feux de peloton auxquels répondaient quelques coups de fusil isolés. C'étaient les survivants de la barricade du Petit-Carreau qui brûlaient en l'honneur de la République leurs dernières cartouches. Tout était fini. Un silence lugubre s'étendit sur la ville. Sur les places et dans les carrefours, jusqu'autour de leurs feux de bivouac, les soldats riaient et buvaient. » (1)

Quelle fut l'attitude des auteurs du coup d'Etat en face de ces tentatives isolées, sans cohésion et impuissantes par conséquent à contrarier sérieusement le projet de renverser la République ?

Il y eut d'abord des craintes, comme cela arrive toujours quand on se lance dans une aventure aussi périlleuse et sans être absolument sûr de l'opinion publique.

(1) *Bilan de l'année 1868*, compte-rendu du livre de Ténot, *Paris en décembre 1851*, p. 140. V. aussi M. Berthelot, Préface aux *Etudes politiques* de J.-J. Clamageran, 1904 ; — V. Levasseur, dans la *Révolution Française*, février 1905, dirigée par M. Aulard, sur l'Ecole normale au coup d'Etat.

Or les dispositions de cette dernière n'étaient pas douteuses. Le préfet de police écrivait, le 3 décembre, au ministre de l'intérieur : « La vérité sur la situation. Le sentiment des masses est l'élément le plus sûr des sages et bonnes résolutions : je dois donc dire que je ne crois pas que les sympathies populaires soient avec nous. Nous ne trouvons d'enthousiasme nulle part ». (1) Un écrivain militaire, le capitaine Mauduit, en faisant le récit des charges exécutées sur les boulevards par le colonel de Rochefort, nous dit encore : « A peine parvenu sur les boulevards, à la hauteur de la rue de la Paix, il se trouva en présence d'un flot de population immense manifestant l'hostilité la plus marquée sous le masque du cri de : « Vive la République ». (2) La masse était hostile, on ne pouvait compter que sur l'armée, du dévouement de laquelle le préfet de Maupas nous donne un sûr témoignage dans la lettre déjà citée. Il ajoutait en effet : « Le bon côté de la médaille dont je viens de vous donner le revers est que, sur tous les points, chefs et soldats, la troupe paraît décidée à agir avec intrépidité. C'est là qu'est notre force et notre salut. »

La crainte qu'inspirait l'état de l'opinion politique avait été accentuée par la froideur de l'accueil que le coup d'Etat avait reçu dans les sphères parlementaires et officielles.

Le représentant Arnaud (de l'Ariège) ayant consulté l'archevêque de Paris sur la légitimité de la lutte à engager contre le coup d'Etat, fut vivement conseillé par Son Eminence dans le sens de la résistance.

Dans ces conditions, l'esprit des auteurs du drame de décembre devait voir des émeutes partout. Le 2 décembre, le préfet de police écrivait au général Magnan une lettre qui n'avait pas l'ombre d'un fondement. Il annonçait que les sec-

(1) Ténot, *Paris en décembre 1851*, 1868, 4ᵉ éd., p. 76.
(2) V. Ténot, *op. cit.*, p. 78.

tions socialistes allaient commencer l'action immédiatement ; que les insurgés étaient munis de bombes portatives à la main ; que le 44ᵉ faisait cause commune avec les révolutionnaires ; qu'on avait formé le projet de se porter sur la préfecture de police (1).

Comme, malgré tout cela, il n'y eut nulle part de véritable concentration de républicains, que de petites escarmouches éclataient pourtant de divers côtés de Morny, qui voulait à tout prix avoir affaire à une résistance organisée dont il n'admettait pas l'absence, croyait que l'éparpillement de la résistance était lui-même l'effet d'un plan arrêté. Le 3 décembre 1851, il écrivait au général Magnan : « Je vous répète que le plan des émeutiers est de fatiguer les troupes pour en avoir bon marché le troisième jour. C'est ainsi qu'on a eu les 27, 28, 29 juillet, 22, 23, 24 février. N'ayons pas les 2, 3 et 4 décembre avec la même fin. » À cette tactique, il en opposait une autre qu'il formulait ainsi : « Il n'y a qu'avec une abstention entière, en cernant un quartier et le prenant par la famine ou en l'envahissant par la terreur, qu'on fera la guerre de ville. » (2)

Cette tactique suivie impliquait pourtant un danger. Elle permettait à la résistance improvisée, qu'il aurait été facile d'enrayer tout de suite, de prendre de l'extension. Aussi, dès le 3 décembre, M. de Saint-Arnaud fit afficher une proclamation qui se terminait par cette menace : « Le Ministre de la Guerre, vu la loi sur l'état de siège, arrête : tout individu pris construisant ou défendant une barricade avec les armes à la main sera fusillé. » Maupas, qui n'avait pas l'optimisme de son ministre, fit afficher de son côté une nouvelle proclamation, le 4 décembre, qui comprenait un article ainsi

(1) Ténot, *op. cit.*, p. 69.
(2) Ténot, *op. cit.*, p. 69-70.

formulé : « Le stationnement des piétons sur la voie publique et la formation de groupes seront, sans sommation, dispersés par la force. Que les citoyens paisibles restent à leur logis. Il y aurait péril sérieux à contrevenir aux dispositions arrêtées. »

Malgré toutes ces rigueurs, Paris se réveillait, après le premier moment de stupeur. L'imprévu du coup d'État l'avait surpris, mais non démoralisé. Cette fois le danger était réel, et les dépêches du 4 décembre du préfet de police relatent les progrès certains de la résistance : « Les barricades, annonce-t-il au ministre de l'intérieur, prennent de grosses proportions dans le quartier Saint-Denis. Des maisons sont déjà occupées par l'émeute. On tire des fenêtres. Des barricades vont jusqu'au deuxième étage. Nous n'avons encore rien eu d'aussi sérieux. » Dans une autre dépêche, il signale la Ve mairie occupée par les insurgés, les boutiquiers leur livrant des armes. Et il ajoutait : « Laisser grossir maintenant serait un acte de haute imprudence. Voilà le moment de frapper un coup décisif. Il faut le bruit et l'effet du canon, et il le faut tout de suite. » C'était écrit à une heure quinze du matin. J. Favre, frappé des progrès rapides de l'excitation populaire, disait : « Maintenant, qu'un régiment hésite ou qu'une légion sorte et Louis Napoléon est perdu. »(1).

Malgré les apparences, le nombre des combattants ne dépassait pas 1.200. Rien n'était plus facile que de les cerner pour les écraser. Le plan de Morny aurait pu recevoir ainsi sa réalisation immédiate. Mais il y eut dans la réalisation de son plan quelque chose d'imprévu qui le déroutait. L'insurrection ne se déroulait pas conformément à la tradition, suivant les règles classiques d'une émeute tentée par une

(1) Ténot, *op. cit.*, p. 84.

société secrète. Nulle part de chef reconnu, de vétérans de la
lutte ; la résistance s'improvisait à l'aide d'hommes nouveaux
pris dans toutes les classes de la société. Cela fut tellement
vrai qu'on n'eut pas le courage de mettre la résistance à
Paris sur le compte des sociétés secrètes. C'était une explosion spontanée, l'effet d'une indignation qui allait toujours en
augmentant. Pour discréditer les combattants des journées
de décembre, le défenseur officiel du coup d'Etat, G. de Cassagnac, ne trouvait rien de mieux que de dire ceci : « Quand
on a relevé les cadavres des émeutiers, qu'a-t-on trouvé en
majorité ? des malfaiteurs et des gants jaunes. » On désignait ainsi, à juger d'après la liste des 153 victimes, des
hommes dont beaucoup appartenaient à la classe moyenne,
négociants, avocats, rentiers, propriétaires, dont la majorité
fut composée d'ouvriers. On ne daignait même pas leur accorder la qualification de communistes. Il y eut parmi les barricadiers beaucoup de jeunes gens qui, aux yeux des militaires, ne méritaient pas l'honneur d'un coup de fusil. Le
général Herbillon faisait donner « le fouet aux insurgés âgés
de moins de 20 ans qu'on lui amenait, et les livrait aux sergents de ville ». (1) Tous ces éléments étaient inoffensifs au
point de vue de la lutte, mais redoutables parce qu'ils montraient que le coup d'Etat comptait des adversaires partout
et que la bataille ne se bornerait pas à une bataille classique
entre l'état-major des sociétés secrètes entouré de quelques
partisans déterminés et la force publique. D'autres indices
aussi graves, que nous verrons tout à l'heure, annonçaient la
froideur et l'hostilité de la population de Paris et de la
France entière. Il ne suffisait pas dès lors d'écraser ce que
l'on appelait l'émeute, il fallait *terroriser* l'opinion publique.

(1) Ténot, qui cite M. Mayer très favorable au coup d'Etat, p. 92.

C'était là la cause des événements du 4 décembre. G. de Cassagnac les raconte dans les termes suivants : « Au moment où la brigade Reybell venait d'atteindre, sans coup férir, le boulevard Montmartre, des coups de fusil tirés par des mains gantées partirent de diverses maisons. Elle s'arrêta un instant, et, aidée des tirailleurs d'infanterie de la brigade Canrobert qui firent un feu terrible sur les fenêtres, elle ouvrit des portes de maisons à coups de canon. La leçon fut dure, mais sévère, et dès ce moment, le boulevard élégant se le tint pour dit. »(1) Pour donner un semblant de justification à cet attentat contre les citoyens, l'écrivain officiel reprend la thèse que les historiens républicains répètent parfois que les coups provocateurs furent tirés par les mains gantées. Il avait fallu à tout prix faire accréditer le bruit que la masse approuvait le coup d'Etat. Seulement les coups de canon qui visaient les élégants fauchaient surtout les ouvriers, comme le montre la liste des victimes à laquelle il a déjà été fait allusion (2).

De même, dans son récit de la charge de cavalerie du 3 décembre, Mauduit nous raconte que le colonel Rochefort ayant reçu l'ordre « de charger tous les groupes qu'il rencontrerait sur la chaussée, il se servit d'une ruse de guerre, dont le résultat fut de châtier un certain nombre des... voci-

(1) Ténot, *op. cit.*, p. 93.
(2) Les massacres de Montmartre furent précédés de charges de cavalerie analogues racontées par le capitaine Mauduit et confirmées par Ranc qui en fut le témoin. Bilan de l'année 1868, p. 141. — Téno, *op. cit.*, p. 80 et suiv. Eugène Pelletan les rappelle également dans ses souvenirs sur les journées de décembre (V. la *Tribune*, septembre 1868, *passim*). Henri Lefort, qui avec Benjamin Raspail avait essayé de grouper autour de lui quelques ouvriers le 3 décembre, m'a rapporté ce détail curieux que les soldats avaient reçu l'ordre de coucher en joue et de tirer en courant, pour ne pas être exposés à entrer en colloque avec les défenseurs des barricades.

férateurs en paletot ». Ayant relaté les horreurs de cette démonstration, après laquelle il resta sur le carreau plusieurs cadavres, l'auteur ajoute : « Dans ces groupes ne se trouvaient que peu d'individus en blouse. » (1) Ainsi apparaît encore une fois la prétention des historiens officiels du coup d'Etat de montrer que, pendant les journées de décembre, la lutte se poursuivait entre l'administration forte de l'assentiment de la masse ouvrière et les mains gantées et les hommes en paletot.

On devine facilement la raison de la légende officielle qui n'était pas la même à Paris et dans les départements. Dans la capitale, dont on connaissait le tempérament révolutionnaire, il avait fallu à tout prix accréditer le bruit que la résistance avait un caractère quasi-aristocratique et bourgeois, et les ouvrages cités reflètent, dans leurs récits, l'état d'âme des auteurs du coup d'Etat. Dans les départements, au contraire, où l'on supposait l'élément conservateur en majorité, la résistance, d'après l'administration, était l'œuvre des communistes et anarchistes. Aussi, est-ce dans les départements qu'il faut chercher le véritable caractère du coup d'Etat.

IV

L'accueil fait par la province aux mesures du 2 décembre constituait une surprise pour le gouvernement de Louis Bonaparte. Jusqu'à cette époque, une révolution triomphante à Paris s'imposait aux départements qui n'avaient guère tenté une résistance pour leur propre compte, en attendant toujours l'initiative de la part de la capitale. Le calme qui avait régné dans toute la France jusqu'au 5 décembre parais-

(1) Ténot, *op. cit.*, p. 79.

sait légitimer ces espérances. Mais, depuis cette date, des nouvelles alarmantes commencèrent à arriver, d'autant plus graves que le gouvernement issu du coup d'Etat n'avait pas reçu de l'opinion publique l'accueil et les adhésions qu'il attendait.

C'était encore une déception d'autant plus amère que tout le monde avait présentes à l'esprit les adhésions quasi-unanimes qui avaient salué l'avènement de la République. Louis Bonaparte escomptait cet effet d'une révolution triomphante à Paris.

Nous arrivons ici à un ordre de faits peu connus mais qui est de nature à éclairer la physionomie du coup d'Etat. Nous n'hésitons pas à dire que jamais un nouveau gouvernement n'a rencontré une résistance aussi vive, un accueil aussi hostile de la part de l'opinion publique. Jamais un régime n'a eu besoin de mesures aussi brutales, d'un système de répression aussi rigoureux que le second Empire pour se consolider. Les plébiscites de décembre 1851 et 1852 furent arrachés à la France par une terreur qui rappelait et dépassait les pires excès de l'ancien régime. Ces mesures de rigueur n'étaient pas peut-être voulues par le gouvernement du coup d'Etat, mais l'énergie de la résistance fut telle qu'on les croyait seules capables d'en venir à bout. Louis Bonaparte ne s'y attendait pas : son attitude le prouve.

En effet, un décret portant la date du 2 décembre et publié le lendemain disposait :

« Au nom du Peuple français, le Président de la République, considérant que la souveraineté réside dans l'universalité des citoyens français et qu'aucune fraction du peuple ne peut s'en attribuer l'exercice :

« Article premier. — Le peuple français est solennellement convoqué dans ses comices, le 14 décembre, pour accepter ou rejeter le plébiscite suivant : Le peuple français veut le maintien de l'autorité de Louis Napoléon Bonaparte et lui délègue les pouvoirs nécessaires pour établir une constitution sur les bases proposées dans la proclamation du 2 décembre.

« Art. 2. — Sont appelés à voter tous les Français âgés de 21 ans jouissant de leurs droits civils et politiques.

« Art. 3. — Les maires de chaque commune ouvriront les registres sur papier libre : l'un d'acceptation, l'autre de non acceptation du plébiscite, etc.

« Art. 4. — Ces registres resteront ouverts du 14 au 21 décembre, etc., etc. ».

Mais, le 4 décembre, un nouveau décret décida que le suffrage aurait lieu au scrutin secret par « oui » et par « non » au moyen d'un bulletin écrit ou imprimé. Nous verrons bientôt la cause de ce brusque changement. En même temps, de Morny, ministre de l'intérieur, fit demander par les préfets à tous les fonctionnaires militaires et civils « leur adhésion à la grande mesure que le gouvernement vient d'adopter le 2 décembre ». Le 12 décembre 1851, le ministre de la justice, dans une circulaire adressée aux procureurs généraux, leur écrivait : « Je vous renouvelle les instructions que je vous ai adressées le 6 de ce mois par la voie télégraphique et par laquelle je vous informais que le gouvernement avait décidé qu'il n'y avait point lieu de demander aux fonctionnaires de l'ordre judiciaire ou autres un vote d'adhésion aux mesures politiques qui viennent de s'accomplir. » (1) C'était un double échec. Le coup d'Etat apparaissait comme un acte de folie répondant si peu au vœu du pays que personne n'osait lui donner son adhésion. Quant aux paysans, ils se souciaient peu de voter sur des registres. Leur enthousiasme pour le prince n'allait pas jusqu'à s'exposer à des représailles politiques si

(1) A. M. J., Paris, 442 p.

la tentative du président échouait. En donnant aux événements le sens qui leur convenait, procureur et substituts déclaraient « qu'un grand nombre de paysans disposés à voter pour le président de la République se fussent abstenus s'ils avaient été dans la nécessité de voter sous l'œil des démagogues » (1).

Le 5 décembre 1851, le préfet du Nord écrivait de Lille que le général de division, tout en ne croyant pas devoir prendre sur lui de faire voter par bulletin secret, trouvait de très graves inconvénients au vote sur registre (2).

Il avait raison ; on savait à Paris qu'il y avait eu des votes hostiles au coup d'Etat. Les 4 officiers d'artillerie attachés à la garde du Palais Bourbon votèrent contre sur des registres (3). Quant aux adhésions, elles aboutirent à des refus qu'on chercha à étouffer pour ne pas augmenter les chances de la résistance. Déjà, le 4 décembre 1851, le ministre de l'intérieur écrivait : « Exigez des fonctionnaires administratifs leur adhésion écrite : quant aux fonctionnaires de l'ordre judiciaire, bornez-vous à la demander aux juges de paix. » (4) C'était un recul. A la même date, le procureur de la Cour d'appel de Nîmes écrivait de son côté : « Je vous ai demandé par télégraphe de ne pas demander l'adhésion des magistrats que pour les procureurs généraux... Les mesures de ce genre, de même que les rem-

(1) A. M. J., dossier déjà cité, Paris, procureur de la Cour d'appel de Paris, 6 décembre 1851.
(2) A. N., F. III, Nord, 6. Rapport du Préfet du 5 décembre 1851.
(3) Renseignements fournis par M. Deroisin, ancien maire de Versailles. Les votes des militaires sont indiqués dans un très petit nombre de rapports se trouvant aux Archives nationales ; V. p. e. le rapport du préfet du 6 décembre, A. N., F. III, Haute-Vienne, 4. Dans l'armée, qui avait voté dans les 48 heures après le 2 décembre, le résultat avait été, malgré le régime de terreur, 303.290 « oui » et 37.359 « non » ; 3.626 électeurs militaires s'étaient abstenus. Pour l'armée de mer, le relevé fournissait 15.974 « oui » et 5.128 « non » ; 186 marins s'étaient abstenus.
(4) A. N., id., Haute-Vienne, 4.

placements des juges de paix, choquent les sentiments et les habitudes de la population. Louis Napoléon est intéressé à ce qu'il n'y ait parmi les magistrats qu'un petit nombre de non-adhérents. Les populations sont..... disposées à se modeler sur les hommes qu'elles estiment et qu'elles respectent. L'exemple d'une opposition au Président, s'il était donné par un grand nombre de magistrats, pourrait devenir contagieux. » (1) Le magistrat acceptait le changement accompli, à condition que le nouveau règne ne modifiât en rien les habitudes du corps et de la population dont il défendait les intérêts.

Le 5 décembre 1851, le préfet du Nord annonçait qu'il avait suspendu les demandes d'adhésion écrites qui avaient rencontré un accueil des plus réservés (2). L'attitude de la magistrature n'était pas sans inquiéter le gouvernement. « Les membres des tribunaux, les juges, écrivait le préfet des Deux Sèvres, sans faire une opposition ouverte, à l'exception du vice-président Clerc-Lasalle qui ne parle que d'illégalité et de résistance, sont restés dans une réserve blâmable. Presque tous sont d'un caractère très faible. Ils prennent leur opposition, qui, à cause de leur inamovibilité, ne compromet pas leur position, pour une manifestation qui est aux yeux de la population la preuve de leur indépendance. » (3)

Le tribunal de commerce d'Evreux, requis de donner son adhésion, donna cette fière réponse : « Attendu que les dites pièces n'émanent d'aucune autorité judiciaire ou administrative ; attendu que le Tribunal est avant tout gardien des lois, et qu'un tribunal électif ne peut avoir avec l'autorité admi-

---

(1) A. M. J. Cour d'appel de Nimes, 4 décembre 1851, p. 440.
(2) A. N., *id.*, Nord, 6, Rapport du Préfet du 5 décembre 1851.
(3) A. M. J., Parquet de la Cour d'appel de Paris, dossier cité, rapport du 14 décembre 1851.

nistrative de relations autres que celles établies par une loi et des dispositions spéciales ; par ces motifs, le Tribunal déclare refuser l'adhésion qui lui est demandée, maintenir le respect de son indépendance et se placer sous la protection des magistrats dont il relève. » (1)

En communiquant au gouvernement cette protestation, le Procureur général exprimait l'espoir que de pareilles résistances ne pourraient plus se reproduire, car les adhésions ne seraient plus demandées, et il ajoutait : « Je vais me concerter avec le commandant de l'état de siège à Evreux pour qu'il soit interdit aux journaux de la localité de rendre compte de ce fait. »

Malgré tous les efforts de l'administration, ses tentatives d'avoir pour soi un semblant d'approbation populaire aboutissaient à un échec. A Paris, en dépit de la panique qu'avait causée la répression sanglante de la résistance, le flottement de l'opinion était grand. L'accueil fait à la Commission dite consultative, que le Président avait instituée le 2 décembre, par les candidats désignés pour y siéger, en était la preuve. C'est au milieu du désarroi moral causé par l'hostilité évidente que rencontrait le coup d'Etat qu'étaient arrivées les nouvelles de la résistance dans les départements.

*
* *

Sans entrer dans l'étude détaillée de la résistance au coup d'Etat dans les départements, ce qui dépasserait les cadres de notre travail, nous croyons indispensable de rétablir la

(1) A. M. J., Cour d'appel de Rouen, du 7 décembre 1851. La protestation est datée du 5 décembre 1851. Elle porte les signatures suivantes : Verney, président ; Aline, juge suppléant ; Flaux, juge ; Papon, juge suppléant.

physionomie véritable des journées de décembre en province. Le spectre des sociétés secrètes empêcha même les hommes comme E. Ténot de distinguer la vérité, car il attribue, au moins dans certaines régions, l'intensité du mouvement à l'action des sociétés à affiliation, et cela notamment dans le Midi.

Mettre la résistance sur le compte des sociétés secrètes, dire qu'elle avait le caractère d'une jacquerie, refaire à l'égard des républicains défenseurs de la Constitution la légende des gardes nationaux sciés vivants ou des insurgés se promenant avec des tickets portant « bon pour le viol d'une femme du faubourg St-Germain, » c'était tout naturellement le plan et l'intérêt du gouvernement. Mais, disons-le tout de suite, et cette observation est importante, le gouvernement issu du coup d'Etat ne s'était pas démasqué immédiatement pour affirmer que le mouvement s'était fait contre les anarchistes: Il attendait encore l'effet de l'abolition de la loi du 31 mai 1850. Ce sont les fonctionnaires locaux qui, reprenant le style et le langage des rapports précédents, jugeant à bon droit que les mesures du deux-décembre n'étaient que l'aboutissant logique du système de répression poursuivi contre les républicains depuis juin 1849, continuaient à dénoncer les mêmes ennemis.

Le coup d'Etat qui avait effrayé, et parce qu'il avait effrayé et surpris tout le monde, ne pouvait réussir que s'il avait l'adhésion d'une fraction importante de la population. Les procureurs généraux qui n'avaient pas pratiqué le machiavélisme comme le futur empereur, et peut-être se rendant mieux compte de la réalité, lui signalèrent immédiatement l'élément conservateur comme celui avec qui l'alliance pouvait être le plus facilement conclue. Cette tactique était d'ailleurs la plus conforme à leurs goûts et à leurs habitudes antérieures. Les alliés furent ainsi trouvés. La politique de l'Empereur pendant les premières années du règne devait leur fournir d'amples récompenses. Mais il fallut des satisfactions plus immédiates. Une série de petits coups d'Etat allaient s'accomplir dans les villes, villages et hameaux. Presque partout le suffrage universel et les idées démocratiques avaient appelé au pouvoir des hommes nouveaux, ceux qui avaient osé, suivant le langage des fiches des commissions mixtes, porter atteinte aux « influences acquises ». Les commissions mixtes, les conseils de guerre firent vite rétablir l'équilibre. Là où la lutte entre les différents éléments de la population était vive, le coup d'Etat fournissait l'occasion de vider le conflit. A Clamecy, dès le 3 décembre, le procureur de la République, non seulement décida de faire arrêter et d'incarcérer les chefs les plus influents du parti républicain, mais la liste fut dressée des personnes suspectes à livrer à la justice militaire, liste constituée à l'aide de dénonciations des voisins (1).

C'était également sans attendre des ordres formels du ministère que le procureur général, le préfet et le commandant de troupes s'étaient réunis dans certains départements pour dresser ensemble la liste de proscription (2). Cette pratique consacrée donna lieu au système des commissions mixtes.

La population républicaine de quelques villes savait bien à quoi elle s'exposait. La résistance fut pour elle une nécessité. Les haines locales les menaçaient des pires rigueurs. Mais malgré cet état d'esprit, la résistance, même dans ces villes, n'était que rarement l'effet d'une combinaison prévue et encore moins le résultat d'un signal donné par les sociétés

(1) Dans son réquisitoire du 13 février 1852, le commissaire du gouvernement reconnaît le bruit des arrestations et des exécutions projetées comme la cause de l'insurrection.
(2) On verra dans la *Revue* du 15 décembre 1904, p. 1 et suiv., le modèle des projets de décision rédigés par des procureurs généraux seuls.

secrètes. Les organisations existantes fonctionnaient en vue des élections de 1852 : elles purent naturellement fournir des cadres à la résistance, comme tout autre groupement, mais c'était tout. Les rapports des procureurs généraux, dépouillés de leur style conventionnel, fournissent des arguments irréfutables à cette manière de voir.

De l'ensemble de la lecture de ces documents se dégage d'abord et incontestablement cette impression que le gouvernement avait été surpris par le mouvement qui se produisit en province. Le procureur de la Cour d'appel de Nîmes s'attendait si peu à la nouvelle du coup d'Etat que le 2 décembre il se proposait de partir en vertu d'un congé régulier, tandis que le préfet titulaire du département du Gard, était également absent (1).

Dans le département des Basses-Alpes, l'imprévoyance était également telle que l'insurrection avait pu s'y développer librement jusqu'au 7 décembre et que, la journée du dimanche suivant, elle avait gagné tout le département. Les mesures n'avaient été prises que dans certains centres qui s'étaient déjà signalés antérieurement par leur tempérament révolutionnaire et pouvaient servir éventuellement de point de ralliement aux républicains de la région. Ainsi des mesures spéciales furent prises pour Marseille, Lyon, Bordeaux, Limoges et d'autres points qui, par leur proximité avec la frontière, pouvaient être envahis par les républicains exilés se trouvant en Suisse ou en Belgique. « L'autorité, dont l'attention était éveillée d'une manière toute spéciale, écrivait le procureur de la République de St-Flour, depuis quelques jours avait pris ses mesures pour recevoir des dépêches à

---

(1) A. M. J., Rapport du procureur général de la Cour d'appel de Nîmes, déjà cité.

l'arrivée même du courrier, au milieu de la nuit, à 4 heures du matin. » (1)

Les premières nouvelles, sauf pour les départements voisins de Paris, étaient rassurantes. « Les démagogues manifestent une surprise », voilà comment on caractérisa tout d'abord l'attitude des républicains ; ou encore : « la population, bien qu'un peu émue des nouvelles, se montre fort calme, on pourrait presque dire indifférente » (2). Mais le mouvement de surprise passé, l'émotion commence à gagner l'opinion publique (3). Les républicains, et particulièrement les ouvriers, se prononcent ouvertement contre le coup d'Etat, les conservateurs éprouvent un moment d'hésitation ; le rétablissement du suffrage universel qu'ils ne désiraient nullement leur ins-

---

(1) A. M. J., Parquet de la Cour d'appel de Riom du 4 décembre 1851.
(2) A. M. J., Cour d'appel de Nîmes, le 3 décembre 1851.
(3) Charles Seignobos, ancien représentant à l'Assemblée nationale notait ainsi ses impressions après le coup d'Etat (département de l'Ardèche) :

« 3 déc. Dépêche télégraphique annonçant un coup d'Etat à Paris... Emotion, inquiétude...
« 4 déc... Nuit très agitée... Arrestation des généraux...
« 5 décembre... Nuit excessivement agitée : hallucinations politiques, absence de journaux sauf les *Débats*...
« 6 déc... Commencement de résistance à Paris.
« 7 décembre. Les *Débats*... insurrection à Paris... Excitation générale. On s'est battu à Paris... Demande d'adhésion écrite aux fonctionnaires... 8 déc... Toujours nuit agitée... Les courriers n'arrivent pas... Espérance mêlée d'inquiétude... Arrivée des courriers de Paris... 2 heures... La poste envahie... L'insurrection comprimée... 9 déc. Bruit de troubles à Nîmes et dans le Midi. 11 déc. Nuit excessivement agitée ; rêve d'arrestation une partie de la nuit... Point de lettre de Paris... Inquiétude extrême... 12 déc... Nuit horriblement agitée... Inquiétude affreuse... 17 déc... Nuit affreuse... Tous les républicains arrêtés partout... Projet de fuite... 21 décembre... Quelque temps au bureau électoral... indifférence des électeurs... abstentions nombreuses... Sur 710 électeurs, 211 votants, 184 oui et 27 non.

(D'après un agenda inédit qui m'a été communiqué par M. Charles Seignobos, son fils, professeur à la Sorbonne.)

pire de vives inquiétudes. C'est alors qu'un marché intervient entre les représentants de l'autorité et le parti de l'ordre. Le 4 décembre, le procureur de la Cour d'appel de Nîmes écrit à Paris : « un langage trop élogieux à l'égard du président eût provoqué une explosion, tant chez les blancs que chez les rouges. Le peuple commence déjà à comprendre que son intérêt est de soutenir Louis Napoléon... Je dis tout haut et partout que la France n'a à choisir aujourd'hui qu'entre Louis Napoléon et la dictature d'une Convention dominée par la Montagne. La chose est si évidente qu'elle touche les esprits les plus prévenus ; les plus hostiles finissent, tout en blâmant le Président, par dire que nous sommes perdus s'il échoue dans son entreprise » (1). Dans d'autres villes, les conservateurs demandent à l'administration des gages positifs qui se traduisent sous la forme que nous signale le procureur général de la Cour d'appel de Riom. Après avoir constaté qu'à Riom règne la tranquillité la plus parfaite, il poursuit dans les termes suivants : « Un certain nombre de citoyens honorables se sont rendus chez moi et m'ont demandé si j'approuve qu'une réunion d'hommes d'ordre ait lieu pour s'entendre sur les moyens de résistance en cas d'attaque de la part de la démagogie. Non seulement j'ai répondu que j'approuvais la mesure, mais j'ai envoyé à la réunion mes deux substituts en les priant de déclarer que mon premier avocat général... tenait à être inscrit sur la liste et que, moi-même, je serais très empressé, le cas échéant, de me mettre à leur tête, le fusil à la main » (2).

(1) V. A. M., *ibid.*
(2) A. M. J., Cour d'appel de Riom, du 4 décembre 1851, 440 p.

V

Le fusil allait sceller l'alliance entre le représentant de l'autorité et les hommes de l'ordre qui craignaient l'ombre d'une société secrète où l'on prêtait serment sur un poignard, mais qui se sentaient très rassurés derrière un procureur marchant à leur tête, fusil en main. A partir de ce moment, le coup d'Etat prit un caractère nettement conservateur. On déclara qu'il avait pour objet unique l'écrasement des anarchistes. « Les hommes d'ordre, dit un magistrat dans un rapport du 7 décembre, dans toutes leurs nuances, acceptent l'événement. Tous s'accordent à reconnaître qu'il a sauvé le pays d'une véritable invasion de barbares » (1). « Le triomphe de leurs affreuses théories, écrivait un autre magistrat non moins aimable à l'endroit des républicains, aurait détruit la civilisation et plongé la France dans la barbarie » (2). Morny, ministre de l'intérieur, averti de l'invasion de barbares dont la France avait failli devenir la proie, prit deux mesures assez énergiques pour intimider jusqu'aux pires ennemis de la civilisation ; d'abord le décret du 8 décembre 1851, qui déclarait susceptibles d'être transportés en Afrique tous les membres des sociétés dites secrètes, puis la circulaire du 10 décembre 1851 qui porte le titre suivant : « Circulaire du Ministre de l'Intérieur relative aux mesures à prendre contre les repris de justice en rupture de ban et les fauteurs de sociétés secrètes ». Voici ce qu'elle contient :

« Ces misérables sont pour la plupart connus de tous ; ils ne doivent pas jouir de la funeste impunité qui encourage la

(1) A. M. J.; Cour d'appel de Rouen, p. 440.
(2) Rapport relatif à l'exécution de la circulaire du 29 décembre 1851. Procureur de la Cour d'appel d'Aix, 3 février 1852, 440 p.

révolte et la guerre civile. *La loi range au nombre des sociétés secrètes toutes les associations politiques qui existent sans avoir accompli les formalités prévues par le décret du 28 juillet 1848.* Si donc des réunions de ce genre venaient à se former vous sévirez avec rigueur contre ceux qui en feraient partie. Les comités directeurs de Paris ont pour coutume d'envoyer dans les départements des émissaires chargés d'établir des centres de propagande et de pervertir l'opinion. Ces agents dangereux devront être arrêtés et incarcérés chaque fois que leur présence vous sera signalée. Un certain nombre de communes subissent le joug de quelques-uns de ces hommes, qui ne doivent leur domination qu'à la terreur qu'ils inspirent. *Les perquisitions et les saisies qui ont eu lieu sur plusieurs points auront dû faire découvrir la preuve de leur affiliation aux sociétés secrètes.* Ils devront subir les conséquences de leur position. Beaucoup de repris de justice ou surveillés sont une cause d'inquiétude dans les communes qu'ils habitent. Vous leur assignerez de nouvelles résidences où leur séjour sera sans inconvénient. S'ils rompent leur ban, vous donnerez des ordres pour qu'on s'assure de leur personne. Enfin, vous vous souviendrez que le décret du 8 décembre met en vos mains une arme dont vous pourrez vous servir sans hésitation à l'égard de tous les individus qui tombent sous le coup de cette haute mesure de sûreté générale. »

On ne saurait souligner assez l'importance de ces deux actes. Ils organisaient la plus terrible répression qu'on ait jamais connue en France, car, il ne faut pas l'oublier, aux termes du décret du 28 juillet 1848, étaient réputées sociétés secrètes toutes les sociétés et même toutes les réunions illégales. Il suffisait donc de dénoncer un républicain, un individu quelconque comme membre d'un groupement, pour le faire envoyer à Lambessa ou à Cayenne, et, dans l'hypothèse la plus favorable, en Algérie. En vertu de la circulaire du Ministre de l'intérieur, des perquisitions ininterrompues commencèrent dans toute la France pour découvrir les mystérieux affiliés, et cela à côté de l'instruction poursuivie contre les individus accusés d'avoir pris part à l'insurrection, c'est-à-dire à la résistance au coup d'Etat.

Bientôt, sur le conseil de plusieurs procureurs, on décida de fondre ensemble les deux procédures contre les insurgés et les affiliés. On en devine facilement le résultat. Quand on ne pouvait reprocher à l'individu d'avoir pris part à l'insurrection, on l'accusait d'avoir été affilié à une société secrète. Les dénonciations faisaient rage. La résistance était devenue l'effet d'un complot concerté par les sociétés secrètes, et les mesures du deux décembre destinées à les prévenir. Voilà comment fut créée la légende.

Voyons maintenant la réalité, en prenant quelques départements les plus éprouvés par la résistance au coup d'Etat.

Le département du Gard avait vu se produire quelques collisions sanglantes qu'on avait exploitées aussi bien que la prétendue jacquerie de Clamecy. Or, voici comment, d'après un rapport officiel, s'organisa la résistance au centre même de la région, dans l'arrondissement de Nîmes (1). A la nouvelle du coup d'Etat, 3 ou 400 hommes s'étaient réunis dans un local situé à l'extrémité de la ville, et avant que la police eût eu le temps de dissoudre cette réunion, « de graves déterminations y avaient été prises ». Un comité de 21 démocrates y avait été formé par acclamation au moyen du procédé suivant : trente-deux noms étaient jetés dans un chapeau ; un membre de la réunion les en retirait successivement et les proclamait à haute voix, l'assemblée accueillait ou rejetait

(1) A. M. J., Rapport du P. C. A. de Nîmes, du 27 janvier 1852; 440 p.

chaque nom à mesure qu'il était prononcé. Ce n'était pas précisément la procédure qu'aurait pu suivre une société secrète dont les chefs auraient dû être désignés d'avance.

Dans le département du Var, la résistance avait été des plus énergiques. Le procureur général de la Cour d'appel d'Aix nous raconte qu'il y avait à Toulon deux sociétés secrètes, la Vieille Montagne et la Jeune Montagne, et que leur plan était de s'emparer du fort Lamalgne. Tout cela ne reposait sur aucune preuve. Le magistrat en avait si peu qu'il fut obligé d'avouer, pour l'arrondissement de Brignoles où naturellement il devait y avoir aussi une société secrète, « qu'on a pu acquérir la conviction que la société n'avait pas de siège social, qu'elle n'avait pas de statuts particuliers, qu'il n'est pas démontré qu'on fit quelques listes ». Cela ne l'empêchait pas d'affirmer que, dans chaque commune, il y avait un prétendant, un vice-prétendant et un chef de section ayant chacun neuf hommes sous ses ordres, pour ajouter ensuite : « Il paraît assez démontré que... l'organisation n'était pas parfaite et que les chefs (de section) n'étaient pas soumis à une discipline rigoureuse. Ils paraissent plutôt reconnaître la direction de quelques individus influents et habitant, soit le chef-lieu de l'arrondissement, soit le chef-lieu des cantons importants. » Mais c'était là la véritable organisation des groupements républicains qui se réunissaient naturellement et spontanément autour des hommes en vue. Il fallait pourtant démontrer l'existence de la société secrète à tout prix, parce qu'il n'y avait pas moyen d'expédier autrement les républicains en Algérie. Le procureur général, dominé par les anciennes habitudes, ne se contenta pas d'une société secrète dans le sens légal du mot. Aussi, étant dans l'impossibilité de démontrer l'existence d'une société secrète par quelque acte apparent et palpable, il se trouva réduit à invoquer la formule d'initiation. Mais elle n'était pas la même ou elle n'existait pas du tout. Sans en être embarrassé, le magistrat explique cette circonstance de la manière suivante : « Lorsque les initiateurs avaient affaire à des hommes simples portés au bien, ils cachaient ou n'adoptaient qu'une partie de la formule relative à l'assistance à donner au frère. Le serment était prêté sur un poignard ou un pistolet. » (1)

Il y a dans le document qui vient d'être cité un effort de justice ; il semble ne se prêter qu'à regret aux conclusions qu'on lui impose. Le procureur de la Cour d'appel d'Agen se montre beaucoup plus complaisant. Son rapport montre à merveille le peu de foi qu'il faut ajouter aux affirmations si précises en apparence de certains documents. Voici en effet comment il peint les sociétés secrètes ; « La formule du serment, et l'appareil terrible qui environnait le récipiendaire au moment où il le prêtait, démontrent assez clairement le but de l'association et le moyen qu'on doit employer pour les atteindre. L'initié se plaçait à genoux, les yeux baissés, la main droite sur un pistolet, un poignard ou un sabre dont la pointe touchait sa poitrine ; des épées et des baïonnettes étaient dirigées en même temps contre ses yeux ; il restait trois minutes immobile dans cette situation et il jurait de combattre la tyrannie, la religion, la famille et la propriété, tantôt de piller les châteaux et les maisons, tantôt d'assassiner les riches et les réactionnaires, et toujours de défendre la république démocratique et sociale, ainsi que le suffrage universel. On ajoutait dans plusieurs cantons que s'il était désigné par le sort pour assassiner, dans l'intérêt de la République, toute personne, fût-ce même un parent, il devait

(1) A. M. J., Rapport du P. C. A. d'Aix, du 19 janvier 1852, 440 p. Exécution de la circulaire du 29 décembre 1851.

obéir. » (1) Le magistrat ajoutait que les redoutables sociétés secrètes embrassaient les départements du Gers et de Lot-et-Garonne, et que dans certaines communes tous les habitants, excepté le curé, étaient affiliés à la société. Le procureur de la République de Versailles considérait comme affiliés à une société secrète les membres d'une société formée en vue d'organiser une pétition contre la loi du 31 mai 1850 qui mutilait le suffrage universel. « Les signatures apposées au bas de cet acte, écrivait ce magistrat qui oubliait que l'abolition de cette même loi avait été une des premières mesures du coup d'Etat, devinrent l'objet d'un premier examen, et l'autorité put savoir avec quelque exactitude combien l'ordre public compta d'adversaires. » (2) On pourrait multiplier ces citations plus extravagantes les unes que les autres. Là, la preuve de la société secrète résulte de l'existence d'un comité électoral ; ici, de l'habitude prise par les républicains de se rendre en groupe aux enterrements des démocrates. Parmi les accusations le plus fréquemment employées contre eux était celle d'avoir discuté, dans des réunions, secrètes naturellement, les questions relatives à la diminution ou à la suppression des impôts, à l'augmentation des salaires, à l'organisation du travail, ou, ce qui revenait au même pour le magistrat, au pillage des châteaux et à l'assassinat des riches (3).

(1) A. M. J., Rapport du P. C. A. d'Agen, 440 p., sur l'exécution de la circulaire du 28 décembre 1851.

(2) A. M. J., Rapport du P. C. A. de Paris, département de Seine-et-Oise, sur l'exécution de la circulaire du 29 décembre 1851.

(3) *Ibid.*, pour le département de l'Yonne. D'après le rapport cité, l'origine de la société secrète dans ce département était une association formée après la révolution de 1848 à Auxerre sous le titre de « Cercle industriel et agricole », qui ne tarda pas à se donner le nom « d'Association démocratique de la commune d'Auxerre ». A Joigneaux, parmi les démocrates les plus actifs figurait Dethou, gros propriétaire condamné le 31 mai 1850 par le tribunal pour distribution illicite d'écrits.

Il est inutile d'insister pour démontrer ce qu'il y avait de peu fondé dans la prétention d'expliquer la résistance au coup d'Etat par l'action combinée des sociétés secrètes. Elle se produisit là où la prévoyance de l'administration fut prise en défaut. Subissant l'effet de la légende, Ténot lui-même explique le succès du mouvement dans les Basses-Alpes par le redoutable ensemble avec lequel il se produisit grâce à l'ordre parti d'un centre commun; mais il déclare malgré cela inexplicable l'inaction de Marseille qui était tout naturellement désigné pour être le centre de la résistance. Eh bien ! Marseille ne bougea pas, parce que le coup d'Etat, ayant surpris les républicains de cette cité comme partout ailleurs, fut étouffé immédiatement.

Dans les Basses-Alpes, le mouvement de résistance avait pris une grande extension parce que, comme cela résulte des documents officiels, d'une part les troupes y étaient notoirement insuffisantes, et d'autre part, les chefs de la garnison, faute d'avoir reçu un ordre formel, s'étaient refusés à ordonner le feu. « Nulle part, constate le procureur de la Cour d'appel d'Aix, l'émeute n'a rencontré de résistance, soit de la part de la gendarmerie, soit de la part de la troupe. La responsabilité de cette inaction doit remonter aux chefs des diverses armes....... Une capitulation qui n'a pas d'exemple fut signée par le commandant Chevalier qui livra quarante quintaux de poudre et mille fusils appartenant à l'Etat. De son côté, le lieutenant Buchez faisait rendre les armes à la gendarmerie. Le commandant Chevalier avait 420 hommes... et 6.000 cartouches. »

Possesseur d'une grosse propriété foncière, il avait l'habitude de répandre gratuitement, dans les campagnes, des almanachs démocratiques. Un autre anarchiste notable, M. Dugaillou, rédacteur en chef du journal l'*Union républicaine*, était un ancien sous-officier à l'armée d'occupation d'Espagne en 1823.

La résistance ne gagna pas tout de suite le département. Il n'y eut pas le redoutable ensemble dont parle Ténot à partir du 5 décembre. Le rapport déjà cité en fait foi. A Barcelonnette, point très important, la nouvelle ne fut connue que le 6 décembre ; elle ne produisit aucune agitation en apparence. Ce n'est que dans la soirée du dimanche 7 que quelques signes de mouvement commencèrent à paraître. Il en fut de même dans le département des Bouches-du-Rhône où naturellement, d'après le rapport du procureur, chaque village avait sa section qui ressortait du chef-lieu de canton, et où chaque canton aboutissait au chef-lieu d'arrondissement ; mais pour Aix au moins, la levée générale n'avait été décidée que pour le 7, c'est-à-dire le dimanche. Quant à Marseille, la résistance y fut immédiatement réprimée. Dans les journées des 10 et 11 décembre, l'administration avait appris qu'une bande avait passé par le canal de Rocquevaire. Le procureur de la République, accompagné d'un détachement de cavalerie et d'un juge d'instruction, s'y rendit et y découvrit dans les chambrées les portraits de Raspail, de Louis Blanc et de Barbès qui étaient les vrais conspirateurs (1).

De même, à Lyon et dans le département du Rhône, où la population ouvrière était acquise depuis longtemps à la République, il n'y eut pas de résistance, et pourtant le mouvement démocratique y fut beaucoup plus intense que dans les Basses-Alpes et même dans les départements du Midi. Veut-on en savoir la cause ? Le procureur de la Cour d'appel de Lyon nous l'a fait connaître dans les termes suivants : « On y avait (à Lyon) bénéficié du régime de l'état de siège depuis près de trois années. L'insurrection de 1849, réprimée avec vigueur, avait laissé la démagogie sous l'intimidation de la défaite...

(1) 1, V. le rapport déjà cité du procureur de la Cour d'appel d'Aix, 440 p.

NATURE DE LA RÉSISTANCE. 65

De plus, il (l'état de siège) avait fermé la circonscription de son territoire à la publication des feuilles des départements ou de Paris, remarquables par leur violence, à la propagation des brochures ou des petits écrits du socialisme. » Le magistrat exagérait l'efficacité de l'état de siège sur la propagation des idées républicaines et socialistes, car les écrits « subversifs » ne cessaient pas de circuler à Lyon, envoyés de Genève. Mais il est certain que les poursuites continuelles auxquelles furent exposées les sociétés ouvrières, dont quelques-unes furent traduites devant un conseil de guerre, la destruction de la Jeune-Montagne dont Gent fut l'organisateur, paralysèrent d'avance la résistance. C'était précisément cette désorganisation déjà accomplie des groupements républicains que l'administration de Louis Bonaparte escomptait pour la réussite du coup d'État. Elle avait tout prévu sauf la résistance spontanée, dont la vraie cause était dans le suffrage universel ayant appelé tous les citoyens à la vie politique (1).

L'impression qui se dégage de tous ces documents est

(1) A. M. J. Le rapport du procureur général de la Cour d'appel de Lyon sur l'exécution de la circulaire du 29 décembre 1851, 440 p. D'après ce document, Gent serait arrivé à fédérer quinze départements. Voici quel fut le serment d'initiation et par là même le programme de cette association : « Moi, l'homme libre, je jure, au nom des martyrs de la liberté, d'armer mon bras contre la tyrannie tant politique que religieuse, et ce en tout temps et en tout lieu. Je jure de travailler à la propagande des lois démocratiques et de veiller à la propagande des lois démocratiques et sociales. Je jure de donner assistance à un frère toutes les fois que les circonstances l'exigeront... par mes facultés physiques et morales. » Il y eut en même temps le petit dialogue suivant : « Connaissez-vous Marianne ? Marianne de la Montagne. L'heure ?-Va sonner. Le droit ? Au travail. Le suffrage ? Universel. Dieu nous voit ? Du haut de la montagne. Lyon ? Lyon. » La formule de ce serment paraît mieux répondre à la réalité que les formules précédentes. Voir dans le même rapport une allusion à un commencement de complot qui eut lieu dans la Drôme et qui devait englober un certain nombre de soldats et de sous-officiers.

nette. Le spectre des sociétés secrètes ne fut invoqué qu'après coup pour expliquer la résistance au coup d'Etat. Les poursuites et les répressions ordonnées à ce propos eurent moins pour objet de punir ceux qu'on appelait les insurgés que d'achever la désorganisation de ce qui restait des groupements républicains. Dans certains départements les commissions mixtes n'eurent pour ainsi dire pas à s'occuper de la répression de la résistance en réservant toutes leurs rigueurs pour les membres des sociétés dites secrètes. Les procureurs généraux, tout en se croyant tenus de dramatiser la situation par l'évocation des mystérieux affiliés, se doutaient bien que le danger n'était pas là et s'appliquaient à signaler surtout les associations républicaines où l'affiliation était absolument inconnue. Ils reproduisaient, en les rafraîchissant quelque peu pour la circonstance, les renseignements déjà fournis par eux avant le 2 décembre et dont le résumé général se trouvait dans un document publié par le ministère de la Justice sous le titre de « Mouvement démagogique antérieur au 2 décembre ». (1) C'est ainsi que le procureur de la Cour d'appel de Limoges, dans le ressort duquel il n'y eut pas de troubles graves malgré et par suite des précautions prises par l'administration, dénonce les sociétés comme « un levier puissant » de la propagande démocratique. « En les multipliant, écrit-il, les chefs socialistes se proposaient le double but d'agglomérer et de discipliner leurs adhérents... et d'établir des centres de travail et d'industrie où l'on élaborait des doctrines d'un communisme effrayant... Les principaux corps d'état sont déjà soumis à ce travail de corruption... les porcelainiers, les cordonniers... correspondaient chaque jour avec Nadaud et Michel (de Bourges). » Voilà où

(1) Voir ce document dans notre volume *Associations et sociétés secrètes sous la deuxième République*, 1905, p. 279.

se trouvait le véritable complot républicain. Il avait ses agents; le sieur Charpentier qui s'occupait notamment de l'organisation des associations en s'inspirant des principes inaugurés par la commission de Luxembourg, et la femme de Rich-Roch en relation avec Pauline Rolland et Jeanne Derouin, de la Fédération des sociétés ouvrières à Paris. L'extrait d'une lettre adressée de Paris aux sœurs de Limoges nous donne une idée approximative des doctrines subversives que ce travail de propagande avait provoquées : « Chère sœur, vous êtes dans la ville sainte du socialisme, dans une ville réellement plus avancée dans la pratique et dans la théorie révolutionnaire de l'avenir que nous ne sommes généralement à Paris. ..., le socialisme est une religion qui, laissant à ses adeptes le devoir et toutes les vertus qu'impose le christianisme, leur donne la loi de vertus nouvelles supérieures à celles qu'enseigne l'Evangile, de toute la distance qui sépare la belle mais incomplète loi de l'amour, de la... forme républicaine, liberté, égalité, fraternité. »

Pour montrer tout le danger des associations ouvrières de Limoges, le magistrat crut utile de rappeler qu'en 1848, la Révolution à Limoges était déjà accomplie avant l'arrivée du commissaire du gouvernement. Mais, malgré tout son passé, malgré les racines profondes que le mouvement démocratique y avait prises, malgré un essai d'organisation poussé très loin, les populations ouvrières de Limoges, comme celles de Lyon, n'avaient pu tenter une résistance, car elles avaient déjà été désorganisées par les poursuites antérieures au 2 décembre (1).

Le parquet de Dijon dénonçait de son côté les ouvriers de

(1) A. M. J., 440 p. Rapport du Procureur général de la Cour d'appel de Limoges du 7 février 1852. On trouve dans ce document la preuve de l'influence de Pierre Leroux sur les corporations ouvrières de Limoges.

Mâcon qui avaient poussé l'organisation jusqu'à subventionner le journal L'*Avant-Garde de Saône-et-Loire*. Ils s'étaient constitués en association pour se cotiser et pouvoir, ainsi soutenir le journal qui défendait leurs intérêts (1).

Les ouvriers de Reims furent également signalés comme très dangereux pour l'ordre public. Ils furent exposés à de continuelles poursuites avant le 2 décembre (2).

D'une façon générale les ouvriers n'inspiraient aucune confiance à l'administration de Louis Bonaparte. Ainsi, le procureur général de la Cour d'appel de Rennes, rendant compte de l'accueil fait par la ville de Nantes à la nouvelle du coup d'Etat, annonce que les ouvriers de l'établissement national d'Indret avaient été appelés à Nantes en prévision d'un mouvement de résistance et qu'il avait cru prudent de provoquer l'arrestation de vingt-quatre d'entre eux (3).

Les ouvriers et les bourgeois n'étaient pas seuls responsables de la résistance au coup d'Etat.

Le procureur de la Cour d'appel d'Aix s'en prenait à l'histoire de la Provence, qui avait conspiré depuis des siècles contre toutes les tyrannies. C'était ainsi, dit-il, dans des chambrées organisées au sein des villes de Provence sous le nom de « Fraternités », qu'on avait comploté en faveur de l'affranchissement des communes. « La commune s'est affranchie, mais la chambrée s'est conservée par habitude, et n'ayant

(1) A. M. J., 440 p., Rapport du P. C. A. de Dijon.
(2) V. Tchernoff, *op. cit.*, p. 296. Le département de la Marne, en dehors de six mille affiliés aux sociétés ouvrières, comptait d'autres républicains. Pour Sainte-Ménéhould, le rapport contient les lignes suivantes : « Mon substitut ne peut indiquer les noms, les statuts, la mission des affiliés aux sociétés secrètes de son arrondissement ; mais il a la preuve que le socialisme y compte des apôtres dévoués et que tous ne sont pas dans les rangs les moins élevés de la société. »
(3) A. M. J., 440 p., Rapport du P. C. A. de Rennes du 12 décembre 1851.

plus rien à affranchir, elle a continué, toujours par habitude, à comploter à chaque époque de l'histoire... Il faut donc faire une guerre incessante à tout ce qui peut ressembler à ces funestes associations. » (1) C'était la vérité, il fallait arrêter la marche de l'histoire de France, briser toutes les associations, anéantir le mouvement coopératif, réduire la nation à l'état de poussière pour la mettre, asservie et désagrégée, aux pieds du dictateur. Les listes de proscription qui se dressaient de tous les côtés étaient destinées à atteindre ce but. Le procureur de la Cour d'appel de Montpellier dénonçait dans le seul département de l'Hérault 60.000 affiliés aux sociétés secrètes capables des pires méfaits. Une répression sévère s'imposait (2).

VI

Nul n'a mieux raconté les horreurs des arrestations qui s'étaient produites à Paris qu'Emile Ollivier dont le père avait été cité devant la cour d'assises à Paris, le 2 décembre, pour avoir, dans une réunion électorale, excité au renversement du gouvernement de la République. Il nous peint l'état d'esprit de prisonniers qui avaient cru « qu'on les conduirait dans les parties inférieures de la prison pour les égorger sans que leurs cris fussent entendus ». Ils n'allaient pas être égorgés. Un autre sort leur était réservé. Le prince Napoléon annonçait à Emile Ollivier que son père, transporté à Ivry, serait probablement envoyé à Cayenne ou à Lambessa, car le préfet de l'Aube lui prêtait ce propos : « Nous traquerons le Président comme une bête fauve. » Tel devait être le sort de tous ceux qui étaient transférés à Ivry. Et ils étaient nom-

(1) A. M. J., Rapport du P. C. A. d'Aix, déjà cité.
(2) A. M. J., 568 p., Rapport du P. C. A. de Montpellier du 30 janvier 1852.

breux. « A mon arrivée, écrivait Démosthène Ollivier, j'ai été jeté dans une casemate où nous étions entassés les uns sur les autres comme du bétail; les ouvertures sont tellement rétrécies qu'on peut à peine lire en plein jour; l'air manque; la poussière qui s'élève de la paille peu abondante sur laquelle reposent nos paillasses, produit sur les poumons l'effet de l'acide carbonique. La vermine nous enveloppe, il est impossible de s'y soustraire, elle engendre des pustules sur le corps de la plupart des prisonniers. » (1)

Dire avec précision combien il y eut d'arrestations à Paris et en province, cela n'est guère possible, car il faudrait s'en rapporter aux indications officielles; mais il est permis de présumer le nombre des arrestations d'après la manière de procéder de l'administration.

Au début, sauf à Paris, les arrestations étaient peu nombreuses. On croyait pouvoir se borner aux mesures comme celles indiquées par le procureur de la Cour d'appel de Rouen qui écrivait le 6 décembre 1851 : « Les nouvelles de la journée sont rassurantes. Quelques arrestations ont été opérées à Elbeuf et dans les communes limitrophes; elle ont produit un excellent effet. » (2)

Puis, avec l'extension du mouvement de résistance, la situation s'aggrava et les arrestations en masse furent ordonnées sur tous les points de la France. Certains parquets, comme par exemple celui de la Cour d'appel d'Aix, estimaient que la procédure ordinaire employée pour les arrestations était insuffisante et qu'il était préférable de procéder à de véritables battues. « J'ai proposé, écrivait un magistrat le

(1) Emile Ollivier, *Le 19 janvier* 1869, p. 85 et suiv.
(2) A. M. J., 410 p. Le rapport du parquet de la Cour d'appel de Paris, du 16 décembre 1851, donne 1428 détenus pour le seul fort de Bicêtre. Voir aussi A. M. J., 440 p. Cour d'appel de Rouen.

6 janvier 1852, d'envoyer dans les communes les plus travaillées par l'esprit démagogique un détachement de troupes accompagné d'un commissaire spécialement délégué afin de procéder à l'arrestation de tous les individus compromis et désignés comme les meneurs et les chefs des sociétés secrètes, fermeture de cercles, chambrées et cafés. »(1) Naturellement, il en résulta des arrestations tellement nombreuses que les magistrats eux-mêmes ne savaient où loger les prisonniers ni même ce qu'on pourrait en faire. « Les arrestations opérées par mesure administrative... deviennent un embarras pour la justice qui n'est saisie d'aucun fait à leur égard. Le nombre des personnes arrêtées s'accroît chaque jour. La maison d'arrêt, la caserne, un autre bâtiment affecté à ce service sont encombrés », écrit le procureur de la République d'Auxerre (2).

Les arrestations constituaient souvent des violations tellement flagrantes du droit le plus élémentaire et même du bon sens que les procureurs prenaient sur eux d'ordonner l'élargissement de quelques détenus. Mal les en prenait. Le ministère de l'Intérieur leur reprochait leur maladroite générosité, cette mesure pouvant être considérée comme un acte de faiblesse (3).

Mais qu'allait-on faire de cette foule de prisonniers ? Les républicains arrêtés se trouvaient exposés aux décrets du 8 décembre et du 9 janvier 1852, sans parler de la célèbre circulaire du Ministre de l'Intérieur.

Les membres de l'Assemblée dissoute n'étaient pas les plus dangereux ; on ordonna l'éloignement momentané de 187 d'entre eux dont 6 républicains, l'expulsion de 66 montagnards avec la menace de la déportation pour le cas où ils rentreraient ;

(1) A. M. J., 510 p. P. C. A. d'Aix, 6 janvier 1852.
(2) Voir A. M. J., 416 p. Rapport du 22 décembre 1851.
(3) A. M. J., P. C. A. de Rennes, 16 décembre 1851.

la déportation de cinq représentants à la Guyane. Seul Miot, signalé comme membre actif du comité de la résistance, subit la déportation en Algérie ; Mathé s'évada ; la peine de Marc Dufraisse, Greppo et Richardet fut commuée en bannissement par l'intervention de George Sand (1).

Mais les représentants ne furent pas les plus maltraités. Les commissions mixtes créées par une circulaire du 3 février allaient jeter la terreur dans tout le pays.

Composées, dans chaque département, du préfet, du procureur de la République et du général, elles jugeaient à huis clos sans témoins ni défenseurs, sur de simples dénonciations et informations d'ordre administratif. Elles utilisaient les listes des suspects dressées par l'administration depuis 1849 et frappaient sans distinction les républicains coupables « d'insurrection » et les prétendus affiliés aux sociétés secrètes ; elles frappaient même certains républicains pour avoir jeté un bulletin négatif au plébiscite. Les commissions pouvaient prononcer le renvoi devant le conseil de guerre, la transportation à Cayenne ou en Algérie, l'expulsion, l'éloignement momentané, l'internement dans une localité, le renvoi devant le tribunal correctionnel, la mise en surveillance, la mise en

(1) Six représentants républicains furent frappés de la mesure de l'éloignement : Edgar Quinet, Antony, Chauffour, Leydet, Pascal Du Prat, Thouret, Versigny. Les républicains suivants furent expulsés : Valentin, Perdiguier, Cholat, Racouchot, Latarde, Burgard, Benoit (Rhône), Colfavru, Faure (Rhône), Renaud, Gambon, Lagrange, Cassal, Signard, Viguier, Terrier, Victor Hugo, Nadaud, Bandsept, Boysset, Charrassin, Combier, Duché, Joly, Savoye, Ennery, Baune, Schœlcher, Bertholon, Giulgot, Hochstuhl, Michot-Boutet, Bruys, de Flotte, Joigneaux, Esquiros, Laboulaye, Madier de Montjau, Bac, Bancel, Belin (Drôme), Noël Parfait, Péan, Pelletier, Raspail (Camille), Besse, Bourzat, Brives, Chavoix, Dulac, Dupont (de Bussac), Dussoubs, Guiter, Lafon, Lamarque, Charras, Pierre Lefranc, Jules Leroux, Fr. Maigne, Malardier, Mathieu (Drôme), Millotte, Roselli-Mollet, Saint-Ferréol, Sommier, Testelin (Nord).

liberté. Avant de dire comment procédaient les commissions mixtes, il importe de faire remarquer que les jugements des simples tribunaux, et à plus forte raison des conseils de guerre, pouvaient aboutir indirectement, et aboutissaient en fait à la déportation en Algérie. Seule, la procédure variait, mais tout individu condamné à six mois de prison pour société secrète — et cela même après le rétablissement de l'Empire — était susceptible d'être envoyé administrativement à Cayenne. Ainsi, Ranc, un des conjurés de la conspiration de l'Hippodrome et de l'Opéra-comique, acquitté par la cour d'assises, mais condamné par le tribunal correctionnel pour affiliation à une société secrète, avait été destiné à Cayenne et ne dut qu'à une faveur d'être déporté à Lambessa.

Le décret du 8 décembre autorisait formellement cette mesure qui fut plus d'une fois appliquée au début de l'Empire (1).

Les chiffres fournis par les documents officiels, réunis dans les circonstances que nous connaissons et qui signalaient 2.804 internés, 1.545 éloignés ou expulsés, 9.530 transportés en Algérie, 239 à Cayenne, et 5.450 soumis à la surveillance, sont forcément incomplets. Ils le sont d'autant plus que les commissions avaient reçu l'ordre d'achever leur travail à la fin du mois. Or, il arrivait souvent que le nombre d'accusés était si considérable qu'on n'avait pas le temps matériel de les expédier. On les traduisait devant un conseil de guerre. D'autre part, les chiffres officiels ne sont pas exacts. Ainsi, le 1er mars 1852, le préfet du Var annonce au gouvernement que la commission de son département avait à statuer sur 2.216

(1) M. Henri Lefort, un républicain militant qui s'était trouvé à Sainte-Pélagie en 1854, à l'occasion de la manifestation au cours de Nisard, m'a affirmé avoir vu en prison des instituteurs qui, à l'expiration de leur peine, étaient frappés administrativement de la déportation en Algérie. On sait que Delescluze fut envoyé à Cayenne par une simple décision administrative.

cas — c'est le chiffre donné par le tableau officiel, — mais il ajoute en même temps qu'elle aurait encore à se prononcer sur cinquante inculpés (1). Parmi les républicains soumis à la surveillance, certains d'entre eux furent transportés ou en tous cas virent leur peine aggravée sous le prétexte que leur présence donnait lieu à des agitations ou parce que, comme disaient quelques préfets ou sous-préfets, le spectacle de leur impunité relative choquait les esprits (2).

Dire comment avaient procédé les commissions mixtes en 1852, c'est raconter une des pages les plus sinistres de l'histoire de France. Comme les appréciations personnelles peuvent être révoquées en doute et suspectes de partialité, il convient de citer des textes officiels d'une authenticité incontestable (3). Commençons par donner comme modèles quelques décisions de la commission mixte du département du Cher qui frappait les membres d'une prétendue société secrète.

... « *Bouet Jean, dit Jeannet, journalier à Meillant, 45 ans, veuf, un enfant, ne sachant ni lire ni écrire. Inculpé non détenu. Affilié décurie de Martin. Aveu. Appartient à une bonne famille aisée, irréprochable dans sa vie privée. On prétend qu'aux dernières élections il aurait jeté dans l'urne un bulletin négatif.* Vu. 5 ans Lambessa. '

Guilleminet Louis, fondeur à Meillant, 47 ans, marié, un enfant, sait lire et écrire un peu. Entendu comme témoin. Affilié. Aveu. Socialiste ardent. Sans mauvais antécédents. Manifeste le plus vif repentir. Vu. 10 ans Lambessa.

Guilleminet Jean, propriétaire à Meillant, 36 ans, marié,

---

(1) A. M. J., 583 p. Rapport du préfet du Var, du 1ᵉʳ mars 1852.
(2) A. N., *id.*, Dordogne, 7. Rapport du sous-préfet de Bergerac, du 27 mars 1852.
(3) Les décisions des commissions mixtes se trouvent aux Archives du Ministère de la Justice. Elles ne portent pas de cote.

un enfant, sait lire et écrire. Entendu comme témoin. Affilié. Aveu. Intelligent, mais ambitieux et jaloux. Honnête dans sa vie privée. Vu. 5 ans à Cayenne.

Delage Jean, menuisier à Meillant, 36 ans, marié, 3 enfants, ne sait ni lire ni écrire. Entendu comme témoin. Affilié. Aveu. Intelligent, rusé et profondément méchant. Entraineur de foules, dangereux. Ses antécédents sont peu favorables. 5 ans à Cayenne.

Cotillon François, carrier à Meillant, 25 ans, marié, un enfant. Sait lire et écrire. Entendu comme témoin. Affilié décurie de Martin. Aveu. Mauvais sujet, sans conséquence et peu dangereux. 7 ans Lambessa.

Bouquin Jean, journalier à Meillant, 24 ans, marié, un enfant, ne sait ni lire ni écrire. Entendu comme témoin. Affilié décurie de Latte. Aveu. Ancien militaire d'une conduite régulière. Ivrogne, exalté dans ses opinions, insolent, espèce d'avocat de village. Il passe pour assez dangereux. 10 ans Lambessa.

Bondoneau Etienne, journalier à Meillant, 54 ans, marié, un enfant, ne sait ni lire ni écrire. Entendu comme témoin. Affilié. Aveu. Très pauvre, sans antécédents fâcheux, sans portée, peu dangereux. 5 ans Lambessa.

Aussage Jean, dit Périne, charbonnier à Meillant, 35 ans, marié, quatre enfants, ne sait ni lire ni écrire. Entendu comme témoin. Affilié décurie de Latte. Aveu. Appartient à une honnête famille. A lui-même d'assez bons antécédents. Passe pour méchant, hypocrite et homme d'initiative. 5 ans Lambessa.

Piat Jacques, porcelainier à Noirlac, 33 ans, marié, quatre enfants, ne sait ni lire ni écrire. Interrogé comme inculpé, non arrêté. Affilié décurie de Latte. Aveu. Très pauvre. Honnête jusque-là. Conduite privée irréprochable. A commencé

cependant par mentir impudemment devant les magistrats.
5 ans Lambessa.

Antoine Petit, dit Majot, journalier à Meillant, célibataire, ne sait ni lire ni écrire. Entendu comme témoin. Affilié décurie de Latte. Aveu. Sans volonté, presque idiot. Méchant néanmoins. 5 ans Lambessa.

Velan Jean-François, carrier à Meillant, 40 ans, marié, cinq enfants. Ne sait ni lire ni écrire. Entendu comme témoin. Affilié décurie de J... Aveu. Très malheureux, ivrogne, bavard, sans méchanceté. 5 ans Lambessa.

Deboisse Roger, carrier à Meillant, 35 ans, marié, un enfant, ne sait ni lire ni écrire. Entendu comme témoin. Affilié décurie de J... Aveu. Espèce de fanatique socialiste. Querelleur, méchant, homme d'action sans initiative. 7 ans Lambessa.

Sallé Charles, cultivateur à Saint-Rhombe, commune de Meillant, 37 ans, marié, un enfant, ne sait ni lire ni écrire. Entendu comme témoin. Aveu. D'une honnête famille. Ivrogne et méchant. Considéré comme peu dangereux. 5 ans Lambessa.

Roger Auguste, journalier à Meillant, 24 ans, célibataire, ne sait ni lire ni écrire. Entendu comme témoin. Affilié décurie de J... Aveu. Enfant naturel. Jeune homme étourdi et sans conséquence. 5 ans Lambessa.

Foultier Gilbert, serrurier à Meillant, ancien maire de cette commune, 38 ans, marié, cinq enfants, sachant lire et écrire. Inculpé détenu. Centurion probablement. Socialiste ardent et fanatique. Violent, adonné à l'ivrognerie. Assez intelligent, considéré cependant comme assez honnête homme. Conspirateur de tous les temps. Poursuivi en 1834 pour l'affaire de Saint-Merry et relâché en 1848 pour port d'emblème séditieux et acquitté. Faisait partie de l'ancienne société des Droits de

*l'Homme. Organisateur de la Société secrète de Meillant. A
initié presque tous les affiliés, très dangereux. C'est lui qui a
perdu la commune de Meillant.* 10 ans Cayenne.

*Jouhanneau Denis, carrier à Meillant, 51 ans, marié, un
enfant, sachant lire et écrire. Inculpé non détenu. Décurion.
Aveu. Considéré jusque-là comme fort honnête, de mœurs
douces, mais le dérangement de ses affaires l'a jeté dans les
bras de Foultier dont il est devenu le lieutenant dévoué.
Aujourd'hui on le dit très mauvais, cachant sous le masque
d'une feinte bonhomie les plus mauvaises passions. Cependant longtemps avant que notre information fût commencée,
avait manifesté le regret de faire partie de la société secrète.
Il semble aujourd'hui bien repentant.* 5 ans Lambessa.

*Renaud Claude, journalier à Meillant, 22 ans, célibataire.
Sait lire et écrire. Entendu comme témoin. Affilié décurie de
Latte. Aveu. Appartient à une famille fort honnête, seul soutien de sa mère aveugle. Jugé incapable de faire du mal. A
cependant souvent figuré dans les cérémonies d'initiation.*
5 ans Lambessa.

*Auclerc Joseph, fondeur à Meillant, 40 ans, marié, 3 en-
fants. Ne sait ni lire ni écrire. Témoin. Affilié décurie de
Jouhanneau. Aveu. Excellents antécédents. Irréprochable
dans sa conduite privée, s'est laissé entraîner par peur.
Acquitté. A fesser en place publique comme peureux......* »

Veut-on savoir ce qu'il y avait de fondé dans la rigueur
dont la commission du département du Cher avait fait preuve
à l'égard des membres de la société dite secrète du bourg de
Meillant (arrondissement de Saint-Amand)? Qu'on lise le
rapport du procureur général de la Cour d'appel de Bourges.
L'instruction désignait 55 artisans ou paysans, et comme
chefs « quelques hommes dangereux et très compromis par
leurs menées politiques et leur zèle pour la propagande ».

C'était pour pouvoir mettre la main sur ces derniers que le délit de société secrète avait été inventé. Les preuves matérielles faisaient défaut. Il avait fallu arracher des aveux aux paysans intimidés. « Quelques-uns, dit expressément le magistrat, ne furent devant la justice d'une franchise complète que, non pas sous la promesse formelle, ce serait trop dire, mais avec les conditions qu'il leur serait tenu compte de leur sincérité et de leur repentir ». On comprend ce que cela veut dire, dans le langage administratif, que les membres de la commission départementale n'étaient guère disposés à comprendre. Ils procédaient avec une extrême simplicité. A un individu coupable d'affiliation à une société dite secrète on appliquait le tarif minimum de 5 ans de Lambessa. Si un autre fait aggravait son cas, par exemple, l'accusation d'être méchant, le tarif était doublé et l'individu en question devait aller à Cayenne pour y méditer à loisir sur la valeur des promesses données par un magistrat. « Si l'on prodigue la transportation avec cette facilité, ajoutait encore ce dernier, ce sera pour certaines localités une razzia effroyable par centaines, sans cause suffisante, et, je le crois, du plus mauvais effet sur l'opinion.... Veuillez faire remarquer, en effet, qu'à part l'affaire de B... (13 octobre) et une légère émotion à Saint-Amand après le 2 décembre, nous n'avons eu dans ce département aucun fait insurrectionnel. Toutes les poursuites politiques ont eu le même objet, poursuites pour affiliation à la société secrète de la Jeune-Montagne. » (1)

Les transportations en masse que le magistrat en question cherchait à prévenir n'étaient qu'une menace pour le département du Cher; elles furent appliquées sans réserve au département de l'Hérault. On avait reculé devant l'idée d'or-

(1) V. A. M. J., 48 p. Rapport du procureur général de la Cour d'appel de Bourges, du 13 janvier 1852.

donner la transportation de 60.000 individus dénoncés comme membres de sociétés secrètes, mais on avait frappé 2.066 républicains et même quelques bonapartistes. Le préfet de l'Hérault, dans un rapport adressé au Ministre de l'Intérieur, explique comment les choses s'étaient passées. « Personne plus que moi, écrivait-il à la date du 7 septembre 1852, n'est disposé à maintenir... une répression et une surveillance sévères. Mais V. E. comprend combien, sur 2.066 condamnations prononcées par les commissions mixtes, il a dû se commettre d'erreurs involontaires ou des rigueurs inutiles dans ce département où la plupart des autorités locales étaient composées de légitimistes et où l'on ne se fait pas faute d'agir par la voie des dénonciations. Comme je dois tout dire, je ne crains pas d'ajouter que M. le général Rostolan, président de la commission, a exercé une fâcheuse influence... Il a subi lui-même celle de ses amis légitimistes, plus encore que les exigences de l'état de siège, en exagérant la répression et en procédant pour ainsi dire par voie de transportations en masse (1). » On n'est pas surpris dans ces conditions d'apprendre que nombre de bonapartistes avaient pris le chemin de l'Afrique. Il fallait accorder des grâces multiples pour éviter de pareilles erreurs. Le préfet du Var signalait de son côté l'injustice flagrante des nombreuses transportations appliquées aux républicains les moins coupables, uniquement parce qu'ils avaient été arrêtés les premiers, tandis que les plus coupables n'étaient poursuivis que devant les tribunaux correctionnels (1).

Est-il utile de relever, après les quelques documents cités, toutes les décisions des commissions mixtes ? L'impression qu'elles produisent est toujours la même. Jamais la France n'a été le théâtre d'un pareil déchainement d'arbitraire. Le

(1) A. N., id., Hérault, 9. Rapport du préfet du 7 septembre 1852.
(2) A. N., id., Var, 12. Rapport du préfet du 20 mai 1852.

mal aurait été plus grand si la République en France n'avait pas proclamé l'abolition de la peine de mort en matière politique. Mais nous aurons l'occasion de voir que la « guillotine sèche » avait rempli officieusement le rôle que lui assignait le coup d'Etat. Il y eut en outre des condamnations à Cayenne à perpétuité (1).

C'est ainsi qu'allait en se développant la répression des journées de décembre, d'abord destinée à assurer le triomphe de Louis Bonaparte sur une assemblée réactionnaire, puis à rallier au coup d'Etat le parti de l'ordre, et enfin à satisfaire les vengeances particulières et à rétablir les anciennes influences ébranlées par les nouvelles couches qu'avait appelées à la vie politique le suffrage universel (2).

(1) Notamment à Marseille. Sur les sept républicains frappés de cette mesure, il y eut quatre ouvriers.

(2) Après les explications qui précèdent, on comprendra aisément le ton et le sens de ce qu'écrivait George Sand aussitôt après le coup d'Etat.

« A M. Jules Hetzel, à Paris, 20 février 1852.

« Les grâces ou justices qu'on obtient sont, pour la plupart du temps, non avenues, grâce à la résistance d'une réaction plus forte que le président, et aussi grâce à un désordre dont il n'est plus possible de sortir vite, si jamais on en sort ; la moitié de la France dénonce l'autre. Une haine aveugle et le zèle atroce d'une police furieuse se sont assouvis.

« A M. Ernest Périgois, à la prison de Châteauroux,
24 février 1852.

« Le nom dont on s'est servi pour accomplir cette affreuse boucherie de réaction n'est qu'un symbole, un drapeau qu'on mettra dans la poche et sous les pieds le plus tôt qu'on pourra. L'instrument n'est pas disposé à une éternelle docilité. Humain et juste par nature, mais nourri de cette idée fausse et funeste que la fin justifie les moyens, il s'est persuadé qu'on pouvait laisser faire beaucoup de mal pour arriver au bien, et personnifier la puissance dans un homme pour faire de cet homme la providence d'un peuple. »

« A M. Jules Hetzel, à Paris, 20 février 1852.

« Deux fois on a pris la liste ; deux fois on a donné des ordres sous mes yeux, et dix fois dans la conversation le président et le ministre

C'est au milieu de cette terreur qu'on allait voter les deux plébiscites, l'un pour l'approbation des mesures de décembre, l'autre pour le rétablissement de l'Empire. C'est dans ces conditions que devait avoir lieu le renouvellement de la Chambre, des conseils municipaux et des conseils généraux.

m'ont dit, chacun de son côté, qu'on avait été trop loin, qu'on s'était servi du nom du président pour couvrir des vengeances particulières, que cela était odieux et qu'ils allaient mettre bon ordre à cette fureur atroce et déplorable. Le premier jour que je l'ai vu il m'a fait l'effet d'un envoyé par la fatalité. La deuxième fois j'ai vu l'homme débordé qui pouvait encore lutter. Maintenant, je ne le vois plus, mais je vois l'opinion et j'aperçois de temps en temps l'entourage : ou je me trompe bien, ou l'homme est perdu, mais non le système, et à lui va succéder une puissance de réaction d'autant plus furieuse que la douceur de tempérament de l'homme sacrifié n'y sera plus un obstacle. » (G. Sand, Correspondance, T. III.)

CHAPITRE III

Les Plébiscites et le rétablissement de l'Empire (1).

I. Le développement de la terreur et le système des otages.
II. Les prétendus complots et la légende de la machine infernale de Marseille.
III. Le vote.

On s'imagine facilement l'état d'esprit des électeurs appelés à voter après les arrestations et les transportations qui venaient de bouleverser la France. Mais il faut pénétrer plus profondément dans cette sombre tragédie ou plutôt dans cette tragi-comédie qu'était le plébiscite.

I

Les votes ayant eu lieu dans les communes, là où le nombre d'électeurs était petit, la surveillance à exercer était facile. Un vote négatif pouvant entraîner une transportation, les électeurs qui se sentaient compromis s'empressaient de voter à bulletin ouvert pour ne pas s'exposer au moindre soupçon (2).

---

(1) Les documents cités, tous inédits, sont tirés des *Archives nationales* et des *Archives du ministère de la justice*.
(2) A. M. J., 440 p. entre autres, le rapport du parquet du procureur de la Cour d'appel de Paris, déjà cité, pour le département de l'Aube :

Pour beaucoup de républicains l'abstention avait été le seul moyen de protester, mais l'abstention elle-même n'était pas sans danger. Les rapports des procureurs généraux nous montrent les efforts de l'administration battant le rappel dans les villes et les campagnes pour pousser aux urnes le plus grand nombre possible d'électeurs. Malheur à celui qui ne se rendait pas à l'appel ; dans le département de l'Yonne, à Fontenay, un instituteur « signalé depuis longtemps pour ses opinions avancées, s'étant seul, de tous les électeurs de cette commune, abstenu de prendre part au vote des 20 et 21 décembre, et cette abstention unique ayant produit, lors du rappel, un véritable scandale, T... a été suspendu de ses fonctions pour trois mois par le recteur de l'Académie de l'Yonne (1). » Une chance suprême se présentait aux électeurs quand aux jours de vote un orage ou une pluie donnait un prétexte plausible à leur abstention. Mais cette excuse n'était pas recevable aux yeux de l'administration, qui obligeait les électeurs à signer une déclaration aux termes de laquelle ils auraient voté pour le prétendant si le mauvais temps ne les en avait empêchés (2).

Il y eut quelque chose de plus grave. On avait employé le système des otages, conformément au plan tracé par la main habile du procureur général de Bourges que nous avons vu se plaindre de la rigueur excessive des commissions mixtes. « En lisant les instructions du ministre de la guerre aux commissions militaires, écrit ce magistrat, dans son rapport

---

« Les démagogues sont atterrés. La stupeur et l'effroi de quelques-uns à la campagne ont été tels qu'ils ont pris soin de voter « oui » à bulletin découvert ».

(1) A. M. J., 48 p., P. C. A. de Paris, 22 février 1852.
(2) A. N., id., Char.-Inf., Déclaration des électeurs qui n'ont pu prendre part au vote à cause des circonstances atmosphériques. Sans date, Angoulême 8006.

du 13 janvier 1852, j'y trouve une lacune, et je la crois très regrettable... j'aurais désiré qu'il fût loisible aux commissions militaires de former une catégorie d'individus qui auraient été mis, pendant un temps déterminé, sous la surveillance et à la disposition du gouvernement, mais à l'intérieur et avec faculté aussi de les maintenir dans leurs foyers sous la condition d'une séquestration immédiate et sans forme de procès à la moindre manifestation inquiétante pour l'ordre public, soit de leur part, soit du général des habitants de la commune. Avec ce moyen l'homme suspect deviendrait un otage et serait souvent un auxiliaire des bonnes influences (1). » Cette idée avait d'autant plus séduit l'administration qu'elle lui permettait d'économiser, suivant les prévisions du magistrat, les frais de voyage nécessités par la transportation d'une foule d'individus absolument inoffensifs.

Le système des otages avait reçu la plus large application.

Le préfet de l'Aube, dans un rapport du 14 septembre 1852, nous montre l'usage qu'il a su faire de cette bonne pratique : « On a vu, écrit-il, à la veille des élections circuler une lettre autographiée, contenant les noms des hommes les plus compromis de la démagogie. Il y a eu un grand scandale de produit, c'est de voir les hommes tremblant naguère à la suite des mesures réparatrices du gouvernement... du deux décembre... relever impudemment leur tête... ils ont tous voté ou écrit comme un seul homme et tous les candidats et leur liste ont un nombre égal de suffrages... J'ai adressé hier un rapport spécial à ce sujet à M. le ministre de la police générale, et j'ai signalé à S. Exc. les surveillés qui se sont le plus compromis dans ce mouvement. Un exemple sévère serait indispensable pour rassurer les bons et pour faire

(1) A. M. J., 48 p., Rapport du 13 janvier 1852.

comprendre aux méchants (sic) que l'autorité n'est point désarmée et qu'elle est déterminée à sévir avec quelque rigueur contre les entreprises des anarchistes (1). »

Des mesures analogues furent prises à peu près dans toute la France.

Non seulement elles jetaient la terreur dans les populations, mais enlevaient aux républicains les rares candidats possibles, car les mesures de décembre avaient frappé presque tous les républicains, ayant exercé un mandat dans les assemblées municipales et départementales (2).

Qu'on ne s'imagine pas que ces actes aient épuisé la rigueur de l'administration. La terreur se développait. Elle partait du centre pour embrasser toute la France. Les grandes mesures se transformèrent en une série de petits moyens ; la terreur devint la maxime courante de la vie quotidienne en revêtant les aspects les plus variés.

Pour les ouvriers, après avoir brisé leurs associations, on exerçait la plus rigoureuse surveillance sur les débuts de leurs organisations, surtout quand il s'agissait des ouvriers de l'Etat (3).

Pour rendre impossible toute tentative de résistance légale et empêcher les républicains de voter ou en tout cas de se

(1) A. N., id., Aube, 6. Suit la liste des noms.
(2) Cela est très visible, par exemple, pour le département de la Gironde. — Voir, notamment, le rapport du préfet du 1ᵉʳ août 1852. Il signale Merlet à la tête de la démagogie à Blaye, condamné à l'internement ; Roux, républicain militant du canton de Bourg, M. Magne, ancien sous-commissaire du gouvernement provisoire, expulsé de France, M. Curé « le coryphée de l'opposition démocratique », M. de Bryas « le personnage le plus éminent de la démagogie », Lalaurie, expulsé par la commission mixte. A. N., id., Gironde, 4.
(3) V. une lettre adressée le 21 décembre 1851, à l'Association nationale à Paris, par un de ses membres de Rochefort. A. N., id., Char.-Inf., 17.

porter comme candidats, on avait pris le parti de les arrêter et de les garder en prison jusqu'à la fin des élections. « La tranquillité la plus parfaite et la plus absolue, écrit le procureur général de la cour d'appel de Rouen, à la date du 12 décembre 1851, continue à régner dans les différents arrondissements de mon ressort. Néanmoins les arrestations qui ont été opérées à Rouen et à Elbeuf seront maintenues jusqu'à la fin des luttes électorales (1). »

Pendant toute l'année 1852 les arrestations ne discontinuaient pas, et les autorités militaires poursuivaient les mesures d'ordre et de sûreté publique qui n'avaient pu être achevées au mois de décembre (2).

Les officiers ministériels républicains étaient frappés, et on prenait la précaution de les remplacer par d'autres fonctionnaires plus dévoués au régime (3). Quant aux simples clercs qu'on ne pouvait destituer, on s'en débarrassait en enjoignant aux patrons l'ordre de les expulser (4). On empêchait le retour dans les foyers des républicains dont la présence sur les lieux aurait pu contribuer à la réorganisation des groupements locaux (5).

La presse, et particulièrement la presse républicaine, fut réduite à l'impuissance. Ainsi dans le département de l'Aube — et tel était le sort de la plupart des départements en France, après les événements du 2 décembre, — le *Populaire démocratique et social* de Cabet, le *Peuple*, journal de Ledru-Rollin, la *Feuille de Village*, journal de Joigneau, durent cesser de paraître. Le *Républicain de la Haute-Marne* fut supprimé par ordre du général commandant l'état de siège. L'*Aube*

---

(1) V. A. M. J., 464 p., Rapport du 12 décembre 1851; A. N., *id*., Calvados, 18, Rapport du préfet du 8 mars 1852.

(2-3-4-5) V. annexes, § II. où sont cités *in extenso* les documents officiels relatifs à ces mesures.

se contenta pendant quelque temps de publier les nouvelles sans commentaires : cependant, cédant à la force des circonstances, quelques jours avant l'élection, ce journal finit par se rallier à la cause du Président de la République, quoique sans enthousiasme. La *Paix* de légitimiste qu'elle était, passa au bonapartisme. Le *Propagateur* s'en tint d'abord au simple récit des événements; mais le choix des faits qu'il affectait de reproduire attestait suffisamment, suivant l'expression du procureur général, sa malveillance. L'apposition des scellés sur la presse de Cardon, son imprimeur, porta au journal un coup mortel (1). Encore une fois, quelle opposition pourrait résister à une terreur pareille ?

Et pourtant le parti républicain a résisté, mais non pas au vote du plébiscite ou aux élections législatives, car voter contre Napoléon ou son candidat, ou même s'abstenir de voter, c'était s'exposer aux pires représailles ; la résistance se produisit aux élections municipales et départementales. Dans la très grande majorité des départements, le vote, au premier tour de scrutin, n'avait pas atteint le quart, et au deuxième tour les candidats officiels ne recueillaient qu'une minorité infime de voix. L'abstention était bien un mouvement de protestation, car elle se produisit surtout là où le candidat officiel était un ministre ou avait un lien de parenté quelconque avec la famille impériale (2). Dans le canton de la Jarrie où l'un des candidats était de Chassiron, gendre du prince Lucien Murat, sur les 3.549 électeurs inscrits et 1.400 votants, il avait obtenu 661 voix au premier tour de scrutin et 839 au

(1) V. A. M. J., rapport du P. C. A. de Paris relatif à l'exécution de la circulaire du 29 janvier.
(2) A. N., *id.*, Char.-Inf., 17. Rapport sur les élections départ. du 9 avril 1852.

second, contre 525 et 447 à ses adversaires. Dans le département de la Gironde, ce fut le cas de plusieurs ministres, dont Ducos, ministre de la marine.

Les élections municipales étaient tellement mauvaises dans certains départements, l'hostilité de l'opinion publique si évidente que, après avoir suspendu un grand nombre de conseils municipaux, on avait pris le parti de ne pas toucher aux autres, nettement défavorables à l'Empire, quand les électeurs n'avaient pas porté leur choix sur un homme ouvertement compromis pendant les journées de décembre. Dans le seul département d'Eure-et-Loir, 35 conseils municipaux furent remplacés par des commissions. Les républicains réussirent à introduire cinq membres au Conseil général. Le préfet avait raison de dire : « Les élections ont fourni l'occasion au parti démagogique de reparaitre sur la scène (1). »

Il en fut de même dans le département de la Nièvre, pourtant si décimé par les commissions mixtes, où d'abord les élections au Conseil général ne produisirent aucun résultat par suite de l'abstention en masse des électeurs (2).

Dans les départements des Basses-Alpes et du Var les préfets signalaient les élections « des insurgés notoirement connus comme tels ». Les républicains du premier de ces départements avaient trouvé le moyen de faire échouer le candidat officiel, le maire nommé par le gouvernement, en le faisant passer pour un adversaire du régime napoléonien. On votait consciemment pour des candidats dont on connaissait les opinions républicaines, mais qui affichaient officiellement leurs opinions bonapartistes (3).

---

(1) A. N., *id.*, Eure-et-Loir, 7. Rapport du 17 novembre 1852.
(2) A. N., *id.*, Nièvre, 5. Rapport du 3 août 1852.
(3) A. N., *id.*, B.-Alpes, 8. Rapport du préfet du 19 sept. 1852.

Dans le Var, on n'osait pas toucher aux conseils simplement hostiles (1).

Seule, l'étude approfondie de l'histoire locale peut nous donner l'idée exacte de la résistance opposée par le parti républicain à la dictature bonapartiste. Les résultats obtenus ne paraissaient pas encore suffisants à Louis Bonaparte. Il rêvait l'Empire, mais la consolidation de sa dynastie pouvait détacher de lui ceux qui ne lui avaient accordé leur vote que par crainte du spectre rouge. Aussi s'appliqua-t-on à réveiller ce dernier pour préparer les conservateurs au plébiscite de décembre 1852. Telle fut l'origine de la tragi-comédie de la machine infernale de Marseille, qui vaut la peine d'être contée en détail pour montrer le degré de la mauvaise foi et du parti pris de l'administration.

II

De même qu'avant le coup d'Etat on éprouvait le besoin de dénoncer les sociétés secrètes, après les journées de décembre on sentait la nécessité de découvrir un complot. Le spectre des sociétés secrètes avait été quelque peu usé par l'abus qu'on en avait fait ; c'est alors que les machines infernales entrèrent en scène.

L'hostilité du Midi pour la personne du Président était connue ; il fallait frapper l'imagination des conservateurs par la nouvelle d'un attentat tellement monstrueux que les adversaires les plus irréductibles du Prince-Président en fussent réduits à voter pour lui au risque de s'exposer au soupçon d'avoir participé au complot. Précisément, en vue

(1) A. N., *id.*, Var, 12. Rapports du préfet du 5 octobre et du 8 décembre 1852.

de rallier des voix, Louis Bonaparte avait résolu un voyage dans le Midi. A peine sa décision prise, d'innombrables complots furent dénoncés.

Le préfet de Grenoble annonce au gouvernement la formation d'une société dite « des trois ordres ». Les conjurés projettent d'aller à Paris où ils trouveront les costumes à l'aide desquels ils se mettront à la tête de faux gendarmes ou agents de police et tenteront une surprise dans le genre de la conspiration de Malet. Les affiliés jurent sur le poignard et reçoivent une carte portant un triangle au milieu duquel est un soleil avec les lettres L. E. F. et aux angles S. 3. O. Chaque affilié doit tenir cette carte dans une cantine de verre, enterrée en dehors de son habitation, et, lorsqu'il est convoqué à une réunion, la mettre dans une tabatière à double fond. Les cadres du complot étaient bien organisés ; seuls les conjurés manquaient, car les démocrates de l'Isère se connaissant bien mutuellement se défiaient avec succès des agents provocateurs. En vain le préfet de l'Isère avait-il demandé à son collègue du Rhône un agent sûr ; celui-ci, détaché en mission spéciale, n'avait pu que constater que le projet n'était que dans l'air. Pourtant l'administration préfectorale de l'Isère crut devoir signaler au gouvernement les propos d'un ancien détenu de Belle-Isle qui aurait dit : « Dans sa tournée... Saint-Etienne ou Lyon lui feront son affaire (1). » A la vérité, on ne savait pas exactement où l'on arriverait à placer le plus avantageusement le complot. Précisément, le 7 septembre 1852, le préfet des Bouches-du-Rhône envoyait un rapport conçu dans les termes suivants: « Dans une réunion qui a eu lieu au café Saint-Malo, il aurait été question d'une machine infernale préparée contre les jours du Président lors de son passage à

---

(1) A. N., *id.*, 7. Rapports du préfet des 10 et 17 septembre 1852.

Marseille. Un démagogue y aurait dit qu'un ouvrier travaillait à cette machine depuis 6 mois... L'auteur de la machine serait, à ce qu'on dit, un nommé G., mécanicien actuellement employé dans les ateliers de T. »

C'est sur ce rapport hypothétique que fut échafaudée toute l'histoire de la machine infernale.

Dosant les bonnes nouvelles avec parcimonie, quelques jours après, le même fonctionnaire faisait connaître au gouvernement la découverte d'une machine infernale renfermée dans deux malles déposées dans une maison située sur le vieux chemin de la Madeleine. Mais quelle ne fut pas sa surprise quand le surlendemain il lut dans le *Moniteur* la nouvelle de la découverte à Marseille d'un appareil composé de 250 canons de fusil et de 4 canons de tromblon de fort calibre déposé en 28 endroits différents dans une maison située sur le grand chemin d'Aix placé sur la route par laquelle le Président devait passer. Le préfet, se sentant piqué au vif, protesta, dans une lettre indignée, contre de pareilles exagérations, en annonçant qu'un complot de cette envergure n'aurait jamais échappé à sa surveillance. Sa machine infernale pendant le trajet de Marseille à Paris avait acquis des dimensions telles que son auteur, effrayé lui-même, en répudiait la paternité (1).

La presse officielle fut chargée de révéler aux yeux des incrédules l'étendue du danger que les républicains étaient capables de faire courir à l'ordre. Les préfets reçurent des instructions pour rechercher les ramifications possibles du complot de Marseille en province.

Alors recommencèrent de nouvelles arrestations, tous les préfets tenant à participer aux trophées de leur collègue des

(1) A. N., *id.*, B.-du-Rhône, 7. Rapports du préfet des 7 et 29 septembre 1852.

Bouches-du-Rhône. Celui de l'Isère fit poursuivre une société d'anciens militaires à Beaurepaire (chef-lieu d'un canton) sous le prétexte qu' « alors que le *Moniteur* n'avait pas encore annoncé la découverte du complot de Marseille, il était facile de voir à leur attitude provocante... qu'ils attendaient un événement grave »(1). Le préfet de l'Ain, chargé plus spécialement de surveiller les réfugiés à Genève, croyait qu'il y avait certainement complot, car les réfugiés, avec une rare unanimité, comme s'ils obéissaient à un mot d'ordre, déclaraient que la machine infernale de Marseille n'était qu'une invention de la police destinée à préparer les esprits au rétablissement de l'Empire. Personne pourtant n'avait poussé le zèle aussi loin que le préfet du département de la Côte-d'Or. Le 8 octobre 1852, il faisait connaître confidentiellement à Paris que, à la veille de la découverte du complot de Marseille, d'après des renseignements qui lui avaient été fournis par deux membres du Conseil général et un gros propriétaire, un grand nombre d'individus, suivis par quelques vieilles femmes, se présentaient deux à deux sur la grande route des Alpes et sollicitaient des secours avec une certaine insolence. Ces personnes, toujours d'après la même source que le préfet n'avait pas jugé utile de contrôler, avaient eu la même attitude à la veille de toutes les catastrophes antérieures. Le préfet annonçait en même temps que toutes les recherches faites par lui dans ce sens n'avaient pas abouti. En revanche il avait été en possession d'un indice plus précis, et notamment « le nommé T..., cabaretier à Semur, qui avait été mis en état d'arrestation lors des événements de décembre... la veille et l'avant-veille de la découverte du complot de Marseille... avait accroché à la porte de son cabaret un lapin

(1) A. N., *id.*, Isère, 9. Rapport du préfet du 5 octobre 1852.

tout en sang, et quelqu'un lui ayant fait remarquer que ce lapin ne valait rien et qu'il ne pourrait pas le vendre; il répondit qu'il était là en attendant les autres ». Le lapin tout en sang du cabaretier était un trait de lumière pour le rusé préfet qui y voyait la révélation de noirs desseins des anarchistes contre le Président (1).

Tous les préfets ne faisaient pas preuve de la même naïveté. Celui des Ardennes avait parfaitement compris ce qu'on lui avait demandé. « La nouvelle du complot de Marseille, écrivait-il le 29 septembre 1852, a produit dans mon département une profonde et douloureuse impression. S'il y avait quelque chose à ajouter à l'attachement des populations ardennaises, à leur reconnaissance envers le Prince Napoléon, je rechercherais dans ce triste événement un utile effet politique... l'Empire existe déjà pour tout le monde. On demande que la vie si précieuse du chef de l'Etat ne soit pas exposée aux haines des partis » (2).

C'est ainsi que fut voté l'Empire.

II.

Le résultat global du plébiscite de 1851 était : 1.739.216 oui, 640.737 non, 36.880 bulletins nuls.

Le recensement général des suffrages du plébiscite de 1852 donna : 7.839.532 bulletins portant le mot *oui*, 253.149 portant le mot *non*, 63.069 bulletins nuls, 2.062.198 abstentions. Ce sont des chiffres officiels dont l'exactitude peut être discutée (3).

(1) A. N., *id.*, Côte-d'Or. Rapport du préfet du 8 octobre 1852.
(2) A. N., *id.*, Ardennes.
(3) On trouvera aux Archives du Ministère de la Justice une série de rapports sur le plébiscite de 1852, 820 p. et suivants. Ils contiennent

Les grandes villes ou s'étaient abstenues ou avaient voté contre le rétablissement de l'Empire. Si dans les campagnes les classes rurales avaient donné une adhésion plus complète à Louis Bonaparte, dans certains départements, au contraire, il y eut un mouvement de recul.

Lyon a donné 400 votes affirmatifs de moins qu'au 20 décembre 1851. Les abstentions ont été de plus de moitié, de même qu'à Saint-Etienne (1).

Pour le ressort de la Cour d'appel de Bordeaux, il y eut une amélioration dans le département de la Dordogne, mais la Charente et la Gironde donnèrent 10.000 votes affirmatifs de moins (Rapport du 29 novembre 1852). Marseille ne donna que 2.000 votes négatifs, mais le procureur général d'Aix s'empressait d'expliquer que « ce chiffre ne saurait représenter la totalité des individus appartenant au parti démagogue » (2). Dans certains départements le nombre de votes négatifs diminua, mais ce n'était qu'un trompe-l'œil. Ainsi dans le département du Puy-de-Dôme il y eut :

	Inscrits.	Votants.	Oui.	Non.
En 1851	171.701	130.844	128.215	2.312
En 1852	170.235	126.832	126.041	444

	Bul. blancs.	Abstentions.
En 1851	317	40.853
En 1852	347	43.403 (3)

souvent des comparaisons avec le plébiscite de 1851 et peuvent servir de base à un examen détaillé de la situation politique en France pendant cette période.

(1) Rapport du procureur de la Cour d'appel de Lyon du 23 novembre 1852.
(2) Rapport du 24 novembre 1852.
(3) Rapport du 27 novembre 1852.

Dans le département du Finistère, Brest donna presque à lui seul 6.000 abstentions dont le plus grand nombre provenant des services de la mer et de l'armée (1).

En Algérie il n'y eut pas de grand changement. Tlemcen qui avait donné, en 1851, 62 bulletins affirmatifs sur 235 bulletins négatifs, semblait revenir à de meilleurs sentiments.

A Montpellier il y eut un léger revirement en apparence :

	Inscrits.	Votants.	Affirm.	Nég.	Abst.
En 1851	13.644	6.761	3.275	3.486	6.883.
En 1852	14.494	6.234	4,728	—	8.260 (2).

(1) Rapport du 29 novembre 1852.
(2) Rapport du 23 novembre 1852.

CHAPITRE IV

Les républicains proscrits.

I. Les républicains transportés.
II. Les républicains détenus.
II. Les républicains à l'étranger (les lieux de refuge, l'évolution intellectuelle et l'idée de la patrie chez les réfugiés, l'action des émigrés sur la vie politique en France par la contrebande littéraire).

L'Empire, rétabli par le plébiscite de 1852, avait trouvé les républicains désorganisés par les mesures de décembre. Les uns étaient à Cayenne ou en Algérie, les autres en prison, un grand nombre furent exilés ou s'expatrièrent volontairement; le reste du parti semblait avoir perdu sa cohésion et son action sur la vie politique du pays. Ce n'était qu'une apparence.

Dans les bagnes et dans les forts, aussi bien que dans les prisons et dans les pays d'exil, la foi démocratique était tenace, la confiance dans la disparition prochaine de l'Empire inébranlable, et de multiples procès, des poursuites incessantes, dont la presse muselée n'osait pas parler, démontrent la vitalité incontestable du parti, même pendant cette période (1).

(1) Pour les sources sur la question, j'ai largement utilisé les documents inédits qui se trouvent aux *Archives nationales* et aux *Archives du Ministère de la Justice*. J'ai pu consulter également les registres du Conseil d'État de Genève, grâce à l'extrême obligeance de M. Henri Fazy.

I

Suivons, d'abord, les républicains frappés de la transportation. On sait que le décret du 8 décembre 1851 autorisait le gouvernement à les envoyer à Cayenne ou en Algérie. En effet, les articles 1 et 2 portaient ce qui suit :

Art. 1ᵉʳ. — Tout individu placé sous la surveillance de la haute police, qui sera reconnu coupable du délit de rupture de ban, pourra être transporté, par mesure de sûreté générale, dans une colonie pénitentiaire à Cayenne ou en Algé-

Des renseignements précis se trouvent aussi dans la correspondance inédite de Michel Goudchaux avec Schœlcher qui nous a été communiquée par Mᵐᵉ Lévylier, fille du premier. *Mémoires inédits* de Paul Milliet, qui nous ont été communiqués par l'auteur. Parmi les documents imprimés, il faut mentionner le rapport de Maupas dans *Papiers secrets et correspondances du second Empire* (réimpression de 1871), ces documents furent publiés, comme nous le verrons, sur l'ordre de l'Empereur ; Jules Simon, *Souvenir du 4 septembre*, 1874 ; le colonel Mouton, *La transportation en Afrique* ; H. Magen, *Histoire de la terreur bonapartiste*, 1852 ; Goupy, *La transportation en Afrique*, 1853 ; Ranc, *Une évasion de Lambessa*, 1877 ; Orgeas, *La colonisation de la Guyane par la transportation*, 1883 ; *Quatre ans à Cayenne*, notes de François Attibert, déporté, rédigées par le rédacteur en chef du *Bien-être social*, Bruxelles, 1859 ; Delescluze, *De Paris à Cayenne*, 1869 ; Barthès, *Histoire de la déportation de Cayenne*, 1871 ; des articles de journaux publiés dans la *Nation*, l'*Homme* et dans quelques organes parus en Suisse qui seront indiqués plus bas ; S. Commissaire, *Mémoires et Souvenirs*, 1888 ; Martin Nadaud, *Mémoires de Léonard*, 1895 ; Boichot, *Souvenirs d'un prisonnier d'État* ; Gustave Lefrançais, *Souvenirs d'un révolutionnaire*, Bruxelles ; Gustave Geffroy, l'*Enfermé*. Je note à part l'ouvrage capital de Saint-Ferréol, *Les Proscrits français en Belgique ou la Belgique contemporaine vue à travers l'exil*, 1870 ; du même, *Impressions d'exil à Genève* ; Mᵐᵉ Edgar Quinet, *Mémoires d'exil 1868-1870* ; Charles Hugo, *Les Hommes de l'exil*, 1889 ; Wauwermans, *Les Proscrits du coup d'État en Belgique*, 1890 ; Herzen, *Les Mémoires posthumes* ; G. Weill, *Le parti républicain en France de 1814 à 1870*, 1900, p. 357 ; Aulnoy, *Le Proscrit*, 1877 ; Et. Arago, *Une voix de l'exil*, 1860 ; les articles de Ranc, dans le *Diable à quatre*.

7

rie. La durée de la transportation sera de cinq années au moins et de dix années au plus.

Art. 2. — La même mesure sera applicable aux individus reconnus coupables d'avoir fait partie d'une société secrète.

Dans la réglementation de la transportation, on retrouve, de la part du gouvernement, l'inspiration qui l'avait guidé lors de la répression du coup d'Etat. Ce n'est que le 8 décembre que la transportation fut brusquement ordonnée ; rien n'avait été préparé, avant cette date, pour l'envoi de républicains à Cayenne. Le budget, tout entier absorbé par les préparatifs du complot, ne laissait aucun crédit à cet effet ; de là, une aggravation de la peine prévue par le terrible décret du 8 décembre. Ceux qui avaient été l'objet d'une transportation en Algérie, quoique criminels politiques, devaient se nourrir eux-mêmes. Le travail obligatoire devint effectif. Cette exigence eut pour effet de renchérir sur les rigueurs des décisions des commissions mixtes, car, comme nous le verrons, le refus du travail conduisait à Cayenne celui qui était envoyé en Algérie avec faculté de pouvoir y élire domicile. Par suite de la même imprévoyance, les mesures de 1852 avaient entraîné, indirectement, l'aggravation du régime des transportés de 1848, ces derniers, ayant été obligés d'évacuer les cachots de la Casbah de Bône pour laisser la place aux proscrits de 1852, et pour être envoyés eux-mêmes, tantôt à Lambessa, tantôt à la Guyane (1). Il n'y avait absolument aucune raison pour expliquer à leur égard ce redoublement de rigueurs. Presque tous ouvriers, pris sur les barricades de juin, ils auraient dû plutôt attirer la sympathie du gouvernement qui se vantait d'avoir fait le coup d'Etat avec l'assentiment et même l'approbation des masses

(1). Décret du 31 mai 1852.

ouvrières à Paris. On espérait d'abord diminuer le nombre des transportés par les grâces, mater la résistance morale. Mais les demandes de grâce n'étaient pas aussi nombreuses qu'on le désirait; les militants restaient plus fermes que jamais. De là, une nouvelle aggravation. On appliqua aux transportés, à la lettre, le règlement militaire du 23 janvier 1839 dont l'article 195 contenait (1) l'énumération des peines à infliger aux délinquants. Le conseil de guerre fut ainsi appelé à juger trois jeunes gens qui avaient chanté la *Marseillaise*; il les condamna à mort (2).

C'est toujours pour des considérations économiques que le gouvernement ne voulait pas d'abord diriger, sur leurs prisons, les victimes du coup d'Etat dans des voitures cellulaires. Il dut pourtant se résigner à cette dépense, car les convois des prévenus politiques, malgré les excitations de la police, provoquaient des manifestations sympathiques. Loin de se sentir abattus, ils chantaient : « Les peuples sont pour nous des frères, et les tyrans des ennemis » (3).

Le procureur de la Cour d'appel de Riom écrivait, dans son rapport du 17 décembre 1851 :

« Le Commandant de la gendarmerie du Puy-de-Dôme m'informe qu'un détachement composé des individus condamnés pour délits politiques, venant de Lyon et dirigés sur la maison centrale de Lyon...... comprend des hommes vigoureux et énergiques, qui ne se considèrent pas

(1) A. M. J. P., 815 p., sans date, Sur les moyens disciplinaires à appliquer aux transportés de 1852.
(2) V. Mouton, *op. cit.*, p. 225-227. L'un de ces jeunes gens était fils de Labosse, ancien préfet de 1848, mort en Algérie. Le jugement fut cassé.
(3) V. A. N., *id.*, Var, 7, le rapport du préfet sur les 2.216 condamnés, dont seuls 516 à la surveillance. Le 24 avril, le même préfet rendait compte de l'attitude des 96 condamnés destinés à Cayenne qui, au cours du trajet du fort Lamalgue, firent entendre des chansons,

comme battus. Malgré la rigueur de la gendarmerie, il lui a été impossible de les empêcher de chanter pendant la route, et, surtout en entrant à Thiers, où ils ont été suivis par beaucoup de mauvais sujets qui ont été maintenus à peine » (1).

Toutes ces manifestations n'étaient plus possibles à partir du moment où on montait à bord du navire de guerre chargé de conduire les victimes à leur destination. Alors, commençaient les tortures, provenant surtout de la promiscuité avec les criminels de droit commun : tortures tellement vives, qu'on envisageait comme une délivrance le moment de l'arrivée en Afrique (2).

Certains républicains étaient réduits à attendre cette délivrance pendant de longues semaines. Miot, ancien représentant du peuple, et Paul Faure, cultivateur de 25 ans, transporté parce qu'il avait refusé de révéler l'existence d'une prétendue société secrète à Châtillon, après avoir été embarqués pour aller en Algérie, furent ramenés en France pour être conduits à Cayenne.

Arrivées enfin à leur lieu de destination, les victimes du coup d'Etat commençaient leur vie normale. Voici ce qu'elle devait être et ce qu'elle était en réalité.

Les républicains arrivaient en Afrique, tantôt condamnés à « l'*Algérie* moins » avec faculté de choisir le domicile, tantôt à « l'*Algérie* plus » avec emprisonnement. Le règlement rédigé par le général Randon, observant en apparence cette distinction, les divisa en trois catégories : 1° ceux internés dans les forts et les camps ; 2° ceux admis dans les villages ; 3° ceux ayant

---

(1) Le procureur ajoutait ensuite que les condamnés politiques mettaient le désordre dans les maisons centrales ; il n'était pas possible de les astreindre au travail. A. M. J., 452 p.

(2) Dans le livre d'Attibert, *op. cit.* p. 14, se trouve reproduite une correspondance qui donne une certaine idée de l'état d'âme des transportés au cours de leurs pérégrinations...

reçu l'autorisation de se livrer à des exploitations particulières ou bien de résider sur certains points déterminés. Contrairement à l'intention des commissions mixtes, on appliqua de plein droit la peine de l'*Algérie-plus*. Le passage d'une catégorie dans une autre devait avoir lieu en vertu d'une décision du gouverneur général qui pouvait modifier d'un trait de plume les décisions rendues en France. La mesure de l'admission dans les villages était au fond l'internement ; mais on la qualifia autrement pour réserver le dernier terme à la détention dans les forts de condamnés à l'*Algérie-moins* qui n'acceptaient pas le travail obligatoire. Les internés dans le sens propre du mot avaient la liberté d'habiter quelque bourgade, mais en prenant l'engagement de renoncer à toute subsistance de l'administration. On se gardait bien de les envoyer dans des centres plus ou moins importants, où l'on craignait leur action sur la population. Souvent, on les dirigeait sur des points exposés à des incursions de Kabyles, comme Beni-Mansour, au pied du Jugura. Les autres internés ne conservaient le bénéfice de leur situation qu'à la condition d'accepter le travail obligatoire. Tous, ils furent soumis à un règlement qui les astreignait à de nombreuses formalités, dont l'inobservation pouvait entraîner l'envoi à la Guyane (1).

Plus dur fut le sort des internés improprement dits, qui,

(1) Voici le règlement qui s'appliquait aux transportés internés :
« 1° Les transportés auxquels le gouverneur général aura assigné une résidence spéciale, conformément à l'article 33 du règlement du 20 mars dernier, devront reconnaître la mesure favorable dont ils auront été l'objet par une conduite réservée et tranquille, et en s'abstenant de tout propos et de toute démonstration politique.
« 2°. L'autorité militaire locale, sous les ordres de laquelle ils seront placés, déterminera la circonscription dans laquelle ils devront résider et exercera une surveillance constante sur leurs démarches.
« Elle prescrira un appel journalier, ou l'obligation, pour chaque trans-

d'abord concentrés à Berkaden et Douéra, furent plus tard répartis entre les camps-colonies. Sommés de se soumettre au travail obligatoire, la plupart s'y refusèrent, et, comme rebelles, furent enfermés à la Casbah de Bône ou conduits à Lambessa. En 1852, le gouverneur d'Algérie proposait d'envoyer à Cayenne ceux qui, persistant dans leur refus, excipaient de leur faiblesse physique pour s'exempter du travail (1). Inutile de dire que le régime appliqué à cette catégorie de détenus était d'une rigueur extrême. A Lambessa, il y eut des condamnations de dix à vingt ans de fers pour insultes aux sous-officiers (2).

Tout cela, pourtant, n'était pas comparable à la vie des déportés à Cayenne. La loi du 8 juin 1850 avait déjà autorisé le gouvernement à transporter certains condamnés aux îles Marquises. Dans la pensée de ses auteurs, elle était dirigée contre les hommes du 13 juin et du 15 mai, et parmi eux les plus redoutés, Barbès, Albert, Gambon, Maigne, aussi devait-elle avoir un effet rétroactif. Malgré l'opposition du Garde des sceaux, la commission accepta un amendement ainsi conçu et qui fut voté : « La présente loi n'est applicable qu'aux crimes commis postérieurement à sa promulgation. » La loi resta sans effet quelque temps, entre autres raisons, parce qu'il coûtait trop cher d'expédier des condamnés à

---

porté, d'apposer sa signature sur un registre déposé au bureau de la place.

« 3° L'interné qui se montrerait rebelle à l'autorité, qui manifesterait des opinions démagogiques, qui chercherait à nouer des relations politiques avec la population, la garnison ou ses co-détenus, serait immédiatement réintégré dans l'un des forts ou camps.

« Celui qui quitterait sa résidence sans autorisation serait remis, après son arrestation, à la disposition du gouvernement pour être transporté à la Guyane, conformément à l'article 5 du décret du 5 mars dernier. Ribeyrolles, *op. cit.*, p. 110. »

(1) A. M. J., 815 p., sans date.
(2) V. Ranc, *La Cloche* du 27 décembre 1869.

4.500 lieues de la mère-patrie. Survint alors le procès de Gent, en août 1851. L'auteur présumé du complot et ses complices, Odi et Longomazino, furent condamnés à la déportation aux îles Marquises, par un conseil de guerre (1).

Après les décrets du 8 décembre 1851 et du 31 mai 1852, la Guyane avait reçu de nombreux convois. Comme toujours, pour dissimuler la vérité, on essaya de confondre les criminels politiques qu'on appelait les « transportés de la troisième catégorie, deuxième section » avec les criminels de droit commun, et cela, grâce à la qualification élastique de « repris de justice » qui, comme nous le savons, s'appliquait, d'après la circulaire de Morny, aux démocrates condamnés pour affiliation à une société secrète (2).

Tous les « criminels » furent parqués dans des régions insalubres, aux Iles du Salut (l'île du Diable, l'île Saint-Joseph et l'île de la Mère). Le climat provoquait des fièvres jaunes, des épidémies de dysenterie : l'une d'elles avait fait entrer quatre-vingts malades à l'hôpital ; cinquante moururent. Le régime s'aggrava quand, pour des raisons financières, on décida d'imposer aux déportés le travail obligatoire. La moindre des peines fut le supplice du poteau ; les évadés repris s'exposaient aux coups de corde. Des protestations, publiées par quelques journaux étrangers, avaient provoqué quelques légères améliorations. « La guillotine sèche » de la transportation avait duré longtemps. En 1856, Delescluze y fut envoyé. Au moment de son arrivée, les dé-

(1) V. Ranc, *Le Diable à quatre*, novembre 1869, p. 27 et suiv.
(2) Aussi est-on très peu renseigné sur le chiffre des républicains transportés à la Guyane par la statistique fournie par les documents officiels, qui donnaient pour cette colonie en 1856, 329 politiques et 2.641 repris de justice.

tenus de l'île du Diable étaient au nombre de 36, parmi lesquels, en dehors des hommes frappés au 2 décembre 1851, Tibaldi, plusieurs transportés de juin 1848, les condamnés des ardoisières d'Angers, quelques condamnés pour société secrète (1).

Le bagne garda certaines de ces victimes jusqu'en 1870. L'une d'elles était Pascal Lange, condamné en 1854 à un an de prison pour société secrète ; il fut repris plus tard après l'attentat de Bellemare. Après avoir subi un seul interrogatoire et passé quelques mois à Mazas, il apprit que Bellemare, atteint d'aliénation mentale, avait été conduit à Bicêtre. Quelques jours après, en vertu du décret du 8 décembre 1851, il fut envoyé à Cayenne. Sa feuille signalétique lui reprochait d'avoir connu le projet de Bellemare ; la même raison faillit amener Ranc à Cayenne. Dhénnin, un ouvrier de Lille, condamné en 1855 dans l'affaire de Perenchie, était encore au bagne en 1870 (2).

Le régime de la plupart des transportés fut aggravé quand ils eurent décliné la grâce qu'on leur offrait contre une demande écrite. Nous verrons quelle fut l'attitude des républicains qui se laissèrent séduire par les offres de l'administration ; mais fort nombreux furent les refus. Les femmes et les plus jeunes parmi les républicains n'étaient pas les moins fermes dans la résistance. Les femmes compromises dans la résistance au coup d'État étaient nombreuses. Le procureur général du ressort d'Aix les signalait parmi les plus exaltées. Les décisions des commissions mixtes les frappaient de toutes les peines, sauf la déportation. A Paris, Pauline Rolland fut comprise dans la proscription, ayant été auparavant signalée à la police par sa condamnation comme affiliée à la Fédération

(1) V. Delescluze, *op. cit.*, p. 21.
(2) V. Ranc, le *Diable à quatre*, 5 février 1870.

ouvrière. Elle rêvait avec Jeanne Derouin une organisation sociale, qui reposerait sur une fédération des associations, embrassant les groupements nationaux et étrangers rattachés par le même lien corporatif, et aboutissant à une immense association internationale. Ayant subi l'influence de Pierre Leroux et de George Sand, elle espérait concilier le christianisme et ses aspirations socialistes, dans un vague socialisme, religion de l'humanité; ses rêves la conduisirent en Algérie (1).

Ayant refusé de demander la grâce, elle fut envoyée à la Casbah de Bône. Dans sa captivité, elle songeait toujours à ses enfants. Dans une de ses lettres, elle écrivait de Sétif, c'était avant sa captivité, où elle fut admise à résider provisoirement :

« Pour diminuer ma pension, je me suis faite à moitié lingère, à moitié cuisinière dans l'hôtel où je suis descendue. Dieu pourvoira au reste, mais mes enfants... (2) »

Elle mourut pendant son voyage de retour à Lyon, avant d'avoir eu la joie de revoir les siens (3).

A côté des femmes, il y eut parmi les transportés des jeunes gens. En 1856, Ranc avait trouvé à Lambessa, parmi les survivants des transportés de juin 1848, des repris de justice, âgés à peine de 21 ans, envoyés par conséquent en Afrique à quatorze ou quinze ans. Parmi les victimes de 1852, frappées par les commissions mixtes, on en comptait qui n'avaient pas plus de dix-sept, dix-neuf ou vingt ans (4).

Tant d'énergie et de ferme résistance ne pouvaient se rési-

---

(1) Voir sur son séjour en Afrique, Ribeyrolles, *op. cit.*, p. 84 et suiv.
(2) Ribeyrolles, *op. cit.*, p. 184.
(3) V. Georges Weill, *op. cit.*, p. 386. G. Lefrançais lui consacre plusieurs pages contenant des renseignements intéressants dans ses *Souvenirs d'un révolutionnaire*, publiés à Bruxelles, p. 80, 96 et suiv.
(4) A. M. J. Décision des commissions mixtes pour l'arrondissement de Clamecy, les numéros 61, 69 et 83.

gner à la torture quotidienne. De nombreuses tentatives d'évasion se produisirent, malgré les insurmontables difficultés qu'elles rencontraient (1).

Les tribus indigènes, à la première alerte, se mettaient à la poursuite des fuyards dont la capture leur rapportait vingt-cinq francs. Pour cette entreprise, plusieurs tribus s'étaient alliées. Ce n'était pas tout de leur échapper. Avant d'aborder le pays de refuge, on courait le risque de mourir de faim, d'être surpris par une tempête; il arriva même à l'un d'eux d'être pris par les Arabes qui le réduisirent à la servitude. En 1859, l'amnistie permit à la plupart des survivants de rentrer en France pour recommencer la lutte.

II

L'attitude des prisonniers gardés en France était-elle différente? Depuis 1850, les détenus politiques, répartis auparavant entre Doullens, Riom, Clairvaux et le Mont-St-Michel, avaient été concentrés à Belle-Isle. Vers la fin de 1850, ils étaient déjà près de trois cents, et dans le nombre, Barbès, Blanqui, Albert, Raspail, Sobrier, Huber, Flotte, Deville, Commissare. Le coup d'Etat y fit entrer de nouveaux habitants dont Delescluze en 1853 et Boichot en 1854.

Les détenus étant arrivés à communiquer avec le dehors, une surveillance rigoureuse fut organisée sur leurs correspondances. Ils ne se tinrent pas pour battus. L'un d'eux ayant reçu seulement le 14 novembre, une lettre envoyée de Paris le 30 octobre, adressa immédiatement une plainte au procu-

(1) Ranc, qui tenta avec succès une évasion de Lambessa, l'a racontée dans un volume : *Une évasion de Lambessa*, nouvelle édition, 1877. Attibert, *op. cit.*, p. 211, raconte également les quelques évasions tentées, souvent sans succès, par les déportés à Cayenne.

reur de la République, lui signalant le retard et l'oblitération du timbre. Quelques jours après, c'était une nouvelle protestation contre les mesures, non poinçonnées, qu'on employait pour vendre des aliments et des boissons aux détenus (1).

A la fin de 1851, il y eut une tentative d'insurrection. Un détenu politique, Le Poisson, fut poursuivi devant la cour d'assises du Morbihan et acquitté.

Le coup d'État provoqua un certain découragement parmi les paysans qui souffraient particulièrement de la privation du grand air. Mais, sauf quelques exceptions, les autres restèrent inébranlables (2).

En février 1852, l'administration constatait que les habitants de Belle-Isle étaient arrivés à introduire dans la prison des journaux républicains et à correspondre avec leurs amis à l'aide d'enveloppes doubles. La femme Quinestel, qu'on soupçonnait d'être l'intermédiaire, avait été poursuivie sous l'inculpation d'affiliation à une société secrète.

L'administration redoutait particulièrement l'influence de Barbès et Blanqui sur leurs compagnons. Les deux chefs des *Saisons*, devenus ennemis après la publication de certains documents par la *Revue rétrospective*, avaient chacun des partisans, ce qui donnait lieu à des conflits fréquents. Il fut décidé de les placer dans des locaux séparés. Barbès avait été primitivement maintenu dans la maison de détention de Doullens, et ce n'était que sur ses insistances qu'il avait été envoyé à Belle-Isle (3).

(1) A. M. J., 16 p., Plainte des détenus de Belle-Isle.
(2) L'un des détenus, pour regagner sa liberté, promit de dénoncer un complot ourdi par les sociétés secrètes de Lyon. Transféré à Lorient, il ne révéla rien. « Cet individu, écrivait sur son compte le procureur général de Rennes, dans un état d'exaltation voisin de la folie, menace de frapper tous ceux qui l'approchent et excite les prisonniers à des manifestations fâcheuses » (A. M. J., Rapport du 23 avril 1852, p. 841).
(3) V. Dossier cité, du *Ministère de l'intérieur*, 30 juin 1852.

Vers la fin de 1852, le ministère de l'Intérieur fut averti d'un projet d'évasion de Barbès et de Blanqui par une lettre adressée de Genève à Lyon et trouvée dans un panier à poisson à double fond (1). Des mesures très rigoureuses furent prises pour déjouer le plan, et le 8 novembre 1852 le directeur de la prison rassurait le gouvernement en lui écrivant :
« Barbès et Blanqui sont détenus dans le quartier des cellules ; ils n'en peuvent sortir que par escalade, un gardien est de service jour et nuit dans la rue des cellules. Le préau des cellules est également surveillé pendant le jour, et deux factionnaires sont placés à l'extrémité de la palissade, l'un au sud, l'autre à l'ouest (2). » Cela n'empêcha pas Barbès de publier un manifeste à propos du plébiscite de l'Empire, et d'envoyer un toast à un banquet qui avait eu lieu à Londres (3). Blanqui, de son côté, arriva à correspondre avec le dehors ; il put aussi, étant en prison, obtenir des renseignements de Ranc (4). L'administration n'osait pas les poursuivre, car, avouait-elle, en relatant le cas de Barbès, « l'emmener sur le continent, c'est augmenter les chances d'évasion ».

Le rétablissement de l'Empire riva les chaînes des prisonniers. Il y eut quelques hésitations. Hubert demanda la grâce. Les ouvriers gardèrent une attitude énergique. Boichot leur rendait pleine justice, en leur consacrant ces lignes :
« Les socialistes révolutionnaires transportés à Cayenne, en Afrique, ainsi que ceux détenus à Belle-Isle, sont des ouvriers pour la plupart; ils appartiennent à cette génération éclose au souffle vivifiant des idées humanitaires et constituent un des meilleurs éléments de la Révolution (5). »

(1) A. N., *id.*, Rhône, 10, Rapport du préfet du 15 octobre 1852.
(2) A. N.; *id.*, Morbihan, 7, Rapport du directeur du 8 novembre 1852.
(3) V. *ibid.*, Rapport du préfet du 7 décembre 1852.
(4) Renseignements fournis par M. Ranc.
(5) V. Boichot, *Souvenir d'un prisonnier d'Etat*, 1854-1859, p. 112.

Les longues journées de captivité furent remplies par des études et des discussions. De véritables classes furent improvisées où l'on apprenait, à la fois, le français, l'arithmétique, l'histoire, les langues étrangères, la géographie et l'ethnographie, l'astronomie, l'anatomie, la physiologie. Blanqui enseignait l'économie politique en se bornant à critiquer les doctrines et, plus particulièrement, les utopies économistes. En prison, on se méfiait beaucoup des hommes qui prêchaient des systèmes exagérés (1).

Plus d'un esprit se forma en prison, plus d'une amitié s'y noua. On dut se quitter pourtant. La moitié des condamnés de Versailles furent successivement graciés; Barbès obtint la liberté pour avoir écrit, à propos de la guerre de Crimée, une lettre patriotique à George Sand qui s'empressa de la communiquer à Napoléon III. En 1857, deux ans avant l'amnistie générale, l'ordre ayant été donné d'évacuer la prison de Belle-Isle, certains prisonniers furent envoyés à Saint-Michel; les autres, au nombre de trente-trois, parmi lesquels Boichot, Commissare, Delescluze, Blanqui, furent internés à la citadelle de Corte, en Corse, où la prison offrait moins de confort, mais où les habitants étaient plus sympathiques aux détenus que dans la fanatique Bretagne.

L'amnistie de 1859 leur ayant rendu la liberté, quelques-uns en profitèrent, Blanqui notamment, pour recommencer la lutte immédiatement. Nous le retrouverons plus tard.

III

Quoique loin de leur patrie, mais loin d'être découragés, les exilés n'avaient pas cessé de combattre l'Empire.

(1) Commissare, op. cit., t. II, p. 11, 13, 15.

Aussi le séjour des réfugiés en Suisse et en Angleterre ne laissait pas d'inquiéter l'administration de Napoléon, depuis 1849. Ils pouvaient être dangereux d'abord par l'introduction clandestine des publications révolutionnaires dont ils inondaient littéralement la France — ce qu'ils firent pendant tout le temps de l'Empire ; — puis, par l'entente qui s'établissait entre les révolutionnaires de tous les pays et qui facilitait leur action, souvent protégée par l'autorité locale.

A Londres, déjà avant le coup d'Etat, il y eut une société de proscrits démocrates socialistes français dont le comité avait publié plusieurs manifestes. Dans le comité central européen, fondé à la fin de 1850, il y eut, à côté de Mazzini, Darntz, Ruge, l'ancien représentant Ledru-Rollin. La *Voix du Proscrit* était leur organe. Au commencement de 1851, on essaya d'établir un système de télégraphie clandestine entre Calais et Douvres. Les poursuites judiciaires, dirigées contre Langepied, auteur de cette tentative, firent avorter le projet (1).

Bien plus dangereux paraissait, pour le gouvernement de Louis Bonaparte, le voisinage des réfugiés français en Suisse. Une pression exercée sur les autorités suisses, en vue d'éloigner ou d'interner les réfugiés, aboutit à un résultat contraire. Le gouvernement helvétique répondit lui-même par une plainte signalant les agissements des agents provocateurs soudoyés par quelques gouvernements et envoyés en Suisse, en vue de chercher à y nouer un complot pouvant servir de prétexte à la réaction (2). En décembre 1850, un conflit faillit surgir entre les deux gouvernements. Un bataillon du 49e de ligne fut chargé d'occuper Gex et plusieurs points voisins de la frontière. Les autorités genevoises y virent une menace d'invasion. Elles enjoignirent d'une part aux réfugiés de

---

(1) Tchernoff, *Association*, p. 344.
(2) A. M. J., Dossier des réfugiés de Genève, 8.003 a.

s'éloigner à huit lieues au moins de la frontière, mais elles publièrent en même temps un arrêté portant qu'aucun militaire ne serait reçu sur le territoire genevois, en uniforme ou en tenue militaire quelconque (1). Malgré toutes ces menaces, les réfugiés ne se sentaient nullement gênés en Suisse, où la population et les autorités leur étaient favorables. « Les réfugiés sont fêtés publiquement par les radicaux », écrivait le général de Castellane, le 11 juillet 1851 (2). Le journal de James Fazy, qui était à la tête de l'administration de Genève, annonçait nettement l'intention de garder les réfugiés, attendu que les Genevois ne devaient être nullement les agents de la réaction étrangère (3). Aussi la propagande révolutionnaire s'y poursuivit avec activité. A Genève, et dans les campagnes environnantes, il y eut au moins 600 réfugiés; à Berne, 1,600 (4). Dans le canton de Vaud, le gouvernement cantonal avait fondé un journal intitulé la *Tribune des Peuples* pour défendre les réfugiés dont la présence semblait accentuer la politique locale. Le parti radical allait être débordé par un parti ayant des tendances socialistes, à la tête duquel on trouvait Eytel, en relations intimes avec les communistes allemands (5). Des journaux furent fondés par les réfugiés, dont la *Vile Multitude* à Genève, destinée à propager des idées démocratiques dans la Savoie. Elle avait pour ré-

(1) Voir *ibid.*, Rapport du procureur général de Lyon du 23 décembre 1850.
(2) *Ibid.*
(3) Rapport du général de Castellane, 29 avril 1851, *ibid.*
James Fazy, né le 12 mai 1791, reçut son éducation politique en France. Il combattit le gouvernement de la Restauration, eut des relations avec les chefs de la Charbonnerie française, comme Lafayette, Enfantin, Bazard. Après l'avènement de Louis-Philippe, il faillit être désigné comme préfet en France.
(4) Général de Castellane, 9 nov. 1850, *ibid.*
(5) Rapport du procureur général de Besançon du 27 septembre 1850, *ibid.*

dacteur en chef Vial, ancien rédacteur du *Peuple Souverain* à Lyon ; Mazzini fit également paraître à Genève le journal *l'Italia del Popolo* en vue de lancer l'emprunt italien dont le produit devait servir à l'achat d'un matériel de guerre (1).

Entre les réfugiés des divers pays, des rapports s'établissaient. En février 1851, le procureur général de Besançon signalait les réfugiés français les plus actifs : Avril, Boichot, Pyat, Koph, Thore, Rolland et Jannot, en relations avec Arney, secrétaire général de l'association chartiste anglaise, Iv. Golovine, réfugié russe, et Cottet, l'un des chefs des sociétés secrètes de Savoie. De leur collaboration commune sortit l'*Almanach de l'exilé*, imprimé à Paris et répandu dans l'Est (2).

Les autres pays firent aux réfugiés un accueil moins bienveillant. Le gouvernement belge s'opposait au passage des réfugiés sur son territoire. Il en résulta même des inconvénients pour le gouvernement français, car les réfugiés français se trouvaient, pour ainsi dire, bloqués, les autres gouvernements refusant de les recevoir ; ce fut alors le ministre de l'Intérieur de Louis Bonaparte qui demanda qu'on débloquât ses adversaires politiques, pour leur permettre de s'en aller en Angleterre ; on rappela, à ce propos, l'attitude de la France envers les réfugiés allemands en 1849 (3).

Après le coup d'État, les gouvernements, même ceux hostiles à Louis Bonaparte, durent modifier leur attitude ; l'avènement au trône déjà presque certain du neveu de Napoléon III fit naitre partout la crainte de l'invasion. Le rôle joué par l'armée aux journées de décembre laissa entrevoir une pro-

---

(1) Il y eut, en même temps, à Lyon, une caisse démocratique qui servait des secours aux réfugiés français.
(2) Rapport du 28 février 1851, *ibid.*
(3) Dossier cité, ministère de l'intérieur, du 10 février 1851.

chaîne guerre. Le spectre napoléonien s'installa en Europe, bien plus grave que le spectre rouge évoqué à l'intérieur. Il persista jusqu'à Sedan. Dès ce moment, la presse étrangère se mit à examiner l'alternative ou d'une hégémonie napoléonienne ou du démembrement de la France. Cet état d'esprit exerça une certaine influence sur la situation des réfugiés français à l'étranger, comme il laissa une empreinte profonde sur la politique extérieure du parti républicain. Il en résulta, tout d'abord, un redoublement de rigueurs de la part de quelques gouvernements à l'endroit des réfugiés français. Les peuples, au contraire, se sentaient humiliés d'avoir à céder à la menace. De là, vint la joie peu dissimulée de quelques petits Etats en 1870. L'état moral des réfugiés s'en ressentit également, mais dans deux sens différents. Chez les uns, la haine personnelle contre Napoléon allait jusqu'à souhaiter la défaite de la France ; quelques-uns appelaient presque de leurs vœux une invasion des cosaques pour débarrasser le pays de la dictature bonapartiste. Les horreurs commises par les commissions mixtes, dans l'exaspération de la lutte, altéraient le sentiment du patriotisme. Chez d'autres, au contraire, le séjour à l'étranger avait développé ce sentiment jusqu'à le rendre maladif. La nostalgie de la patrie était très aiguë chez quelques-uns. Les relations qu'on avait avec les réfugiés étrangers, après l'établissement de l'Empire, faisaient sans doute sentir la solidarité des idées de droit et de justice, mais aussi montraient la diversité des intérêts. La crainte d'une nouvelle invasion française rendait méfiante la fraction bourgeoise de la proscription allemande. Les réfugiés roumains, hongrois, italiens se réconcilièrent avec Napoléon III, tandis que les exilés français persistèrent dans leur opposition. Malgré toutes ces divergences, il y eut toujours un échange d'idées qui fut rendu plus intime après 1864, quand la Suisse fut devenue le rendez-vous des jeunes républicains. En tout cas, les réfugiés suivaient avec passion la politique de la France, sur laquelle, soit par leur action révolutionnaire, soit par leurs publications, ils exercèrent une influence certaine, tout en contribuant à propager les idées françaises à l'étranger.

La proscription belge préoccupa particulièrement le gouvernement issu du coup d'Etat, par suite de la proximité de la frontière. En effet, c'est en Belgique que débarquèrent Louis Blanc, Martin-Bernard, Ribeyrolles, pour pénétrer plus facilement dans les départements du Nord; les autres réfugiés de Belgique y étaient déjà entrés, armés en vue de la lutte. Mais la frontière fut étroitement surveillée. Le préfet du Nord tenait le gouvernement au courant des moindres incidents. Le 6 décembre, il signalait le débarquement de Louis Blanc, pourvu d'un passeport belge au nom de Kissel. Le surlendemain, il annonçait l'arrivée à Ostende de quatre cents réfugiés et leur intention de pénétrer de là à Lille. Le ministère de l'Intérieur, déjà effrayé par les proportions que prenait la résistance dans les départements, n'hésita pas. Une dépêche télégraphique du 7 décembre portait l'ordre suivant : « Prenez des mesures pour les faire fusiller s'ils envahissent le territoire à main armée. » On décida en outre d'envoyer des détachements de cavalerie, ce qui provoqua une vive émotion en Belgique. Un conseil fut convoqué en toute hâte et un aide de camp du ministère de la guerre fut envoyé au préfet du Nord pour assurer que le gouvernement belge s'opposerait à toute tentative de la part des insurgés (1).

En effet, le 9 décembre, le préfet du Nord constatait avec satisfaction que « la police belge est très active et nous dé-

---

(1) A. N., *id.*, Nord, 6, Préfet du Nord des 6, 7 et 8 décembre 1851, dépêche Ministre de l'Int. du 7 déc.

barrasse des socialistes »; quelques jours après, il ajoutait :
« Les réfugiés sont fort inquiétés dans les villes où ils sont
retirés. » La police belge poursuivait sans relâche l'arrestation des fuyards qui arrivaient de France. Quelques-uns
furent directement remis par la gendarmerie belge au commissaire de police de Tourcoing; d'autres, en grand nombre,
furent expulsés faute d'avoir des passeports réguliers (1).
Seuls, ceux qui avaient des moyens d'existence constatés et
des papiers légalisés par l'ambassade belge purent en principe se fixer en Belgique. Les réfugiés durent se soumettre à
de nombreuses formalités : indiquer leur domicile, faire
viser au moins une fois par semaine un permis de séjour,
subir l'internement dans une ville, le plus souvent flamande,
dont le milieu leur était étranger, par suite de l'ignorance de
la langue. Puis vinrent les éloignements d'office, les expulsions qui furent plus nombreuses sous le ministère libéral de
Rogier, ce dernier ayant plus à redouter les soupçons de
Napoléon III qu'un ministère conservateur. De véritables
violations de neutralité furent commises. Les agents chargés
de conduire Charras en Belgique ne le quittèrent qu'à
Bruxelles, s'arrogeant ainsi le droit d'exercer une contrainte
matérielle sur un réfugié même en pays étranger. Cette violation du droit international émut l'opinion publique. L'affaire
n'eut pas de suites, Charras ne voulant pas devenir l'objet
d'un différend « entre le pays qui lui donnait asile et un gouvernement qui ne respectait pas plus le droit des gens que
les lois votées » (2).

Plus tard, le gouvernement belge consentit à poursuivre,

(1) A. N. *id.*, Rapports de M. le Préfet du Nord des 9, 10, 12 décembre 1851.
(2) Wauwermans, *Les Proscrits du coup d'État en Belgique*, pf., 1892, p. 25.

sur la requête du gouvernement français, le *Bulletin français*, organe orléaniste, en vertu de la loi de 1816. Le procès, qui se déroula devant le jury de Bruxelles, excita un vif intérêt. Berryer et Odilon-Barrot avaient promis de plaider pour les inculpés, parmi lesquels se trouvait le comte d'Haussonville. Ils furent avertis qu'après leur voyage en Belgique, le retour en France leur serait défendu. Un arrêt d'acquittement marqua, de la part de l'opinion belge, son opposition à toute mesure de répression dictée par le désir de plaire à Napoléon III. Malgré cet échec, en 1854, le gouvernement français essaya d'obtenir l'extradition de Nicolas Jacquin, impliqué dans l'affaire Perenchies à laquelle avait donné lieu la découverte près de Lille d'une machine infernale dirigée contre l'Empereur. La Cour de Bruxelles repoussa la demande d'extradition. Mais les gouvernements répondirent par la convention du 28 mars 1856, qui, en déclarant que la connexité d'un attentat avec un délit purement politique ne serait point un motif pour faire écarter l'extradition, exposait, en fait, à cette mesure tous les réfugiés, qui, à des titres divers, pouvaient être mêlés à un attentat accompli en France. Le complot de l'Hippodrome et de l'Opéra-Comique n'était pas ignoré des réfugiés belges. L'attentat de Tibaldi eut pour conséquence la condamnation de Ledru-Rollin, auquel l'amnistie avait été refusée comme complice du régicide. Cette attitude du gouvernement belge, obligé d'exécuter les ordres de Napoléon III, froissait la susceptibilité du pays; aussi, dans la presse, la haine contre le gouvernement français allait en croissant; partout perçait la crainte de l'inauguration d'une politique agressive contre l'Europe et, notamment, contre les petits pays. L'*Emancipation belge* exprimait ainsi les inquiétudes générales : « Il n'y a plus qu'un seul homme, maître de tout, de la paix et de la guerre, du commerce et de l'industrie, de la fortune publique et particulière, et maître sans contrôle et sans frein, sans entraves et sans conditions... Reste à savoir si, en présence de cet état de choses, la France et l'Europe se trouveront rassurées et consolidées par le rétablissement de la tyrannie napoléonienne(1). » En janvier 1853, la *Gazette de Mons* faisait prévoir le démembrement de la France en ajoutant : « Si cela arrive jamais, voilà ce que la famille de Bonaparte aura valu à la France (2). » Le préfet du Nord signalait avec inquiétude un mouvement d'hostilité croissant contre la France ; une brochure, *Les limites de la Belgique*, la dénonçait comme ayant été de tout temps, par l'épée de Napoléon, la cause des agitations (3).

Cette attitude de l'opinion publique, hostile au gouvernement, dont on redoutait les visées annexionnistes, se traduisait par un accueil bienveillant à l'égard des réfugiés, qu'une communauté d'idées datant de la Restauration et de la Monarchie de Juillet contribuait à rapprocher des groupes militants en Belgique. Ainsi, c'est chez un élève politique de Buonarroti, Delhasse, que descendirent, en arrivant à Bruxelles, Ledru-Rollin, Et. Arago, Boichot, etc., décrétés d'accusation après le 13 janvier (4). C'est J.-N. Collard, naguère simple ouvrier tailleur à Paris, en relations avec Barbès et la société des *Familles*, et ayant fait son apprentissage au milieu d'une jeunesse républicaine, qui, arrivé à une situation considérable dans son pays, avait fourni aux réfugiés

---

(1) V. les numéros des 2 et 3 janvier 1852.
(2) V. 6, 7, 8 janvier. Les journaux belges de cette époque contiennent des renseignements précieux sur le coup d'Etat. Ainsi, le numéro 15 du *Producteur*, 1857, donne des détails sur les arrestations et les transportations à Cayenne.
(3) A. N., *id.*, Nord, 14. Rapport du préfet du 4 février 1853.
(4) V. Saint-Ferréol, *Proscription belge*, t. II, p. 40.

français les ressources nécessaires pour pénétrer en France après le coup d'Etat et qui, après le triomphe de la cause bonapartiste, occupait et plaçait les proscrits, les recevait dans ses ateliers comme ouvriers surnuméraires, pour les soustraire aux tracasseries de la police qui voulait les expulser comme n'ayant pas de moyens d'existence (1).

La valeur personnelle, la résistance irréductible de ceux que le neveu du « professeur de l'énergie nationale » avait réduits à employer leur talent et leur activité à l'étranger, faisaient le reste. Redevenus ouvriers manuels ou ayant repris la plume, ils surent se rendre utiles même dans les villages où ils furent relégués ; tel Joigneaux qui, dans le village de Saint-Hubert, continua à s'occuper de l'éducation des paysans et obtint des récompenses du ministère belge. Au besoin, un ancien journaliste comme Camille Berru gagnait son pain comme professeur de natation, avant d'être nommé secrétaire à la rédaction de l'*Indépendance belge*. Mais c'était surtout l'enseignement public et privé qui leur avait procuré les moyens d'existence et avait permis à quelques-uns de s'illustrer. Le 3 mars 1852, l'ex-maître des conférences à l'Ecole normale, Deschanel, exposait aux membres du Cercle artistique et littéraire tout un programme qu'il se proposait de développer au cours des conférences hebdomadaires. C'était le commencement d'une œuvre qui eut des succès éclatants. L'exemple donné fut suivi ; Madier-Montjau donnait un double cours à Bruxelles et à Anvers. Pourtant, quand Challemel-Lacour loua dans les galeries Saint-Hubert avec Versigny et Laussedat une salle pour y donner des conférences, le gouvernement intervint « parce qu'il voyait là une tendance à constituer un enseignement en dehors de l'Etat » ; puis,

(1) V. *op. cit.*, 190.

avouant franchement le motif qui l'avait guidé, le ministre
justifiait les mesures prises « par des raisons de sûreté publique, de convenances internationales de moralité(1). » Bancel,
plus heureux, parvint à s'assurer, pour son cours, l'appui
des autorités académiques et de l'administration communale.
D'autres gagnaient leur vie comme Baune ou Bourzat, en
donnant des leçons de rudiments dans les maisons particulières. D'ailleurs, la proscription belge fut la plus riche,
elle ne fut pas la plus nombreuse, n'ayant jamais dépassé le
chiffre de 400 ; l'activité d'Etienne Arago et les envois de
Michel Goudchaux procuraient des ressources à ceux qui en
manquaient.

Il y eut aussi des réfugiés en Suisse, qui, comme nous
l'avons vu, s'était toujours montrée hospitalière aux républicains français. Le gouvernement fédéral ne subissait qu'avec
beaucoup de mauvaise grâce les ordres venus de Paris.
« Lorsque le ministre de France, raconte Ranc, parlait
trop haut, deux conseillers fédéraux partaient pour Genève,
avec la liste des proscrits ; mais il est arrivé plus d'une fois
qu'à leur arrivée à Genève, les délégués du Conseil général
n'y trouvaient plus ceux qu'ils étaient venus chercher : les
proscrits, avertis par l'autorité, allaient en Savoie (2) ».

Mais ces tentatives d'inquisition de la part du gouvernement français produisirent de fâcheux effets ; elles engen-
drèrent un état d'esprit que Gustave Lefrançais, ancien
membre de la Commune, représentait ainsi en 1870 : « Très
inquiète, dès le début de la guerre, des conséquences que le

(1) V. Wauwermans, *op. cit.*, p. 87.
(2) Ranc, *Diable à quatre*, N 63, p. 19. — V. détails curieux racontés
par le même auteur sur l'histoire d'un exilé et d'un préfet, *op. cit.*,
p. 26. Le préfet lui-même offrit un refuge à M. Ranc dont une honorable société avait besoin pour un quatrième au whist.

succès de la France pouvait avoir sur son indépendance, la Suisse française ne cache pas la joie qu'elle ressent de ses revers Durant les huit jours que j'ai passés dans la « Rome calviniste », le citoyen Leygues, un vieux proscrit toulousain du coup d'Etat et moi, nous avons été trois fois près d'en venir aux mains dans la pension, où nous prenions nos repas, avec de braves gens qui, tout de même, oubliaient un peu trop que nous étions Français... Mon ami Jaclard (ancien membre de la Commune), qui s'est réfugié à Genève où il donne des leçons, commence aussi à trouver que la vie n'y est plus tenable pour les Français (1) ». C'était le ricochet du coup d'Etat, qui faisait suspendre sur la Suisse française la menace d'une annexion. Mais, pour cette même raison, pendant tout le temps de l'Empire, les réfugiés y avaient joui d'une grande sécurité.

En 1852, le préfet de Lyon signalait au gouvernement la présence d'un millier de réfugiés à Genève, tous l'objet d'une attention spéciale de la part de J. Fazy, qui les prévenait, la veille, de la menace d'exécution qu'on leur appliquerait en apparence le lendemain (2).

Entre le gouvernement français, le gouvernement fédéral et le conseil d'Etat à Genève, il y eut fréquemment un échange de notes très vives jusqu'à la grande amnistie de 1859. L'ambassade française à Berne dénonçait à tout moment les relations de Fazy avec les réfugiés, surtout avec l'émigration française et avec Mazzini dont on redoutait la présence sur la frontière de la France. Juste à la veille et en prévision du coup d'Etat, le ministre des affaires étrangères de France adressait la lettre suivante au conseil fédéral de Berne : « Les rapports que je continue à recevoir de mes

(1) V. *op cit.*, p. 387, 388.
(2) V. A. N., *id.*, Rhône, 5. Rapport du préfet du 9 mars 1852.

collègues s'accordent à établir que, malgré toutes les dénégations répétées du gouvernement de Genève, les réfugiés politiques dans cette ville ne cessent de suivre leurs intrigues avec la même activité que par le passé. On assure que la grande majorité des Italiens, Allemands et Français que renferme la Suisse se tiendrait toujours agglomérée soit sur notre frontière, soit dans les environs ».

Après le coup d'Etat, ces réclamations devinrent plus énergiques, plus pressantes. Le gouvernement genevois relevait avec véhémence les sommations et les soupçons dont il était constamment l'objet. « N'y aurait-il pas, répondait le Conseil d'Etat de ce canton, sur notre frontière quelque intrigue contre-révolutionnaire ayant pour but le retour des jésuites en Suisse et le renversement des radicaux suisses par une intervention étrangère ? » La constitution de 1848, ayant laissé une place très restreinte à l'intervention du gouvernement fédéral dans les affaires cantonales, l'administration de Berne fut souvent impuissante à tenir la promesse faite au gouvernement de Louis Bonaparte. Après l'attentat d'Orsini et l'affolement qu'il provoqua, et dont les documents diplomatiques de l'époque gardent une trace précise, une nouvelle pression fut exercée sur le gouvernement fédéral. L'attitude bienveillante du canton de Genève pour un certain nombre de proscrits que son gouvernement se refusait à expulser risqua de devenir une véritable menace pour l'indépendance de la Suisse. Deux conseillers fédéraux furent délégués pour obliger les autorités cantonales de Genève à prendre plusieurs mesures restrictives contre les réfugiés étrangers. Le 15 octobre 1858, une séance orageuse eut lieu au Conseil d'Etat du canton, réuni pour recevoir les délégués fédéraux. Tous ces incidents n'eurent pas de suite car, sauf quelques rares expulsions, les autorités cantonales, après avoir éloigné momentanément les réfugiés les plus compromis, leur permirent ensuite de rentrer (1).

La franc-maçonnerie servait aussi de lien entre les frères français et suisses.

Sur la demande du gouvernement français, F. Milliet, un proscrit, auteur d'un chant dirigé contre Napoléon ayant été expulsé de Genève, cette mesure donna lieu à une vive agitation (2). Le colonel Humbert, franc-maçon militant, fit une campagne de presse énergique et menaça d'aller, à la tête de ses amis, délivrer le prisonnier. La mesure fut néanmoins exécutée ; Milliet put cependant rentrer pour s'établir en Savoie (3).

Le bon accueil reçu dans ce pays y attira ceux qui se sentaient mal à l'aise en Belgique ou ailleurs : Edgar Quinet, qui, établi à Veytaux, devint le centre d'un véritable pèleri-

(1) V. sur tous ces points, les registres du Conseil d'Etat du canton de Genève, du 14 octobre 1851, du 3 septembre 1852, du 11 août 1854 et du 15 octobre 1858.

(2) Ce chant, qui fut publié à Genève, et dont voici quelques strophes, montrait la véhémence des proscrits contre l'auteur du coup d'Etat :

LE CRIME ET LA VENGEANCE

(Air de Charlotte la Républicaine)

Anathème au lâche bandit
Qui souille et torture la France
Que le fer chaud de la vengeance
Marque son front maudit.

Prince du guet-apens,
Il avait une horde
D'hommes de sac, de corde,
D'escrocs, de chenapans ;

Tous ceux que l'or séduit,
Compagnons de ses vices,
Deviennent ses complices
Dans cette œuvre de nuit.
Anathème au lâche bandit, etc.

(3) Tous ces renseignements m'ont été fournis par M. P. Milliet, fils du précédent.

nage; Challemel-Lacour, devenu professeur à l'école polytechnique de Zurich, et ayant pour collègue Marc Dufraisse. Ranc, échappé de Lambessa, y trouva une situation dans une institution libre. Une usine de produits chimiques, succursale de celle qu'avait son beau-père Kestner à Thann, créée par Chauffour, une imprimerie établie par les proscrits Vidal et Duchamp, le chemin de fer de Lausanne, tout cela servit à assurer la vie matérielle des réfugiés, à laquelle la présence de Charras, venu s'y fixer après un court séjour à La Haye, imprima un caractère d'action politique modérée mais ferme que le gouvernement crut utile de faire surveiller.

Les réfugiés français établis en Suisse étaient en relations avec ceux de la Savoie, qu'Eugène Sue recevait dans sa demeure d'Annecy.

Barbès se fixa à La Haye. A la bibliothèque royale, les employés le désignaient avec respect à l'attention des visiteurs. La légation française, elle-même, tout en le surveillant, le signalait aux Français de passage comme méritant d'être admiré pour la dignité de sa vie (1).

Un noyau nombreux de réfugiés se forma en Angleterre, à Jersey et à Londres. Il y eut le même contraste dans l'attitude du gouvernement et celle de la population. Au début, tous furent d'accord pour dénoncer le coup d'Etat et flétrir le dictateur. Mais la guerre de Crimée ayant réconcilié Napoléon III avec le gouvernement anglais, la presse officieuse, le *Times* en tête, changea d'attitude. Des menaces furent proférées contre les réfugiés français qui profitaient de la liberté de la presse pour publier des articles et brochures véhémentes contre le souverain de la France. On savait que Napoléon III avait demandé avec instance à plusieurs reprises qu'on res-

(1) Renseignements fournis par M. Deroisin, ancien maire de Versailles.

treignit le droit d'asile à l'égard des réfugiés français. L'opinion publique en fut profondément froissée, et particulièrement à propos de l'attentat Orsini.

Un témoin nous peint l'état d'esprit des Anglais à cette époque dans les termes suivants : « L'agitation était terrible en Angleterre. Le langage arrogant de la presse française, les menaces mêmes dont les échos passaient la Manche, l'attitude des chefs de l'armée française, irritaient au suprême degré l'amour-propre national. L'audacieux projet de supprimer le droit d'asile, cette prérogative dont l'Angleterre s'honore, révoltait les Anglais, si calmes d'habitude. C'est avec un juste orgueil qu'ils comparaient la noble sécurité que leur assurent leurs institutions, avec l'agitation fiévreuse de ceux qui se sentaient atteints dans leur honneur, et criaient d'autant plus fort qu'ils voulaient faire oublier leur esclavage. Tous, sauf lord Palmerston, revenu au ministère et en coquetterie réglée avec la France, étaient résolus à défendre, jusqu'au bout, les libertés nationales ; l'ardeur belliqueuse qui s'empara de cette nation si pacifique en fait foi. Les femmes s'exerçaient au tir, et il fut très sérieusement question de former un bataillon de femmes pour défendre les côtes. Les émigrés étaient naturellement très émus, le débat était pour eux une question de vie ou de mort (1) ».

C'était toujours la même cause qui produisait les mêmes effets : les gouvernements obligés de pactiser avec celui qui était le maître de l'armée, mais les peuples d'autant plus révoltés qu'ils se laissaient guider moins par des considérations d'opportunité diplomatique que par des sentiments de justice. Malgré les sympathies de la masse, la vie des réfugiés à

---

(1) V. M. de Meysenbug, *Mémoires d'un idéaliste*, avec préface de M. G. Monod, t. II, p. 202.

Londres était particulièrement dure par suite de l'ignorance de la langue et la haine séculaire qui avait séparé les deux peuples. Ledru-Rollin, arrivé à Londres pour y chercher asile, n'eut rien de plus pressé que de publier un ouvrage sur la *Décadence de l'Angleterre.* Delescluze quitta l'Angleterre, car ce républicain, nourri des traditions de la Révolution, vouait à la perfide Albion la haine qu'il tenait inconsciemment de Bonaparte. Seul Louis Blanc s'adapta au milieu avec facilité. La plupart des réfugiés français s'établirent d'abord à Jersey, puis, invités à quitter cette localité après une lettre adressée à la reine Victoria par Félix Pyat contre l'alliance avec Napoléon, ils se rendirent soit à Londres, soit à Guernesey avec Victor Hugo. La proscription anglaise était la plus malheureuse au point de vue matériel, malgré les envois importants que lui faisait Goudchaux, malgré les efforts de Victor Schœlcher et de Louis Blanc pour lui venir en aide (1).

On trouvait les réfugiés, non seulement en Europe, mais aussi en Amérique, à New-York, au Mexique. En 1854, le gouvernement américain annonçait au gouvernement de Napoléon son intention de mettre en liberté les Français, au nombre de 170, qui avaient pris part à la guerre civile. Il proposa de les diriger sur la Martinique et la Guadeloupe. Il y eut, dans le nombre des républicains, un nommé Wasser, prévenu d'un attentat contre le Président de la République en 1850. On pensait d'abord intenter contre eux des poursuites au moins comminatoires pour les faire tomber ensuite sous l'application des articles 84 et 85 du Code pénal, mais on finit par repousser l'offre du gouvernement mexicain de

(1) V. sur la misère des proscrits à Londres, Gustave Lefrançais, *op. cit.*, p. 190 et suiv., et le roman d'Eugène Sue, *Jeanne et Louise*.

faire rapatrier « des individus plus ou moins suspects (1) ».

Si les réfugiés avaient demandé l'hospitalité au monde entier, c'est surtout en Angleterre et en Belgique que leur vie fut particulièrement tourmentée. De son côté, la Suisse, vers la fin du second Empire, devint le foyer d'une propagande internationale intense.

Les divergences doctrinales qui séparaient les groupements républicains dans leur patrie, se retrouvèrent dans l'exil. Elles furent accentuées par l'esprit de suspicion et de défiance qui régnait parmi les membres des colonies étrangères, par les déboires de la vie politique en France. Le succès du coup d'Etat paraissait d'abord fragile. On reprochait à Victor Considérant sa résolution de s'éloigner de la patrie qui pouvait avoir besoin de ses fils lors de la prochaine révolution qu'on croyait imminente. Si Jules Favre répétait au Palais de justice : « cela ne durera qu'un jour », combien plus tenace devait être la foi des proscrits dans la chute inévitable du règne bonapartiste ! Mais l'Empire fut proclamé, subi par le pays, accepté par l'Europe. C'était un fait dont il fallait tenir compte. A ce fait, on ne songeait d'abord qu'à opposer un autre fait, brutal, reposant sur la violence. Il avait fallu lui opposer aussi une certaine philosophie : la doctrine républicaine. On devait ensuite élaborer un programme d'action pour l'avenir, car on avait vite compris la stérilité des tentatives isolées contre la personne de l'Empereur. Elles s'expliquaient quand Bonaparte semblait être le seul responsable auteur du coup d'Etat. Mais derrière lui, on commença à entrevoir, après le premier moment de surprise, tout un état d'esprit, un ensemble de conditions. Quelle fût l'attitude des exilés en face de tous ces problèmes ?

---

(1) A. M. J., Min. aff. étrangères, 8 décembre 1854, 1168 p.

Il y eut d'abord une crise de mécontentement, des récriminations réciproques. Avait-on fait suffisamment pour le peuple ? Son indifférence n'était-elle pas le résultat de certaines déceptions ? Dans une de ses lettres, Victor Schœlcher exprimait ce sentiment à Goudchaux et s'attirait la réponse suivante :

Paris, 5 septembre 1852.

« Mon cher et bon ami,

« ... Maintenant, permettez-moi, mon bon ami, de vous adresser un reproche très amical et très sérieux à la fois ; comment avez-vous pu solliciter pour moi un remerciement quelconque ? Vous ne me connaissez donc pas du tout, puisque vous supposez qu'il faut une récompense à mes actes ? Je suis, mon cher Schœlcher, et j'ai toujours été un homme de convictions fortes, en même temps que j'ai été toute ma vie un homme pratique ne voulant que le possible ; j'ai constamment voulu le progrès dans le sens le plus démocratique, et quoique nos malheureux amis, un peu aigris par l'exil, me qualifient d'ancien réactionnaire après juin 1848 (ce dont je ne leur garde pas le moins du monde rancune), j'ai été à cette époque aux affaires ce que j'ai toujours été, et, qui plus est, j'ai voulu alors ce que les plus exaltés des nôtres demandent aujourd'hui ; preuves irrécusables : 1° J'ai fait allouer trois millions le premier jour que j'ai été aux affaires, pour essai d'association ; le comité du travail n'avait jamais osé, avant moi, faire cette demande, et, lorsque je lui ai annoncé que j'allais faire cette proposition à la Chambre, ils m'ont supplié de la laisser faire par l'un d'eux (Alcan) ; j'ai cédé en les appuyant ; ce n'est pas ma faute si les ministères qui sont venus après le nôtre n'ont pas fait tout ce qu'il fallait, et même ont été fort hostiles à l'association. 2° Entré aux affaires le 3 juin, j'ai mis Carnot en situation de déposer, dès le 3 juillet, un projet de loi demandant l'instruction gratuite à tous les degrés ; ce projet, Carnot l'avait en portefeuille depuis plusieurs mois et n'avait pu le faire agréer, ni du Gouvernement provisoire, ni de la Commission exécutive ; il me le remit le 1ᵉʳ juillet, et, en moins de huit heures, je le lui rendis signé de Cavaignac et de moi ; Cavaignac, occupé alors d'autre chose, s'en était rapporté à moi, et avait signé de confiance. J'ai proposé un impôt sur les revenus mobiliers (3 0/0) en disant à un ami de la gauche de proposer un amendement portant un chiffre plus élevé que 3 0/0 ; le produit de cet impôt était destiné à supprimer l'impôt sur les boissons, le sel, etc.; mes amis ont refusé de me soutenir, disant qu'ils aboliraient ces impôts sans en créer de nouveaux ; vous savez ce qui est advenu. J'ai fait nommer, à mon passage aux affaires, une Commission qui devait faciliter l'établissement d'un vrai crédit foncier, en nous débarrassant des hypothèques légales ; après mon départ, tout cela a été abandonné, etc., etc., etc.... Tout ceci, mon cher ami, est pour vous seul ; je ne veux pas que le dire de nos amis puisse laisser quelque doute dans votre esprit ; j'ajoute seulement que les idées que j'ai voulu mettre en pratique pendant que j'étais aux affaires sont celles que j'avais depuis 25 ans et que j'ai encore aujourd'hui, ni plus, ni moins... J'ajouterai que si l'un de ceux (qui que ce soit), qui m'attaquent, veut comparaître devant vous, et exposer ce qu'il a fait dans sa vie pour l'amélioration du sort des travailleurs par l'association ou tous autres moyens, je suis prêt à dire, moi, ce que j'ai fait et à me soumettre ensuite à votre jugement. Mais c'est trop parler de moi je n'y reviendrai plus, ce sont vos lettres qui m'y ont contraint ; parlons de notre œuvre, cela vaut mieux (1).

« GOUDCHAUX. »

L'ancien ministre des finances, tout en plaidant sa cause, tentait de justifier aussi l'attitude du parti républicain. Mais alors, ne pouvait-on pas adresser à certaines sectes du parti républicain le reproche inverse, d'avoir formulé trop d'idées, d'avoir effarouché les esprits par une multitude de solutions qui éveillaient toutes les inquiétudes sans rassurer personne ? C'était l'opinion de Delescluze qui écrivait dans le *Proscrit* :

« Dans le champ des réformes, vaste comme l'infini, toutes les espérances se produisent, et c'est aux plus folles promesses que court la faveur populaire. Docile aux séductions les plus grossières, le peuple ira choisir ses idoles parmi ces hommes de malheur qui, par folie ou par trahison, jettent les révolutions hors de leur voie, soit en les exagérant, soit en les déshonorant. Si des voix sages s'élèvent pour parler au nom de l'unité et de la tradition, elles sont bientôt couvertes par les vociférations des sectaires. Les théories les plus contraires à l'esprit national, les sophismes les plus

(1) Lettre inédite qui nous a été fournie par Mme Levylier, la fille de l'ancien ministre des finances.

monstrueux, les projets les plus impossibles trouvent des apôtres et des disciples. Le bon sens et la vérité n'ont plus d'autels ; on dirait que la France est frappée de vertige ; sourde aux leçons de l'expérience, elle marche au devant des catastrophes (1). »

C'était aussi l'opinion de Mazzini qui reprochait aux « discoureurs d'avoir perdu la France », aux « philosophes socialistes de propager des idées matérialistes ». Plus tard, à propos de la publication, par Quinet, de son travail sur les *Révolutions d'Italie*, il écrivait à ce dernier : « Cette génération n'a pas la foi, elle a des opinions. Elle renie Dieu, l'immortalité, l'amour, promesse éternelle..., la croyance en une loi providentielle et intelligente, tout ce qu'il y a de beau, de bon, de saint au monde, toute une héroïque tradition de sentiments religieux... pour s'agenouiller devant Comte et Buchner. »

Ce reproche, comme George Sand en avait fait la remarque à Mazzini, était mal fondé, adressé à des spiritualistes comme Louis Blanc, Pierre Leroux et Barbès. L'auteur de l'*Organisation du travail* plaçait la question sur son véritable terrain, en montrant au patriote italien que le problème ne se posait pas dans les mêmes termes en France et en Italie : la première, après la révolution de 1789, devant s'attacher désormais aux réformes sociales ; la seconde, ayant encore à parachever la conquête de son indépendance nationale. Matérialistes, les doctrinaires de la révolution de 1848 ne l'étaient certainement pas pour la plupart ; ils étaient plutôt religiositaires, non en matière de foi catholique, mais pour la confiance qu'ils avaient dans la force des idées capables d'agir seules sans être soutenues par l'effort des énergies individuelles. Les

(1) V. *Le Proscrit: la Réaction et le Peuple.*

journées de décembre eurent vite fait de modifier cette tendance d'esprit en provoquant une réaction philosophique et religieuse.

L'*Homme*, journal de la démocratie universelle, contenait une série d'articles, dont Colfavru avait résumé ainsi la pensée : « Il faut déchristianiser la Révolution. Le christianisme était la raison d'être de l'autorité ; déchristianiser la Révolution, c'est lui donner pour arme et pour drapeau le contraire de l'autorité, la liberté (1). » Louis Blanc lui-même avait fini par rompre avec le christianisme. Ayant commencé par inviter le clergé à s'allier à la cause socialiste, il le dénonça ensuite comme le complice du coup d'Etat. De cette réaction sortit l'anticléricalisme, devenu bientôt un des articles du programme d'une fraction du parti républicain. Mais, ce point acquis, la divergence fut grande sur le reste. Sans doute la nécessité des réformes sociales fut reconnue par tout le monde. Colfavru, à l'occasion de la célébration de l'anniversaire de la révolution de Pologne — ce qui soulignait l'importance de l'observation, — allait jusqu'à dire que « la véritable indépendance n'est pas celle de la foi politique ou nationale, mais celle du travail (2) ». Toutefois sur les moyens de réaliser les réformes sociales, l'accord n'était pas complet.

A Bruxelles, il y eut des bleus, des rouges, des montagnards, des partisans de la « démocratie pacifique ». La divergence qui existait entre les diverses écoles, transplantées sur le sol étranger, s'accentuait sous l'influence d'un échange d'idées permanent entre les révolutionnaires de pays différents. Les exilés de décembre se rencontraient avec les

---

(1) V. L'*Homme*, 11 janv. 1854 : *Dieu et les théologiens*, par J. Cahaigne, 5 avril 1854 ; Ph. Perjeau y célébra la philosophie positiviste qui devait porter le coup de grâce à la philosophie spiritualiste.

(2) V. L'*Homme*, 29 avril 1853.

socialistes étrangers qui avaient encore conservé les traditions de Buonarroti, des *Saisons* et des *Familles*. La génération française de 1848 retrouvait les traditions de ses aînés dans la bouche des révolutionnaires belges et allemands. C'est en partie par la Belgique et la Suisse que la doctrine communiste revenait en France vers la fin du second Empire et triomphait par l'organe de Cesar de Paepe des tendances mutualistes de la première *Internationale* (1).

En Angleterre les divergences furent beaucoup plus vives, par suite de l'exaltation résultant de la misère, à cause aussi des éléments multiples qui composaient la proscription anglaise. Le groupe des rollinistes, qui suivait Ledru-Rollin, représentait un élément révolutionnaire par la tactique, mais apparaissait comme très modéré par ses idées sociales. Dans une profession de foi publiée par le *Proscrit*, des idées nettement anticommunistes furent énoncées; l'association volontaire, la cité, la famille, la patrie, la propriété exaltées. « Nous, croyons, concluait ce programme, à un état social ayant Dieu et sa loi au sommet, le peuple, l'universalité des citoyens libres et égaux à la base, le progrès pour forme, l'association comme moyen, le génie et la vérité pour flambeaux dans la marche. »

La Commune révolutionnaire, groupée autour de Félix Pyat, comprenait les hommes résolus à l'action immédiate (2). Ce groupe affichait volontiers des idées communistes et se réclamait en même temps de Blanqui. Plus tard, la *Com-*

---

(1) V. Ranc et Jaclard, *Babouvisme* dans l'*Encyclopédie générale de 1868*. Saint-Ferréol, dans son travail si documenté sur la *Proscription belge*, t. II, p. 261, donne les détails sur des différents groupements et lieux de rencontre à Bruxelles.

(2) Boichot, qui en faisait partie, indique comme membres de cette association, Rouget, Villière, Colfavru, Alavoine, Bianchi, Coingt, Poirier. *Op. cit.*, p. 108.

mune révolutionnaire forma le premier noyau de la section française de l'*Internationale* à Londres, et se mit en relations avec les journaux ouvriers qui professaient ces idées à Paris. Il y eut aussi à Londres des indépendants, dont quelques-uns avaient essayé de fonder entre eux *la Sociale*, un groupement communiste ; mais ils ne pouvaient mettre en commun que leur misère (1).

En dehors de ces fractions du parti républicain, se tenaient les chefs, dont chacun avait quelques fidèles. Tel était le cas de Cabet, Pierre Leroux et Louis Blanc. Ce dernier entretenait des relations intimes avec Herzen, dans la maison duquel se rencontraient quelques révolutionnaires actifs, dont Barthélemy et Orsini. Un duel entre Barthélemy, fanatique partisan de Louis Blanc, et Cournet, partisan non moins résolu de Ledru-Rollin, pour lequel cette rencontre eut une suite tragique, fit apparaître la profondeur des divisions qui séparaient les membres de la colonie française à Londres.

Il y eut, naturellement, dans ce milieu exaspéré par la souffrance et la persécution, des idées extrêmes dont la *Lettre à une balle* de Félix Pyat n'était qu'un exemple, dépassé par Cœurderoy dans la *Barrière du Combat* (2), par Dejacques, colleur de papier, qui montrait la genèse de sa tactique vengeresse dans une poésie dont il avait donné lecture à l'occasion de l'enterrement d'un ouvrier, Goujon, mort d'une phtisie contractée à la suite de son arrestation, lors du deux décembre. A tous les réfugiés réunis et réconciliés devant la mort, il disait. — c'était précisément l'anniversaire des journées de juin : — « Aujourd'hui, comme alors, assassins et victimes se trouvent en présence... Enseignement sublime. Ceux qui nous proscrivaient, à leur tour sont proscrits. Ce

---

(1) Gustave Lefrançais, *op. cit.*, p. 198.
(2) B. N. L. b. 56, 1852, 2, 996.

glaive à deux tranchants de la force brutale, dont ils frappaient le Droit soulevé dans Paris, ce glaive s'est, contre eux, dans une main rivale, à la fin retourné (1). »

Madier, essayant de réhabiliter le tyrannicide, dans un organe plutôt modéré, La Nation, ne faisait que refléter l'opinion courante. L'attentat d'Orsini donna lieu, à Londres comme d'ailleurs à Paris, à des manifestations d'un caractère non équivoque. A Guernesey, en présence de Victor Hugo, on célébra l'anniversaire de la mort d'Orsini (2).

La tendance révolutionnaire et communiste fut dominante à Londres jusqu'à la fin du second Empire. Elle se rencontra avec une autre influence qui s'était exercée dans le même sens, celle de l'auteur du *Manifeste communiste* qui avait lui-même recueilli l'héritage des sociétés « Familles » et « Saisons ». L'élément révolutionnaire de Londres exerça plus tard une certaine influence sur la renaissance du mouvement communiste en France.

Ici encore, les réfugiés contribuaient à rétablir les liens des idées communistes qui rattachèrent la monarchie de juillet à la fin du second Empire (3).

Les communistes et les démocrates révolutionnaires, en désaccord entre eux sur plusieurs points, étaient du même avis sur la portée internationale de leur action. Cet accord entre les deux fractions est utile à noter. La solidarité internationale des idées de progrès et de justice est professée par

(1) G. Lefrançais, *op. cit.*, p. 205. Déjacques avait en outre publié une brochure, *La Question révolutionnaire*, New-York, 1854. B. N. L. b, 46, 53.
(2) Renseignements fournis par un ancien réfugié, M. Henri Lefort.
(3) En Suisse, c'était le *Confédéré* qui servait d'organe aux réfugiés. Quinet, établi à Veytaux, exprimait des idées qui se rattachaient à ses doctrines antérieures; et c'est à propos de l'étude du mouvement intellectuel en France que nous allons les retrouver.

toutes les écoles. Elle n'est pas la négation des idées de la patrie. Elle est, pour les uns, dictée par des considérations de tactique ; pour d'autres, elle constitue le résultat d'un mouvement d'idées philosophiques. « Ce qui a perdu le mouvement de février, écrivait Ribeyrolles, c'est l'isolement... On isola la révolution de ses forces extérieures, et, dès lors, tout fut compromis ; un à un les peuples tombèrent sous des coalitions effrontées. » Pour lui, la démocratie française fut vaincue parce qu'elle n'avait pas su inspirer confiance à toutes les nations, qui craignaient toujours ses ambitions territoriales ; si la France avait, aussitôt après la Révolution, proclamé son intention de délivrer tous les peuples, ces derniers se seraient groupés autour d'elle pour résister victorieusement à la coalition des tyrannies (1). La crainte d'une invasion française hanta l'esprit des proscrits, et les sépara des émigrés français (2).

Quand plus tard le jeune parti républicain, dans ses congrès en Suisse, manifestait des tendances antimilitaristes, il y eut, dans son attitude, non seulement la haine d'un régime qui n'avait pu se fonder qu'avec l'appui de l'armée, mais aussi le désir de dissiper les défiances que le coup d'Etat avait ravivées. L'idée internationale de l'action révolutionnaire n'excluait nullement, au début, l'action armée. Mais les idées saint-simoniennes, l'influence de Proudhon, l'entrée en scène du communisme, obligé lui aussi d'avoir une politique

---

(1) V. L'Homme, 30 novembre 1853.
(2) Saint-Ferréol, t. II, page 270, écrit à ce propos : « Les représentants de la démocratie allemande étaient disposés à croire que la démocratie française avait soif de conquêtes, qu'elle était altérée de combats, désireuse d'assurer l'indépendance, l'unité, la suprématie de la patrie française, en lui donnant pour ceinture les fleuves, les pays, les montagnes infranchissables, qui pouvaient mettre une barrière entre elles et les peuples voisins. »

internationale, firent ressortir la possibilité d'une coopération pacifique entre les nations. Tout en ayant recours, comme la fraction bourgeoise du parti républicain, à l'action internationale de tous les intéressés, à la lutte des syndicats contre les patrons coalisés, le communisme, devenu malgré lui parti politique, fera adopter, par l'organe de l'*Internationale*, des motions en faveur de la paix. Au début du second Empire, les proscrits, même dans les nuances les plus avancées, furent encore pour l'action armée. Félix Pyat, au nom de la *Commune révolutionnaire*, adressait des appels aux démocrates américains, pour se procurer des ressources en vue d'une action armée, et Mazzini émettait un emprunt dans le même dessein.

Entre l'idée de la solidarité internationale des peuples et la négation de la patrie, il n'y eut aucun lien. Barbès était interventionniste au plus haut degré. Il avait été condamné pour avoir pris part à la manifestation des journées de mai en faveur de la Pologne. Cela ne l'empêchait pas de dire : « Je suis chauvin, très chauvin, et je m'en fais gloire » (1). Saint-Ferréol soulignait avec insistance la froideur des relations entre les proscrits des différentes nationalités (2). Les divergences éclatèrent surtout après la guerre d'Italie, quand la nouvelle attitude de Napoléon lui réconcilia brusquement, dans la question des nationalités, les Italiens, les Polonais, les Hongrois, les Roumains. Pour les réfugiés français, la question se posait dans les termes suivants : « Faut-il accepter la délivrance, quand elle émane d'un pouvoir qui repose sur la dictature ? » Ils répondirent par la négative, comme le fit plus tard le parti républicain, en majorité, à propos du plébiscite. Telle n'était pas la ligne de

(1) Lettre à G. Sand, du 26 décembre 1866.
(2) V. t. II, p. 267.

conduite des proscrits étrangers. Marc Dufraisse les jugeait plus tard en leur consacrant ces lignes : « La morale des nationalités ne diffère pas de celle des proscrits. Peu soucieuses des devoirs de la fraternité; dès qu'il leur faut pour s'affranchir une épée étrangère, elles ne regardent point entre les mains de qui l'épée se trouve. » (1)

On pourrait dire que l'exil avait plutôt exalté, chez quelques-uns, le sentiment de la patrie. Dans les pages d'archéologie mises par Marc Dufraisse en tête de son *Histoire du droit de guerre et de paix*, il disait : « Je laisserai à mes fils l'ordre testamentaire de rester, quoiqu'il arrive, les enfants de la France où ils sont nés... Je préfère la France au monde entier. Et, dès lors, j'estime que son sang ne doit plus couler que pour venger un outrage à son honneur, ou pour repousser une agression. » Malgré cette exaltation de l'attachement à la France, l'idée de la solidarité internationale resta. Une nation, pour être libre, doit être entourée des nations libres, et Proudhon, aussi bien que Victor Hugo, engageait les Belges à repousser l'invasion de la France.

Il y eut en outre, entre certains membres de la proscription étrangère, une entente parfaite. Les proscrits français fraternisaient avec Mazzini, Garibaldi, Kossuth, Jacoby, Microlavsky, Sterbie, Pianciani, Schulz, Mascaradine. Le premier d'entre eux avait exercé une grande action sur plusieurs groupements républicains en France. Dans presque tous les procès importants, des lettres de Mazzini furent saisies entre les mains des inculpés.

Loin de se désintéresser de leur pays et de la politique intérieure, jusqu'à l'amnistie, et surtout au début de l'Empire, les réfugiés français n'avaient pas cessé d'agir sur les ré-

(1) Cité par Saint-Ferréol, *op. cit.*, III, p. 267. — V. aussi Mme Quinet dans ses *Mémoires d'exil*, deuxième édition, t. II, p. 515.

publicains restés en France. Non seulement ils furent mêlés à plusieurs attentats dirigés contre l'empereur, mais surtout ils inondaient littéralement la France de leurs publications. La contrebande littéraire s'exerça sur la plus grande échelle. De nombreuses brochures furent publiées pour raconter l'histoire des crimes du coup d'Etat (1).

Les bulletins de la « Révolution » et de la « Commune révolutionnaire » pénétraient sur le territoire français, en échappant à toute surveillance. Les rapports du préfet du Nord signalaient constamment l'introduction par la Belgique des écrits révolutionnaires. « Lorsque les fraudeurs arrivent à franchir la ligne de surveillance de douane du côté de Tourcoing et Roubaix, écrivait-il dans son rapport du 10 juillet 1852, des envois se font à Paris, par petits paquets, non par Lille, mais par les petites stations permettant de tromper plus sûrement toute surveillance. ». Un éditeur de Bruxelles, Briard, les publiait. Une brochure de Xavier Durrieu, qui n'était pas la plus répandue, avait eu un tirage de cinquante mille exemplaires. On trouvait ces brochures partout « jusque dans une grange appartenant à un habitant honorable ». A Lille, au cours d'une perquisition faite chez la femme d'un des proscrits, Bianchi, on trouva trois mille exemplaires, dont surtout, « Les trois maréchaux » de Charras et « Napoléon le Petit » de Victor Hugo. La brochure du poète Borain « Louis Napoléon » se distribuait dans les cafés, sur les places publiques (2). La colonie française de Jersey faisait pénétrer

---

(1) Voir dans Saint-Ferréol, t. II, p 116 et s., 248 et suiv., les principales publications faites en Belgique, et surtout l'histoire de *La Libre recherche*, revue dirigée par M. Pascal Duprat.

(2) A. N., *id.*, Nord, 14. Rapports du préfet des 3, 8, 10 août 1852; 29 janvier, 4 février 1853 ; sur la distribution des écrits par la dame Bianchi, il y a un dossier aux Archives du Ministère de la justice, janvier 1853, p. 855.

ses manifestes par la Gironde (1), et par la Manche (2). L'Alsace, le département de l'Isère, le Var, par suite de leur voisinage avec la frontière, furent également utilisés par les réfugiés (3). Etant donnés ces moyens de communication, on voyait circuler dans toute la France les lettres de Charras et surtout le terrible pamphlet de Victor Hugo, « Napoléon le Petit », qui inquiéta fort l'administration. Aussitôt après sa publication, le préfet du Nord le fit acheter. L'ayant lu, il le trouva fort dangereux, et cela d'autant plus qu'il se répandit vite dans toute la France. Le préfet de l'Ain annonçait au gouvernement, le 3 novembre 1852, que le pamphlet de Victor Hugo circulait dans les classes ouvrières à Lyon. Il fut invité, par le gouvernement, à obtenir de l'éditeur genevois la suppression des exemplaires de ce livre, contre une forte indemnité. Mais cela ne servait à rien, il n'était guère possible d'empêcher la réimpression du pamphlet à Bruxelles. Devenu rare, il se vendait à six francs. Un banquier, amateur de primeurs littéraires, paya quatre-vingts francs un exemplaire de la première édition (4). Les proscrits, et particulièrement les sociétés comme « la Révolution » et « la Commune révolutionnaire », pouvaient se servir de la contrebande littéraire pour diriger de loin les républicains. Les bulletins de la première société et les lettres de Félix Pyat circulaient partout malgré toutes les rigueurs de la police. En décembre 1852, le comité révolutionnaire de Jersey conseillait aux électeurs : « abstention au vote, conspiration contre le

---

(1) A. N., id., Gironde, 6. Rapport du préfet du 6 juillet 1853.
(2) A. N., id., Manche, 13. Rapport du 18 septembre 1852.
(3) A. M. J., Rapport du procureur général de Colmar du 22 janvier 1852, p. 48.
(4) A. N. id., Ain, 8. Rapports du préfet du 28 septembre 1852 et du 3 novembre 1852.

gouvernement tyrannique » (1). En février 1853, partit de Londres une protestation contre les grâces accordées à l'occasion du mariage de Napoléon III et dont devaient bénéficier plusieurs victimes déjà mortes, « 4.312 noms sur un registre de quarante mille martyrs, et, dans cette liste, un millier de morts inscrits au compte de la clémence » (2). De là encore émanaient des appels aux « soldats », aux « sapeurs-pompiers de Paris » (3). Bien plus considérable encore fut l'activité de la « Commune révolutionnaire ». Aussitôt après sa constitution, elle lança sa « Lettre au peuple » portant les signatures de Félix Pyat, de Boichot et de Caussidière. Elle fut envoyée dans un format diamant, commode pour l'expédition sous enveloppe, ou introduite en fraude dans des colis de marchandises de toute espèce (4). Une autre lettre fut envoyée par la même voie, à l'occasion de l'insurrection de Milan. Un peu plus tard, fut rédigée la « Lettre au peuple américain », et Caussidière reçut la mission d'aller aux Etats-Unis, afin de placer les bons d'un franc émis par la Commune. Deux membres de cette société furent signalés comme se rendant à Paris ; le premier, auteur du *Chant de Jacques*, condamné par coutumace à cinq ans d'emprisonnement et 1.000 francs d'amende par la Cour d'assises de la Seine, arriva à Paris, sous le nom de Louis Cortier. Tous deux furent arrêtés, et le parquet décida de poursuivre les individus signalés pour s'être activement occupés de distribuer les manifestes de la Commune révolutionnaire. On arrêta, en outre, seize personnes dont une veuve Guérin, femme d'un ancien membre d'un

(1). A. N., *id.*, Manche, 13. Rapport du préfet, du 18 décembre 1852. — V. A. M. J., 802 p. Dossier relatif à la saisie des bulletins de la société de la *Révolution*.
(2-3) A. N., *id.*, Côte-d'Or, 9. Rapports du préfet des 19 février 1853, 18 mars 1853 et 8 février 1853.
(4) A. M. J., Cour d'appel de Paris du 16 avril 1853, 1143 p.

comité électoral socialiste expulsé de France. On lui reprochait de servir d'intermédiaire pour transmettre aux anarchistes de Paris les instructions du comité de Londres. On corsa l'accusation, en y ajoutant qu'on avait trouvé chez l'un d'eux l'ébauche d'une machine infernale, ce qui n'était nullement démontré. Comme il fallait, à tout prix, arrêter la propagation d'écrits subversifs, le procureur général décida de poursuivre les inculpés pour « délit de société secrète ayant pour but un complot contre la sécurité de l'Etat et du souverain, et aussi de distribution d'écrits séditieux (1). » Nous rencontrerons plus tard les poursuites dirigées contre Boichot, membre de la Commune révolutionnaire. Toutes ces rigueurs étaient vaines; les proscrits continuaient à inonder la France de leurs écrits. Ils arrivaient, par des détours plus ou moins compliqués, à échanger des lettres avec leurs amis. Le gouvernement mit tout en mouvement pour rendre ces relations impossibles. On n'hésita pas naturellement à violer le secret des correspondances.

Ainsi, le 15 mai 1853, le préfet d'Ille-et-Vilaine adressait la lettre suivante au sous-préfet de Saint-Malo :

CABINET DU PRÉFET D'ILLE-ET-VILAINE.

Surveillance de la correspondance Schœlcher, V. Hugo et Eiflo, à Jersey.

Rennes, le 15 mai 1853.

« Monsieur le Sous-Préfet,

« Les anciens représentants Schœlcher, V. Hugo et Eiflo continuent activement la correspondance avec la France, et reçoivent leurs lettres, par l'intermédiaire de Madame Boinet, Hôtel de la Pomme d'Or, à Jersey.

« J'invite M. l'Inspecteur des Postes à donner les ordres nécessaires pour procéder à la saisie régulière de cette correspondance.

(1) A. M. J., *id.*, p. 1027.

« Veuillez, en ce qui vous concerne, prescrire une rigoureuse surveillance pour intercepter tout envoi à cette destination et me tenir exactement au courant du résultat des mesures qui précèdent.

« Agréez, Monsieur le Sous-Préfet, l'assurance de ma considération la plus distinguée (1) ».

Le Préfet.

Le gouvernement ne se fit pas faute, naturellement, d'entretenir des intelligences secrètes avec quelques agents qui se faufilaient parmi les proscrits pour les épier. Grâce à ces renseignements, le ministère de l'Intérieur pouvait être informé sur les faits et gestes des hommes qui lui inspiraient un soupçon quelconque. Il savait, par exemple, — une note du ministère de l'Intérieur en fait preuve, — qu'à un certain moment on attendait, à Genève, une lettre de Goudchaux sur la rédaction d'un manifeste, que les réfugiés se proposaient de publier, et qui avait déjà été délibéré par un comité. Le ministère savait même qu'une lettre devait être mise à la poste de Bercy par le nommé Jaillet fils (2).

Malgré toutes ces précautions, l'action des proscrits sur les républicains, en France, ne cessa jamais. A un redoublement de rigueurs répondait toujours une ingéniosité plus grande (3).

Quand, surtout à partir de 1860, les jeunes républicains eurent commencé leur pèlerinage en Suisse pour y rencontrer Quinet, Charras, ou telle autre célébrité, ils en profitèrent pour y lire les ouvrages dont la vente était défendue en France, et s'en firent les importateurs. C'est dans ces circonstances que Chassin fut trouvé, un jour, détenteur de plusieurs bro-

---

(1) Ce document nous a été fourni par M. Henri Lefort, sous-préfet de Saint-Malo, après le 4 septembre. — Voir encore le rapport du préfet du Rhône du 9 février 1853, qui donne le résumé de plusieurs lettres interceptées par la police (A. N., *id.*, Rhône, 5).

(2) A. N., *id.*, Ain, note du ministère de l'Intérieur, sans date.

(3) V. Ferréol, *op. cit.*, III, t. II, p. 227, sur les moyens qu'on employait pour faire pénétrer la contrebande littéraire en France.

chures prohibées à la gare de Saint-Louis. Il comparut, le 30 juillet 1860, devant le tribunal correctionnel de Mulhouse. Il fut acquitté après une plaidoirie de Louis Chauffour, qui avait soutenu que la loi du 27 juillet 1849 ne punissait que le fait de colporter ou de distribuer des écrits sans autorisation, et que les voyageurs dont les malles contenaient des brochures politiques ne tombaient pas sous l'application d'aucune loi. Malgré un appel interjeté par le ministère public, le jugement fut confirmé par la Cour d'appel de Colmar. L'administration ne se tint pas pour battue, et, peu de temps après, elle intenta un procès à Scheurer-Kestner. Le prétexte de la poursuite était une perquisition faite chez Vermorel, au cours de laquelle la police avait trouvé des lettres, où Scheurer saluait la génération nouvelle et célébrait le réveil de la conscience publique. Une surveillance fut organisée au bureau de poste de Thann, et les lettres suspectes furent envoyées à Paris où un cabinet noir, organisé à cet effet, eut la mission de les décacheter et de les dépouiller. On y découvrit un certain nombre d'exemplaires du *Lion du quartier latin,* poésie due à la plume de Rogeard et le programme d'une brochure à faire qui devait être publiée par l'*Imprimerie de la librairie du désert* (formule de Charras). Scheurer-Kestner, arrêté à Thann, conduit à Belfort, fut emmené à Paris, emprisonné à Mazas, et traduit devant le tribunal correctionnel qui le condamna, malgré un plaidoyer fort habile de Jules Grévy, à trois mois de prison et 2.000 francs d'amende, par application de la loi de sûreté générale du 28 février 1858 punissant tout individu ayant pratiqué des manœuvres ou entretenu des intelligences, soit à l'intérieur, soit à l'extérieur, dans le but de troubler la paix publique ou d'exciter à la haine ou au mépris du gouvernement de l'Empereur (1). Surpris dans les mêmes circons-

(1) V. M. Engelhardt. *La contrebande politique sur la frontière du*

tances, Alfred Naquet se vit infliger la privation de son cours d'agrégé à la Faculté de médecine de Paris (1). La contrebande n'en continua pas moins. Clémenceau se rendit à l'étranger, pour se procurer une imprimerie clandestine et des caractères qui devaient servir à la propagande entreprise par Blanqui (2). Les proscrits avaient, en outre, à leur disposition des journaux, dont particulièrement *la Nation* à Bruxelles et le *Confédéré* à Fribourg. Le premier de ces organes, d'une nuance plutôt modérée, dirigé par Labarre, fut soutenu par le personnel républicain de Paris, et notamment par Goudchaux. Il put paraître jusqu'à 1858. Une condamnation à plusieurs mois de prison, pour avoir glorifié Orsini, mit fin à son existence ; jusqu'à cette date, son influence était considérable, on le lisait non seulement en Belgique, mais aussi en France où le préfet du Nord le signalait à Dunkerque, et en Suisse où le préfet de l'Ain le désignait parmi les journaux les plus répandus (3).

Le *Confédéré* de Fribourg fut l'organe de Charras, qui le soutenait de sa bourse et de ses conseils. Il lui procurait des correspondants, parmi lesquels on peut citer Laurent Pichat, Etienne Arago, Hippolyte Dubois, Ch. L. Chassin, M. Engelhardt ; le journal eut comme collaborateurs Buisson et Barni. Pour faire parvenir les correspondances à leur destination, on les adressait à différentes personnes habitant l'Alsace, d'où elles passaient à Bâle, pour arriver enfin à Fribourg (4).

Rhin pendant le second Empire, p. 120, dans la *Revue alsacienne*, 1882-1883.

(1-2) Renseignements fournis par MM. Georges Clémenceau et Alfred Naquet.

(3) V. St. Ferréol, *op. cit.*, t. II, p. 128.

(4) V. Engelhardt, article cité, p. 118. C'est, comme nous le verrons, le *Confédéré*, qui avait soulevé le premier incident se rattachant à la résurrection de l'affaire de Baudin.

En dehors de cette action par la plume, il y eut des tentatives d'action plus directes. En Suisse, notamment, Charras essaya de grouper tous les proscrits. Il contribua à rapprocher les républicains entre eux, entretenant personnellement des relations avec des proscrits en Belgique, en Italie, en Angleterre. Par son intermédiaire, Barbès se rencontra à La Haye avec E. Cavaignac. Son influence fut telle que l'administration crut nécessaire de le faire surveiller. Il ne semble pas qu'il ait eu l'intention de pénétrer en France à la tête d'une troupe armée. Mais les rapports de police le dénonçaient, de même que plusieurs réfugiés en Suisse, comme résolus à se porter au secours de la révolution en Italie et en Espagne. En 1854, le procureur de la Cour d'appel de Besançon avertissait le gouvernement des démarches d'Eugène Sue, de Flocon et d'Etienne Arago auprès des loges du Locle et de la Chaux de Fonds, en vue de recruter des partisans à la révolution qu'on attendait au Piémont (1).

En même temps, Charras fut signalé à Saint-Sébastien. On lui prêtait le projet de se mettre à la tête des réfugiés français qui devaient prendre part aux événements dont la province de Barcelone allait être le théâtre (2).

D'une façon générale, c'étaient les réfugiés du Midi qui inspiraient les plus vives inquiétudes au gouvernement. On les présentait toujours comme étant sur le point d'envahir la France. Ainsi, en 1852, le procureur de la Cour d'appel d'Aix envisageait l'éventualité de l'envahissement du Midi par les réfugiés politiques résidant à Nice, qui devaient rentrer en France par la vallée de Barcelonnette (3). L'ardente propa-

---

(1) A. M. J., Rapport du 21 août 1854, 1136 p.
(2) A. M. J. P., Cour d'appel de Lyon le 2 août 1854. Le rapport porte en outre : « Les sociétés secrètes de Lyon ont reçu l'ordre de diriger les hommes de bonne volonté en Espagne. »
(3) Voir A. M. J., 1079 p.

gande démocratique qui se faisait en Savoie, était peut-être pour quelque chose dans la résolution de Napoléon III de l'annexer à la France. Pourtant, il faut dire que le danger d'une propagande révolutionnaire se faisait sentir aussi bien à l'Est qu'au Midi (1). Le 16 septembre 1852, on jugea nécessaire d'envoyer, sur la réquisition du préfet, un détachement du 2ᵉ de ligne pour occuper le canton d'Armot et tous les cantons par lesquels les réfugiés du Piémont auraient formé le projet d'entrer en France.

En 1855, à propos de la guerre de Crimée, Mazzini, Ledru-Rollin et Kossuth croyaient le moment venu pour agir. On espérait que, les hostilités devant se prolonger et absorber l'attention des gouvernements, les peuples pourraient se soulever et recouvrer leur liberté, en faisant la révolution. Elle devait avoir le programme suivant : « Faire revivre à sa troisième vie l'Italie, dire « soyez » à la Hongrie et à la Pologne, constituer l'Allemagne, fonder par l'Espagne et le Portugal la République ibérienne, créer la jeune Scandinavie, donner un corps à l'Illyrie, organiser la Grèce, étendre la Suisse aux dimensions d'une Confédération des Alpes, grouper en une fraternité libre, en une Suisse de l'Orient, Serbes, Roumains, Bulgares, Bosniaques (2). » L'appel du triumvirat ne fut pas entendu. Louis Blanc lui reprochait toujours de méconnaître le problème social du xixᵉ siècle. Pierre Leroux se révoltait contre l'idée d'une dictature au nom de la Révolution (3). La vérité était que ce mouvement ne donnait même pas une adhésion franche à la forme républicaine. Plus tard, Kossuth accepta d'entrer en négociations avec Napoléon III.

(1) A. M. J., P. C. A. de Colmar du 22 janvier 1852, p. 48.
(2) Aux républicains. Appel de Kossuth, Ledru-Rollin et Mazzini, 1855.
(3) V. Louis Blanc, *Observations sur une récente brochure de Kossuth, Ledru-Rollin et Mazzini*, b., 56, 32, 64 ; P. Leroux, *La Grève de Samarez*, I, p. 224 et suiv.

Pourtant, l'action extérieure était encore le seul moyen, pour la jeunesse républicaine, d'employer utilement son énergie. Plus d'un fils de proscrit vint rejoindre la troupe de Garibaldi. En luttant pour la cause de la liberté universelle, ne combattait-on pas, en même temps, pour le rétablissement de la liberté dans sa patrie ? (1).

Mais, quand le relâchement du régime autoritaire en France eut permis aux républicains d'agir plus directement sur les destinées du pays, plus d'un fut tenté de rentrer pour recommencer la lutte.

Cependant, avant 1857, les demandes de grâce ne furent qu'exceptionnelles (2).

L'amnistie de 1859 leur permit de rentrer dans leur patrie. La grande majorité des proscrits s'empressèrent de quitter les lieux de l'exil. Les chefs refusèrent fièrement la faveur qui leur était offerte. Victor Hugo, alors à Guernesey, réunit, à son domicile, les proscrits groupés autour de lui pour discuter sur la question de l'amnistie. Tous les assistants, sollicités de donner leur opinion, dans l'ordre alphabétique, se prononcèrent pour le retour en France. Quand le tour de Victor Hugo fut venu, il lut sa fameuse déclaration : « Fidèle à l'engagement que j'ai pris vis-à-vis de ma conscience, je partagerai jusqu'au bout l'exil de la liberté. Quand la liberté rentrera, je rentrerai. » Il fut seul de son avis. Il lui fut répondu que si l'auteur des « Châtiments » pouvait agir de loin, les autres, n'ayant pas reçu en privilège le même génie, devaient se rapprocher de leur pays (3). C'était la tendance

---

(1) V. Renseignements fournis par M. P. Milliet, dont le frère se fit enrôler en 1859 parmi les Garibaldiens.

(2) Voir lettre de George Sand à Barbès, du 28 octobre 1854. Comp. t. III.

(3) Renseignements fournis par M. Henri Lefort qui se trouvait alors à Guernesey.

générale, malgré les nobles protestations de Charras, d'Edgar Quinet, de Louis Blanc, de Victor Schœlcher et de quelques autres (1).

Ledru-Rollin, que sa prétendue complicité dans l'attentat de Tibaldi contre l'Empereur avait fait exclure de l'amnistie, n'engagea pas moins les autres à prendre la route de leur patrie, pour y recommencer la lutte contre l'Empire. Un sentiment de nostalgie aiguë poussait un certain nombre de républicains à prendre cette résolution.

Ceux qui restèrent dehors sentirent le vide autour d'eux. Lanfrey, en parlant des œuvres de Quinet, peignit ainsi l'état d'âme des proscrits (2) :

« Alors, les vertus mêmes de l'exilé se retournent contre lui ; sa fidélité devient idée fixe ; sa foi, illusion ; sa persévérance, aveuglement. S'il se tait, c'est qu'il conspire ; s'il se plaint, c'est la révolte d'un cœur aigri. Peu à peu, l'isolement, le long ennui, les colères dévorées en silence, la constante obsession d'une pensée unique, rétrécissent son esprit qui, sous cette influence, devient ombrageux, exclusif et défiant à l'excès. Les changements, même légitimes, opérés en son absence, sont non avenus pour lui, parce que tout ce qui touche à la chère image qu'il porte dans son cœur la défigure et la profane. C'est la religion de l'exilé, la plus sainte, hélas, qui soit ici-bas. Il reste le regard fixé sur cette patrie, objet de son amour et de ses regrets ; il la voit toujours telle qu'elle était au moment où elle a disparu à sa vue, et attend, comme pétrifié, dans cette immobile attitude, tandis qu'oublieuse et insouciante, elle poursuit vers d'autres horizons ses nouvelles destinées. Il ne songe pas qu'en son absence tout a changé,

---

(1) Lettres et protestations sur l'amnistie du 17 août 1859 (B. N. L. b, 56, 876).

(2) V. le *Siècle* du 1ᵉʳ août 1857.

les hommes, les mœurs, les idées. Aussi est-il bien souvent pour lui une douleur plus grande que celle du départ : c'est celle du retour. »

Ce fossé creusé entre les hommes, se réclamant pourtant des idées républicaines, annonçait la formation et l'entrée sur la scène politique d'une nouvelle génération ayant des aspirations et des habitudes différentes. Quinet, en recevant un jour à Veytaux la visite de Jules et Charles Ferry, se plaignit doucement de son abandon, en faisant allusion à Gambetta qui, demeurant momentanément à Clarens, en compagnie de Clément Laurier et de sa femme, se montra peu empressé d'aller saluer le maître (1).

Pourtant c'était autour de Gambetta qu'allaient se grouper les jeunes forces qui devaient faire la conquête du pouvoir. La nouvelle génération avait recueilli l'héritage des aînés, mais les circonstances et une éducation différente lui imposèrent une nouvelle méthode d'action.

(1) Renseignements fournis par M. Ch. Ferry.

CHAPITRE V

Les éléments et la formation du parti républicain sous le second Empire

I. La rupture définitive entre les éléments républicains et bonapartistes.
II. Les nouveaux éléments du parti républicain.
III. La persistance des groupements républicains dans les départements.
IV. La psychologie des nouvelles générations républicaines.
V. L'influence de Michelet et de Quinet.
VI. L'influence de Proudhon.
VII. L'influence du positivisme.
VIII. Le rôle du kantisme.
IX. Le maintien des anciennes influences babouvistes, saint-simoniennes, fouriéristes, icariennes.

I

Le parti républicain, quoique décimé, ne disparut point. Ce serait une erreur de croire qu'il fut reconstitué seulement après le retour des proscrits en 1859. Il ne cessa pas d'exister, s'augmentant toujours par l'adjonction de nouveaux éléments. Il y eut sous l'Empire plusieurs couches républicaines unies dans leur haine contre l'auteur du coup d'Etat, mais d'origine et de formation distinctes.

Une observation générale doit être faite à leur égard.

Il y eut, après le 2 décembre, une rupture complète et définitive entre les éléments bonapartistes et républicains. La génération de 1851 avait vu se substituer à la légende napoléonienne le récit des horreurs des commissions mixtes dont le souvenir, réveillé par les proscrits de retour en France, et renouvelé en 1868, exerça une action répulsive. En cela, l'éducation politique des hommes de la seconde République fut entièrement différente de celle de leurs prédécesseurs.

« Notre éducation politique, disait un écrivain qui se classait parmi les hommes de la génération de 1830, fut singulière. Nous fûmes, au foyer paternel, bercés tout ensemble par les traditions révolutionnaires et par la légende napoléonienne. Nous mêlâmes les souvenirs de 89 et 92 à ceux du grand capitaine...

« Tous, nous étions unis par une passion commune, la haine que nous portions aux princes rentrés dans les fourgons étrangers. Tous nous applaudissions Manuel disant à la tribune que la France les avait vus revenir avec répugnance... On a dit que tout Paris se leva (en 1830); ce n'est pas l'exacte vérité. Le premier jour, il vint peu d'hommes au feu : quelques jeunes gens, quelques ouvriers, quelques vieux soldats. Ce qui est vrai, c'est que, dès la première heure, les combattants eurent pour complice la ville tout entière; c'est que toutes les portes, fermées aux soldats, s'ouvraient pour eux, que partout on leur tendait des munitions, des armes, des vivres, et que les femmes tombaient à genoux en voyant passer le drapeau tricolore. C'est cette complicité qui rendit l'insurrection irrésistible...

« En 1830, plus facilement encore en 1848, un petit nombre d'homme résolus suffit donc pour faire une révolution (1). »

Presque toutes les familles comptaient dans leur sein un des débris de la grande armée, qui, après l'avènement des

---

(1) V. le *Voltaire* du 19 avril 1883, Severus.

Bourbons, pour entretenir le culte de leur dieu, se réunissaient à certaines heures, évoquaient le passé glorieux, rappelaient aux jeunes qui les entouraient les exploits d'autrefois, les capitales conquises. Au cours de ces récits, la vieille cocarde tricolore faisait sa réapparition. On entonnait une chanson de Béranger, colportée sous le manteau. Les mêmes bouches faisaient retentir les sons des chants : « Veillons au salut de l'Empire », « Partons pour la Syrie » et l'hymne national « la Marseillaise ». Tout cela conduisit au mélange du sentiment républicain et bonapartiste, et contribua à préparer les esprits au retour de Napoléon III (1).

« Il n'en fut plus de même après le coup d'Etat. Les horreurs du présent firent oublier les gloires du passé. Abstraction faite de la masse, qui accepte tous les pouvoirs établis, Louis Bonaparte ne retrouvait plus derrière lui les mêmes hommes après le rétablissement de l'Empire. « Par une de ces contradictions qui paraissent inexplicables,... écrivait le préfet de Vaucluse, il s'est trouvé que beaucoup de ceux qui avaient pris les armes au deux décembre appartenaient à des familles persécutées en 1815 pour la cause impériale (2). »

Cependant le travail d'épuration du parti républicain avait commencé bien avant 1851. Il y eut sous la Révolution et la Restauration des ennemis irréductibles de Napoléon Ier. Sous la Monarchie de juillet, quand, à la faveur des sociétés publiques et secrètes, les groupements républicains eurent commencé à se reconstituer et les doctrines démocratiques à

---

(1) M. Célestin de Blignière, président d'un bureau électoral à Grenoble en 1848, lors des élections présidentielles, racontait plus tard à M. Alfred Naquet, dont je tiens ce détail, qu'au moment du vote, il vit se présenter un paysan, votant ouvertement pour Louis Bonaparte, en ajoutant : « J'ai eu deux frères tués dans la grande armée. Vive l'Empereur ! » Le cas était fréquent.

(2) A. N., id., Vaucluse, 10. Rapport du préfet, le 1er janvier 1853.

se préciser, on s'aperçut immédiatement du danger des prétentions dynastiques de la famille de Bonaparte. La société des Droits de l'Homme avait prononcé, sous la présidence de Raspail, la dissolution d'une section ayant manifesté des tendances napoléoniennes (1). Ulysse Trélat, Godefroy Cavaignac, dans la société des Amis du Peuple, avaient travaillé à détruire la légende de la capote grise (2). Les sociétés secrètes, comme « les Familles » et « les Saisons », repoussaient avec mépris toutes les avances des bonapartistes (3). On peut dire que partout où les groupements républicains organisés avaient essayé de prendre conscience de leur doctrine propre, ils avaient rompu définitivement avec le bonapartisme et, en 1848, c'était la Montagne qui avait voté contre l'élection du Président.

II

Après le coup d'Etat, des républicains de différentes générations se groupèrent pour une lutte commune contre Napoléon III et le bonapartisme.

Il y eut parmi eux des républicains de la veille, ceux qui se réclamaient des idées démocratiques avant la Révolution de 1848, mais on comptait aussi dans leurs rangs des hommes convertis à la cause démocratique par les journées de février, par l'existence de la République, ce qui était mieux qu'une propagande. Tandis que le régime inauguré par les journées de février disparaissait, son souvenir se perpétua. La seconde République n'était pas, dans l'histoire du parti républicain, un accident. En parlant de la persistance des groupements républicains sous l'Empire, le procureur général

(1-2-3) V. Tchernoff, *Le parti républicain sous la Monarchie de Juillet*, 1901.

de la Cour d'appel de Paris avait raison de dire — et ce qu'il disait des ouvriers pouvait s'appliquer à toutes les classes de la population : — « On ne se souvient pas assez que 1848 a été mieux qu'une théorie ; il a été le règne de la démagogie, un fait qui reste debout dans les classes (ouvrières) comme ayant été, et devant être encore. Les doctrines, les procédés de 1848 vivent... Cela explique merveilleusement comment — et toutes les publications furibondes de Londres, de Bruxelles et de Jersey, viennent en aide, par la contrebande la plus infatigable ; — cela, dis-je, explique merveilleusement comment il a suffi, dans chaque nuance révolutionnaire, d'un seul homme pour recruter autour de lui quelques-uns de ses camarades (d'atelier) pour les organiser (1). » Cette génération, procédant directement de la Révolution de février ou du coup d'Etat, constitue à proprement parler la génération de 1848 ; et on a tort de la confondre avec des hommes comme Louis Blanc et Jules Favre, qui, sans doute, avaient joué un rôle important sous la seconde République, mais qui, par leur formation, appartiennent à la Restauration ou à la Monarchie de juillet (2).

Le retour de vieux républicains en 1859 provoqua le rappel des souvenirs du passé ; les livres de Ténot donnèrent une nouvelle intensité à la propagande républicaine, et préparèrent les générations qui s'affirmèrent avec éclat, aux élections de 1863 et 1869, violemment anti-bonapartistes, peut-être

---

(1) Rapport confidentiel sur la société *Fraternité universelle*, Paris, 6 avril 1855, Arch. du ministère de la justice, sans cote.

(2) Dans un article, publié par le *Réveil*, le 2 juillet 1868, sous le titre : *Hommes nouveaux*, M. Ranc écrivait : « Depuis le 2 décembre, un parti nouveau s'est formé, composé de ceux qui, dans leur jeunesse, ont assisté, désolés, à la défaite de la Révolution et de ceux qui, arrivés un peu plus tard, et après le naufrage de nos libertés, ont frémi de leur impuissance et préparé, sans trêve ni repos, le réveil des esprits. »

plus étroitement attachées que leurs ainées à la cause des libertés politiques, mais moins pénétrées qu'elles de tendances socialistes. A ces éléments, convertis par la propagande à la République, dont ils connurent les premiers enthousiasmes, se joignirent quelques éléments légitimistes et orléanistes. Tridon et Chaudey, disciples préférés, le premier de Blanqui, le second de Proudhon, débutèrent dans la vie politique comme des orléanistes. Ludovic de Polignac, fils du fameux ministre de la Restauration, était républicain (1).

Toutes ces jeunes recrues étaient nombreuses. La jeune génération avait fourni un large contingent à la proscription: « Il est effrayant d'entendre cette quantité de jeunes gens, égarés et pervertis par de détestables doctrines », écrivait un magistrat en 1852 (2).

Parmi les prétendus conspirateurs ouvriers et bourgeois, que l'Empire n'avait jamais cessé de poursuivre, les jeunes éléments étaient en majorité.

En 1854, on poursuivit à Beaune une prétendue société secrète, dite de la Régénération des guêpes, dont les inculpés avaient respectivement l'âge suivant : 19 ans, 19 ans, 16 ans, 19 ans, 22 ans, 18 ans, 17 ans, 18 ans, 18 ans (3).

Ainsi, au moment et à la suite du coup d'Etat, il y eut en France un parti républicain, comptant dans son sein des représentants des générations différentes (4).

(1) Renseignements fournis par M. Ad. Carnot et M. Henri Lefort. Ce dernier, dont nous rencontrerons le nom plusieurs fois, était fils d'un légitimiste converti à l'orléanisme en 1830, et mort comme capitaine de la garde nationale sur les barricades de 1832, en défendant la monarchie orléaniste contre une émeute républicaine.
(2) A. M: J , p. 481. Rapport du procureur général d'Aix.
(3) A. M. J., p. 125. P. C. A., Dijon, du 1er sep. 1854.
(4) Il serait curieux de relever la proportion exacte des hommes de différents âges, fournie par les listes de proscriptions. Je prends comme exemple typique les décisions des commissions mixtes pour l'arron-

La conversion de la bourgeoisie à la cause de la démocratie avait été signalée depuis longtemps, mais on avait injustement et profondément méconnu l'adhésion donnée bien antérieurement par les ouvriers à la cause de la République. Pour comprendre la vérité historique, il suffit de parcourir les décisions des commissions mixtes. On constate que partout ce sont les ouvriers qui sont particulièrement visés, de même qu'antérieurement au coup d'Etat, les mesures administratives frappent surtout les organisations ouvrières (1).

« Dans la composition des mairies insurrectionnelles, c'étaient en général les ouvriers de divers métiers, menuisiers, tailleurs d'habits, tisseurs de toile, cordonniers, qui

dissement de Clamecy, en désignant les victimes par les numéros correspondants sur les registres qui reproduisent les décisions :

numéro	1	28 ans.	numéro	57	né en	1817
—	2	37	—	58	—	1829
—	4	39	—	59	—	1809
—	5	40	—	60	—	1796
—	6	29	—	61	—	1830
—	7	25	—	62	—	1824
—	8	29	—	63	—	1801
—	9	46	—	64	—	1803
—	11	29	—	65	—	1821
—	12	36	—	67	—	1828
—	13	36	—	68	—	1826
—	14	32	—	69	—	1830
—	18	23	—	70	—	1822
—	20	32	—	71	—	1825
			—	71	—	1825
			—	73	—	1823
			—	74	—	1819
			—	75	—	1816
			—	76	—	1818
			—	77	—	1815
			—	83	—	1835

Il n'est pas inutile de dire qu'on a tenu à frapper les hommes d'un âge mûr, comme étant les plus dangereux.

(1) V. Tchernoff, *Associations et sociétés secrètes*, 1905, *passim*.

étaient à la tête des commissions administratives », écrivait le procureur de la Cour d'appel d'Aix dans son rapport relatif au coup d'Etat (1). La résistance fut particulièrement énergique là où les ouvriers étaient organisés en corps, et les mesures de rigueur englobaient généralement les ouvriers exerçant la même profession. Plus d'une corporation ouvrière fut organisée en un véritable syndicat, et l'action sinon syndicale, en tout cas corporative des classes ouvrières en faveur de la conquête des libertés politiques ne date pas d'aujourd'hui. L'administration impériale eut à se préoccuper tous les jours de la persistance de la propagande socialiste et démocratique qui se poursuivait parmi les travailleurs, grâce aux efforts de simples ouvriers et des contre-maîtres, sans qu'on y pût démêler la main de quelques démocrates en vue, à la faveur de la vie d'atelier. « Les sociétés secrètes, disait un magistrat, trouvent un cadre tout formé dans les affinités d'état et dans les ateliers de travail... puisque toujours elles commencent entre ouvriers qui travaillent côte à côte. » Les tailleurs et les cordonniers, exposés à la propagande, à cause de leur vie sédentaire, furent particulièrement suspects, de même que les ateliers de fonderie de machines et des chemins de fer, qu'on considérait comme le quartier général du socialisme (2). Tous ces éléments n'avaient pas songé un seul instant à désarmer. Même les victimes de commissions mixtes rentrées en France, ou libérées en vertu d'une grâce, gardaient leurs convictions, prêtes à recommencer l'action à la première occasion. « Le levain insurrectionnel est vivace »; « la foule d'insurgés graciés reste à la disposition, à quelques exceptions près, de toute agitation démagogique »; « les

(1) A. M. J., p. 440. Rapport du 3 février 1852.
(2) A. M. J., Rapport déjà cité du procureur de la Cour d'appel de Paris, du 6 avril 1855.

graciés sont revenus d'Algérie avec ce mot d'ordre, d'attendre dans une neutralité armée »; voilà comment fut jugée par les préfets la conduite des républicains graciés.

Parmi les graciés, les ouvriers étaient les plus énergiques et les plus tenaces.

« Certains ouvriers semblent inaccessibles au repentir, écrivait un magistrat; il suffit, soit d'un mot, d'un coup d'œil, pour en demeurer convaincu. C'étaient les sous-officiers habituels de l'émeute. La grâce ne pouvait sans danger s'étendre jusqu'à eux. Les paysans, au contraire, quoique depuis longtemps travaillés, pervertis par les prédications et la vie funeste des chambrées, conservent encore quelques-uns des bons sentiments de leur nature. C'était curable (1). »

III

Bourgeois et ouvriers avaient tenté d'agir pendant tout le temps de l'Empire, avec plus ou moins de succès. L'intensité de leur action n'était pas la même. Elle subissait l'influence des conditions locales; parfois, elle fut arrêtée provisoirement par l'énergie de la répression; ailleurs, l'existence des groupements spéciaux comme les loges maçonniques, les associations fortement constituées, servait de point de ralliement aux républicains.

A l'Est, dans les départements du Haut et du Bas-Rhin, la propagande républicaine se poursuivait très active, favorisée par l'habitude de se réunir, le soir, dans les brasseries, ce qui donnait le moyen facile de se reconnaître et de s'entendre. Ces établissements, qui ne ressemblaient en rien aux

(1) A. M. J., P. 476. Rapport du procureur de la Cour d'appel du Var, du 17 janvier 1852.

cabarets de l'intérieur de la France, pouvaient recevoir deux à trois cents personnes à la fois qui venaient s'y asseoir à six heures du soir pour y souper, y fumer et y boire jusqu'à onze heures. Il existait, à Strasbourg seulement, plus de 80 brasseries qui appartenaient pour la plupart à des propriétaires connus par leurs opinions radicales. Ces lieux, fréquentés tous les soirs par des milliers d'ouvriers, de petits marchands, d'artisans, étaient des clubs véritables où la surveillance de la police pouvait difficilement s'exercer. Les habitués s'y connaissaient tous et excluaient peu à peu tout individu suspect; ils arrivaient ainsi à composer une réunion privée, malgré sa publicité apparente, et pouvaient discuter toutes les questions politiques ou sociales.

Ce qui était vrai pour Mulhouse et Strasbourg pouvait s'appliquer aux autres villes de l'Alsace et notamment à Colmar (1).

Des causes économiques avaient facilité la conversion des populations ouvrières en Alsace aux idées socialistes (2).

Certaines villes, comme Mulhouse, situées sur le chemin de fer de Bâle à Strasbourg, étaient le rendez-vous ordinaire des prédicateurs du socialisme étranger et français. Les associations dites fraternelles avaient pris en Alsace un développement considérable. A Mulhouse, notamment, et dans les centres industriels du département du Haut-Rhin, il y eut une puissante association des imprimeurs sur étoffes fondée sur les principes inaugurés par la commission du Luxembourg. Elle formait une dépendance de l'association du même genre dont le siège était établi à Saint-Denis, près Paris.

(1) A. M. J., P. A. Colmar; p. 48, 22 janvier 1852.
(2) « L'Alsace, porte encore le document déjà cité, est riche par la fécondité du sol, mais elle est pauvre par l'extrême division de la propriété ; elle plie sous l'impôt ; la valeur de plus de la moitié de son territoire est absorbée par des hypothèques. »

Les différentes associations, dont quelques unes furent dissoutes, gardèrent leurs cadres et continuèrent à conserver dans leur sein des républicains avérés (1). Parmi les éléments hostiles à l'Empire, il fallait aussi compter les protestants. « Une des grandes difficultés politiques de l'administration, dans ce département, c'est la question protestante, » écrivait à Paris le préfet du Bas-Rhin. Il dénonçait la base de cette communion dissidente, — la négation du principe d'autorité — comme la cause de la « tendance constante des protestants à faire de l'opposition sous tous les gouvernements ». Il signalait les pasteurs comme les principaux agents du mouvement d'opposition contre l'Empire. Pour les soumettre à une certaine hiérarchie, en tout cas pour leur enlever un peu de leur indépendance, il suggéra le projet d'un décret qui fut édicté le 26 mars 1852 (2). Dans un rapport du 31 décembre, le préfet du même département annonçait que « l'opposition confessionnelle des protestants a diminué, depuis que le décret du 26 mars a rétabli le principe d'autorité dans cette Église » (3).

D'autres groupements, des loges maçonniques, et, notamment, celle dite « Frères et Amis », avaient attiré l'attention de l'administration. On leur reprochait de s'occuper de politique et d'embauchage des militaires en garnison (4).

Des causes aussi complexes avaient entretenu le mouvement républicain dans le Midi de la France, où les chambrées avaient rempli un rôle analogue aux cabarets et brasseries en Alsace.

En examinant les conditions de la vie locale, le préfet du

(1) V. *ibid*.
(2) A. N., *id*., Bas-Rhin, 15. Rapport du préfet du 29 octobre 1853.
(3) A. N., *id*., Bas-Rhin, 8. Rapport du 31 décembre 1852.
(4) A. M. J., 48. P. C. A., Colmar, 22 janvier 1853.

département du Var signalait les causes de la persistance des idées démocratiques dans le Midi.

D'après lui, dans cette région, les populations agricoles, au lieu d'être réparties sur le sol en fermes et en hameaux, au milieu des exploitations, se trouvaient agglomérées dans de gros cantons, qui « n'étaient autre chose que des villes ». D'un autre côté, les relations habituelles entre les gros et les petits propriétaires n'existaient pas, les premiers ne s'occupant point de l'exploitation et se bornant à en tirer parti en les affermant. Enfin, la nature du sol n'exigeait pas l'emploi de toute la journée ; les agriculteurs avaient, par conséquent, le temps de se réunir entre eux, et formaient des chambrées, sortes de cercles rustiques (1). A tout cela s'ajoutait le voisinage du Piémont et des révolutionnaires italiens, le croisement de races qui en était la suite et « ce sang mêlé..., ardent à la révolte, facile à remuer » (2). Dans certains départements, dans le Gard, notamment, des considérations d'ordre confessionnel divisèrent la population en fractions hostiles et rangèrent la plupart des protestants du côté de l'opposition (3).

---

(1) A. N., id., Var, 7. Rapport du préfet du 24 avril 1853.
(2) Ibid., Rapport du préfet du 25 avril 1853.
(3) D'après une note détaillée et précise rédigée au Ministère de l'Intérieur, voici quelle fut la situation, au point de vue confessionnel, dans ces départements. Les catholiques formaient les deux tiers de la population ; la grande masse était légitimiste, mais dans l'est du département, sur les côtes où se trouvaient des protestants, il y eut un élément révolutionnaire socialiste-catholique (3 ou 4 mille). Il y eut également parmi les catholiques, une faible fraction (2 ou 3 mille), appartenant au parti libéral sous la Restauration et au parti orléaniste conservateur sous Louis-Philippe ; elle votait avec le parti protestant modéré. En tout cas, la grande majorité des catholiques (52 mille) étaient légitimistes. Entre les éléments modérés catholiques et protestants l'accord dura jusqu'en 1848. Il fut rompu à partir de la Révolution de février. Aux élections présidentielles du 10 décembre 1848, les catholi-

Dans le département de Vaucluse, qui figurait parmi les plus éprouvés par les commissions mixtes, les républicains trouvèrent un abri dans les loges maçonniques, dont un grand nombre durent suspendre leur activité; mais quelques-unes survécurent; elles étaient en grande partie composées d'hommes appartenant « au parti démagogique avancé » (1).

La loge des « Arts et Métiers » de Carpentras, quoique suspendue par le Grand-Orient en vertu d'une décision du 3 mars 1851, continua à se réunir malgré les nombreuses dénonciations dont elle fut l'objet (2). Il y eut également une loge à Thor; elle fut dénoncée par les légitimistes. Après une enquête faite, il se trouva qu'elle était composée des hommes acquis au gouvernement. Certains légitimistes avaient conservé l'ancienne habitude de confondre les républicains et les bonapartistes.

D'une façon générale, les départements frontières, livrés à la propagande incessante des exilés, se montraient sous l'Empire les plus disposés à l'opposition. Tel fut le cas du département de l'Ain, par suite de son voisinage avec la Suisse; de l'Isère, que la proximité de la Savoie exposait à une véritable inondation d'écrits subversifs, malgré le concours loyal prêté à l'administration française par le gouver-

---

ques votèrent pour Louis-Napoléon, les protestants pour Cavaignac et Ledru-Rollin. A l'élection du 20 décembre 1852, les catholiques avaient voté « oui », tandis que les protestants avaient voté « non ». Les protestants, quoique confessionnellement unis (30,000 en tout), se divisaient en deux fractions dont la majorité était « révolutionnaire et socialiste » et dont la minorité, « orléaniste et modérée », avait toujours dominé le département. Ses principaux représentants étaient Tesie, Daumont, Girard, Meynadier. V. *Note sur l'état des partis dans le département du Gard*, jointe à un rapport du préfet du 17 janvier 1852. A. N., *id.*, Gard, 5.

(1) A. N., *id.*, Vaucluse, 10. Rapport du sous-préfet de Carpentras, du 25 avril 1853.

(2) *Ibid.*, Grand-Orient, du 6 août 1852.

nement sarde. Quelques loges maçonniques qui avaient continué à fonctionner sous l'Empire, grâce à la tolérance de l'administration, servaient également de centre à la propagande républicaine et reliaient les démocrates de la Vienne à ceux de l'Isère (1).

La persistance des groupements républicains dans les régions du Centre, malgré la rigueur de la répression, constituait un phénomène presque général. Ainsi le département de la Nièvre et tout particulièrement Clamecy préoccupaient vivement l'administration. Celle-ci constatait que les graciés, à peine revenus, groupaient autour d'eux les débris du parti, qui ne renonçait pas à ses espérances (2). Dans le département de la Corrèze, suivant l'aveu de l'administration, la grande majorité de la bourgeoisie restait attachée à la démocratie ; quant aux ouvriers, ils étaient encore « pénétrés du vieux levain démocratique et social ». « Ils sont intimidés, ajoutait le préfet, il est vrai, par l'attitude énergique du gouvernement ; mais, à chaque élection, ils protestent contre l'ordre des choses existant (3). » Dans la plupart des procès intentés aux ouvriers pour prétendu délit de société secrète sous l'Empire, on retrouve surtout les originaires des départements du centre de la France. Dans la Haute-Vienne, à Limoges, c'était la même association ouvrière des porcelainiers qui avait repris l'agitation. Elle se chargeait de faire parvenir des subsides à ses membres exilés ou déportés. Les mêmes hommes continuaient l'action (4). Une opposition pro-

(1) A. N., id., Isère, 7. Rapport du préfet du 31 janvier 1853 où il signale l'introduction en masse de toutes sortes de « brochures incendiaires » signées par les plus violents démagogues : Félix Pyat, H. Magen, Victor Hugo. — V. aussi le rapport du 1er novembre 1852.
(2) A. N., id., Nièvre, 6. Rapports des 11 avril et 11 juillet 1853.
(3) A. N., id., Corrèze, 3. Rapport du préfet du 10 novembre 1852.
(4) A. N. id., Hte-Vienne, 10. Rapports du préfet du 20 juillet 1852 et

testante sur laquelle nous aurons à revenir accentua dans ce département le mouvement républicain et libre-penseur. Les groupements ouvriers à Lyon et à Saint-Etienne ne modifièrent nullement leurs sentiments (1). Dans le département de Saône-et-Loire, à Chalon-sur-Saône, les mêmes faits furent signalés. A Chalon, le sous-préfet faisait remarquer que les républicains soumis à la surveillance s'obstinaient à ne pas vouloir faire leur soumission, préférant rester assujettis aux mesures de sûreté dont ils avaient été frappés à la suite des événements de décembre (2).

Dans le sud-ouest de la France, dans le département de la Gironde, les classes moyennes étaient acquises à la République (3). Dans la Charente-Inférieure, le sous-préfet de Marennes appelait l'attention du gouvernement sur l'opposition des protestants et surtout le mauvais vouloir dont étaient animés plus particulièrement les pasteurs de l'église réformée (4).

Donnant la note générale, le préfet de la Côte-d'Or résumait la situation dans les termes suivants : « Les honnêtes gens se rassurent et cette masse flottante qui se range toujours du côté de la force, apporte au gouvernement un immense appui. » « Mais, ajoutait-il, il ne faut pas se dissimuler que les villes sont encore gangrenées ; les mauvaises passions

1er mai 1853. Ce dernier document signale Rich-Roche, compromis sous la République, proscrit et gracié, comme organisateur de plusieurs réunions.
(1) A. N., id., Loire, 6. Rapports du sous-préfet du 8 novembre 1852 et du préfet du 17 mai 1853.
(2) A. N., id., Chalon-sur-Saône, 8. Rapport du 17 mars 1853. — V. A. N., id., Saône-et-Loire, 8. Rapport du 30 juillet 1853.
(3) A. N., id., Gironde, 6. Rapport du 9 novembre 1853.
(4) A. N., id., sous-préfet de Marennes, 9 janv. 1853. Dans un rapport du 12 janvier 1853, le sous-préfet de Saint-Jean-d'Angely dénonçait l'esprit d'irréligion de ses administrés.

y exercent toujours leur empire sur les classes ouvrières, la bourgeoisie n'a pas abdiqué l'esprit d'opposition qui est dans sa nature (1). »

On peut dire que dans toutes les villes plus ou moins importantes, les républicains comptaient de nombreux partisans. Des groupements de républicains se trouvaient même dans les villes qui n'avaient pas manifesté leurs opinions à l'occasion des événements de décembre. On pouvait leur appliquer ces lignes consacrées par le préfet du Nord à Dunkerque : « La démagogie, n'ayant pas, au 2 décembre, livré la bataille dans les rues, est restée disciplinée (2). »

Ainsi, plus ou moins inégalement distribués, les républicains s'étaient conservés partout. Une enquête faite par l'administration, en 1853, constatait nettement cet état de choses. Le langage des rapports est toujours le même. « Après les grâces accordées à ce parti (démagogique), la fermentation et le mouvement commencent à reparaître (3)... Dans les départements, le parti anarchique est parfaitement organisé, aussi bien qu'avant le 2 décembre (4)... Nulle amélioration morale parmi les ouvriers, les anciens cadres subsistent encore; dans les classes supérieures, disposition à considérer l'Empire comme un fait transitoire, à éviter de s'engager avec le gouvernement (5). De nombreuses grâces ont été accordées ; ceux qui ont été rendus à leur foyer... sont peu à peu revenus à leurs mauvais instincts ; ils se tiennent prêts à exploiter les événements (6)... Le parti populaire sommeille, mais il n'est

(1) A. N., *id.*, Côte-d'Or, 9. Rapport du 26 mars 1853.
(2) A. N., *id.*, Nord, 8. Rapport du préfet, du 1er mai 1852.
(3) A. M. J. P., 914. Rapport du 23 juillet 1853, ressort de Metz.
(4) *Ibid.*, pour le département des Vosges.
(5) A. M. J., p. 1.637, ressort de Rouen, rapport semestriel du 7 juillet 1853.
(6) A. M. J., Ressort d'Orléans, 8, 167 a. Rapport du procureur, du 25 juin 1853.

pas dissous; les ouvriers qu'emploie l'industrie, malgré l'élévation des salaires, offriront tous une proie facile aux passions (1)... L'inspecteur général croit à un soulèvement général dans le Midi (2). »

Voilà dans quels termes fut caractérisée l'attitude de l'opposition républicaine du début de l'Empire.

Tant de forces hostiles au nouveau régime ne pouvaient rester inactives. Seul un régime de compression, qui n'était que le prolongement des commissions mixtes, les contenait. Il y eut pourtant des tentatives d'action plus ou moins efficaces. Avant de dire en quoi elles consistaient, disons au nom de quelles idées elles se produisirent.

IV

Au point de vue de leur formation intellectuelle, les générations de 1848 et de 1851 avaient traversé une crise. Après avoir été secouées par l'enthousiasme des journées de février, elles connurent le douloureux réveil du lendemain du coup d'État. C'était une crise de foi. Elle était terrible pour ceux qui, pénétrés de la métaphysique politique, d'une certaine religiosité, se trouvèrent désorientés en face de la force brutale faisant crouler leurs espérances. Cet état d'esprit, il ne faut pas l'oublier pour comprendre la brusque réaction qui suivit les journées de décembre et qui ira en s'accentuant jusqu'à la fin de l'Empire.

S'occupant, sous l'Empire, de ses *Lettres républicaines* publiées dans le *Courrier français* en 1848, Daniel Stern

(1) Ressort de Limoges; A. M. J., 8; 167 a. Rapport du 15 décembre 1863.
(2) A. M. J., P. 1869. Rapport du procureur général d'Aix, du 11 mai 1853.

rappelait le milieu ardemment républicain, l'enthousiasme, la ferveur d'espérance qui semblaient presque incroyables (1). « Nous étions, disait un autre écrivain, Ranc, appartenant à la génération de 1848, ivres de liberté, d'égalité, de fraternité. Nous rêvions le bonheur pour tous et la justice pour tous. L'avenir était à nous, et Weiss n'exagère pas quand il dit que nous étions assurés qu'un jour, un jour très prochain, l'an d'après au plus tard, nous aurions établi dans l'univers le règne du droit absolu, le droit partout, le droit pour toujours. Celui qui aurait osé nous dire que la force prime le droit, celui-là, nous l'aurions pris pour un fou (2). »

Quand le rétablissement de l'Empire eut brisé cet élan de foi, il y eut un revirement. Certains sortaient de cette crise, meurtris et profondément atteints. Sous leurs véhémentes déclamations contre la société, derrière leur âpre critique contre les hommes, un psychologue retrouverait aisément la crise de leur jeunesse où ils assistèrent impuissants au renversement de leurs plus beaux rêves. Nul n'a plus fortement exprimé cet état d'esprit que Jules Vallès, dans un article du *Courrier de l'Intérieur* (3).

Toutes les énergies ne sombrèrent pas dans ce naufrage. La première réaction fut le désir de répondre par des com-

---

(1) L. D. Ronchaud, *Daniel Stern*, 1880, p. 43.
(2) V. *La Révolution française*, dirigée par M. Aulard, 14 janvier 1905, p. 51-53, notre article : *La Génération de 1848*.
(3) Le 8 septembre 1868, *Un chapitre de l'histoire du 2 décembre*. « Après le coup de maillet du 2 décembre, écrivait-il, les uns sont devenus fous, les autres sont morts... d'autres voient et entendent encore, mais la misère les a fanés, ridés, vidés ; que de tombes... que d'affamés, que d'agonisants... Eh bien..., il faut le dire, ils ont été moins malheureux que nous. Ceux qui, en 1845, touchaient autour de leurs vingt ans, ceux-là ont su ce que c'était que de vivre ; nous l'avons su à peine, nous autres ; nous sortions en 1850 du lycée, en 1851 nous étions déjà des vaincus. »

plots à la conspiration du 2 décembre; puis vinrent l'étude et
la réflexion, le mépris et la haine pour tout ce qui avait amené
la chute de la République. On fut amené ainsi à reprocher aux aînés leur religiosité, leur mysticisme, qui avaient
permis à un Michel de Bourges de dire : « Le peuple, sentinelle
invisible, veille sur nous. »

N'y avait-il pas, dans cette religiosité, une croyance illimitée
à la force des idées agissant seules, s'imposant, comme la
révélation, comme un article de foi, à la conscience des
fidèles ? N'avait-on pas cru que le principe de la souveraineté
nationale proclamé, le suffrage universel établi, suffiraient à
eux seuls pour rallier à la République toutes les classes. Ces
hommes de foi, ces adorateurs de la démocratie idéale,
se trouvèrent impuissants et maladroits dans la lutte de
partis. La tactique parlementaire leur était étrangère. Ils ne
pouvaient pas se résigner à l'idée qu'une République, fondée
sur le suffrage universel, pourrait être un jour l'objet d'un
attentat. Ils savaient croire, mais non combiner une action.
Le pamphlet de Vermorel, « Les Hommes de 1848 », avait
recueilli plus tard ces accusations qui ne furent pas toutes
fondées. Aussi, la jeune génération s'était elle surtout appliquée à apprendre l'action ; elle donna sa préférence à la philosophie de l'action, à celle qui, éliminant l'absolu et le
supranaturel de la philosophie et de la politique, laisse le
plus de place à l'énergie et à la volonté; elle avait revu l'histoire, et, rejetant l'homme du culte de l'Etre suprême, elle
avait glorifié Danton et Hébert. Tout ce mouvement de réaction ne produisit son effet que vers la fin de l'Empire, en
aboutissant au matérialisme qui cachait au fond un idéalisme
robuste et s'enveloppait d'une formule philosophique contestable pour justifier la mobilisation, l'expansion de toutes les
énergies pour l'obtention immédiate de la somme de justice

réalisable. Tout ce travail intellectuel s'accomplit dans les années de « silence ». C'est alors que les énergies comprimées, ramassées sur elles-mêmes, s'étaient mises à chercher dans les études philosophiques, la formule de leur action prochaine. Les jeunes esprits trouvèrent, dans l'enseignement de Michelet, dans les écrits de Proudhon, dans la philosophie de Comte, rendue accessible par la publication du petit livre de Littré, « Conservation et Positivisme », les éléments d'une étude dont nous allons mettre en avant les traits les plus caractéristiques.

V

L'influence de Michelet sur la jeune génération était immense. Il se dégageait de son enseignement, de la chaleur de son exposé, une impression de vie, un large horizon sur l'avenir, une méthode, à laquelle Quinet avait donné une expression précise dans sa « Philosophie de l'Histoire ».

En rendant plus vivante l'histoire, Michelet l'a rendue plus vraie, plus réelle, malgré les erreurs qui ont pu s'y glisser; il y a replacé la foule, la masse populaire; il l'a ainsi démonarchisée, et, si l'on peut dire, démocratisée. Proudhon, qui avait subi l'influence de Michelet, avait montré, dans les lettres adressées au maître, toute l'originalité et la fécondité de l'œuvre de l'historien (1).

(1) « Grâce au ciel, écrit-il à ce sujet, la voilà (la Révolution) débarrassée, rendue insolidaire de ses meneurs, les Sieyès, les Mirabeau, les Barnave; les Girondins à leur tour, et Danton, et la Montagne, ne sont plus que des hommes, souvent bien petits; Marat et Robespierre sont jugés, et les jacobins sont estimés à leur juste valeur. Vous avez résolu ce problème difficile, celui que je me proposais à moi-même, quand je me demandais ce que devait être une histoire de la Révolution.

Après avoir vu, dans votre narration, penser, agir, souffrir l'être collectif, ils seront mieux disposés à comprendre les lois de sa formation, de son développement, de sa vie, de sa pensée, de son action » (*Corresp.* T. XIV, p. 162).

Michelet a ouvert la voie à Proudhon, à toute une école d'historiens qui, en allant peut-être trop loin dans la voie de la réaction, ont détrôné Robespierre, et ont mis à sa place Danton et Hébert, mais qui ont compris que l'histoire et le passé constituent la résultante de nombreuses influences, de la volonté, de l'énergie, de tout ce qui vit et vibre, et ainsi, ont été amenés à donner moins de place à la fatalité, qu'elle se présente sous l'aspect d'une individualité toute-puissante ou sous la forme de quelques lois inéluctables. Cette nouvelle conception du passé a réagi contre les idées propagées par Guizot et Thierry sur le rôle de la monarchie centralisée, qui, malgré ses abus, aurait été un chaînon indispensable dans le développement de l'histoire de France.

Alexis de Tocqueville, Jules Simon et Elias Régnault dénoncèrent les abus de la centralisation royale. Eugène Pelletan fit un tableau saisissant de l'immoralité de la cour de Louis XIV. Eugène Despois ramena dans de justes limites la personne de Cromwell. Charras et Edgar Quinet examinèrent les prétendues trahisons de Waterloo et contribuèrent à battre en brèche la légende napoléonienne (1).

La préface de Michelet à « l'Histoire de la Révolution française » publiée en 1855 eut un énorme retentissement. La justice de la Révolution opposée à la grâce du christianisme était la formule impatiemment attendue par la jeunesse, qui y était déjà préparée par l'enseignement antérieur du maître. Renouvier, en rendant compte de l'ouvrage de Michelet, le qualifiait « d'appel aux forces vives », et les commentaires qu'il y ajoute montraient encore une fois de quel côté cette génération de républicains orientait son éducation (2).

(1) V. Fr. Morin, *Les idées du temps présent*, IX.
(2) Dans la *Revue philosophique et religieuse*, t. I, p. 42, il écrivait :

Une des idées favorites enseignées par Michelet, la fraternité des peuples, était devenue un dogme pour la jeunesse républicaine. On l'interprétait comme un appel à l'action armée, à l'intervention par les armes en faveur des opprimés. Dans une lettre écrite par lui en 1852, Michelet exposait le fond de sa pensée dans ces termes : « Mon espoir, c'est qu'aujourd'hui, si la France était endormie pour trop longtemps, d'autres, au besoin, veilleraient pour elle. Le monde de la liberté n'est plus, comme au temps dont j'écris l'histoire, tout entière dans une nation (1). »

On a déjà rappelé la part prise par Michelet et Quinet dans

« Ce temps-ci, frappé des grandes puissances collectives qu'il a créées, s'imagine que l'individu est trop peu de chose...

Il en résulte cette chose fâcheuse : nos progrès tournent contre nous. L'énormité même de notre œuvre, à mesure que nous l'exhaussons, nous ravale, et nous décourage. Devant cette pyramide, nous nous trouvons imperceptibles, nous ne voyons plus nous-mêmes. Et qui l'a bâtie, sinon nous ?

L'industrie que nous avons créée hier, elle nous semble déjà notre embarras, notre fatalité. L'histoire, qui n'est pas moins que l'intelligence de la vie, elle devait nous vivifier, elle nous a alanguis, au contraire, nous faisant croire que le temps est tout, la volonté peu de chose...

Nous avons évoqué l'histoire, et la voici partout ; nous en sommes assiégés, étouffés, écrasés ; nous marchons tout courbés sous ce bagage, nous ne respirons plus, n'inventons plus. Le passé tue l'avenir. D'où vient que l'art est mort (sauf de rares exceptions)? C'est que l'histoire l'a tué. Au nom de l'histoire même, au nom de la vie, nous protestons. L'histoire n'a rien à voir avec ces tas de pierres. L'histoire est celle de l'âme et de la pensée originale, de l'initiative féconde, de l'héroïsme, héroïsme d'action, héroïsme de création. Elle enseigne qu'une âme pèse infiniment plus qu'un royaume, un empire, un système d'État, parfois plus que le genre humain.

De quel droit ? Du droit de Luther, qui, d'un « non » dit au pape, à l'Église, à l'Empire, enlève la moitié de l'Europe ; du droit de Christophe Colomb... du droit de Copernic... c'est la solide pierre où s'assoit le XVIe siècle. » (*La préface de Michelet*, par Ch. Renouvier).

(1). V. *Nouvelle Revue rétrospective*, 1897.

la lutte contre le cléricalisme (1). Là encore, Quinet donna la formule dogmatique de la pensée qui leur était commune dans l'*Education du peuple*, où il posa nettement les bases et les principes de l'enseignement laïque.

C'est autour du cours de Michelet que s'était groupé, en 1848, un noyau de la jeunesse républicaine militante. C'est à la sortie de l'amphithéâtre où l'on venait d'entendre la parole enflammée du maître qu'on avait livré les premiers combats au cléricalisme. Castagnary, J. Vallès, Ranc, Chassin, Arnould, s'y étaient rencontrés pour la première fois. De là, data leur amitié qui avait conduit quelques-uns d'entre eux sur les bancs des assises et du tribunal correctionnel pour complot et société secrète, et qui traversa l'Empire auquel ils firent jusqu'au bout une guerre sans merci (2).

VI

De l'œuvre de Michelet, il faut rapprocher par son influence celle de Proudhon, qui s'y rattache par plus d'un lien apparaissant jusque dans le titre de son grand ouvrage : « De la Justice dans la Révolution et dans l'Eglise. »

En 1851, il écrivait à celui qu'il appelait son maître : « C'est à moi, votre disciple d'il y a douze et onze années, d'aller voir mon professeur. Vos paroles de 39 et 40 m'ont étourdi ;

---

(1) V. Tchernoff, *Parti républicain sous la Monarchie de Juillet*, p. 430 et suiv.

(2) Chassin, dans *Félicien, ou Souvenirs d'un étudiant*, publié par H. Monin, raconte l'histoire des manifestations qui eurent lieu à propos de la fermeture du cours de Michelet, la lettre envoyée par lui aux journaux à ce propos, son arrestation, son séjour à Mazas et les premières tentatives de complot ébauchées par les étudiants, complot dont l'exécution fut ajournée, mais dont la réalisation fut reprise plus tard, après le coup d'Etat. Ce récit de Chassin m'a été confirmé par M. Ranc.

frais provincial, je ne comprenais rien à cette façon de juger les événements… Depuis, j'ai vu que ce qui me semblait révolution était la réalité même de l'histoire (1). »

Ce que Michelet lui avait fait comprendre, nous l'avons déjà dit, c'est l'existence réelle des groupements qui vivent, non comme des abstractions soumises à des lois fatales, mais comme des êtres concrets, ayant leur âme et leurs passions (2).

Mais Proudhon a subi d'autres influences (3).

En dépassant Michelet dans l'interprétation réaliste de l'histoire, il lui reprocha son appréhension que le socialisme au XIX° siècle ne soit en dehors de la tradition révolutionnaire de 89-92 (4).

Et en accentuant la concrétisation de l'histoire, il écrivait encore à Michelet : « Peut-être pourrait-on regretter que vous n'ayez pas donné plus de place à Mirabeau et à ses discours. Cet homme, après tout, fut le plus magnifique instrument de la Révolution, comme Danton en fut l'âme la plus généreuse (5). » Proudhon réhabilita aussi Hébert, représentant du prolétariat et de la tendance antireligiositaire. C'est

(1) *Corresp.*, t. XVII, pages 172-173.
(2) Grâce à cette influence ainsi précisée, on ne sera pas surpris de rencontrer plus tard, sous sa plume, l'aveu suivant :
« Chose singulière, ce spiritualisme transcendant qui vous domine et qui m'absorbe, est totalement inconnu à nos tartuffes de religiosité, à nos écrivains ecclésiastiques, à tous nos philosophes universitaires. C'est un homme, réputé ennemi personnel de Dieu, venant à la suite d'un historien adversaire de l'Eglise, qui s'apprête à jeter dans le monde cette idée grandiose de l'âme du peuple et de l'âme de l'humanité. » Lettre du 11 avril 1851.
Dans une autre lettre il y revient encore, et rappelle « la définition de Michelet si magnifiquement énoncée de la nation… qui n'est autre chose qu'une collection d'individus, un être *sui generis*, une personne vivante, une âme consacrée devant Dieu. » (*Correspondance*, t. XIV, p. 161).
(3) Tchernoff, *Parti républicain sous la Monarchie de Juillet*, 1901, p. 108 et suiv.; Henri Michel, *De l'idée de l'Etat*, p. 385; Bourgin, *Proudhon*.
(4) V. *Correspondance*, t. IV, p. 164.
(5) *Correspondance*, t. XIV, p. 143.

un des aspects de sa lutte contre la religiosité pour l'élimination de l'absolu du domaine de la morale, de la philosophie et de la politique. C'était un côté de son œuvre qu'on avait aperçu tout d'abord, et non la partie constructive qui pourtant était visible ; l'idéal se cachait derrière la négation, qui répondait à l'état général des esprits. L'autre ne fut remarqué qu'après la publication de son grand ouvrage *De la Justice*.

On ne s'était pas encore rendu compte de l'idéalisme effréné qui reposait à la base de ses théories et de ses méthodes, l'importance exceptionnelle qu'il attachait aux idées, l'interprétation exagérée qu'il donnait par là même aux faits, leur attribuant un sens subjectif. Cet abus de la méthode ne doit pas cacher la profondeur géniale de ses idées ; et sa négation a plu peut-être, parce qu'au fond elle s'inspirait d'un idéalisme incontestable.

En partant de son idée fondamentale : « plus de gouvernement, point d'autorité, point de gouvernement même populaire », en affirmant encore que « la justice commutative, le règne des contrats, le règne économique ou industriel doivent se substituer aux vieux systèmes de justice distributive, de règne de lois, de régime féodal et de gouvernement militaire », Proudhon fit une rude guerre à toutes les conceptions qui s'inspiraient du gouvernementalisme. Le parti républicain, après avoir triomphé de la dynastie d'Orléans, lui semblait n'avoir rien eu de plus pressé que d'exercer le pouvoir pour son propre compte, en étendant les attributions de l'Etat. Proudhon s'appliqua à détruire le fétichisme de l'autorité, le gouvernement, par son essence, n'ayant été institué d'après lui que « pour maintenir les inégalités qui découlent de l'inégalité des facultés (1) ».

(1) « Qu'est-ce que la République ou, pour mieux dire, la Révolution, au dix-neuvième siècle ? Evidemment, c'est la diminution progressive

Les républicains paraissaient avoir une confiance illimitée dans la souveraineté nationale exprimée par le suffrage universel, source aussi infaillible que l'était autrefois la volonté divine. Proudhon s'efforça de détruire encore cette fiction, et, se contredisant en apparence, il se refusait à admettre que le peuple eût « sa réalité, son individualité, son essence, sa vie, sa raison propre » et « qu'il y eût dans la collectivité du peuple une pensée *sui generis* capable de représenter à la fois l'intérêt collectif et l'intérêt individuel, et que l'on pût dégager avec plus ou moins d'exactitude, par un procédé électoral ou scrutatoire quelconque ». La souveraineté nationale est pour lui un misérable sophisme, appliqué littéralement par Rousseau et Robespierre (1).

Poursuivant dans cette voie, l'auteur des *Contradictions économiques* passe au crible de sa critique le régime représentatif, la théorie de l'équilibre, le système de contre-poids, et même jusqu'à l'idée de l'association dont il se méfiait également (2).

De même qu'il s'efforce de détruire la religiosité politique, il s'attaque à la religiosité théologique. « L'athéisme légal, écrit-il, est le premier article de notre droit public. Dès lors que l'Etat ne fait point d'acception d'un dogme, il n'a aucune foi, il nie Dieu et la religion... La religion n'existe point à l'état de sentiment vague et indéfini de piété quelconque : elle est positive, dogmatique, déterminée, ou elle n'est rien. » Et,

et systématique de l'action gouvernementale, capitaliste et religieuse... Or, quelle est, depuis trois ans, la tactique du parti républicain, tactique un instant contredite et entravée par nous ? C'est de conquérir, à l'aide de la popularité ou par les armes, le pouvoir, puis de s'en servir pour organiser les nations. »(*Corresp.*, t. IV, p. 148.)

(1) *Correspondance*, t. IV, P. 274. Lettre à Darimon.
(2) Voir sur tous ces points notre livre sur *Le Parti républicain sous la Monarchie de Juillet*, 1901, pages 111-120.

il ajoutait, en montrant toute la portée de son idée : « N'est-ce pas de l'athéisme, et du plus raffiné, que cet esprit philosophique qui considère les faits en eux-mêmes, dans leur évolution, leur série, leurs rapports, sans se préoccuper jamais d'un principe premier ou d'une fin des fins (1) ? »

Ainsi s'écroulaient, sous sa critique véhémente, les fictions politiques, la religiosité, la confiance dans l'action providentielle de l'Etat. Malgré la fausseté de sa méthode, il eut des vues profondes. Une des plus fines fut sa critique de l'idée de l'intervention armée en faveur des autres peuples, si chère aux républicains. Pour lui, c'était l'extension de l'étatisme aux relations extérieures, une tentative destinée à donner la liberté par un procédé autoritaire. A cet essai de réaliser la fraternité universelle il en substituait un autre, et ici nous arrivons à la partie constructive de son œuvre qui eut une grande influence pendant la dernière moitié du second Empire. Après avoir travaillé à démolir les fictions et les abstractions, il s'applique à mettre en relief le seul élément, dont la réalité ne fait pas de doute, l'individu. Sa formule consiste « à trouver une transaction ramenant à l'unité la divergence des intérêts identifiant le bien particulier avec l'intérêt général, effaçant l'inégalité de nature par celle de l'éducation... où chaque individu soit également et synonymiquement producteur et consommateur, citoyen et prince, administrateur et administré ; où sa liberté augmente toujours sans qu'il ait besoin d'en aliéner jamais rien (2) ».

Pour arriver à la réalisation de cette forme, Proudhon recommande l'anarchie ou plus exactement le système contractuel des relations sociales. Il y aura ainsi identification entre le droit privé et le droit public, le contrat rendra le même

(1) *Idée générale de la Révolution*, 1848, p. 263.
(2) *Idée générale de la Révolution*, p. 155.

service dans les deux domaines. C'était de l'individualisme à outrance, l'individu seul chargé de diriger sa destinée sous le régime des contrats ; mais c'était aussi de l'exaltation de la valeur individuelle devant être opposée à la fatalité des événements.

Pour mettre en valeur toute la force morale de l'individu, Proudhon préconise constamment l'extension de l'instruction. « Démocratie, c'est démopédie, » affirmait-il, formule qui fut plus tard reproduite et mise en pratique par Gambetta et Jules Ferry.

Dominé toujours par ses conceptions, Proudhon exposa, à plusieurs reprises, tout un programme mutualiste qu'il rappela et compléta dans son livre *De la capacité des classes ouvrières*, et que les délégués de Paris essayèrent de faire prévaloir au premier congrès de l'Internationale, de même que ses idées sur la liquidation sociale devinrent plus tard un thème de discussions habituelles après la réouverture des réunions publiques (1).

Son individualisme, qui s'accommodait de l'absence ou, en tout cas, de l'abstention de l'État, est marqué par un autre trait, son internationalisme. Pour lui, la Révolution serait sans efficacité, si elle n'était pas contagieuse. Son résultat le plus caractéristique, le plus décisif, c'est, « après avoir organisé le travail et la propriété, d'anéantir la décentralisation politique, en un mot, l'État, et comme conséquence de cet anéantissement, de supprimer les rapports diplomatiques

(1) Voici comment Proudhon définissait le mutualisme :
« Qui dit mutualité suppose partage de la terre, division des propriétés, indépendance du travail, séparation des industries, spécialité des fonctions, responsabilité individuelle ou collective selon que le travail est individualisé ou groupé, réduction au minimum des frais généraux, suppression du parasitisme et de la misère. » (V. *De la capacité des classes ouvrières*.)

entre les nations, à mesure qu'elles souscrivent au pacte révolutionnaire (1). » C'est l'idée de la fédération pacifique sous le régime des conventions, substituée à l'idée de la Monarchie ou de la République universelle constituée par une intervention armée. Le tout, pour Proudhon, n'est pas le triomphe de la théorie des nationalités, l'affranchissement des groupements nationaux, mais l'organisation entre eux des rapports permanents d'ordre économique et industriel. L'intervention armée en faveur d'un groupe, envisagée en elle-même, n'est qu'un nouvel appel à l'Etat, à la force dont l'extension ne fait que déterminer un nouveau recul. Ces idées, reprises et développées dans son ouvrage « Du principe fédératif », dans la brochure « Si les traités de 1815 ont cessé d'exister ? » soulevèrent de violentes protestations de la part d'une grande fraction du parti républicain, mais elles n'en produisirent pas moins un grand effet à propos des discussions relatives à l'intervention du gouvernement français dans les affaires de la Pologne.

Si Proudhon n'admettait pas une action armée pour l'établissement de l'unité internationale, c'est qu'il en croyait la réalisation possible par les lois de l'évolution politique qui, comme les autres sciences, étaient pour lui fatalement les mêmes pour toute la terre. « La vérité, insistait-il, est égale partout à elle-même ; la science est l'unité du genre humain (2). » Le côté idéaliste de sa méthode et de sa pensée apparaît ici, et cela n'en est pas la seule manifestation.

Pour lui, le progrès de la Révolution est inéluctable, car elle est une force contre laquelle aucune autre puissance humaine ni divine ne peut prévaloir, dont la nature est de se

(1) *Idée révolutionnaire*, 297 et 303.
(2) *Idée révolutionnaire*, p. 299.

fortifier par la résistance qu'elle rencontre (1). Quand même les apparences sont contraires, la Révolution s'accomplit, dût-elle prendre pour cela le plus long chemin (2).

Mais bientôt, après le coup d'Etat, le système de la compression qui s'était appesanti aussi bien sur lui que sur les autres, lui fit changer insensiblement quelques-unes de ses idées.

Il avait commencé par condamner l'exil, l'éloignement volontaire de la France. Bientôt, sous la pression des circonstances, il y songe lui-même. Sa tentative de fonder une revue échoua par suite de l'opposition de l'administration (3). Un jour, désespéré, il se croit réduit à chercher une retraite dans un emploi (4). Une autre fois, il constate que la « tyrannie cléricale » s'aggrave ; il songe à se créer quelques ressources, pour le cas où il devrait passer en Amérique (5). L'idée de s'en aller à l'étranger le hante de plus en plus. « J'irai dire aux nations, écrit-il à Guillemin, ce qu'est devenue la France. En échange de leur hospitalité, je leur apprendrai ce que c'est que la tyrannie du sabre coalisée avec celle de l'encensoir, et si l'étranger, à son tour, m'expulse comme impie, je n'aurai plus qu'à piquer une tête, en maudissant les hommes, du haut de quelque mât, dans l'Océan (6). »

(1) Voir d'autres citations dans le même ordre d'idées, Tchernoff, *op. cit.*, p. 124.
(2) V. *Correspondance*, t. V, p. 247, une lettre curieuse à Ch. Edmond.
(3) *Correspondance*, t. V, p. 56.
(4) *Ibid.*, p. 87.
(5) *Ibid.*, p. 59.
(6) *Ibid.*, p. 89. En 1855, il écrit à M. Ch. Edmond cette lettre significative :

« Je suis triste, j'ai le cœur malade. Il me semble que je vois la France entrer dans une période interminable d'abaissement, de mensonge et de ridicule. Songez que, pour moi, les siècles des François 1er, des Louis XIV et des Napoléon, sont ceux de l'oppression et des épaisses ténèbres, et vous comprendrez mon mortel chagrin. Les bêtes règnent et gouvernent.

C'est le moment où apparaît la préface de Michelet, cet appel aux forces vives. Proudhon reprend le combat et revient à la réalité, à l'individu, dans son travail sur la « Justice dans la Révolution ». Le publiciste n'emploie pas son idéalisme à démolir, mais aussi à édifier. Il s'attache, plus étroitement que jamais, à la notion du progrès qui est pour lui « la loi de notre âme, non pas en ce sens seulement que, par le perfectionnement de nous-mêmes, nous devons approcher sans cesse de l'absolue justice et de l'idéal ; mais en ce sens que l'humanité se renouvelant et se développant sans fin, comme la création elle-même, l'idéal de justice et de beauté que nous avons à réaliser change et s'agrandit toujours ». (1). C'était là une belle réserve pour l'avenir. Plus que dans ses ouvrages précédents, il insiste sur la portée organique de « la Révolution règne de la justice, la raison universelle des choses ». Elle se confond pour lui avec l'égalité, dont il fait de multiples applications qui démontrent ce qu'il y a de superficiel à caractériser sa théorie en la résumant dans ces mots : « La propriété, c'est le vol ». C'est lui qui dit : « En voulant tout faire par la liberté seule, on l'amoindrit ; en l'obligeant à transiger, on la double. » (2) C'est encore Proudhon qui affirme que « la tendance de l'homme à l'appropriation est, comme la dignité elle-même, absolue et sans limite », ou que « la propriété est légitime, à ce titre, inviolable et garantie par la puissance

La Bourse jubile, le faubourg Saint-Antoine pavoise ses maisons, et le *Siècle* lèche ses babines. Qu'espérez-vous d'une telle race ?

« Je me rappelle tout ce que je vous ai prêché jadis contre l'exil. Rentrez, rentrez, vous écrivais-je ; votre place est à Paris, auprès de tous les amis de la liberté. C'était bien mon sentiment ; aujourd'hui, je n'ai plus foi en mes paroles. Déjà cet hiver je rêvais d'émigrer ; en ce moment je songe à me pourvoir de quelque emploi dans une entreprise à l'étranger. »

(1) *De la justice*, éd. 1868, p. 50.
(2) *Ibid.*, p. 119-122.

publique, si elle est déterminée dans son objet ». Sa pensée est encore plus précise quand il dit : « Respect des propriétés et des intérêts, égal et réciproque, dans les conditions posées par la loi, et quoi qu'il en coûte à l'envie, à l'avarice, à la paresse, à l'incapacité ; reconnaissance mutuelle de la dignité et des intérêts, tels qu'ils sont déterminés par le pacte social... respect pour respect, garantie pour garantie, service pour service ; tel est le principe. » (1) Si les lois appliquent ces principes, Proudhon n'est pas loin de les accepter, de même que le gouvernement qui les édicte.

Mais une transformation encore plus complète se fait dans son esprit ou plutôt s'annonce dans ses écrits. Il approuve, sous certaines conditions, le suffrage universel et le pouvoir politique. A la vérité, il ne prêcha jamais l'indifférence en matière politique. On lui avait reproché son livre sur « la Révolution démontrée par le coup d'Etat » ; il suffit de parcourir cet ouvrage pour comprendre l'attitude de Proudhon envers Napoléon III. Rappelant le mot d'un auteur de l'antiquité, il débute en écrivant : « Je n'écris pas contre qui fait proscrire ». Ailleurs, il ajoute encore : « L'avenir dira si le coup d'Etat du 2 décembre fut, je ne dirai point légitime, il n'y a point de légitimité contre la loi ; mais, au point de vue de l'utilité publique, excusable (2). » Le but de sa publication est pour lui de rechercher « la signification, la fatalité du coup d'Etat, en rendant justice à ceux qui s'armèrent pour le combattre, de sauver l'honneur national ». N'exalte-t-il pas, dans un autre passage de son livre, la Montagne, en disant : « qu'elle a fait noblement son devoir, qu'elle a scellé de son sang une cause juste... que son sang, celui de plusieurs milliers de

(1) *Ibid.*, p. 119-122.
(2) *Op. cit.*, 1868, p. 53.

citoyens, la proscription en masse des partis démocratiques ont lavé la patrie et régénéré la Révolution » (1).

Le discrédit qui avait frappé Proudhon dans l'esprit du parti républicain, au début de l'Empire, provenait de son attitude passive au 2 décembre. Ce jour-là, il eut permission de sortir de Sainte-Pélagie où il purgeait sa peine, la permission lui ayant été accordée la veille. Levé de bonne heure, il aperçut de la fenêtre de sa cellule les proclamations qui annonçaient les intentions de Louis Bonaparte. Il interpella sa femme qui occupait une chambre dans une maison située en face de la prison, lui demandant : « Femme, fait-on des barricades ? » Or, en ce moment, étant donnée l'heure matinale, aucune résistance n'était encore ébauchée. Proudhon quitta Sainte-Pélagie pour y rentrer le soir sans avoir pris une part directe à la résistance (2).

Quand Proudhon eut plus tard conseillé, contrairement à l'opinion générale des républicains, la participation aux élections de 1852, il s'inspirait de considérations de tactique. Il lui semblait encore possible d'orienter l'Empire vers la démocratie. Il sentait l'hésitation de Louis Bonaparte et craignait que l'éloignement volontaire des républicains n'eût pour conséquence la prépondérance incontestée des conservateurs. Un jeune républicain, Henri Lefort, lui ayant demandé par lettre s'il lui conseillait de prêter serment en se

(1) *Ibid.*

(2) Renseignements fournis par M. Ranc. Etex, dans ses *Souvenirs d'un Artiste* (p. 263) semble affirmer que Proudhon se montra disposé à participer à la résistance. Voici notamment le passage qu'il lui consacre : « Rue Soufflot, nous rencontrâmes Proudhon en redingote verte, la canne à la main, qui descendait de Sainte-Pélagie, où il était en prison. Nous allâmes à l'Hôtel-de-Ville, Proudhon étant monté avec nous. Avant de pousser ce dernier plus loin dans l'aventure, je le prévins que nous allions peut être nous faire tuer. Il me répondit : « J'appartiens à la révolution ! »

présentant aux élections municipales, tout en étant un adversaire résolu de Napoléon III, Proudhon l'y engagea vivement, en laissant entendre qu'on pouvait prêter un serment, tout en se promettant de ne pas le tenir. Henri Lefort, ayant été quelque temps plus tard arrêté à propos de la manifestation dirigée contre Nisard, dans l'affaire des « Deux Morales », s'était trouvé ainsi exposé à une perquisition qui aurait pu faire découvrir la lettre de Proudhon. Ce dernier en fut ému et pria Mme Lefort, la mère de son correspondant, de trouver le moyen de la lui restituer. Dans la lettre que Proudhon lui adressait, à cette occasion, il expliquait ainsi sa conduite : « J'ai répondu à une question scabreuse de Monsieur votre fils...; décidant, non plus entre le bien et le mal, mais entre deux maux dont il fallait choisir le moindre, j'ai dit ce que, dans mon opinion, un brave cœur devait faire dans une pareille extrémité, et comme il devait le faire; je n'ai pas voulu donner une règle générale » (1). Plus tard, dans sa brochure intitulée *Les démocrates assermentés*, en donnant à ses idées la forme qu'il affectait, celle d'une contradiction opposée aux partisans de la prestation du serment à l'Empire, il fit une véritable théorie du suffrage universel qu'il avait commencé par nier. Il le considère comme la véritable base d'une société démocratique, son trait le plus saillant ; et cela à tel point que la Constitution de 1852, grâce au suffrage universel, devient perfectible, car « la dynastie y est superposée, conjointe mais non inhérente ». Le droit de vote étendu à tous les citoyens, « c'est la puissance sociale ou force de la collectivité de la nation dans sa forme initiatrice et déjà dans l'activité de sa fonction, c'est-à-

(1) La lettre en question lui fut restituée ; il l'a rendue plus tard à M. Henri Lefort qui m'en a communiqué l'original et relaté les incidents qui viennent d'être rappelés.

dire dans le plein exercice de sa souveraineté ». Pour remplir efficacement sa fonction, le suffrage doit satisfaire les conditions suivantes : être universel, synthétique, refléter les aspirations les plus diverses, car « le simple des idées, l'identité des intérêts ramènent l'homme et la société à l'absolutisme » ; direct et ne pas comporter d'intermédiaires ; un, et cependant toujours égal à lui-même sans subir d'altérations ; délibératif, car il suppose le droit de réunion et de discussion. Le suffrage universel de l'Empire ne remplissant pas ces conditions, Proudhon recommandait l'abstention (1). Proudhon fit un pas de plus dans son étude *De la capacité politique des classes ouvrières*. Ici encore l'affirmation qui se cache sous la forme habituelle, la contradiction, est très significative. Il s'agissait, nous le verrons, en 1863 et 1864, avec le concours des républicains de toutes les nuances, de prendre l'initiative d'une candidature ouvrière qui devait être l'origine du mouvement qui aboutit à Paris à la création du premier bureau de l'Internationale. Proudhon s'enflamma pour cet essai et encouragea nettement la candidature ouvrière de Tolain et de J. J. Blanc, en reconnaissant ainsi la légitimité d'une tentative faite pour résoudre le problème social par le travail parlementaire. Rappelant, à ce propos, les mouvements politiques démocratiques antérieurs, il leur rend plus de justice que dans ses ouvrages précédents. Il affirme que les sans-culottes, hébertistes et même babouvistes avaient le mérite de donner à la conscience plébéienne une secousse telle que depuis ce moment elle ne s'est plus endormie.

Ainsi, le suffrage universel et la démocratie sont enfin acceptés par Proudhon comme n'étant pas contraires au but de la société. Une remarque, faite par lui antérieurement,

---

(1) Proudhon, *Les Démocrates assermentés.*

devait l'y conduire. Il a dit, en effet, dans son *Idée générale de la Révolution* : « Chose à noter, qui prouve jusqu'à quel point la souveraineté individuelle s'identifie dans l'esprit du peuple avec la souveraineté collective : plus le principe démocratique a gagné du terrain, plus j'ai vu les villes et les campagnes interpréter ce principe dans le sens le plus favorable à la propriété (1). »

Proudhon a pu s'apercevoir que la démocratie, fondée sur le suffrage universel, conduisait inévitablement à l'extension et à l'affirmation de plus en plus énergique des droits individuels.

La forme qu'affectait la pensée de Proudhon faisait qu'elle apparaissait rarement dans toute son ampleur.

Quand on faisait devant Victor Hugo l'éloge de Proudhon en insistant sur la nécessité d'embrasser son œuvre dans son ensemble, le poète témoignait sa surprise en disant que si une œuvre avait une réelle valeur, elle devait se retrouver dans un fragment détaché, comme le génie du poète se reflète dans les quelques lignes d'une poésie (2). Mais c'était précisément sa dialectique qui avait séduit les jeunes intelligences, et l'influence de Proudhon fut immense sur la génération dont la formation intellectuelle remonte au début de l'Empire. Il était alors presque seul à produire dans ce domaine. Herzen disait de lui : « Je suis même porté à croire qu'un homme qui n'a point passé par la *Phémonélogie* de Hegel et les *Contradictions économiques* de Proudhon est incomplet et comme étranger à notre époque. » (3) Dans un article de la *Rive Gauche*, en parlant de « la méthode idéaliste et de la méthode positiviste », P. Lafargue fait remonter au maitre

---

(1) *Op. cit.*, p. 220.
(2) Souvenir d'une conversation qui avait eu lieu à Jersey et rapportée par M. Henri Lefort.
(3) V. Herzen, *Le Monde russe et la Révolution*, 1861, p. 345.

bien-aimé, Proudhon, « l'honneur et l'initiative de débarrasser la morale et la science économique de tout élément supranaturel » (1). Longuet fut l'interprète éloquent et érudit de la pensée de Proudhon, qu'il avait défendu dans plusieurs congrès. « Si vous connaissiez mieux la génération actuelle, disait un des disciples de l'auteur de *La Justice* en s'adressant à Eug. Pelletan, vous sauriez qu'elle professe la plupart des idées de Proudhon. Elle a médité son enseignement et elle en gardera souvenir (2). » Vermorel, Chaudey, Gambetta et beaucoup d'autres se réclamaient de Proudhon (3).

Vers la fin du second Empire, il y eut un déclin de l'influence de Proudhon. L'Internationale, qui s'inspirait de son programme mutuelliste, fut conquise par les marxistes. Avec la recrudescence des hostilités contre l'Empire, on commença à trouver que l'opposition de Proudhon au gouvernement impérial n'était pas suffisamment accentuée. On lui tenait presque rigueur des éloges que lui adressait Sainte-Beuve dans le volume qu'il lui consacrait. Avec l'apparition des « hébertistes », qu'il contribua pourtant à réhabiliter, ses idées fédératives tombèrent dans le discrédit. Tridon et Chaudey se réclamaient de Proudhon, mais le premier s'en tenait à la

(1) R. G., 22 avril 1866.
(2) R. G., N° 2, 1866.
(3) Voir Deluns-Montaud, *la Philosophie de Gambetta* dans *la Revue politique et parlementaire*, février 1893. « Nous avons tous lu Proudhon », me disait M. Ranc. V. dans la *Correspondance* de J.-J. Clamageran, (1906, p. 144) une lettre à Félix Prat du 5 mai 1858 sur Proudhon. E. Ollivier crut découvrir dans la *Justice* de Proudhon des arguments en faveur de sa politique. Dans la lettre mentionnée, Clamageran, en faisant preuve d'une grande perspicacité, écrivait : « Figure toi qu'Ollivier en est enthousiasmé ; nous avons eu l'autre jour une discussion très vive à ce sujet. Décidément, il tourne à tous les vents, et à force de tourner, perd tout à fait le sens moral. Encore un homme, je le crains bien, sur qui nous ne pourrons plus compter. »

partie critique du maitre, tandis que l'autre, de même que Longuet, faisait surtout valoir le côté positif de ses théories. Mais, si contestée que fut l'œuvre de Proudhon dans la suite, elle n'en exerça pas moins une influence profonde et décisive.

VII

Proudhon, par Massol, son ancien collaborateur et par Henri Brisson, disciple de ce dernier, qui en compagnie de son maitre se rendait fréquemment à Passy (1) pour y rencontrer l'ancien directeur du *Peuple*, avait été un des initiateurs du mouvement de la *Morale indépendante*. Nous la rencontrerons dans la suite en nous occupant du mouvement intellectuel à partir de 1860. Il faut pourtant noter tout de suite que Proudhon lui-même se réclamait, à ce point de vue, de Kant dans ses *Confessions d'un Révolutionnaire* (2).

Il n'était pas d'ailleurs à cette époque le seul représentant du kantisme. Barni, qui devait plus tard faire paraitre un ouvrage sous le titre même de *Morale indépendante*, avait déjà publié la *Critique de jugement* en 1846. L'interprétation de Kant ne le rendit pas indifférent à la cause de la Révolution de février. Il associa ses efforts à ceux des collaborateurs de *La Liberté de penser*, fondée par Jacques, Jules Simon et Saisset, où débuta Renan en publiant ses *Origines du langage* et son *Cosmos* de *Humboldt*, où écrivaient également Janet, Bersot, Despois, Cucheval-Clarigny. On sait la lutte soutenue par cette revue en faveur de la libre pensée. E. Deschanel, après y avoir défendu le «droit au travail», proclama un jour, dans un article retentissant ayant motivé la démis-

(1) Renseignement fourni par M. Henri Brisson.
(2) *Id.*, 1868, p. 63.

sion de Jules Simon : « De catholiques, il n'y en a plus ; il est impossible que le pape lui-même, au XIX⁰ siècle, ne soit pas au moins socinien ; et s'il n'y a point de catholiques, il est clair que nous ne le sommes point. Et, maintenant, puisque nous avons accepté sans réserve l'alternative posée par Montalembert : « Catholicisme ou socialisme », il faut, n'étant pas catholiques, que nous soyons socialistes. » Barni étudia dans cette revue les questions relatives au suffrage universel et à l'enseignement, en se prononçant nettement pour un enseignement donné par l'État et exclusivement laïque. En même temps, il continua à recommander l'étude de la philosophie pratique de Kant, « utile surtout dans une époque comme la nôtre, si pleine de problèmes et d'écueils (1) ».

Les efforts de Barni se rencontraient avec ceux de Vacherot, auteur de l'*Histoire de l'Ecole Alexandrine*, avec ceux de Renouvier, le représentant de l'Ecole néokantienne et du criticisme dont le *Manuel* détermina la retraite du ministre de l'Instruction publique, Carnot. Nous retrouverons plus tard la suite et le développement de ce mouvement. Mais il importait de noter dès maintenant qu'il avait déjà pris une certaine extension avant 1852.

VIII

De même, la philosophie positiviste, appelée à exercer une influence si considérable à la fin de l'Empire et surtout avec la troisième République, avait déjà des adeptes parmi les républicains avant le coup d'Etat. Sans doute, la propagande et l'enseignement direct d'Auguste Comte ne s'adressaient

---

(1) Léon Séché, *Jules Simon*, 1887, p. 46 et suiv. ; J. Barni, *La Morale dans la démocratie*, 1885.

qu'à un public restreint et son nom était peu connu de la masse.

Lorsque Blanqui, dans le club qu'il dirigeait en 1848, avait mis en avant la candidature de Comte, elle fut accueillie par un rire général, car on confondait son nom avec celui d'un prestidigitateur qui donnait des représentations dans le voisinage. Célestin de Blignières s'exerçait déjà, à ce moment, dans son apostolat. Un jeune républicain, Deroisin, conduit aux cours du maitre en 1845 par son père, voltairien d'éducation, suivit assidûment les cours positivistes qui avaient lieu dans une mairie, en 1848. C'était lui qui plus tard avait été appelé à initier à la doctrine Marcel Roulleaux et Jules Ferry (1). Et surtout Littré, qui, à cette époque, ne s'était pas encore détaché de son maitre, avait publié dans le *National* une série d'articles qui furent très remarqués, et, plus tard, réunis sous le titre : « Conservation, Révolution et Positivisme », et publiés huit jours avant le coup d'Etat. Ce petit livre qu'on appelait tout court : *le Livre Vert*, fut l'évangile du positivisme, lu avec avidité, et qui, peut-on dire, contribua à maintenir les traditions positivistes jusqu'à vers 1860. C'est dans ce petit livre, qui lui fut prêté par Ranc, son ami, que Gambetta avait appris à apprécier l'œuvre de Comte et les premiers principes d'une politique dont il fut le plus brillant représentant (2).

Ce n'était pas par ses idées politiques que le positivisme avait influé sur la formation intellectuelle de la jeune génération. L'idée de la dictature de Paris élisant le chef du pou-

---

(1) Renseignements fournis par M. Deroisin et confirmés par M. Charles Ferry.

(2) Renseignements fournis par M. Ranc. Il n'a jamais pu rentrer en possession de son *Livre Vert* que le grand tribun s'était approprié définitivement.

voir exécutif, paraissait bien étrange. D'autre part, après le coup d'Etat, la scission survenue entre Littré et Comte avait quelque peu discrédité l'école. Le fondateur du positivisme en était encore à croire que, mis en présence de Napoléon, il exercerait sur lui l'influence d'un serpent sur l'oiseau (1).

Il rêvait d'aboutir à la séparation du pouvoir temporel, du pouvoir spirituel par l'influence de l'ordre des jésuites. Mais le positivisme, par sa méthode, avait contribué à laïciser la politique et la science, et préparé le mouvement libre-penseur qui se manifesta avec tant d'éclat et même de bruit à la fin du second Empire (2).

Le positivisme, d'autre part, avait formé cette génération républicaine qui ne considérait plus la République comme une sorte de gouvernement, produit d'une spéculation métaphysique, déduite d'un certain nombre de principes immuables, s'établissant à la suite d'une révolution, mais comme une institution positive, ayant sa raison dans la vie, se transformant avec elle, subissant l'empire des conditions contingentes, et

(1) Auguste Comte avait l'habitude d'employer cette expression dans ses conversations. (Renseignements fournis par M. Deroisin.)

M. Audiffrend, un des exécuteurs testamentaires et disciples préférés de Comte, m'a expliqué ainsi la conduite du maître dans une lettre qu'il m'a adressée, le 5 août 1904 : « Quand on se battait sous la fenêtre du grand philosophe, il ne cessait de former des vœux pour le succès de l'insurrection; ce qui étonna bien des gens. Le philosophe voyait les conséquences de toutes choses. Au coup d'Etat de 1852, qu'il avait prévu, il chercha à conserver la forme républicaine ; il pouvait espérer encore que l'homme de Sedan ne s'aveuglerait pas au point de se faire couronner. Quand le Sénat réclama l'Empire, une seule voix protesta, ce fut celle de Vieillard, l'ami d'Auguste Comte. »

Audiffrend, reprenant la tentative de son maître, essaya de persuader aux missions des Jésuites à Marseille, l'utilité de la séparation de l'Eglise et de l'Etat (Même lettre).

(2) V. sur l'influence du positivisme, à ce point de vue, un article de Régnard, dans la *Libre Pensée*, du 26 mars 1867, sous le titre : *Le Testament d'Auguste Comte et le positivisme*.

non seulement s'affirmant par des grands principes, mais
s'adaptant, comme toutes les institutions vivantes, à toutes les
manifestations complexes et variables de l'existence humaine.
A ce point de vue, Littré pouvait dire avec raison, dans la
préface à sa *Conservation* : « A son tour, le positivisme a
rendu à la rénovation européenne tout ce qu'il en avait reçu ;
il lui a ôté son apparence révolutionnaire qui effraie tant
d'esprits, et il a fait voir que c'était non pas une série de
bouleversements sans raison et sans limite, mais un mouvement naturel, aboutissant nécessairement à un état final
de stabilité régulière (1). »

IX

L'aile gauche du positivisme, se confondant avec certaines
influences de la philosophie allemande, avait préparé le matérialisme, dont la *Libre Pensée* et la *Pensée nouvelle* avaient
été les principaux organes, à la fin du second Empire. Mais la
philosophie matérialiste ne comptait que très peu d'adeptes,
et même ce terme, dans le sens scientifique du mot, était
rarement employé jusqu'en 1863. Avant cette date, les jeunes républicains attachaient à l'épithète de matérialiste un
sens de mépris, et l'appliquaient à la jeunesse dorée de
l'Empire (2). A la conférence Molé, un jour, à propos d'une
discussion sur la propriété littéraire, un des orateurs,
Pothier, s'étant déclaré matérialiste, fut hué par le côté
gauche composé de républicains (3). Le matérialisme, qu'on
confondait avec l'athéisme et la négation de Dieu, fut beaucoup plus répandu dans les classes ouvrières, où il se propagea
sous l'influence du babouvisme, de Blanqui et de Proudhon.

(1) V. *Infrà* sur l'influence du positivisme après 1860.
(2) Renseignements fournis par M. Deroisin.
(3) Renseignements fournis par M. Deroisin.

X

A côté de ces nouvelles écoles, les anciens systèmes, qui avaient exercé une influence si profonde sur les esprits sous la Monarchie de Juillet, conservèrent leur action après s'être transformés (1). Le babouvisme, à l'état pur, disparut à peu près. En 1850, un éditeur, Charavey, adepte de Buonarroti, publia une édition populaire de l'*Histoire de la conspiration et du Procès des Egaux*, où, pour la première fois, furent rétablis les noms de plusieurs personnages. Bien plus grande fut, on le sait, l'influence personnelle de Buonarroti, qui de Genève, où il s'était établi d'abord, ne cessa pas d'agir sur les républicains en France. Il servit de lien entre les ventes françaises et les ventes italiennes, comme le montrent les mémoires du célèbre prisonnier d'Etat, Alexandre Audryane. A ce titre, relèvent également de lui la jeune Italie et Mazzini, d'une part, et les sociétés secrètes dirigées par Blanqui et Barbès d'autre part. Buonarroti exerça aussi une influence, non sur la transmission des doctrines communistes, mais sur la continuation de la tactique révolutionnaire et internationale.

Après les journées de février, le babouvisme pur eut très peu d'adeptes. Baudin en relevait par Charles Teste, qui lui fit connaître la doctrine, de même que Charassin et Benoît (du Rhône). Blanqui, qui, au point de vue de la tactique révolutionnaire, se rattachait à Buonarroti et à la Charbonnerie, fut paralysé par son arrestation et sa condamnation, après les journées de mai 1848. Les blanquistes, sauf quelques comparses, ne jouèrent aucun rôle dans les premiers

(1) V. Tchernoff, *Parti républicain sous la Monarchie de Juillet*, p. 81 et suiv.

complots dirigés contre l'Empire. L'action de Blanqui ne reparut qu'après l'amnistie et surtout après son séjour à Sainte-Pélagie, où il arriva à recruter de nouveaux partisans (1).

Le saint-simonisme, qui avait initié le parti républicain à l'étude des questions sociales par l'organe de Leroux, de Louis Blanc, de H. Carnot et de quelques autres, eut, sous l'Empire, la bonne fortune de devenir une doctrine quasi officielle. Sous l'influence de cette école, l'Académie mettait au concours des questions touchant le prolétariat. Granier de Cassagnac ouvrait son « Réveil » au père Enfantin. Le Play, Michel Chevalier, Arlès Dufour entouraient le prince Napoléon, et ne furent pas étrangers à l'orientation de l'Empire vers le libre échange. L'empreinte des saint-simoniens se retrouvait sur de nombreuses entreprises publiques et privées. C'est à un saint-simonien, libéral, Frédéric Passy, que devait revenir plus tard l'initiative de la fondation d'une Ligue internationale pour la paix. Mais le saint-simonisme officiel, précisément comme tel, détournait de lui les républicains. Il y eut pourtant, parmi ces derniers, d'anciens saint-simoniens qui, tout en se réclamant de l'école, appartenaient à l'opposition démocratique (2). Tel était le cas de Louis Jourdan qui fit, dans le *Siècle*, une énergique campagne anticléricale ; du docteur érudit Guépin, un des démocrates militants de Nantes, et surtout de Charles Lemonnier, organisateur des plus actifs, en collaboration avec sa femme, de l'enseignement professionnel des

---

(1) V. sur le babouvisme un article substantiel de Ranc et Jaclard dans l'*Encyclopédie générale* de 1868, au mot « babouvisme ». Wyrouboff m'a cité le nom de M. Prunelle, babouviste, membre d'une loge maçonnique, mort récemment après s'être rangé dans l'opposition nationaliste.
(2) V. dans le *Réveil* de Delescluze du 24 décembre 1868, un article de Hubbard, intitulé : *La Dynastie Saint-Simonienne*, et aussi Maxime Ducamp : *Souvenirs littéraires*, t. II, p. 89, sur le saint-simonisme au palais des Tuileries.

jeunes filles à Paris et de nombreux congrès internationaux (1).

Parfois, le saint-simonisme n'était qu'une première étape destinée à conduire une pensée plus mûre vers le positivisme. Ainsi, Marcel Roulleaux, avant d'être acquis à la philosophie positiviste, commença par suivre les conférences du père Enfantin (2).

Le fouriérisme, comme doctrine, vit sa propagande arrêtée par les événements de décembre 1851 et surtout par le départ de Considérant. Mais il eut le temps de produire son effet. Les journées de février lui permirent de s'affirmer à la Commission du Luxembourg et dans les autres commissions analogues qui s'étaient créées dans les départements. Le fouriérisme, interprété par ses principaux représentants, Considérant et Hippolyte Renaud, devint une doctrine républicaine et laïque. L'auteur de la *Démocratie pacifique* accentua son opposition au gouvernement, depuis la Monarchie de juillet jusqu'au 13 juin 1849, où il fut impliqué dans l'émeute (3). Il contribua, par son influence personnelle, à orienter dans la même direction les disciples de Fourier, auquel il succéda dans la direction de l'école. Hippolyte Renaud, également ancien élève de l'Ecole polytechnique, eut une grande action sur ses contemporains, par la publication de son petit livre : *La Solidarité*, où l'on trouve un résumé très clair de l'enseignement du maître. Cet ouvrage, paru pour la première fois

(1) Voir, sur le courant saint-simonien parmi les républicains sous l'Empire, la *Revue philosophique et religieuse*, t. I, p. 183-270. Dans l'article de Charles Lemonnier, à propos du livre de Guépin, on trouve des renseignements sur la propagande saint-simonienne sous la Restauration.

(2) Renseignements fournis par M. Deroisin.

(3) Voir, sur la part prise par lui à cet événement, le *Débat social* de Bruxelles, du 5 juillet 1849, cité par Mme Coignet dans sa brochure : *Victor Considérant*, 1895, p. 61.

en 1842, eut cinq éditions jusqu'à la fin de l'Empire ; en 1877, on dut procéder à la sixième édition de ce livre. Il s'efforça de dépouiller le fouriérisme de son caractère théologique (1).

Dans une lettre adressée à Renan en 1855, Considérant écrivait : « J'entends que la science, c'est-à-dire la volonté, reconnue par l'intelligence, dirigée par les méthodes scientifiques sévères qu'elle a créées pour se régler elle-même, devienne la seule loi supérieure et universelle (2). » Dans les départements, plus encore qu'à Paris, il y eut de petits centres fouriéristes, recrutés surtout parmi la petite bourgeoisie, qui vécurent paisiblement sous l'Empire. La tentative de Considérant au Texas avait réveillé de nombreuses sympathies ; son échec en arrêta la propagande active (3).

L'apostolat fouriériste n'en continua pas moins à Paris.

---

(1) V. notamment, le premier chapitre du livre cité : *De la raison et de la science*.

(2) Cité par Mme Coignet, *op. cit.*, p. 90.

(3) Voici un extrait relatif à cette tentative, des *Mémoires inédits* de M. Paul Milliet, dont le père devait faire partie de la future colonie :

« Il s'agissait d'aller fonder en Amérique, dans les terres fertiles du Texas, une colonie, où l'on tenterait de réaliser l'une des idées du maître.

« Cet essai d'une organisation sociale, basée sur une répartition plus équitable des richesses entre le capital, le talent et le travail savamment associés, devait plaire à l'imagination d'un poète qui avait soif de justice. J'accompagnai ma mère dans un voyage en France, et j'assistai à quelques réunions phalanstériennes. Elle y rencontra des amis tout remplis d'illusions sur la possibilité d'appliquer immédiatement et dans son ensemble le système de Fourier.

« Mon père partageait leur enthousiasme. Il rêvait de s'occuper au Texas de l'élevage des chevaux et d'organiser un haras. Fernand (le frère de l'auteur des Mémoires), s'exerçait déjà à lancer le lasso, pour prendre les chevaux sauvages. Cependant, mes parents, tout en s'inscrivant au nombre des actionnaires de la future colonie socialiste, eurent la sagesse, avant de fixer la date de leur départ, d'attendre un peu. Ils voulaient voir la tournure que prendrait cette tentative, dont les débuts étaient difficiles, mais pleins de promesses. » — V. aussi Mme Coignet, *op. cit.*, p. 80 et suiv.

Le *Journal du 10 décembre,* organe bonapartiste, annonça un jour avec fracas que l'impératrice Eugénie était une phalanstérienne déterminée, et qu'elle faisait une propagande active dans son entourage en faveur des idées de Fourier.

En province, on rencontrait également quelques fouriéristes qui ne liaient pas leur doctrine à la forme du gouvernement républicain (1). La grande majorité des adeptes resta pourtant attachée aux idées républicaines.

Vers la fin de l'Empire, la propagande phalanstérienne reprit une nouvelle vigueur, sans parler des manifestations isolées qui ne discontinuèrent pas. Autour de la *Morale indépendante,* se groupaient un certain nombre de fouriéristes de marque, comme Renouvier et Massol (2).

Mais la grande influence des doctrines phalanstériennes sur les républicains apparut surtout dans l'intention du mouvement coopératif, auquel les républicains avaient pris une part active. A ce point de vue, la propagande phalanstérienne se rencontra avec celle des anciens icariens, les adeptes de Cabet. La tentative de colonisation de l'auteur du *Voyage en Icarie* n'avait pas abouti à des résultats beaucoup plus décisifs que ceux obtenus par les disciples de Fourier. Pourtant, à l'occasion de ce projet, se fondèrent quelques associations chargées de recueillir des cotisations en vue d'une émigration ultérieure. Généralement, le gouvernement

(1) M. H. Monin m'a cité l'exemple de Juste Marion, à Besançon, groupant autour de lui un cercle de fouriéristes absolument indifférents à la forme du gouvernement.

(2) V. sur la propagande des fouriéristes sous l'Empire, quelques détails intéressants dans le dernier volume de Juliette Adam : *Mes premières armes,* dans la *Démocratie,* 1868, *passim,* de Chassin, qui tenta de provoquer une souscription en faveur d'une colonie phalanstérienne. Cantagrel engagea dans ce journal une vive polémique avec Alfred Naquet sur l'application immédiate du programme fouriériste. Les idées fouriéristes furent exposées par les orateurs des réunions publiques en 1868.

les tolérait, car les icariens étaient, pour la plupart, des gens pacifiques et dont le communisme n'était nullement militant (1). Mais il y eut aussi des poursuites, surtout au début de l'Empire, malgré les statuts de ces associations qui recommandaient d'obéir aux autorités et de ne pas fumer le tabac (2). En 1856, les affaires de la colonie du Cabet marchaient si mal et la situation de la famille du chef des icariens était si précaire, que H. Carnot et Guinard prirent l'initiative d'une souscription à Paris et à Londres (3). En 1863, Beluze, le gendre de Cabet, avait formulé le projet du « Crédit du Travail » dont l'exécution marqua une date importante dans l'histoire des associations coopératives (4).

**

Voilà quels furent les éléments qui contribuèrent à la formation du parti républicain pendant la première moitié du second Empire.

Voyons maintenant quelle fut leur action.

(1) M. Ranc m'a raconté sur ce point un détail suggestif dont il fut le témoin, en 1855. A Sainte-Pélagie, les détenus politiques avaient chacun à leur disposition une chaise. Les jours de visite, on était obligé, par la force des choses, de les mettre en communauté. Un seul avait tenu à marquer d'un signe distinctif sa chaise, c'était l'icarien.
(2) V. chapitre suivant.
(3) V. Beluze, *Célébration du premier anniversaire*, 1857, B. N. L., 27, 3319, 3320.
(4) Beluze, *Les associations*, conséquences du progrès 1863. L'auteur s'y prononce contre l'intervention de l'Etat en matière économique.

CHAPITRE VI

De l'opposition républicaine depuis le commencement de l'Empire jusqu'en 1859.

I. La politique de l'Empire autoritaire et son attitude envers les républicains.
II. L'opposition républicaine dans les groupements et les salons.
III. Les complots et les procès pour délit de société secrète.
IV. L'attentat d'Orsini et la loi de sûreté générale.

I

L'opposition républicaine à l'Empire s'était manifestée sous plusieurs aspects. Elle fut tout d'abord révolutionnaire. Les complots et les conspirations républicains du début de l'Empire étaient le prolongement de la résistance au coup d'Etat, qui ne discontinua pas, et se poursuivit avec plus ou moins d'efficacité jusqu'en 1859.

L'opposition parlementaire était venue s'y ajouter avec l'entrée en scène des cinq, aux élections générales et complémentaires de 1857 et 1858. En même temps, eut lieu un travail d'opposition plus calme, mais profond et efficace, d'ordre philosophique. Une génération républicaine, pleine de vigueur et de sève, se formait, dont le mot d'ordre était l'action et l'assaut au régime de l'Empire.

La ligne de conduite de ces différentes oppositions était déterminée par la politique de l'Empire, par l'oppression qu'elle faisait subir et par les idées dont l'administration de Louis Napoléon se réclamait.

La politique du début de l'Empire était l'accentuation constamment aggravée des mesures de répression qui marquèrent les journées de décembre 1851. Peu à peu les hésitations du commencement du règne disparurent; une politique de réaction très nette s'esquissa.

Louis Bonaparte semblait pencher d'abord pour une politique démocratique. On parlait de réaliser les réformes promises par la République et, notamment, la suppression de l'impôt sur les boissons et des octrois, et de créer un impôt sur les revenus qui pèserait sur les classes riches spécialement (1). Mais l'espoir de Bonaparte de faire accepter le coup d'Etat par les républicains ayant été déçu, il s'agissait, pour pouvoir gouverner, de s'assurer le concours d'une fraction du pays qui, contre certaines promesses, s'inclinerait devant le fait accompli.

Cette adhésion vint tout d'abord des hommes dont Montalembert s'était fait l'interprète. D'après le chef du parti catholique, seule la bourgeoisie devait souffrir des événements du 2 décembre, l'Empire naissant pouvant s'appuyer sur les masses ouvrières et l'aristocratie (2).

La contradiction de ces principes ne devait pas manquer d'éclater dans la suite. Entre le principe de l'autorité et le principe de la liberté, il fallait opter. La guerre d'Italie en démontra l'incompatibilité, plus tard. En attendant, se formait un parti nombreux, attaché au nouveau régime par le lien puissant des intérêts. Il y eut une ardente curée de places aussitôt après le plébiscite du 25 décembre. Chacun était

---

(1) V. *Journal de Genève*, correspondance de Paris du 18 décembre 1851.

(2) V. *la Bretagne*, 10 décembre.

fils, ou frère d'un soldat de la grande armée. Tous ces solliciteurs, sans se prononcer pour un principe, acceptaient aveuglément l'autorité du prince. La dictature issue du coup d'Etat évoluait définitivement vers le pouvoir personnel, vers un régime d'autorité avec toutes ses conséquences (1).

Il emprunta à tous les régimes précédents, ce qu'ils avaient d'autoritaire, et poussa au plus haut degré la concentration politique. Il fut tout d'abord violemment catholique. C'était le prix offert au clergé pour son approbation du coup d'Etat. Le gouvernement de Napoléon III y fut, comme toujours, poussé par ses propres fonctionnaires. « Y a-t-il quelque inconvénient à ce que les fonctionnaires paraissent officiellement à la procession de la fête-Dieu? » demande un jour le préfet de la Sarthe et il ajoute : « C'était l'usage sous Napoléon Ier (2). » Le préfet du Tarn-et-Garonne annonce qu'il a pris l'initiative de replacer sur son socle, toujours en suivant l'exemple de l'administration de Napoléon Ier, la croix qui avait été érigée, en 1809, sur le côté extérieur du portail de l'église Saint-Etienne (3). Ce ne sont que de petits faits, mais cette politique va se développer. Le préfet de la Nièvre, dans le même rapport où il déplore la persistance des idées démagogiques parmi les grâciés, signale les mesures prises par lui pour développer, dans son département, l'action religieuse. Pour suivre l'exemple « venant de si haut », il a invité les fonctionnaires à assister aux cérémonies du culte, et il constate que « leur présence volontaire... a produit le

(1) V. sur les hésitations du début, le *Journal de Genève*, des 16 et 18 décembre 1851.
(2) A. N., *id.*, Sarthe, 10. Rapport du préfet du 9 juin 1854.
(3) A. N. *ibid.*, Tarn-et-Garonne, III. Rapport du Préfet du 15 juillet 1852.

meilleur effet » et que « l'affluence considérable de la population en est la meilleure preuve (1). »

On ne s'arrêta pas là naturellement. En avril 1853, le préfet de la Moselle crut devoir dénoncer les agissements de la société de Saint-Vincent de Paul, qui, depuis 1850, se livrait à une active propagande. Son rapport de 1852 enregistrait de nombreux cas de conversion au catholicisme, dont quelques cas parmi les juifs; ses membres faisaient des cours et des visites dans les prisons militaires. L'association entendait pénétrer également dans les prisons civiles. Le ministre de l'intérieur, loin de partager les craintes de son subordonné, lui écrit : « Les circonstances, qui vous paraissent appeler le blâme du gouvernement, n'ont à mes yeux aucun caractère répréhensible. Elles n'indiquent pas, chez l'association charitable de la Moselle, des tendances contraires au gouvernement, à l'ordre public, à la morale ou aux lois.... Elle oppose un obstacle sérieux à la propagande révolutionnaire, au développement des associations démagogiques. Dans l'état actuel des esprits, ce sont les idées de désordre et leurs promoteurs qui doivent fixer votre attention (2). »

Bien différente était l'attitude du gouvernement lorsqu'il s'agissait d'arrêter la propagande protestante. Quand, dans le département de la Haute-Vienne, qui a été jusqu'en 1830 exclusivement catholique, se fut constitué, sous l'influence de l'abbé Chattel, un noyau de dissidents, au nombre de 1,400, à la suite de la propagande d'une société dite Évangélique, il se trouva que plusieurs instituteurs avaient abjuré le catholicisme pour embrasser le protestantisme. Après le coup d'Etat, ces instituteurs, par un jugement du Conseil acadé-

(1) A. N., id., Nièvre, 8. Rapport du 11 juillet 1853.
(2) A. N., id., Moselle, 15. Note du ministre de l'intérieur, avril 1853.

mique, furent suspendus jusqu'au moment où ils justifieraient de leur lien avec un culte reconnu. Comme il n'y avait pas de paroisse protestante dans le département, les dissidents demandèrent au préfet l'autorisation de se réunir, en vue de procéder aux élections ; elle leur fut refusée par le préfet dont l'avis, demandé par le ministère de l'Intérieur, était formulé en termes significatifs. Il croyait que « l'érection d'une paroisse protestante ne tournerait qu'au profit de l'irréligion et de l'esprit révolutionnaire, qui n'a pas cessé d'être le mobile des dissidents, » qu'elle « blesserait le clergé catholique, soutien constant et influent dans toutes les circonstances, etc. (1). »

Mais la protection accordée au catholicisme ne constituait pas une alliance formelle entre Napoléon III et la religion. C'était un marché fait avec des alliés. L'administration de l'Empire savait qu'il y avait dans le clergé des légitimistes hostiles au régime. Avec les instituteurs républicains, ils furent parfois les seuls opposants dans les villages.

Le préfet des Bouches-du-Rhône faisait connaître à l'administration l'existence d'un danger plus grave : la formation d'associations religieuses composées d'hommes et de femmes du peuple, dans un but plutôt politique que religieux, sous la direction des jésuites: « Sans doute, disait-il, les jésuites sont avant tout des jésuites et se servent de la clientèle légitimiste pour accroître leur influence » ; mais l'agitation provoquée par ces associations lui paraissait dangereuse.

(1) A. N., *id.*, Haute-Vienne, 10, Rapport du préfet du 27 janvier 1853 et note du ministre de l'intérieur du 3 février 1853. Le préfet marquait son état d'âme en ajoutant que « si cette grave question n'intéressait que le département de la Haute-Vienne, il n'aurait pas hésité à proposer de faire fermer les temples et de renvoyer tous les pasteurs et les agents de la société évangélique dans les vrais centres de la religion réformée. »

« Il n'y a pas de danger actuel et imminent, faisait-il remarquer, mais si le comte de Chambord débarquait, il y aurait tentative de soulèvement (1). » Le gouvernement ne l'ignorait pas, et, à l'occasion, usait de violence envers les évêques légitimistes, comme ce fut le cas de l'évêque de Luçon qui vit son palais envahi, et fut contraint de signer son abdication (2).

L'Empire commença également par emprunter aux orléanistes ce qu'il y avait de restrictif dans l'ancien système censitaire. Il aggrava les lois exceptionnelles de la Monarchie de Juillet. Il conserva en grande partie l'ancienne magistrature orléaniste, étrangère à la pratique du suffrage universel. Les fonctionnaires de l'Empire, en choisissant les candidats aux élections législatives et locales, agissaient comme si le cens de l'éligibilité était encore en vigueur. Un candidat ne pouvait être agréé que s'il jouissait d'une grosse fortune. Malgré ces emprunts au régime orléaniste, Louis Bonaparte ne sut aucun gré à la dynastie dont il avait recueilli le legs. Une fois son pouvoir consolidé, il s'empressa d'ordonner la confiscation des biens de la famille du prince d'Orléans.

Aux principes de la Révolution, le bonapartisme emprunta aussi ce qu'il y avait de plus restrictif pour la liberté individuelle et pour l'autonomie locale. On poussa au plus haut degré la centralisation politique. Le préfet du Calvados développa, à cet égard, une théorie qui reçut, sous l'Empire, une large application. Après avoir signalé le peu d'empressement de la masse des fonctionnaires de donner leur adhésion ferme au nouveau régime, il en donne l'explication en ces termes : « La masse des employés a servi tous les régimes sous l'égide à peu près des mêmes influences

---

(1) A. N., *id.*, Bouches-du-Rhône, 12. Rapport du 22 juillet 1853.
(2) Senior, *Conversations*, t. II, p. 75.

qui, pour leur bien, les ont groupés autour d'elles et souvent même choisis dans leur famille. Malgré leur hostilité contre le gouvernement, ils savent se servir de leurs clients pour faire croire à un crédit qu'ils n'ont pas. » C'était là, d'après le préfet, une cause de faiblesse de Louis-Philippe et l'explication de la banalité des dévouements de février 1848, car la République n'avait pas osé toucher au gros des fonctionnaires. « Je demande, continuait le préfet du Calvados, qu'on rende le préfet responsable de la direction de l'opinion politique... Il ne faudrait pas en excepter la magistrature... J'admets qu'on ne doive pas tenir un compte exclusif pour l'avancement des considérations politiques, mais je revendique hautement, pour le bien de l'Etat, ce principe capital de gouvernement, trop souvent peu pratiqué, qu'il faut que la loyauté... sous ce rapport soit une condition *sine qua non* de la confiance et des faveurs de l'Etat (1). » Cette politique fut appliquée à la lettre. Les anciennes erreurs ne devaient plus être commises. Pendant toute l'année 1852, les rapports désignent des fonctionnaires proposés pour être révoqués : les uns pour ne pas avoir assisté au service religieux célébré le 5 avril 1852 (2) ; les autres, pour ne pas avoir donné un appui efficace à l'Empire (3). A Troyes, le préfet demandait la révocation du receveur général du département, du recteur de l'Académie, de l'ingénieur en chef des ponts et chaussées et du maire de la ville. A Brest, le sous-préfet dénonçait les tendances orléanistes des officiers et du préfet maritime (4).

(1) A. N., *id.* Rapport du 1ᵉʳ juillet 1852.
(2) A. N., id., Tarn-et-Gar., 7. Rapport du préfet du 18 août 1852.
(3) *Id.*, Aube, 4. Rapport du préfet du 27 juillet 1852.
(4) A. N., *id.*, Finistère, 3. Rapport du sous-préfet du 9 novembre 1852. Plusieurs fonctionnaires légitimistes offrirent leur démission spontanément. *Id.* Rapport du préfet du 9 décembre 1852.

Dans le département des Basses-Alpes, le préfet reprochait aux fonctionnaires d'obéir à l'impulsion de leur chef « sans chaleur et sans conviction ». Il exprimait des doutes sur leur dévouement « en cas de crises ». Il se plaignait particulièrement des employés des ponts et chaussées qui formaient un corps difficilement accessible aux efforts de l'autorité.

Quelques révocations pouvaient pourtant avoir raison de leur résistance. Mais l'inamovibilité, qui protégeait les juges, semblait devoir embarrasser davantage l'administration. Il n'en fut rien ; le président du tribunal de Barcelonnette, Collomb, ayant donné des preuves d'une indépendance fâcheuse, on s'était servi de la commission mixte pour l'expulser du département (1). A Toulouse, le préfet ayant eu à lutter contre un parti orléaniste, demanda la révocation du général Revin à qui il reprochait de ne pas savoir « prendre la plus légère mesure pour imprimer l'élan napoléonien à ses troupes », et qui paraissait subir l'influence du premier président, Piou, dont le salon fut le centre de l'opposition (2).

Pour faciliter la surveillance politique des préfets sur leurs administrés, deux décrets les chargèrent de nombreuses attributions, autrefois dévolues au gouvernement, mais qui, en fait, étaient exercées par les autorités locales, ou en tout cas après leur avis. L'administration impériale ne se tenait pas pour satisfaite. Plus d'un préfet et d'un sous-préfet ne comprenaient plus l'utilité des élections locales, et un très grand nombre d'entre eux demandaient avec insistance « l'absorption par le gouvernement des élections » aux Conseils général et municipal. Ils en avaient déjà assez des élections législatives. L'intervention des électeurs ne pouvait que les gê-

(1) A. N., *id.*, B.-Alpes, 8. Rapports du 30 septembre, 20 juillet et 25 mars 1852.
(2) A. N., *id.*, Tarn-et-Gar., 14. Rapport du 4 septembre 1852.

ner (1). On n'osait pas encore toucher au suffrage universel, car il constituait la seule apparence légale du régime dont le trait essentiel était le pouvoir personnel, l'autoritarisme, et qui constituait tout le programme de la première moitié du second Empire.

Le bonapartisme se présentait sans idéal positif. Il ne répondait même pas à un réveil d'esprit chauvin ou militaire. L'application de la nouvelle loi relative à la réorganisation de l'armée le démontra. Le nombre de ceux qui se faisaient remplacer ne faisait qu'augmenter; les appels faits aux engagements furent de plus en plus importants. De 16 % en 1856 et en 1857 la proportion d'exonérés s'était élevée à 18 % en 1858 et à 27 1/2 % en 1859. Sur 140.000 individus appelés pendant cette dernière année, 38.328 au moins furent exonérés (2).

La censure veillait, en outre, à ce que la littérature, par des évocations ou allusions, ne contribuât pas à réveiller l'instinct révolutionnaire, le besoin d'activité dans le domaine des idées. Les directeurs des théâtres n'avaient pas le droit de faire chanter la *Marseillaise* dans leur établissement. Un opéra où, au cours d'une scène, quelques personnages crient « aux armes » éveille de vives inquiétudes. La pièce d'Alfred de Musset, *Lorenzaccio*, est considérée comme très dangereuse, car « les débauches et les cruautés du jeune duc de Florence, Alexandre Médicis, la discussion du droit d'assassiner un souverain dont les crimes et les iniquités crient vengeance... paraissent un spectacle dangereux à présenter au public. » Un drame relatif à la révolution ne peut être représenté qu'à la condition qu'il contienne un tableau final représentant Napoléon Ier distribuant les aigles au Champ-de-Mars.

(1) A. N., *id.*, Côte-d'Or, 9. Rapport du 4 janvier 1853.
(2) *Dix ans d'impérialisme*, 1869. Ouvrage traduit de l'anglais, p. 91.

En dehors de la dynastie de Bonaparte, toute l'histoire de France n'existait pas (1).

A la faveur de la renaissance de la légende napoléonienne, la Bourse se livrait à des spéculations effrénées. Un auteur étranger qui étudiait la France à cette époque, disait : « Comme autrefois le petit capitaliste français travaillait pour assurer ses rentes et son repos, de même aujourd'hui, il travaille doublement pour être en état d'essayer sa chance au jeu de la Bourse (2). »

Paris changeait à vue d'œil. Les nombreuses et larges voies ouvertes constituaient des lignes stratégiques, permettant d'agir avec de grands corps de troupes et des canons. Un certain nombre de casernes et d'autres édifices furent construits dans toutes les directions, formant autant de points pour permettre la concentration des forces militaires dans des positions défensives. Un corps d'armée de trois divisions, appelé « armée de Paris », était renforcé par une garde impériale qui constituait un corps d'armée complet. C'était une armée destinée à menacer les républicains. Le maintien de l'ordre, la lutte contre l'anarchie, c'était le véritable programme du début de l'Empire.

(1). *Papiers et correspondance de la famille impériale* 1871, t. I, p. 341-351.

(2) *Dix ans d'impérialisme*, p. 178. Le même auteur fait encore cette remarque exacte :

« Tous les petits capitaux qui étaient restés inactifs sont maintenant lancés dans la circulation, et c'est principalement cette source qui alimente les entreprises françaises. Tandis qu'en Angleterre, la moyenne des actions est de 2.500 francs, en France cette moyenne est de 500 francs, et même les actions de 1.000 francs sont très rares. Par ce moyen, on fournit au possesseur des plus petites épargnes l'occasion de s'intéresser aux spéculations. C'est le système d'association pour tout le monde, et il a été poussé à sa dernière limite dans les emprunts du gouvernement, où les coupures des rentes les plus basses ont été fixées à dix francs. Comme conséquence, nulle part, probablement, la multitude qui assiège la Bourse n'est plus grande qu'en France. »

Nous avons vu par quels moyens furent écrasés les groupements républicains après le coup d'Etat. On continua à s'en servir après le rétablissement de l'Empire, tout en accentuant la politique anti-républicaine. On faisait effacer sur les édifices publics les mots : liberté, égalité, fraternité, en accompagnant la circulaire qui ordonnait cette mesure du commentaire suivant : « Comme on ne les a vus paraître qu'à des époques de troubles et de guerres civiles, leur inscription grossière sur nos édifices publics attriste et inquiète les passants. » On dut retirer et effacer, sur l'ordre du préfet de police, les triangles égalitaires qui décoraient les devantures de plusieurs maisons. Un républicain fut condamné à six mois de prison pour avoir colporté un porte-monnaie sur lequel se trouvaient les portraits de Kossuth et Ledru-Rollin (1).

La police poursuivit des individus pour avoir commandé à un ouvrier des verres de table sur lesquels on devait graver l'effigie de la République coiffée d'un bonnet phrygien (2). Un républicain, relaxé sans condition, avait été mis pour cinq ans sous la surveillance de la police pour s'être montré avec une cravate rouge (3).

Les droits de réunion et d'association n'existaient pas pour les républicains, ou plutôt ils existaient à rebours: on les impliquait dans des poursuites pour société secrète afin de tenir suspendue sur leur tête la menace d'une transportation en Algérie (4).

---

(1) Albiot, *op. cit.*, p. 63 et 64.
(2) A. N., *id.*, Côte-d'Or, 9. Rapport du 15 octobre 1852.
(3) A. N., *id.*, S.-et-Loire, 8. Rapport du sous-préfet de Charolles, du 25 février 1852.
(4) A. M. J., 9 septembre 1854, sans cote. Ministre de l'Intérieur à M. le Ministre de la police.
« Le 31 août dernier, vous avez bien voulu attirer mon attention sur

De simples réunions dans des cabarets furent poursuivies, des cabarets fermés en masse sous l'unique prétexte que des hommes connus par des idées démocratiques s'y rencontraient (1). Les sociétés de secours, sociétés d'assistance mutuelle des ouvriers, caisses des secours mutuels qui survécurent au coup d'Etat, furent dissoutes, et, en cas de refus de dissolution, poursuivies comme sociétés secrètes (2). L'Empire admettait les réformes ouvrières, à condition qu'elles émanassent de l'initiative seule de l'autorité supérieure. Tandis que les sociétés de secours qui comprenaient des démocrates furent traquées, celles qui acceptaient le patronage de l'autorité furent encouragées. Il était même permis d'être socialiste, mais à condition qu'on fût avant tout bonapartiste(3). Les républicains ne pouvaient même pas, dans leurs conversations, dans leurs salons, se livrer impunément à des confidences réciproques (4).

les sieurs.... qui ont été condamnés pour affiliation à une société secrète et à l'égard desquels le préfet d'Indre-et-Loire m'a proposé de prescrire, par mesure de haute police, la transportation dans une colonie pénitentiaire. »

Voici la réponse du ministre de l'Intérieur :

« Je me borne à inviter le fonctionnaire à mander devant lui les individus dont il s'agit : il est à présumer qu'étant sous le coup d'une mesure d'un telle gravité, ces condamnés resteront désormais étrangers à toute agitation politique. Prévoyant le cas où ils donneraient lieu par leur conduite à quelque plainte grave, j'autorise M. le Préfet à me soumettre de nouveau des propositions tendant à ordonner la transportation de ces individus. »

(1) A. N., *id.*, Isère, 9. Rapport du préfet du 30 juin 1852. V. aussi Albiot, *op. cit.*, p. 59. qui donne le texte d'un arrêté du préfet de la Haute-Vienne.

(2) Albiot, *op. cit.*, p. 59.

(3) Dans son rapport du 3 mai 1853, le préfet de Metz raconte les détails d'une réunion annuelle d'une société de secours mutuels de Metz. Dans la matinée, elle fut précédée d'une messe solennelle à laquelle assistèrent presque tous les membres de l'association. A. N., *id.*, Moselle, 15.

(4) Senior, *op. cit.*, t. II, p. 158.

L'espionnage s'exerçait partout. Arsène Houssaye fit afficher, dans le foyer de la Comédie française, un avis par lequel il invitait formellement les personnes admises au foyer à se priver dorénavant de toutes conversations qui auraient trait aux affaires du gouvernement (1). Une véritable terreur régnait sur les républicains qui furent plus ou moins compris dans les événements. La grâce dont ils bénéficiaient ne leur offrait qu'une situation précaire. Soumis à de nombreuses formalités, arrêtés préventivement à la veille d'une visite officielle, ils rompaient parfois le ban et se faisaient arrêter à l'effet de se faire transporter, ce qui leur permettait d'échapper à l'angoisse de tous les jours (2). D'autres, obligés de résider dans les villes qui leur furent désignées, trouvaient difficilement à gagner leur existence, et, par dessus tout, les habitudes d'une administration autoritaire qui craignait la moindre responsabilité repoussaient toute tentative d'adoucissement du système. Une grâce accordée effrayait le sous-préfet, car il lui répugnait de disputer par des voies légales l'influence que pourrait acquérir un démocrate, et il préférait agir en ayant recours à la dictature locale. L'action de l'administration était dans ces conditions des plus simples. S'agissait-il d'une élection dont le préfet ou le sous-préfet ignorait l'issue ? s'il se trouvait en présence d'un républicain gracié, il le faisait arrêter. Se heurtait-il à une organisation, si rudimentaire fût-elle ? il ordonnait des poursuites pour société secrète. Une grève éclatait, marquant ainsi la complexité des rapports économiques ; on arrêtait les grévistes. Des crimes de droit commun s'accomplissaient, la faute en était à l'esprit d'irréligion. Avec tout cela, on par-

(1) V. Albiot, *op. cit.*, p. 63.
(2) A. M. J., 8167. Rapport du procureur de la Cour d'appel de Paris du 25 février 1852.

lait constamment des menées démagogiques, de la nécessité d'exercer une surveillance incessante. L'inertie, la routine, la mauvaise foi faisaient que du haut en bas s'établissait une chaîne invisible qui unissait toute l'administration au maintien d'un système de compression dont la rigueur légale n'épuisait pas la sévérité et l'arbitraire. C'était contre ce bloc de réaction et de routine, s'appuyant sur une dictature légale, qu'avaient à lutter les républicains.

II

La réorganisation et les premières manifestations des groupements républicains s'imposaient par les circonstances mêmes. Il fallait venir en aide, et d'une façon urgente, aux proscrits, à leurs familles restées en France.

Michel Goudchaux, banquier et ancien ministre des finances de la République, en fut chargé. Il était difficile d'organiser l'œuvre régulièrement, d'établir des relations suivies avec les quartiers et les arrondissements. Les moindres mouvements étaient surveillés. Goudchaux passait pour le « caissier de la conspiration », et, à propos d'un procès, fut l'objet d'une perquisition, cité comme témoin, presque comme inculpé devant la cour d'assises. Secondé, à peine, par Jules Simon, secrétaire de l'œuvre, Deroisin, délégué pour un arrondissement et par quelques ouvriers, il eut à assurer presque seul le poids de cette tâche. Dans une série de lettres, écrites à Victor Schœlcher, il montrait son état d'âme, les difficultés du milieu avec lesquelles il avait à lutter (1).

Le 5 août 1852, il écrivait à son correspondant de Londres :

(1) Ces *Lettres inédites* nous ont été communiquées par Mme Lévylier, fille de M. Goudchaux.

Mon cher et ancien Collègue,

..... Je vous remets de nouveau ci-inclus une traite de L. 31.
..... Veuillez m'en accuser réception de suite et directement par la poste; veuillez aussi bien dater votre lettre et énoncer complètement la somme du mandat ; je me suis chargé d'une mission délicate et je me mets en situation de rendre en temps et lieu des comptes bien appuyés de pièces justificatives ; c'est ce qui explique les recommandations que je vous fais. Le 20 courant, je vous ferai un pareil envoi. Je fais aussi deux envois réguliers de 500 francs chacun par mois à Bruxelles ; à Paris, les sommes dépensées par mois s'élèvent plus haut ; près de 300 personnes, femmes, mères, sœurs ou enfants de proscrits, etc., reçoivent des secours régulièrement tous les quinze jours, puis le chapitre des imprévus, qui s'élève très haut.

Je n'ai qu'à me louer des sympathies que rencontre notre œuvre, et les dons mensuels, même lorsqu'ils sont provoqués et cherchés chaque mois à domicile, ne font pas défaut ; mais je suis presque seul à les provoquer et encaisser à domicile ; je ne m'arrêterai que lorsque mes forces physiques me manqueront, je ne tiens aucun compte des intimidations qui pleuvent sur moi.

M. Goudchaux, 86, rue Saint-Lazare.

Le 15 août 1852, il adresse à son correspondant une autre lettre, plus circonstanciée :

Je commence par la somme de 10.000 francs que vous demandez ; quoique je ne sois pas aussi convaincu que vous du bien (1) que vous pourriez faire avec cette somme, j'ai bien cherché à vous la réunir, mais en vain et vous ne devez pas vous en étonner :

1° Vous savez qu'en tout temps notre parti a été pauvre ;
2° Vous savez bien mieux encore que le plus grand nombre et les plus généreux et les plus dévoués sont hors de France ;
3° Que le petit nombre qui reste est en ce moment disséminé et qu'il n'y a personne à Paris, y compris Viardot qui est parti depuis longtemps et reviendra je ne sais quand et habite je ne sais où ;
4° Parce que le petit nombre resté à Paris a eu de très gros sacrifices à faire et tout à fait en désaccord avec de minces ressources ;
5° C'est que (vous m'obligez à le dire malgré moi), il n'y a ni comité, ni quoi que ce soit, ni personne qui s'occupe ici chaudement des proscrits que moi, et que je ne suffis pas à la tâche ; loin de pouvoir en entreprendre une nouvelle qui, d'ailleurs, tentée même par un autre,

---

(1) Il s'agissait de l'organisation d'une *Sociale* qui aurait permis aux proscrits d se nourrir en commun.

nuirait considérablement à la souscription mensuelle à laquelle j'attache la plus grande importance, parce qu'au moins c'est un morceau de pain assuré ; je pense qu'à cet endroit vous êtes de mon avis ; vos lettres, d'ailleurs, me le prouvent ; croyez donc, mon cher ami, qu'il y a impossibilité de ma part pour cet objet et veuillez bien le dire à M. Victor Collin dont je connais tout le dévouement.

Maintenant je vais vous parler de notre souscription, vous jugerez s'il y a moyen de faire plus que je fais pour Londres. Dans l'origine, j'avais vu des amis de tous les arrondissements, de tous les quartiers même et l'on m'avait promis monts et merveilles ; soit défaut de zèle, soit impuissance, on n'a pas tenu ; cependant différents du 10ᵉ, du 7ᵉ, du 6ᵉ, m'avaient fait des promesses mensuelles s'élevant ensemble environ par mois à.. 1.100 »

Pendant ce temps, moi personnellement, j'avais obtenu des promesses mensuelles (depuis 1 fr. par mois) mais promesses sérieuses, solides, s'élevant à environ à....................... 2.335 »

Par mois................ 3.435 »

Telle était la situation de la souscription, au 7 juillet, lors de mon départ pour les eaux...... et cependant je faisais ce qui suit :
Distribution régulière à Paris, par mois.................... 1.200 »
(*Bien entendu aux familles des proscrits*).
J'ai élevé vos envois mensuels antérieurement de 1.200 à.. 1.600 »
A Bruxelles, comme par le passé........................... 1.000 »
Secours extraordinaires à des femmes ou enfants rejoignant leurs maris en Afrique et termes de loyers à des familles de proscrits... 400 »

A l'époque du 6 juillet, par mois.......... 4.200 »

J'ai abrégé mon absence le plus possible et j'étais de retour à Paris le 29 juillet au soir, très fatigué et trouvant mes deux filles dangereusement malades. Néanmoins, après avoir passé deux jours chez moi à mettre les écritures de la souscription en règle et m'être assuré qu'en mon absence rien n'avait été fait, j'ai, quoique très souffrant et très préoccupé de l'état de santé de mes deux enfants, recommencé mes courses le premier août.

Les courses, cela veut dire de 40 à 45 personnes à aller voir par jour, soit pour demander le ou les mois échus qu'il faut que j'aille chercher à domicile parce qu'on ne les apporte pas, soit pour obtenir de nouvelles promesses mensuelles ; quand, sur 45 personnes, j'en trouve 15, je suis très satisfait ; je dois vous dire qu'à mon âge (près de 56 ans), avec ma constitution et mon infirmité (maladie au cœur), il me serait impossible de faire le métier à pied, non pour un jour, car je le fais depuis trois mois, et je le ferai tant que l'exil durera si ma santé me le permet, mais je le fais en voiture, à mes frais bien entendu.

MANIFESTATIONS ET GROUPEMENTS.

Eh bien, donc, en quinze jours, sur 5 à 600 personnes que j'ai été voir, j'en ai trouvé près de 300, dont 200 anciens qui m'ont payé les mois échus (il reste encore redû par absence), j'ai fait 91 nouveaux souscripteurs de fr. 1 à 25 par mois .... 1.120 »
et j'ai touché plusieurs dons ou réclamé.

Voici ma situation à ce jour. Les promesses mensuelles
s'élèvent à .... 4.550 »
Mais malheureusement les groupes que j'ai portés d'autre
part à 1.100 francs nous donneront une perte d'au moins.... 550 »

Ce qui réduit notre souscription mensuelle à............... 4.000 »

D'autre part, les mères, femmes, sœurs et enfants des proscrits résidant à Paris, auxquels nous distribuons des secours réguliers par quinzaine, s'élèvent en ce moment à 306 (et le nombre tendant toujours à augmenter). Comme nous voulons leur donner 6 fr. par mois (20 centimes par jour, on ne saurait donner moins), il nous faut pour cet
objet au moins par mois .... 1.836 »
Londres .... 1.600 »
Bruxelles .... 1.000 »
Imprévu .... 464 »

        Par mois .... 4.600 »

Vous voyez donc, mon cher Schœlcher, que nous sommes loin d'avoir seulement ce qu'il nous faut pour continuer ce que nous faisons. Néanmoins, je ne néglige rien pour me procurer de nouvelles souscriptions et de nouveaux dons, et dès que j'entreverrai la possibilité d'augmenter le mensuel, je le ferai, soyez-en sûr, mon cher Schœlcher, car mon cœur saigne toutes les misères que vous avez sous les yeux et que je vois parfaitement d'ici ; ce sur quoi vous pouvez compter, — et c'est quelque chose, — c'est l'exactitude de mes envois : ce sont pour moi des échéances de banque ; ainsi donc, tous les 6 et 20 jours je vous ferai l'envoi de quinzaine, et la veille si le 6 ou le 20 est un samedi, parce que ce jour là, il n'y a pas de courrier pour Londres ; je le ferai ainsi tant que durera la souscription ; pour cela, il faut qu'il me reste assez de force pour effectuer moi-même les rentrées (379 par mois) et 80 à 90 étages à monter par jour avec des palpitations qui m'empêchent de respirer lorsque j'arrive aux étages supérieurs. Mon cher Schœlcher, je fais bien peu de chose, j'en conviens, mais je fais tout ce qu'il m'est humainement possible de faire. Je vous écris toutes ces choses contre mon gré et contre mes habitudes, afin de me justifier à vos yeux et de vous faire connaître la situation vraie ; encore ai-je dû, et vous le comprendrez, passer bien des choses sous silence. Quoi qu'il en soit, ma lettre est une œuvre d'immodestie, je compte donc qu'après m'avoir contraint de vous l'écrire, vous voudrez bien la brûler dès que vous l'aurez lue. Je vous quitte à la hâte.

De nouvelles difficultés surviennent alors. Les manifestes révolutionnaires qui arrivent à Paris produisent, dans la bourgeoisie aisée qui alimente les subventions, un sentiment d'angoisse, et Goudchaux écrit à Schœlcher :

> Bruxelles m'a donné de l'ennui, et, de vous à moi, une circulaire qu'ils ont répandue à Paris avec profusion a fait bien mauvais effet (1).

Mais grâce à son dévouement, l'œuvre se développe malgré la crise passagère des mois de septembre et d'octobre où la capitale se vide (2). Profitant de son voyage au Havre, où se trouvait sa famille, Goudchaux profite de l'occasion pour recueillir de nouvelles souscriptions. Malgré l'énormité de la dépense, il songe à étendre son action à Jersey, mais la lettre qu'il y adresse est interceptée. Le 5 octobre 1852, il écrit à Schœlcher :

> J'ai à vous remettre.... dont veuillez m'accuser réception ensuite par la poste à mon adresse, sans y joindre d'autres lettres ; j'ai mes raisons pour vous faire ces recommandations ; je fais tout ce que je crois sage pour éviter d'être arrêté dans mon œuvre. Ce que l'on me dit de la misère qui règne à Londres, parmi les proscrits, et ce que vous m'écrivez vous-même, ne me permet pas de vous autoriser à rien prélever sur mes envois pour votre *Sociale* ; je trouve, au contraire, mes envois trop faibles et je ferai tout ce que je pourrai pour les maintenir au chiffre mensuel de 2.000 fr... Je suis bien étonné de n'avoir pas de réponse de Jersey. Ce que j'enverrai à Jersey ne diminuera pas les envois que je vous fais...

Le 5 octobre 1852, il a une bonne nouvelle à annoncer.

> Mon cher et bon Schœlcher,
>
> Une lettre toute fraternelle d'Etienne Arago me permet de réduire mes envois à Bruxelles à fr. 1.000 par mois, et, par conséquent, me permet de porter ceux de Londres à fr. 2.000 par mois.

---

(1) Lettre, en date du 5 septembre 1852.
(2) Distribution régulière à Paris, 350 têtes au moins, 2.000 fr. ; à Londres, par mois, 1.800 fr. ; à Bruxelles, 1.200 fr., femmes rejoignant leurs maris, 600 fr. Même lettre.

Le 14 mai 1853, Goudchaux écrivait à Schœlcher une lettre des plus encourageantes : « Notre œuvre se maintient et progresse... nous faisons face à Londres à toutes les misères, il en est de même ailleurs, nos dépenses mensuelles varient de 11 à 12.000 fr., et Paris seul y fait face. »

Après les premiers moments de terreur, les républicains de Paris reconstituaient leurs cadres, et l'œuvre de secours s'en ressentait. Fait plus caractéristique, plus d'un adversaire politique offrait son obole : des fonctionnaires, qui ne se sentaient pas à l'abri d'un nouveau changement de règne, figuraient parmi les souscripteurs, et Goudchaux avait à repousser les offres de l'administration préfectorale qui croyait probablement possible d'obtenir à prix d'argent l'apaisement des haines (1).

Contrairement à ce que croyait Goudchaux, Paris n'était pas seul à organiser une œuvre de secours. Nous avons déjà vu les ouvriers de l'association de porcelainiers à Limoges se cotiser pour l'envoi de secours à ses anciens membres. Le 26 décembre 1852, le préfet du Rhône dénonçait la formation d'une société secrète qui n'était autre chose qu'une société de secours, pour faire des quêtes en faveur des réfugiés. Lyon fut divisé en cantons, et dans chaque canton il y eut un nombre illimité de groupes. Chaque groupe fut composé de six individus, payant chacun une cotisation de cinq centimes par semaine. Les chefs de groupe d'un canton formaient la

(1) V. dans le *Siècle* du 1ᵉʳ janvier 1863, un article nécrologique de Havin sur Goudchaux, et renseignements fournis par Mᵐᵉ Lévylier. Goudchaux avait fait brûler la liste des souscripteurs avant sa mort pour ne pas compromettre les personnes qui y figuraient. La liste avait failli tomber entre les mains de la police au cours d'une perquisition faite chez l'ancien ministre des finances. Le danger put être évité grâce au sang-froid de sa femme qui avait trouvé le moyen de dissimuler sur elle les précieux documents.

commission centrale du canton, ayant un représentant dont la réunion constituait la commission supérieure (1). Toutes ces organisations, qui n'avaient qu'un but de bienfaisance, permettaient aux républicains de se voir et de se concerter au besoin.

D'autres moyens de réunion s'établirent rapidement. La vie publique s'étant fermée à l'activité, des salons et des cercles se formèrent qui n'échappaient pas toujours à la surveillance de la police, mais qui n'en offraient pas moins un moyen de discuter et d'échanger des idées. A partir de 1854, commencèrent à se fonder les petits journaux qui, sans lecteurs, n'étaient au fond qu'un prétexte pour des rencontres.

L'opposition des salons avait préoccupé le gouvernement. Elle était vive à Paris et dans les départements où il y avait une vieille aristocratie légitimiste. Elle inquiétait d'autant plus qu'on ne pouvait pas s'y introduire aussi facilement que dans une société secrète, et qu'elle se dérobait ainsi à l'action de la police. A Paris, il y eut des réunions dans les salons de H. Carnot, de Garnier-Pagès, de Hérold (2), de Laurent Pichat et de Mme d'Agoult. Ce dernier était parmi les plus fréquentés. On y rencontrait les proscrits italiens et hongrois à côté des républicains français; H. Carnot, Em. Ollivier, Chaudey, Renan, Berthelot, Laurent Pichat, Littré y côtoyaient Mazzini et Manin. La rédaction de la *Revue de Paris* s'y donnait rendez-vous. Daniel Stern, occupé à écrire sa *Révolution de 1848*, faisait appel aux anciens militants qui restaient à Paris. Dans ce salon, comme dans les autres, se perpétuait la tradition de la Révolution, se renouvelait le souvenir des journées passées. Là débutaient des

(1) A. N., *id.*, Rhône, 5.
(2) Sur le salon de Mme Herold, Berthelot, J.-J. Clamageran. *Études politiques*, p. 1904, XIX.

hommes comme Prévost-Paradol, là se maintenait le courant de l'opposition (1).

Dans tous ces salons, on faisait de la politique intellectuelle. Dans les départements, les salons légitimistes s'amusaient à faire de la politique militante en suspendant les réceptions, ce qui produisait des effets fâcheux sur le commerce local. Elle se traduisait surtout, comme le disait le préfet de l'Isère, par « des conversations déplorables ». Mais il s'y faisait en même temps une opposition intellectuelle des plus vives. Le salon de Laurent Pichat réunissait les éléments de la future rédaction de la *Réforme littéraire*, où l'on n'était pas fâché de conspirer à l'occasion (2).

A Paris, notamment, il y eut des réunions plus mouvementées. Celles qui se tenaient dans l'atelier du peintre Delestre étaient aussi animées qu'instructives. On y assistait à des réunions où le défenseur de la doctrine jacobine, Ribert, défendait ses idées contre Frantz Jourdan, qui, promoteur d'un formidable mouvement d'insurrection dans les Basses-Alpes, plaidait pourtant la cause de la thèse libérale. Sa merveilleuse éloquence exerça une influence décisive sur plus d'un esprit (3). Comme, au milieu de cette jeunesse

(1) Prévost-Paradol commença par être le secrétaire de M⁽ᵐᵉ⁾ d'Agoult à laquelle il fut recommandé par J. Simon. Dans une lettre qu'il adressait d'Aix à M⁽ᵐᵉ⁾ la marquise de Charnacé, fille de l'auteur de la *Révolution de 1848*, il décrivait, dans ces termes, le salon de M⁽ᵐᵉ⁾ d'Agoult : « N'a-t-elle pas d'ailleurs un royaume, un des plus charmants et des plus civilisés ; au nord et au sud des divans, des tableaux ; des tapisseries leur font des douces frontières. Un peuple délicat et cultivé, vraiment digne du suffrage universel, y admire sa souveraine. » Lettre inédite du 1ᵉʳ décembre 1856, communiquée par la marquise de Charnacé.

(2) Renseignements fournis par M. Henri Lefort, secrétaire de la *Réforme littéraire*.

(3) Renseignements fournis par M. Deroisin et M. Henri Lefort qui réunissait aussi des jeunes gens chez lui rue de l'Ouest. M. Georges

bouillonnante, on ne croyait pas à la solidité de l'Empire, on y étudiait les réformes à appliquer dans le cas où l'Empire viendrait à être renversé (1). C'est au cours d'une de ses séances que Vacherot avait laissé tomber ces paroles : « Nous n'avons pas à faire des cartouches philosophiques, nous avons à apprendre à faire des cartouches (2). »

Pour avoir assisté à une de ces réunions, où les ainés et les jeunes se rencontraient, Bastide faillit être impliqué dans les procès de l'Hippodrome et de l'Opéra Comique. On se réunissait pour s'instruire ; parfois on se consultait pour agir. On y discutait la question de la séparation de l'Eglise et de l'Etat, mais on songeait aussi à trouver le moyen de se débarrasser le plus vite de l'Empire. L'anniversaire des journées de février était une excellente occasion de se rencontrer et d'échanger des souvenirs de cette révolution qui était encore présente à tous les esprits. Crépit offrait ses appartements rue d'Argenteuil pour ces anniversaires. Afin d'échapper à toute indiscrétion, il fut décidé que le service serait fait par les convives eux-mêmes. En vue de graver plus profondément dans les esprits le souvenir de la République, on eut l'idée de s'adresser aux auteurs du drame vécu pour les prier de raconter les événements auxquels ils furent mêlés. Le général Miloslawski et Manin étaient naturellement désignés pour cette tâche. Mais les manifestations actives parties du domicile de Rogeard, les procès qui se déroulèrent en 1852 et 1854, rendirent difficile l'exécution de ce programme (3).

Clémenceau, qui assistait aux réunions de Delestre, m'a dit avoir subi, dans une très grande mesure, l'influence intellectuelle de Jourdan, dont d'ailleurs il se réclame dans quelques-uns de ses écrits.

(1) De pareilles réunions avaient eu lieu chez Ribert. Renseignements fournis par M. Henri Lefort.

(2) Renseignements fournis par MM. Henri Lefort et Narcisse Leven.

(3) Renseignements fournis par M. Henri Lefort.

Parmi les foyers de la propagande démocratique à Paris, il faut rappeler les institutions libres laïques comme les pensions Masson, Favart et surtout le collège Sainte-Barbe, qui offrait un abri aux professeurs républicains obligés de démissionner pour avoir refusé de prêter serment à l'Empire.

Parmi eux, figuraient, en dehors de Jules Simon et de Michelet, Vacherot, Barni, Eugène Despois, Assolant, Frédéric Morin, Boutteville (1).

Dans ces institutions, sans faire de la politique militante ouvertement, on saisissait les moindres occasions pour faire des allusions désobligeantes à l'Empire et montrer l'étroitesse d'esprit du gouvernement. Les vers de Victor Hugo y jouissaient d'une grande faveur. On y constatait la suppression de la strophe du *Lézard* dans le *Colisée* de Lamartine, opérée dans les *Lectures pour tous du Poète* (2).

On y faisait remarquer que l'*Idole* d'Auguste Barbier avait disparu des morceaux choisis de Marcel (3).

(1) Dans une lettre écrite à J.-J. Weiss, Assolant peignait ainsi l'état d'âme des professeurs ayant refusé le serment : « As-tu déjà lu la tragédie *Jules César*, de Shakespeare, et te souviens-tu qu'à la fin du drame, Antoine, devant le corps de Brutus, s'écrie : La nature pourrait se lever hardiment et dire : C'était là un homme.... »
Parmi tant de misérables à qui quelques pièces d'or ou de gloire font plier les genoux, peut-être sera-t-il bon que quelques hommes se lèvent et protestent au nom de l'antique vertu de nos pères... » Lettre d'Assolant à J.-J. Weiss, du 2 novembre 1852.

(2) La voici :
  J'y voyais les crimes de Rome
  Et l'Empire à l'encan vendu ;
  Et pour élever un seul homme
  L'Univers si bas descendu.

(3) Notamment la strophe suivante :

  (*Derniers vers*)

Eh bien, dans tous ces jours d'abaissement, de peine
  Pour tous ces outrages sans nom,
Je n'ai jamais chargé qu'un être de ma haine,
  Sois maudit, ô Napoléon.

Pendant les vacances, les professeurs se rendaient à l'étranger pour retrouver les grands exilés et de là emportaient de nouvelles impressions qu'ils communiquaient à leurs élèves venant les voir à domicile. « La France, dit avec raison le biographe d'Eugène Despois, ne saura jamais trop ce qu'elle doit à ces hommes qui, vaincus par la force, n'abdiquèrent pas devant elle, et, au milieu de l'oppression toute-puissante, au milieu de l'affaiblissement des caractères, de l'énervement de la prospérité matérielle, vouèrent toute leur science, toute leur patience, à refaire les âmes de la jeunesse fortes et viriles comme était la leur.... » (1)

La reconstitution des groupements, cercles, sociétés dites secrètes, s'était effectuée rapidement dans le Midi et parmi les classes ouvrières à Lyon. Une note précise du Ministère de l'Intérieur (2) affirmait que l'agitation politique avait repris avec une grande intensité dans tout le Midi, comprenant, notamment, les Bouches-du-Rhône, le Var, le Vaucluse, l'Hérault, l'Aude, les Pyrénées-Orientales. « Les orléanistes et les légitimistes se voient, lisons-nous dans ce document; ils choient les socialistes. L'esprit politique de cette partie de la France n'est occupé que d'une chose : l'armée ; il la sait dévouée ; sans cette considération, le parti serait déjà en route, mais ils travaillent vigoureusement ce qu'ils appellent la chatterie du prince pour détourner le dernier rempart qui soit véritablement resté fidèle au chef de l'Etat. » Les nouvel-

---

(1) V. Charles Bigot, *Eugène Despois*, Ollé-Laprune, Vacherot, 1898 ; et renseignements fournis par M. Charles Lyon-Caen, professeur à la faculté de droit de Paris, ancien élève du collège Sainte-Barbe.

Le même personnel se retrouvait dans d'autres établissements privés, comme au collège Reuss où fit ses études Protot. Cet établissement était surtout fréquenté par des conservateurs qui y venaient en appréciant les avantages d'un enseignement donné par des professeurs d'un grand mérite.

(2) A. N., *id.*, Vaucluse, 10 juillet 1852.

les associations transformées semblaient compter près de quinze mille membres, et avaient à leur tête : Magne, Gillet, Purson, Fortoul, Amat, Daniel Bédarride, Boudilh. Le mouvement, dans le Midi, apparaissait comme tellement sérieux et l'union entre les partis pour lutter contre Napoléon III tellement étroite qu'on craignait sérieusement le débarquement du prince de Joinville ou du comte de Chambord (1). La propagande orléaniste dans l'armée fut signalée sur plusieurs points et, notamment, dans l'Est où le corps des officiers était très loin de professer des sentiments napoléoniens (2). Dans le Midi de la France, les sentiments anti-militaristes se manifestaient par le refus de recevoir les soldats et de les approvisionner (3). « La classe bourgeoise, écrivait le préfet du Rhône, le 19 juillet 1852, mécontente, voit avec peine l'autorité passer à l'armée qu'elle n'aime pas, qu'elle tolère parce qu'elle en a besoin pour l'opposer aux socialistes (4). »

A Lyon, la police ne se lassait pas de traquer les sociétés ouvrières ; tantôt elle découvrait, à la Croix-Rousse, une société « le Cœur joyeux » réunie dans un cabaret où on lisait le « Banquet des Egaux », le « Livre du Peuple » et l' « Ami du peuple » de Raspail ; tantôt, c'était sur la société des « Voraces » que le hasard la faisait tomber. Il résultait du règlement de cette dernière association, saisi au cours d'une perquisition, qu'elle constituait une simple société de secours ayant un caractère nettement laïque, car aux termes d'une des clauses de son règlement, la société ne se chargeait des frais d'enterrement d'un frère que s'il n'avait pas de prêtre à son convoi.

(1) *Ibid.* Rapport du 22 juin 1852.
(2) A. N., *id.*, Bas-Rhin, 5. Rapport de préfet du 17 février 1853.
(3) V. A.-N., *id.*, Hérault, 9. Rapport du préfet du 1ᵉʳ mai 1853.
(4) A. N., *id.*, Rhône, 5.

En 1853, se forma une société portant le nom d' « Association intellectuelle », fondée par quelques hommes « ayant passé leur vie dans d'émouvantes luttes pour faire progresser l'humanité ». La société prenait l'engagement de servir ses membres dans toutes les circonstances de la vie, et, plaçant au nombre de ses devoirs la destruction des préjugés, elle déclarait ne vouloir rien faire pour les morts (1).

En mars 1853, comme la multiplication des sociétés ouvrières inquiétait la police lyonnaise, elle prit le parti d'en provoquer la fusion et d'y introduire un de ses agents pour remplir le rôle de secrétaire (2). A partir de ce moment, tous les efforts des associations lyonnaises étaient voués à l'échec, et de nombreuses condamnations pour société secrète ne cessèrent pas de pleuvoir pendant tout le temps de l'Empire sur les ouvriers lyonnais. Par ces associations, la police fut plus d'une fois avertie de ce qui se passait à Paris. En tout cas, elle était à même de surveiller les rapports des démocrates de Lyon avec Genève et surtout avec Mazzini (3). Pour ces raisons, qui pouvaient s'appliquer à beaucoup d'autres villes, il n'y eut à Lyon aucune tentative sérieuse de complot ou d'une action révolutionnaire contre l'Empire (4). Dans d'autres départements, l'opposition se manifestait sous des formes symboliques. Ainsi, dans le département de la Haute-Loire, l'administration s'était aperçue que toutes les pièces de billon nouvelles, à l'effigie de Napoléon III, étaient frappées à l'aide d'un poignard et incisées à la hauteur du cou (5).

(1) *Ibid.*, Rapport du 6 septembre 1853. Le règlement de l'Association intellectuelle ne porte pas de date.
(2) Le 16 mars 1853.
(3) *Ibid.*, le rapport du 9 février 1852.
(4) Voir pourtant, le rapport du 9 mai 1852, signalant une importante saisie d'armes qui impliquait la complicité des soldats de la garnison, *ibid.*
(5) A. N. J., C. d'appel de Riom. Rapport du 15 décembre 1853.

Partout, on profitait de l'enterrement d'un républicain notable pour protester, ne fût-ce que par un acte de présence, contre l'Empire. Pour éviter le danger qui résultait de ces manifestations, la police impériale s'emparait des morts, ou défendait de parler sur la tombe. Elle procéda ainsi à Paris, pour la mère de Ledru-Rollin et pour Marrast. Pour François Arago, mort en 1853, l'administration décida, étant donnée la grande réputation du défunt, de lui faire un enterrement pompeux et officiel, comme elle le fit plus tard pour Béranger. En dépit de toutes ces mesures, des manifestations se produisaient. Ainsi, pour le convoi de Mme Raspail, quoique la mort ne fût connue que vingt-quatre heures d'avance, vingt-cinq mille ouvriers se donnèrent rendez-vous pour suivre le cercueil de la femme du vieux lutteur. Malgré toute la brutalité de la police, malgré l'affiche annonçant que seuls les parents et amis seraient admis à suivre au cimetière le corps de Lamennais, une foule d'étudiants suivirent le corbillard.

De semblables manifestations se produisirent à la mort de David d'Angers et du général Cavaignac (1). Il en fut de même dans les départements où la mort de la femme de Raspail, par exemple, donna lieu à des démonstrations, où l'on profitait de la mort d'un coreligionnaire politique pour se réunir. Mais le véritable centre des manifestations restait toujours Paris. Étudiants et ouvriers y étaient plus actifs. La jeunesse opposait à l'abattement dans lequel l'Empire avait plongé la France le débordement de son énergie qui se dépensait partout : au théâtre quand il s'agissait de manifester à propos des pièces comme « Maupras », « l'Honneur et l'Argent »; à la Sorbonne et au collège de France, quand il avait fallu siffler Sainte-Beuve.

(1) **Taxile Delord**, *op. cit.*, t. II, p. 48, 116, 331, 335.

L'affaire des Deux-Morales, provoquée par Nisard qui avait cru pouvoir inventer deux morales différentes à l'usage des diverses classes de la société, avait donné lieu à plusieurs procès où furent impliqués Deroisin, Henri Lefort et Rogeard (1). Au cours d'un de ces procès qui se déroula devant le tribunal correctionnel et la Cour d'appel, le jugement de première instance ayant été infirmé, le ministère public crut pouvoir reprocher à un des inculpés de ne pas avoir terminé ses études de droit ; il s'attira la spirituelle réplique de Dufaure qui, visant le Ministre de l'Instruction publique, Fortoul, répondit : « que c'était aussi le cas, non pas précisément d'un homme éminent, mais d'un homme appelé à exercer d'éminentes fonctions » (2).

III

A côté de ces manifestations d'ordre platonique, il y en eut de plus graves, qui furent de véritables complots. Elles n'étaient pas l'œuvre des anciennes sociétés dites secrètes. Leurs auteurs appartenaient à la jeune génération que continuait encore à animer la flamme de la révolution de Février.

Tout le nouveau régime ne reposant que sur la personne de Napoléon III, il semblait que l'Empereur une fois disparu,

(1) M. Deroisin m'a raconté un détail curieux relatif à cette manifestation. Nisard, interrompu à chaque instant par des étudiants, essayait de reprendre son sujet en disant : « Je continue ». « Continuez votre collaboration avec Carrel », lui répondit une voix qui était celle de M. Deroisin. Il faisait allusion à une circonstance que Littré, auteur de la biographie d'Armand Carrel, avait fait connaître. Ayant eu besoin de consulter le livre de caisse du *National*, il y trouva la preuve certaine de la collaboration de Nisard avec l'ancien rédacteur en chef du *National*, collaboration qui se rencontrait parfois dans le même article.

(2) Renseignements fournis par M. Henri Lefort ; c'était de son procès qu'il s'agissait.

l'état de choses supprimé violemment par le coup d'Etat pourrait revivre.

Comme l'idée de régicide était en l'air, il y eut évidemment, à côté des complots sérieux, des conspirations inventées de toutes pièces. En décembre 1851, la police fut avertie que les sociétés secrètes des départements auraient reçu des instructions pour tirer au sort deux délégués par département chargés de se rendre à Paris et d'y épier l'occasion d'attenter à la vie du Président (1). En même temps, le substitut de Versailles crut possible de signaler un autre complot qui lui fut révélé par un dénonciateur. D'après lui, plusieurs individus avaient formé le projet de faire, au moyen d'espingoles, un feu croisé sur la personne du Président au moment de sa rentrée par la grille de Saint-Cloud. Malheureusement pour la police, le dénonciateur crut devoir disparaître avant le procès, et les perquisitions faites chez les inculpés n'aboutirent qu'à la découverte de quelques cartouches provenant de distributions faites à la garde nationale en juin 1848 (2). Plus sérieuse fut l'affaire de la rue de la Reine Blanche (3). Parmi les inculpés figuraient Henri Favre, médecin; Antoine Viguier, officier de marine; Bernard Durand, tailleur et concierge; L. Ch. Corbet, tourneur; J. Berthé, bottier; Fr. H. Pâté, menuisier; Ch. Carpezza, layetier; Machinal, Cl. Pelletier, fabricant de bronze....

Les ouvriers, comme toujours, étaient en majorité. On relevait à la charge des inculpés la fabrication d'armes et de munitions. On trouva, en outre, chez Durand, « le Curé de Meslier », « le Père Duchesne », « le Vieux Père Grégoire ».

(1) A. M. J., 833 p. Rapport du 4 décembre 1852.
(2) A. M. J., p. 794, Cour d'appel. Rapports des 5 octobre et 14 octobre 1852.
(3) *Gazette des Tribunaux*, audience des 15, 16, 18 et 19 septembre 1852.

A Pelletier, on reprochait d'avoir fait partie d'une société secrète en 1838. Tous les autres n'avaient jamais été compromis dans une poursuite antérieure. Le substitut, Dupré-Lassalle, peignait dans ces termes la physionomie morale des accusés : « Un officier, chassé de l'armée comme indigne ; un jeune médecin, se préparant par l'impiété filiale à la révolte contre l'autorité publique ; des ouvriers, oisifs et débauchés, vivant dans le désordre au sein d'une honteuse promiscuité.... Tels sont ces hommes, vrais types du socialisme ». Ils furent tous frappés d'une condamnation sévère et accueillirent le jugement aux cris de « Vive la République ».

En octobre 1852, le bruit avait couru qu'un complot avait été organisé par des militaires du 43e de ligne. L'arrestation de dix soldats fut ordonnée. Déjà, antérieurement, aussitôt après le coup d'Etat, une procédure fut ouverte contre plusieurs militaires de ce régiment. Sur seize inculpés, onze furent mis en liberté avec changement de régiment et cinq frappés de la transportation. L'accusation du complot ne fut pas maintenue, mais on releva contre les inculpés l'inévitable délit de société secrète, dont les chefs auraient été Langlois et Beaucart. Une pièce fut saisie, ayant pour titre : *La Constitution* ; elle contenait, entre autres, ces lignes : « Je jure de combattre, jusqu'à la dernière goutte de mon sang, pour la sainte cause du peuple et pour la liberté ; je jure contre toute tyrannie, contre toute royauté, contre tout esclavage, d'agir en toutes circonstances et de prêter tout mon concours pour anéantir le gouvernement tyrannique et de ne jamais fléchir devant aucun oppresseur (1). »

Fréquemment, des militaires isolés, suspects d'opinions démocratiques, furent frappés. En 1855, un nommé Laratte,

(1) A. M. J., 776. Rapports P. C. A., Paris, 18 octobre 1852; 5 novembre 1852.

tambour au 68ᵉ, fut envoyé en Algérie et recommandé à la surveillance de ses chefs (1). Un autre, Millet, cuirassier dans la garde impériale, fut signalé comme très dangereux, très mal entouré à Paris (2). Un rapport du procureur général de Paris attirait l'attention du gouvernement sur la propagande républicaine dans le 63ᵉ de ligne de la garnison de Paris. La garnison de Lille avait été désignée pour remplir un rôle important dans le complot de l'Hippodrome et de l'Opéra Comique.

Ces complots furent l'œuvre de plusieurs groupements auxquels la police, comme toujours, appliqua la qualification de sociétés secrètes.

Le complot de l'Hippodrome avait pour centre un groupe d'étudiants qui s'étaient rencontrés, pour la première fois, au cours de Michelet. Ribault de Laugardière et Ranc étaient parmi les plus actifs de cette jeunesse universitaire qui avait fourni à la conspiration une quarantaine de membres. De Laugardière était en relations avec des ouvriers, dont le plus résolu était Ruault, tailleur de pierre, qui, plus tard, dompté par les souffrances de la prison, semble avoir eu des relations secrètes avec la police. Par l'intermédiaire de Watteau, médecin militaire à Lille, les conjurés furent mis en rapport avec plusieurs sous-officiers de la garnison de Lille et les réfugiés en Belgique (3).

(1) A. M. J., Ministère de la guerre, 13 juin 1855.
(2) A. M. J., p. 1978.
(3) D'après M. Ed. Durand, dans *Souvenirs d'une vieille barbe*, 1892, p. 72. Voici quel fut le plan de Watteau pour Lille :
« Suivant un plan convenu avec les sociétés secrètes de Paris, il divisa la ville en quatre sections qui avaient chacune leur groupe, plus ou moins nombreux, et leur lieu de réunion. Les conjurés, car c'était une véritable conspiration qui s'ourdissait ainsi en secret sous la direction du docteur Watteau, avaient pour instruction de s'exercer au manie-

La première tentative de supprimer l'empereur, le 7 juin 1853, au moment où il se rendait de Saint-Cloud à l'Hippodrome, échoua, l'attention de la police ayant été éveillée. On conçut alors le projet, élaboré au cours d'une réunion tenue dans le jardin du Luxembourg, d'enlever l'empereur le jour où il se rendrait à l'exposition de la Société d'horticulture. Le complot fut dénoncé par un agent de la police secrète qui s'était glissé parmi les conjurés. — Cela apparaît à la seule lecture des débats du procès qui amena les accusés devant la cour d'assises. — Dans un rapport confidentiel, le procureur général de Paris signalait, en outre, Martin, « espèce d'illuminé qui s'était dénoncé lui-même au préfet de police et regrettait fort d'être mêlé à la conspiration ». L'arrestation de Ruault et de son complice Lux en résulta. Les conjurés ne se découragèrent point. Grâce aux efforts d'un Belge nommé Demérin, on essaya à nouveau de renouer le complot.

Il s'agissait cette fois de frapper l'empereur à la sortie de l'Opéra Comique. Les précautions prises étaient poussées si loin, que Demérin crut devoir avertir le médecin Follot, demeurant dans la même maison que lui, de se rendre, avec sa trousse, aux abords de l'Opéra Comique pour soigner les blessés. Toutes ces tentatives échouèrent. On s'empara d'abord

ment des armes, du pistolet et du poignard particulièrement. Un certain nombre de sous-officiers de la garnison étaient du complot et devaient jouer un rôle important dans le coup de main qui se préparait. Les préliminaires étaient minutieusement conduits.

On avait recueilli les adresses des officiers de tout grade, afin de les arrêter à domicile et de les empêcher de rejoindre leur troupe, et celle des principaux fonctionnaires civils dont on devait s'assurer.

Le but poursuivi était la surprise de la citadelle, que les militaires affiliés devaient faciliter. La possession de la forteresse entraînait celle de la ville elle-même, et Lille devenait ainsi la base d'opération d'une insurrection formidable. »

de trois individus suspects qu'on avait trouvés armés. Plus tard, sur une dénonciation, les étudiants mêlés au complot furent arrêtés dans une crémerie. Un procès eut lieu d'abord devant la cour d'assises. Ceux qui furent acquittés furent traduits à nouveau devant un tribunal correctionnel pour délit de société secrète (1).

Ces procès jetaient une vive lumière sur la nouvelle génération des révolutionnaires, qui n'avait aucune attache avec les anciens groupements.

Sans doute, parmi les vieux républicains, Bastide, Carnot, Goudchaux étaient au courant des préparatifs du complot et pouvaient être poursuivis pour complicité morale; quelques républicains proscrits n'ignoraient pas non plus la conspiration projetée. Ranc était en relations à la fois avec Blanqui et avec Mazzini, dont il fut, pendant quelque temps, le correspondant à Paris pour la distribution de la littérature révolutionnaire, venant de Londres et de Jersey.

Mais la force agissante était représentée par des jeunes révolutionnaires qui se donnaient rendez-vous au cours de Michelet. Pendant la réaction qui suivit la réunion de l'Assemblée législative, ils esquissèrent déjà un projet de complot, mais décidèrent d'en ajourner l'exécution, en laissant l'initiative de la résistance aux députés de la Montagne (2).

Après le coup d'Etat, dans la première révolte des jeunes consciences contre la violation de droit consommée, la pensée du complot réapparut. Il n'y eut aucune attache entre les jeunes conjurés et les membres des anciennes sociétés se-

(1) Voir le texte d'un *rapport confidentiel*, adressé par le procureur général de Paris au ministre de la justice sur les personnes mêlées au complot, dans l'annexe au présent chapitre.
(2) Renseignements fournis par M. Ranc, à qui je dois beaucoup d'autres détails sur le complot de l'Opéra-Comique.

crètes. A peine pouvait-on reprocher à Folliet, né le 25 décembre 1796, d'avoir fait partie des « Saisons » en 1838. Il ne joua dans le complot que le rôle d'un comparse et ne fut poursuivi que parce que ses antécédents le désignaient à la surveillance de l'administration. Le délit de société secrète dont on jugea nécessaire de corser l'accusation contre les prétendus affiliés était si peu fondé que, contrairement à ses usages, la police ne leur prêtait aucune formule d'initiation. D'ailleurs, tout le procès montrait la différence qui séparait la nouvelle génération des révolutionnaires de leurs prédécesseurs.

Deux bulletins saisis, intitulés le *Réveil du Peuple*, expliquaient bien l'opportunisme révolutionnaire, nullement dogmatique, des conjurés. Celui du 5 juin contenait tout un programme. Il était ainsi conçu :

« Que toutes les nuances républicaines se fondent et se groupent sous le drapeau universel de la liberté ; que les différentes écoles socialistes s'effacent ; assez d'idées ont été semées pour que les matériaux ne manquent pas au nouvel édifice social. Que chacun sache bien que le socialisme est une science que la liberté seule peut développer, et que cette science a sa raison d'être et pour but l'humanité entière. »

Pour les jeunes révolutionnaires, il ne s'agissait pas de se mettre à la recherche d'une nouvelle révélation républicaine. La République de 1848 avait montré l'idée républicaine vivante. Elle fut étranglée, car on n'avait pas su la défendre, parce que la science pratique de la vie avait manqué à ceux qui abondaient en théories. Aussi, tout l'effort de la jeune génération consistera à mettre l'énergie en action. Les complots de l'Hippodrome et de l'Opéra furent l'expression de cet état d'âme.

Ces procès, comme les autres relatifs à la Marianne qui devaient se développer plus tard, montraient la coopération morale des proscrits. Un des conjurés, Alavoine, frère d'un instituteur révoqué, plus tard gendre de Bianchi, un des démocrates militants à Lille, s'était rendu à Londres et à Jersey, et, inspiré par les entretiens qu'il eut avec les réfugiés, avait adressé un appel aux écoles (1). Chez plus d'un inculpé, on avait trouvé des lettres de Mazzini. Dans une de ces lettres, le révolutionnaire italien faisait sa profession de foi, s'exprimant ainsi : « Je crois à la transformation sociale autant que tout autre ; sorti du peuple, je me sens peuple et je travaille pour lui ; mais je ne crois pas que Cabet, Louis Blanc, Fourier ou qui que ce soit, aient trouvé de remède à tous les maux qui nous accablent. Mais, quoiqu'il en soit, c'est le peuple de France qui doit juger et choisir. La question de la liberté est donc la première. Mûrissez les solutions sociales, arrêtez dans vos esprits les mesures que la Révolution devra prendre. Etudiez les hommes pour les accueillir ou pour les juger, rien de plus juste ; mais n'oubliez pas qu'aujourd'hui, après cinquante ans de sang et de sueur versés, vous n'êtes pas libres, et que nulle transformation sociale ne peut s'opérer qu'autant que vous le serez (2). »

Naturellement, ces preuves de relations avec les proscrits furent utilisées par la justice impériale qui s'empressa d'en tirer la conclusion que la conspiration était dirigée par un étranger, Mazzini. C'était l'évocation de l'Internationale bourgeoise avant l'Internationale ouvrière. Inutile de dire combien fut grande la partialité de la magistrature, qui interrogeait les témoins comme s'ils étaient des inculpés. Frédéric Morin, professeur démissionnaire par refus de ser-

(1) V. cet appel dans la *Gazette des Tribunaux*, du 17 novembre 1853.
(2) V. cette pièce citée à propos du procès de la *Jeune Montagne*. G. des Trib., 13 mars 1854.

ment après le 2 décembre, assistait parfois à des réunions d'étudiants. Le président Zangiacomi débuta par un reproche qui devait discréditer le témoin aux yeux du jury. « On a trouvé chez vous des pièces d'or à l'effigie de Napoléon avec un trou au cou. Il faut prendre garde à ses choses-là ; ce n'est pas chez un professeur qu'on devrait trouver de pareils objets » A Bastide, qui fut également entendu comme témoin, le même président crut possible d'adresser une réprimande parce que, malgré sa qualité d'ancien ministre des affaires étrangères, il s'était permis de parler de questions extérieures dans les petites réunions où il se rencontrait avec les étudiants. L'attitude du magistrat envers les défenseurs ne fut pas plus tendre. Il fallut discuter les accusations sans oser mettre en doute l'argumentation du ministère public.

Jules Favre, le défenseur de Bratiano, y déploya sa superbe éloquence, mais aussi révéla l'état d'esprit qui le caractérisa toujours. En plaidant pour son client, il laissa échapper cette appréciation dédaigneuse à l'égard des autres accusés : « Mon client, Messieurs, que serait-il allé faire au milieu de cette cohue. »

On sait que ceux qui furent acquittés devant la Cour d'assises furent traduits devant le tribunal correctionnel pour être jugés au fond sur les mêmes faits. Pour donner plus de consistance à la poursuite, on y adjoignit quelques nouveaux prévenus. Il y eut, dans le nombre, un employé du ministère des finances, nommé Schmidt, arrêté sur la dénonciation d'agents qui prétendaient l'avoir remarqué à l'Hippodrome s'entretenant avec des conspirateurs. Personne ne le connaissait, ce qui ne l'empêcha pas de faire six mois de prévention à Mazas (1).

(1) V. dans Fremy, *op. cit.*, la préface de M. Ranc. Le tribunal correctionnel (*Gazette des Tribunaux*, du 17 janvier 1854) prononça les con-

La condamnation pour société secrète que le tribunal correctionnel avait prononcée contre les prétendus affiliés, eut des conséquences graves pour l'un d'eux, Ranc (1). Après l'attentat de Bellemare, qui l'avait connu en prison et qui venait plus tard chez ses parents, il fut arrêté et désigné pour être envoyé à Cayenne par l'application du décret du 8 décembre 1851. Il dut à l'intervention d'une tante de n'être transporté qu'à Lambessa. La raison de cette rigueur était, entre autres choses, la réponse qu'il donna à Bellemare qui l'avait consulté sur l'opportunité de son attentat. La police savait que Ranc, sans condamner le principe du projet, s'était contenté de dire : « Tu es myope, tu le manqueras, tu te feras guillotiner inutilement et tu compromettras pour rien les autres. » Le directeur de la sûreté générale, rapportant ces propos au père du jeune conspirateur, ajouta, comme menace : « Des gens comme votre fils, nous en purgerons Paris jusqu'au dernier (2). »

La police, en effet, s'y appliquait avec zèle. Les procès ne discontinuaient pas, les prétextes abondaient. Les réfugiés avaient adopté le système des bons de cotisation, pour se procurer les ressources nécessaires ; leur placement demandait une correspondance et des relations suivies, même avec les départements. Il était facile d'échafauder, sur quelques lettres saisies, l'accusation d'un complot.

Le 4 octobre 1853, Goudchaux fut réveillé à quatre heures

---

damnations suivantes : Watteau, Furet François, Bratiano, Alavoine (ce dernier par défaut), à trois ans de prison et cinq cents francs d'amende. Thirez, Baudy, Ranc, Laflize, Martin, Lamy, Doton, Delboz, Angot, Robin, Poisson, Caron, Jaubert, Broussin, Regnier (ces cinq derniers par défaut), à un an de prison et 100 francs d'amende.

(1) Ranc — et cela était conforme aux conseils donnés par Blanqui — prit le parti de ne pas répondre à l'instruction.

(2) Renseignements fournis par M. Ranc.

du matin, perquisitionné, arrêté. N'ayant pas trouvé le trésor de conspiration cherché, on dut relâcher la victime, après l'avoir gardée pendant une journée au dépôt de la préfecture de police. Des arrestations nombreuses eurent lieu dans les départements. A Nantes, par une mesure soudaine, furent arrêtés : Rocher, ancien commissaire du gouvernement provisoire ; Masselin, David, Mangin père et fils (1). A Tours, le 17 octobre, arriva brusquement le sous-chef de la police municipale de Paris, porteur d'une dépêche du ministre de l'intérieur ; dix-neuf personnes furent arrêtées, presque tous ouvriers, un clerc d'huissier et un sous-chef à la préfecture de Tours (2).

Comme toujours, on commença par mettre la main sur ceux qui avaient été déjà compromis dans des poursuites antérieures, dont quelques blanquistes ayant fait partie en 1847 d'une société secrète à Tours. Les perquisitions dans cette ville eurent pour conséquence d'impliquer plusieurs sergents du 6ᵉ qui furent cassés de leur grade et envoyés comme simples soldats en Afrique. Le commissaire de police désignait un lieutenant du 23ᵉ de ligne comme ayant livré des armes et des munitions aux sociétés secrètes (3). La police avait découvert, dans des caves souterraines de Veretz et à cinq cents mètres de l'ouverture des cuves, dans un endroit presque impénétrable, deux canons qui furent naturellement mis sur le compte d'une future conspiration (4). Toutes ces poursuites se rattachaient à l'existence d'une prétendue « société de la Marianne. »

---

(1) A. M. J., p. 1101. Rapport du procureur de la Cour d'appel de Loire Inf., du 27 octobre 1853.
(2) A. M. J. Rapports des 19 et 22 octobre 1853.
(3) A. M. J., p. 1101. Ministre de la guerre, le 27 octobre 1853.
(4) A. M. J., C. d'ap. d'Orléans. Rapport 1ᵉʳ novembre 1853.

L'arrivée de Delescluze à Paris, son arrestation, la présence de Boichot, un des membres les plus actifs de la *Commune révolutionnaire*, qui était venu à Paris pour sonder l'opinion publique, les distributions incessantes des écrits de proscrits déterminèrent le gouvernement à engager des poursuites et à comprendre dans la même rafle tous les républicains militants, en rattachant le tout au même complot, connu sous le nom de la Marianne. Sous ce prétexte, on poursuivit de nombreuses associations ouvrières. Ainsi, à Reims, la police dénonçait une agitation parmi les socialistes dont elle faisait remonter la responsabilité à Goudchaux qui, d'une part, avait envoyé des fonds à la femme d'un réfugié de Londres, le nommé Callay, et qui, d'autre part, avait chargé, aux dires de la police, le sieur Barthélemy Lecamp, repris de justice pour délit politique voyageant sous le nom de Jacques, de vérifier l'état des esprits et de faire de la propagande (1). La véritable cause de l'agitation était différente. Il y eut à cette époque, à Reims, une crise industrielle très grave qui atteignait, sur une population ouvrière de plus de quarante-cinq mille âmes, plus de la moitié, employée au tissage ou à la filature de la laine. Près de sept ou huit mille ouvriers virent leur gain limité à deux francs par jour ; 4.850 ménages avaient été secourus à domicile ; on dut distribuer près de deux mille bons de pain à prix réduit.

Pour intimider les ouvriers et les empêcher, sous l'incitation de la misère, de se livrer à la politique militante, on décida de procéder à plusieurs arrestations préventives à l'effet de faire comprendre « la force de l'action du pouvoir ». Le prétexte à trouver était facile.

Précisément, dans le courant du mois d'octobre, un nommé

(1) A. M. J., Paris. Rapport du 25 octobre 1853.

Marchand, âgé de 46 ans, batteur de laines à Reims et père de cinq enfants, était employé comme manœuvre à des travaux de terrassement. Il faisait un cours de politique à ses compagnons en racontant à sa manière l'histoire des rois de France. Ayant à parler de l'Empereur, il l'appelait Badinguet, disant que son nom lui venait du nom d'un homme qu'il avait tué à bout portant; il désignait l'impératrice sous le nom de « marée montante » ou « marée descendante », à propos d'une fausse couche. En outre, il provoquait les ouvriers à une grève. Les poursuites dirigées contre lui permirent à l'autorité locale d'englober un certain nombre de militants qui, traduits devant le tribunal correctionnel, furent tous condamnés (1).

L'année de 1854 fut remplie de poursuites. L'arrestation de Boichot rouvrit la série de procès dirigés contre la *Commune révolutionnaire*. La veuve Libersalle était la grande criminelle du *Complot rouge*. Pour corser l'accusation, on y joignit une poursuite de droit commun. L'un des prévenus, Vignaud, s'était vu reprocher « d'avoir, à Paris, depuis moins de trois ans, soustrait des sonnettes, des selles, des sacs de cuir et des débris de fer et de cuivre au préjudice de personnes restées inconnues » (2). Le procès de 1854 fut spécialement dirigé contre Boichot, un des membres les plus actifs de la *Commune révolutionnaire*, à Londres. Les premiers revers des alliés en Crimée, l'agitation et le mécontentement provoqués par cette guerre firent croire aux réfugiés que Paris et la France étaient prêts pour une insurrection. En vue de sonder l'opinion publique et grouper les républicains militants, Boichot fut délégué dans la capitale. Au cours des visites qu'il fit à plusieurs

(1) P. 1054. Rapports de la cour d'appel de Paris des 30 juillet 1854, 19 septembre 1854, 25 octobre 1853.
(2) *Gazette des Tribunaux*, 21 juillet 1853, audience du 20 juillet.

de ses anciens amis, il fut abordé par des blouses blanches qui
l'attirèrent dans un guet-apens et le mirent en état d'arrestation. A la rigueur, il aurait dû passer devant la Haute-Cour,
car il avait été condamné par contumace pour l'attentat de
juin 1849 ; mais l'administration impériale préféra le poursuivre devant le tribunal correctionnel, dont la composition
lui inspirait la plus grande confiance, largement méritée
d'ailleurs, comme le montrait la violence de langage de
Duprez-Lassalle, substitut.

L'arrestation de Delescluze, revenu à Paris, avait permis
de donner un dénouement aux rafles nombreuses opérées au
cours de 1853. C'était une mesure préventive de plus pour
arrêter l'agitation déjà grandissante, résultant de nouvelles
qui arrivaient du théâtre de la guerre. Les éléments de l'accusation étaient faciles à établir. L'ancien fondateur de la
« Solidarité républicaine » avait conservé des rapports avec
les militants appartenant à la démocratie parisienne ; il se
hâta de les retrouver et de renouer, de concert avec eux,
l'action contre l'Empire. Ce dernier groupe passa aux yeux
de l'administration impériale pour la Jeune Montagne. Delescluze ayant en même temps gardé ses relations avec les
départements de l'Ouest, la correspondance saisie avait
fourni la preuve d'une affiliation de la Jeune Montagne avec
la Marianne qui, à l'agonie, paraissait encore menaçante,
surtout à Nantes. Quelques lettres échangées avec Mazzini et
les membres du comité central européen fournirent à la
justice la preuve d'une vaste conspiration dont le centre
aurait été à l'étranger et dont les fils invisibles auraient
embrassé toute la France. Persistant dans la méthode qui
lui était coutumière, l'administration multiplia les poursuites
pour délit de société secrète et procéda à des arrestations
en masse dont, naturellement, étaient victimes ceux qui

avaient été déjà désignés à la surveillance de la police par leur attitude antérieure. Delescluze ayant comparu devant le tribunal correctionnel en mars 1854, refusa fièrement de répondre. Il fut envoyé à Belle-Isle, puis extrait de cette prison pour être dirigé sur la Corse, qu'il quitta quelques semaines avant l'expiration de sa peine; en vertu du décret du 8 décembre 1851, il fut envoyé à Cayenne pour dix ans. Il ne fut pas la seule victime de ce procès. La justice visait plusieurs groupements. D'après elle, en octobre 1853, l'autorité avait eu connaissance des conciliabules tenus sur divers points de Paris et des environs, tantôt rue Saint-Lazare, rue d'Amsterdam, au pont d'Austerlitz, tantôt à la barrière du Maine ou dans les fossés des fortifications au-delà des Batignolles. Une surveillance fut établie et amena l'arrestation de plusieurs individus dont les premiers interrogatoires, avec beaucoup de bonne volonté de la part de l'administration, révélaient une grosse association recevant des inspirations de Londres et ayant des ramifications à Paris, Nantes, Angers et Tours. Les seules relations véritablement établies étaient celles motivées par l'organisation des secours recueillis en faveur des exilés à Londres et à Bruxelles. Dans les rangs des inculpés se trouvait un nommé Marchais. L'instruction lui reprochait d'avoir en sa possession une lettre de Mazzini de mars 1853, où il lui était recommandé de « préciser certaines choses aux ouvriers ». Un autre document saisi chez le même inculpé contenait une autorisation signée de Mazzini et Ledru-Rollin pour distribuer des bons de cotisation. Ces bons, d'après le ministère public, étaient à la fois une monnaie et un signe de reconnaissance, A un autre inculpé, Tilleul, on reprochait d'avoir été rédacteur de la *Voix du Proscrit*. Un dialogue caractéristique s'engagea entre un ouvrier relieur, Genay, et le président : — D. « Lance

(agent provocateur) disait de vous : « il avait toujours une constitution toute faite ». Ces paroles que vous prête Lance ne sont que la consécration de vos idées exposées même dans vos écrits qu'on a retrouvés chez vous. » — R. « Je ne dois compte à personne des pensées que je confie au papier seulement. »
Une conversation aussi édifiante s'engagea entre le même magistrat et un ouvrier tailleur, Lebelle : — D. « Vous ne faites pas faire leur première communion à vos enfants et vous vivez en concubinage. » — R. « Depuis vingt-cinq ans, mais cela vaut bien certains ménages. » Il est vrai qu'en dehors des idées religieuses, on reprochait aussi au même prévenu d'avoir dit que « le meilleur moyen de finir avec le gouvernement était de descendre l'Empereur. ». Un nommé Benoist fut poursuivi parce qu'il possédait chez lui des portraits de Robespierre, Marat, Danton qu'il avait détachés de l' « Histoire de la Révolution française » de Thiers. Goudchaux, cité comme témoin, fut longuement interrogé sur l'emploi de sommes qu'il avait recueillies ; il paraissait suspect à la justice parce que la perquisition opérée chez lui avait amené la découverte d'une lettre de Charras et une autre de Schœlcher. La substance de l'acte d'accusation consistait dans plusieurs lettres, dont une, émanant de Mazzini, engageait les républicains à se grouper et à agir, et leur dictait un programme ; une autre lettre du comité central européen du 20 août 1852, portant également la signature de Ledru-Rollin et de J. Mazzini, contenait ce passage : « Les citoyens porteurs de ces lignes sont autorisés à mettre en circulation les bons de cotisation ; la moitié de la somme qu'ils pourront recueillir restera dans leurs mains affectée aux besoins de la démocratie parisienne, l'autre moitié sera envoyée au comité central européen. » Une troisième pièce, due aux mêmes auteurs et datée du 6 octobre 1852, s'adressait aux comités de

l'Ouest. Loin de contenir le moindre appel à l'action insurrectionnelle, elle cherchait à les rassurer sur les inquiétudes qu'ils éprouvaient à l'endroit des bons lancés par les réfugiés de Londres. Il semblait que leur placement avait été paralysé par la crainte d'un piège tendu habilement par l'administration (1).

Les poursuites à Paris à peine terminées, elles recommencèrent dans les départements, notamment à Angers, où vingt-et-un inculpés furent traduits devant le tribunal correctionnel. L'accusation prétendait que les ouvriers des carrières d'ardoises à Angers et aux environs, restés calmes depuis 1848, recommençaient à s'agiter en 1853, par suite d'une propagande active menée à l'aide des commis-voyageurs. On réussit à placer, parmi les ouvriers des carrières, un certain nombre de bons de un franc émis par la banque révolutionnaire de Londres. Un comité, d'après l'accusation, aurait été organisé à Angers se rattachant à la Marianne. Parmi les prévenus comparaissaient deux ouvriers considérés comme les fondateurs, Leboucher: ouvrier peintre, et Lejeune, couvreur. Les motifs de la poursuite dirigée contre eux étaient très simples : ils avaient été déjà compris dans les mesures du 2 décembre; ils furent trouvés comme très dangereux au point de vue de la propagande. On fit un procès à toute une société, dont ils avaient été réputés les seuls et principaux instigateurs (2). En annonçant la condamnation qui avait frappé les ouvriers, le procureur de la cour impériale à Angers écrivait : « Cette décision produit un grand effet, elle ruine les espérances fondées sur les sociétés de l'Ouest »; et le magistrat ajoutait que presque

---

(1) *Gazette des Tribunaux*, 3 mars 1854.
(2) *Gaz. Trib.*, 18 mars 1854.

tous les ouvriers semblaient être rebelles à tout sentiment de repentir (1).

Quelques jours après, un important procès se déroula devant le tribunal correctionnel de Tours. Le délit d'affiliation à la Marianne avait été relevé contre quarante-huit personnes. Parmi les prévenus, on comptait surtout des ouvriers que l'administration considérait comme membres d'une ancienne société. Un nommé Goujon, qui se vit infliger la peine de deux ans de prison, mille francs d'amende, 2 ans de surveillance et dix ans d'interdiction, avait commis le crime de conserver chez lui plusieurs brochures, dont : « Les trois Maréchaux » et « Les quatre Sergents de la Rochelle ». La preuve de l'affiliation entre la Marianne de Tours et les comités révolutionnaires de Londres reposait tout entière sur une lettre de Ledru-Rollin, du 5 octobre 1853, d'où il semblait résulter que des comités locaux existaient à Nantes, à Orléans, qu'un comité central révolutionnaire avait été organisé à Paris, et que Ledru-Rollin avait sous les yeux leur adresse en écrivant la lettre. Le ministère public en tira son grand argument en affirmant une fois de plus que la Marianne n'était pas une société renfermée dans les limites de la ville et de l'arrondissement de Tours, mais étendait ses réseaux d'Orléans à Paris, d'Orléans à Nantes, de l'embouchure de la Loire aux rives de la Seine (2).

Il était naturel que la ville de Lyon eût sa part de poursuites. Le 16 juin 1853, la Cour d'appel eut à juger plusieurs inculpés pour affiliation à la société des Voraces. Le principal prévenu, Baluche, avait dans sa malle un ruban rouge, un portrait de Barbès : il avait en outre le malheur d'avoir

---

(1) A. M. J. Rapport du procureur de la Cour impériale d'Angers, 18 mars 1854.

(2) Gaz. Trib., 15 mars 1854 ; pour Nantes, v. A. M. J., C. A. 21 juillet 1855.

une physionomie énergique et décidée à tout (1). La même année, on avait découvert une nouvelle société secrète dans la commune de Saint-Fons, tout près de la route, dans des carrières abandonnées qui formaient une sorte de cave ou excavation profonde dans une allée souterraine. On avait surpris une *vente* de carbonari au moment où on procédait à la réception d'un néophyte qui d'ailleurs fut acquitté, pour une raison trop facile à deviner, par le tribunal (2). Le tribunal distribua plusieurs années de prison à cette société dite des francs-tireurs. Fondée en 1832, d'après l'accusation, par d'anciens militaires, elle avait duré d'une manière ostensible jusqu'en 1849, époque où elle fut dissoute, pour se reformer à cette date comme association secrète dans laquelle n'étaient admis que des démagogues. L'accusation prétendait que la véritable destination de cette association était « de fournir des chefs expérimentés à l'émeute ». En novembre 1853, les tribunaux de Lyon avaient encore à s'occuper d'une vente de carbonari, vente dite européenne, qui se réunissait dans un cabaret. Naturellement on trouva le moyen de la surprendre au moment où on procédait à l'affiliation d'un nouveau membre (3). En octobre 1854, une nouvelle vente de la Charbonnerie dite des Enfants de la Terre fut découverte dans la grotte du Christ, à quelques kilomètres de la Croix-Rousse (4).

Parmi les prévenus, figurait un nommé Ollier, d'abord Vorace, puis membre de la Charbonnerie et de l'ancienne société des Droits de l'Homme. Deux autres, Albert et Clotton, semblaient avoir déjà appartenu à une association secrète des Bûcherons. Comme dans toutes les poursuites anté-

(1) *Gaz. Trib.*, 16 juin 1853.
(2) *Gaz. Trib.*, 1ᵉʳ juillet 1853.
(3) *Gaz. Trib.*, 23 nov. 1853.
(4) A. M. J., p. 1153. Rapport du procureur de la Cour imp. du nov. 1854.

rieures, il semblait que les accusations visaient surtout les anciens militants, contre lesquels il n'était pas difficile de relever le délit de société secrète. Pourtant, on constatait chez de nombreuses sociétés lyonnaises à tendances politiques, l'habitude de se déguiser sous des formes empruntées à la maçonnerie, qui comptait sous la deuxième République de nombreux adhérents parmi les ouvriers. Cette même tendance fut constatée à Paris, à propos d'une poursuite intentée à une société secrète qui portait le nom de « Memphis ». D'après l'accusation même, la politique était complétement étrangère à cette affaire ; il n'y avait là qu'une contrefaçon de franc-maçonnerie. Faisaient partie de cette Loge : Marconi, homme de lettres, Morterat, Brunel, cordonnier, et Godzi-Rinaldeau, négociant. Marconi était rédacteur en chef du journal « Le Soleil mystique », traitant de la Maçonnerie universelle, et dont le siège était rue Richelieu. Quant au second, Morterat, il avait subi deux condamnations pour tentative d'embauchage sur des militaires. Il avait, en outre, publié plusieurs écrits politiques, entre autres « le Guide de la vie républicaine. » Cela suffisait pour condamner les membres de la loge (1).

D'une façon générale, les groupements ouvriers républicains furent poursuivis sur toute l'étendue du territoire, même quand ils ne prêtaient nullement au moindre soupçon. Ainsi, l'administration s'avisa de poursuivre à Toulouse une société appelée « Amis de la Joie », comprenant de simples ouvriers, légitimistes et démocrates, qui se rassemblaient une fois par semaine pour prendre des repas en commun. L'accusation, fondée sur une dénonciation anonyme, avait surtout pour but de compromettre les militants républicains

1) *Gaz. Trib.*, 17 février 1854

de Toulouse. Heureusement, la modération relative de la magistrature de Toulouse les avait sauvés de la menace suspendue sur leur tête.

Tandis que la police et la justice occupaient leurs loisirs à mettre sous les verrous les anciens militants, de véritables conspirations furent organisées. L'affaire de Pérenchies fut de beaucoup la plus sérieuse de toutes celles où le succès faillit couronner les efforts des conspirateurs. Elle fut menée par plusieurs républicains de Lille qui se groupaient autour de l'estaminet Groulez. Les démocrates de Lille entretenaient des relations fréquentes avec les réfugiés de Bruxelles ; ils s'étaient constitués en escouades de six hommes et avaient un système régulier de relations avec la Belgique. Toutes les semaines une escouade était de service. Ceux qui la composaient se rendaient en voiture, à pied, en chemin de fer, à la frontière et rapportaient d'Ypres, de Tournai, de Mouscron, des armes, des fusils et des livres interdits.

L'ancien groupe de Bianchi, républicain militant sous la seconde République, qui fut augmenté par la propagande de Watteau, attendait impatiemment une occasion pour agir. Précisément, en 1854, l'Empereur, au cours d'un de ses voyages, devait se rendre à Tournai par la ligne d'Hazebrouck, Lille et Mouscron, la seule existant à cette époque. On a décidé de le frapper au cours de ce voyage et de faire sauter le train impérial entre Pérenchies et Lambersart par une torpille mise sous la voie et dont l'explosion devait être provoquée au moyen de fils électriques aboutissant à une pile établie en plein champ. Parmi les principaux accusés figuraient les frères Jacquin, et Dhénnin, conducteur de travaux, qui dirigeait à cette époque la construction de l'hôtel de Lallier, vice-président du tribunal civil de Lille, situé sur la place du Concert et dont il fit le point de départ de ses

opérations contre l'Empereur. Le complot fut découvert. Ses
véritables inspirateurs, qui étaient les réfugiés, ne furent
jamais connus. Les deux frères Célestin et Nicolas Jacquin,
eurent le temps de mettre la frontière entre eux et Lille. Les
lettres trouvées par le vice-président Lallier dans sa maison
en construction, et adressées à Dhénnin, mirent la police sur
les traces des conjurés. Le procès s'ouvrit le 10 août 1855
devant la cour d'assises de Douai. Malgré la défense habile de
Dhénnin, il fut condamné. Il semble qu'il avait l'occasion
d'échapper à la condamnation, car les républicains de Lille,
loin d'être découragés par l'échec, recommencèrent à agir en
vue de favoriser l'évasion de Dhénnin. En dehors des principaux accusés, il y en eut d'autres qui furent traduits devant
le tribunal correctionnel de Lille : plusieurs dizaines d'hommes armés de poignards, qui s'étaient promenés sur la place
publique la veille de l'attentat en attendant la nouvelle de la
mort de l'Empereur pour prendre l'initiative d'un mouvement
insurrectionnel. Comme rien, en dehors de leur présence sur
la place publique, ne pouvait être relevé contre eux, on prit
le parti de les poursuivre pour délit de société secrète.
Les débats révélèrent, en outre, à la charge de plusieurs prévenus, le délit invariable d'avoir colporté des brochures,
ce qui dénotait un travail de propagande dans les ateliers.
On trouva, chez l'un des prévenus, une lettre de Mazzini
engageant les ouvriers des chemins de fer à se concerter (1).

On sait que l'extradition des frères Jacquin donna lieu
à toute une procédure qui aboutit à la fameuse convention
sur l'extradition mais qui n'arriva jamais à vaincre la résistance de la Cour suprême de Belgique. Le 1er juin 1855,
le garde des sceaux déclara à la Chambre des députés

(1) A. M. J., Cour d'appel de Douai, p. 1145, dépêche télégraphique du
12 septembre 1854. Rapports des 5 avril 1855 et 16 avril 1855.

à Bruxelles que le gouvernement de l'Empereur, tout en se réservant en principe le droit qu'il tenait de la convention d'extradition, n'insistait plus sur la demande d'extradition des deux Jacquin (1).

L'affaire de Pérenchies, qui avait provoqué une émotion profonde, fut elle-même précédée et suivie de plusieurs attentats, dus particulièrement aux Italiens. Au cours d'un procès où fut impliqué Tibaldi, le procureur général s'oublia jusqu'à parler d'un attentat antérieur où avaient été impliqués un Français, Kelsch et deux Italiens.

L'attentat du 29 avril 1855 de Pianori eut un retentissement plus grand. Les débats du procès permirent d'établir que l'auteur de l'attentat avait agi seul et sur sa propre initiative. Il n'en inspira pas moins de graves inquiétudes à l'administration. Des rapports furent demandés à tous les procureurs généraux sur l'état d'esprit du pays. La réponse du procureur général de Grenoble reflétait l'esprit et le style des réponses des magistrats consultés : « On présume que le chef de l'Etat renoncerait à son projet de voyage en Crimée, car on redoute pour lui les dangers auxquels il serait exposé et les entreprises des ennemis du pays contenus par sa présence et l'énergie de son gouvernement (2). »

Le 8 septembre 1855 eut lieu un nouvel attentat devant le théâtre italien où l'Empereur était attendu. Il avait pour auteur un cordonnier, Bellemare, qui avait été détenu deux ans à Sainte-Pélagie et Belle-Isle. C'était un esprit mystique ; il avait entretenu depuis longtemps ses amis d'un projet qu'on n'avait jamais pris au sérieux. L'administration, par une note du *Moniteur*, le déclara plutôt maniaque qu'assassin.

(1) A. M. J., p. 1145.
(2) A. M. J. Rapports : la Cour impériale d'Aix, 2 mai 1855. Cour impériale de Pau, 2 mai 1855. Cour impériale de Dijon, 3 mai 1855. Le rapport de Dijon du 30 avril signale des bruits de révolution à Paris.

On parla en même temps d'un autre attentat contre la vie de l'Empereur (1).

Les dangers réels courus par l'Empereur imprimèrent un nouvel élan aux poursuites judiciaires. La procédure était toujours la même. En 1855, on poursuivit à Bordeaux 180 ouvriers pour s'être réunis dans la banlieue de la ville afin de célébrer par un banquet l'anniversaire de la Révolution de février. Au lieu de munitions et de canons, on y découvrit des guirlandes de laurier et quelques lampions, mais les conjurés avaient chanté la Marseillaise (2). On se mit à traquer la société des « Bons Cousins », affiliée autrefois à la Charbonnerie, autorisée d'abord puis dissoute par arrêté du préfet de la Côte-d'Or du 3 février 1852. Elle continua à fonctionner et s'exposa ainsi à des poursuites judiciaires (3).

En mars 1855, le procureur général du ressort de Bourges constatait la nécessité « d'élargir le cercle des arrestations ». Le motif ne manquait pas de gravité. Dans un village à côté de Loges où une perquisition allait être faite, les habitants, à l'annonce de l'arrivée de la force publique, avaient pris la fuite, comme leurs voisins, sans qu'aucun mandat d'amener eût été décerné contre eux. Le procureur annonçait que plus d'un d'entre eux aurait à rendre compte de cette émigration, qu'il ne pouvait expliquer que par une sorte de complicité avec les véritables criminels (4). Au cours des perquisitions faites à ce propos, une correspondance intéressante fut saisie. D'abord des lettres dans lesquelles Barbès, Massini, Kossuth, Garibaldi étaient glorifiés. Ensuite, un des inculpés écrivait à l'autre une lettre dont la moralité et le sentiment pour ainsi dire mystique

---

(1) A. M. J., 1147 p. Colmar.
(2) A. M. J., Cour impériale de Bordeaux, 10 novembre 1855.
(3) A. M. J., p. 1094. Société des Charbonniers, Bons Cousins.
(4) A. M. J., p. 1178. Rapports de Bourges, avril 1855.

devaient frapper un magistrat moins prévenu contre les républicains. Un démocrate écrivait à un ami pour lui reprocher d'avoir des habitudes d'ivresse compromettantes, incompatibles avec la tâche qu'il avait entreprise envers l'humanité, au nom de laquelle il l'engageait à se corriger. Le magistrat tirait de cette correspondance la conclusion qu'il y avait entre les correspondants des relations d'association politique (1).

Le procureur général de Lyon, sur la demande du Ministre de la Justice, s'était livré à une profonde enquête pour découvrir les conditions de l'existence d'une société qui s'appelait « la Cayenne ». Il résultait de l'ensemble des renseignements recueillis sur ce point que le nom de Cayenne avait été donné de tout temps par les compagnons charpentiers à la chambre de réception qui se trouvait chez les *mères*. Ce nom avait été donné par leur fondateur Saint-Joseph à la chambre des épreuves que présidaient les pontifes de l'ordre. Le nom de Cayenne n'était donc autre chose qu'une corruption du mot hébreu Cahen (2). Il ne fallut rien moins que cette explication philologique pour empêcher des poursuites correctionnelles contre un bon nombre de charpentiers qui ne se doutaient pas du rapport qu'il y avait entre le saint qui les protégeait et la transportation en Afrique. En revanche, les poursuites contre les « Voraces » continuaient à Lyon. Le 4 juillet 1855, de nombreux prévenus comparurent devant le tribunal correctionnel. On leur reprochait d'avoir voulu provoquer une émeute à l'occasion du départ de l'Empereur sur le théâtre de la guerre. Cette société s'était constituée par une réunion dans un cabaret. Au cours de la perquisition, on y découvrit des pièces des plus compromettantes jetées par terre par une main inconnue. Parmi les prévenus figuraient un nommé

(1) A. M. J., p. 1178.
(2) A. M. J., 1178 p., 18 mars 1855, Rapport du 18 mars 1855.

Montfalcon, ancien vice-président du club des Voraces en 1848, ayant commandé les barricades le 15 juin, rue Neyret ; en 1854, il avait contribué à la réorganisation des Voraces. Ayant réussi à échapper à toutes les recherches de la police en 1852, il fut arrêté provisoirement avant l'arrivée du Prince Président. On jugea utile de l'enfermer pour une durée plus longue en 1853. Les autres prévenus étaient également compromis plus ou moins directement dans les procès antérieurs.

A Paris, la Marianne contribuait à faire les frais de toutes les poursuites. Le 6 et le 7 août, une soixantaine d'inculpés avaient comparu pour avoir essayé d'établir des rapports entre Paris et les départements. Comme toujours, les principaux prévenus avaient été auparavant impliqués dans des procès. Ainsi, Jacquot, que la justice essayait de représenter comme le chef des révolutionnaires de Batignolles, était compromis dans l'affaire de la rue Blanche comme son co-prévenu Carpezza. Ramade, mécanicien, qui aurait affilié à la Marianne quelques ouvriers de Bordeaux, était, d'après l'accusation, un ancien lieutenant de Blanqui. Morin était déjà signalé comme membre actif des loges maçonniques. On découvrit chez quelques prévenus plusieurs documents ayant un caractère plus authentique et montrant les études auxquelles quelques groupements ouvriers se livraient en attendant une révolution qu'ils croyaient imminente. L'un des prévenus, Lecompte, avait élaboré un projet de constitution d'après lequel la Commune révolutionnaire, une fois arrivée au pouvoir, devait décréter une armée révolutionnaire et volontaire. Quant à l'armée active, elle devait être dirigée sur les frontières d'Italie et d'Allemagne pour aider ces pays à conquérir leur liberté et leur unité. Toutes les voies de communication devaient être déclarées propriétés de la République. Le projet élaboré par Ramade portait également la création d'une armée révolutionnaire, d'un ministère du travail, l'organisation du socialisme par ce ministère sous la garantie de l'Etat.

A Jacquot on attribuait un projet analogue d'après lequel l'hérédité devait être abolie, la nation être l'unique propriétaire du sol et de tout ce qu'il renferme; les femmes devaient être émancipées.

Au moment où les poursuites se multipliaient contre les sociétés dites secrètes mais pacifiques, une émeute imprévue éclata à Angers. Les ardoisiers avaient été l'objet d'une propagande active, se rattachant aux événements de Crimée. On trouva sur plus d'un d'entre eux des manifestes leur annonçant que l'armée alliée serait battue certainement à Sébastopol, qu'elle serait décimée par la faim et que la Révolution allait éclater à Paris. Au nombre de cinq à six cents, les ouvriers s'étaient portés sur la commune d'Angers pour y proclamer le gouvernement révolutionnaire. Un des accusés, Secrétain, à qui on reprochait d'avoir voulu provoquer le massacre, répondit fièrement : « Je ne voulais que prendre part au renversement du gouvernement et aider à renouveler la loi. Dans l'état de dégénérescence où se trouve la France, c'est le devoir de tout bon citoyen. ». Un autre prévenu, Pasquier se défendit en disant: « Je n'ai jamais pillé de ma vie, mais je suis toujours prêt à prendre les armes pour mon parti. » Un membre du corps législatif vint témoigner en leur faveur, disant qu'il ne les croyait pas capables d'une agression contre des personnes paisibles, mais que, d'après lui, ils avaient agi dans un but politique. Secrétain et Pasquier furent condamnés à la déportation dans une enceinte fortifiée en dehors du territoire (1).

(1) *Gaz. des Trib.*, 8 et 9 octobre 1855.

La persistance de l'agitation révolutionnaire finissait par ouvrir les yeux à l'administration sur la réalité et l'étendue du mal. Le parti républicain vivait et se renouvelait. Dans un rapport d'ensemble, motivé par les poursuites se rattachant à la Marianne de Nantes, Tours, Orléans, Angers et Paris, le procureur général de la cour d'appel de Paris présentait la question sous un jour nouveau. Après avoir fait remarquer que le personnel démocratique compromis dans les différentes poursuites appartenait aux nuances les plus diverses du socialisme, il soulignait un fait qui lui paraissait particulièrement grave : D'une part, il constatait que les membres des nouvelles sociétés secrètes ne comprenaient plus aucune personne marquante en dehors de Boichot et Delescluze, que les conspirations étaient organisées par des ouvriers, des débitants, des professeurs, des déclassés, des hommes pris dans toutes les classes. Il faisait ressortir, d'autre part, qu'en décomposant le personnel des individus arrêtés, on devait reconnaître « avec un certain effroi qu'il n'y en avait pas dix sur soixante qui eussent déjà fait partie des sociétés secrètes ». « Certains meneurs, disait-il, très ardents et dangereux, n'ont aucun antécédent politique et judiciaire... Ce qu'il faut convenir, quoiqu'il en coûte... la haine du pauvre contre les riches, profondément enracinée dans les classes ouvrières par la révolution de 1848 et les doctrines qui la perpétuent, suffisent pour faire jaillir dans ces classes, à tout moment, de nouveaux conspirateurs contre le gouvernement impérial... ils veulent se gouverner eux-mêmes... les hommes superficiels et optimistes répondent que la classe des ouvriers aime le gouvernement impérial et ne songe plus à l'émeute... oui, cela est vrai pour beaucoup ; mais beaucoup trop encore ne font que céder à la crainte. » Le magistrat ne se contentait pas de faire cette constatation pour Paris. En jugeant la situation politique des départements, il ne pouvait s'empêcher de faire la remarque que la plupart des inculpés étaient originaires des départements du centre qui avaient été les plus agités par le communisme (1).

Et embrassant, dans son rapport sur la situation de l'Empire pour le premier semestre de 1855, la situation politique de tout le pays, le ministre de la justice la présentait dans ces termes : « Le parti démocratique est contenu plutôt que corrigé. L'agitation qui a reparu à la nouvelle du projet de départ de Votre Majesté pour la Crimée n'a laissé aucun doute sur ce point. A ce moment, comme par l'effet d'un mot d'ordre, les grèves d'ouvriers se multiplièrent dans les centres industriels, les libelles politiques franchirent la frontière. Les délits d'offense envers le chef de l'Etat se produisirent en plus grand nombre. De tous côtés aussi des sociétés secrètes se ranimèrent. Sur les rives de la Loire, la Marianne organisait l'insurrection dans les départements de la Nièvre, du Cher et de l'Allier. C'est au milieu de cet accès passager de fièvre révolutionnaire qu'est sorti l'attentat du 28 avril qui, en jetant la consternation dans tous les cœurs, a fait entrevoir à la France l'abîme où elle se serait précipitée si la protection divine s'était retirée un instant de l'homme providentiel qui la gouvernait... Les exilés politiques de Londres, Jersey et Genève s'efforcent, même encore aujourd'hui, d'entretenir les espérances de leur parti en France, par l'annonce d'un attentat ou d'un mouvement prochain... Par une heureuse compensation, le parti orléaniste se perd de plus en plus dans le grand parti national dont Votre Majesté est le chef couronné... Il en est autrement du parti légitimiste qui parait plus fortement organisé ; il cherche à s'atta-

(1) A. M. J. *Rapport du procureur de la Cour d'appel de Paris* du 6 avril 1855.

cher le clergé et il enrôle dans des sociétés charitables les ouvriers et les jeunes gens qu'il espère rattacher à son drapeau... Dans les départements voisins des Pyrénées, les coryphées du parti essayent de favoriser la rentrée en Espagne des réfugiés carlistes (1). »

Ainsi l'existence et l'activité du parti républicain étaient proclamées et reconnues encore une fois.

Le système de compression n'a pas encore à ce moment produit tout son effet ; la prise de Sébastopol et le traité de Paris, le prestige de la victoire ne suffisent pas pour consolider le régime. On sait en haut lieu que l'opposition républicaine persiste, et sa destruction est poursuivie méthodiquement. Les attentats commis par des Italiens Pianori, Tibaldi et Orsini ne sont que des prétextes pour englober dans les poursuites judiciaires des républicains comme Ledru-Rollin. La loi de sûreté générale de 1858 est le couronnement logique d'un système dont la faillite sera reconnue immédiatement. En attendant la grande amnistie, les procès suivent donc leur cours. A Paris, le 12 mars 1856, on poursuit quatorze individus pour détention d'armes et munitions. Naturellement, quelques-uns d'entre eux étaient déjà condamnés pour délit de société secrète. Afin de renforcer l'accusation, on mit à leur charge des formules dont ils se seraient servis dans leur propagande et où l'on reconnaît les idées de Louis Blanc, auxquelles s'ajoutent quelques affirmations familières à Proudhon. La véritable base d'accusation était, — ce qu'avouaient les ouvriers eux-mêmes, — des conversations sur « la cherté des subsistances et toutes les duretés du temps » (2). En avril, la *Commune révolutionnaire* fut l'objet d'un nouveau procès. On poursuivit un cordonnier, Clément, qui avait fait de son atelier

(1) A. M. J., 8167.
(2) *Gaz. des Trib.*, 12 mars 1856.

un centre de propagande. Les écrits et les notes saisis chez lui montraient une fois de plus le travail curieux qui se faisait dans l'esprit de certains groupements ouvriers. Le manuscrit de Clément débutait comme suit : « J'ai trente ans, il est temps que je note le fruit de mes lectures. » Quelques-uns des prévenus se réclamaient de lui comme de leur père spirituel leur enseignant que l'Etre suprême, c'était la raison. On trouva, en outre, chez lui une presse clandestine et soixante-douze exemplaires d'un manifeste où on lisait : « Aujourd'hui que le pacte de famine est organisé, que le monopole règne en maître, notre devoir est de maintenir nos droits, de garantir l'existence de nos femmes et enfants... Rappelez-vous 93 : Robespierre, Danton, Marat, Saint-Just ont fait plus en quelques années pour la cause de la liberté que nous n'en avons fait en soixante ; ils avaient à lutter contre le despotisme et la féodalité qui régnaient depuis des siècles ; aujourd'hui, qu'avons-nous ?... Le capital en face du travail, l'exploiteur et l'exploité. » (1)

A Lyon, on poursuivait également, en mai 1856, douze individus pour détention et fabrication de munitions de guerre. L'accusation prétendait qu'ils faisaient partie d'une société secrète : « la Militante » (2). Quelques jours plus tard, quarante-six personnes furent traduites devant le tribunal correctionnel de Lyon. Morel, réfugié à Londres, figurait au procès à côté de Giraud, que le ministère public qualifiait de lieutenant de Blanqui (3). L'année 1857 ne fut pas plus clémente pour les groupements républicains. Dans un procès dont la chronique judiciaire ne contient qu'une rapide mention, plusieurs républicains furent

(1) *Gaz. des Trib.*, 23 avril 1856.
(2) *Gaz. des Trib.*, 2 et 3 mai 1856.
(3) *Gaz. des Trib.*, 21 août 1856.

condamnés à Paris pour délit de société secrète. Aucun fait précis ne fut relevé à leur charge. Briosne, l'un des plus éloquents orateurs des réunions politiques en 1868, fut frappé dans la circonstance de trois ans de prison, que partagea avec lui Constant Arnould qui avait déjà commencé à cette époque à s'exercer dans le métier si dangereux de rédacteur de petits journaux (1). L'anniversaire de février était un nouveau prétexte à des poursuites. Quelques étudiants s'étaient rencontrés avec plusieurs ouvriers sur la place de la Bastille; cela suffisait pour diriger contre eux l'accusation d'avoir voulu tenter un mouvement insurrectionnel. On reprit l'ancien langage des documents administratifs, qui consistait à représenter les étudiants comme l'intelligence et les ouvriers comme le bras de la révolution (2). Un peu plus tard, quarante-cinq inculpés, presque tous ouvriers, furent encore traduits devant le tribunal correctionnel à Paris. L'accusation reposait tout entière sur une invention policière, d'après laquelle dans le courant de 1856, une société secrète succéda à la Militante en prenant le nom de société des « Francs Juges ». Elle était formée et dirigée, suivant la police, par un ancien lieutenant de la garde nationale, transporté de juin et gracié, Joseph. Les réunions se faisaient aux Buttes Saint-Chaumont; il y avait un conseil supérieur appelé consistoire; la société devait comprendre quatre cohortes et chaque cohorte douze tribus; les chefs de ces tribus avaient des noms tirés de la Bible; des serments avaient été prêtés. On avait juré, prétendait la police impériale, de se consacrer à la république universelle, sociale, démocratique. Le mot d'ordre était « Pianori et Alibaud. » Toute cette mise en scène était entièrement fausse et préparée par un agent provocateur. La poursuite avait été

(1) *Gaz. des Trib.*, 7 février 1857.
(2) *Gaz. des Trib.*, 9 mai 1857.

inspirée par le désir de se débarrasser de quelques ouvriers trop actifs et de quelques membres du petit groupe qui se réunissait chez Rogard, rue des Maçons-Sorbonne, et parmi lesquels figuraient Henri Lefort, homme de lettres, Loth, étudiant, et Rolland, fils de Pauline Rolland (1).

IV

L'année de 1858 fut marquée par l'attentat d'Orsini du 14 janvier, qui, en dehors des mesures exceptionnelles sur lesquelles nous reviendrons, provoqua un redoublement de poursuites. Une émeute à Châlon, en 1858, semblait donner raison à ceux qui croyaient à la persistance des tendances révolutionnaires dans les classes ouvrières. Une quarantaine d'hommes s'étaient précipités sur un petit poste d'infanterie et s'étaient dirigés vers la gare du chemin de fer en criant : « Vive la République, la République est proclamée à Paris. » Comme c'était presque au lendemain de l'attentat de la rue Le Peletier, on ne manqua pas d'y voir l'accomplissement d'un même programme (2). En avril de la même année, avaient commencé les poursuites qui se rattachaient à un ordre de faits nouveaux. On avait remarqué que les élections de 1857 avaient provoqué une certaine agitation dans les masses ouvrières. Des réunions eurent lieu dans des cabarets. On se concertait sur les candidatures proposées et on se livrait à une propagande plus ou moins active. Cette propagande électorale, qui pourtant n'avait pas pris la forme d'une organisation permanente, avait été immédiatement désorganisée par une série de poursuites. Le moyen légal était dans

(1) *Gaz. des Trib.*; 28 mai 1857. Nous avons eu des renseignements précis sur ces poursuites par M. Henri Lefort, qui, comme nous l'avons dit, fut impliqué dans le procès.
(2) *Gaz. des Trib.*, 18 mai 1858.

l'assimilation à une société secrète d'une réunion dans un cabaret (1). A Bordeaux, dans le déchaînement des rigueurs administratives, on avait poursuivi une société composée d'icariens d'un caractère absolument pacifique, dont les statuts portaient que le véritable icarien ne devait ni priser, ni fumer, ni entrer dans les cabarets, mener une vie de déférence pour les vieillards, et se livrer à la pratique de l'enseignement de Jésus (2).

Le procès démontra l'existence à Bordeaux d'un noyau d'icariens qui étaient en train de réunir un capital destiné à la fondation d'une colonie en Amérique; mais on avait découvert chez quelques membres de ce groupement des écrits de Victor Hugo et des exemplaires de la *Nation*, publiée à Bruxelles. Le caractère républicain de l'association ne pouvait donc pas être contesté.

Toute cette pratique administrative avait abouti à son dénouement logique, à la loi de sûreté générale de 1858 provoquée par l'attentat du 14 janvier 1858 qui eut lieu aux abords de l'Opéra et qui avait comme principaux auteurs Orsini et Piéri. Cet attentat impressionna profondément l'Empereur. En effet, il put constater, à cette occasion, que l'opinion publique s'était montrée favorable à la cause de l'indépendance de l'Italie. Personne n'ignorait que les révolutionnaires italiens escomptaient depuis longtemps la présence sur le trône de Napoléon III, ancien carbonaro, pour délivrer l'Italie et fonder son unité. On comprenait leur impatience et on était porté à excuser l'attentat. Les démarches qui furent tentées pour obtenir la grâce des accusés, l'accueil fait par l'opinion publique au projet de gracier Orsini et Piéri durent confirmer cette impression.

(1) *Gaz. des Trib.*, 22 avril 1858, 4 juin 1858.
(2) *Gaz. des Trib.*, 3 septembre 1858.

Que la question de la grâce fût véritablement agitée, qu'elle eût des partisans nombreux, cela n'était pas douteux. La lettre du préfet de Paris, Piétri, au garde des sceaux en fait foi. Voici, en effet, ce qu'il écrivait à la date du 11 mars 1858 :

« Par votre dépêche du 6 de ce mois, vous me faites l'honneur de me demander de vous faire connaître le résultat de mes informations personnelles sur l'attitude des condamnés Orsini, Piéri et Radio, sur l'état de l'opinion publique à leur égard, sur les circonstances qui commandent de laisser un libre cours à l'action de la justice et aussi sur celles qui semblent devoir permettre à la clémence impériale de s'exercer utilement. L'attitude des condamnés est convenable, sans forfanterie ; ils ne récriminent point et reconnaissent comme équitable l'arrêt qui les frappe... L'opinion publique, en ce qui concerne l'arrêt de la cour d'assises, offre des divergences remarquables. Dans les classes bourgeoises où l'on raisonne plus froidement, on croit qu'un si grand crime mérite une terrible expiation ; mais parmi les ouvriers, et je parle de ceux qui aiment l'Empereur, on est disposé à admettre des pensées de clémence. Au reste, on ne saurait se dissimuler que la manière dont l'avocat d'Orsini a compris et présenté la défense de son client a jeté sur celui-ci, à tort ou à raison, un certain intérêt qu'on peut regretter, mais qui est très réel... En résumé, on ne saurait se faire d'illusion sur les conséquences de ce terrible châtiment au point de vue de la sûreté de l'Etat et de l'Empereur. Il est malheureusement vrai de dire que jamais la sévérité des peines édictées n'a mis obstacle à de nouveaux crimes. L'attentat de Fieschi n'a été que le prélude d'une série d'attentats qui ont attristé le règne de Louis-Philippe. »

Dans sa supplique à Napoléon III, Piéri, de son côté, écrivait : « La révolution à Paris, c'est la révolution partout ; la révolution italienne, ce n'était pour moi qu'une conséquence de la révolution française. En me battant sur les barricades de Paris, je disais : derrière ce feu, derrière ces balles, il y a l'Italie avec son indépendance, sa liberté et sa gloire. » Il rappelait à celui qui avait commencé par être un membre d'une société secrète italienne, avant de monter sur le trône, qu'il avait été organisateur d'une légion nationale, dont le prince Pierre Bonaparte devait être un des commandants (1).

La loi de sûreté générale avait été la première réponse de l'Empire à l'attentat de 1858 ; mais Paris s'obstina, et aux élections d'avril 1858, faites pour remplacer Goudchaux, Carnot et Cavaignac, il avait porté à l'Assemblée législative l'avocat d'Orsini, Jules Favre.

Le 14 janvier 1858 marque dans l'histoire de l'Empire une double date, d'abord celle du renforcement du système de compression, puis le début d'un mouvement libéral qui devait avoir pour point de départ une nouvelle politique à propos de la question italienne.

La loi de sûreté générale présentée au Corps législatif en janvier contenait dix articles. Elle frappait de peines sévères tout individu qui, dans le but de troubler la paix publique ou d'exciter à la haine ou au mépris du gouvernement de l'Empereur, avait pratiqué des manœuvres ou entretenu des intelligences, soit à l'intérieur, soit à l'étranger. L'article 5 disposait : « Tout individu condamné pour l'un des délits prévus par la présente loi peut être, par mesure de sûreté générale, interné dans un des départements de l'Empire ou en Algérie, ou expulsé du territoire français. » L'article 9, plus grave et qui avait reçu une application immédiate, marquait la tendance persistante de l'administration à considérer

(1) A. M. J., dossier relatif à l'attentat d'Orsini.

comme dangereux surtout ceux qui avaient été déjà compromis dans des poursuites antérieures. Il portait ce qui suit :
« Tout individu interné en Algérie ou expulsé du territoire, qui rentre en France sans autorisation, peut être placé dans une colonie pénitentiaire, soit en Algérie, soit dans une autre possession française. »

Espinasse, à qui l'exécution de cette mesure avait été confiée, était l'auteur du rapport de 1852 contre les mesures de clémence. Il avait cru que les mesures de 1858 n'étaient que le complément de la répression qui avait suivi le coup d'État. Il s'agissait d'ailleurs moins de réprimer que d'intimider. Plus de 500 arrestations furent opérées au hasard, dans le tas. La main de l'administration s'appesantissait autant sur la bourgeoisie que sur les ouvriers (1).

Les notaires, les avoués et les médecins furent particulièrement visés, parce que leurs études et leurs cabinets, jouissant de la garantie accordée au domicile privé, pouvaient constituer un milieu favorable à la propagande républicaine (2).

A Paris, furent compris dans les rafles les anciens membres du comité de la résistance (3).

(1) V. *Les Suspects de 1858*, par E. Ténot et Antonin Dubost, 1869.
(2) Senior, *op. cit.*, t. II, p. 163, 164, 210.
(3) Voici, pour donner une idée de la composition de la liste de proscription, quelques exemples.
Pour la Seine-Inférieure, sur les cinq victimes, il y eut trois ouvriers et un débitant. L'un d'eux, Beaufour, avait déjà été frappé en 1852 de cinq ans à Cayenne. Un autre, Gratigny, condamné à dix ans pour société secrète, subissait sa peine à la prison de Beaulieu au moment de l'attentat d'Orsini.
En Alsace, on transporta MM. J.-J. Boersch, meunier ; Keller, négociant ; Théodore Wein, entrepreneur de couvertures en ardoises, et Zaberre, fabricant de bougies. Wein, à son retour d'Afrique, ne voulant plus vivre sous un gouvernement capable de pareils actes, se fixa à Bâle, où il put rendre de grands services aux soldats français réfugiés en Suisse en 1870 (Staehling, *Histoire contemporaine de Strasbourg et de l'Alsace*, t. II, p. 73 et suiv.).

La loi de sûreté générale fut complétée par une circulaire du duc de Padoue chargé d'assister l'impératrice pendant l'absence du chef de l'Etat. Au moment du départ de Napoléon III pour la guerre d'Italie, le duc de Padoue, envisageant l'éventualité de la disparition de l'Empereur, avait invité les préfets à dresser une liste des noms notoirement connus pour leur hostilité à l'Empire. Des mandats d'arrêt en blanc devaient être préparés et, au premier échec des armées françaises, à la première nouvelle d'une blessure reçue par l'Empereur, on devait procéder à l'arrestation de tous les individus inscrits sur ces listes. La loi de sûreté générale était à la base de ces dispositions, qui ne pouvaient pas être considérées comme un rouage accidentel de l'administration impériale. L'Empire, en principe, n'avait jamais renoncé aux lois d'exception. La loi de 1858 fut appliquée à de Flers, auteur de plusieurs correspondances hostiles au gouvernement et publiées à l'étranger, cette loi permettant d'assimiler ces correspondances à des manœuvres à l'extérieur. Une application de cette même loi, comme nous l'avons vu, fut faite à Scheurer-Kestner. Une troisième fois, elle fut appliquée à un étudiant, Taule, auteur d'une lettre adressée mais non parvenue à un proscrit, Ledru-Rollin, lettre contenant les espérances d'un jeune étudiant (1).

A ce point de vue, l'Empire, il faut le répéter, resta toujours un système de compression prêt à avoir recours à des mesures d'exception. Le 4 septembre, les républicains qui s'emparèrent de la préfecture du chef-lieu de leurs départements respectifs trouvèrent souvent leurs noms inscrits sur la liste des suspects (2).

(1) *Revue politique*, 1868, *De la loi de sûreté générale*, par Ch. Floquet.

(2) On connaît cette circonstance pour des villes comme Lyon, Marseille. Il en fut de même pour Aix, en Provence, suivant un renseignement qui m'a été fourni par M. Victor Leydet qui a figuré sur cette liste et, probablement, dans beaucoup d'autres villes.

Pourtant, la guerre d'Italie constitua le point de départ d'une nouvelle politique. Il y eut des tentatives de rapprochement avec le parti libéral, par suite des défections qui se produisirent dans le sein du parti catholique. L'amnistie de 1859 marqua le début de cette nouvelle politique, et la diminution de l'intensité de l'action révolutionnaire coïncidait avec le relâchement de l'autoritarisme. Il était possible désormais de lutter avec plus ou moins de succès sur le terrain électoral ou par la voie de la presse.

CHAPITRE VII

L'action parlementaire du parti républicain jusqu'en 1859.

I. Les élections de 1857 et la signification de la candidature d'Emile Ollivier.
II. Les Cinq.

I

Même avant l'amnistie de 1859, les républicains avaient déjà essayé d'agir sur ce terrain. Mais l'action parlementaire elle-même se présentait à beaucoup d'esprits comme devant avoir un caractère révolutionnaire. Elle n'impliquait nullement l'acceptation du régime établi. Au début, les républicains vaincus, voulant marquer leur opposition absolue, irréductible, prêchaient une abstention complète.

Cette tactique triompha aux élections de 1852 où le nombre des électeurs votants était minime.

L'idée d'une abstention systématique, même au point de vue électoral, fut émise à nouveau en 1857, mais elle fut vite écartée. La question à cette époque allait se poser autrement : fallait-il, oui ou non, se soumettre à la formalité du serment pour pouvoir participer à l'action parlementaire par l'entrée au Corps législatif ? Une fraction de jeunes républicains était tentée de répondre par l'affirmative : si l'on ne pouvait essayer de renverser l'Empire par la transformation subite de la majorité bonapartiste, n'était-il pas possible de faire une utile opposition légale en se renfermant dans les limites de la Constitution ? Tel devait être le programme du jeune parti dissident aux élections de 1857.

Malgré la différence de portée qu'on lui attribuait, l'action électorale était dans l'esprit de tous les partis. A Paris circulait une lettre du comte de Paris invitant ses partisans à voter (1). La vérité est que si la majorité des groupements républicains s'était prononcée pendant longtemps contre l'exercice du droit électoral et contre la participation à l'exercice du pouvoir législatif, cela tenait aux circonstances particulières dans lesquelles avaient lieu le travail parlementaire et les élections.

En effet, la presse, qui était l'instrument le plus puissant d'une campagne électorale, ne pouvait apporter aucun secours aux républicains.

Le décret de 1852 plaçait les journaux sous l'arbitraire administratif en les soumettant au système des avertissements, des suspensions, des suppressions et des communiqués.

Seule la police correctionnelle connaissait des délits de presse : une condamnation encourue dans l'année pour crime par la voie de la presse, deux condamnations pour délit et contravention entraînaient la suppression du journal. Le gouvernement pouvait prononcer la suspension du journal par une décision ministérielle. Au point de vue de la gestion intérieure, le rédacteur en chef du journal ne pouvait être désigné que par le Ministre de l'Intérieur, armé du droit de le destituer ; l'autorisation de l'administration était également requise pour le moindre changement dans les personnes de gérants, administrateurs et propriétaires. Par la

---

(1) V. *Journal de Genève*, 15 juin 1857.

distribution arbitraire des annonces judiciaires, le préfet tenait entre ses mains la presse départementale qui généralement ne pouvait compter sur un grand nombre de lecteurs. Le droit du timbre et un cautionnement considérable avaient rendu très difficile la propagation des feuilles politiques.

La censure n'existait pas en apparence ; en fait, au lieu de se produire avant la publication du journal, elle se manifestait dans les 48 heures, sous forme d'avertissement. En outre, la censure administrative fut remplacée par la surveillance intéressée de l'imprimeur qui, tenant son brevet de l'administration, était menacé de se le voir retirer après une condamnation frappant le journal suspect. Plus d'une fois un journal, une revue durent cesser de paraître par suite de la crainte préventive de l'imprimeur.

Il y eut pourtant, en France, une presse républicaine, représentée par le *Siècle* et le *Charivari* à Paris, auxquels on pouvait ajouter le *Courrier du Dimanche*, la *Presse*, qui fréquemment faisaient cause commune avec les démocrates. Dans les départements, il y eut le *Phare de la Loire*, à Nantes ; *La Gironde*, à Bordeaux ; *Le Progrès*, à Lyon. Le *Phare de la Loire* fut le véritable journal démocratique, sous l'Empire. Il fut dirigé par les frères V. et E. Mangin, qui jouissaient d'une certaine liberté, par suite des rapports personnels existant entre Laurent Pichat, le principal actionnaire du journal, et le préfet de la Loire Inférieure (1).

La Gironde, qui avait pris une extension considérable dans le sud-ouest, y fut fondée par un banquier bonapartiste, rachetée en 1858 par Gounouilhou qui, secondé par Lavertujon, rédacteur en chef, en fit un journal d'opposition.

Mais d'une façon générale, la presse opposante n'existait qu'à la circonférence du pays. Dans 31 départements on

(1) Renseignement fourni par M. Wilfried de Fonvielle.

comptait à peine 56 journaux d'opposition; il en restait par conséquent 58 qui n'en avaient pas, et qui même n'avaient aucun journal politique.

L'administration se montrait rebelle à toute autorisation pour la création d'un nouveau journal. Dans les Côtes-du-Nord, il n'y avait pas d'organe démocratique depuis 1852 ; les demandes faites par Glais-Bizoin ne furent pas écoutées. Dans l'Aude, il n'existait qu'un journal politique gouvernemental paraissant deux fois la semaine. Six cents habitants de Narbonne avaient exprimé le désir d'avoir une feuille pour défendre librement leurs intérêts, feuille politique qui d'ailleurs devait comprendre une majorité d'actionnaires modérés ; un refus fut la seule réponse à ces démarches. Dans l'Aisne, à Laon, où il ne subsistait qu'un journal gouvernemental, 6.000 personnes avaient sollicité inutilement l'autorisation de créer une autre feuille (1).

En revanche, la presse de Paris s'était répandue rapidement dans les départements. Le 17 janvier 1853, le préfet du Bas-Rhin constatait qu'il y avait eu une progression assez sensible dans le nombre des abonnés du *Siècle*. « On y remarque, disait-il, en dehors des abonnements directs, beaucoup de sous-abonnements et, par ce moyen, le *Siècle*, peu connu auparavant, est répandu dans les brasseries et beaucoup lu dans ces établissements. » (2) Le préfet de la Gironde s'étant livré à la même enquête avait constaté que le chiffre total du tirage de journaux était tombé de 236.500 à 192.500, mais il ajoutait que les abonnements du *Siècle* s'étaient élevés de 12.341 à 15.039 (3). En 1859, la statistique des journaux de Paris accusait les chiffres suivants : Le *Siècle* 36.500 exemplaires, *Le Constitu-*

---

(1) Bersot, p. 5 et 10.
(2) A. N., *ibid.*, Bas-Rhin, 5.
(3) A. N. F., *ibid.*, 6. Rapport du 1ᵉʳ mai 1853.

tionnel 26.500, *La Patrie* 25.000, *Le Moniteur* 15.000, *La Presse* 21.000, *Le Charivari* 1.800, *La Revue contemporaine* 2.500 (1).

L'opposition faite par les journaux républicains ne pouvait être que des plus réservées. Aussi l'attitude du *Siècle* avait-elle soulevé des protestations au sein du parti ; Goudchaux, un des principaux actionnaires du journal, disait constamment à son directeur : « Fais-toi supprimer ». Mais Havin résistait. Sous Louis-Philippe, il avait déjà fait partie du Parlement comme député de la Manche et préférait une opposition modérée et utile à la disparition de son journal. Par son influence, par ses attaches avec l'Empire, il avait mérité le nom de quatrième pouvoir de l'Etat. Malgré son attitude conciliante, il avait couru de graves risques et, après l'attentat d'Orsini, il avait failli être supprimé.

Il fit une démarche auprès de son ami Fould qui le présenta à Napoléon III, dont, dit-on, il avait reçu la réponse suivante : « Non, Monsieur Havin, le *Siècle* ne sera pas supprimé, j'en suis trop content, et de vous son directeur. » (2)

La politique du *Siècle* se résumait en deux articles : Le principe des nationalités au point de vue de la politique extérieure ; l'anticléricalisme au point de vue de la politique intérieure.

Quoique très loin de répondre aux aspirations des républicains, ce journal, disposant d'une très grande force par le nombre de ses abonnements, joua un rôle important et souvent décisif au point de vue de l'action parlementaire jusqu'à la mort de son directeur.

L'action de la presse républicaine eut à compter avec la concurrence redoutable des journaux officiels.

L'Empire, qui s'attribuait le droit d'imposer par la force des

(1) Chiffres donnés par le *Courrier du dimanche*, du 16 janvier 1869.
(2) *Le Confédéré* (de Fribourg), 22 novembre 1868.

convictions politiques, de dicter des solutions sur des questions les plus intimes touchant la conscience, avait pris le parti d'avoir à sa disposition, comme moyen de persuasion et de coercition, une nombreuse presse.

Le Constitutionnel, La Patrie, Le Moniteur, sous différents aspects, apportaient l'expression de la pensée gouvernementale jusque dans les plus petits coins de la France. En fait, l'administration impériale était le seul rédacteur en chef, le véritable directeur de la presse non opposante, qu'elle avait pour ainsi dire monopolisée entre ses mains.

Il en fut de même pour la politique proprement dite ; aux élections, l'administration était représentée par le ministre de l'Intérieur, agissant pour le compte de l'Empereur ; les préfets et les maires étaient les grands électeurs.

Le suffrage universel sous le second Empire présentait moins de garanties de sincérité que le système de présentation du Consulat, par suite d'un ensemble de circonstances auxquelles on avait donné le nom de candidature officielle.

Tout d'abord, les circonscriptions électorales fixées au gré de l'administration étaient constituées par des cantons, des arrondissements, sans qu'il existât aucun lien entre eux. Aucun groupement naturel, aucun intérêt précis, ne pouvait espérer s'imposer. La France était réduite à l'état de poussière électorale.

Les villes étaient noyées dans les campagnes. Les électeurs ruraux effaçaient la volonté des groupements plus avancés. Jamais un candidat, avant la période électorale, ne pouvait savoir à quels électeurs il aurait à faire. Le scrutin durait deux jours, et les urnes parfois à double fond, abritées par les maires, avaient plus d'une fois fait pencher la balance en faveur du candidat officiel (1).

(1) Souvent les ouvriers, pour déjouer les fraudes possibles, s'entendaient pour ne voter que le dernier jour.

Si le système électoral de l'Empire servait à quelque chose, c'était à montrer l'antagonisme qui existait entre les campagnes et les villes, et cela cadrait à merveille avec la constante tendance de l'administration à dénoncer Paris à l'indignation et aux suspicions de la province, qui considérait la capitale comme étant toujours prête à donner le signal du mouvement révolutionnaire.

La géographie électorale arbitrairement formée par l'administration n'était qu'un des traits, et peut-être le moins offensif, de la candidature officielle. La pression morale exercée sur les électeurs était peut-être plus décisive et plus considérable.

Les choses se passaient, en effet, comme si tout candidat d'opposition se proposait de tenter une action révolutionnaire contre l'Empereur, qui était le candidat désigné d'office dans toutes les circonscriptions électorales.

Les circulaires des préfets sur les élections étaient plus nombreuses que celles des candidats. Les fameuses circulaires de Persigny et de Billault contenaient tout le programme du gouvernement dans la matière.

« Monsieur le Préfet, lisons-nous dans la première, prenez des mesures pour faire connaître aux électeurs de chaque circonscription de votre département, par l'intermédiaire des divers agents de l'administration, par toutes les voies que vous jugerez convenables, selon l'esprit des localités, et au besoin par des proclamations affichées dans les communes, celui que le gouvernement de Louis Napoléon juge le plus apte à l'aider dans son œuvre réparatrice. » Le nom du candidat officiel était désigné par des affiches ayant une couleur spéciale. Quant aux candidats de l'opposition, l'affichage de leurs professions de foi n'était possible qu'avec l'autorisation du préfet, qui pouvait naturellement la refuser.

Le candidat éprouvait également les plus grandes difficultés pour faire distribuer ses bulletins; plus d'un arrêté préfectoral signalait les individus ayant conservé « leurs anciennes manies révolutionnaires sous le prétexte de colportage de bulletins ».

Un candidat ne pouvait pas se proclamer républicain, car c'était une incitation à la révolte; il devait se garder de se dire démocrate, car les circulaires ministérielles avaient dénoncé d'avance « un petit nombre d'hommes se disant démocrates en face d'un gouvernement assis sur la base la plus démocratique qui eût jamais existé (1). »

Grâce à cet ensemble de moyens, le gouvernement se croyait tellement sûr des élections que, contrairement à tous les usages précédents, il procéda à la nomination et au changement d'un grand nombre de sous-préfets presque à la veille des élections (2).

Des groupements républicains durent s'improviser de différents côtés; il y eut également des tentatives individuelles, sans mandat précis.

Ainsi, Deroisin et Jules Ferry se présentèrent chez Cavaignac pour l'engager à poser sa candidature dans le département de la Meurthe où, aux élections précédentes au conseil général, un candidat de l'opposition avait été élu malgré les 800 voix égarées sur le nom d'une amie particulière du préfet (3). Une organisation plus régulière se présentait sous l'aspect d'un comité qui se réunissait chez un des avocats les plus réputés, Desmarest. On y rencontrait Amiel, chef d'institution; F. Arnaud (de l'Ariège), Jean Bastide, Bethmont, Buchez, Carnot, le général Eugène Cavaignac, Ed. Charton,

(1) Taxile Delord, II, p. 321 et suiv.
(2) *Journal de Genève*, 12 juin 1857, Correspondance de Paris.
(3) Renseignements fournis par MM. Deroisin et Ch. Ferry.

Corbon, Jean Reynaud, Jules Simon, anciens représentants du peuple ; Laurent Pichat, directeur de la *Revue de Paris* ; Frédéric Morin, Eugène Pelletan, Vacherot, ancien directeur de l'Ecole Normale. Ferdinand Hérold, un des principaux avocats de la cour de cassation, remplissait le rôle de secrétaire.

Un autre groupement s'était constitué autour du *Siècle* sur l'initiative de Benazé, ancien maire du premier arrondissement sous la République, membre du conseil d'administration du journal. Il sut s'entourer de jeunes écrivains et avocats parmi lesquels figuraient Emile Ollivier et Ernest Picard.

Ce petit noyau subissait l'influence de l'esprit pratique de Havin.

Il n'était pas encore question en ce moment d'un groupe distinct, chargé de représenter les intérêts des ouvriers. Ces derniers votaient en masse pour les candidats désignés par les comités bourgeois. Cette attitude était conforme à la tactique préconisée par Proudhon, en 1852, qui, ayant posé provisoirement sa candidature conjointement avec Goudchaux, déclarait qu'il tenait à exprimer par là le devoir impérieux de travailler au rapprochement de la classe moyenne avec le prolétariat (1).

En fait, sans avoir une organisation distincte, les ouvriers prenaient une part très active aux élections. Une extrême agitation se manifesta dans le faubourg Saint-Antoine. Le gouvernement, pour intimider les ouvriers, en fit poursuivre un certain nombre pour délit de société secrète (2).

La première question à résoudre pour le parti républicain était celle de la participation aux élections ; comme nous

(1) *Correspondance*, t. VI, p. 30, lettre à Charles Beslay.
(2) *Journal de Genève*, 10 juin 1857.

l'avons déjà dit, elle fut tranchée dans le sens de l'affirmative. Deroisin contribua dans des discussions antérieures, chez Carnot et Pagès, à faire prévaloir cette solution. Il fit notamment remarquer que, même en 1852, la masse compacte d'électeurs avait pu exprimer son opposition par un vote négatif, comme c'était par exemple le cas de la commune de la Croix-Rousse à Lyon.

Pour ce qui concerne la participation plus effective à l'action parlementaire, en tous cas aux travaux du Corps législatif, les avis furent profondément partagés. Même des hommes aussi modérés que Thiers doutaient de l'efficacité et de la possibilité d'une opposition parlementaire. Il déclina la candidature qui lui fut offerte en disant : « Quand on accepte une chose, il faut avoir un but... Qu'irais-je faire à la Chambre? Rien. Il vaut donc mieux que je m'abstienne (1). »

Louis Blanc, reflétant l'opinion extrême, préconisait la tactique suivante : « Que les élus du peuple, disait-il, ne se bornent pas au refus du serment; ce qu'il faut, c'est un refus motivé de telle sorte qu'on y entende vibrer ce grand cri qu'a retenu au fond des consciences le succès prolongé de l'attentat par où la liberté de la tribune et celle de la presse ont péri; interrompus, que les élus de la nation insistent; menacés, qu'ils résistent jusqu'à ce que la force intervenant les empoigne. »

Cette conception de l'exercice du droit électoral faisait des élections un prolongement de la résistance révolutionnaire sous les apparences d'une action légale.

Une tendance toute différente se manifesta dans le groupe dont le *Siècle* était l'organe. La divergence de vues entre les différentes fractions du parti républicain fut accentuée par

(1) *Journal de Genève*, 8 janvier 1857.

un conflit auquel avait donné lieu l'attitude d'Emile Ollivier. Après avoir hésité, en apparence, à accepter la candidature, ce dernier avait donné son consentement, et, malgré une désignation antérieure faite de concert entre le *Siècle* et le Comité Desmarest, s'était porté candidat à la quatrième circonscription, attribuée tout d'abord à Garnier Pagès. Il faut noter tout de suite qu'il ne s'agissait pas, même pour les dissidents, de se réconcilier avec l'Empire. Ernest Picard, qui était un des plus ardents défenseurs de la candidature d'Emile Ollivier, désignait les hommes de décembre en les appelant une « bande de malfaiteurs ». Emile Ollivier de son côté, à cette époque, contrairement à ses affirmations ultérieures, avait marqué sa préférence pour Mazzini, partisan de la doctrine révolutionnaire, et critiqué Manin qui s'était prononcé pour une opposition légale (1).

Sa candidature n'avait été adoptée par le *Siècle* que parce qu'il était fils d'un proscrit, Démosthène Ollivier, et frère d'un démocrate militant, Aristide Ollivier, tombé dans un duel, victime de sa foi démocratique.

L'opposition irréductible d'Emile Ollivier à l'Empire était connue ; elle s'était manifestée sans équivoque et sans interruption jusqu'à sa conversion subite en 1864. C'était lui qui avait cru devoir mettre en garde en 1859 les jeunes républicains auxquels le changement de la politique extérieure de Napoléon III semblait avoir fait oublier les injustices du passé. Se trouvant un jour chez J. Ferry, surpris par l'approbation enthousiaste donnée par Floquet et Philis à la campagne d'Italie, il leur avait dit : « Ce misérable veut chercher à rendre un certain éclat à son vieil aigle rouillé dans le sang, vous êtes ses dupes ; prenez garde, vous serez ses complices. (2) »

(1) Renseignements fournis par M. Deroisin.
(2) Renseignements fournis par M. Charles Ferry.

Son prestige dans le parti républicain était tel que Gambetta, parlant de lui, disait : « Emile Ollivier a l'émotion de Fox et le génie politique de Pitt. (1) » Il plut à la partie active de l'opposition surtout par son programme, qu'il fit connaître dans un manifeste du 19 juin 1857.

« Electeurs, y disait-il, il n'est pas nécessaire que je vous expose ma foi. Mon nom, mon passé vous l'ont apprise. — Les événements n'ont pas modifié mes convictions... Tout établissement politique doit s'appuyer sur la démocratie... Personne ne le conteste... mais il est deux sortes de démocratie. Il en est une large, sympathique, qui s'élance vers l'avenir. Cette démocratie sait qu'on grandit par l'assimilation et non par l'exclusion ; qu'en présence d'une situation nouvelle, il faut se transformer et non se répéter. Elle croit que le temps des phrases est passé et que celui de la science commence ; l'amélioration morale et matérielle du sort de ceux qui souffrent, des travailleurs, le développement du commerce, de l'industrie, du crédit : voilà son but. — La liberté : voilà ses moyens. Cette démocratie est celle de la jeunesse depuis 1848 ; je suis un de ses représentants. »

Les quelques lignes dans lesquelles Ernest Picard recommandait la candidature de son ami faisaient ressortir le sens de la tactique préconisée par le candidat de la quatrième circonscription. « Il est utile de préparer aux luttes de l'avenir les hommes jeunes et intelligents. Il faut toujours se souvenir que la démocratie est l'expression du progrès. »

Il y avait certainement dans le manifeste d'Emile Ollivier, une pensée qui ne manquait pas de profondeur. Un parti vivant ne pouvait pas renfermer son programme dans un seul et unique article qui comportait la négation de la forme du gouvernement. La vie, avec ses manifestations multiples et complexes, demande à une doctrine politique une réponse à beaucoup d'autres questions. Pour affirmer sa vitalité, un parti a besoin de montrer qu'il a travaillé à la solution de

1) Renseignements fournis par M. Deroisin.

nombreux problèmes imposés par la vie politique et sociale. S'inspirant des mêmes vues, Thiers conseillait de présenter aux élections des candidats républicains modérés, ceux qui, dans sa pensée, devaient succéder au gouvernement de Napoléon et auxquels une éducation politique préalable était indispensable (1).

Il ne faut pourtant pas nier que certains éléments de la jeunesse républicaine avaient hâte, dès cette époque, de s'affranchir de l'autorité des anciens, et trahissaient déjà, non seulement les divergences de vues qui se manifestaient entre des générations différentes, mais aussi l'impatience de quelques-uns d'arriver au plus vite. L'extraordinaire infatuation d'Emile Ollivier qui se croyait assez de génie pour être le Mirabeau du second Empire s'ajoutant à cet état d'âme l'aida plus tard à changer de tactique; mais c'est à tort qu'il avait invoqué son attitude aux élections de 1857 pour dire que c'était là la préface de sa politique en 1864.

Il y eut d'ailleurs, même parmi les jeunes, de nombreux partisans de la politique des anciens. Tel fut le cas, par exemple, de Hérold et de Floquet. Dans la famille de Vavin, candidat de la liste du *Siècle* contre Jules Simon, son fils et sa femme ne dissimulaient pas leur sympathie pour le candidat, partisan de l'abstention (2). Le manifeste et la résolution d'Emile Ollivier avaient déterminé sa rupture avec plusieurs de ses anciens amis comme Rogeard. Goudchaux, à qui Emile Ollivier avait cru utile d'expliquer sa conduite pour s'assurer son concours, répondit en ces termes au futur président de l'Empire : « Jeune homme, vous avez été entouré des soins de votre père, des leçons de ceux que vous avez toujours appelé vos maîtres. Ils vous ont appris où est

(1) *Journal de Genève*, 12 juin 1857.
(2) Renseignements fournis par M. Deroisin.

l'honneur, où est l'intrigue. Sortez de chez moi ! vous n'êtes aujourd'hui qu'un intrigant, vous serez plus tard un traître! (1) »

La haine contre l'Empire était telle que les questions d'ordre purement électoral et politique provoquaient des divisions jusque dans les familles. « Je sais, écrivait le correspondant du *Journal de Genève*, un mariage qui vient de manquer... parce qu'un des membres de la famille a accepté une charge dans la maison de l'Empereur ».

Malgré les conflits intestins qui divisaient les différentes fractions du parti républicain à Paris, un triomphe couronna leurs efforts dans la capitale. Au premier tour de scrutin, Cavaignac, Carnot et Goudchaux furent élus avec des majorités considérables. Emile Ollivier et Darimon vinrent les rejoindre au scrutin de ballottage. Conformément à leurs engagements, les trois premiers élus donnèrent leur démission, ce qui motiva des élections supplémentaires qui amenèrent au Parlement Jules Favre, le défenseur d'Orsini, élu député par la 5ᵉ circonscription, et Picard (2). Le résultat des élections à Paris était d'autant plus important que Vavin, le candidat de la 8ᵉ circonscription, avait réuni une minorité imposante et n'avait échoué que parce que le candidat officiel avait pu rallier

---

(1) *Souvenirs de Jeunesse*, Scheurer-Kestner, 1905, page 158.

(2) Le général Cavaignac, mort avant l'ouverture du parlement, fit connaître sa décision relativement au serment par une lettre adressée à Goudchaux et qui nous a été communiquée par la famille de ce dernier.

Voici cette lettre : « Mon cher ami, par le courrier de ce jour je vous adresse sous enveloppe chargée les 1.400 fr. qui couvriront les frais faits à mon occasion. En Angleterre ça coûte une centaine de mille francs. Il y a encore de la marge de nous aux Anglais.

« Je me suis réjoui du succès à cause du vôtre ; quand vous vous occuperez de ce qu'il y aura à faire, avertissez-moi ; voulez-vous faire un refus collectivement ou individuellement ? Je ferai comme vous voudrez. — Général Cavaignac, 13 juillet 1857 ». *Lettre inédite*, communiquée par Mᵐᵉ Lévylier.

facilement sur son nom les quelques milliers de pensionnaires de la maison des Invalides du quartier. D'autre part, de Liouville, candidat aux élections complémentaires, avait échoué faute de quelques centaines de voix, succès d'autant plus appréciable qu'il ne s'était même pas donné la peine de faire connaître sa profession de foi.

A un point de vue plus général, les élections de 1857, à Paris, marquaient le déclin de la politique impériale et une accentuation de la politique républicaine.

En effet, en décembre 1851, à la suite du coup d'Etat, le vote des électeurs de la Seine était représenté par les chiffres suivants : Inscrits : 392.026 ; votants : 296.390. Pour le plébiscite : 196.539 ; contre le plébiscite : 96.497 voix ; perdues : 3.354 ; abstentions : 95.636. Donc, au scrutin du 2 décembre, le Gouvernement l'avait emporté de 100.000 voix.

Aux élections de 1857, les chiffres s'étaient modifiés sensiblement.

Inscrits : 356.069 ; votants : 212.899. Les candidats de l'administration avaient réuni : 110.526, ceux de l'opposition : 96.299. Il y eut 6.074 voix perdues ou inconstitutionnelles. Le nombre d'abstentions s'était élevé à 143.170.

Ainsi, bien que le nombre des électeurs inscrits eût été réduit de 1851 à 1857 de 35.957, le chiffre des abstentions s'était augmenté de 49.134, celui des voix données à l'administration était tombé de 196.539 à 110.526 ; c'est-à-dire de 86.013. Celui de l'opposition était resté le même, à 198 près. Les élections de 1863 devaient démontrer que les abstentionnistes appartenaient en majorité à la nuance républicaine (1).

Dans les départements, malgré la formidable pression de la candidature officielle, Hénon et Curie furent élus à Lyon et à

---

(1) Proudhon, *De la capacité des classes ouvrières*, p. 17.

Bordeaux. En outre, dans le département du Rhône, Barrot n'avait échoué que de quelques suffrages. Godfroy Cavaignac eut la majorité dans la ville d'Avignon, des milliers de voix dans la Marne, la Meurthe et le Lot. Bordillon n'échoua dans le Maine-et-Loire que de quelques voix ; Em. Arago et Pagès (de l'Ariège) eurent la majorité à Toulouse ; l'opposition réunit des minorités respectables dans le Lot, la Côte-d'Or, la Loire, l'Eure, la Dordogne, l'Hérault (il y eut une majorité républicaine à Montpellier), l'Indre, la Charente et l'Orne (1).

Le gouvernement eut à enregistrer des échecs aussi sensibles que ceux de Delabarre, directeur de la *Patrie*, et de Segretain à Amiens et dans la Mayenne. Le réveil de l'opinion politique à Paris surprit même les républicains dont quelques-uns acceptèrent la légende de la conversion des ouvriers au bonapartisme et au coup d'Etat. Quant au gouvernement, il semblait bien décidé à ne plus renouveler l'expérience des élections générales, mais à recourir au renouvellement partiel de la Chambre par cinquième tous les ans (2).

II

Jules Favre, Emile Ollivier, Ernest Picard, Darimon, Hénon avaient constitué les Cinq.

C'était de la part du parti républicain la première protestation légale et parlementaire.

Jules Favre, le membre le plus important de ce petit groupe, appartenait par sa formation intellectuelle et par son éducation à la Restauration (3). Il fit son éducation politique et

---

(1) V. appendice, le résultat des élections de 1857.
(2) V. *Journal de Genève*, des 9 et 11 juillet 1857.
(3) V. son autobiographie dans *Henri Belval*, faite par lui-même, 1880.

sociale dans les salons des Saint-Simoniens de cette époque. Il se pénétra des idées dominantes de l'école, pendant cette période : une révolution sociale et politique opérée par une aristocratie scientifique.

Né à Lyon, ville catholique, spiritualiste et croyant, grâce à l'influence de sa mère, il garda ces tendances d'esprit jusqu'à la fin de sa vie. Il entra dans l'opposition par le barreau et fut un des défenseurs des républicains au grand procès d'avril 1834. C'est là qu'il avait dû se rendre compte pour la première fois du discrédit que jetait sur les républicains leur action révolutionnaire, et de l'intensité de la propagande dans les sociétés secrètes.

Par son genre de talent, il fut moins porté à se mêler à la lutte à laquelle participe la masse que de manifester par sa parole, par ses plaidoiries. Au barreau, il se fit connaître par ses goûts artistiques ; il avait toujours recommandé et pratiqué lui-même le culte absolu, sinon exclusif de la forme.

En 1860, appelé aux honneurs du bâtonnat, il tint le langage suivant à ses jeunes confrères : « Vous vous défierez de ces conseillers, trop communs aujourd'hui, qui vous enseigneront les communs préceptes du sans-gêne oratoire. C'est par le cœur que se mènent les hommes, et c'est le beau qui les pénètre et les captive. La beauté morale exerce sur eux un empire bien plus irrésistible que la beauté physique, qui n'est que le reflet et le signe visible de la première.... C'est la forme, dit-on, et notre siècle positif ne s'y arrête plus ; il demande avant tout des idées pratiques et précises qui peuvent se rendre sans phrases. Tenez ces maximes trop répétées pour un sophisme à l'usage des impuissants (1). »

(1) V. Allou et Chenu, *Les Grands avocats du siècle*, 1894, p. 217.

Il aborda l'action parlementaire en 1858, sans esprit de haine contre l'Empereur. Questionné par Deroisin sur ses intentions relativement au serment, il n'éprouva aucune difficulté à lui répondre : « L'Empereur a fait des choses abominables, mais j'ai pour lui personnellement de la sympathie plutôt qu'autre chose (1). »

Ernest Picard, moins personnel par son tempérament, représentait le bourgeois modéré, le bourgeois parisien, frondeur par habitude, trop sceptique et éclairé pour subir le prestige de la capote grise, aimant trop l'ordre et la légalité pour accepter un régime issu d'un coup d'Etat, se défiant en même temps de tout mouvement révolutionnaire, et donnant ses préférences à une opposition de bon ton, où l'esprit remplace la passion.

On avait remarqué à la tribune surtout le scepticisme. Disciple de Montaigne et de Montesquieu, il dissimulait sous son ironie mordante une souffrance intime où se reflétait une jeunesse à laquelle le coup d'Etat et l'avènement du régime dictatorial avaient infligé plus d'une torture morale. Dans ses lettres écrites, avant et après son élection, il fit connaître son état d'âme et en même temps celui du milieu qui l'entourait.

Le 18 octobre il écrivait à un ami de Lyon :

« Voici Emile Ollivier époux et bientôt père, si Dieu le veut, de plus député ; il prêtera serment et les grands-prêtres Garnier-Pagès et Carnot n'auront pas l'esprit de l'imiter, ce qui va lui créer une situation difficile, mais très grande. Quand il parlera, l'Europe entière l'écoutera. Je ne crains pas pour lui, je crains tout pour vos pauvres idées dans ces conflits fâcheux des divisions intestines. Il me semble que nous sommes en ce moment comme un navire qui a perdu de vue la terre ; où va-t-il ? nul ne le sait parmi les profanes qui ne savent ni comprendre une carte, ni consulter une boussole. Nos chefs sont-ils des profanes, et Dieu sait-il où nous aborderons ? je l'ignore. Mais nous ne retournerons pas.

(1) Renseignement fourni par M. Deroisin.

vers cette terre néfaste dont je n'ose pas évoquer les souvenirs même dans une lettre confidentielle. Toujours, est-il qu'en ce moment, l'apathie règne et gouverne, et ce n'est pas seulement la France, c'est l'Italie elle-même qui est plongée dans ce farniente honteux, et pourtant, nous avons eu des vaudevilles assez gais pour qu'il soit temps de passer aux drames sérieux...

« C'est triste, n'est-ce pas ? une religion sans autel, un Olympe sans dieux, une attente auprès de laquelle les angoisses de Christophe Colomb ne sont rien ; et rien à l'horizon ! Ainsi donc, il faut descendre à la prose, mais la prose elle-même n'est pas gaie : crise financière, béatitude des propriétaires qui poussent leurs loyers à outrance, la vie hors de prix, la jeunesse sans illusions ; les ballets en jupons courts et à danses voluptueuses passionnent le parterre de l'Opéra et remplacent les émotions de la lutte des classiques et des romantiques. Voilà un triste tableau, je n'achève pas !... »

Le 26 février 1858, il écrivait encore :

« Notre ami (Emile Ollivier) a fait sensation pour ses débuts ; il a porté haut nos principes. Il n'y a rien de plus à dire en ce moment. Les lois que l'on édicte nous montrent où nous en sommes, et je m'incline avec tant d'obéissance devant elles que je ne crois pas pouvoir, même dans cette lettre, vous redire ce que l'on en dit partout.

« Ce qui est fort triste, c'est que l'on arrête beaucoup, et les gens les plus inoffensifs, sur des faux renseignements très certainement, car, quoique l'on en dise, jamais on n'a moins conspiré. »

En avril 1858, il annonce à son ami sa candidature aux élections législatives dans les termes suivants : « Mon cher ami, vous avez pu voir, dans quelques journaux, une nouvelle bien grave pour moi ; je me suis laissé entraîner à donner mon nom, et voici déjà que toutes sortes de complications viennent aggraver ma malheureuse situation... Nous sommes ici en pleine terreur : si le gouvernement veut faire peur, il réussit bien ; affiches, bulletins, professions de foi rencontrent mille obstacles. Je ne sais si le *Siècle* lui-même osera imprimer nos noms. Vous voyez bien dans quelle triste perplexité je suis, et ce qui nous attend. Au dernier moment, Marie et Bethmont se sont décidés à refuser et j'ai été pris en un quart d'heure. Depuis ce jour le sommeil me fuit et toutes sortes de pensées m'assiègent. »

En novembre 1858, son état d'esprit marque le même découragement. Il écrit à son ami : « Paris, la ville sainte, change d'aspect tous les jours, elle appartient à la province, à la maçonnerie, à la bourse ; quelques fidèles, du fond de leur retraite, pleurent et espèrent, mais s'ils n'avaient pas dans leurs idées une foi profonde, ils perdraient courage. Parfois des éclairs traversent la nuit, comme le procès Montalembert.... Nous nous voyons entre nous et nous attendons des jours meilleurs (1). »

Darimon, qui fit également partie des Cinq jusqu'en 1863, ne comptait pas par sa personnalité ; il représentait, auprès des ouvriers parisiens, Proudhon, dont il était considéré comme une doublure. Hénon, le représentant de Lyon, qui avait refusé de siéger à la Chambre en 1852, traduisait une opposition dont toute la valeur était dans l'affirmation d'une énergie que les événements n'abattaient pas.

L'action de ce petit groupe ne pouvait être considérable au Parlement. Le Corps législatif, en vertu de la Constitution du 14 janvier 1852, encadrait plutôt comme un décorum inutile le gouvernement personnel de Napoléon III. Son action dans la politique active était rigoureusement restreinte par les dispositions constitutionnelles : il n'avait pas le droit d'initiative, pas plus que le pouvoir budgétaire ; le vote du budget par ministère lui enlevait tout moyen de contrôle efficace sur l'administration ; les députés ne pouvaient ni questionner, ni interpeller les ministres qui d'ailleurs n'étaient pas responsables devant le Parlement ; un vote de défiance de la Chambre

---

(1) Lettre du 20 novembre 1858. Toutes ces lettres inédites nous ont été communiquées par Mme Ernest Picard.

ne pouvait par conséquent menacer l'existence du cabinet qui avait la confiance de l'Empereur.

Le chef du pouvoir exécutif était proclamé personnellement responsable devant le pays. En cas de conflit entre les Chambres et l'Empereur, le corps électoral pouvait être appelé à dire son opinion, soit par la dissolution de la Chambre des représentants, soit par un plébiscite dont le moment était librement choisi par l'Empereur. Le Corps législatif de la Constitution de 1852, dans la pensée de son auteur, ne devait ressembler en rien aux assemblées représentatives du régime parlementaire. La publicité des débats était réduite à son minimum; les tribunes pour le public étaient exiguës, elles contenaient à peine quelques dizaines d'assistants. On parlait de sa place; aucun apparat extérieur ne devait encourager les orateurs à prendre la parole; les éclats de voix, une ardeur dans la discussion étaient considérés comme un manque d'éducation. Dans ces assemblées, on devait surtout s'occuper des affaires et non discuter les idées, ce qui pouvait être considéré comme un appel aux mauvaises passions; trop d'application, une initiative individuelle trop active de la part d'un député étaient assimilées à un manque de confiance dans l'infaillibilité et l'omniscience de l'action providentielle du gouvernement.

La situation des cinq députés républicains au début se ressentait de la méfiance qui entourait les actes du parti républicain. Darimon prenant des notes était, aux yeux de la majorité du Corps législatif, un délégué de la *Commune révolutionnaire* de Londres; Hénon, qui écrivait au cours des séances, travaillait pour le compte des « Voraces » de Lyon. Une initiative émanant du groupe républicain était vouée à l'impuissance par suite de la suspicion générale qui les englobait.

« C'était une lourde tâche, écrivait en 1864 Ernest Picard, que de lutter pour les idées dans un temps de matérialisme et quand le gouvernement est formé d'anciens conspirateurs; il comprend mal qu'on lutte contre lui sans conspirer, qu'on veuille faire triompher ses principes sans s'occuper de l'ébranler ou de l'affermir; on parle un langage qu'il n'entend pas, et quand on lui prouve qu'il n'est pas honnête, il vous répondra en vous traitant de fâcheux (1). »

La première tentative de prendre la parole du futur président du Conseil de l'Empire libéral fut marquée par une sortie de Morny qui avait motivé une lettre de protestation d'Emile Ollivier.

Morny disait en parlant de lui : « Quand je vois Emile Ollivier monter à la tribune, il me fait l'impression d'un taureau qui entre dans la boutique d'un faïencier (2). »

Pourtant les républicains parlementaires avaient essayé de lutter; ils protestèrent avec énergie contre la candidature officielle. Emile Ollivier, qu'Orsini faillit prendre comme défenseur dans son procès, avait parlé courageusement contre la loi de sûreté générale (3).

A propos de la guerre d'Italie, Jules Favre prononça un discours qui avait fini par ces paroles dans lesquelles se résumait tout le programme du parti républicain parlementaire : « Je dis qu'entre vous et nous sur la politique intérieure, il n'y a aucun pacte possible; mais si vous voulez détruire le despotisme autrichien et délivrer l'Italie de ses atteintes, mon cœur, mon sang, tout mon être sont à vous, me réservant seulement, après la victoire, de demander au triomphateur compte des principes éternels qui auront fait sa

---

(1) Extrait d'une lettre inédite du 17 juillet 1864.
(2) Renseignement fourni par M. Deroisin.
(3) Renseignement fourni par M. Deroisin.

force au dehors, et qui feront la nôtre contre lui au dedans, s'il ne rend pas à son peuple la liberté qu'il aura restaurée chez une nation amie. »

La campagne d'Italie ayant provoqué la rupture de l'Empire avec le parti clérical détermina un relâchement du régime autoritaire dont profita l'opposition parlementaire des républicains; en même temps l'amnistie de 1859 amena de nouveaux éléments; une nouvelle génération se forma grâce au travail intellectuel qui avait eu le temps de se faire dans les esprits.

CHAPITRE VIII

Le développement des idées républicaines et le réveil du quartier latin sous l'Empire.

I. Les tribunaux et les doctrines officielles.
II. La rénovation de l'étude de l'histoire de la Révolution.
III. Les nouvelles tendances philosophiques.
IV. Les manifestations théoriques de la libre-pensée.
V. La libre-pensée mise en pratique.
VI. Les bibliothèques populaires.
VII. La propagande dans les loges maçonniques.
VIII. Les conférences.
IX. Les congrès de l'Association pour l'avancement des sciences morales.
X. Le barreau.
XI. La propagande dans les prisons et le rôle de Blanqui.
XII. Les journaux et les autres publications du quartier Latin.
XIII. Les manifestations républicaines du quartier Latin et le procès de la Renaissance.

I

L'opposition philosophique sous l'Empire était une protestation énergique contre la doctrine officielle qu'on voulait imposer aux esprits. C'est au nom de certains dogmes que furent poursuivies les œuvres de Proudhon, de Vacherot et de beaucoup d'autres d'une envergure moins puissante. Dans le jugement rendu en juin 1858 contre le livre de Proudhon « De la justice dans la révolution », la doctrine officielle s'exprimait ainsi :

« Attendu que dans l'ensemble de cet ouvrage...., comme dans l'exposé de ses doctrines....., qui tendent:....., suivant son expression, à éliminer Dieu comme inutile, Proudhon, qui ne craint pas, en parlant du Christ, de l'appeler le fils putatif de Dieu, représente la religion comme remplissant une mission immorale, écrit qu'elle est établie en dehors de la justice dont elle ne possède pas la notion.....; attendu qu'à propos d'une femme condamnée pour bigamie:.... le prévenu Proudhon s'efforce de justifier cette femme ; qu'il est évident que dans ce passage Proudhon a fait l'apologie du fait qualifié crime par la loi pénale ; attendu que s'efforçant..... de semer la discorde dans les classes de la société, Proudhon prétend que si les ouvriers se mettent en grève, seul moyen qu'ils ont de faire admettre leurs réclamations, ils sont transportés sans pitié, voués aux fièvres de Cayenne et de Lambessa....., qu'il prétend que l'armée est une église affranchie de tout devoir humain, dont la morale se résume en ce mot : « la consigne », dont la conscience est l'ordre de son chef et dont l'intelligence est au bout de sa baïonnette. »

L'auteur fut, pour ces raisons, condamné à trois ans de prison et à 4,000 fr. d'amende (1).

Le jugement qui frappait la *Démocratie* de Vacherot tenait un langage non moins dogmatique : « Attendu..... que le but de cet ouvrage est d'indiquer le prochain avènement en France et en Europe d'un gouvernement démocrate dont les bases, les conditions et l'organisation futures sont déterminées.....; que l'existence de ce gouvernement est déclarée radicalement incompatible avec une monarchie aristocratique et toutes les religions, principalement la religion catholique, qui sont considérées comme n'étant pas compatibles avec l'âge d'enfance des sociétés, tandis que la science et la démocratie en sont l'âge viril.... ; attendu que la pensée constante de l'auteur est de dénigrer le gouvernement monarchique et spécialement le gouvernement impérial en le représentant comme un système de despotisme qui n'aura qu'un temps et fera place à la démocratie pure.....; en ce qui touche le délit d'attaque contre le principe de la propriété....

(1) *Gazette des Tribunaux*, 5 juin 1858.

attendu qu'il a pour but de faire ressortir un antagonisme exagéré entre le propriétaire, le patron et le maître d'une part, l'ouvrier, le fermier et le domestique d'autre part, et de représenter ceux-ci, malgré la liberté de leurs contrats, comme domptés par leur misère, alors que ceux-là ne risquent le plus souvent que leurs gains (1). »

A propos d'une brochure très modérée de Montalembert publiée sous le titre : « Un débat sur l'Inde au Parlement anglais » paru dans le *Correspondant*, la doctrine officielle s'exprima dans ces termes : « Attendu qu'au cours de cet article écrit dans un esprit de dénigrement systématique, l'auteur par le contraste continuel qu'il se plait à faire ressortir entre les institutions que la France s'est données et celles d'une puissance alliée de la France, prend à tâche de déverser l'invective et l'outrage sur les lois politiques. » Le ministère public, au nom de la doctrine ainsi énoncée, reprochait à l'auteur le délit d'excitation à la haine et au mépris du gouvernement, le délit d'attaque contre le suffrage universel, les droits et l'autorité que le chef de l'Etat tient de la Constitution ; le délit d'attaque contre le respect dû aux lois (2).

C'était pour protester contre ces dogmes qui servaient de soutien à l'autorité de l'Empire qu'un mouvement philosophique des plus puissants se produisit. Il commença par un changement de vues et de méthode dans les études historiques. Suivant l'expression de Proudhon, entre les deux courants et les deux traditions littéraires qui se disputaient les esprits en France, l'une qui passait par Rabelais, Montaigne, Molière, La Fontaine, Bayle, Voltaire, Beaumarchais, Volney, et l'autre qui suivait la ligne romantique : Jean-Jacques

---

(1). *Gazette des Tribunaux*, 6 janvier 1860.
(2) *Gazette des Tribunaux*, 25 novembre 1853.

Rousseau, Saint-Pierre, Chateaubriand, Lamartine, c'est le premier qui allait commencer à l'emporter (1). »

II

C'est dans cet état d'esprit que fut reprise l'histoire de la Révolution sur laquelle de nombreuses études furent publiées. Mirabeau, Saint-Just, Danton, les Montagnards, Hébert, tous (surtout ce dernier) eurent leurs admirateurs (2).

Anatole France et L.-X. Ricard conçurent l'idée d'une *Encyclopédie* de la Révolution française dont le but devait être de « préciser la tradition révolutionnaire faussée par les réactionnaires ». Quinet, Michelet, G. Avenel, Bancel, Barni, Chassin, Claretie, Brisson, Despois, Massol, Leconte de Lisle acceptèrent de collaborer à cette publication.

Le trait saillant de la résurrection de la période révolutionnaire consistait dans l'apparition de l'hébertisme qui se rattachait à Proudhon et à Michelet, et qui avait trouvé un défenseur déterminé dans la personne de Tridon, disciple préféré de Blanqui.

L'hébertisme était une protestation contre le jacobinisme de Robespierre ; il représentait l'élément socialiste et prolétaire de la révolution universelle, l'expansion des idées révolutionnaires à l'aide de l'action puissamment centralisée de la Commune. Pour Tridon, l'avènement des hébertistes est, en outre, « l'avénement de la science et de la raison sous la forme la plus énergique, la plus populaire ; c'est la politique scientifique. » « Les hébertistes, disait Tridon, s'adressèrent au

(1) *Correspondance*, tome IX, page 33, t. VII, p. 194 ; lettres à Gustave Chaudey et à Clerc.
(2) V. *Saint-Just*, par Ernest Hamel ; J. Claretie, *Les derniers Montagnards*, 1867 ; Vermorel publia une série d'études sur Danton, Mirabeau, Robespierre.

peuple et lui dirent : La science est la conquête, la science appartient à tous, viens et prends ! (1) »

L'hébertiste était anti-fédéraliste, et en cela il se séparait de l'école libérale qui se rattachait à Proudhon. « Le fédéralisme, disait Tridon, c'est, sous sa moderne étiquette de décentralisation, l'éparpillement et le désarmement en face d'une réaction ralliée et organisée ; c'est la défaite et la ruine (2). »

L'hébertisme se prononçait, — et, par là, la tactique révolutionnaire du jeune parti blanquiste contrastait profondément avec celle des groupes républicains de la période antérieure, — pour l'action matérielle, pour l'emploi de la force au service de l'idée.

« Tous les désastres de la démocratie, écrivait Tridon, viennent de son mépris pour la force ; sans force, rien ne se fonde et rien ne s'écoule, elle ne peut être vaincue que par elle-même. Les démocrates haïssent en elle l'arme du despote, mais ils ne haïssent pas seulement ; ils méprisent, et la force se retourne contre cette infatuation, elle se venge d'un sot dédain en retombant plus lourde sur des fronts qu'elle eût couronnés...

« Le peuple serait libre depuis longtemps si l'on avait pris à tâche de lui prêcher l'impuissance des efforts dans les déserts de la métaphysique (3). »

Ainsi la nouvelle école révolutionnaire est très loin de professer du mépris pour la force, pour l'organisation, pour les questions de tactique, comme c'était le cas pour l'école idéaliste de Louis Blanc.

Entre Tridon et Michel de Bourges, disant à propos de la discussion de la proposition sur les questeurs : « le peuple invisible veille sur nous », le fossé était profond.

(1) Tridon, *Les Hébertistes*, 1863.
(2) *Gironde et Girondins*, Tridon, 1869.
(3) Tridon, *Œuvres diverses*, Paris, 1891, p. 97 et 100.

A côté de l'interprétation hébertiste et matérialiste de la Révolution, il y eut aussi une interprétation libérale qui fut représentée par un disciple indépendant, mais fidèle de Proudhon, Vermorel. Il exalta la personnalité de Mirabeau et son œuvre « l'Essai du despotisme », qu'il considérait comme, « une contre-partie admirable du Contrat social. » Pour lui, « ce livre trace avec beaucoup de netteté les limites de l'Etat, annonce la morale séparée de la religion, dénonce les armées permanentes comme les premiers instruments du despotisme, et réfute les théories des pouvoirs forts avec tous les brigandages qui s'en suivent, expose toutes les idées encore neuves (1). »

La publication par Quinet de son *Histoire de la Révolution* avait soulevé un débat passionnant, qui devait montrer la divergence des tendances d'esprit qui reparaissaient à propos de l'interprétation du XVIII° siècle (2).

Quinet scindait pour ainsi dire l'œuvre révolutionnaire et opposait les Girondins, qu'il glorifiait, aux Jacobins, dans lesquels il voyait, au point de vue de leurs procédés, les continuateurs des pratiques absolutistes et arbitraires du régime disparu. En condamnant les atteintes portées à la liberté individuelle par la Convention au nom des intérêts supérieurs, il semblait jeter un discrédit sur toute l'action révolutionnaire, sur toute espèce d'efforts tentés par une foule opprimée pour secouer le joug d'une dictature. Une vive discussion s'engagea à propos de ce livre qui avait failli amener une rupture entre Quinet et Michelet, et à laquelle prirent part Jules Ferry et Peyrat, directeur de l'*Avenir national*. Ce dernier, en annonçant la publication de l'ou-

(1) Vermorel, *Mirabeau*, 1865.
(2) V. sur ce sujet dans *Quelques lettres à Alphonse Peyrat*, publiées par Joseph Reinach, Fasquelle, 1903, p. 38, une lettre de Ledru-Rollin.

vrage de Quinet, l'attaqua violemment en le qualifiant de
« satire contre la Révolution, de réquisitoire violent et calomnieux contre les principaux révolutionnaires ». Pour lui,
la dictature du Comité de Salut public avait seule pu assurer le
triomphe de la Révolution. Il finissait son article en disant :
« Historiquement, oui, mille fois, nous sommes Jacobins,
c'est-à-dire convaincus que les Jacobins ont seuls bien compris, bien conduit et définitivement sauvé la Révolution (1). »

Jules Ferry prit la défense du maître. Pour lui, au XIXe siècle, il n'existait plus de tyrannie ; personne ne niait plus la
liberté, l'absolutisme lui-même ne pouvait plus remplir qu'un
office transitoire. Il répudiait, par conséquent, étant données
les nouvelles conditions de la lutte, tout recours à des moyens
exceptionnels que pouvaient seules justifier les circonstances
d'un passé disparu (2).

Il faut d'ailleurs dire que Peyrat, plaidant avec tant de
chaleur la cause de Robespierre, estimait en lui moins un
disciple de Jean-Jacques Rousseau que l'homme d'énergie et
de décision qui savait agir, le « républicain de gouvernement » (3).

La majorité des lecteurs, tout en se passionnant pour
une figure révolutionnaire déterminée, était loin de consentir
à répudier telle ou telle phase de la grande Révolution ; et, à
cette époque, commença à se faire la théorie du « bloc »,
affirmant qu'il fallait unir dans une même admiration ceux
qui avaient pensé et ceux qui avaient agi (4).

Déjà en 1862, Clemenceau, dans un petit journal, *Le Travail*, avait donné à cette théorie une expression scientifique

---

(1) *Avenir national*, 17 novembre 1865.
(2) Jules Ferry, *Œuvres et Discours*, tome X, pages 99 et 100.
(3) Spuller, *Figures disparues*, tome II, page 144.
(4) Voir le *Diable à quatre* du 23 janvier 1869, Al. Duchesne, page 29.

qu'il devait reproduire plus tard, et qu'il tenait lui-même de son père (1).

Ce qui résultait de là, c'était la tendance incontestable à apprécier surtout, dans l'histoire du passé révolutionnaire, les hommes d'action. Dans une conférence faite par un jeune avocat, Raoul Calary, après un discours d'inauguration du bâtonnier Grévy, en comparant Montesquieu à Voltaire, il marqua sa sympathie et ses préférences pour ce dernier, parce que, disait-il, « tandis que les philosophes ont émis des idées, combiné des théories, composé des livres, lui, il aborda le côté pratique de la vie... Qu'un innocent soit frappé, il proteste et chaque jour, presque à toute heure, pendant des années entières, il répétera sa protestation (2) ».

III

La philosophie a également fourni sa contribution à la transformation intellectuelle de la nouvelle génération de républicains. Sans doute, l'enseignement officiel de la philosophie fut négligé dans les lycées et les collèges; en 1862, Bénard constatait la désorganisation de ce genre d'études (3). Mais dans le silence de l'oppression, la jeunesse, ayant rompu après le coup d'Etat avec le catholicisme officiel, avait médité, travaillé, et cherché de nouvelles solutions. Lafargue, appartenant à cette jeune génération, écrivait plus tard dans la *Rive Gauche* : « L'Empire nous condamna au silence et à

(1) Renseignement fourni par M. G. Clemenceau.
(2) *Avenir national*, 6 janvier 1869, *Discours d'entrée sur des clients de Voltaire.*
(3) *Philosophie dans les Lycées et Collèges en 1862* et *Philosophie dans l'éducation classique*, même année. Ce travail fut couronné par l'Académie qui, ainsi, exprima ses sympathies à la cause défendue par l'auteur.

l'étude ; aussi nous présentons-nous à la lutte le cœur fort et le cerveau bien développé. Les philosophes allemands Kant, Hégel, Feuerbach, ont été traduits et lus. Les matérialistes allemands Wirchow, Moleschott, Vogt, Buchner ont trouvé de nombreux lecteurs. Fourier, Saint-Simon, Comte, Proudhon, Darwin, Littré, Taine, Claude Bernard, Robin ont fait d'ardents disciples. (1) »

L'école de Kant fut une des premières à agir; elle eut pour organe la *Revue de Paris* qui, sous la direction de Laurent Pichat et de Maxime du Camp, était parvenue à grouper autour d'elle des collaborateurs d'élite tels que E. Despois, E. Pelletan, Barni, et Renouvier, l'auteur du néo-criticisme, lui-même directeur de la *Revue philosophique religieuse*.

Le panthéisme de Vacherot, les études de Jules Simon ne faisaient que propager les mêmes idées (2). Barni avait publié, coup sur coup, une traduction des *Eléments métaphysiques de la doctrine du droit*, en 1854, et celle des *Eléments métaphysiques de la doctrine et de la vertu* (3). En 1859, il avait fait paraître la traduction d'un des écrits les plus populaires de Fichte, *Les Considérations destinées à rectifier les jugements du public sur la Révolution française*, tendant à démontrer qu'il n'y avait aucun lien entre l'œuvre de

(1) *Rive Gauche*, 1ᵉʳ juillet 1866.

(2) Voir également sur la formation intellectuelle de la jeunesse républicaine de cette époque, Deluns-Montaud, *Philosophie de Gambetta*, publiée dans la *Revue politique*, février 1897, et J.-J. Clamageran, *Etudes politiques, économiques et financières*, 1904, VIII-XVII. Correspondance entre J.-J. Clamageran et M. Berthelot.

(3) Dans l'avant-propos du premier ouvrage, le philosophe tient à la jeunesse le langage suivant : « Je dédierai cet ouvrage à tous ceux qui sont capables de quelques études et qui aiment à remonter aux principes. Qu'ils s'en pénètrent ; ils y apprendront à aimer la liberté, l'égalité, le droit qu'ils ne sépareront plus du devoir, en un mot de la justice ; et avec l'amour du droit, de la justice, ils sentiront croître en eux la haine de la violence et de l'arbitraire. »

l'Empire et celle de la Révolution, que les historiens officiels voulaient présenter comme se faisant suite et logiquement enchaînées.

Appelé à enseigner à Genève, il prit pour sujets de ce qu'il appelait ses sermons laïques, *Les martyrs de la libre-pensée*, (1862), *Napoléon et son historien Thiers* (1863), enfin *La morale dans la Démocratie* (1864-1865), dont l'idée maîtresse était la démonstration de la nécessité de séparer la morale de la théologie. « Mon livre, dit l'auteur dans la préface, pourrait s'intituler : *Leçons de morale indépendante*. J'ai établi notamment dans ma première leçon que la morale est, dans ses bases, indépendante non seulement de tout dogme théologique, mais même de toute métaphysique, c'est-à-dire... de tout système sur l'essence, l'origine et la destinée ultérieure de l'âme, sur la nature de Dieu et sur ses rapports avec le monde et l'humanité. »

Par cette publication, Barni frayait la voie à la *Morale indépendante* de Massol.

Comme une des conséquences des théories générales développées par lui, apparaît la nécessité de la séparation de l'Eglise et de l'Etat et l'abolition inévitable du pouvoir temporel des papes (1).

Dans son ouvrage capital, *Science de la morale*, Renouvier orientait les idées dans la même direction. Prenant pour base la convention sociale qu'il entendait non pas « comme étant réelle historiquement, mais supposée en vertu de la raison qui la conçoit et qui travaille incessamment à la dégager des faits », il proposait la conciliation entre l'individu et l'Etat, il proclamait le caractère sacré de la personnalité morale de l'homme, considérant comme l'atteinte la plus

---

(1) J. Barni, *La morale dans la démocratie*, 1885, page 227.

grave à la conscience humaine la tentative de la soumettre par contrainte à des croyances déterminées (1). »

Au point de vue social, l'auteur repoussait résolument les idées communistes et acceptait la propriété comme base de l'organisation économique, mais admettait que le droit de premier occupant ne devait pas prendre une extension de nature à rendre impraticable dans l'avenir l'usage des droits naturels des autres et à priver ceux-ci des moyens d'atteindre leurs fins (2). Pour la conciliation des divergences profondes qui résultaient de l'antagonisme social, il faisait appel à l'état de paix, « à la parfaite bonne volonté mutuelle de tous les agents moraux et associés (3). »

Le problème économique pour lui se résumait dans les termes suivants : « Il s'agit de rendre une société possible dans laquelle l'accession au capital, aux instruments de travail serait donnée à tous, et ceci implique une première condition, un premier moyen : c'est qu'en supposant une somme quelconque de capitaux actuellement accumulés, la répartition libre qui s'en fait ne puisse dépasser dans les mêmes mains une mesure jugée convenable en raison de la privation corrélative d'autrui. » Comme moyen pour combattre la trop grande inégalité des fortunes, il proposait l'impôt progressif (4).

La *Démocratie* de Vacherot avait un retentissement plus considérable par suite du procès auquel son étude avait donné lieu. Les idées fondamentales du livre se résumaient dans sa définition de la démocratie : « Dans l'ordre politique, elle ne voit d'autre souverain que la loi, d'autre loi que la volonté générale ; dans l'ordre moral, elle ne voit d'autre foi que la

(1) *Science de la morale*, 1869, tome I, page 519.
(2) Tome II, page 5.
(3) Tome II, page 5.
(4) V. *op. cit.*, p. 93. Il semblait attendre le progrès de la seule action des associations, même pendant la période transitoire, tome II, page 192.

conscience, d'autre autorité que la raison ; dans l'ordre social, elle ne conserve que les conditions qui se concilient avec l'indépendance des citoyens, et supprime et transforme toutes les autres ; dans l'ordre économique, elle remplace, partout où cela est possible, le salariat et le patronat par l'association libre ; en un mot, elle veut la liberté sous toutes ses formes, pour toutes les conditions de la société. »

La démocratie ainsi déterminée « tient avant tout pour les droits de l'homme, pour ses droits inviolables, imprescriptibles, antérieurs et supérieurs aux lois positives qui peuvent bien les reconnaitre et les formuler, mais ne les créent point. Pourtant le droit positif, le droit individuel, si énergique qu'il soit, doit respecter le droit social qui est absolu comme la justice dont il est l'expression. » Ainsi, dans la pensée de l'auteur, se concilient le libéralisme et le socialisme, entre lesquels il ne voit pas de différence fondamentale. « La plus libérale de toutes les écoles, aujourd'hui, dit-il, est celle qui tend à affranchir le travail des nécessités économiques. » Il repousse le communisme, de même que l'individualisme et le fédéralisme qui tend à substituer à l'Etat l'action des communes décentralisées à outrance (1).

Abordant l'examen des fonctions dont l'Etat se trouve tout naturellement investi, il place en première ligne la tutelle de l'enfance et l'éducation. Il pose les principes de l'éducation laïque qui, comprise dans son véritable esprit et contenue dans ses justes limites, n'a rien « qui doive choquer les croyances et les sentiments intimes de la famille ».

D'après Vacherot, l'enseignement est pour l'Etat si capital que l'on peut se demander si le monopole n'est pas une conséquence nécessaire du principe posé. Le droit de la famille

(1) Vacherot, *Démocratie*, 1860, p. 19, 20 et 14.

sur l'enfant n'est pas un droit absolu ; l'enfant n'est pas une propriété et, par conséquent, ne peut entraver sérieusement l'intervention exclusive de l'Etat. Si pourtant il repousse le monopole en matière d'enseignement (1), c'est parce que « si logique qu'il puisse être, il ne paraît pas une nécessité absolue de l'ordre social et de la démocratie » (2). En vertu de sa tutelle, l'Etat a le droit et le devoir de rendre l'instruction obligatoire pour les familles.

En ce qui concerne les autres fonctions de l'Etat, qu'il examine, il accepte un système de milices pour l'organisation de l'armée, l'extension du jury à l'administration de la justice.

Au point de vue de ses idées politiques, il accepte le suffrage universel et propose des réformes qui rappellent la constitution de 1848, quelque peu amendée.

Les deux traits les plus saillants de son livre consistent dans l'importance exceptionnelle qu'il attache aux questions sociales et dans son attitude envers le catholicisme et l'Eglise. Pour lui, la question sociale est un problème « dont la solution sera l'honneur et le salut de la civilisation moderne. Il n'est pas seulement vrai que la démocratie n'est pas possible à d'autres conditions ; il l'est également que la liberté et la dignité humaine, que la philosophie, que les conquêtes de l'esprit moderne, sont intéressées à cette révolution économique. » La tâche de la science sociale consiste « à trouver un moyen de multiplier indéfiniment le nombre des propriétaires fonciers, sans réduire la propriété en poussière. » L'association lui apparaît comme le vrai moyen de généraliser la propriété.

Quant au catholicisme, il le déclare solidairement uni au despotisme par sa nature et ses principes. Puisque l'Eglise et

(1) P. 219, 220.
(2) P. 276-283.

la religion dominante ne peuvent plus fournir d'idéal moral aux générations actuelles, il propose à la société d'attacher une importance exceptionnelle à l'œuvre de l'éducation. Pour cela il recommande l'introduction de l'enseignement moral dans les écoles et la rédaction d'un manuel de catéchisme contenant les principes d'une morale laïque.

L'éducation de la femme doit également faire partie de cet effort tenté pour le relèvement des générations. Il assigne un rôle éducateur à l'art qui, d'après lui, a pour objet « le beau et non le vrai ». « Ses créations ne doivent être que des symboles, c'est-à-dire des images sensibles de vérité, que sa mission est de figurer ».

Jules Simon, en s'inspirant du désir de formuler un certain nombre d'idées morales, publia une série d'études sur le *Devoir* (1853), *la Religion naturelle*, la *Liberté de conscience* (1857), la *Liberté* (1859). Comme ses prédécesseurs, il limitait ses efforts au triomphe de la liberté morale, repoussant les modes de transformation sociale qui pourraient porter atteinte à la propriété, et préconisait l'association (1). Appelé par son rôle politique à donner à sa pensée une expression précise au point de vue des réformes politiques à adopter, il eut l'occasion d'écrire *La politique radicale*, véritable évangile de la politique du parti républicain pendant plusieurs années (2). Il l'a formulée ainsi :

« En vertu de ces principes, quelle doit être la doctrine de l'école radicale ? en matière de presse, la liberté totale ; en matière d'enseignement, la liberté totale ; en matière de droit de réunions et de droit d'association, la liberté totale ; en matière de liberté religieuse, la liberté totale ; point d'autorisation préalable, point de restrictions, point de salaire du clergé, point d'alliance avec Rome, point de concordat:

(1) Voir *suprà*, pour le procès auquel cette étude de Vacherot avait donné lieu, Léon Séché, *Jules Simon*, 1887, page 29.
(2) Jules Simon, *Politique radicale*, 1868, pages 36 et suivantes.

« Quelle doit être la théorie de l'école sur l'origine des fonctions ? le suffrage universel ; sur l'organisation de la justice ? l'élection des juges et la généralisation du jury. Sur l'impôt ? l'impôt unique ; sur les douanes, sur l'octroi ? abolition ; sur les patentes ? abolition ; sur le livret ? abolition ; sur les ministres ? responsabilité ; sur les agents administratifs à tous les degrés ? suppression de l'article 75 ; sur les communes ? affranchissement de la tutelle administrative, liberté totale de la gestion de leurs affaires, élection du maire par le suffrage universel. Point de guerres de conquête, point d'armée permanente, point d'autres alliances politiques que nos alliances naturelles, c'est-à-dire avec tous les peuples libéraux ; les alliances commerciales fondées sur le principe absolu de la liberté du commerce et sur celui de la réciprocité. »

Le positivisme avait poursuivi une propagande non moins active. Laffitte avait pu reprendre à la fin de l'Empire son enseignement public ; Littré, en collaboration avec Wyrouboff, avait fondé la revue « Philosophie positive », autour de laquelle se groupaient, en dehors des directeurs, Gambetta, J. Ferry, Antonin Dubost, et le futur général André. Ainsi commença l'élaboration des éléments de la politique progressive, conservatrice, dont Jules Ferry et surtout Gambetta devaient être les interprètes les plus éloquents.

Le positivisme, au point de vue de ses applications à la politique immédiate, avait accentué le travail de la révision de la période révolutionnaire ; aux cours de Laffitte, Danton fut glorifié et Robespierre répudié (1).

Le positivisme eut également l'honneur de remettre à l'ordre du jour la question de la séparation du pouvoir temporel et du pouvoir spirituel ; une propagande ardente de la philosophie positive se faisait à la Faculté de médecine (2). L'école arriva à trouver des partisans et des disciples parmi les

(1) Alfred Naquet, qui avait eu l'occasion d'assister aux conférences de Laffitte, me disait que le représentant du positivisme avait l'habitude de dire : « La Révolution finit avec Danton ».

(2) G. Clemenceau fit la traduction du livre de Stuart Mill sur le positivisme.

ouvriers ; il y en eut un noyau assez important à Puteaux (1).
Une des sections de l'Internationale s'appelait « le Cercle des
Prolétaires positivistes. » Mais le positivisme souvent n'était
qu'une étape conduisant au matérialisme. L'école comptait en
effet trois tendances différentes : l'une qui exprimait les doctrines du fondateur secondé par Robinet et Audifrend, ses exécuteurs testamentaires ; Littré incarnait la tendance modérée ; Célestin de Blignières, l'aile gauche, qui côtoyait
avec le matérialisme. Il y eut un véritable engouement
pour les doctrines matérialistes ; elles furent exposées et
défendues dans le *Dictionnaire médical*, manuel des étudiants en médecine, dans la *Revue du Progrès*, la *Libre
Conscience*, la *Libre Pensée*, la *Pensée nouvelle*, l'*Encyclopédie
générale* (2) qui comptait parmi ses collaborateurs : Broca,
Bertillon, Castagnary, Ranc, Moutard, Lacombe, Boutteville,
Naquet, Grimaud, Lockroy, Spuller, Marc, Dufraisse, et dans
l'éphémère *Revue encyclopédique* qui avait publié, en 1866, un
retentissant manifeste dû à la plume de Clemenceau,
Regnard, Taule, Onimus, Lafont ; mais la doctrine avait trouvé
des défenseurs même dans le *Siècle*, les *Débats*, l'*Opinion
nationale*, l'*Avenir national* et le *Temps*. M⁰ʳ Dupanloup
dénonçait avec indignation à l'opinion publique la *Revue des
Deux Mondes*, où écrivaient Taine et Renan, et dont il disait :
« Je ne sais s'il est un seul de ses numéros qui ne contienne
une attaque voilée avec habileté, mais toujours profonde et
perfide contre la religion, et si les docteurs du panthéisme
et du matérialisme ont quelque part une tribune qui leur
soit plus facilement ouverte pour les aider à pénétrer là où

(1) A. Naquet m'a cité le cas de deux ouvriers, les Granjon dont l'un
s'était fait marier et l'autre enterrer suivant les rites du positivisme.
(2) *Encyclopédie générale*, 1868, voir aux mots : athéisme, origine
des idées morales, beau, panthéisme, philosophie allemande.

ni leur personne, ni leur doctrine ne parviendrait à s'introduire (1). »

Les bibliothèques populaires avaient propagé dans les classes ouvrières des études destinées à résumer et à populariser les doctrines de Diderot, de d'Alembert et d'Holbach. Le succès de cet enseignement matérialiste réunissait, dans l'amphithéâtre où Robin faisait son cours, une jeunesse enthousiaste. Un jeune agrégé, Naquet, avait publié un livre, *Religion, Famille, Propriété*, qui lui valut des poursuites et une condamnation (2).

Le succès du matérialisme avait motivé une campagne de Mgr Dupanloup et des discussions violentes au Sénat, qui avaient amené à la tribune Sainte-Beuve. Résumant l'importance du mouvement philosophique que dénotait la propagation de l'enseignement des doctrines matérialistes, le *Temps*, disait : « Certaines personnes, dans une ardeur d'émancipation fort sincère, cherchent à rendre au matérialisme la direction du mouvement moral et politique (3). »

En effet, ce qui était particulièrement frappant dans la rapide expansion de la nouvelle doctrine, c'est qu'elle n'était pas simplement considérée comme une spéculation; mais qu'elle aspirait à passer dans la pratique, qu'elle pénétrait dans la science, dans l'éducation, dans la morale et la société.

(1) M. Dupanloup, *L'Athéisme et le péril social*, 1866.
(2) Un républicain de cette génération faisait ainsi plus tard sa profession de foi : « Mes convictions religieuses m'ont abandonné de bonne heure ; à vingt-deux ans je n'en avais plus, et j'embrassais la doctrine matérialiste; la lecture des philosophes du XVIIIe siècle, parmi lesquels Diderot, eut une influence prépondérante sur mon esprit et débarrassa mon cerveau des idées qu'une éducation fausse y avait implantées. Je n'aimais pas Rousseau, j'adorais l'esprit de Voltaire ; Diderot et D'Alembert furent mes éducateurs et mes maîtres. Plus tard, je me ralliais au positivisme tel que le comprenait Littré » (Scheurer-Kestner, *Souvenirs de Jeunesse*, 1905, pages 5 et 6).
(3) Voir le *Temps* du 15 octobre 1866.

IV

Tout ce travail philosophique avait eu pour effet de provoquer une explosion de libre-pensée qui avait gagné toutes les couches de la population et qui avait trouvé son expression dans de nombreux projets tendant à séparer l'Eglise de l'Etat, à organiser les bases d'une morale indépendante, et même dans quelques manifestations d'un caractère plus offensif contre la religiosité et les religions dominantes (1).

La Révolution de 1848 avait déjà provoqué des tentatives de conciliation du catholicisme avec la démocratie (2). Un petit groupe de prêtres réformateurs avaient fondé le *Drapeau du peuple*, pour y exposer leurs idées et tenter de rallier autour d'eux les socialistes et aussi le clergé de la province (3). Parmi eux le curé de Montlouis s'était signalé comme un des orateurs les plus énergiques dans les clubs ; révoqué sous Cavaignac, il fut ensuite frappé par les mesures du 2 décembre ; l'abbé Leray, qui, ayant embrassé les théories d'Auguste Comte, dut chercher son salut dans un exil à l'étranger ; le jésuite Loubert, appartenant au même groupe, fut forcé de s'expatrier, et obtint une petite cure dans une obscure bourgade du Pérou ; les autres finirent par rentrer dans le giron de l'Eglise. Après le coup d'Etat, il y eut des cas isolés de dé-

---

(1) Pour l'ensemble des publications philosophiques de la fin de l'Empire, V. l'*Almanach de l'Encyclopédie de 1869* et *Bilan de 1868*, par Ranc, Paschal Grousset et Francisque Sarcey.

(2) Sur le mouvement catholique démocratique antérieur à la Révolution de 1848, voir Tchernoff, *Parti républicain sous la Monarchie du Juillet*, p. 45.

(3) Gustave Lefrançais, *Souvenirs d'un révolutionnaire*, Bruxelles, p. 213. V. aussi Tchernoff, *Associations et Sociétés secrètes sous la deuxième République*, p. 240 et suiv.

fection parmi le clergé catholique ; on sait que le père Hyacinthe Loyson se sépara de l'Eglise orthodoxe en faisant la déclaration qui débutait ainsi : « J'élève donc, devant le Saint-Père, devant la conscience, une protestation de chrétien et de prêtre contre ces doctrines et ces pratiques qui se nomment romaines, mais qui ne sont pas chrétiennes (1). »

Des poursuites furent dirigées contre un prêtre, Jean Martineau, qui avait publié, en 1868, un écrit intitulé : « *Lettre d'un jeune prêtre athée et matérialiste à son évêque le lendemain de son ordination* ».

Parmi les laïques, un ancien disciple de Buchez, Corbon, avoua l'impossibilité et la stérilité d'une conciliation entre le catholicisme orthodoxe et les conditions de la vie moderne (2).

Montalembert, qui était avant tout catholique, avait écrit un livre qui n'avait pas paru de son vivant : « *L'Espagne et la liberté* » publié, dans la *Revue suisse*, au mois de janvier 1876, six ans après la disparition de l'auteur ; il y confessait les fautes commises par le parti catholique qui avait sacrifié la liberté à ses convictions religieuses (3), mais il resta fidèle à l'Eglise jusqu'à la fin de sa vie.

Il subsista à Paris de petits groupes et des réunions dans lesquels le catholicisme libéral et réformateur avait trouvé des fidèles (4).

Frédéric Morin, qui était la figure la plus importante de

---

(1) V. *La Démocratie*, 26 septembre 1869, *Gazette des tribunaux* du 29 novembre 1868.

(2) Corbon, *Le Secret du peuple de Paris*, page 353.

(3) V. Spuller, *Figures disparues*, t. II, page 236.

(4) Spuller, dans un article consacré à Frédéric Morin, nous parle de quelques hommes, qui avaient l'habitude de se réunir chez Emile Gay et parmi lesquels on rencontrait, en dehors de Corbon et Frédéric Morin, le docteur Hubert-Valleroux et l'abbé Clerc, aumônier du lycée Louis-le-Grand.

ces réunions, lyonnais d'origine et d'éducation, avait des tendances mystiques qui lui venaient de son premier professeur de philosophie, l'abbé Noirot, et qui s'étaient développées à l'Ecole normale au contact de Ozanam et de Félix Ravaisson. Dans un petit écrit composé par lui pour la bibliothèque des chemins de fer sur « Saint François d'Assise et les Franciscains », l'auteur cherchait à trouver dans la vie, les idées et les œuvres du fondateur des ordres mendiants, au moyen-âge, des signes précurseurs du socialisme moderne.

Au fond, il était avant tout révolutionnaire et ne conservait des attaches sociales avec le catholicisme que par une habitude inconsciente ; il fut l'un des premiers à se rallier à la « Morale indépendante » de Massol.

Parmi les Saint-Simoniens, chez lesquels le spiritualisme se conciliait avec les idées révolutionnaires et les tendances démocratiques, Jean Reynaud avait repris dans une œuvre considérable « Terre et Ciel » (1854) son système, fondé sur les principes de perfectibilité, auquel il essaya de rallier le clergé catholique et dont il espérait faire une religion démocrate. La condamnation de son livre prononcée par un concile d'évêques français réunis à Périgueux fut la seule réponse à la naïve générosité de l'auteur. Arnaud (de l'Ariège), qui avait fait partie de la Constituante et qui, le 2 décembre, avait cru devoir consulter l'archevêque de Paris sur la légitimité de la résistance au coup d'Etat, avait publié plusieurs études : « L'indépendance du pape et le droit des peuples », « La papauté temporelle et la nationalité italienne », « la Révolution et l'Eglise », dans lesquelles il déplorait l'erreur de l'Eglise catholique orthodoxe s'alliant avec le despotisme et rendant stérile l'effort des révolutions en Autriche, en Italie et en Espagne. « Sans la complicité à la fois servile et dominatrice du prêtre, écrivait-il, nous ne craignons pas de l'affir-

mer, tous les autres despotismes seraient impossibles (1). »
Il se prononçait énergiquement contre le pouvoir temporel
dont il demandait la prompte abolition et préconisait, pour
le maintien possible de l'autorité morale du Saint-Siège, une
garantie internationale comme celle qui fut, en effet, organisée
et adoptée par la loi italienne en 1870, après l'occupation de
Rome.

Bordas-Demoulin et Huet (2) essayèrent aussi la conciliation de la démocratie avec l'Eglise par un retour aux traditions du christianisme primitif. Bordas-Demoulin, révolutionnaire avant tout, esprit ouvert, en relations avec le pasteur E. de Pressensé, admirateur de Proudhon, avait proposé comme conséquence de son système, dans sa « Réfutation d'un directeur au séminaire de Saint-Sulpice », publiée en 1856 à la suite de sa « Lettre à l'archevêque », la suppression du budget des cultes et du Concordat. Il se prononçait également pour le licenciement des couvents avec leurs anciennes disciplines, comme se rattachant à un ordre social disparu (3).

Dans cet effort de libre-pensée et de conciliation de la religion avec la démocratie, quelques auteurs avaient songé à la propagation de la religion réformée, qui, à cette époque, avait été travaillée par un profond mouvement de critique ; l'église libre fondée rue Taitbout n'en était qu'une première manifestation timide devant aboutir aux conclusions hardies de Ferdinand Buisson, qui, dans ses discussions avec Brisson dans la « Morale indépendante », allait jusqu'à concilier l'athéisme avec le sentiment religieux. Si, à Paris, le protestantisme orthodoxe, grâce à la pression et à l'autorité de

(1) *L'indépendance du pape et le droit des peuples,* page 18.
(2) Huet, *Histoire de la vie et des ouvrages de Bordas-Demoulin,* 1861.
(3) V. Huet, *op. cit.*, p. 183 ; voir un ouvrage pénétré du même esprit par Poirier, *Le Sens commun,* 1894.

Guizot, ne consentait pas à faire la moindre concession au souffle réformateur qui animait les protestants français, il en fut autrement dans d'autres paroisses, par exemple; à Strasbourg, où le pasteur Colani put s'imposer au choix de nombreux électeurs. En 1855, quand une chaire fut devenue vacante à Montauban, Réville put obtenir 45 suffrages contre 47 donnés au candidat orthodoxe, Boniface.

Les études publiées par Michelet sur la Réforme, les articles de Laboulaye, provoquèrent toute une littérature s'occupant du protestantisme et de ses nombreuses sectes (1).

Les doctrines de Channing furent particulièrement étudiées. Eugène Sue, Eugène Despois les avaient accueillies, recommandées et exposées en termes enthousiastes. Il y eut des cas de conversions individuelles au protestantisme : Jules Favre et le fils de George Sand en donnèrent l'exemple (2).

Henri Martin, Carnot, Edouard Charton, Pelletan, avaient songé pendant quelque temps à entreprendre une campagne en faveur de la propagation du protestantisme (3).

Buisson, Levaillant, Lockroy avaient essayé dans la « Revue religieuse universelle » une conciliation et une synthèse de tous les dogmes religieux. Dans ce travail de réforme, le protestantisme ne devait devenir, suivant l'expression de Jules Simon, qu'un « acheminement vers la reli-

(1) Voir sur ces publications un article de M. Clamageran, *Le Protestantisme en France*, dans la *Revue de Paris*, décembre 1856, janvier 1857. V. aussi Clamageran, *Correspondance*, p. 132.

(2) Dans une lettre adressée, à ce propos, à Armand Barbès, George Sand expliquait l'acte de son fils, non pas comme un engagement pris d'appartenir à une orthodoxie quelconque, mais comme une protestation contre le catholicisme ; en même temps, elle s'élevait contre les idées matérialistes propagées en Allemagne et qui pénétraient en France. *Correspondance*, tome IV, pages 297 et 367. Lettres à Armand Barbès, et au prince Napoléon.

(3) Jules Simon, *Mignet, Michelet, Henri Martin*, 1889, préface.

gion naturelle », et Clamageran le définissait dans ces lignes : « Que reste-t-il donc du christianisme dans cette conception protestante et radicale ?... il reste le Christ lui-même, rien de plus, rien de moins, c'est-à-dire un symbole et non un type idéal (1). »

Un mouvement plus avancé allait être tenté par les auteurs de la *Morale indépendante*, particulièrement par Massol et son disciple, H. Brisson. Il eut comme organe une revue qui portait un nom significatif: « La Morale indépendante » et qui groupait autour d'elle des hommes comme Renouvier, Considérant, Morin, Caubet, Coignet et beaucoup d'autres.

Massol, incontestablement, y avait joué un rôle prépondérant ; c'était un ancien Saint-Simonien, né en 1806, dont la foi républicaine datait de la Révolution de 1830 et avait été réchauffée par les événements de 1848. Au début de la monarchie de juillet, ayant eu l'occasion d'assister à une séance des Saint-Simoniens, il s'initia à cette doctrine et resta fidèle au père Enfantin, même après sa rupture avec Bazard. Il se voua de très bonne heure à la propagande; il fut envoyé à cet effet comme missionnaire avec Tajan-Rogé, auquel le liait pendant toute sa vie une étroite amitié. Arrivé à Lyon sans ressources, il chercha un travail manuel pour gagner sa vie ; il entra chez un forgeron dont il obtint deux francs par jour, pour tourner une roue pendant quatorze heures. Ce fut ainsi qu'il fit son tour de France ; il poussa même jusqu'en Allemagne. A Strasbourg, il avait converti à la doctrine quelques polytechniciens.

Enfantin s'étant rendu en Egypte pour son projet du percement de l'isthme de Suez, appela auprès de lui quelques-uns de ses disciples, dont Massol. Le projet ayant échoué, Massol,

(1) Voir l'article cité dans la *Revue de Paris*, 1856.

toujours avec son ami Tajan-Rogé, dut se séparer d'Enfantin ; il profita de l'occasion pour visiter l'Assyrie, les îles de l'Archipel, Constantinople.

A Londres, il dirigea le journal l'*Observateur français*, créé pour combattre le *Courrier d'Europe*, puis après la révolution de 1848, vint à Paris où, après avoir été rédacteur de la *Réforme*, il fut mis en relations avec Proudhon, dont il devint le collaborateur dans la *Voix du peuple*. De cette collaboration avec l'auteur du « Système des contradictions économiques », il emporta la conviction de la nécessité qu'il y avait de séparer la théologie de la politique.

Sous l'Empire, il continua sa mission de propagande, mais en la dirigeant dans un autre sens. Il lui paraissait à cette époque que « l'œuvre capitale du siècle devait être la systématisation de la morale indépendante ». « C'est, disait-il, l'aboutissement final de tous les efforts scientifiques depuis le mouvement de la Renaissance, le seul moyen de coordonner l'éducation laïque, cette garantie du suffrage universel, coordination impossible tant qu'on restera dans la donnée théologique ou métaphysique ».

Faisant partie de la maçonnerie à Paris, bientôt vénérable de la loge « Renaissance », connu comme rapporteur dans le Convent de 1863, où il s'était opposé au projet de loi qui voulait mettre la maçonnerie sous la tutelle de l'État, il avait acquis une grande autorité et en avait profité pour propager la nouvelle doctrine. Elle fut tout d'abord prêchée dans des conversations de salon, dans des entretiens particuliers, avant d'être exposée devant le grand public (1).

La nécessité de séparer la morale de la religion était la seule idée fondamentale de cette doctrine ; elle ne se ratta-

(1) Voir sur tous ces points Adrien Desprez, Massol, 1865, et renseignements fournis par M. Henri Brisson.

chait en principe ni aux doctrines matérialistes, ni à la philosophie positiviste. Aussi, comptait-elle également dans ses rangs des hommes comme Frédéric Morin qui, suivant Longuet, était « bien moins reconnaissant à Kant pour avoir démoli l'idée de Dieu dans la *Critique de la raison pure*, que pour l'avoir restaurée dans la *Critique de la raison pratique* (1) ». Raspail avait donné également son adhésion, tout en se prononçant nettement contre le matérialisme (2).

Le rapide succès de l'école avait provoqué contre elle plusieurs mandements dont celui de l'archevêque de Metz ; Hyacinthe Loyson avait consacré à la répudiation de la « Morale indépendante » plusieurs prédications à l'église Notre-Dame, en présence de l'archevêque de Paris et de Cousin, qui apportait au prêtre l'appui de sa doctrine officielle (3).

Ces manifestations collectives de libre pensée et de critique religieuse furent accentuées par la traduction du livre de Strauss, « La vie de Jésus », due à la plume de Littré, et qui par sa préface avait exercé une grande influence sur les jeunes générations de l'époque.

La publication par Renan de la « Vie de Jésus » imprima une nouvelle impulsion au mouvement. Pourtant l'auteur semblait s'être montré plus hardi en 1851, dans la *Liberté*

---

(1) Charles Longuet, *La morale et la société* dans la *Rive gauche*.
(2) « La Libre pensée ne s'arrête ni aux questions de matérialisme, que nous devons laisser de côté comme nous étant inintelligibles, ni à celles de l'athéisme qui est un non-sens unique ; la nature tout entière nous rappelle à une cause éternelle ». *Libre pensée*, 23 avril 1870.
(3) Voir, pour cet incident, un article de M. H. Brisson, *Père Hyacinthe*, le 10 décembre 1865 ; pour l'exposé doctrinal : *Kant et la morale indépendante*, par Massol (17 septembre 1866) ; un article de Renouvier, (8 octobre 1865) ; *Comparaison entre Kant et Renouvier*, par Massol, (22 octobre 1865) ; par le même : *Diderot et le XIX* siècle*, à propos d'un livre d'Asseline (22 avril 1866).

de penser où il disait que « le type légendaire du Christ est d'une valeur comparable à celui de Dionysos ou d'Hercule, et qu'à grand peine peut-on obtenir une page d'histoire sur la personne réelle qui a porté le nom de Jésus ». En 1863, il professait l'idée de la réalité de Jésus-Christ ; mais étant donnée la préoccupation dominante de l'époque, son livre eut un grand retentissement. A peine paru, il fut vendu à 10.000 exemplaires.

L'ouverture de son cours au Collège de France avait donné lieu à une manifestation. Le jour où il devait prendre la parole pour la première fois, ce ne fut pas seulement la salle où il devait monter en chaire, ce ne fut pas seulement le collège de France et ses cours intérieures, mais la place voisine, la rue Saint-Jacques, tout un quartier qui fut envahi. Les premiers murmures du parti adverse furent vite étouffés sous les applaudissements et les cris d'admiration. En prenant le parole devant un auditoire recueilli, il se proposa, ce jour-là, de définir les deux recherches différentes que la révélation appuyée par la théologie, et le raisonnement appuyé par la philosophie, posent à l'esprit de l'homme ; il revendiqua « le droit absolu d'étudier la religion en toute liberté, sans se préoccuper des doctrines admises par les églises (1). » Le public, en se séparant, crut devoir ajouter un correctif à ses applaudissements enthousiastes en criant : « N'allez pas à Compiègne, Monsieur ! », et en ajoutant : « Vive Quinet, vive Hugo ! »

La jeunesse eut également l'occasion de saluer en Sainte-Beuve un défenseur déterminé de la libre pensée. A la séance du 21 juin 1867, au Sénat, à propos de la lecture d'une pétition de quelques habitants de Saint-Etienne signalant au Sénat

---

(1) Voir les détails de ce premier cours dans le *Confédéré* de 1863, n° 82.

le danger de laisser l'administration de la bibliothèque populaire à un conseil municipal qui en profitait pour répandre les œuvres de Voltaire, de Rousseau, de Michelet et de Renan, Sainte Beuve prononça un discours qui fut un véritable manifeste (1).

On n'ignorait pas dans le public que Sainte-Beuve faisait gras aux diners qui avaient lieu chez lui le vendredi saint et auquel assistaient Flaubert, le prince Napoléon, About, Renan, Taine, et où on portait la santé de feu Jésus-Christ.

Des enquêtes et des études sur l'origine des religions se multiplièrent; des hommes relativement modérés comme Schérer, Nefftzer, Peyrat, entrèrent en lice; Buisson avait commencé dès cette époque son apostolat pédagogique en montrant, par exemple, dans son article : « Une réforme de l'instruction publique », la nécessité de réformer l'enseignement de l'histoire sainte (2).

L'enseignement de l'histoire avait également amené les esprits à l'idée d'un changement religieux et particulièrement dans le domaine du catholicisme. Michelet, en opposant le christianisme, qui était d'après lui la grâce, à la révolution qu'il identifiait avec la justice, orientait les esprits dans le sens de la lutte contre l'Eglise (3).

Edgar Quinet, dans son « Histoire de la Révolution » et dans ses brochures « Lettres sur la situation religieuse et morale de l'Europe », « La révolution religieuse au XIX° siècle », engageait la génération contemporaine à une lutte contre

(1) Voir *infra* pour les manifestations qui avaient eu lieu à ce propos à l'Ecole normale.
(2) Voir le *Confédéré*, 17 janvier 1869.
(3) *Bilan de l'année 1868*, article de M. Ranc, qui se réclame de Michelet à propos d'un compte-rendu de l'*Histoire de la Révolution française.*

l'église romaine. D'après lui, la révolution de 1789 avait subi un échec pour avoir accepté le principe de la tolérance, contrairement à la Réforme, qui avait réussi pour avoir commencé par combattre et extirper les préjugés de la religion dominante. Dans son *Histoire politique des papes de l'Eglise et de la philosophie au XVIIe siècle* (1860), Lanfray énonçait les mêmes idées.

Aussi les discussions religieuses, les manifestations de la libre pensée devaient-elles se produire de plus en plus nombreuses et significatives. Les polémiques provoquées par les brochures de Dupanloup en donnaient la preuve (1).

La profession de foi spiritualiste de Jules Favre, dans son discours à l'occasion de sa réception à l'Académie, avait déterminé une protestation énergique de la part des étudiants (2).

Les discussions qui avaient eu lieu au Sénat et les polémiques de Mgr Dupanloup avaient beaucoup contribué à envenimer la lutte qui ainsi sortait du domaine de la spéculation et de la discussion scientifique pour devenir une arme de combat entre les mains des partis politiques.

Les énonciations produites à la tribune du Sénat motivèrent de violentes répliques de la part des étudiants en médecine. Le doyen Wurtz écrivit une lettre au ministre pour protester contre les allégations dont son enseignement avait été l'objet. Une innovation malheureuse fut introduite, obligeant les étudiants à faire viser leurs thèses, non seulement par la Faculté dont ils relevaient, mais aussi par le vice-recteur, représentant de l'autorité, ce qui permettait d'éliminer certains

---

(1) Voir, pour les journaux qui avaient pris part à cette polémique, la brochure de Dupanloup : *L'Athéisme et le Péril social*, 1866, pages 13 et suivantes.

(2) Voir le *Courrier Français* et *La Pensée nouvelle* des 23 décembre 1867 et 28 octobre 1867.

travaux dont les tendances semblaient être par trop contradictoires avec l'enseignement orthodoxe (1).

Dans cette lutte, les doctrines de la « Morale indépendante » furent vite dépassées. En analysant l'œuvre de Barni « La morale dans la démocratie », Ranc et Boutteville lui reprochaient de vouloir tenter une conciliation entre la religion et la raison.

C'était l'esprit antireligieux qui sous l'influence du matérialisme allait entrer en scène ; le journal *la Libre Pensée* en était un des organes les plus militants (2).

Dans sa profession de foi, *la Libre Pensée* déclarait vouloir « remettre en lumière la grande philosophie du xviiie siècle, faire connaitre les ouvrages de d'Holbach et de Diderot, évoquer ce passé courageux et indépendant qui avait préparé la rénovation sociale de 1789 (3). »

Buchner y précisait le sens du matérialisme philosophique qu'il prêchait, en mettant en garde le public des non initiés contre la confusion entre le matérialisme de la vie pratique et le matérialisme de la science, qui était d'après lui « le plus bel idéalisme de la pratique » (4).

La revue avait fait également une campagne énergique pour encourager l'œuvre de Jean Macé et de sa « Ligue d'enseignement » (5).

A Paris, la *Libre Pensée* fut supprimée pour outrage à la religion, par un jugement du 31 juillet 1870, malgré une re-

---

(1) *Almanach de l'Encyclopédie*, 1869, article de M. Ranc, p. 27.
(2) Parmi ses collaborateurs figuraient : Regnard, André Lefèvre, baron de Ponnat, Boutteville, Goudereau, F. Pommereau, Letourneau, Asseline, Eudes, Chavet, Tridon, Verlet, Rigault, P. Lafargue, Esquiros, etc., etc.
(3) *Libre Pensée*, 2 décembre 1866.
(4) 30 décembre 1866.
(5) 27 janvier 1867.

marquable plaidoirie d'Ernest Picard ; elle fut continuée par le « Réprouvé » ; elle eut pour compagnons dans sa propagande « l'Excommunié », organe de la libre pensée à Lyon, le « Refusé », « Tribune des francs-parleurs » et le « Candide » de Blanqui (1).

V

Ces démonstrations d'ordre théorique avaient reçu une expression plus concrète. En 1867, un rapport officiel constatait la propagation de l'œuvre de libre pensée et de morale indépendante se poursuivant au grand jour et se manifestant par les mariages et les enterrements civils (2). A propos du mariage civil de Germain Casse qui avait réuni près de six cents personnes, Ranc écrivait dans le *Réveil* : « Ah ! nous avons marché ! », et il constatait les progrès de la libre pensée dans les mœurs (3). A propos du procès de la *Renaissance*, la justice émit la prétention de considérer comme un délit le fait de suivre le convoi d'un libre penseur. Des protestations furent rédigées contre la tentative d'établir cette jurisprudence (4).

A Lyon, il y eut une imposante manifestation maçonnique et laïque à propos du retour d'exil de Bancel. E. Millaud fut chargé de porter la parole au nom des loges lyonnaises (5).

En février 1870, toujours dans la même ville, la vaste salle de l'Alcazar réunissait plus de 10.000 libres penseurs qui avaient fait une réception enthousiaste au député Raspail. De semblables manifestations eurent également lieu à Marseille, boulevard du Musée, dans le local des loges.

(1) Voir *infrà*.
(2) *Correspondance impériale*, tome II, page 278.
(3) Le *Réveil*, 6 août 1868.
(4) V. *Phare de la Loire*, du 25 janvier 1867 et du 17 février de la même année.
(5) Renseignement fourni par M. E. Millaud.

Sous l'influence des « Solidaires belges », quelques étudiants français, de retour du congrès de Liège, avaient résolu de fonder une association internationale de libres penseurs, sous le nom de « Agis comme tu penses », dont les statuts contenaient entre autres les lignes suivantes :

> Attendu... qu'il importe de séparer la morale progressive et scientifique des dogmes surannés que la raison condamne et que le sentiment doit réprouver, que la conscience repousse les doctrines religieuses qui dirigent l'homme par la peur et les plus indignes mobiles, que ces doctrines ont désuni les hommes, en faussant la morale et en corrompant la notion du droit...; que donner à l'enfant une foi, une science qui sont négatives l'une de l'autre, c'est opposer son sentiment à sa raison, vicier son jugement, obscurcir sa conscience, paralyser sa volonté, le condamner au scepticisme, et préparer en lui une âme sans principe, un citoyen sans conviction... Les soussignés regardent comme un devoir de rompre en fait avec des doctrines qu'ils rejettent en principe ; ils déclarent s'engager à ne jamais recevoir aucun sacrement d'aucune religion ; pas de prêtre à la naissance, pas de prêtre au mariage, pas de prêtre à la mort. Ils constituent sous ce titre : « Agis comme tu penses », une association qui a pour loi la science, pour condition la solidarité, pour but la justice.

Rey, Clemenceau, Taule, Onimus, Lafont, Chassin, de Ponnat s'empressèrent de donner leur adhésion à cette association qui, par leur intermédiaire, trouva quelques adhérents parmi les ouvriers (1).

Chassin avait conçu en 1868 le projet de fonder une œuvre semblable sous le titre de « Société civile des familles affranchies » (2). Elle devait avoir pour but de grouper en une immense société de secours tous les libres penseurs de France et reçut de nombreuses adhésions (3).

(1) Renseignements et documents fournis par MM. Clemenceau et Taule.
Un des premiers enterrements civils fut celui de Léon Derouin, insurgé de juin et transporté. Cet enterrement fut organisé par Protot.
(2-3). Voir sur les progrès de cette société les chroniques de la *Démocratie* sous le titre de *Chroniques irréligieuses*. Dans les lettres que

Ces différentes manifestations avaient préparé l'état d'esprit qui avait porté la plupart des candidats de l'opposition aux élections de 1863 et 1869 à inscrire sur leur programme la séparation de l'Eglise et de l'Etat.

VI

Une série de publications ayant pour but la vulgarisation de ces idées avait complété l'œuvre entreprise par les revues, qui avaient, à cause de leur caractère scientifique, un public trop restreint ; telle fut notamment la tâche des bibliothèques populaires. L'article 291 du code pénal les soumettait à une autorisation préalable, comme toutes les autres réunions, et par là le choix des livres, qui régulièrement devait relever des municipalités locales, était subordonné au bon plaisir du Ministre de l'Intérieur. On en profitait pour épurer le catalogue et en effacer des livres aussi inoffensifs que les « Mystères de Paris » d'Eugène Sue, et les vulgarisations du socialisme tentées par George Sand.

Chassin avait reçues à ce propos et qui émanaient autant des bourgeois que des ouvriers, d'intéressants projets furent mis en avant. Dans l'une d'elles un républicain libre-penseur qui résidait à Londres lui écrivait ce qui suit : « La société dont vous êtes l'initiateur aurait dû être établie depuis longtemps ; avec un peu plus d'intelligence de sa mission et quelques efforts, la franc-maçonnerie aurait pu, sous la République de 1848, nous donner la liberté religieuse et nous débarrasser du Concordat. Depuis le coup d'État, Proudhon s'est écrié : « Coupons le câble »; mais ni francs-maçons ni libéraux n'ont répondu à cet appel. Signé : M. Lyman de Saint-Fargeaux (Yonne), (états de service, veuf d'une première femme enterrée civilement, marié civilement à une seconde femme non baptisée, père de trois enfants de 15, de 13 et de 10 ans non baptisés). Il proposait en même temps de transformer les fêtes religieuses en cérémonies civiles ou communales ou familiales, en organisant les fêtes de l'adolescence, de la majorité, etc. »

Cette lettre se trouve dans les documents de Chassin, qui ont été mis à notre disposition par M. Henri Monin, dépositaire de ses papiers.

Malgré ces entraves administratives et grâce aux initiatives individuelles, plusieurs bibliothèques furent fondées. La *Bibliothèque utile*, qui avait publié une collection d'opuscules à 50 cent., comptait parmi ses collaborateurs Buchez, Bastide, Morin, Pelletan, qui écrivit l'histoire de Louis XIV, Carnot qui présenta un tableau de la Révolution française, Despois qui rappela les principaux événements de l'histoire d'Angleterre, Laurent Pichat qui publia une étude sur *L'art et les artistes en France*, et Gustave Jourdan qui consacra à la *Justice criminelle en France* un petit volume substantiel où il avait formulé en termes très fermes les principes de l'école individualiste qu'il opposait au jacobinisme et à la toute-puissance de l'Etat.

Vint ensuite *la Bibliothèque nationale* dont le succès avait rapidement grandi et qui avait repris et répandu les chefs-d'œuvre consacrés par la littérature française. Michel Lévy publia, à un prix relativement modéré, une édition populaire de *La Vie de Jésus*. Enfin fut fondée la *Bibliothèque démocratique* qui s'attacha de préférence à la réimpression d'œuvres révolutionnaires et laïques comme les articles de Camille Desmoulins, les discours de Mirabeau, des fragments de Condorcet, les œuvres de Diderot et d'Alembert. Il y eut également des vulgarisations scientifiques destinées à faire connaître les éléments de sciences naturelles aux ouvriers (1).

J. Macé qui fut parmi les plus actifs à organiser les bibliothèques de Beblenheim, eut l'idée, à l'exemple de la Ligue belge de l'enseignement, de fonder une ligue d'enseignement en France, et son projet à peine exposé dans l'*Opinion nationale* du 26 octobre 1866 reçut de nombreuses adhésions dont

---

(1) *Le Travailleur*, 1869.

les premières émanaient d'un sergent de ville, d'un tailleur de pierres et d'un conducteur au chemin de fer. La ligue nouvelle prit rapidement une grande extension et devint un véritable foyer de libre pensée. Elle fut encouragée dans certaines villes comme Marseille par les loges maçonniques; elle y avait son local et elle s'y confondit pendant quelque temps avec une section de l'Internationale. A Metz, où fut créée la section la plus importante, elle rencontra un appui auprès de deux membres actifs de la section locale, Vacca et Goudchaux.

Une tentative de création d'une section de la Ligue à Orléans provoqua une brochure énergique de la part de Mgr Dupanloup; mais, malgré la défaveur officielle, l'œuvre s'accrut rapidement.

VII

Il y eut également un travail de propagande de libre pensée grâce aux efforts des loges maçonniques. On sait que leur situation au début de l'Empire fut gravement menacée, et les loges ne durent leur salut qu'au compromis qui leur imposa comme grand-maître le prince Murat. Chargé de faire une enquête sur les menées des maçons à propos de la dénonciation de la loge « Arts et Métiers » à Avignon, le grand maître n'hésita pas à répondre au ministre de l'Intérieur : « Je me permets de vous faire remarquer que, si je supposais la moindre chose qui pût inquiéter l'autorité dans une des loges placées sous l'obédience du Grand Orient de France, je m'empresserais d'en ordonner la fermeture aussitôt que j'en aurais été informé par vous (1). »

De nombreuses loges républicaines furent dissoutes, d'au-

(1) A. N., F. I., F., Vaucluse, 10. Lettre du Grand-Orient de France, 6 août 1852.

tres entrèrent en sommeil ; pourtant il y en eut qui purent continuer à se réunir malgré les sentiments démocratiques qui animaient la plupart de leurs membres. Ainsi c'est avec l'assentiment de l'administration qu'une loge continua à fonctionner à Grenoble avec Bouvier, charpentier, comme vénérable. Elle fut en relations avec une autre loge, « La Concorde » du département de la Vienne, que le gouvernement avait laissé subsister à dessein, espérant pouvoir exercer une influence sur les ouvriers par l'intermédiaire de l'élément bourgeois de la loge ; il y eut également à Voiron un groupe maçonnique composé d'anciens partisans du général Cavaignac. Les frères des loges ayant existé autrefois à La Mure, à Barraux, furent reliés à la loge de Grenoble ; les réunions purent se tenir grâce à une certaine complaisance de l'autorité, qui préférait une opposition sur laquelle elle pouvait exercer une certaine surveillance à des agissements qu'elle n'aurait pu arrêter (1).

L'action des loges avait repris après 1857. A cette époque, un publiciste actif très connu des maçons, Riche-Gardon, avait publié dans une revue spéciale ayant pour titre *L'initiation ancienne et moderne*, un article énumérant les sujets de mécontentement de l'institution maçonnique contre le grand-maître. Cet article concluait au remplacement du prince Murat par le prince Napoléon ; c'était le signal d'une bataille entre le grand-maître et les loges maçonniques. Quelques jours après, deux décrets signés du grand-maître suspendirent « L'initiation ancienne et moderne », la loge « Le temple des familles », dont Riche-Gardon était le vénérable ; les maçons constituant cet atelier furent privés de leurs droits maçonniques ; en même temps on frappa Allard, vénérable

(1) A. N., F. I, Isère, 9. Rapport du préfet, 8 octobre 1852.

de la loge « Fraternité des peuples », Fauvety; vénérable de la loge « Renaissance »; Sengot, vénérable de la loge « La sincère amitié »; Caubet, vénérable de la loge « Rose du parfait silence »; Vasselin, orateur de la loge « la Triple unité » de Fécamp; Vermont, membre de la loge « La parfaite égalité » de Rouen. Les maçons tentèrent de se réunir rue de la Michodière, chez Fauvety (1), en vue de s'entendre sur la ligne de conduite qu'il convenait de suivre pour répondre aux provocations du prince Murat. L'immense majorité des maçons fut favorable à l'élection du prince Napoléon. Le grand-maître n'hésita pas devant cette résistance et, le jour même de l'élection, l'arrêté suivant fut affiché : « Nous, préfet de Paris, vu les renseignements qui nous sont parvenus, considérant que l'élection du grand-maître de l'ordre maçonnique donne lieu à une agitation de nature à compromettre la sûreté publique, arrêtons ce qui suit: Il est interdit à tout franc-maçon de se réunir pour procéder à l'élection d'un grand-maître avant la fin d'octobre prochain. — Paris, 23 mai 1861. »

C'était la première fois que l'autorité civile s'était immiscée dans l'organisation intérieure de la maçonnerie. Pour mettre fin au conflit, le gouvernement fit paraître au *Moniteur*, le 11 janvier 1862, un décret de l'Empereur nommant grand maître de la maçonnerie française le maréchal Magnan, qui n'était pas même franc-maçon. Le grand conservateur fut chargé d'initier en toute hâte le nouveau grand-maître et de lui conférer tous les grades. Dès cette époque les maçons purent jouir d'une certaine liberté. Un travail très actif de propagande se fit alors, principalement dans les loges « la Renaissance »

(1) V. sur les réunions chez Fauvety et les courants scientifiques qui y dominaient, de même que sur Alexandre Weill qui y tenait une place importante; Mme Adam, *Mes premières armes*, et Caubet, *op. cit.* p. 49 et suiv.

dont le vénérable était Massol, « la Rose du parfait silence », « les Amis de l'ordre », et l'ancienne loge « Saint-Vincent de Paul » qu'on ne désignait plus que sous le nom de « Loge 133 ». C'est là, dans le choc des doctrines spiritualiste, matérialiste, catholique, protestante, déiste et athée que fut discutée la morale indépendante et que Massol avait proposé de supprimer la formule — « A la gloire du grand architecte de l'univers » — qui elle-même n'avait, antérieurement à 1849, aucun caractère obligatoire. C'est à partir de cette date que commence l'évolution des maçons (1).

Dans « l'Instruction d'apprentis » de 1862, la maçonnerie était définie ainsi : « C'est une institution philanthropique et progressive, ayant pour base l'existence de Dieu et l'immortalité de l'âme; pour objet, l'exercice de la bienfaisance, l'étude de la morale universelle, des sciences et des arts, et la pratique de toutes les vertus. » La tentative d'obtenir une réforme profonde dans les idées directrices des loges n'avait pas complètement réussi en 1865, mais il y eut une manifestation d'un esprit très progressif et d'idées novatrices dans un certain nombre de loges. Ainsi, la loge le « Progrès » avait adopté les conclusions suivantes : « La franc-maçonnerie proclame le respect absolu et l'inviolabilité de la conscience humaine, la liberté de penser et manifester sa pensée par la parole et par l'écriture, le droit de réunion, le droit d'association, l'instruction laïque obligatoire mise à la portée de tous, le suffrage universel comme base légitime de l'organisation de toute société, toutes les fonctions électives et temporaires; l'égalité de droit entre tous les hommes, et comme conséquence, la réciprocité des devoirs ; la suppression des distinctions honorifiques, titres et décorations, la nécessité d'une

(1) Voir sur tous ces points, Caubet, *Souvenirs*, 1860 à 1869, avec une préface de M. Wyrouboff.

morale en complet accord avec les données de la science et de la raison. Tous les hommes sont frères et solidaires entre eux, la guerre entre tous les hommes est un crime de lèse-humanité. Le progrès est la loi de l'humanité. La franc-maçonnerie enfin résume ses principes et ses aspirations dans sa grande devise « Liberté, Égalité, Fraternité » (1).

La constitution du Grand Orient de France ayant déclaré libre la presse maçonnique, la presse pouvait facilement rendre compte de ses travaux et montrer l'ordre d'idées qui préoccupait l'esprit des maçons. Ainsi, en 1867, on relevait parmi les questions mises à l'ordre du jour les sujets suivants : Des droits et des devoirs de l'homme dans la société ; des modes possibles d'activité des francs-maçons dans les diverses manifestations de la vie sociale ; de la justice dans les élections maçonniques et du droit de minorité ; de l'enseignement comme moyen d'établir la paix parmi les hommes ; de la morale indépendante (2).

Les loges de Paris comprenaient un élément militant de la jeunesse républicaine. Ainsi, la loge « La Mutualité » ou loge 133 du rite écossais, comptait dans ses rangs : Brisson, Pelletan, Mocqrice, Ranc (3). On y discutait généralement les questions relatives à la morale ; il y eut — comme généralement dans les loges du rite écossais, — un atelier composé d'ouvriers, où souvent furent mises à l'ordre du jour les questions sociales (4). La loge de « l'Ecole Mutuelle », dont

(1) Voir La Démocratie, 1869, 12 décembre.
(2) L'intérêt public, 20 novembre 1867 ; voir aussi pour les questions doctrinales et les discussions dans les loges : Discours prononcé dans la séance solennelle du 6 mars 1863 de la loge Renaissance par les émules d'Hiram, par Massol, vénérable, 1863.
(3) Renseignements fournis par MM. H. Brisson et Wyrouboff.
(4) Renseignements fournis par M. Henri Brisson ; faisaient également partie de la loge 133, Schaeffer, le caissier du Siècle ; Louchel, collaborateur de ce même journal ; Eugène Despois, Floquet, Paul de Jouvencel, Ulysse Parent et d'autres encore.

Georges Coulon était le vénérable, comprenait aussi des républicains, notamment Eugène Pelletan, Méline, Claretie (1). L'action maçonnique se fit également sentir dans les départements. A Lyon, la loge du « Parfait Silence », présidée par Le Royer, ancien président du Sénat, en relations personnelles avec Massol, comptait dans ses rangs Edouard Millaud, Andrieux, Thiers, Antonin Dubost. La loge lyonnaise « Simplicité et constance » comprenait aussi des éléments républicains, quoique plus modérés ; tous les ateliers comptaient un certain nombre d'ouvriers. A Marseille, la loge « La Réforme » avait exercé une grande action ; elle se rattachait aux anciens charbonniers, et avait un caractère nettement international ; en 1869, Gambetta s'y fit affilier ; en faisaient également partie Brochier, Gaston Crémieux qui plus tard devait être fusillé, sur l'ordre de Thiers, pour sa participation au mouvement communiste de Marseille.

La loge « le Phare de la Renaissance » représentait la nuance la plus modérée. D'ailleurs les différentes fractions s'entendaient parfaitement et avaient prêté un secours puissant au développement de la ligue de l'enseignement (2). La loge « l'Humanité de la Drôme », à Valence, exerça une grande influence sur les élections de 1869. Bancel, Crémieux, Clerc, Chevandier, Madier-Montjau eurent l'occasion d'y prendre la parole. Elle eut comme vénérables, sous le second Empire, Lavis, Curnier, Ferlin, Roux Ferdinand, Fayard, Malens (3). Dans d'autres villes, la reconstitution des loges maçonniques avait rencontré des difficultés. Ainsi,

---

(1) Renseignement fourni par M. Georges Coulon.
(2) Renseignements fournis par M. Grimanelli, et voir Tournier, *Gambetta*, page 143.
(3) Renseignements fournis par M. Marius Villard.

à Lille, Legay, ayant tenté de restaurer la loge « la Lumière », se heurta à la résistance de la police qui, plus tard, envahit le local et mit en état d'arrestation la plupart des maçons poursuivis pour délit de société secrète (1). Ailleurs, les loges maçonniques purent peu à peu reprendre leur vie, mais l'élément réactionnaire y joua un rôle prépondérant jusqu'à la fin du second Empire. Ainsi à Aix en Provence, la loge « les Arts et l'Amitié », entrée en sommeil aussitôt après le coup d'État, se reforma en 1862, mais fut tout d'abord dominée par l'élément légitimiste ou bonapartiste. Elle avait pour vénérable le chef du parti légitimiste, Scianou ; comme orateur, le fils du premier président, Rigaud, ami particulier de l'Empereur. Ce n'est qu'en 1869 que l'élément républicain put y pénétrer en majorité et s'emparer des dignités de vénérable et d'orateur (2). Là où les loges du rite écossais s'étaient conservées, elles attiraient de préférence l'élément ouvrier, étant d'un accès beaucoup plus facile que les loges du Grand Orient.

L'action purement politique et électorale des loges était peu considérable sous le second Empire. Elle s'était manifestée à propos des élections de Bancel à Paris et à Lyon ; c'était aux maçons que revenait l'honneur et l'initiative de cette candidature ; mais partout ailleurs la maçonnerie avait tout simplement servi d'abri et de refuge pour les réunions ; profitant d'une certaine liberté et de l'absence du contrôle direct de l'administration impériale, la jeunesse pouvait s'y livrer à des discussions.

On peut dire dans ce sens que les loges maçonniques avaient servi sous l'Empire de refuge moins à la politique et à la

(1) Verly, *Souvenirs d'une vieille barbe*, 1892, p. 93.
(2) M. Benjamin Abram, ancien maire d'Aix, à qui nous devons des renseignements très précis sur le parti républicain à Marseille et à Aix.

libre pensée qu'à la pensée libre. C'était pour cette raison que le Grand Orient avait repoussé, sur le rapport de Massol et aussi sous la pression de la maçonnerie des autres pays, le projet de reconnaissance du Grand Orient de France comme établissement d'utilité publique (1).

VIII

De même que les loges maçonniques, les conférences servaient à grouper la jeunesse universitaire autour des hommes jouissant d'une certaine réputation, qui exprimaient librement leurs opinions sur les questions morales, scientifiques et autres. C'était particulièrement le cas des *Entretiens et Lectures* qui avaient été fondés rue de la Paix par Lissagaray et Albert Leroy, c'était la reprise du procédé de Deschanel à qui les conférences avaient si bien réussi en Belgique.

Les *Entretiens* de la rue de la Paix avaient surtout pour but d'instituer un véritable enseignement supérieur et libre à côté

(1) Voir *Rapport sur la reconnaissance de la maçonnerie comme établissement d'utilité publique*, par Massol, Paris, 1863. L'auteur y définissait la Maçonnerie dans les termes suivants : « Une véritable confédération. Chaque loge est un petit Etat intellectuel se gouvernant, s'administrant lui-même, unie aux autres loges par un lien spirituel — la morale, — par un symbolisme commun, et par une autorité centrale soumise à l'élection, ayant des attributions nettement définies sous le contrôle annuel d'une assemblée législative, déléguée elle-même par tous les Maçons, *seuls véritables souverains*. En un mot, c'est une association modèle, fondée sur la vraie notion du droit, soustraite à tout joug d'Etat, d'Eglise, de sacerdoce, à tous les caprices des révélateurs et à toutes les hypothèses des mystiques. Son autorité centrale est garante à la fois de l'indépendance des loges et du respect des lois du pays devant le pouvoir politique. » V. sur les rapports entre les loges maçonniques et le catholicisme officiel, deux articles de Fr. Morin, dans l'*Avenir national* des 5 et 17 octobre 1865.

de l'enseignement officiel donné par l'Université (1). Parmi les orateurs qui y prenaient la parole on peut citer : Legouvé, Eugène Pelletan, Laurent Pichat, Jourdan, Elysée Reclus, Louis Ulbach, Weiss, Ratisbonne, Assolant, F. de Lasteyrie, Bancel, Hébrard, Castagnary, Henry Fouquier, Jules Clarétie, Henri Brisson, Charles Floquet, Clément Duvernois, et beaucoup d'autres. Les petits journaux et revues du quartier latin annonçaient régulièrement les jours et les conférences, et les jeunes républicains s'y rendaient en foule. Quand le bail de la rue de la Paix vint à expiration, Lissagaray transporta les conférences rue Cadet, où, aux orateurs déjà cités, vinrent se joindre Alexandre Dumas, le professeur Joly, Pouchat, Anatole de la Forge. Jules Vallès s'y essaya également, mais provoqua une émotion telle que ses conférences ne purent pas se poursuivre. Ferdinand de Lesseps y développa pour la première fois son projet de percement de l'isthme de Suez. Le choix du sujet n'était pas libre et on devait fournir à l'administration, avant d'obtenir l'autorisation de faire la conférence, l'analyse et l'indication de l'objet du discours qui allait être prononcé (2). Après la nouvelle loi de 1868 sur les réunions, les députés de Paris eurent l'idée d'organiser une série de conférences publiques qui, étant payantes et n'admettant pas la controverse et la discussion, n'avaient pas le don d'attirer la masse. Etant données les restrictions légales qui pesaient sur les manifestations publiques, le goût des conférences se propagea rapidement et plusieurs théâtres

(1) Les conférences de la rue de la Paix semblaient avoir été fondées par M. Lissagaray à l'exemple des conférences analogues instituées aux Etats-Unis. (Renseignements contenus dans une lettre adressée par M. Lissagaray à M. Georges Weill, qui a bien voulu me les communiquer.)

(2) J. Clarétie s'étant vu refuser le droit de traiter un sujet indiqué par lui, publia, en guise de protestation, son volume *La Parole libre*.

furent affectés à cet effet. A côté des conférences où l'élément bourgeois dominait, il y eut des réunions publiques adressées plus spécialement aux ouvriers et dans lesquelles on discutait des questions d'ordre économique (1).

Dans d'autres villes, à Lyon, notamment, où l'on avait affaire à des agglomérations d'ouvriers groupées par ateliers, plus d'une fois les jeunes républicains s'y rendirent et firent des conférences à la lumière des lampions (2). Ailleurs, comme à Nantes, il y eut de véritables entreprises ; on louait une salle, on appelait de Paris Pauline Mink ou encore Olympe Audouard ou Deschanel, et on réunissait à cette occasion les républicains de la localité. A Marseille comme dans les autres villes, lorsqu'un député ou un avocat renommé de Paris avait à prononcer un plaidoyer, on profitait de son passage pour l'engager à faire une conférence sur les questions politiques à l'ordre du jour (3).

IX

Le Gouvernement impérial ne laissant pas toujours une latitude assez grande pour étudier les questions que la jeunesse, impatiente du joug administratif, voulait examiner en toute liberté, on eut l'idée d'organiser à l'étranger des réunions qui prirent vite le caractère de véritables congrès. C'est ainsi qu'eurent lieu, de 1862 à 1866, plusieurs réunions organisées par « l'Association internationale pour le progrès des sciences sociales » à Bruxelles, à Gand, à Amsterdam et à Berne.

(1) Voir *infra*.
(2) Il y eut ainsi de nombreuses conférences faites à la commune de la Croix-Rousse. Renseignements fournis par M. Edouard Millaud.
(3) Ainsi je trouve, dans la correspondance d'Ernest Picard, plusieurs invitations de ce genre émanant de la Ligue de l'enseignement de Marseille et d'un groupe de républicains de Montpellier.

Les démocrates et les libéraux de tous les pays s'y donnaient rendez-vous pour y échanger leurs idées sur des questions qui constituaient leurs préoccupations communes. On y rencontrait parmi les Français : Pascal Duprat, Jules Simon, Desmarest, Henri Favre, J. Ferry, Isambert, Coulon, Eugène Pelletan, Lavertujon, Morel, Floquet, Clamageran, Horn, Walevski, Garnier Pagès, Chaudey, Hérold, E. de Pressensé.

A l'ordre du jour furent placées successivement des questions comme celles-ci : « Jusqu'où peut aller l'autonomie des communes sans nuire à l'unité de l'Etat, et quels sont les moyens d'assurer leur compétence respective ? — Quel est, dans les principaux pays, l'état de la législation sur la liberté des transmissions héréditaires ? — Qu'y a-t-il de licite ou d'illicite dans les coalitions d'ouvriers ou de maitres ? — Quelle est la valeur des principes admis à cet égard dans les diverses législations ? — L'enseignement de la morale doit-il être séparé de celui des religions positives, ou convient-il d'assigner un rôle dans l'école au ministre des cultes ? — Faire connaître à quels résultats ont abouti, dans les divers pays, les efforts tentés pour l'ouverture des conférences et des bibliothèques populaires; déterminer le meilleur mode d'organisation des départements ; — Quel est le rôle de l'Etat en matière d'enseignement ? »

Dans toutes ces discussions, l'attitude des savants et des publicistes français frappait par une particularité ; qu'il s'agisse de la question des bibliothèques, du rôle de l'Etat enseignant ou de la décentralisation, ils se prononçaient pour la plupart en faveur de la liberté absolue. Le langage d'Eugène Pelletan à propos du rôle de l'Etat en matière d'enseignement était à cet égard très caractéristique : « Je crois que notre ami Pascal Duprat nous a appelés les partisans de la liberté à outrance ; il n'a pas dit assez ; nous sommes les partisans de la liberté à corps perdu, à la vie, à la mort. La liberté, toute la liberté, rien que la liberté ! Nous n'en aurons jamais trop, la réalité en rabattra toujours assez. Et quant à moi, je les connais ces demi-libertés, ces libertés sages, ces libertés réglées ; le pavé de Paris en est jonché, je n'en veux plus... Vous voulez l'intervention de l'Etat pour échapper à l'influence du clergé et de l'Eglise ; croyez-vous que ce soit toujours le bon moyen ? Mon Dieu, vous ignorez une chose, c'est que l'Etat et le clergé sont deux frères ennemis qui ne demandent pas mieux que de s'embrasser et qui, en présence d'un adversaire qui arrive, font la paix au grand détriment de la liberté (1). »

Comme il fallait s'y attendre, la discussion relative à la question de savoir si l'enseignement de la morale doit être séparé de celui de la religion positive, avait donné lieu à une discussion des plus animées. Le professeur Gaepke avait conclu en faveur de la séparation et pour la morale indépendante. Son argumentation se résumait dans la proposition suivante : « Si nous voulons que l'éducation soit ce qu'elle doit être, il ne suffit pas qu'on conduise l'enfant dans le domaine de telle idée morale ou religieuse ou de telle autre ; ce qu'il faut, c'est l'introduire dans l'empire de toutes les idées suprêmes, ne formant qu'un seul et même organisme et lui servant respectivement d'appui et de soutien (2). »

La conséquence de cette opinion allait jusqu'à l'exclusion de tout enseignement religieux à l'école, et à son remplacement complet par la morale laïque. Elle rencontra une résistance énergique de la part de Pressensé. Tout en

(1) Voir *Annales de l'Association internationale*, 1863, pages 329-331.
(2) Voir *Annales de l'Association internationale*, 1866, 3ᵉ livraison, page 299.

acceptant la séparation, il arrivait à une conclusion contraire. « L'Etat, faisait-il remarquer, sera athée, dit-on ; je proteste : l'Etat athée, c'est celui qui s'empare d'une religion et qui la pratique pour l'imposer à la conscience ; ainsi elle devient sacrilège ; l'Etat le plus conforme à la pensée religieuse et chrétienne doit s'arrêter devant la conscience ; c'est un domaine sacré où il ne doit pas pénétrer. Quand cette grande réforme sera réalisée, le terrain sera déblayé, la question actuelle sera facile à résoudre. Comment repousserez-vous alors des écoles les ministres du culte ? De quel droit et au nom de quelle liberté leur en interdirez-vous l'entrée, ils seront alors admis au bénéfice du droit commun (1). »

Pour les partis politiques en France, ces conférences avaient une autre importance. A l'étranger pouvaient se rencontrer librement les orléanistes et les républicains, dont les premiers recherchaient la société. C'est ainsi que le duc de Chartres s'était rendu au congrès de Berne et essaya d'y entrer en relations avec quelques démocrates dont Jules Ferry, qui, en esprit politique très avisé, ne déclina pas l'invitation, mais n'accepta de rendez-vous que sur la place publique (2).

Dans plusieurs lettres adressées au cours de son voyage à son frère Charles, Jules Ferry avait peint avec beaucoup d'humour les différents incidents qui avaient marqué le dernier de ces congrès, à Berne.

« Vendredi, août 1865.

« ... Je cours, depuis mardi que je suis ici, après le moment qu'il me faut pour t'écrire ; ce congrès est une immense flânerie ; pourtant on n'y trouve le temps de rien faire. Si les sciences sociales en étaient réduites à la maigre pitance qu'on

(1) *Idem*, page 309.
(2) Renseignements fournis par MM. G. Coulon et Charles Ferry.

leur sert en ces lieux, elles deviendraient bien vite pareilles au cheval du marquis Friedrich. Si tu voyais, tu comprendrais facilement qu'on n'ait pas une intention très vive de parler dans cette bagarre. Les tours de parole sont d'ailleurs arbitrairement réservés par l'autorité dictatoriale du congrès. Les Suisses, les Allemands inscrits depuis six mois, en ont leur large part ; les Français sont nécessairement et fatalement représentés par Desmarest, Pascal Duprat et Jules Simon. Les discours se suivent et ne se répondent pas. On parle russe, suisse, allemand, tous les patois. Quand les gens de Namur, Maestricht et Berlin ont dégoisé leur petit bagage, que la question commence à se poser, et qu'on commence à s'entendre, on lève la séance du matin pour aller dîner, et tu sais comment on dîne en Suisse.

« Après midi, séance publique au Temple du Saint-Esprit, d'une acoustique affreuse et qui fait peur sans doute à l'esprit-saint, car dans le déluge de phrases creuses que j'y ai entendues depuis trois jours, on cite à peine un bon discours de Pascal Duprat et un de Jules Simon, élégant et anodin. En somme, la conférence Molé est plus forte que le congrès où les gens remarquables ne sont pourtant pas rares, mais qui souffre d'une organisation vicieuse...

« La question de décentralisation, qui seule dans le nombre m'intéresse, a été horriblement massacrée. Nous n'avons pas même pu l'engager sur son vrai terrain ; deux heures de travail dans la section l'avaient seulement dégagée de tous les incidents de politique hollandaise et belge dont on l'avait embarrassée, et à la séance publique, quand tous les Suisses eurent parlé, elle fut tuée sous Desmarest... En somme, les Suisses se sont arrangés pour avoir le congrès à eux, comme ils l'avaient chez eux. Ce sont des gens très fins, très solides, très supérieurs aux Belges et aux Hollandais dont les préoccupations générales sont fort empreintes d'enfantillage philosophique ou religieux. Ils sont précis, sérieux, narquois et vieux dans la pratique de la liberté. J'aurai appris une seule chose mais qui valait le voyage, l'organisation de la commune suisse. Il se trouve qu'elle est tout à fait celle que mes derniers travaux m'avaient fait nettement entrevoir, et que j'ai indiquée dans une lettre aux gens de Nancy. Hier, ils étaient tous ici, les décentralisateurs : Cournault les y attendait depuis huit jours. Les purs appellent cela une conspiration orléaniste du Mattenhoff. Le Mattenhoff, maison charmante, en pleine prairie hors la ville, a l'honneur d'abriter quelques adhérents de Nancy : Proust, Hérold, Pagès, Simon. Le dernier, d'ailleurs... dans tous ses petits souliers. Les purs, descendus en force ici (et avec lesquels je ne suis point mal du tout, bien que je ne tienne guère ni à leur faveur, ni à leur défaveur), ont annoncé bien haut l'intention de faire à Jules Sariot tous les tours de leur façon. Ils ont éteint déjà Pagès, avec de mauvais procédés que je trouve très blâmables vis-à-vis de cet invalide. Mais ils visent Simon, notant ses paroles et ses démarches... Or sache qu'à quelques lieues d'ici, d'Haussonville... tourne autour de la ville fédérale, se demandant s'il les conduira (les princes d'Orléans) parmi nous, en plein congrès, en pleine démocratie parisienne, ce qui aurait de l'œil, ou s'il organisera à Interlaken ou à Fribourg un petit Belgrave-square. Simon, qu'une pareille situation eût mis sur des épines, a obtenu, je crois, que les princes ne vinssent pas. C'est une sottise qui les ravale au niveau des prétendants ordinaires et les juge sans retour.

« Leur arrivée ici, trouvée très chic par les purs, eût fait passer plus d'une nuit blanche au canonnier de Thurgovie qui, par une rencontre assez piquante, passa ici il y a huit jours...

« On est fort gai du reste à Mattenhoff et le parti des rieurs est en force. Nous avons eu hier Mlle Clémence Royer, femme économiste, à qui le grand Cournault trouve le nez très polisson. »

Dans une autre lettre, Jules Ferry donne de nouveaux détails (1).

« Je ne reviens plus sur le congrès de Berne.....

« L'incident du dernier jour a été l'arrivée du petit duc de Chartres avec d'Haussonville.

« Simon est allé le recevoir à la gare. Desmarest l'a visité dans son hôtel. Les purs étaient là, prenant des notes. Je n'ai voulu faire aucune démarche, mais comme je trouve certaines pruderies humiliantes, j'ai satisfait ma petite badauderie en causant avec le jeune homme *coram populo*, puis il a déjeuné à notre table comme un simple touriste de l'endroit. Très simple d'ailleurs, très convenable, très intelligent et pas prince du tout. Il y avait Deroisin, Proust, Saligny, avec Cournault, d'Haussonville et le pasteur de Pressensé.

« Pour moi, je trouve également risible l'importance que les orléanistes attachent, à part eux, à ces rencontres et la petite gravité que les puritains voudraient y mettre. En somme, ceux-ci n'étaient pas les moins curieux, mais c'était à qui n'irait pas pour avoir un bon point. Les journaux de la démocratie, disciplinés, continuent à foudroyer la décentralisation. Il est impossible d'unir plus de sottise à plus de mauvaise foi, et l'*Opinion* trouve moyen d'allier le jacobinisme du petit Labbé et l'éloge de Floquet au dynastisme avoué de Guéroult. »

(1) Lettre du 8 septembre 1865. Ces deux documents inédits m'ont été fournis par M. Charles Ferry.

X

Le barreau et la salle des Pas-perdus, la conférence Molé servaient d'école d'entrainement aux jeunes avocats qui, plus tard, devaient être appelés à jouer un rôle plus important dans la politique active. A Paris, un ancien bâtonnier, de Liouville, avait marqué de son empreinte plus d'un jeune esprit. Il professait comme principe une étroite intimité entre le barreau et la vie politique. Il eut un jour l'occasion de dire : « Je soutiens qu'il faut être un homme de parti. Oh ! qu'elle était sage cette loi d'une ancienne république par laquelle tout homme qui s'abstenait de prendre un parti dans les discussions civiles était déclaré infâme et puni comme tel ; sans cela l'apathie des bons emporte la perte de l'Etat (1). »

Il y avait comme secrétaires : Allou, Desmarest, Duvier, Ernest Picard, Emile Ollivier, Buffet, Vautrin, Nerville. Certains plaidoyers du jeune barreau étaient de véritables manifestations du parti républicain. Chaudey, en plaidant pour Proudhon, Emile Ollivier pour Vacherot, Gambetta pour la *Revue du Progrès* dirigée par Xavier de Ricard, Ernest Picard pour *la Libre Pensée*, avaient contribué, tout en défendant leurs clients, à faire connaitre certaines idées ; Gambetta, plaidant pour Delescluze à propos de la souscription de Baudin, avait rappelé à la jeune génération une des plus tristes pages du coup d'Etat et avait déterminé un mouvement qui avait été pour beaucoup dans la chute finale de l'Empire. A la conférence Molé on n'avait pas manqué de discuter tous les ans la question de la séparation de l'Etat et de l'Eglise.

Dans les discours d'inauguration, les jeunes stagiaires avaient l'occasion d'exprimer leurs idées sur des questions.

(1) Voir Allou et Chenu, *Les grands Avocats du siècle*, page 198.

politiques ou philosophiques et contribuaient ainsi à propager certaines idées, qui, du petit cercle où elles étaient nées, se répandaient ensuite dans le public.

XI

Les prisons elles-mêmes étaient un lieu d'enseignement. A Sainte-Pélagie, plus d'une amitié se noua, plus d'une alliance fut contractée, et le parti blanquiste en sortit reformé et renouvelé après le séjour que Blanqui y fit.

Le régime paternel imposé aux délinquants politiques n'était pas, d'ailleurs, de nature à gêner ni les communications entre les détenus, ni la propagande de certaines idées à l'intérieur de la prison. Ils pouvaient recevoir toutes les visites sollicitées, sortir avec l'autorisation jamais refusée du préfet de police; les travées des chambres contenant plus de 20 détenus étaient de véritables salons, qui, aux heures des repas, se transformaient en salles à manger. Plus d'une fois les prisonniers politiques pouvaient obtenir le bénéfice d'être provisoirement reçus dans un hôpital comme Saint-Louis ou la Charité. On les admettait encore à la maison municipale de santé qui s'appelait la « Maison Dubois », où ils pouvaient recevoir librement. Parfois la maison d'hydrothérapie du docteur Duval leur offrait également un abri (1).

La prison de Sainte-Pélagie ne chôma pas sous l'Empire.

(1) Scheurer-Kestner, dans ses *Souvenirs*, p. 75, parle ainsi de son séjour à Sainte-Pélagie : « Oserai-je dire que j'y ai passé les moments les plus heureux de ma vie !... C'est à Sainte-Pélagie que j'ai noué mes plus fortes amitiés... Les amis qui venaient rendre visite à Eugène Pelletan furent bientôt les miens. Je fis au Pavillon des Princes la connaissance d'Etienne Arago, de Carnot, de Laurent Pichat, de Frédéric Morin, de l'infortuné Chaudey. Les savants ne m'abandonnèrent pas ; je reçus les fréquentes visites de Wurtz, de Friedel, de Pelouze. Parmi les jeunes je me liai avec Isambert et Clemenceau ».

L'année 1853 y trouva Henricy, rédacteur du *National*, Pilhes, Langlois et Vauthier, transférés, à la demande de Proudhon, de Belle-Isle au Pavillon des princes; Darimon et Bouteville.

En 1854, Ranc vint s'y installer pour 20 mois; il y fut rejoint par les autres inculpés de l'Opéra-Comique et de l'Hippodrome; plus tard encore, Jacquot, dit de Mirecourt, y vint à son tour. Alfred Sirven l'auteur des « Prisons politiques » s'y rencontra avec Louis-Auguste Martin, Vacherot, Blanqui, Jules Miot, Taule, Casse et Tridon. Le procès des trois bossus y amena Emile Acollas. Ranc y revint en 1868. En 1869, Sigismond Lacroix, vint s'installer à la Grande Sibérie, qu'Edouard Lockroy venait de quitter. Delescluze y prit possession du parloir que Vallès, malade, venait d'abandonner. Raoul Rigault, Laferrière, Gaillard, Abel Peyrouton, Brisson, Oudet, Alphonse Humbert, Lissagaray, Amouroux, Duval, Arnoult, Lefrançais, Trinquet, Vermorel, J.-B. Clément, Félix Pyat, Henri Rochefort, Paschal Grousset, avaient connu Sainte-Pélagie. Quelques-uns d'entre eux n'en furent délivrés que par le 4 Septembre.

En prison les rencontres entre les hommes d'opinions différentes étaient fréquentes (1).

Un jour, Laurentie, écrivain légitimiste, voulut faire participer à la fête de Saint-Henri tous les détenus en offrant des brioches à ses compagnons, sans en excepter Blanqui (2).

C'était surtout ce dernier qui avait eu le don de réunir autour de lui une jeunesse active et avide d'apprendre les récits des exploits révolutionnaires. En prison il put recruter des disciples et rencontrer Tridon, Protot, Taule, Clemenceau,

(1) V. Scheurer-Kestner, *op. cit.*, p. 80, raconte la rencontre inattendue de Blanqui et de Montalembert.
(2) Renseignement fourni par M. Taule.

22

qui, à cette époque, étant interne provisoire à l'hôpital de la Pitié, rendait journellement des visites à l'illustre prisonnier.

Quand Blanqui, malade, fut porté à la clinique chirurgicale de Nélaton, puis à l'hôpital Necker, il y rencontra les frères Levraud, Jaclard, venu de Nancy, Villeneuve, Charles Longuet, Paul Dubois, et exerça sur ce petit milieu une influence décisive.

Plus tard, l'un d'eux disait : « A Sainte-Pélagie, on rencontra heureusement un révolutionnaire, Blanqui ; c'est lui qui nous a transformés, il nous a tous corrompus ; aussi un de ces démocrates, joli-cœur, disait qu'une des plus grandes fautes de l'Empire était d'avoir emprisonné Blanqui au milieu de la jeunesse ; il avait raison (1). »

Aux jeunes qui venaient lui demander les souvenirs du passé, Blanqui parlait des événements de 1848, des anciennes conspirations, du conflit qui l'avait séparé de Barbès. Avec ses nouveaux amis, ou plutôt ceux qu'il considérait comme ses soldats, il continua à se comporter comme l'ancien chef des « Familles » et des « Saisons », en n'admettant pas de discussion. Quand il eut appris un jour que Clemenceau s'était permis de serrer la main à Delescluze, au café de Cluny, il lui retira la presse clandestine que le premier avait à sa disposition (2).

Mais si l'on n'acceptait pas ainsi aveuglément les injonctions du maître, son influence n'en persistait pas moins. Il eut des disciples directs comme Tridon et Jaclard, les frères Levraud, Villeneuve, et des disciples libres comme Ranc,

---

(1) Voir, *Rive gauche*, article de P. Lafargue : *De la nouvelle Génération*, 11 juillet 1866 ; Gustave Geoffroy : *l'Enfermé*, pages 229, 233, 238 ; Émile Couret : *Le Pavillon des princes, Sainte-Pélagie*, pages 210 et suivantes.

(2) Renseignements fournis par MM. Georges Taule et Clemenceau.

qui, tout en respectant son inspiration, n'acceptaient pas sa tactique.

Il eut aussi des disciples d'une seconde souche, comme Eude, Granger, Genton, qui l'aidèrent plus tard dans sa tentative de la Villette.

XII

Cet ensemble d'influences que nous venons de résumer s'était retrouvé dans une série de publications qui avaient marqué le réveil du quartier Latin (1). Il se manifesta tout d'abord par de petits journaux, souvent lithographiés faute de ressources suffisantes pour les imprimer; il s'affirma plus tard par des publications plus importantes, il se révéla enfin par une participation active de la jeunesse à la politique militante.

L'apparition des premiers journaux du quartier Latin marquait le symptôme d'une activité intense, d'un besoin d'agir. Les journaux n'avaient souvent d'autres lecteurs que leurs rédacteurs; c'étaient des sociétés philosophiques dans lesquelles on ne se bornait pas à discuter dans une petite chambre du carrefour de l'Odéon, mais où l'on publiait aussi. Ce mouvement s'était fait sentir aussi bien à Paris qu'en province. On comptait jusqu'à 50 le nombre de ces petites feuilles ayant des épigraphes très caractéristiques, comme par exemple : « En avant », « Debout », « Etre ou ne pas être » (2).

De cette jeunesse, un de ceux qui la connaissait disait :

(1) V. Paul Avenel, *les Etudiants de Paris*, 1857; A. Gournot, *Essai sur la Jeunesse contemporaine*, 1863; Ranc, *Sous l'Empire*.
(2) Voir *l'Avenir*, les *Feuilles mortes*, par Frédéric Morin, 1851, n° 15.

« Rarement, les mauvais ont été pires qu'aujourd'hui, mais jamais les bons et les généreux n'ont été meilleurs. » (1).

Parmi ces journaux qui avaient des titres les plus variés, comme par exemple : *Le Sans le Sou, l'Appel, Le Triboulet, l'Aurore, La Fronde, La Muselière, La Bohême, La Tribune des poètes, Le Portefeuille, Diogène, Rabelais, l'Original*, le plus important au début était *l'Avenir*, où Vacherot avait reproduit son histoire de l'Ecole alexandrine et avait soutenu une polémique avec Huet, où Morin publiait des appels éloquents de la jeunesse républicaine et par l'intermédiaire duquel des rapports s'établissaient entre les proscrits et les républicains restés en France. C'est ainsi que Brisson, en rendant compte d'un ouvrage que venait de publier Quinet, entra en relations avec lui (2).

Plus tard, en 1857, parut un journal intitulé *La Voix des écoles*, où les nouvelles aspirations de la jeunesse s'annonçaient dans une petite poésie de Barellot qui écrivait :

> Ce n'est plus aujourd'hui la jeunesse chauvine
> Ne voyant qu'étrangers hors du cercle fatal,
> Tracé par un despote autour du sol natal,
> C'est l'âme de la France, éternelle et féconde,
> La jeunesse qui dit : ma patrie est le monde (3).

Le but que poursuivait *La Voix des écoles* était de créer des relations littéraires entre les étudiants de tous les pays. Ce petit journal constatait qu'en Allemagne, en Italie, en Angleterre, en Belgique, il y avait des milliers de jeunes gens qui pensaient, qui avaient les mêmes aspirations libérales, et

---

(1) *Ibid.*
(2) Il s'agissait de Marnix de Sainte-Aldegonde. Renseignement fourni par M. Henri Brisson.
(3) V. 14 mars 1857.

qu'il importait de fonder un lien intellectuel pour hâter l'œuvre de la libération universelle (1).

On y profite de toutes les occasions pour rappeler le théâtre de Victor Hugo ; on y rend compte des conférences faites à la Sorbonne par Arnould qui, en interprétant l'œuvre d'Alfieri, essayait de réveiller les sympathies pour l'indépendance de l'Italie, « divisée en morceaux ». Les jeunes auteurs auraient voulu parler de la *Liberté de conscience* de J. Simon ; mais obligés de compter avec les rigueurs de la censure, ils se contentaient des allusions plus ou moins spirituelles. Ils font des efforts pour rappeler l'œuvre de Quinet, « connue mais peu lue », et organisent une souscription pour une réimpression (2).

C'est dans *la Voix des écoles* que J. de Hérédia publie une de ses premières poésies : « Défaillance et espoir ».

Parmi les jeunes auteurs, un des plus actifs et des plus connus, se trouvait Vermorel. Il n'avait pas encore 20 ans au moment où il entreprit la « Revue pour tous », « La jeunesse » et « La jeune France ». Une lettre adressée par lui à Ernest Picard montre les difficultés avec lesquelles le jeune débutant eut à compter.

« Paris, 12 novembre 1862.

« Maître, je vous envoie quelques numéros d'un petit journal, *La Revue pour tous*, que je viens d'acheter avec un de mes amis. Au moment d'entrer en relations avec un banquier, M. Picard, rue Hauteville, n° 166, il s'est inquiété de ma jeunesse et il a craint que si plus tard il y avait quelques difficultés, on pût lui reprocher d'avoir abusé de mon inex-

(1) L'appel aux Universités étrangères est signé de F. Deslandes, Et. Maurice, Charles Masselin, Th. Biccio, L. Andasse, H. Fortune.

(2) 21 février 1857 ; 2 mai 1857. Parmi les signataires en faveur de la souscription se trouvent Alfred Dumesnil et Manin.

périence. Je lui ai cité les noms de quelques personnes qui pourraient lui attester mon *émancipation civile et politique* et ma position indépendante à Paris qui me mettent dans la nécessité de gagner ma vie et rendent invraisemblable et inacceptable tout défaut d'inexpérience pour les affaires que je puis faire... Parmi les noms que je lui ai cités, celui de M. Darimon et quelques autres, le vôtre l'a surtout frappé, je crois qu'il doit vous écrire pour vous demander un renseignement, qui bien entendu ne va pas aller au-delà des termes que je vous ai indiqués » (1).

La « Jeune France » qui était très répandue dans le quartier Latin, avait comme collaborateurs, en dehors de Vermorel, E. Carré, Al. Milliard, Fontaine, Isambert, et plus tard Villeneuve, P. Denis, Louise Michel et quelques autres. Dans son programme, la rédaction annonçait ne pas vouloir adopter les idées reçues. « Au lieu de l'indifférence et la soif de l'or, des cupidités sans frein, de la vie matérielle qui engloutit tout....., nous voulons, écrivaient les signataires du programme, une religion, une patrie aimée, une indépendance noble, un culte d'esprit humain qui donne un libre cours à toutes nos ardentes facultés ; il nous faut l'action, la vie ardente et fière. »

Par ses tendances religieuses, *La Jeune France* est encore loin du matérialisme qui sera en faveur en 1863 ; Vermorel trouve que la religion a une certaine raison d'être ; ce n'est que lorsque l'homme arrive à affranchir sa pensée qu'il peut, d'après lui, songer à une morale indépendante de tout dogme religieux (2).

Le matérialisme est considéré comme la destruction de la politique idéale inspirée de vues élevées et comme faisant la

---

(1) Cette lettre m'a été communiquée par Mme Ernest Picard.
(2) 7 avril 1861.

spécialité de l'école d'Edmond About. Pourtant il se dessine déjà dès cette époque une tendance vers le panthéisme dont on semble retrouver la trace dans l'œuvre de Michelet, qui anime la nature, la mer, la montagne, qui fait vivre la pensée, les oiseaux et qui se reflète dans les ouvrages de George Sand (1).

Au point de vue de la politique, La Jeune France se prononce énergiquement en faveur de la liberté, la liberté devant conduire à la suppression de la censure, à la décentralisation, à l'abolition de toutes les subventions données aux théâtres. La rédaction ne se contente pas d'écrire et de faire penser, elle agit ; ainsi, elle lance des appels et des convocations pour l'enterrement d'Henri Murger. « La jeunesse, écrivait Vermorel, à ce propos, doit montrer qu'elle veut dire généreusement son mot, témoigner hautement son amour et ses haines. » La Jeune France se fit également représenter à l'enterrement de la mère de Caussidière, de même qu'au service célébré à la Madeleine à la mémoire de Cavour.

Eugène Carré publia un vigoureux appel en faveur de Louis Blanc, dont il recommandait la lecture, pour rappeler ainsi aux jeunes générations un des hommes qui avait agi en 1848.

Une œuvre analogue fut poursuivie par la Jeunesse qui avait à peu près la même rédaction. On y retrouvait en outre Méline, Rogeard, Durand, Isambert, Henri Napias.

Sous la direction de Laurent Pichat parut une revue d'une envergure plus forte, La Réforme littéraire, qui avait pour secrétaire un jeune républicain militant, Henri Lefort. Par l'intermédiaire de ce journal, un lien d'ordre intellectuel, une intimité s'établissent avec les proscrits. On y publie des let-

(1) Voir 12 février 1861.

tres de V. Hugo qui invite les jeunes écrivains à venir le voir à Guernesey, un appel de Quinet qui encourage les débuts de la nouvelle rédaction en rappelant l'exemple du *Globe* et l'histoire du réveil en Italie qui avait commencé par un mouvement littéraire provoqué par le *Conciliateur*. (1) On y rappelle l'histoire des principaux héros de la seconde République. Henri Lefort écrit une biographie de Barbès, dont la correspondance avec V. Hugo est publiée.

Au point de vue des idées religieuses, la tendance est déjà plus hardie et débute par l'analyse de la traduction du livre de Darwin par Clémence Royer.

À propos d'un article inédit de Balzac, Louis Ulbach, en parlant de ce dernier, l'exalte comme ayant affirmé le droit imprescriptible de la volonté; il le propose comme exemple d'énergie aux jeunes écrivains, à tous ceux qui seraient tentés de faiblir sous l'épreuve (2).

E. Quinet commence à rentrer en faveur. On relit ses ouvrages avec un intérêt nouveau. Frédéric Morin revient à plusieurs reprises sur l'enseignement qui se dégage de son article, la *Philosophie dans l'histoire*, en disant qu'il « était l'un des événements intellectuels les plus considérables du XIXe siècle », car il rappelait à la jeunesse qu'une loi fatale ne peut enchaîner la liberté féconde des hommes et ne peut les obliger à accepter la dictature comme un fait accompli (3). Challemel-Lacour y publiait des études sur la philosophie et les sciences en recommandant aux jeunes lecteurs l'œuvre de Vacherot, *la Métaphysique et la Science*. Scheurer-Kestner y exposait les théories chimiques, Eugène Pelletan y refit le procès de la monarchie française. Etienne Arago don-

(1) *Réforme littéraire*, 16 février 1862.
(2) *Réforme littéraire*, 19 janvier 1862.
(3) *Réforme littéraire*, 26 janvier 1862.

naît aux lecteurs de la *Réforme littéraire* la primeur de quelques fragments de son œuvre : *Les Bleus et les Blancs*, V. Hugo y fit insérer quelques extraits de ses *Misérables*. Le cours de Renan au Collège de France y fut accueilli avec enthousiasme et un rappel fut battu pour réunir le plus de manifestants autour de la chaire du hardi philosophe.

Mais cette hardiesse de la revue, quoique modérée, ne pouvait pas durer. On fut obligé plus d'une fois de ne pas insérer certains articles par suite de l'intervention de l'imprimeur (1); enfin, on dut se résigner à ne plus paraître.

Avec *Le Travail*, publié en 1862 grâce aux efforts réunis de Clemenceau, Méline, Taule, Casse, Eugène Carré, Zola, Boisjoilin, P. Denis et Protot, nous arrivons à une opposition littéraire d'un caractère plus résolu.

C'est encore de Quinet que Méline se réclame pour justifier une politique plus active (2).

Clemenceau y formule sa théorie du bloc, sans toutefois employer le terme : « Il n'y a rien à attendre, écrivait-il, d'une transition lente, et d'ailleurs le peuple est las de souffrir ; la société, comme la nature, ne procède que par bonds et par sauts. Il ne manque pas de gens qui se croient très avancés et nous disent sérieusement : « nous acceptons avec toutes leurs conséquences les grands principes de 92, mais nous rejetons avec horreur les violences de la révolution. » Or, ceux qui parlent ainsi sont des niais ou des hommes de mauvaise foi ; ils ne savent donc pas que ces violences mêmes ne sont que des conséquences fatales de l'apparition de ces principes sur la scène politique. Croient-ils donc que

(1) Voir *Le Travail*, 26 janvier 1862.
(2) Ce fut le cas pour un article de Chauffour. V. *Réforme littéraire*, 2 mars 1862.

l'on pouvait faire triompher pacifiquement l'idée nouvelle ? (1) »

Dans les articles *Comment a pris naissance l'idée religieuse de récélation*, d'André Roussel, se dessinent déjà les tendances antiréligieuses de la nouvelle génération. Rogeard y poursuit son œuvre de propagande dans un article : *La jeunesse et l'esprit*, où il est fait appel à la fois à l'influence de Proudhon et de V. Hugo. *Le Travail* consacre une rubrique spéciale aux réunions de la rue de la Paix, dont il donne un compte-rendu suffisamment détaillé. Les appels à la volonté, à l'énergie, sous des formes variées, sont fréquemment répétés (2). Le journal, frappé d'une condamnation, obligé à plusieurs reprises à suspendre ses publications par suite de l'opposition de l'imprimeur, disparut. Une campagne énergique faite par Clemenceau contre Ed. About en fut l'un des motifs (3).

Bien que découragée et décimée par les arrestations et plusieurs condamnations, la jeune rédaction essaya de reprendre ses publications dans un nouvel organe : *Le Matin*, avec les mêmes tendances ; mais *Le Matin* dut disparaître par suite de la résistance de l'imprimeur.

Avec *Le Candide* de Blanqui commença une propagande antireligieuse qui dépassa de beaucoup par son envergure la timide opposition des petits journaux qui l'avaient précédé. Dans une série d'articles consacrés aux questions morales, Blanqui, qui signait Suzamel, faisait la guerre au monothéisme, au christianisme et glorifiait la philosophie de l'antiquité ; sa devise était : « Guerre au surnaturel, c'est l'ennemi ; il veut être l'exagération du bien, il n'en est que la grimace

(1) Voir *Le Travail*, 22 février 1862.
(2) Voir les *Deux formes de scepticisme*, par Taule.
(3) *Le Travail* contient plusieurs poésies d'Emile Zola.

et la ruine. » Pour Blanqui, « exagérer l'idéal au delà des forces humaines, c'est ouvrir la porte à l'hypocrisie, mère des crimes; c'est déchaîner les calomnies sur la terre ; ainsi ont procédé les religions, le monothéisme surtout. » En analysant la nature humaine, dépouillée de tout artifice, ce profond connaisseur des hommes la juge ainsi : « c'est que.... le sacrifice, privilège des vertus, des grandes âmes, n'est pas la loi des hommes : il ne s'impose point à la conscience; la justice, au contraire, s'impose. Elle trouve sa sanction dans notre cœur, on ne la viole point sans se sentir coupable, elle est le vrai et l'unique bien ; au fond il n'y en a jamais eu, il ne peut y en avoir d'autres (1). »

L'avènement du christianisme, d'après lui, n'avait amené aucune amélioration, et les lignes suivantes donnent l'idée de la critique véhémente de Blanqui : « La nouvelle religion s'était hâtée de consacrer l'esclavage, bien loin de le détruire, comme l'imposture ose le prétendre ; les dames chrétiennes se promenaient avec un cortège d'esclaves et d'eunuques. Le despotisme avait redoublé de malfaisance, les mœurs de férocité. On marchait du même pas à l'abrutissement et à la barbarie. Un fléau inconnu aux païens est né du nouveau culte, la captation des fortunes étendait rapidement ses ravages sur toutes les classes de la société...

« Les prêtres, devenus à peu près les maîtres, n'avaient pas tardé à distancer les pires modèles de la rapine et du vice (2). »

Le monothéisme, dans son ensemble, n'échappe pas à sa critique, « c'est..... le principe de l'immobilisation, c'est-à-dire de l'ignorance, de l'abrutissement et de la stérilité..... La science vengera le polythéisme en lui rendant justice. »

(1) *Candide*, 3 mai 1865.
(2) *Candide*, 6 mai 1865.

Les élèves suivaient l'inspiration du maître. Tridon, se plaçant plus spécialement dans le domaine de l'histoire, réhabilitait Marat (1). Dans les « Martyrs de l'humanité » il glorifiait les martyrs républicains et opposait au martyrologe de l'égoïsme le martyrologe des penseurs, de tous ceux qui « ont cherché les lois de notre mère la nature, gémi pour l'humanité, souffert en l'honneur du vrai et du juste, quiconque a rêvé, quiconque a voulu, quiconque a aimé, depuis le premier ennemi de l'idéal et du prêtre, jusqu'au tribun dont la voix ébranle les empires, tous les confesseurs de la pensée humaine (2). »

Losson y poursuit la réhabilitation des hébertistes et notamment celle d'Anacharsis Clootz à propos d'une lettre publiée par Georges Avenel (3). Le *Candide* dut disparaître à la suite d'un procès (4).

Avec les *Ecoles de France* et la *Rive gauche* dont l'âme était Charles Longuet, la petite presse acquiert une véritable importance par l'étendue de ses investigations et par la profondeur du travail intérieur qu'elle accusait. L'apparition des *Ecoles de France* était due à un mouvement dont l'initiative était prise par la Société littéraire des Ecoles à Strasbourg. Dans cette ville s'était formé un cercle d'étudiants appartenant aux diverses Facultés de cette ville, réunis d'abord au nombre de 15 ou 20, grâce à l'initiative de Collignon, en vue de causer et de travailler ensemble. Les étudiants arrivèrent à former un groupe assez nombreux ; on y avait pris l'habitude de discuter sérieusement certaines questions littéraires, philosophiques et libérales. Ces réunions ayant pu se pour-

(1) Voir article intitulé : *Charlotte Corday*, Candide, 3 mai 1865.
(2) *Candide*, 10 mai 1865.
(3-4) Les autres collaborateurs du *Candide* étaient Villeneuve et Protot qui fut chargé de rédiger le programme du journal.

suivre pendant quatre ans avec un résultat utile, la Société des écoles de Strasbourg avait pris la décision de provoquer la formation de sociétés littéraires analogues dans tous les grands centres. Elle avait commencé par avoir des correspondants dans les principales villes de France et elle prépara ainsi la voie au journal *Les Ecoles de France* qui devait servir d'intermédiaire entre toute la jeunesse universitaire (1).

Comme ses prédécesseurs, le jeune organe s'était placé sous l'autorité de Michelet, de Quinet et « de toutes les œuvres accomplies par les ancêtres. » L'examen de l'histoire de la Révolution constitua un des chapitres de son programme. Sa conclusion fut que la « Révolution avait été un mouvement antireligieux, une réaction énergique contre le christianisme (2). » Tridon y publia plusieurs articles sur les hébertistes et provoqua une controverse sur le rôle de toutes les fractions qui avaient pris part au triomphe de la révolution. Longuet, nourri des lectures de Proudhon, antijacobin, manifeste déjà ses tendances en acceptant de défendre les hébertistes, mais en blâmant à la fois la déesse Raison comme l'Etre suprême. Personnellement il était plutôt tenté de revendiquer pour son compte Anacharsis Clootz et Chaumont qu'Hébert. Au point de vue religieux, les rédacteurs des *Ecoles de France* se déclaraient nettement athées. Blatin, dans un article curieux, montre l'évolution récente qui s'est produite dans les esprits. Il prend pour point de départ le positivisme de Comte et de Littré, mais la philosophie positiviste ne le satisfait pas ; elle lui semble trop timide en se défendant d'être athée, et, pour lui, la philosophie qui repousse toute idée sur l'origine et sur la fin des choses ne peut être

(1) Les *Ecoles de France*, premier numéro.
(2) V. Charles Longuet, 6 mars 1864.

une philosophie complète; et ainsi, sans hésitation, il accepte les conséquences du matérialisme (1).

Les aspirations révolutionnaires s'y affirment par les développements qu'on consacre à Balzac, à Shakespeare ou par l'exaltation de Brutus, « figures héroïques et lumineuses au dessus de l'abaissement général (2). »

Dans la *Rive Gauche*, Longuet avait contribué à développer les mêmes idées. Le prospectus de son nouveau journal exposait un véritable programme qui demandait la suppression de l'armée, du budget des cultes, la décentralisation, la gratuité et l'obligation de l'enseignement, etc.

Dans un article des plus importants Longuet marquait les différences qui séparaient la nouvelle génération qui se formait de leurs ainés. « ...Ainsi, écrit-il, accablés d'un si grand désastre et saisis d'une pitié naturelle pour une infortune qui était aussi la nôtre, nous en voulions lire les récits, et une haine qui devait survivre à des études plus froides, plus analytiques, commençait à nous prendre l'âme pour toujours. Mais si la plupart des narrateurs nous replaçaient, par une peinture vivante et passionnée, au milieu de ces scènes de bassesse et de sang, ils nous laissaient presque entièrement ignorer les causes qui en avaient rendu le succès possible, et qui des conspirateurs de la veille avaient fait les triomphateurs acclamés du lendemain. Nous voulûmes tout comprendre, nous voulûmes tout savoir. C'est alors que beaucoup d'entre nous, remontant par delà l'année 1851, commencèrent à saisir le fil d'événements que n'avait pas suffi à leur expliquer la fortune trop fréquente des plus mauvais desseins... Qu'on ne se méprenne point sur le sens ou la portée de cette critique historique. Nous éprouvons pour quelques-uns des

(1) Voir, 28 février 1864.
(2) 1ᵉʳ mai 1863.

hommes appelés par l'élan populaire au gouvernement provisoire, une vive sympathie, une sincère admiration. Nous professons pour les autres une indifférence absolue.... Mais nous croyons qu'il y avait au lendemain de 48 des mesures à prendre, un programme à réaliser. Ce programme était déjà en partie celui de quelques esprits avancés et clairvoyants. C'est encore celui des jeunes générations à qui l'expérience du passé a fait de dures leçons... C'est celui de ce journal. »

Dans un autre article, Longuet précisait le programme de la nouvelle génération en disant encore : « Au lieu de comprendre que les démocrates avaient échoué pour n'avoir pas voulu dans les rapports économiques l'égalité qu'ils réclamaient en politique, ce parti se renferme étroitement dans son idéal purement, honnêtement républicain, mais antiradical, antisocialiste et condamné par conséquent à disparaître comme toute utopie et toute vaine déclamation... On rencontre peu de jeunes gens dans ce parti vieilli. (1) »

Conformément à ces vues, la *Rive gauche* se caractérise surtout par ses tendances sociales. La doctrine de Proudhon y fut interprétée et enseignée par plusieurs manifestes, la solidarité des étudiants avec les ouvriers affirmée, et les congrès de l'Internationale suivis avec un intérêt passionné.

C'est dans la *Rive gauche* que Cesar de Paepe avait commencé à exposer ses idées collectivistes ; c'est là que Lafargue avait analysé les théories de Karl Marx. L'attitude nettement républicaine et révolutionnaire de la *Rive gauche* lui valut la défaveur du gouvernement. Une publication de Rogeard, les « Propos de Labiénus », devait donner un prétexte à la suppression du journal. Le petit pamphlet de Rogeard eut un succès immense qui se justifierait difficile-

(1) *Rive gauche*, Charles Longuet : *D'où nous venons, où nous allons? La Génération nouvelle*, n°ˢ 18 et 38.

ment maintenant mais qui s'expliquait à la fois par sa forme élégante et par les allusions transparentes au présent à travers les études du passé. Sur le dos de Tibère et de Néron, Rogeard, par l'organe de Labiénus, énonçait toutes les critiques qu'on pouvait adresser à Napoléon III. La *Rive gauche* dut cesser de paraître à Paris. On essaya de la publier à Bruxelles, mais Rogeard fut expulsé et se vit conduire à la frontière par la force ; la mesure fut maintenue malgré un important mouvement de protestation dirigé par les hommes politiques de cette époque, dont Janson et Pellerin. Il vint se réfugier à Luxembourg, dont il fut à nouveau expulsé pour des articles publiés dans un journal qui paraissait en Belgique. La fondation d'autres journaux ayant les mêmes tendances rencontrait toutes sortes de difficultés. Ainsi, Charles-Louis Chassin ayant voulu obtenir la permission de publier un journal, essuya un refus, parce que l'administration l'avait confondu avec le communiste Charrassin (1).

XIII

En dehors de ces publications, la jeunesse républicaine trouva le moyen d'exprimer son opposition par des manifestations. Depuis la révolution de 1830, elle avait participé activement aux luttes politiques. En 1848, elle commença par proposer à Ledru-Rollin la création d'une compagnie de la garde nationale composée d'étudiants. Il y eut des manifestations scolaires dans les clubs.

Autour de Michelet, au Collège de France, s'était constitué un noyau qui devait plus tard prendre une part active dans les conspirations dirigées contre l'Empire (2).

(1) A ces revues, il faut ajouter la *Revue des Cours*, fondée par Alglave.
(2) Chassin, *Souvenir d'un étudiant*, page 5 ; V. Ranc dans *la Cloche*, du 27 février 1870.

Le Collège de France avait retenti des protestations des étudiants. Celles dirigées contre Sainte-Beuve et Nisard eurent un jour de célébrité.

Le doyen de la Faculté de médecine, Royer, ne put commencer son cours de médecine comparée ; il fut au bout de deux ans obligé de donner sa démission. About eut sa leçon à Gaetana. Au contraire, les maitres qui du haut de leur chaire prêchaient des idées que la jeunesse libérale approuvait se voyaient entourés et applaudis. Au Collège de France, les cours de Havet, Laboulaye et Frank étaient suivis très attentivement. Le premier trouvait toujours le moyen de glisser une allusion malicieuse, sans le paraître, et de frapper les cléricaux sur le dos des anciens philosophes dogmatiques et stoïciens. Laboulaye, qui enseignait l'histoire de la législation, attirait la jeunesse par les controverses qu'il engageait contre les doctrines de Bonald affirmant que « l'homme est le produit fatal de l'histoire ». La définition que Laboulaye empruntait à Proudhon, d'après laquelle « l'homme est une volonté organisée », convenait mieux à la jeunesse qui cherchait le programme de l'action. L'auditoire qui suivait Frank était celui qui, avant le coup d'Etat, avait applaudi Michelet. Sur les bancs de l'amphithéâtre, avant l'arrivée du philosophe, on s'entretenait des manifestations passées, et les rentiers du Jardin des Plantes et du quartier de la Sorbonne rappelaient aux jeunes étudiants les brillantes et imposantes manifestations « du bon temps » (1).

A propos des journées de Février, quelques étudiants avaient l'habitude de se concerter avec les ouvriers pour se livrer à une manifestation sur la place de la Bastille. L'une

(1) Voir *Nain jaune*, 28 février 1867, *Des cours publics de Paris*, par Luc Rigade ; *La Jeune France*, 1861, n° 3 ; *Le Travail*, 9 février 1862 ; *Les Ecoles*, 28 février 1864.

d'elles avait amené la jeune rédaction du *Travail* à Mazas. On saisissait toutes les occasions pour marquer son opposition contre l'Empire. En 1867, l'empereur François-Joseph, sortant d'un banquet de l'Hôtel-de-Ville, fut accueilli par les cris de : Vive l'Italie! Vive Garibaldi ! Au cours des promenades publiques, dans les cafés où l'on se réunissait, on chantait le « Lion du quartier Latin » dû à la plume de Rogeard :

> Non, la jeunesse n'est pas morte,
> Dans sa colère elle a surgi,
> Que César garde bien sa porte,
> Le jeune lion a rugi ;
> Vous riez parce qu'il sommeille,
> Prenez garde qu'un beau matin
> Il ne s'éveille,
> Le lion du quartier Latin.
>
> L'étudiant à l'avant-garde
> Qui conduit au feu l'ouvrier
> Il n'a pas perdu la cocarde
> De Juillet et de Février ;
> Arcole, Vaneau, noble race
> Qui combattait d'un bras certain
> Les rois en face,
> Il combattra sur votre trace,
> Le lion du quartier Latin.

Le Congrès de Liège fournit aux étudiants une occasion de manifester à l'étranger. Il eut lieu le 29 octobre 1865. Casse, Regnard, Losson, Paul Lafargue, Tridon, y prirent part et formulèrent des idées antireligieuses. Lafargue y disait, devant un auditoire étonné : « La science ne nie pas Dieu, elle fait mieux, elle le rend inutile ». Léon Fontaine répétait après lui : « Dans l'ordre moral, nous voulons, par l'anéantissement de tous les préjugés et de l'Eglise, arriver à la négation de Dieu et au libre examen ; dans l'ordre politique, nous voulons, par la réalisation de l'idée républicaine, arriver à la fédération des peuples et à la solidarité des individus ;

dans l'ordre social, nous voulons, par la transformation de la propriété, l'abolition de l'hérédité ; par la mutualité, arriver à la solidarité, à la justice ».

De retour à Paris, ils furent poursuivis par le conseil académique qui les condamna à des peines diverses. Des troubles en résultèrent en décembre 1865, et provisoirement les études furent suspendues dans plusieurs Universités. En 1866, plusieurs d'entre eux signèrent un manifeste aux étudiants des Universités d'Allemagne et d'Italie, qui débutait ainsi : (1)

« Frères, dans les deux pays vous avez acclamé la guerre ; la jeune Italie et la jeune Allemagne s'arment l'une contre l'autre. La jeunesse française voit ce moment avec une tristesse profonde ; notre génération est appelée à accomplir une œuvre qui est tout l'espoir du genre humain, et qui nécessite l'union de tous nos efforts ; cette œuvre, vous la menacez. »

Une agitation intense, un travail intellectuel se poursuivaient dans les différents groupes. Le café « Procope » était sans contredit celui qui attirait le plus d'étudiants. Il était divisé en deux parties bien distinctes, le haut et le bas. Dans la salle du bas se tenaient les professeurs des quatre Facultés, les savants et les membres de l'Institut. Les salons du premier étaient exclusivement réservés aux étudiants. C'était là qu'avait retenti pour la première fois l'éloquence méridionale de Gambetta. Le café Molière réunissait aussi plusieurs groupes de jeunes gens dans ses dépendances ainsi que le *Cercle des écoles*. Les cafés Voltaire et de la Rotonde, les deux plus grands cafés du quartier, réunissaient les Moldovalaques qui étaient très nombreux au quartier Latin, et les Polonais (2). Vers la fin de l'Empire, les blanquistes s'y donnaient rendez-vous.

Après 1852, quelques étudiants actifs, dont la plupart avaient

(1) *Rive gauche*, 26 mai 1866.
(2) V. *Le Quartier latin*, par L. Grénier. (1860).

subi l'influence de Blanqui, essayèrent d'entrer en relations avec les ouvriers et se transportèrent dans les cafés du faubourg Saint-Antoine. Leur tentative d'entente avec les ouvriers, les manifestations auxquelles ils se livraient à l'étranger, à Liège, et au Congrès de Genève par exemple, la propagande active qui se faisait dans leur sein après le séjour de Blanqui en prison, toutes ces causes déterminèrent le gouvernement à les surveiller étroitement.

Précisément, le 7 novembre 1866, il y eut au café de la Renaissance des conciliabules motivés par un conflit entre Protot et Tridon, tous les deux blanquistes, à la suite de la divergence de leur attitude envers les délégués parisiens au Congrès de l'Internationale de Genève.

Protot, comme nous le verrons, crut devoir dénoncer l'attitude suspecte des délégués parisiens, dont quelques-uns avaient des rapports avec le prince Napoléon. C'était aussi tout d'abord l'intention de Blanqui, mais il changea d'avis et chargea Tridon de faire connaître à ses partisans l'intention de s'abstenir de toute intervention au Congrès de Genève. Protot, avec quelques-uns de ses amis, n'en persista pas moins dans sa première attitude. De retour à Paris, des étudiants blanquistes et quelques ouvriers se réunirent ensemble pour vider le différend. L'un des assistants, qui se trouva plus tard être un agent de la police, apporta avec lui la dernière brochure de Félix Pyat, contenant un violent appel à l'action révolutionnaire.

Cela avait suffi pour provoquer l'arrestation de 42 individus qui furent envoyés à Mazas (1). Le prétexte de la poursuite était toujours le même : délit de société secrète. Parmi

(1) Vingt-deux seulement furent traduits devant les tribunaux. On trouvera dans les manuscrits de Blanqui, à la Bibliothèque nationale, *Nouvelles acquisitions françaises*, 9559 et suiv., L. VII, 9, de nombreux documents et extraits de journaux relatifs au procès.

les inculpés figuraient : Tridon, Lusarche, E. Meusnié, Protot, Bazin, fondeur de cuivre ; Largillière, menuisier ; Genton, ancien transporté, pris sur les barricades de juin ; les deux frères Levraud, Marchadier, ébéniste ; Jeannon, Jeunesse, étudiant en droit ; Vaissier, Humbert, P. J. Dubois, Villeneuve.

La véritable cause de la poursuite était surtout le reproche qu'on leur faisait de se réunir avec les ouvriers. L'accusation avait relevé à leur charge 16 réunions en 1864, 11 en 1865, 7 en 1869, réunions qui se tenaient dans les brasseries, 3, rue Saint-Paul, dans une brasserie appelée brasserie belge ; chaussée des Martyrs, 22 ; chez Tolain, 107, rue du faubourg du Temple. On s'était emparé également de la liste des abonnés du journal *Le Candide*, et on avait tout simplement pris cette liste pour la liste des conjurés ; on oubliait qu'elle contenait les noms de plusieurs personnes nullement suspectes de conspiration : quelques banquiers, dont les frères Rothschild, y figuraient, de même que toute une promotion de l'Ecole polytechnique.

La plupart des inculpés comme Levraud, Genton, Landowski furent plus tard mêlés à la Commune ; deux d'entre eux, Greffe et Largillière furent fusillés sur l'ordre de Rigault, qui avait trouvé des pièces établissant leurs rapports avec la police (1).

Parmi les preuves destinées à démontrer l'existence d'une société secrète figurait une certaine articulation dont quelques étudiants, et parmi eux, ceux qui s'étaient rendus au Congrès de Genève, avaient l'habitude de se servir ; elle était due à Lemoine, élève à la Flèche, ami de Tridon, qui, désireux de se distraire au détriment de ses professeurs et de les ennuyer par des cris, avait cherché une émission vocale qui ne le fît pas reconnaître et l'avait trouvée dans deux sons : A. U. qui devinrent entre lui et ses condisciples un

(1) Renseignement fourni par M. L. Levraud, député.

signe de ralliement. Le procureur de l'Empire interpréta ces deux syllabes comme les initiales des deux mots « Acrobate, Usurpateur » qui devaient, dans sa pensée, s'appliquer à Napoléon III. (1). La vérité était qu'on voulait atteindre plusieurs étudiants et ouvriers. Ainsi on avait reproché à Villeneuve aîné d'avoir organisé un banquet rue de Poitevin et d'avoir parcouru plusieurs rues dont la population était composée d'ouvriers en criant : « Vive la République ».

On relevait à la charge de Paul Dubois le fait d'avoir été au congrès de Liège et d'avoir fait partie de la loge « l'Avenir ». Marchadier, un des inculpés, était condamné à deux ans de prison en 1854 pour participation à la « Marianne », transporté à Lambessa d'où il s'évada. On avait saisi chez lui des cartes de loges et une lettre en signes maçonniques. Bazin avait participé aux enterrements civils dont on avait trouvé les statuts chez lui. Chez Jeannon on avait découvert le portrait de Saint-Just et une lettre de Protot ; il faisait en outre partie de la loge « la Prévoyance » et de la « Société internationale de Londres » ; il s'était aussi rendu à Genève. Protot était également accusé d'avoir pris la parole dans plusieurs congrès (2). Condamnés en première instance, ils interjetèrent appel pour prolonger la manifestation contre l'Empire.

Cela n'empêcha point un groupe d'étudiants dont faisaient partie Paul Dubois, Dourlin, Clemenceau, de tenter une nouvelle manifestation en l'honneur de la veuve du président Lincoln. Chassin prit l'initiative de lui faire offrir une médaille de la part de la jeunesse républicaine.

(1) Voir sur tous ces points la *Gazette des Tribunaux* des 5, 6 et 7 janvier 1867, et renseignements fournis par M. Alfred Naquet.
(2) Voir *Gazette des Tribunaux*, 5, 7 et 8 janvier 1867. A Mazas, il y eut une scission entre les détenus, les uns, se conformant aux conseils donnés par Blanqui, se refusant à répondre au juge d'instruction, les autres ayant adopté une attitude plus conciliante.

Les étudiants n'étaient pas seuls à conspirer; dans les lycées le même travail se faisait; on y lisait, on y apprenait avidement les strophes vengeresses des *Châtiments* de Victor Hugo (1).

En 1860, quand l'administration impériale eut été assez mal inspirée pour donner comme sujet de version latine *l'Eloge du roi Jérôme*, la plupart des élèves refusèrent de composer. L'un d'eux, Jacques Richard, profita de la circonstance pour faire une pièce de vers français dirigée contre l'Empire où il disait au gouvernement impérial :

> Vous ne comprenez pas que nos veilles muettes
> Ont de chacun de nous fait un républicain,
> Que nous supportons mal nos fers, que nos poètes,
> Ce sont les Juvénal, les Hugo, les Lucain.

L'auteur de cette poésie était connu dans le quartier par sa collaboration à la *Jeune France* où il écrivait sous le pseudonyme J. Lebrenne. Il avait fait également une poésie *La Mort de Caton* qui fut chantée et apprise par cœur par ses camarades. Elève au lycée d'Orléans, ayant complété ses études à Paris, à l'institution Masson, il mourut jeune, atteint de phtisie (2).

Le geste de Cavaignac qui, à la Sorbonne, au concours général, avait refusé de recevoir le prix des mains du petit prince, l'avait rendu populaire (3). Le même jour une mani-

---

(1) En dehors de la *Gazette des Tribunaux*, seul le *Phare de la Loire* rendit un compte avec détail de ce procès. V. *Phare de la Loire* des 7 janvier 1867, 28 mars 1867.

A propos du procès de la *Renaissance*, le *Siècle* avait rappelé une conspiration beaucoup plus grave tentée, sous la Restauration, par quelques étudiants parmi lesquels figuraient Bazard, de Corcelles fils, Buchez, Salvetor, Paulin, le grand éditeur; Ary Scheffer. Voir le *Siècle*, 23 décembre 1866.

(2) Voir, sur lui, *Mouvement*, 10 décembre 1861, article de M. Isambert.

(3) Voir les détails dans le *Confédéré* de Fribourg, 14 août 1868.

festation s'était produite dans quelques lycées. Ainsi à la distribution des prix de Sainte-Barbe où de Corcelle, naguère envoyé à Rome sous la République, avait fait le plus grand éloge de l'ancien chef du pouvoir exécutif de la République, des acclamations saluèrent l'évocation d'un homme rappelant le régime qui avait gardé les sympathies de la jeunesse (2).

Dans les écoles fermées, comme l'Ecole polytechnique et l'Ecole normale supérieure, des manifestations non moins significatives se produisaient (1). Les élèves de la première avaient l'habitude de célébrer tous les ans l'anniversaire de la mort de leurs camarades héroïques tombés sur les barricades en 1832. En 1855, ils avaient gardé un silence glacial devant Napoléon III à l'occasion d'une revue, et devant le prince impérial lors de sa visite, en 1868.

L'esprit d'opposition était encore plus vif à l'Ecole normale supérieure. Là, l'hostilité s'était manifestée publiquement et avec un certain éclat par une adresse envoyée à Sainte-Beuve à propos d'un discours dans lequel il avait défendu au Sénat, contre les évêques, les droits de la science et de la pensée libre. Le gouvernement avait cru utile de frapper les deux élèves de l'école qui étaient en tête parmi les signataires de l'adresse. Les camarades des deux renvoyés avaient pris fait et cause pour les victimes et, le soir du 3 juillet, 63 autres élèves annoncèrent leur sortie.

Le ministère ayant peur de nouveaux scandales, censura la conduite du directeur Nisard, l'homme des deux morales, et réintégra les élèves, sauf les deux exclus. Pour perpétuer cet événement on avait décidé d'illuminer à l'occasion de son

(1) Voir le *Confédéré* de Fribourg, 19 août 1868. Au lycée de Charlemagne, un jeune républicain, Henri Lefort, un des premiers de sa classe, avait refusé, à la grande indignation de ses maîtres, d'accepter l'invitation du prince héritier qui, à certaines occasions, avait l'habitude de réunir chez lui les meilleurs élèves des lycées.

anniversaire et, le 3 juillet 1868, des centaines de lampions avaient célébré l'exploit de l'école. Une manifestation plus significative encore se produisit à propos de la messe obligatoire imposée aux élèves appartenant à la religion catholique. On sait que sous l'Empire on obligeait les élèves à indiquer le culte dont ils relevaient, et ceux qui ne voulaient se rattacher à aucun culte se voyaient refuser l'entrée de l'école. A l'occasion d'une proposition faite par Bizos, aujourd'hui recteur à l'académie de Dijon, qui réclamait l'abolition du maigre qu'on infligeait aux élèves tous les vendredis, Aulard, par voie d'amendement, demanda que la messe devînt facultative. Le futur historien de la Révolution préludait ainsi à sa lutte en faveur de la séparation de l'Eglise et de l'Etat. La démarche fut couronnée de succès.

En même temps on s'occupait à l'école de la politique militante. A propos des élections on avait l'habitude de se réunir en cercle, de traiter les questions à l'ordre du jour. Un petit journal même fut rédigé. En 1869, à propos de la lutte engagée entre Jules Favre et Rochefort, la majorité ayant été acquise à l'école en faveur du premier, les journaux avaient cru pouvoir annoncer que la jeunesse des écoles s'était prononcée pour l'opposition modérée et non révolutionnaire.

Lorsque, après la loi de 1868, les réunions publiques furent possibles, quelques élèves de l'Ecole normale s'y rendirent et là quelques-uns d'entre eux, peut-être pour la première fois, apprirent l'existence de certaines doctrines économiques et sociales (1).

Entre la jeunesse active, ardente, armée d'une philosophie de combat, et les anciens, l'accord n'était pas facile à établir.

A propos d'une théorie affirmée par quelques étudiants au

(1) Renseignements fournis par M. Croiset, doyen de la Faculté des lettres, et M. Georges Renard, professeur du Conservatoire des Arts et Métiers.

congrès de Liège, un républicain écrivait dans un journal démocratique : « Si mon fils avait émis et soutenu de pareilles doctrines, je l'aurais envoyé dans une compagnie de discipline (1) »

Un discours socialiste, prononcé dans une réunion, par Brismée, au mois de décembre 1865, et reproduit par la *Rive gauche*, provoqua une protestation de Marc Dufraisse dans le *Confédéré* de Fribourg dont le directeur écrivait à ce propos à Scheurer-Kestner :

« Le gueux d'Hébert nous donne à faire, je n'aurais pas répondu dans le *Confédéré*, mais Dufraisse l'ayant fait, j'ai publié.... Il n'est pas possible que la police ne soit pas là dedans, à moins que nos amis ne soient des bêtes (2). »

Cette jeunesse était active. Elle était nombreuse, et elle demandait sa place au soleil. Elle était fortement attachée aux idées républicaines et nullement prête à capituler ; débordante de sève et d'énergie, elle se voyait exclue de la vie politique et de toutes les fonctions. Elle allait monter à l'assaut du pouvoir et mettre en mouvement non seulement des idées abstraites, de vagues aspirations, mais la force (3).

(1) V. Paul Lafargue, *Rive gauche*, 1er juillet 1866.
(2) Voir Scheurer-Kestner, *Souvenirs de la jeunesse*, page 64.
(3) Dans une curieuse publication de Giraudeau, *La jeunesse et les fonctions publiques* (1866), l'auteur constatait, en faisant une comparaison entre la France et l'Angleterre, que dans le premier de ces deux pays le gouvernement avait été obligé d'accorder ses préférences à des hommes d'un âge relativement avancé ; ainsi sur 245 députés patronnés par le gouvernement et siégeant au corps législatif en 1866, 8 étaient arrivés avant 30 ans ; 25 de 30 à 35 ans ; 34 de 35 à 40 ans ; 43 de 40 à 45 ans ; 62 de 50 à 60 ans ; 31 après 60 ans ; tandis qu'à la Chambre des communes, sur les 460 membres qui la composaient, 70 seulement y étaient arrivés après 50 ans ; 224, c'est-à-dire la moitié, y avaient été nommés avant 35 ans, 152 à 30 ans, 62 à 25. Parmi les conseillers d'Etat nommés depuis 1853, 1 l'avait été à 36 ans, 1 à 39, 6 à 40, 10 de 45 à 50, 8 de 50 à 55, 9 de 55 à 60, 7 après 60 ans. Parmi les ministres nommés depuis 1853, aucun n'avait moins de 42 ans, 3 avaient de 42 à 45 ans, 2 de 45 à 50 ans, 3 de 50 à 55 ans, 4 de 55 à 60 ans et 4 plus de 60 ans ; ce qui donnait une moyenne de 54 ans.

CHAPITRE IX

Les groupes républicains depuis 1859

I. Les deux générations.
II. Le classement des groupes républicains.

I

Après l'amnistie, de nombreux républicains rentrèrent en France. Entre ces hommes qui avaient vécu, pendant de longues années, renfermés dans leur isolement et leur souffrance et figés dans leur attitude d'opposition irréductible, et les républicains qui n'avaient pas quitté la patrie, un malentendu devait se produire. Aux anciens proscrits il semblait que l'opposition de la jeunesse n'était pas assez énergique, que son attitude comportait des transactions que la pureté des principes, au nom desquels les exilés avaient souffert, n'admettait pas. Les jeunes ne supportaient pas facilement les reproches d'inaction et de désertion qui leur étaient adressés. De leur côté, ils pouvaient prendre la parole pour opposer aux plaintes des exilés, de retour dans leur patrie, cet argument qu'il ne dépendait que de leur habileté, de leur prévoyance d'éviter la catastrophe, dont ils avaient été les premières victimes.

A propos d'un livre publié par Marc Dufraisse, Ranc écrivait ces lignes : « Il (Marc Dufraisse) accuse la patrie de l'avoir chassé de son sol, de l'avoir... enfin condamné; et que répondrait-il si la patrie lui disait à son tour : « le dépôt que je t'avais confié, que je remis entre tes mains loyales, qu'en as-tu fait?... (1). »

Les deux générations, séparées tant par l'âge que par les frontières ne parlaient même pas le même langage. Dans une lettre adressée à un groupe d'électeurs qui lui avaient proposé la candidature à Paris, en 1869, Edgar Quinet disait : « Depuis 17 ans la force des choses a imposé en France une langue politique pleine de qualifications et de titres nouveaux ; c'est là une langue nouvelle que je ne connais pas et que je ne puis apprendre ; la mienne, celle dans laquelle j'ai vécu, ferait scandale, chaque mot de ma bouche passerait pour un cri de guerre (2). »

Plus profond était encore le fossé qui séparait les anciens, les « vieilles barbes », des générations nouvelles. Vermorel, dans sa brochure, « Les hommes de 48 », avait dit tout ce que les jeunes pensaient des anciens. Il leur reprochait leur croyance aveugle à la vertu idéale de certaines formes politiques; tandis que pour lui la notion exacte de la liberté résidait dans la souveraineté de la conscience individuelle qu'il s'agissait de dégager (3). Il leur reprochait également leur religiosité, leur illusion sur une alliance possible entre la démocratie triomphante et le catholicisme rallié à la liberté, et il reproduisait à ce propos les lignes suivantes du livre de Quinet sur l'*Education du peuple* : « En France, toute révolution qui reconnait qu'elle n'a pas en soi une force morale assez grande pour soutenir et sauver la société, est une révolution qui se livre. » S'occupant de l'œuvre de Lamartine, Asseline

(1) V. *Nain jaune*, 29 août 1867.
(2) V. *le Temps*, 25 avril 1869.
(3) *Les hommes de 1848*, 1869, p. 403.

relevait chez le poète qui incarnait si bien les aspirations mystiques de la révolution de février, « sa haine absolue, systématique, de la réalité, son idéalisation effrénée de toute chose, son mépris pour les choses concrètes, son incapacité de franchir le cercle étroit de son moi pour aller se mêler au monde extérieur, à la commune existence, à la vraie humanité et à la vraie nature (1) ». Parce qu'ils étaient religiositaires, parce qu'ils attachaient une importance prépondérante aux mots, aux idées, ils n'avaient pas la connaissance de ce que c'était que l'organisation, et ignoraient l'importance des questions de tactique. « Il fallait une singulière infatuation ou une ignorance absolue de la politique, écrivait Ranc, pour s'imaginer que, sans organisation, Paris résisterait, et qu'à la voix des représentants une foule immense se lèverait....; rien ne se fait sans rien.... Une nation affranchie qui ne profite pas du premier jour de l'affranchissement pour organiser une force populaire, est immédiatement condamnée à retomber sous le joug (2). »

Mais cela ne voulait pas dire qu'il y eût entre les jeunes et les anciens un fossé infranchissable. Ceux qui étaient nés à la vie politique sous la révolution de février et qui se rattachaient à ce passé qu'ils avaient connu ne le répudiaient pas, pas plus que les hommes qui avaient agi durant cette période, malgré leurs fautes.

« Le nouveau parti tend la main aux anciens : il profitera de leur exemple en ce qu'il eut de grand et de bon, il tâchera de puiser un enseignement dans les fautes qu'ils ont pu commettre », disait un jeune républicain (3).

(1) *Libre pensée*, 23 mars 1869.
(2) *Bilan de l'année 1868*, page 144.
(3) V. Ranc, *Réveil*, 2 juillet 1869. V. aussi Henri Brisson, *Revue politique*, 1868, article intitulé : *La représentation des minorités*, qui débute comme suit : « De leur côté, les hommes attachés à la Révolu-

Aux élections de 1863, tous les éléments du parti républicain, malgré les divergences accidentelles, marchèrent d'accord. A Paris et surtout dans les départements on avait vu les hommes de 48 reprendre leur place et souvent se mettre à la tête de l'opposition républicaine.

II

De 1859 jusqu'à la fin de l'Empire un classement assez complexe s'était opéré dans les rangs du parti républicain.

L'entrée en scène des Cinq avait marqué les débuts d'une opposition légale et modérée, se contentant de l'action parlementaire.

L'amnistie avait amené un nouveau travail de propagande. Les proscrits avaient raconté les horreurs du passé, rafraichi l'histoire du coup d'Etat et des commissions mixtes. La jeune génération qui s'était formée sous leur influence s'était montrée plus hostile à l'Empire que celle qui l'avait précédée. Aussi, aux élections de 1863, le mouvement d'opposition parlementaire lui-même avait apparu plus accentué ; les cinq furent dépassés et ne constituèrent qu'une minorité. La publication de livres de Ténot et de beaucoup d'autres brochures, de nombreux articles évoquant avec plus de précision les souvenirs de la chute de la République donnèrent au mouvement d'opposition un caractère plus énergique et ainsi arrivèrent au parlement, en 1869, les « irréconciliables » qui, tout en acceptant l'action parlementaire, marquèrent, au point de vue de la haine contre l'Empire, un degré de plus.

tion ont vu par où péchaient leurs théories ; la plupart d'entre eux ont fait un utile examen intellectuel et revisé leurs idées, purgeant leur esprit des germes funestes qu'y avait déposés la croyance au prétendu principe d'autorité. »

Gambetta et Jules Ferry interpréteront les aspirations de cette génération. Ce parti se disait surtout libéral, son évangile était la liberté, il subordonnait les réformes sociales aux réformes politiques, il repoussait l'intervention de l'Etat en craignant surtout le retour de la dictature, déguisée sous le masque du pouvoir personnel.

A côté de ce groupe parlementaire, s'était formé un groupe révolutionnaire, représenté par Delescluze, Gambon, révolutionnaires de l'école jacobine, se rattachant directement aux souvenirs de la grande révolution ; c'était l'école patriote qui comptait sur Paris, autant pour faire triompher l'idée républicaine que pour repousser une invasion étrangère. En 1851, Delescluze écrivait déjà dans le *Proscrit* : « La gigantesque bataille de Juin aura eu du moins son beau côté, de faire éclater aux yeux de l'Europe monarchique la valeur guerrière du peuple de Paris ; les journées de Juin ont rendu l'invasion impossible (1). »

Cet élément devait jouer un rôle actif dans la Commune.

A côté de cet élément révolutionnaire, il y en eut un autre formé sous l'influence de Blanqui et de l'hébertisme, qui était partisan de la Révolution universelle, mais opérée par l'intermédiaire de la France ; il était athée et libre penseur, et, contrairement au précédent, acceptait, ne fût-ce qu'implicitement, les principes du communisme, mais il affirmait toujours la solidarité étroite entre les réformes politiques et les réformes sociales.

Parmi les membres de ce parti il faut distinguer les blanquistes, fidèles à la tactique de leur maître telle qu'elle avait été préconisée par le chef des « Saisons » et des « Familles » et qui tentèrent plus tard la prise de la Villette, et les blanquistes libres qui, tout en admettant l'utilité et l'opportunité

(1) V. *le Proscrit*, *l'Invasion* et *le Peuple*, par Delescluze.

d'une action révolutionnaire, repoussaient le procédé des sociétés secrètes et des conspirations.

En dehors et à côté de ces partis, mais se confondant souvent avec eux, s'était constitué aux élections de 1863 un parti ouvrier. Son apparition sur la scène politique tendait tout d'abord à obtenir une représentation pour les classes ouvrières. Ce fut une protestation contre la pratique courante qui semblait condamner les ouvriers à voter en masse pour un candidat bourgeois, au choix duquel ils ne prenaient aucune part. Ce mouvement était également voulu par des républicains bourgeois qui croyaient, à juste titre, en appelant les ouvriers à la vie politique, en les habituant à l'idée de résoudre les problèmes sociaux par leurs propres efforts, les soustraire à la démocratie impérialiste qui cherchait à rallier les ouvriers en leur offrant des réformes contre l'acceptation du pouvoir personnel.

La première *Internationale* n'était que l'extension du mouvement inauguré par les candidatures ouvrières à Paris, en 1863 et 1864. Elle fut inspirée par Proudhon et, comme telle, mutuelliste et antiétatiste, et, pourrait-on dire, antirévolutionnaire, c'est-à-dire absolument indifférente à la question de savoir s'il fallait ou non s'emparer du pouvoir pour résoudre avec son aide les questions sociales.

Mais plus tard l'*Internationale* s'orienta dans une nouvelle voie en se rapprochant de l'élément ouvrier révolutionnaire qui avait conservé les traditions de 1848 et qui alliait le mouvement de protestation contre l'Empire à une vague préférence pour les idées communistes.

La masse ouvrière continua pourtant à voter pour les candidats bourgeois, comme devaient le démontrer les élections de 1869.

Tous ces partis ne firent pas leur apparition simultanément; aussi les frontières entre eux n'étaient-elles pas toujours nettement déterminées. A l'occasion de certains événements, ils agissaient d'accord, comme à propos de la souscription Baudin et de l'affaire de Victor Noir.

Avec l'extension de la liberté de la presse et des réunions publiques, les partis eurent de plus nombreuses occasions que par le passé de manifester leurs opinions. Les congrès tenus à l'étranger, ceux de l'*Internationale* et de la *Ligue de la paix* en Belgique et en Suisse, avaient permis également aux différentes fractions en présence de formuler leurs doctrines et leurs opinions sur les questions à l'ordre du jour.

CHAPITRE X

L'action des groupements républicains de 1859 à 1863

I. L'action révolutionnaire (Blanqui, Greppo, Miot).
II. Le gouvernement parlementaire de l'Empire et l'opposition légale de la jeunesse républicaine.
III. Jules Ferry et Gambetta.
V. La politique des Cinq et la presse.

I

De 1859 à 1863 l'action révolutionnaire s'était ralentie ; le spectre des sociétés secrètes n'était pas agité aussi fréquemment par l'administration impériale. Pourtant deux procès significatifs eurent lieu. Le premier, en juin 1861, fut dirigé contre Blanqui, l'éternel conspirateur, qui, ayant repris sa liberté, s'était empressé de venir à Paris pour recommencer son action contre l'Empire. Ayant entendu parler en prison de Ranc, il se présenta chez lui et essaya de l'entraîner dans une nouvelle organisation dont il lui exposa les principaux traits. Ranc, en révolutionnaire de la nouvelle école, ayant appris par expérience ce qu'avaient d'imprudent et de dangereux les anciens procédés, fit comprendre au maître que tous les deux étant surveillés par la police ne manqueraient pas d'être pris à la première occasion et se mettraient ainsi dans l'impossibilité d'agir utilement. Blanqui chercha des complices ailleurs. La police se douta de ses agissements, dont elle n'arriva pas à surprendre les fils. Comme elle tenait absolument à se débarrasser de lui, elle lui intenta un procès pour délit de société secrète. Pourtant les papiers et notes saisis chez lui, sauf une immense quantité d'enveloppes qui se rattachaient à son organisation et dont il s'était refusé à indiquer la destination exacte, démontraient plutôt que l'accueil qu'il avait reçu ne répondait pas à ses attentes. « A mes plaintes, la plupart ne répondent que par des cris de désespoir et de rage », écrivait-il un jour… « Est-ce notre faute s'il a 55 ans ; tiens ! d'où sort-il ce fantôme ? » — « Il sort du milieu des martyrs tombés pour vous constituer une patrie ; mince cadeau pour vous, un tapis vert vous suffit ». Ce dialogue, par lequel il traduisait sa déception, tendait à marquer l'échec de sa propagande.

Parmi les personnes compromises se trouvaient : la femme Frémeau, républicaine exaltée qui avait fait partie du comité de la résistance ; Chaumet, compositeur à l'imprimerie qui avait écrit la biographie de Blanqui et chez lequel on avait découvert les portraits de Pierre Leroux, de Guinard, de Caussidière, de Jésus-Christ, les bustes de Garibaldi et de Béranger, le cordon de franc-maçon et le triangle ; Boiteux qui avait eu le tort de conserver chez lui « Les Confessions d'un révolutionnaire » de Proudhon ; Caritte qui à l'âge de 16 ans avait, en 1848, d'après les renseignements de la police, suivi assidument les clubs. Le nom de ce dernier figurait sur la liste de Blanqui avec la mention « fuera » que la police avait lue « tuera », ce qui lui faisait supposer que, dans la pensée de Blanqui, il était capable de se livrer à un meurtre. Le résultat de l'expertise avait démontré que le mot exact était véritablement « fuera », un mot espagnol qui voulait indiquer qu'il demeurait en dehors de la ville.

Nous savons que Blanqui condamné s'était rencontré en

prison avec plusieurs étudiants parmi lesquels il avait trouvé ses partisans les plus fidèles (1).

En 1862 eut lieu un vaste procès dirigé contre 54 prévenus dont la majorité était composée d'anciens transportés graciés ou amnistiés. On y rencontrait : Greppo, Miot, Vassel, Six, rédacteur du journal l'*Echo du Peuple*; Bray, ouvrier, ancien transporté, chez qui on avait trouvé une lettre de Félix Pyat ; Mary ; Millet ; Mouton, soumis à l'internement en 1851 et qui se proclamait républicain icarien ; Buette, le premier client politique de Gambetta.

Il n'y avait pas de société secrète, mais un complot dont l'initiative revenait à Greppo qui, ayant conservé des amitiés à Paris et ayant repris ses relations avec Miot, avait provoqué une véritable conspiration. Il avait été convenu que 800 des plus vigoureux ouvriers, qui avaient été recrutés principalement dans l'usine Cail, devaient se trouver le 2 mars à 10 heures du soir, sur la place de la Concorde. On se proposait d'escalader les murs des Tuileries, de s'emparer de l'Empereur, d'envahir le ministère de l'intérieur, puis de télégraphier aux sociétés affiliées de Lille, Marseille, Toulon et Bordeaux ; mais le complot fut éventé, des arrestations nombreuses frent faites. Comme les preuves écrites manquaient, ce fut encore le délit de société secrète qui permit d'enfermer les républicains à Mazas (2).

Tout le barreau de Paris fut mis à contribution pour fournir des défenseurs au groupe ; Crémieux, E. Arago, et parmi les plus jeunes Gambetta et J. Ferry. Gambetta se révéla à ce procès, et frappa l'auditoire par son éloquence ; il avait été remarqué à cette occasion par quelques-uns de ceux qui de-

---

(1) V. pour les détails du procès, *Gazette des Tribunaux*, 15 juin 1861.
(2) Voir les détails racontés par Tournier dans *Gambetta*, p. 32.

vaient dans la suite se lier à lui d'une amitié étroite (1).
Toutes ces tentatives n'étaient que les dernières convulsions
d'un mouvement qui devait ensuite revêtir un caractère différent.

II

C'était sur le terrain parlementaire que, pour le moment,
devait se manifester l'opposition.

Depuis 1859, elle semblait rencontrer un terrain plus favorable. La politique impériale allait s'orienter dans une nouvelle voie. La guerre d'Italie avait obligé l'Empire à chercher
des alliés dans le camp libéral. Ce rapprochement avec
les libéraux, pouvait-il être sincère et solide ? Sans doute, la
guerre d'Italie répondait aux aspirations de la majorité des
démocrates, mais, dans la pensée de Napoléon III, elle était
surtout destinée à déchirer les traités de 1815. Analysées de
plus près dans leur raison intime, dans la psychologie même
de l'Empereur, il semblerait que les campagnes d'Italie
eussent été suggérées par la crainte de l'isolement que Napoléon avait brusquement entrevu après l'attentat d'Orsini, qui
avait failli le mettre aux prises avec l'Angleterre et lui aliéner la sympathie de l'Italie.

La faveur que l'opinion avait marquée à l'auteur de l'attentat du 29 janvier dénotait des tendances d'esprit révolutionnaires dans les couches profondes de la population parisienne,
et constituait une menace directe contre la vie de l'Empereur.
Ancien conspirateur, élevé avec le sentiment exagéré du rôle
des sociétés secrètes, il était porté tout naturellement à attacher aux tentatives individuelles l'importance d'un mouvement

(1) C'est ainsi que M. Ranc l'avait connu pour la première fois à ce
procès. V. Joseph Reinach, *Le premier plaidoyer politique de Gambetta.*
Grande Revue, mars 1899.

collectif et organisé. En outre, travailler à l'unité de l'Italie, c'était non pas précisément adopter une politique entièrement différente de celle qu'il avait suivie, mais plutôt obéir à une sympathie ancienne. M. Manin, le grand patriote italien, à la nouvelle du coup d'État, ne put s'empêcher de dire à Démosthène Ollivier : « Vous n'avez rien fait pour l'Italie, il fera quelque chose pour nous (1). » Enfin, l'Empereur, qui était si naturellement porté à se poser en arbitre de l'Europe, ne pouvait pas se dissimuler que l'unité de l'Italie comptait de nombreux partisans dans la population démocratique de l'Europe entière. A l'appel de Garibaldi avaient répondu des jeunes gens de presque toutes les nations (2). Les républicains, en accueillant presque avec enthousiasme la nouvelle de la campagne italienne, avaient une arrière-pensée : la régénération de l'Italie ne devait-elle pas amener, par la contagion de l'exemple, l'affranchissement de la France ? Mais en comptant sur le développement naturel et inévitable de la nouvelle politique inaugurée par Napoléon III, ils se trompaient.

L'Empereur avait rehaussé l'éclat des armées françaises en Italie, mais il fut arrêté dans son entreprise par la question de principe; par la crainte de porter atteinte au pouvoir temporel des papes. La politique contraire aurait été en contradiction avec sa politique intérieure, qui avait toujours pour base les idées conservatrices et l'appui éventuel de la majo-

(1) Renseignement fourni par M. Deroisin.
(2) Dans une lettre inédite du 6 juin 1859, un jeune volontaire de Garibaldi donnait les détails suivants sur la composition du détachement dont il faisait partie : « Je suis dans la 16ᵉ compagnie, quatrième bataillon du premier régiment de chasseurs des Apennins. Cette compagnie est presque toute composée de Français et de Savoyards. Si tu voyais quel mélange qu'est cette troupe ; il y a des enfants de 15 ans qui n'ont pas la force de porter leur fusil, et des hommes jusqu'à 50 ans, et venus de tous les pays du monde. » Lettre de M. F. Millet.

rité catholique. Le *Moniteur* crut utile de dire aux catholiques : « Le prince qui a donné à la religion tant de témoignages de déférence et d'attachement, le prince qui a sauvé la France des invasions de l'esprit démagogique ne saurait accepter ni ses doctrines, ni sa domination en Italie ».

Sans doute, on avait signalé quelques actes par lesquels l'administration impériale semblait essayer d'arrêter l'envahissement du parti clérical ; telles furent les mesures prises contre la puissante société de Saint-Vincent de Paul ; mais cela s'expliquait par les rapports des fonctionnaires qui lui signalaient la propagande hostile et dangereuse faite par le clergé contre les institutions impériales elles-mêmes (1).

Si de Persigny crut nécessaire de prendre certaines mesures contre les maisons congréganistes, c'était parce que l'opinion publique avait été émue par les agissements des maisons dans lesquelles on se livrait publiquement à des conversions, en allant jusqu'à abriter des enfants enlevés à leurs parents, en vertu de la doctrine que le salut de l'âme devait primer le droit du père de famille. Mais la doctrine officielle n'en restait pas moins toujours la même ; l'Empire était un gouvernement conservateur, il devait forcément, inévitablement s'appuyer sur les éléments conservateurs et le clergé.

Au point de vue des relations extérieures, il n'était guère possible de compter sur une étroite amitié avec l'Italie. Dans une lettre écrite en 1867, Clément Laurier peignait ainsi l'état d'esprit de l'Italie à l'égard de la France (1) :

« A chaque station, notre wagon est entouré, injurié, menacé, la perspective d'être roués de coups pour cause

---

(1) V. *Correspondance de la famille impériale*, tome II, 1871, p. 252 et Taxile Delord, *Histoire du second Empire*, t. II, p. 307, pour l'incident relatif à l'enlèvement d'une jeune juive, orpheline, Sara Mayer, qui fut cachée dans un couvent des Carmélites.

d'opinion papaline s'ouvrait devant nous...; les Romagnols nous montraient le poing en nous disant que la Prusse aurait bien raison de la France, et que les Italiens se léveraient par milliers pour la guerre sainte (1) ». La guerre du Mexique allait dissiper toute espèce de malentendu sur l'orientation de la politique extérieure de l'Empire.

Au point de vue intérieur, les décrets de novembre 1860 semblaient contenir une sérieuse concession ; en effet, ils accordaient à la Chambre le droit de présenter une adresse et lui restituaient le droit d'amendement. Mais pour que ces concessions ne fussent pas interprétées dans le sens de l'abandon des traditions autoritaires, Billault crut devoir mettre en garde l'opinion publique en disant : « En présence des doutes élevés à ce sujet (décret du 24 novembre), le Gouvernement déclare que le décret du 24 novembre est un acte complet, et que les conséquences qu'on veut en déduire ne s'y rattachent en aucune manière. » A la même séance, le ministre de l'Empire avait ajouté que le régime constitutionnel continuerait à cadrer avec les pratiques de la candidature officielle, avec la loi de sûreté générale et la loi sur la presse, et avec tous les autres traits qui caractérisaient le régime autoritaire.

Dans leurs discours aux conseils généraux respectifs dont ils faisaient partie, les ministres avaient également cherché à atténuer la portée des décrets qui n'étaient d'après eux qu'une espèce de charte octroyée. Il en fut de même pour la question de libre échange qui fut tranchée en 1860, grâce à

(1) *Lettre inédite du 19 octobre 1867*, adressée de Florence par Clément Laurier à Gambetta, et qui se trouve dans la collection d'autographes de M. Joseph Reinach. Challemel-Lacour qui faisait ce voyage avec Clément-Laurier, entouré de quelques jeunes élèves de l'École polytechnique en uniforme, avait failli être pris pour un général français, au milieu de son état-major.

l'influence des saint-simoniens qui se trouvaient dans l'entourage du prince Napoléon. Il y eut là, sans doute, une orientation dans un sens libéral, mais il y eut également une manifestation prononcée du pouvoir personnel. En 1858, le *Moniteur* déclarait « que se mettre à la tête du libre échange, ce serait en France s'envelopper de la plus immense et de la plus implacable popularité ». En 1860, le libre échange, pour des considérations politiques, fut introduit d'un seul trait de plume par un décret, et ne marqua nullement le triomphe d'une certaine idée libérale sur des traditions protectionnistes. Les aspirations généreuses et humanitaires de l'Empereur pouvaient se produire plus ou moins heureusement, mais rien ne conjurait le pays contre un revirement possible et des dangers nouveaux. Le régime autoritaire restait debout sans être entamé.

Pourtant, ces concessions, si limitées qu'elles fussent, paraissaient promettre à l'opposition parlementaire des jours meilleurs, et laissaient espérer des changements plus profonds imposés par la force des choses. Toute une jeunesse ardente et avide d'action se précipita vers les quelques places qu'offraient les tribunes exiguës de la Chambre. Ces « auditeurs du Corps législatif » faisaient ainsi leur apprentissage. Un jour, sous la direction de Vermorel, ils essayèrent d'obtenir du président de la Chambre une publicité plus complète ; leur tentative échoua, ils rédigèrent une brochure « Etudiants et Tribune ». Un autre jour, ils essayèrent de prendre part à la discussion parlementaire en rédigeant une protestation motivée en réponse à un article publié par l'*Opinion nationale* (1).

Cette jeunesse parlementaire se groupait autour des Cinq :

(1) Voir Darimon, *L'opposition libérale*, page 51, et Pessard, t. II, pages 67 et 69.

Emile Ollivier avait l'habitude de réunir régulièrement chez lui certain d'entre eux. Jules Ferry, qui demeurait avec son frère et à qui une certaine aisance permettait de se consacrer activement à la politique, invitait également chez lui un certain nombre de jeunes républicains. Deroisin, Clamageran, Labiche, Floquet, Philis, et même Ernest Picard s'y rendaient. Le but de ces entretiens était de se mettre d'accord sur les questions économiques et sociales ; il ne s'agissait pas naturellement des questions ouvrières, mais on discutait sur les avantages respectifs de la protection et du libre échange, sur la liberté de tester, etc. (1).

III

Jules Ferry et Gambetta constituaient les figures les plus intéressantes de cette jeunesse. Le premier, élevé par une famille qui avait appartenu à l'opposition sous Louis-Philippe, et qui passait pour avoir des sympathies républicaines à la veille de la révolution de Février, se rattachait par son éducation aux républicains de la veille. Le père avait connu l'angoisse provoquée par les journées de Juin, et son fils hérita de lui du goût pour une opposition destinée à concilier à la République les masses profondes de la bourgeoisie. Il connut à Paris la terreur du coup d'Etat et avait gardé une haine particulière contre l'Empire. Comme la plupart des jeunes républicains, il était partisan de l'intervention de la France en faveur des nations opprimées ; les rapports qu'il avait entretenus avec un général polonais, Miraslowsky, l'avaient confirmé dans ces sentiments. Il était porté vers une opposition énergique et n'eut pas de blâme pour l'attentat d'Orsini. Fils

(1) Renseignements fournis par MM. C. Ferry et Deroisin.

d'un voltairien, il était lui-même libre-penseur. Ses discussions avec sa sœur, catholique fervente, contribuèrent à faire de lui un anticlérical militant. La lecture de Proudhon, le positivisme que Deroisin lui fit connaître fixèrent ses principes philosophiques et sa future politique.

Il appartenait à ce petit groupe chez qui le besoin d'agir était un sentiment presque maladif que le coup d'État ne fit qu'aggraver.

Ayant commencé son stage le 20 décembre 1851, il subit immédiatement l'effet du bâillon qui imposait le silence à toutes les bouches. Sans doute, un discours de rentrée, lu à la séance du 13 décembre 1854, et ayant pour titre « De l'influence des idées philosophiques sur le barreau au xviii° siècle », lui permit de s'affirmer; mais il était déjà effleuré par la féconde explosion d'idées de la Révolution de 1848 ; il eut l'occasion d'entendre Michel de Bourges, Berryer, et rêvait une activité plus grande. L'esprit pondéré et positif qui lui venait de sa famille contribua à lui suggérer de bonne heure un programme précis auquel il ne manquait que l'occasion de s'exécuter. Une grande puissance de travail, une volonté tendue vers l'effort ne faisaient qu'augmenter son impatience d'agir.

Aussi le voit-on grouper autour de lui et son frère un cercle d'amis où les discussions ardentes donnent l'illusion de l'action en même temps qu'elles forment les esprits, par l'étude des questions à l'ordre du jour (1). Il rédige les comptes-rendus des procès pour la *Gazette des Tribunaux*; il est

(1). Je trouve dans la correspondance inédite de Jules Ferry avec Hérold de nombreuses lettres d'invitation aux conférences qu'il organisait chez lui. Un de ces billets portait ce qui suit : Mon cher Hérold; mardi prochain, chez moi, première réunion de notre conférence. Ordre du jour : les transmissions de la propriété à titre gratuit. A vous, J. Ferry.

rédacteur au *Courrier de Paris*, et, plus tard, au *Temps*; il est un des plus assidus du petit groupe qui se réunit autour de la « Philosophie positive » de Littré et de Wyrouboff ; il se rend en Suisse où il assiste aux congrès de l'Assotion pour l'avancement des sciences morales, et à ceux de la Ligue de paix ; il participe à la rédaction du programme de Nancy.

Ce besoin d'agir se manifeste particulièrement au moment des élections, et le pousse d'abord dans l'entourage d'Emile Ollivier qui l'avait déterminé à se présenter aux élections de 1863 et avait déjà rédigé pour lui son manifeste dans lequel il exaltait « le Faubourg immortel » (1). Sa rencontre avec Gambetta le rapprocha du petit cercle d'hommes où se formaient les futurs hommes de gouvernement.

Déjà sous l'Empire, Gambetta frappait les observateurs par la richesse de son tempérament, par sa clairvoyance politique et son esprit gouvernemental, et par une certaine magnanimité, par une extrême bonté de caractère, qui lui permettait de grouper autour de lui et de comprendre des hommes de caractère et d'opinions très variés.

Avant le procès Baudin, il se faisait surtout remarquer par l'exubérance de son tempérament. Chez lui, l'idée républicaine n'était pas la conséquence d'une déduction abstraite et ne se traduisait pas en une attitude rigide d'un doctrinaire aux principes infaillibles ; elle semblait sortir d'un jaillissement spontané de la vie. Son professeur de septième, dans une note rédigée en 1849, l'appréciait dans ces termes : « très bon, très léger, enjoué, espiègle, intelligence développée, très franc » (2). Ceux qui le connurent plus tard aperçurent vite l'homme qui,

(1) Renseignements fournis par M. Charles Ferry.
(2) V. *L'Intermédiaire des chercheurs et des curieux* du 10 octobre 1905.

derrière son exubérance qu'il dépensait partout, apprenait et réfléchissait : au café Procope, dans ses promenades, ou en se rendant dans un hôpital où il passait la soirée avec quelques-uns de ses amis, internes. Il suivait assidûment ses cours à la Faculté de droit et employait fréquemment ses après-midis à s'isoler dans un cabinet de lecture. Il lisait vite et bien, et les livres qu'il empruntait à ses amis, n'étant pas assez fortuné pour les acheter, il les rendait souvent avec des annotations qui portaient la trace d'une lecture réfléchie et attentive (1).

Il ne frappait pas les esprits par l'apparat d'une culture scientifique toujours prête à s'étaler, parce que, par la nature même de son tempérament, il retenait surtout les principes qui s'adaptaient à la réalité. C'était là son opportunisme, c'était la raison de sa préférence pour le positivisme qui lui permettait de réintégrer la politique scientifique dans les luttes de la vie quotidienne.

On a voulu le représenter plus tard comme faisant preuve de modération dès le début même de son apparition sur la scène politique. La vérité est que Gambetta était un génie compréhensif, prompt à saisir le sens d'un mouvement, à entrevoir ce qu'il peut y avoir d'utile pour l'action, sans pourtant perdre pour cela ses idées directrices ni encore moins modifier ses convictions.

Il sut apprécier l'expérience de Thiers et ses qualités de séduction, mais sans se dissimuler ses défauts (2).

Aux élections de 1863, Gambetta soutint la candidature de

(1) M. Pallain a dans sa bibliothèque la *France nouvelle*, de Prévost-Paradol, et un volume de *Machiavel*, annotés de la main de Gambetta. V. François Picavet, Gambetta, dans la *Revue internationale de l'Enseignement*, 15 déc. 1905.

(2) V. Gambetta, 1905, les articles de E. Clary et de E. Hecht. V. aussi *Lettre inédite* communiquée par M. Joseph Reinach. A propos d'un discours prononcé par M. Joseph Reinach le 19 septembre 1880, à l'inaugu-

Prévost-Paradol dont l'opposition énergique motiva son éloignement, par ordre, du *Journal des Débats*, après l'attentat d'Orsini. Avec Littré, Emmanuel Durand, avec J.-J. Weiss et le comte d'Haussonville, il signa une adresse où il recommandait le candidat parce que, disait-il, il a mis « son incontestable talent au service des grands intérêts de la France, parce qu'il a vaillamment combattu par ses écrits et que jeune encore il a déjà souffert pour la liberté ». Mais d'Haussonville, de son côté, soutint, même de sa bourse, un candidat ouvrier (1).

Il eut un moment d'engouement pour E. Ollivier qu'il ne fut pas le premier à abandonner, mais il n'hésita pas à rompre avec lui quand ce dernier commença à se rapprocher de l'Empire. Il disait un jour à ce propos : « J'avais tellement confiance en lui (E. Ollivier) que je me suis laissé conduire par la main jusqu'à la porte du mauvais lieu. Heureusement,

ration de la statue de Thiers, Gambetta lui écrivit ces lignes : « Mon cher ami, j'avais lu votre discours... Vous avez pris la meilleure part de l'homme et vous l'avez, avec justesse, éclairé par le côté séduisant. C'est par ce procédé héliographique que vous avez réussi. A bientôt et cordialement. — Gambetta. »

(1) M. d'Haussonville essaya de nier ce fait dans une lettre adressée au *Journal des Débats* et s'attira cette réponse de Gambetta :

« En 1863, M. Prévost-Paradol posait une candidature libérale dans le quartier des écoles. Nous étions à cette époque un groupe de jeunes gens déjà fort préoccupés de la politique et tout disposés à soutenir de nos suffrages et de notre action la politique nettement opposante de ce noble et brillant esprit... J'eus l'honneur, à cette occasion, d'entrer en rapport avec le comte d'Haussonville... Je me permets de lui rappeler trois faits : 1° Nous avons rédigé et signé un appel aux électeurs. J'ai même souvenance d'avoir sollicité et obtenu de M. d'Haussonville la modification d'un passage de cette circulaire, qui me paraissait devoir soulever les protestations d'un certain nombre de nos amis. 2° Nous avons organisé et tenu ensemble, rue Mazarine, une réunion électorale où figurèrent M. Prévost-Paradol, notre candidat, M. d'Haussonville, son partenaire, et votre serviteur. Je prononçai là un discours qui, à en juger par la passion qui animait à cette époque les hommes de mon âge, dût être assez vert. J'eus le plaisir de recevoir les félicitations chaleureuses et même les encouragements de M. le comte d'Haussonville.

je me suis arrêté quand j'ai vu où nous étions, et il est entré seul (1) ».

Sans doute encore, il allait soutenir aux élections de 1863 le principe de l'indivisibilité des Cinq; mais il s'était prononcé avec une énergie égale contre la candidature de Havin en faveur de la candidature ouvrière de J. J. Blanc, et avait pris part à la rédaction du manifeste des Soixante. Il avait protesté contre les prétentions des anciens d'avoir le monopole de l'opposition républicaine, mais il se faisait raconter par le vieux Trélat l'histoire de la République de 48, recueillant ainsi d'un témoin oculaire les enseignements du passé (2).

Il professa une grande admiration pour Mirabeau et relut souvent sa correspondance avec Lamarque ; il garda dans son cabinet de travail une gravure représentant le grand tribun, qui fut retrouvée par des amis, le jour de sa mort, à Ville d'Avray (3).

Toutefois Gambetta comprenait les nécessités de la politique révolutionnaire. Son attitude à Belleville, aux élections de 1869, s'enchaînait à l'ensemble de sa tactique politique (4).

3° C'est durant cette même période électorale de 1863, et pour subvenir aux frais d'une candidature nettement démocratique dans la première circonscription de Paris, que M. d'Haussonville nous versa libéralement une somme de cinq cents francs. » (V. sur tous ces points, Joseph Reinach, *Gambetta, Discours et plaidoyers*, t. VIII, p. 380 et suiv.)

(1) Renseignement fourni par M. Ranc.
(2) Renseignements fournis par M. Doniol.
(3) Renseignement fourni par M. Pallain. Dans une petite brochure, publiée par ce dernier, sous le titre : *La Statue de Mirabeau*, se trouve reproduite une lettre de Gambetta qui finit par ces mots : « Laissez-moi croire que nos conversations d'il y a quinze ans n'ont pas été étrangères à la noble initiative que vous venez de prendre. » (*La Statue de Mirabeau*, 1883).
(4) Au moment de l'armistice, Blanqui étant à Bordeaux où se trouvait en même temps Gambetta, Ranc eut l'idée de les présenter l'un à l'autre. Il ne donna pas suite à son projet, craignant surtout de rencontrer une résistance de la part de Blanqui. Le « vieux », mis au courant

Mais la violence parfois voulue de son langage n'était pas l'expression d'un sentiment irraisonné. Il disait parfois : « Je fais porter à ma raison la livrée de la violence (1). »

La souplesse d'esprit de Gambetta, son don de compréhension se combinaient chez lui, avec une grande clairvoyance politique, d'autant plus rare que le parti républicain faisait son éducation sous l'oppression et en attendant une révolution.

Cette clairvoyance lui avait permis de pressentir les hommes d'action et d'élaborer le programme apte à les grouper.

Au moment où presque tout le parti républicain, emporté par la crainte du pouvoir personnel, professait un libéralisme outrancier et condamnait en termes absolus l'intervention de l'Etat, Gambetta écrivait : « L'Etat, une fois démocratiquement organisé, a le devoir strict de mettre le citoyen en compétence d'exercer ses droits et ses facultés.... Il ne faut pas, par excès de réaction contre le despotisme administratif des monarchies déchues et des deux régimes bonapartistes, aller jusqu'à la suppression de l'idée de l'Etat, de gouvernement social, initiateur et protecteur (2). »

Tirant la conclusion de cette conception de l'Etat et se rappelant l'enseignement d'un maître qui avait exercé sur lui une influence profonde, que démocratie, c'est démopédie, Gambetta se prononçait pour l'instruction universelle et obligatoire (3).

La majorité du parti républicain se prononçait alors, toujours entraînée par la crainte du pouvoir personnel et des

---

de ce projet par Ranc, regretta l'occasion manquée, tout en se demandant si « Monsieur Gambetta » aurait accepté la rencontre. Gambetta, au contraire, en un juron amical, reprocha à Ranc de douter de son empressement à accepter une entrevue avec le célèbre révolutionnaire. — Renseignement fourni par M. Ranc.

(1) Renseignement fourni par M. Pallain.
(2) V. Lavertujon, *Gambetta inédit*, 1905, p. 9 et suiv. Lettre de Gambetta à Lavertujon, du 30 août 1869.
(3) *Ibid.*

abus qu'il pouvait commettre contre les armées permanentes et les nouvelles lois militaires. Au congrès de Lausanne, des esprits aussi positifs que Jules Ferry et Clément Laurier formulèrent des opinions radicales sur ce point. C'est là que Buisson prononça des paroles qui — inexactement reproduites il est vrai — lui furent reprochées plus tard. Gambetta fit des efforts pour détourner de ce congrès ses amis intimes (1).

Il ne partageait pas l'optimisme de ses amis, et en lisant la *France Nouvelle* de Prévost-Paradol, où ce dernier combattait la distinction entre la guerre offensive et défensive, Gambetta souligna ce passage qui avait frappé son esprit : « Et nous-même, si la Prusse poursuit, avec l'annexion de l'Allemagne du Sud, son projet déclaré de ranger sous son drapeau tout ce qui parle allemand en Europe, osera-t-on nous qualifier d'agresseurs, si, au lieu de l'attendre à Strasbourg, nous allons au devant d'elle à Mayence ? (2) »

A un autre point de vue, tandis qu'une fraction du parti républicain modéré attribuait le succès du coup d'Etat aux exigences des partis extrêmes et à la crainte qu'elles inspiraient à la bourgeoisie, Gambetta, excluant d'avance la peur du système de gouvernement, croyait que la deuxième République avait tout simplement succombé à la force (3).

(1) A propos du congrès de Lausanne, il écrivait à Lavertujon : « J'ai été accablé de visites des congressistes de Lausanne qui, n'ayant pu m'entraîner à leur congrès, ont pris le parti de venir en tenir un dans ma chambre ... Mais je suis très satisfait de m'être abstenu d'aller à Lausanne, pour une foule de raisons politiques et médicales. J'aurais bien désiré que ni Ferry, ni Laurier n'y missent les pieds. » V. Lavertujon, *op. cit.*; p. 28, lettre du 28 septembre 1869.

(2) D'après l'exemplaire de la *France nouvelle*, annoté par Gambetta, p. 278, et qui se trouve entre les mains de M. Pallain.

(3) Prévost-Paradol écrit *op. cit.*, p. 134 : « La seconde République avait en fait triomphé du désordre... elle a donc succombé bien plus à la défiance qu'à ses inconvénients propres. » et Gambetta lui répond en marge : « à la force ».

Si Gambetta savait se mettre en garde contre le spectre rouge qui obsédait même des hommes comme Ernest Picard, il était loin d'admettre qu'il fallait chercher ses inspirations dans les caprices de la foule.

Ayant à traiter dans une lettre à un ami du mandat législatif — et cela au moment où Rochefort devait en partie le succès de sa candidature à la faveur du mandat impératif auprès de la masse de ses électeurs, — il définissait dans ces termes le rôle de député : « Il faut proclamer bien haut qu'on est asservi aux idées et aux doctrines du suffrage universel; mais il faut déclarer non moins énergiquement que l'action est l'œuvre de jugement individuel dont le mérite et l'efficacité procèdent uniquement de l'indépendance du député. Sa volonté seule est en jeu. Toute autre volonté se substituant à la sienne en fait sur l'heure un lâche ou une dupe, presque toujours les deux ensemble (1). »

C'est surtout au barreau et pendant les campagnes électorales de 1863 et de 1869 que l'activité de Gambetta s'était manifestée avec éclat. Il s'imposa à l'attention de ses confrères du Palais au procès de 1862 où, comme nous l'avons vu, il eut à défendre Buette.

Déjà, aux élections de 1863, Gambetta défendit la candidature de Jules Favre. Il avait contribué au succès de ce dernier en modifiant par une improvisation brillante l'état d'esprit de l'auditoire (2). Il parla dans les réunions qui eurent lieu chez Hérold (3). Il était un des plus assidus parmi les audi-

---

(1) V. Lavertujon, *op. cit.*, p. 34. Lettre de Gambetta du 1ᵉʳ octobre 1869. La personnalité politique de Gambetta n'apparut pas d'un seul coup.

(2) Renseignement fourni par M. G. Coulon qui garde parmi ses documents un procès-verbal, rédigé par Hérold à la suite d'une réunion publique où Gambetta avait mis son éloquence au service de la candidature de Jules Favre.

(3) Renseignement fourni par M. Coulon et M. Deroisin.

teurs du Corps législatif. « Gambetta était toujours là, nous raconte un de ses contemporains, dans une tribune non loin de Laferrière, intervenant comme s'il était déjà dans l'hémicycle... La séance finie, il se précipitait dans les couloirs, refaisant des discours, gourmandant les hommes de la vieille gauche, sympathique à tous par sa gaieté, son esprit... »

A la conférence Molé, le vendredi soir, dans la salle de l'académie des Saints-Pères, où les discussions politiques n'étaient pas permises, où l'on pouvait discuter à peine les questions relatives à la séparation de l'Eglise de l'Etat, et à l'article 75 de la Constitution de l'an VIII, Gambetta était surtout chargé de résumer les débats parlementaires. Les procès-verbaux de cette époque, s'ils étaient conservés, porteraient des traces nombreuses de ses exploits oratoires auxquels une lecture attentive de Proudhon donnait la forme d'une dialectique serrée (1).

Ainsi se formait l'esprit politique d'un des futurs chefs de la République parlementaire. Un trait de son caractère lui permettait de grouper autour de lui des hommes d'opinions très différentes; c'était son extrême bonté. « Il était, — écrivait tout récemment un de ceux qui l'ont connu le plus intimement, en citant à ce propos une parole de Royer-Collard sur Danton, — il était une âme magnanime. C'est à Gambetta aussi qu'on pourrait appliquer le vers du poëte : Bras, tête et cœur, tout était peuple en lui (2). »

En dehors de Jules Ferry et de Gambetta, il y avait Clément Laurier qui sut deviner de bonne heure la valeur du dernier;

(1) Extrait des *Souvenirs inédits* de M. Ferdinand Dreyfus que l'auteur a bien voulu me communiquer. Gambetta arrivait à avoir une place réservée dans la tribune publique par suite de ses relations avec l'huissier, chargé de placer le public.
(2) V. Ranc, *Publication de la Société Gambetta*, 1905. Delprat, dans un article de la *Vie parisienne*, le montrait séduisant un jour un évêque.

Floquet qui joignait à son caractère de bon enfant les allures de Robespierre, et, fidèle à l'inspiration des anciens, essayait de faire prévaloir les tendances jacobines de la Révolution; Hérold, jurisconsulte expérimenté et rendant des services efficaces quoique discrets à son parti (1); Philis, Clément Duvernois, et quelques autres que la suite des événements avait mis en avant: tous ces hommes attendaient le moment de prendre une part plus active à la vie politique.

IV

Les Cinq et la jeunesse qui les entourait avaient des organes dans la presse. Le *Courrier de Paris,* auquel collaboraient Clément Duvernois, Jules Ferry, Marcel Roulleaux, Charles Floquet, Chassin, Hébrard, W. de Fonvielle, leur avait permis d'affirmer leurs idées. Il n'avait pu durer longtemps faute de lecteurs ; tous les soirs, on se préoccupait de la question de savoir comment on suffirait aux besoins du lendemain. Les jeunes rédacteurs avaient déjà reçu deux avertissements. Ne pouvant pas subsister, ils espéraient finir avec éclat ; mais l'administration, par l'intermédiaire de M. de la Valette, leur fit comprendre que le journal ne serait pas supprimé, et que l'Empire, ayant besoin de la jeunesse, était au contraire prêt à leur ouvrir toutes grandes les portes (2). Pour conjurer le danger de la disparition éventuelle

---

(1) D'après la correspondance encore inédite de Jules Simon et de Garnier-Pagès avec Hérold, on constate que ce dernier, en sa qualité d'avocat à la Cour de cassation avait à donner des consultations sur les questions litigieuses en matière électorale, sur la constitution des syndicats ouvriers. — V. Lettres inédites de J. Simon, du 22 août 1867, d'autres, sans date, sur l'association des facteurs, sur la corporation des cordonniers, etc.

2) Renseignements fournis par M. A. Hébrard.

du journal, les ouvriers s'offrirent de travailler gratuitement
pendant quelques jours ; néanmoins le *Courrier* dut suspendre son existence (1).

Le *Temps*, qui lui non plus ne menait pas une vie brillante, sous la direction de Nefftzer, recueillit quelques-uns des rédacteurs du *Courrier de Paris*, où l'entrée leur fut facilitée par A. Hébrard. C'est dans ce milieu qu'à la veille des élections de 1863 l'agitation avait été la plus vive, parce que tout le monde était pour la prestation du serment et la participation aux travaux parlementaires.

(1) Renseignement fourni par M. Hébrard.

CHAPITRE XI

Elections de 1863 et le réveil de la vie politique

I. La candidature officielle et la politique de l'Empire.
II. L'action électorale des groupements républicains.
III. Les résultats des élections.
IV. La candidature ouvrière.
V. Le réveil de la vie politique dans les départements.

I

L'Empire se présentait aux élections (1) avec un programme qui n'était pas sensiblement différent de celui qu'il avait formulé aux élections de 1857. Le gouvernement annonçait cependant qu'il ne s'opposerait pas aux élections, même libérales, pourvu qu'elles fussent napoléoniennes. A cette condition, l'Empire acceptait les candidats connus pour leur catholicisme militant, et, à propos de la candidature de Keller, l'administration avait répondu : « si Keller n'était qu'un homme ardemment dévoué aux principes catholiques, quels que fussent ses votes à la Chambre, le gouvernement n'hésiterait pas à l'accepter (2). »

---

(1) Voir sur les élections, *Chronique électorale du Temps*, 1863, et notamment les numéros 627, 630, 634, 637, 639, 642, 643, 687, 689, 690, 694, 696, 702, 708, 709, 710, 711, 712, 716, 723, 726, 727, 729, 730. 731, 733, 734, 736, 737, 738, 740, 742, 743, 744, 745, 746, 747, 748, 749, 754 à 781 inclus, 784, 785, 790, 797.

(2) Le *Temps*, 4 mai 1863.

En sens inverse, lorsqu'il s'agissait de combattre un candidat libéral, l'administration n'hésitait pas parfois à lui reprocher de ne pas être assez démocrate. A Nantes, à de Lanjuinais on avait opposé un candidat dont le principal mérite était « d'être fils de ses œuvres », et de ne pas être d'origine noble (1).

La candidature officielle réapparaissait avec tous ses traits. Hérold avait publié une carte qui représentait la géographie électorale, et elle démontrait avec quel arbitraire avaient été composées les circonscriptions. A Lille, on modifia l'arrondissement électoral pour déterminer l'échec de Plichon. A Paris, le collège de J. Favre avait été bouleversé dans tous les sens ; la huitième circonscription faisait presque le tour de Paris : elle partait de Billancourt, prenait Boulogne, Neuilly, Clichy, Pantin, Bagnolet et venait expirer au cours de Vincennes. La première circonscription était composée de fragments des 16ᵉ, 17ᵉ, 18ᵉ et 19ᵉ arrondissements.

Dans le Midi, Aix était considéré comme une fraction de la campagne de Marseille ; Arles comme faisant partie de la campagne d'Aix ; l'arrondissement de Nîmes était divisé en trois morceaux : le premier avec Beaucaire, le second avec Uzès, le troisième avec Alais. La ville de Nîmes n'avait pas de représentant malgré ses 55.000 habitants, tandis que Tours et Poitiers, moins peuplés, en avaient deux.

L'intervention de l'administration allait jusqu'à présenter certains candidats comme personnellement agréables au chef de l'Etat.

A Cherbourg, par arrêté du maire de la ville, la quatrième section électorale était établie au port militaire, dans la salle du tribunal maritime, pour les employés et ouvriers du port,

(1) Le *Temps*, 20 mai 1863.

quel que fût leur numéro d'inscription sur la liste générale. Il en fut de même à Toulon (1). A Toury (Eure-et-Loir) où l'affichage public était concédé en monopole, on avait interdit à Labiche de poser des affiches, et les habitants de la commune virent, non sans surprise, le docteur Petit parcourir les rues de la ville en collant lui-même les affiches du parti libéral, ce qui lui valut la visite des gendarmes (2).

Pour empêcher les républicains de s'organiser, une note du *Moniteur* avait déclaré que les comités électoraux tombaient sous l'action de l'article du Code pénal qui interdisait les associations de plus de 20 personnes. Quand, à Bordeaux, Lavertujon avait demandé la permission d'organiser un comité, elle lui fut refusée. A tout cela il faut ajouter que lorsqu'un délit de fraude électorale était reproché à un maire, aucune poursuite ne pouvait être exercée contre ce fonctionnaire sans l'autorisation du Conseil d'Etat. Dans certaines villes, la terreur était telle que les électeurs n'osaient pas se réunir, même dans un domicile privé, pour discuter une candidature.

L'inquisition de la police ne s'arrêtait pas au seuil d'un domicile privé. Un négociant de la deuxième circonscription à Paris donnait un bal où l'on devait danser le cotillon. Suivant les règles de la danse, un jeune homme s'assied sur une chaise au milieu du salon ; deux jeunes personnes se présentent, l'une à droite, l'autre à gauche ; ordinairement elles ont chacune un mouchoir ou une fleur. Cette fois les jeunes filles, pour se distinguer, prirent le nom de Thiers et de Dewinck, deux adversaires politiques. De là des rires parce qu'on faisait toujours danser Thiers en abandonnant Dewinck au gouvernement dont il était le candidat. On ne trouva plus de

(1) Le *Temps*, 20 mai 1863.
(2) Le *Temps*, 25 mai 1863.

jeunes filles pour faire les Dewinck. Le lendemain, le négociant recevait officiellement l'avis de faire désormais moins de politique s'il voulait s'éviter des tracasseries (1).

C'était dans ces conditions qu'allait s'ouvrir la campagne électorale à Paris et en province.

II

Dans la capitale, plusieurs groupements se formèrent. Il y eut d'abord un comité abstentionniste qui fut inspiré par Proudhon; il échoua. Les ouvriers avaient en grande majorité manifesté l'intention de voter, et les résultats généraux des élections démontrèrent que le nombre d'abstentionnistes était beaucoup moins considérable qu'aux élections précédentes.

Les partisans du serment eux-mêmes ne furent pas d'accord. Quelques-uns trouvèrent trop timide l'opposition des Cinq et proposèrent d'élire une députation plus active. Hébrard avait énergiquement soutenu cette opinion, mais le principe de l'indivisibilité des Cinq avait trouvé dans la jeunesse des partisans déterminés : plusieurs réunions eurent lieu chez Hérold, successivement présidées par Deroisin, Floquet et Philis. Grâce à l'intervention décisive de Gambetta, la candidature des Cinq fut acclamée par 20 voix contre 15 et 5 abstentions (2).

Chez Carnot s'organisa un autre comité qui devait comprendre 25 personnes choisies par les délégués de tous les groupes républicains en vue de diriger les élections. Sur l'insistance de Beslay, des ouvriers furent admis à voter. Le vote de près de 600 délégués, dépouillé secrètement et avec

(1) V. le *Journal de Genève*, 4 juin 1863.
(2) Renseignements fournis par M. G. Coulon et M. Deroisin.

beaucoup de précautions, avait désigné pour faire partie du comité central : Emmanuel Arago, Littré, Grévy, Laurent Pichat, Delestre, Greppo, J. Simon, Guinard, E. Pelletan, F. Morin, Despois, Noël Parfait, Michelet, Vacherot, Huet, Bastide, Gambon, Martin-Bernard et Hérold, qui était resté avec les anciens. La note comminatoire du *Moniteur* empêcha le comité de fonctionner.

Un nouveau comité se forma chez Garnier-Pagès qui était rentré à Paris après s'être livré à une propagande active dans les départements (1). On y rencontrait : Carnot, Marie, Crémieux, J. Simon, E. Charton, H. Martin, et quelques jeunes : Clamageran, Dréo, Durier, Ferry, Floquet, Hérold. L'entente entre les différentes fractions n'était pas facile à établir. Quelques-uns, comme Jules Simon, après avoir commencé

---

(1) V. sur cette tournée, Clamageran, *Correspondance*, 1906, p. 236. Lettre du 30 août 1862 à Ferd. Hérold. Dans la correspondance de ce dernier avec Garnier-Pagès, on trouve une lettre inédite, relative aux mêmes événements. La voici :

Lyon, le 31 juillet 1862.

...Les ouvriers lyonnais sont enchantés du succès que vous leur avez fait obtenir devant le conseil d'État. Resserrer les agents du gouvernement et le gouvernement lui-même dans les institutions du moment et les forcer à se maintenir dans la légalité, c'est déjà un grand progrès. Aussi je propage avec un zèle extrême le *Guide Pratique* (le *Manuel électoral*). Partout où je passe, j'en prépare la vente et la circulation. Si nous parvenons à empêcher les fraudes et les abus de pouvoir, à rassurer les citoyens sur leurs droits, à prouver aux maires qu'ils encourent une responsabilité réelle, lorsqu'ils modifient, à leur gré, le scrutin, nous aurons fait un pas vers un autre avenir. Aussi j'attends avec impatience avis de l'impression définitive et de l'envoi chez les libraires des départements. Dréo a dû vous dire que j'étais satisfait de mes visites. J'ai trouvé mes amis bien disposés et j'ai la satisfaction et la certitude d'être bien utile. Je n'aime pas trop confier mes impressions du voyage à la poste ; ne soyez donc pas étonné de mon laconisme. »

GARNIER-PAGÈS.

Comme on voit, le caractère de la tournée entreprise par Garnier-Pagès était bien pacifique.

par se prononcer en faveur de l'abstention, avaient fini par accepter la candidature. Les jeunes s'étaient montrés les plus actifs ; de nouvelles réunions ayant eu lieu chez Durand où se rencontraient Isambert, Gambetta, E. Picard et Hénon, ils avaient fini par faire prévaloir leurs vues.

En réalité, le principe de l'indivisibilité des Cinq triompha grâce à l'action des journaux républicains, et notamment du *Siècle*, de l'*Opinion nationale* et de la *Presse*.

La liste des candidats arrêtée, une autre question allait se poser ; une alliance avec les autres fractions de l'opposition était-elle possible et conforme à la tactique républicaine ? Le *Temps*, qui comptait parmi ses abonnés des républicains et des orléanistes, s'était nettement prononcé en faveur d'une alliance avec toute l'opposition libérale. « Légalement, disait Nefftzer, il n'y a ni légitimistes, ni orléanistes, ni républicains, et ces qualifications de partis dont nul ne peut se prévaloir ne doivent être retournées contre personne... Légalement, il y a le parti de la résistance et le parti du progrès, le parti de la compression et le parti de la liberté (1). »

Clément Duvernois proposait une coalition de l'opposition avec l'obligation de voter, au second tour de scrutin, pour le candidat le plus favorisé.

Le comité local du Gers avait proclamé qu'il voterait pour toutes les nuances libérales qui s'étendraient de Charras à Montalembert. A Marseille, les comités avaient porté Berryer et Marie. A Aix, l'union libérale avait soutenu Thiers. Dans le département de l'Isère, Casimir Perier s'était présenté avec l'appui du candidat républicain Farçonet qui écrivait : « Nous..... n'étions pas dans la même ligue, mais nous sommes restés sur le même champ de bataille ; la liberté est

(1) V. *Le Temps*, 15 mars 1863.

notre grande affaire, notre grande préoccupation, notre grand besoin, notre grand deuil (1) ».

D'ailleurs, l'administration impériale poussait elle-même vers l'alliance les différentes fractions de l'opposition. Le ministre de l'intérieur n'avait-il pas dénoncé la candidature de Thiers pour des raisons qui devaient en faire souhaiter le succès aux républicains ? « Ce qu'il veut (Thiers), disait l'administration impériale dans une lettre du ministre de l'intérieur, c'est le rétablissement du régime qui a été fatal à la France et à lui-même, qui déplace l'autorité de sa place naturelle pour la jeter en pâture aux passions de la tribune..., qui pendant 18 ans n'a produit que l'impuissance au dedans et la faiblesse au dehors, et qui, commencé dans l'émeute, continué au bruit de l'émeute, a fini par l'émeute » (2). Thiers ayant accepté, ayant promis d'être « l'ennemi de l'Empire et de l'Empereur », quoique dans les limites de la Constitution, avait eu l'appui des démocrates. Cette tactique fut préconisée par des journaux comme le *Courrier du Dimanche* où depuis longtemps fraternisaient, dans les bureaux et sur les colonnes du journal, républicains et orléanistes. Sous la direction de Ganesco, y collaboraient Darimon, Morin, Chaudey, Assollant, Hervé, Weiss et Sarcey. Prévost-Paradol, dans la *Revue des Deux-Mondes*, préconisait déjà en 1863 la tactique qu'il devait mettre en œuvre en 1869. Il disait : « Avec le temps, on peut passer d'une nuance à l'autre, être indifféremment légitimiste comme Berryer, orléaniste comme M. Thiers, républicain comme le général Cavaignac. »

Cette tactique rencontra pourtant une opposition de la part de quelques purs, qui, pour se séparer des orléanistes, invo-

---

(1) V. le *Temps*, 23 mai 1863.
(2) V. le *Temps*, 23 mai 1863.

quaient l'importance des idées religieuses et la question du maintien du pouvoir temporel des papes (1).

D'ailleurs, les orléanistes ne se montraient pas moins ardents ni moins violents à combattre l'Empire. C'est dans le salon du *Courrier du Dimanche* qu'un orléaniste avait dit en parlant de l'Empereur : « Est-ce qu'il ne se trouverait pas un jeune homme pauvre qui voudrait nous débarrasser de ce misérable ? (2) » Les orléanistes militants trouvaient insuffisante l'opposition des Cinq. La haine commune contre l'Empire pouvait justifier une action combinée contre le même adversaire.

Avant la bataille électorale, il fallait songer à s'organiser. A Paris un groupe de jeunes républicains eut l'idée, grâce à l'initiative d'Hérold, de publier un *Manuel électoral*.

L'idée de ce manuel avait été déjà conçue en 1861. Clamageran, Dréo, Hérold, Floquet, Hamel, Jules Ferry en furent chargés à cette époque. On se proposait de le tirer à un très grand nombre d'exemplaires pour le répandre dans les départements. La réalisation du projet, retardée, fut reprise à la veille des élections (3).

Pour lui donner plus d'autorité, on provoqua l'adhésion d'un certain nombre de jurisconsultes parmi lesquels figuraient Jules Favre, Emile Ollivier, Ernest Picard, Marie, Desmarest, Leblond, Sénard, Durier, Hérisson et quelques autres. Casimir Perier demanda une consultation à l'effet de se renseigner s'il était loisible à un candidat de publier, soit sous forme d'affiche, soit sous forme de circulaire, une

(1) V. d'Alton-Shée, *Légitimistes, orléanistes, républicains*, 1863. « C'est une situation bien cruelle que se trouver entre un candidat gouvernemental et clérical ! En pareil cas, nous conseillons toujours de protester avec un nom quelconque. » Clamageran, *op. cit.*, p. 260.
(2) Renseignement fourni par M. Ranc.
(3) Clamageran, *Correspondance*, pages 195, 239.

sorte d'instruction qui résumerait les droits des électeurs et les droits de l'autorité, et qui pût être mise sous leurs yeux, avec les articles y relatifs du code pénal et du décret organique de février 1852 (1).

Dans le département de l'Eure, un comité consultatif s'était constitué pour assurer la liberté du vote. Le prince Albert de Broglie, et Germain, ancien maître des requêtes, en faisaient partie, ainsi que le comte de Salvandy et Louis Passy.

Pour rendre licite l'organisation des comités électoraux, le *Courrier du Dimanche* publia une consultation sur la légalité de pareilles organisations, sous les signatures de Dufaure, bâtonnier, Berryer, Victor Lefranc, Léon Renault.

L'organisation des relations régulières avec les départements n'était guère possible. Comme nous l'avons vu, Garnier-Pagès, à la veille des élections, avait fait une tournée dans les départements, pour réveiller l'action républicaine. Le procès des Treize avait démontré que le comité constitué à Paris avait été d'accord avec plusieurs comités locaux, qu'il avait nettement recommandé et soutenu plusieurs candidats à Lyon, à Bordeaux, à Epinal, à Marseille, et dans quelques autres localités; mais ces relations étaient fort limitées (2). Il y avait sans doute une caisse constituée, mais ses ressources étaient modiques, la plupart des candidats n'étant pas riches, et les souscriptions volontaires des électeurs n'étaient pas suffisantes pour permettre d'organiser une active campagne électorale (3).

« Les orléanistes nous débordent, écrivait à cette occasion Clamageran, et cela pour une raison très simple, c'est qu'ils

(1) V. le *Temps*, 12 mai 1863.
(2) V. Clamageran, *op. cit.*, p. 260.
(3) Parmi les emplois de certaines sommes d'argent, le ministère public, à propos du procès des Treize, en avait relevé un, destiné à venir en aide à une domestique qui fut chassée par ses maîtres pour avoir manifesté ses sympathies en faveur du candidat républicain, E. Pelletan.

sont riches et qu'une candidature coûte très cher : avec les frais de voyage, de tournée, d'impression, de timbre, d'affichage, de colportage, le tout se monte à cinq ou six mille francs (1). »

Au nom de quelles idées allait-on engager la lutte ? Dans leur compte-rendu collectif, les Cinq avaient montré leur rôle au Parlement pendant la session précédente, et avaient aussi indiqué la ligne de conduite qu'ils se proposaient de suivre à l'avenir. Les amendements déposés par eux à l'occasion de la discussion de l'adresse de 1861 contenaient leur programme, qui comportait : le droit de contrôle restitué aux représentants, l'abrogation de la loi de sûreté générale, la liberté de la presse, l'autonomie municipale, la sincérité du suffrage universel, la spécialité du vote du budget, la restitution de l'autonomie à Paris et à Lyon ; au point de vue extérieur, l'application du principe de non-intervention en Italie par la retraite immédiate des troupes. En 1863, les Cinq signalèrent encore l'importance qu'ils attachaient à la suppression de l'arbitraire dans la géographie électorale (2).

Malgré la conduite suspecte d'Emile Ollivier qui avait consenti à laisser supprimer, dans le *Moniteur*, le passage de son discours où il disait : « Et moi qui suis républicain (3). », les Cinq se représentaient avec un programme nettement républicain qui ne s'éloignait pas pourtant beaucoup de celui des autres candidats libéraux. Ainsi, Montalembert, qui se présentait dans le Doubs, résumait ses vœux dans les articles suivants :

« Moins d'impôt et plus de liberté ; moins de conscrits et

(1) Clamageran, *op. cit.*, p. 260.
(2) Voir Ernest Picard, *Discours parlementaires*, tome Ier, 1882, le *Compte-rendu* des Cinq, pages 448 et suivantes.
(3) L'émotion soulevée par ce passage fut moins vive qu'on n'aurait pu le croire. Em. Ollivier l'ayant expliqué par des considérations de tactique. V. Clamageran, *op. cit.*, 202, 203.

plus de contrôle ; moins d'arbitraire et plus de responsabilité ; moins de police et plus de discussion ; la paix, l'économie, la liberté (1). »

Une des plus explicites fut l'affiche électorale d'Emile Labiche qui se présentait à Chartres et Chateaudun ; il demandait : « la diminution des impôts, la réduction de l'armée, la suppression des cumuls, la réforme de la loi sur le recrutement qui enlevait tant de bras à l'agriculture, la gratuité de l'instruction primaire, l'amélioration du sort des instituteurs, le développement des sociétés de secours mutuels, la responsabilité des ministres. »

Barrier, candidat aux élections à Lyon, de l'opposition démocratique et libérale, demandait plus nettement le rétablissement des institutions parlementaires et de la responsabilité ministérielle, la réduction du budget de la guerre pour laisser aux travaux productifs et à l'agriculture les bras que la conscription enlevait chaque année aux familles, l'augmentation du budget de l'instruction primaire en vue d'améliorer le sort des instituteurs (2).

Tous les candidats de l'opposition libérale, légitimistes, orléanistes et républicains, étaient d'accord pour réclamer la diminution de l'armée, autant pour essayer de disputer à l'influence impériale les masses rurales, son principal appui, que par crainte du pouvoir personnel, qui avait pu s'établir, se maintenir grâce au concours de l'armée.

Quelques circulaires électorales attachaient une importance plus grande aux réformes sociales ; ainsi Cantagrel, qui se présentait à la septième circonscription à Paris, inscrivait sur son programme des lois en vue « d'égaliser la distribution des propriétés et de combattre la féodalité financière qui, sous

(1) V. le *Temps*, 8 mai 1863.
(2) V. le *Temps*, 17 mars 1863.

prétexte d'égalité, tend à rétablir en fait toutes les inégalités sociales (1). »

Dans le département de l'Aube, Lignier commençait ainsi sa profession de foi : « Profondément sympathique à la classe pauvre, je suis convaincu que, sans rien bouleverser dans l'Etat ou dans les institutions sociales, on peut beaucoup pour élever sa condition (2). »

Dans la Somme, Ernest Hamel demandait une meilleure distribution des richesses, en même temps qu'il réclamait l'instruction primaire obligatoire et gratuite et le principe de non-intervention dans les affaires internationales (3). Dans le Nord, Audiganne se posait comme candidat du travail.

La personnalité des candidats, sinon le programme, donnait des garanties certaines de leur républicanisme.

Dans les départements, de même qu'à Paris, il y eut un grand nombre d'hommes qui avaient déjà appartenu aux assemblées législatives sous la République. Ainsi dans le Nord, parmi les candidats figuraient Corne, ancien membre de la Constituante, Valéry Aubry, fils de l'ancien représentant; à Mâcon (Saône-et-Loire), Charles Roland, ancien représentant de la Constituante; dans le département de Maine-et-Loire, Freslon, ancien maire de la République, et Bordillon, ancien commissaire; dans le Loiret, Perrera, ancien préfet sous la République; dans le département de la Nièvre, Girerd, fils de l'ancien Constituant de 1848, etc., etc.

(1) V. aussi le *Temps*, 24 mai 1863. V. aussi la profession de foi de Coignet dans le Rhône, 25 mai 1863.
(2) Le *Temps*, 17 mai 1863.
(3) Le *Temps*, 13 mai 1863.

III

A Paris, le succès de l'opposition fut complet, dépassant toutes les espérances. Les élus furent d'abord des députés sortants, Jules Favre, Émile Ollivier, Darimon, Ernest Picard, plusieurs nouveaux dont E. Pelletan et Jules Simon, et deux directeurs de journaux, Havin et Guéroult, et, en outre, Thiers.

Les élections complémentaires qui eurent lieu en 1864 envoyèrent encore au Parlement Garnier-Pagès et Carnot.

Dans les départements, la gauche comptait Hénon et Jules Favre à Lyon, Marie à Marseille, Havin dans la Manche, Dorian à Saint-Etienne, Magnin dans la Côte-d'Or, Glais-Bizoin dans les Côtes-du-Nord, et quelques autres qui, sans se réclamer aussi formellement de la gauche, s'y rattachaient par leurs idées.

Un examen plus précis des résultats des élections montre l'importance de la victoire remportée à Paris. Les résultats du scrutin étaient les suivants : inscrits, en nombre rond : 326,000; votants : 240,000; pour les candidats du gouvernement : 82,000; pour les candidats de l'opposition : 153,000; bulletins blancs ou voix perdues : 4,556; abstentions : 86,000. Ainsi, tandis que le nombre des inscrits avait subi une nouvelle réduction, depuis 1857, malgré l'augmentation de la population, le chiffre des votes bonapartistes tombait de 110,526 à 82,000, marquant ainsi une différence de 28,000; au contraire, les 96,299 votants pour l'opposition s'étaient augmentés d'environ 57,000 suffrages.

Pour le résultat de l'ensemble, on constatait qu'en 1852, sur 9,836,043 électeurs, il y avait eu 6,222,983 votants dont 5,218,602 pour le gouvernement et 1,004,381 pour l'opposition ; en 1857, sur 9,495,955 inscrits et 6,136,664 votants, l'administration comptait 5,471,888 voix pour le gouvernement, et 664,799 pour l'opposition; en 1863, une statistique plus impartiale donnait les résultats bien différents : 9,938,685 inscrits; 7,262,623 votants, sur lesquels les candidats du gouvernement réunissaient 5,308,254 voix, tandis que l'opposition ralliait autour d'elle 1,954,369 voix (1). Le gain était sensible; en outre, d'une enquête faite par Hérold et publiée dans le *Siècle*, il résultait que la plupart des grandes villes avaient donné des majorités sensibles à l'opposition (2).

Le résultat des élections amenait à la Chambre 32 opposants. Leur nombre aurait été plus considérable si la pression de la candidature officielle n'avait pas été aussi violente.

Les procès électoraux qui avaient suivi les élections de 1863 avaient montré quelques-uns des procédés employés par

(1) Pour les résultats détaillés du nombre des votants par départements, v. *infra*, annexe à ce chapitre, d'après l'*Annuaire du Corps législatif*.
(2) Voici la conclusion de l'étude de Hérold :

TABLEAU DES VOTES DES VILLES

I. Paris — 1,643,917 habitants. Voix données aux candidats officiels, 64,725 ; aux autres candidats, 144,481.
II. Lyon — 267,587 habitants. Candidats officiels, 13,567 ; autres, 33,531.
III. Marseille — 219,984 hab. Cand. offic., 9,216 ; cand. autres, 20,219.
IV. Bordeaux — 149,229 hab. Cand. offic., 8,851 ; Cand. autres, 11,456.
V. Lille — 123,438 habitants. L'opposition obtient la majorité.
VI. Nantes — 102,887 hab. Cand. offic., 6,033 ; cand. d'opp., 10,077.
VII. Rouen — 94,679 hab. Cand. offic., 7,029 ; cand. d'opp., 6,682.
VIII. Toulouse — 91,756 habit. Cand. offic. 7,781 ; cand. d'opp., 9,379.
IX. Saint-Etienne — 71,829 habit. Différence en faveur de l'opposition.
X. Le Havre — 70,851 hab. Cand. offic., 4,500 ; cand. d'opp., 6,827.
XI. Strasbourg — 56,248 hab. Cand. offic., 5,520 ; cand. d'opp., 4,075.
XII. Reims — 51,693 habitants. Il n'y avait pas de candidat d'opposition. Près de la moitié des électeurs inscrits s'abstinrent, et il y eut 980 bulletins blancs. Il est donc aussi impossible de compter le vote de Reims au gouvernement qu'à l'opposition.
XIII. Brest — 51,181 hab. Cand. offic., 1,341 ; cand. d'opp., 5,784.
XIV. Nimes — 50,882 hab. Cand. offic., 2,329 ; cand. d'opp., 4,569.
XV. Amiens — 50,318 habitants. Pas de candidat d'opposition. L'abs-

l'administration. Casimir-Perier intenta un procès contre le garde des sceaux parce que, le jour des élections, l'administration avait fait afficher et publier à son de trompe une lettre par laquelle le ministre de la justice prescrivait des poursuites immédiates en raison d'une lettre de Casimir-Perier publiée dans l'*Impartial Dauphinois*. A Bordeaux, le candidat démocrate Lavertujon n'était battu qu'à 40 voix de majorité. Or, on avait constaté que l'administration avait fait voter un grand nombre de morts. Une commune du canton de Blanquefort avait fourni les résultats suivants : électeurs inscrits : 418 ; suffrage comptés : 418 ; Curé, candidat du gouvernement : 418 ; Lavertujon : 000. En compulsant les listes électorales, on avait découvert que sur les 418, il y en avait au moins cinq qui étaient morts.

L'effet moral du triomphe électoral était plus grand que les résultats immédiats. Les proscrits croyaient déjà à la chute imminente du régime. La torpeur du début de l'Empire allait disparaître pour céder la place à un assaut furieux contre le gouvernement de Napoléon III (1).

IV

Une place à part, dans l'histoire de la campagne électorale, doit être faite aux candidatures ouvrières qui surgirent

tention a été de près de moitié des électeurs inscrits. Ni pour le gouvernement, ni pour l'opposition.

XVI. Toulon — 47,581 hab. Cand. offic., 3.201 ; cand. d'opp., 3,418.
XVII. Metz — 44,559 hab. Cand. offic., 2,669 ; cand. d'opp., 4,722.
XVIII. Mulhouse — 43.244 hab. Cand. offic., 999 ; cand. d'opp., 5,215.
XIX. Nancy — 43,221 habit. Cand. offic., 2,470 ; cand. d'opp., 4,030.
XX. Orléans — 43,097 hab. Cand. offic., 2.587 ; cand. d'opp., 2,566.
XXI. Limoges — 41,263 hab. Cand. offic., 2,129 ; cand. d'opp., 4.885.
XXII. Angers — 41,157 hab. Cand. offic., 4,620 ; cand. d'opp., 2,907.

(1) V. sur l'état des esprits, Clamageran, *op. cit.*, p. 266 et suiv.

en 1863 et 1864. Elles furent provoquées par plusieurs circonstances. Tout d'abord, dans toutes les élections républicaines, la masse ouvrière donnait en bloc en faveur des candidats démocrates ; le mode de désignation de candidats était pourtant tel que rarement les ouvriers furent consultés sur le choix des candidats proposés. Généralement, un petit comité, composé presque exclusivement de bourgeois, désignait un candidat; un mot d'ordre était donné et colporté dans les ateliers, et les ouvriers, en se conformant à la discipline républicaine, marchaient comme un seul homme pour le candidat ainsi désigné en dehors d'eux. Cependant le programme des candidats ne leur donnait pas une entière satisfaction. Insensiblement, un fossé se creusait entre les jeunes républicains de l'Empire et la masse ouvrière, dans laquelle, par suite d'une propagande active, quoique souterraine, les questions sociales avaient de nombreux et ardents partisans.

Quand, en 1862, quelques étudiants avaient songé à porter la propagande dans les cabarets du faubourg Saint-Antoine pour s'y rencontrer avec les ouvriers, il y eut un moment de malentendu, ces derniers s'attendant surtout à une promesse de réalisation de réformes sociales (1).

Quelques ouvriers militants désiraient à la fois qu'une place plus importante fût attribuée aux questions sociales qui les intéressaient au plus haut degré, et qu'un certain rôle leur fût accordé dans le choix des candidats auxquels ils donneraient leurs voix.

Les tenir à l'écart du mouvement politique actif, c'était s'exposer à un danger, c'était laisser se propager parmi eux l'idée que la forme du gouvernement était indifférente pour l'accomplissement d'un certain programme de réformes so-

(1) Renseignements fournis par M. G. Clemenceau.

ciales, c'était les exposer à la propagande de ceux qui cherchaient à leur faire accepter une démocratie césarienne. Quelques républicains, enfermés dans les prisons où ils s'étaient trouvés en contact avec des ouvriers, avaient constaté que certains de ces derniers parlaient complaisamment de renfermer ensemble les doctrinaires bourgeois pour les obliger à élaborer enfin un programme unique et commun, apportant avec lui le salut, impatiemment attendu (1).

Appeler les masses ouvrières à la politique active et militante, c'était leur montrer la voie, leur faire ressortir les difficultés et la nécessité de la solution des problèmes contingents par l'effort quotidien, par l'investigation individuelle, patiente et précise.

Lors de la tentative de constituer un comité central chez Carnot, Beslay, disciple et ami fidèle de Proudhon, avait déjà fait prévaloir l'idée de faire nommer un certain nombre de délégués ouvriers, pour leur permettre de prendre part à l'élection des candidats.

Dans les réunions qui se tenaient chez lui rue Ménilmontant, 11, composées d'ouvriers des faubourgs du Temple et Saint-Antoine, où l'on voyait aussi quelques anciens transportés de Juin 1849, revenus depuis l'amnistie de 1859, l'idée de la candidature ouvrière fut mise en avant.

Aux élections de 1863, on avait décidé de poser les candidatures de J.-J. Blanc, typographe et metteur en pages de l'*Opinion nationale*, et de Tolain, ciseleur. On avait choisi à cet effet la première et la sixième circonscriptions où l'élément ouvrier semblait le plus nombreux. Le *Temps*, qui soutint énergiquement cette candidature, inséra une lettre de 500 délégués ouvriers à Lyon et plusieurs lettres émanant des ouvriers de l'atelier Cail (2).

(1) Renseignements fournis par M. H. Lefort.
(2) Le *Temps*, 30 mai 1863.

L'idée fut immédiatement accueillie. Tridon, disciple de Blanqui, aussi bien que Gambetta et Hébrard, et surtout Henri Lefort qui servit d'intermédiaire entre les ouvriers et les bourgeois, travaillèrent à faire réussir l'élection de J.-J. Blanc et de Tolain, qui échouèrent en 1863 ; mais les candidatures ouvrières furent reprises aux élections complémentaires de 1864.

Le manifeste des Soixante, qui fut rédigé chez Henri Lefort, rue de l'Ouest et avec son concours, à la rédaction duquel prirent part des hommes comme Gambetta et quelques républicains bourgeois, et qui avait inspiré à Proudhon son livre sur la *Capacité des classes ouvrières*, contenait tout un programme dont les lignes suivantes résumaient le sens :

On a répété à satiété : Il n'y a plus de classes depuis 1789 ; tous les Français sont égaux devant la loi. Mais nous qui n'avons d'autre propriété que nos bras, nous qui subissons tous les jours les conditions illégitimes et arbitraires du capital, nous qui vivons sous des lois exceptionnelles telles que les lois sur les coalitions et l'article 1781 qui porte atteinte à notre intérêt en même temps qu'à notre dignité, il nous est difficile de croire à cette affirmation... Mais, nous dit-on, toutes les réformes dont vous avez besoin, les députés élus peuvent les demander comme vous, mieux que vous, ils sont les représentants de tous, et par tous nommés... Non, nous ne sommes pas représentés, et voilà pourquoi nous posons cette question des candidatures ouvrières... Nous savons qu'on ne dit pas candidatures industrielles, commerciales, militaires, journalistes ; mais la chose y est, si le mot n'y est pas... Est-ce que la majorité du Corps législatif n'est pas composée de gros propriétaires, industriels, de commerçants, de généraux, de journalistes, etc... ?

Certes, nous pensons que les ouvriers élus pourraient et devraient défendre les intérêts généraux de la démocratie, mais lors même qu'ils se borneraient à défendre les intérêts de la classe la plus nombreuse, quelle spécialité ? Ils combleraient une lacune au Corps législatif où le travail n'est pas représenté... Nous ne sommes pas représentés, car, dans une séance récente au Corps législatif, il y a eu une manifestation unanime de sympathie pour la classe ouvrière, mais aucune voix ne s'éleva pour formuler, comme nous les entendons, avec modération mais avec fermeté, nos aspirations, nos désirs et nos droits. »

Il n'y avait dans ce manifeste aucune idée de lutte de classes, érigée en dogme ; au contraire, la classe ouvrière semblait se rendre compte de l'importance du régime représentatif pour la réalisation par la voie régulière et pacifique des réformes sociales.

Le *Siècle*, l'*Opinion nationale*, la *Presse* et le *Temps* interprétèrent dans ce sens ce manifeste, et c'est ainsi qu'il fut compris par la fraction bourgeoise qui avait contribué à le rédiger. H. Lefort, qui avait joué le rôle intermédiaire entre les ouvriers et la fraction bourgeoise, avait déjà entendu discuter la question de la candidature ouvrière dans le petit groupe de Rogeard dont il faisait partie et où il se rencontrait avec Jean Rolland, dont la mère avait pris une part si active dans l'organisation de la fédération des associations ouvrières sous la seconde République (1).

Pour accentuer le caractère nettement républicain de la candidature de Tolain, qui fut seul candidat ouvrier en 1864, H. Lefort obtint une lettre publique de Delescluze, Noël Parfait et Laurent Pichat. En la faisant connaître, Tolain rappelait la signification de sa candidature et s'empressait d'y ajouter tout un programme politique qui devait comprendre : la liberté de la presse, la liberté de réunion, la liberté d'association, la liberté du travail, c'est-à-dire l'abrogation de l'article 1781, l'abrogation complète de la loi sur les coalitions ; chambres syndicales composées exclusivement d'ouvriers nommés par les ouvriers, liberté individuelle, abrogation de la loi de sûreté générale, instruction primaire gratuite et obligatoire, liberté d'enseignement supérieur, « c'est-à-dire essor complet de l'esprit humain dans le domaine philosophique et religieux », suppression du budget des cultes.

(1) Renseignements fournis par H. Lefort.

Un vieux démocrate, E. Arago, avait obtenu de Bancel, qui avait failli poser sa candidature dans la même circonscription, qu'il engageât ses amis à reporter leurs voix sur Tolain (1). Jean Macé s'empressa d'envoyer sa contribution pour augmenter les ressources de la campagne électorale, en faveur du candidat ouvrier (2).

Laurent Pichat avança en faveur de la même cause 8.000 francs (3).

Sous la présidence de H. Lefort, une réunion dite privée, mais à laquelle 10,000 personnes au moins furent conviées, fut organisée passage Saint-Sébastien. On a plus tard invoqué et allégué cette liberté insolite accordée à la réunion,

---

(1) Voici la lettre inédite d'Etienne Arago qui m'a été communiquée par M. H. Lefort :

« Paris, 14 mars 1864.

« Mon cher Bancel,

« Après m'être félicité des embarras qui ont fait arriver trop tard votre serment, permettez-moi de joindre ma voix à celle de Fleury, de Jourdan et d'autres encore qui vous demandent d'écrire à vos électeurs pour les prier de reporter leurs sympathies, et les voix qu'ils vous avaient promises sur M. Tolain, très intelligent et très honnête ouvrier. Il s'agit de faire crouler un système de calomnies qui, de Tolain, s'étend sur nos amis qui ont pris l'initiative de la candidature de l'ouvrier.

« E. Arago. »

(2) Voici la lettre que Jean Macé écrivit, à ce propos, à Henri Lefort, qui me l'a communiquée :

« Beblenheim, 6 mars 1864.

« Monsieur,

« Le comité des ouvriers parle dans l'*Opinion nationale* d'aujourd'hui de l'exiguité des ressources qui sont à sa disposition pour soutenir la candidature de M. Tolain. Permettez-moi de vous envoyer le seul billet de vote dont je puisse disposer en sa faveur.

« Agréez, Monsieur, avec tous mes vœux pour la réussite de ce que vous avez entrepris, mes salutations fraternelles.

« Ci-inclus 100 francs.

« Jean Macé. »

(3) Renseignement fourni par M. Henri Lefort.

pour jeter la suspicion sur la nature de cette candidature à laquelle on prêtait des attaches impériales. C'était à tort ; la réunion ne fut autorisée qu'à grand'peine ; le commissaire demanda à son organisateur d'y assister à titre de curieux, mais essuya un refus formel de la part d'Henri Lefort, et la nouvelle réunion qui devait être tenue ne fut pas autorisée. La candidature de Tolain échoua, n'ayant réuni que 500 voix. Théodore Bac, qui avait promis en cas d'échec de reporter ses voix sur le candidat ouvrier, impressionné par les accusations dont Tolain avait été l'objet, revint sur sa décision (1).

Mais l'idée de la candidature n'en fut pas moins lancée ; les groupements suscités par elle furent utilisés pour l'organisation de la première section de l'Internationale à Paris.

Dans son affiche aux électeurs, Tolain leur disait : « La confusion produite et exploitée par les ennemis de la candidature ouvrière montre la force de la réaction armée de tous les privilèges ; hors de la liberté, pas de salut pour nous tous, ouvriers ou non, qui voulons la justice. Nous affirmons le droit de réunion ; on nous répond que nous n'avons qu'un droit, celui de demander une autorisation. Electeurs, nous vous demandons de faire passer, autant que vous le pouvez, le droit dans le fait. Si vous trouvez que cela est inopportun, nous attendrons ; nous y sommes habitués, nous attendons depuis le commencement du monde (2). »

(1) L'extrait d'une lettre de Clamageran donne l'explication de l'attitude de la plupart des républicains à l'égard de la candidature ouvrière. « Quant à Tolain, écrivait-il le 22 mars 1864, je suis enchanté de sa déconfiture, qui a été complète. D'abord cela écarte le spectre rouge que le gouvernement s'apprêtait à évoquer de nouveau. Ensuite, il y avait beaucoup d'intrigues derrière cette candidature. Le Palais-Royal n'y était pas étranger. » V. *Op. cit.*, p. 272-273.

(2) Renseignement fourni par M. Henri Lefort, à qui je dois la com-

V

Les élections de 1863 marquèrent le réveil de la vie républicaine avec plus ou moins d'intensité dans toute la France. A Lyon, plusieurs groupements avaient contribué à entretenir la propagande. Parmi les anciens c'étaient Ferrouillat, Hénon, Flottard, Ducarre, auxquels étaient venus s'ajouter Varambon, Edouard Millaud, Buyat, Andrieux. Par leur propagande dans les ateliers, par le colportage de la contrebande littéraire qui venait de Genève, par des réunions privées, ils avaient contribué à propager les idées démocratiques dans la nouvelle génération, en rencontrant toujours un concours efficace de la part des ouvriers parmi lesquels Grosbois, un des plus actifs; Crestin ; Favier, le relieur qui devait devenir plus tard le président du fameux comité de la rue Grolée, dès la première heure de la République.

Aux élections de 1863, malgré la divergence de nuances, les républicains-modérés et avancés aussi bien que quelques membres du parti royaliste les plus autorisés marchèrent d'accord pour protester contre le coup d'Etat et la dictature impériale (1).

A propos de la candidature posée par Ernest Picard en 1863, Ferrouillat écrivait à ce dernier : « Votre minorité est considérée comme très respectable ; vous avez eu plus du double de Morin en 1857 dans la même circonscription (2) ». Dans une autre lettre, écrite un peu plus tard, il

---

munication d'un grand nombre de documents relatifs à la candidature ouvrière de 1864.

V. aussi un article signé L...., dans la *Cloche* du 23 octobre 1871, et la brochure de Tolain, *Quelques vérités sur les élections de Paris*, 1864.

(1) Renseignements fournis par M. Edouard Millaud.
(2) *Lettre inédite* du 3 juin 1863.

disait encore : « Je n'ai pas été trop mécontent de notre session du Conseil général et des dispositions que l'opposition y a rencontrées; j'ai été agréablement surpris de trouver, jusque dans les rangs de la majorité, plus d'esprit d'indépendance et de contrôle que je m'y attendais, il s'y est même manifesté sur quelques questions importantes une opposition assez forte pour devenir majorité (1). »

Il y eut une amélioration sensible même dans les cantons ruraux, où pourtant l'influence de l'administration continuait à s'exercer presque irrésistible.

A Marseille, où le parti républicain n'avait jamais été désorganisé d'une façon complète, il se reconstitua sous la direction de Bory, de Labadie, d'Amot, auxquels vinrent s'ajouter plus tard de nouveaux groupements ; ainsi au café Cardinal et à celui de Paris se réunissaient Magon-Barbaroux, Mabilly, ouvrier typographe, Raoul Geneste, professeur de mathématiques, Favre, Boyer, Eugène Prat, Justin Béchet, professeur de physique au lycée, Bastelica, tribun socialiste, Peloux, Anthelmy, etc...

Un autre groupement se rencontrait au cours Belzunce, à l'Athénée méridional, plus tard siège de la Ligue de l'enseignement, et dont faisaient partie Brochier, ancien maire de Marseille, Royannez, Granet, Rouvier, G. Crémieux, Etienne, Delpech, Gustave Naquet, le rédacteur du *Peuple*, Grimanelli (2). Dans la ville voisine, Aix, qui souvent avait été appelée à voter avec Marseille, on trouvait Bédarride, véritable chef de parti, Brémond, avocat, sous-préfet en 1848, Chambaul, cordonnier, Cabassud, ouvrier chapelier, Cézanne,

(1) *Lettre inédite* du 13 septembre 1864.
(2) Voir Tournier, *Gambetta*, page 164, et renseignements fournis par Benjamin Abram, ancien maire d'Aix, et Grimanelli, ancien préfet des Bouches-du-Rhône.

banquier, qui avaient formé le premier groupe autour duquel vinrent se grouper plus tard Thourel, condamné en 1849 pour complot par la Haute-Cour de Lyon, B. Abram, Victor Leydet, Chabrier, Pust, typographe, fils d'un proscrit de décembre, etc., etc. (1).

A Bordeaux, la vie politique avait repris rapidement sous l'impulsion active de la *Gironde*, représentée par Lavertujon et Gounouilhou, avec le concours du groupe des républicains, dont le véritable chef était Montagut, ancien élève de l'école polytechnique ayant refusé de prêter serment et lié avec les hommes du *National* comme Kestner, le colonel Charras et autres, et autour duquel se groupaient Sansas, Simiot, Saugeon, Barckhausen, Jouffre, plus tard David Raynal et quelques autres (2).

Déjà, lors des élections municipales de 1855, la *Gironde* avait essayé d'organiser les libéraux bordelais pour opposer une liste indépendante aux candidats recommandés par l'administration. En 1857, on arriva à faire triompher la candidature de Gustave Curé. Malgré la mesure qui frappa la *Gironde*, après l'attentat d'Orsini (elle s'était vu retirer l'autorisation de distribuer les journaux dans la ville), et malgré les avertissements dont elle fut frappée et qui la menaçaient de suppression, le journal fit des progrès rapides ; en 5 ans, de 300 exemplaires que la *Gironde* tirait sous la direction bonapartiste, elle était arrivée à répandre chaque jour 1.400 numéros.

En 1860, aux élections municipales, le parti républicain girondin engagea résolument la bataille. Les groupes distincts, avec une remarquable discipline, surent former une liste commune, et introduisirent au Conseil près de 18 de leurs

(1) Renseignements fournis par M. Abram.
(2) Renseignements fournis par M. Barckhausen.

candidats, malgré la sévérité de la préfecture qui avait saisi la liste démocratique comme contenant un certain nombre de candidats portés sur la liste officielle.

En 1863, comme nous l'avons vu, Lavertujon ne fut battu qu'à un très petit nombre de voix. Gustave Curé, que l'administration avait été obligée d'adopter comme candidat officiel, avait eu 13.844 voix, tandis que Lavertujon en avait eu 13.344. En fait, comme les circonstances le révélèrent plus tard, Lavertujon avait été élu à plusieurs centaines de voix de majorité.

Le même travail de reconstitution se poursuivait dans les autres villes. Ainsi, à Alençon, ville calme qui n'avait pas été éprouvée par le coup d'Etat, c'étaient les hommes de 48 et surtout les membres de l'ancienne loge la *Fidélité*, entrée en sommeil sous l'Empire, qui avaient continué la propagande. Parmi les républicains militants figuraient le docteur Chambay, dont le père avait joué un rôle actif sous la révolution de 48, Leguernay, Lemée, Poupet, Grollier qui figura plus tard parmi les 363 (1).

A Dunkerque, où le coup d'Etat n'avait amené aucune agitation, il y eut des républicains jusque dans les rangs des fonctionnaires. Le parti républicain de la ville comprenait : Gaspard Malo, ancien député qui, sans s'occuper de la politique, s'était mis à la tête d'un chantier de constructions navales; le capitaine Ezechiel Lebleu, représentant du Pas-de-Calais; Antoine Boutoile, principal du collège; Paul Terquem, professeur d'hydrographie; les ingénieurs des Ponts et Chaussées; Descharme, ancien saint-simonien ; Plocq, qui avait été attaché aux services des ateliers nationaux ; Everaert, avocat, Trystram, négociant, et Crujeot, banquier.

(1) Renseignements fournis par les familles des personnes nommées.

Si les convictions républicaines ne pouvaient se manifester par une politique active, elles s'affirmaient autrement. Dans cette ville où le goût de la musique est très développé, ainsi que celui du chant, c'est dans les sociétés de musique et de chant que se continua la propagande, et notamment dans la Société dramatique fondée en 1848 et dont Trystram et Crujeot furent les principaux promoteurs. En 1853 fut organisé l' « Orphéon Dunkerquois » qui comptait parmi ses membres Manot, un républicain avancé.

En 1864 s'était fondée la « Jeune France » qui était composée de républicains actifs dont l'appoint était recherché dans les élections (1).

Ainsi, il y eut un réveil de l'action républicaine, même là où aucune agitation extérieure ne la signalait à l'attention de l'administration.

(1). Renseignements fournis par M. Emile Bouchet, vice-président de la Société Dunkerquoise pour l'encouragement des Sciences.

CHAPITRE XII

L'opposition parlementaire du parti républicain de 1863 à 1869.

I. Le programme de l'opposition parlementaire et la tactique d'Émile Ollivier.
II. Le rapprochement des républicains avec les orléanistes libéraux. — Le programme décentralisateur de Nancy et le mouvement en faveur des sociétés coopératives.

I.

Malgré la concession de nouvelles libertés, l'opposition des républicains au Parlement ne pouvait pas être efficace. L'Empire avait conservé en face de l'opposition, quoique celle-ci eût été renforcée, ses anciennes prérogatives. Il ne se comportait pas comme un parti politique ayant la majorité, admettant la libre discussion, prêt à céder la place au parti adverse s'il arrivait à reconquérir la majorité pour son compte. L'Empire envisageait toujours les autres partis comme des groupements révolutionnaires. La publication par Jules Ferry de sa *Lutte électorale en 1863* montrait surabondamment que la candidature officielle avait sévi aux élections de 1863 aussi bien qu'aux élections précédentes (1).

Laferrière avait signalé, avec des chiffres à l'appui, l'appli-

(1) V. aussi Prévost-Paradol, *Élections de 1863*, 1864.

cation dangereuse de la loi sur la presse : depuis 1852 jusqu'à 1867, il y avait eu 338 avertissements, 27 suspensions, 12 suppressions de journaux ou revues. Ce que c'était que le droit de réunion, le procès des Treize l'avait démontré. On y avait poursuivi, pour avoir violé la loi qui interdisait les réunions de plus de 20 personnes, 13 républicains qui avaient constitué une espèce de comité à la veille des élections de 1863. Garnier-Pagès, Carnot, Corbon, Dréo, Clamageran, Hérold, Ferry, Floquet, Durrier, Jozon, Hérisson, Bory (de Marseille) et Melsheim furent traduits devant le tribunal correctionnel, où ils furent défendus par Jules Favre, Grévy, Sénard, Emmanuel Arago, Marie, auxquels se joignirent Berryer, légitimiste, et Dufaure, orléaniste. A ce procès, le ministère public semblait avoir admis la légalité des réunions électorales à condition qu'elles fussent renfermées dans les limites des réunions privées à domicile. Mais en 1868, malgré une nouvelle loi sur les réunions, pourtant plus libérale dans sa lettre, on poursuivit à Nîmes même des réunions ayant eu lieu à domicile (1).

Le gouvernement impérial prétendait à lui seul résumer les vœux collectifs de tout le pays. Dans quelques projets d'articles, tracés de la main de l'Empereur pour servir de thème à des journaux officiels, et qui sont reproduits dans les *Papiers et correspondances de la famille impériale*, Napoléon caractérisait ainsi le mouvement politique en France et les partis : l'Empereur était le véritable représentant de la France, Jules Favre n'était qu'un républicain, Thiers voulait la monarchie et le gouvernement parlementaire, Pelletan voulait un 93, la guillotine et la liquidation sociale. « Qu'on suppose maintenant, poursuivait l'impérial auteur,

(1) Il s'agissait de la candidature de M. Cazot.

tous ces grands citoyens réunis en conseil! voit-on la cacophonie qui en résulterait. J. Favre, Thiers, Pelletan, J. Simon, Falloux, décidant des destinées de la France ; que le peuple sensé réfléchisse à ce dilemme : ou soutenir l'Empire, ou l'anarchie (1). » Aussi la politique impériale excluait-elle toute autre politique possible, et continuait-elle à se caractériser uniquement par le pouvoir personnel. Elle ne repoussait pas en principe le socialisme, car l'Empereur prétendait être le seul et vrai socialiste ; c'est avec le secours, et grâce aux subventions accordées par l'Empire, que pouvaient fonctionner certains journaux comme l'*Etincelle* où on payait fort cher à des républicains des articles qui, par leur véhémence, n'eussent pu trouver place dans des organes d'opposition radicale. C'était dans le *Peuple Français*, journal de l'Empereur, que Jules Guesde avait pu se livrer à des études sociales (2).

Clément Duvernois avait rêvé pour le compte de l'Empereur l'Union dynastique qui aurait compris les députés de toutes les nuances possibles mais se réclamant toutes de l'Empire. L'administration impériale avait commencé par favoriser l'Internationale, et elle était toute prête à la tolérer, à condition que les ouvriers eussent consenti à se placer sous le patronage de Napoléon III. Aux élections de 1869, on allait voir les fonctionnaires de l'Empire lutter contre les candidats libéraux en leur reprochant de ne pas être assez démocrates. L'Empire acceptait ainsi toutes les écoles, toutes les opinions, à condition que son pouvoir personnel fût placé au dessus de toutes les discussions.

Mais, en fait, l'Empire représentait un parti. Il devait

(1). *Papiers et correspondances de la famille impériale*, 1871, tome I, page 372.
2) Pessard, *op. cit.*, tome II, page 269.

s'appuyer sur une majorité plus ou moins précise, chercher à lui complaire et conformer son attitude à ses aspirations. Cette majorité sur laquelle Napoléon III s'appuyait était une majorité conservatrice et catholique. Aussi, après un essai de politique libérale, Napoléon III fut-il obligé de se prononcer pour le pouvoir temporel des papes et de faire la guerre de 1870.

Après avoir favorisé les premiers groupements ouvriers, et semblé prendre sous sa protection les débuts de l'Internationale, l'Empire, par l'organe de ses journaux officieux, criait au spectre rouge. Les discours du trône ne manquaient pas d'affirmer tous les ans « l'Empire c'est la paix », et pourtant, fidèle à sa logique intime, l'Empire démentait constamment ses promesses, et faisait la guerre. Cette persistance du pouvoir personnel apparaît même dans l'évolution constitutionnelle de l'Empire, qui pourtant semble s'orienter décidément vers le gouvernement parlementaire.

En 1867, renchérissant sur les concessions faites par le décret impérial des 24 novembre et 11 décembre 1860, le décret des 19-31 janvier supprimait l'adresse pour la remplacer par le droit d'interpellation accordé aux membres du Sénat et du Corps législatif, mais l'interpellation ne pouvait venir en discussion qu'après avoir traversé une filière pleine d'écueils et elle ne pouvait se terminer que par un renvoi de l'affaire au gouvernement. Le même décret avait fini par amener les ministres devant les Chambres, mais seulement par délégation spéciale de l'Empereur. Le sénatus-consulte des 8-10 décembre 1869 avait accentué cette évolution. D'après son article 3, les ministres pouvaient être membres du Sénat et du Corps législatif, avoir entrée dans l'une ou l'autre Assemblée, et être entendus toutes les fois qu'ils le demandaient ; le droit d'interruption pouvait se terminer par un ordre du jour motivé ;

le Corps législatif avait pu enfin recouvrir le droit d'initiative des lois et celui d'élire son bureau. On alla même jusqu'à proclamer la responsabilité des ministres; mais cette responsabilité ministérielle, même dans la constitution 1870, ratifiée par le plébiscite du 8 mai, n'excluait pas la responsabilité personnelle du chef de l'Etat qui, en cas de conflit avec le Corps législatif, pouvait librement, faire appel au corps électoral, et ainsi faire prévaloir sa volonté personnelle sur celle de son Parlement (1).

On allait ainsi assister en 1870 à un phénomène contradictoire : d'une part, la consécration d'une constitution qui inaugurait l'Empire libéral, et, d'autre part, le retour au plébiscite qui, ayant abouti à un vote favorable, avait eu comme conséquence presque directe la guerre, qui devait, en cas de triomphe, contribuer à consolider le pouvoir personnel.

Ainsi, le pouvoir personnel apparaissait dans la constitution, malgré tous les soins qu'on aurait pu prendre pour le masquer, et tout l'effort de l'opposition devait être dirigé contre lui.

Les conditions spéciales dans lesquelles cette lutte allait se poursuivre rendaient difficile le classement des partis politiques; les républicains ne pouvaient pas reconnaître leurs adversaires par une certaine conception du rôle de l'Etat. Ils devaient chercher l'ennemi même là où, en apparence, on se trouvait en présence des idées que tous les partis pouvaient revendiquer, car l'impérialiste prétendait être démocrate; il encourageait la coopération, il était socialiste.

Les prétentions du pouvoir personnel se montraient partout, et partout il fallait engager la lutte contre lui. Il en résultait souvent des confusions. Quand, avec la liberté relative rendue aux réunions publiques, il y eut des manifestations d'idées

(1) V. Esmein, *Eléments de droit constitutionnel*, 2ᵉ édition, p. 154 et suiv.

communistes, le parti républicain en fut ému, et crut y démêler les agissements de l'impérialisme, désireux de se servir de l'épouvantail du spectre rouge pour effrayer la bourgeoisie.

L'opposition parlementaire de 1863 s'était pourtant montrée plus hardie et avait une politique plus accentuée que l'opposition des Cinq. Ses membres se réunissaient chez Marie, dont la modération semblait être faite pour concilier toutes les nuances. En réalité, elle se divisait en plusieurs fractions : il y eut tout d'abord les Cinq qui avaient essayé de maintenir, pendant quelque temps intacte leur indivisibilité ; ensuite, Havin et Guéroult, qui, au point de vue de leur politique extérieure, se rapprochaient de l'Empire : leurs relations personnelles avec le Palais royal et l'Empereur étaient de nature à enlever toute intransigeance à leur opposition ; E. Pelletan et J. Simon étaient des adversaires déterminés de l'Empire, et représentaient avec Carnot (1) les personnalités les plus importantes de l'opposition de 63.

Eugène Pelletan, spiritualiste mystique, ayant subi très fortement l'influence de Lamartine, reflétait les idées de la révolution de 48 dans sa période de transition, où la foi dans la révolution tenait de la foi religieuse. Il était pour l'affranchissement des peuples opprimés, et avait plusieurs fois présenté des amendements en faveur de la Pologne. Il était très loin d'admettre l'école critique de Proudhon qu'il avait combattue dans la presse. En prison, à Sainte-Pélagie, il eut des discussions constantes avec Blanqui. Mais il s'était posé partout en ennemi résolu de l'Empire, contre lequel il avait écrit plusieurs brochures. Sa réputation était telle que l'impératrice ne pouvait s'empêcher de manifester son mécontentement en apprenant la nouvelle de son élection, qui fut inva-

(1) V. Sur Carnot, Tchernoff, *Parti républicain sous la Monarchie de Juillet*, op. cit., p. 40, 101, 130 et suiv.

lidée la première fois, mais qui fut confirmée par les électeurs.

Jules Simon avait commencé par se ranger catégoriquement du côté des adversaires irréconciliables de l'Empire. Non seulement il avait refusé d'enseigner à la Sorbonne en repoussant l'idée du serment au nouveau régime (1), mais, dans une lettre adressée à Charras, il avait manifesté son intention ferme de ne pas prêter serment à l'Empire, même comme candidat aux élections. Pourtant, par la nature de son esprit, universitaire avant tout, plus apte à saisir les nuances entre les idées qu'entre les faits, il était peu porté à une opposition énergique. Tout en étant adversaire du communisme, il s'était montré très favorable au développement des associations ouvrières. Il avait encouragé dans ses débuts l'*Internationale* à Paris. Il était souvent en relations avec les milieux ouvriers où quelques-unes de ses études l'avaient fait connaître, et était un de ceux qui se rendaient le plus souvent dans les réunions publiques. En même temps, il entretenait des rapports suivis avec le comte d'Haussonville. Dans son salon, il recevait à la fois des orléanistes, des ouvriers et des républicains de 48 auxquels il appartenait, tout en se tenant en rapports avec la jeunesse militante. Cette tactique trop souple lui attirait l'animosité d'un certain nombre de républicains.

Les divergences qui séparaient ces différentes nuances du parti républicain apparurent tout d'abord à propos d'une question de pure forme : les députés de l'opposition devaient-ils se faire des uniformes, assister aux séances impériales, et accepter les invitations qui leur seraient adressées par l'Em-

---

(1) Le cours de Jules Simon fut suspendu, après la déclaration faite par lui, le 17 décembre 1851 et non le 9 comme on l'écrit constamment. Cela résulte d'une lettre adressée par Jules Simon à Chassin. Renseignement fourni par M. H. Monin.

pereur?... Havin, Guéroult, Darimon déclarèrent ne pas vouloir rompre avec l'Empereur, et ce fut là une première cause de froideur. L'évolution commencée par Emile Ollivier allait provoquer une nouvelle scission dans l'opposition parlementaire. Emile Ollivier, contrairement à ses collègues, ne voyait pas le danger de la persistance des traces, pourtant trop visibles, du pouvoir personnel de l'Empereur, même dans ses concessions en apparence les plus libérales. Il avait sur la tactique parlementaire des idées très particulières qu'il exposa plus tard dans son ouvrage, *Le 19 Janvier*, où il disait : « L'Eglise catholique, qui, vue du côté humain, est le chef-d'œuvre de l'organisation politique, admet dans ses moyens d'action autant de variété qu'elle en admet peu dans sa doctrine. Elle ne transige pas sur son *Credo* ; dans la pratique, elle s'adapte à tous et à chacun : pour les mondains, elle a la dévotion aisée ; aux ascétiques, elle ouvre ses chartreuses ; aux actifs ses trappes ; Saint-François attire les âmes tendres, Saint-Ignace captive les hommes militants. Le salut est comme le point central de la forêt, auquel on arrive par des routes parties des côtés les plus opposés ; pourquoi dans notre politique laïque ne profiterions-nous pas de cette leçon de la politique sacrée ? pourquoi ne nous déprendrions nous pas de temps en temps de notre manie d'uniformité ? En vérité, ce qui se passe depuis que l'opposition s'est desserrée n'est pas pour nous décourager (1). » A la suite de son rapport relatif à la loi sur les coalitions des ouvriers, il avait été amené à rompre avec l'opposition républicaine. Jules Favre annonça la rupture du haut de la tribune. Ernest Picard, dans des termes non moins catégoriques, se sépara de son ami (2).

(1) Voir *op. cit.*, page 218.
(2) Dans une lettre inédite adressée à Ferrouillat, le 17 juillet 1864,

Suivant ainsi la voie qui lui était propre, Emile Ollivier essaya de constituer un tiers parti dont il désirait être le porte-parole. Son programme se résumait dans l'amendement qui fut présenté dans la session de 1865 et reproduit dans la session de 1866 et qui s'exprime ainsi : « La stabilité n'a rien d'incompatible avec le sage progrès de nos institutions ; la France, fermement attachée à la dynastie qui lui garantit l'ordre, ne l'est pas moins à la liberté qu'elle considère comme indispensable à l'accomplissement de ses destinées. » Les auteurs de l'amendement demandaient « le développement naturel du grand acte de 1860 » dont une expérience de 5 ans « paraissait avoir démontré la convenance et l'opportunité ».

Quant à l'opposition républicaine, elle s'était montrée sans doute plus hardie qu'au cours de la législature précédente. Ainsi, à la séance du 29 mars 1865, Picard, interrompant l'orateur du gouvernement qui semblait glorifier le coup d'Etat, lui lança cette apostrophe sanglante : « Ne parlez pas du 2 décembre, c'est un crime. » Quand Rouher eut le courage de répliquer : « Nous avons détruit les factions ce jour-là et nous les détruirons encore », il s'attira cette riposte de Jules Favre : « Osez dire que vous agiriez de même vis-à-vis de cette Chambre, si elle résistait ; osez-le ! » Mais à part ces démonstrations auxquelles les événements se prêtaient parfois, l'opposition du parti républicain conservait un caractère essentiellement modéré, ce qui lui permettait souvent de confondre ses votes avec le tiers parti. Le véritable manifeste de l'opposition était un discours prononcé par Thiers en 1866 et qui avait été reproduit par lui à plusieurs reprises sur

il écrivait ce qui suit : « Ne croyez pas, mon cher ami, que je prenne légèrement ce triste incident de ma vie politique, j'en ai souffert et j'en souffre cruellement. Je n'ai pas revu Ollivier depuis la session, et, si je le revois, que pourrais-je lui dire ? »

les libertés nécessaires. L'orateur du tiers parti prenait pour point de départ le gouvernement impérial, dont il ne discutait pas l'origine. « Quant au droit de la dynastie, disait-il, il est indiscutable ; aucun de nous ne songe à le discuter, parce qu'aucun de nous ne songe à le mettre en question »; et c'était en se plaçant sur le terrain de la Constitution, en interprétant son article 1er qui reconnaissait et garantissait les grands principes proclamés en 1789, qui devaient être la base du droit public français, qu'il demandait la garantie de certaines *libertés nécessaires*. Sa conception des libertés nécessaires ne différait pas de celle de Guizot, énoncée par ce dernier sous la monarchie de Juillet. La révolution, pour lui, avait un double but, politique et social. C'était la consolidation des libertés politiques qui, d'après lui, n'étaient pas encore assurées, et c'était à cette œuvre qu'il conviait l'Empire autoritaire (1).

Jules Favre, en prenant la parole après lui, avait tenu un langage sensiblement analogue. Quand il essayait d'abandonner le terrain constitutionnel, et, faisant abstraction de la lettre de la Constitution, en examinait l'esprit, il s'exposait vite à être rappelé à l'ordre (2). Critiquer la Constitution, c'était faire appel à la révolution.

On semblait pouvoir être plus heureux en luttant pour l'autonomie municipale de Paris, qui fut défendue par Ernest Picard, E. Pelletan, J. Simon ; mais ici encore l'argumentation de l'opposition venait se briser contre les mêmes objections. L'Empire ayant accordé le suffrage universel, ne devait pas se dépouiller de ses prérogatives vis-à-vis de lui ; vouloir diminuer le contrôle du pouvoir central sur l'autonomie locale, c'était encore faire appel à l'esprit révolutionnaire. En vain, E. Picard disait : « L'esprit municipal existe; il résis-

(1) Voir, discours de Thiers, prononcé le 26 février 1866.
(2) Taxile Delord, *op. cit.*, tome IV, p. 182.

tera aux coups qu'on veut lui porter ; le Préfet de la Seine évoque le spectre de la commune de Paris ; il oublie qu'il n'était pas le produit de l'élection libre. Tant que le drapeau de la libre élection a flotté sur l'Hôtel de Ville, les citoyens ont résisté ; la dictature est revenue sous une nouvelle forme. Voyez si vous voulez l'y maintenir (1). »

S'agissait-il de la politique extérieure, où, semblait-il, la critique pouvait se produire plus librement ? les interruptions de la droite montraient que là encore les appréciations des actes du gouvernement étaient considérées comme des appels à l'émeute. L'orateur du gouvernement, dans la discussion de l'adresse, à propos de la politique extérieure, ayant assimilé les Mexicains aux brigands, avait provoqué l'intervention de Jules Favre. A l'orateur républicain montrant l'inanité de la politique impériale au Mexique, et rappelant la destruction de villages entiers par les troupes de l'armée française, Rouher répondait tranquillement : « C'était un repaire de brigands. » Quand J. Favre engageait le ministre à se souvenir qu'on avait donné le même nom aux vaincus de 1815, un député de la droite lui cria : « Ils ont versé leur sang pour leur pays, et vous de l'encre » ; et un autre : « La Chambre vous écoute avec indignation ». Quand on appelait l'attention de la Chambre sur les traitements infligés aux journalistes mexicains, traduits devant le conseil de guerre, la réponse était toute prête : « On a bien fait, car ils étaient criminels. » Dans la politique extérieure, aussi bien que dans la politique intérieure, se rencontrait la justification des mêmes procédés du gouvernement (2).

D'ailleurs, l'action de l'opposition, au point de vue de la politique extérieure, était d'autant moins efficace que l'unité

(1) V. *op. cit.*, page 188.
(2) V. *op. cit.*, tome IV, page 198.

sur cette matière, entre les différents partis, faisait défaut.
Thiers s'était prononcé très nettement pour le maintien du
pouvoir temporel des papes, dont les républicains étaient les
adversaires déterminés.

Il y eut pourtant un accord entre tous les éléments de l'opposition, aussi bien républicains que tiers-parti, pour la question du contingent militaire. A l'occasion du vote de la loi sur le recrutement militaire, un légitimiste, Berryer, avait demandé, à propos de la discussion de l'article premier de ce projet de loi, que le contingent fût réduit à 80,000 ou 90,000 hommes, et 64 députés avaient donné leur adhésion à l'orateur.

Pour ce qui concerne la question de la Pologne, les uns, comme Pelletan, demandaient l'intervention du gouvernement en faveur de ce malheureux pays; les autres — et l'influence de Proudhon n'y était pas étrangère — commencèrent un mouvement de réaction contre l'interprétation abusive du principe des nationalités, et se contentèrent de demander la consolidation de l'unité italienne.

Garnier-Pagès, E. Ollivier étaient d'accord pour ne pas considérer comme dangereuse l'unité de l'Allemagne et l'extension de la puissance de la Prusse. Plus clairvoyant s'était montré J. Favre, qui dénonçait le danger de l'Allemagne pour la France et en même temps signalait l'attitude du gouvernement de Napoléon qui, se rendant compte de cette menace, prenait, quoique non sans hésitation, des précautions pour conjurer cette redoutable éventualité qu'il entrevoyait (1).

L'avis de J. Favre n'était pas isolé. Barbès, Charras, les républicains d'Alsace, qui avaient suivi avec une attention passionnée les manifestations hostiles de la presse en Alle-

(1) Taxile Delord, *op. cit.*, tome V, page 252.

magne, se rendaient également compte du danger; mais la situation amoindrie qu'occupait l'opposition au Parlement ne permettait pas à J. Favre de donner à sa protestation une sanction précise, et, dans ses critiques les plus hardies, il en revenait toujours à son point de départ, qui était la dénonciation du pouvoir personnel de l'Empereur. Il résumait ses critiques en disant : « Il y a une volonté unique qui nomme les ministres, le Sénat, le Conseil d'Etat, tous les fonctionnaires, et qui veut, en outre, nommer les députés. Que reste-t-il à la nation pour se protéger contre un absolutisme qui cherche à se déguiser en régime représentatif, en présence du peuple en armes, du peuple écrasé d'impôts, et de l'avenir menacé par la dette? (1) »

II

Le caractère modéré de l'opposition du parti républicain lui permettait de s'entendre, au moins jusqu'en 1869, avant l'équivoque de l'Empire libéral, avec les autres fractions de l'opposition contre l'Empire. Cette juxtaposition d'éléments qui étaient pourtant séparés par des questions de fond apparaissait dans la composition de la rédaction de certains journaux. Ainsi, le *Nain Jaune* comprenait des républicains comme Ranc, Spuller, à côté de quelques hommes d'une opposition moins accentuée. Le programme du journal expliquait l'accord possible entre les différentes fractions dont il traduisait les aspirations communes. Dans ses « petits cahiers », le *Nain Jaune* formulait ainsi son programme au point de vue extérieur : « Unification, indépendance et intégrité de l'Allemagne, sous une forme démocratique fédérative. Il n'y a plus de place en Europe pour la liberté, si la Prusse mili-

(1) *Op. cit.*, page 343.

taire absorbe l'Allemagne, ... unification, indépendance, intégrité de l'Italie, sous une forme vraiment démocratique (1). »

Au point de vue de la politique intérieure, le journal considérait comme une utopie « l'existence de la liberté en dehors de la démocratie, de la démocratie en dehors du socialisme », et il voyait « une trahison dans le projet de faire du socialisme en dehors de la démocratie, ou de la démocratie en dehors de la liberté (2) ».

Le *Temps*, fondé par Nefftzer, dirigé plus tard par Hébrard, comprenait dans sa rédaction, en dehors de Clément Duvernois qui professait la plus parfaite indifférence en matière de gouvernement comme Emile de Girardin, son maître, des hommes comme Floquet, Brisson, le disciple de Massol, Jules Ferry et d'autres républicains d'avenir. En obéissant au mouvement de l'époque, ce journal, à tendances modérées, donna une place importante aux questions sociales, et l'un de ses rédacteurs, Pessard, fut envoyé à Rouen pour étudier sur place la crise cotonnière.

De même, dans le *Courrier de l'Intérieur*, fondé en 1868, on voyait J. Vallès qui avait publié un article retentissant sur le coup d'Etat, coudoyer Laboulaye qui formulait un programme dans lequel il assignait une large place aux questions soulevées par le travail. « La vie de la France aujourd'hui, disait-il, ce n'est ni la guerre, ni la conquête, ni la gloire, c'est l'industrie agricole et manufacturière, c'est le travail (3). »

Dans le *Journal de Paris*, fondé vers la fin de l'Empire, Edouard Hervé écrivait à côté de Ranc; Spuller voisinait avec Ferdinand Duval; Weiss y consacrait à Victor Noir des pages non moins émues que le chroniqueur du *Rappel*. Le duc

(1) *Nain Jaune*, 22 décembre 1867.
(2) *Nain Jaune*, *Petits cahiers*, 31 décembre 1867.
(3) Le *Courrier de l'Intérieur* (Prospectus).

d'Aumale comptait parmi les actionnaires, et Barthélemy-Saint-Hilaire figurait parmi ses abonnés.

La publication par Prévost-Paradol de son grand ouvrage, *La France nouvelle*, résumait tout un courant d'idées qui avait contribué à dégager une organisation moyenne, comportant un certain nombre de libertés indispensables et pouvant s'adapter aussi bien à la république qu'à la monarchie. L'écrivain orléaniste arrivait dans la *France nouvelle* à la conclusion suivante : « Il faut envisager sans appréhension et surtout sans parti pris le cas où l'Etat, faute d'un souverain convenable ou par la force des événements, revêt la forme républicaine. »

Non seulement la République était considérée par lui comme une forme de gouvernement acceptable par tous les partis, mais les autres réformes proposées par Prévost-Paradol concordaient avec les principaux articles du programme dont se réclamaient les républicains. Ainsi, il se montrait partisan déterminé de la séparation des Eglises et de l'Etat. « Nous marchons, disait-il, vers la séparation complète des Eglises et de l'Etat, et... aucun changement considérable ne peut désormais se produire dans le gouvernement de la France sans que cette séparation soit aussitôt tentée, sinon accomplie ; le second, c'est que cette tentative est aussi difficile qu'elle est inévitable, et qu'elle doit avoir, si elle échoue, une influence décisive et probablement funeste sur le sort du gouvernement qui l'aura faite.. » Il repoussait le concordat, de même qu'il se prononçait contre l'armée permanente. Ranc enregistrait cette évolution de l'auteur monarchiste, en ajoutant : « Les constitutionnels avouent que la République est un gouvernement possible et acceptable (1). »

---

(1) V. *Bilan de l'année 1868*, 1868, p. 173.

Dans ses *Souvenirs inédits*, M. Ferdinand Dreyfus relate la conver-

A côté de ce rapprochement dans les idées, un rapprochement dans les faits continua à s'opérer. Clément Laurier et Gambetta entretenaient des relations avec plusieurs notabilités orléanistes, et notamment avec Casimir-Périer qui exerça une grande influence sur la conversion d'une fraction des orléanistes à la République conservatrice, œuvre poursuivie plus tard par son fils, le futur président de la République (1).

Quai d'Orsay, en face du palais des Tuileries, dans les appartements de Clément Laurier, avaient lieu les dîners mensuels de la *Revue politique*, dirigée par Challemel-Lacour, à la fondation de laquelle concoururent républicains et orléanistes (2).

On savait le concours financier prêté par le duc d'Aumale à plusieurs journaux républicains. Le comte de Paris cherchait à nouer des relations avec les jeunes républicains. A Vienne, en Autriche, il eut l'occasion de se rencontrer avec Gambetta, qui faisait un voyage d'études, et lui remit son volume sur les Associations ouvrières.

Thiers appréciait fort Gambetta, même après avoir été battu par lui à Marseille (3). Le programme décentralisateur

sation qu'il avait eue en 1868 avec Ferdinand Duval, alors partisan de la monarchie constitutionnelle, et qui formulait ainsi son idéal politique : « Un gouvernement analogue à celui de la Belgique avec des libertés plus étendues ; la monarchie constitutionnelle n'est qu'une étape vers la République... Il y a à l'étranger un homme prédestiné à ce rôle de monarque constitutionnel provisoire..., habitué dès l'enfance à respecter la liberté, connaissant les questions ouvrières, nourri de la moelle des institutions anglaises .. inutile de s'inquiéter de la forme de gouvernement qui doit être une question réservée. »

(1) Gambetta et Clément-Laurier furent plus d'une fois les invités de M. Casimir-Perier. Renseignements fournis par M. Casimir-Périer, ancien président de la République.

(2) Parmi les convives figuraient Casimir-Perier, Francisque Sarcey, Ferdinand Dreyfus.

(3) En 1869, Thiers s'exprimait ainsi sur le compte de Gambetta devant es membres de son comité : « J'ai personnellement beaucoup de goût

de Nancy de 1865 avait permis également à des républicains comme Carnot, Garnier Pagès, Jules Simon, Vacherot, C. Pelletan, Hérold, Ferry, Clamageran, d'apposer leur signature à côté de celles de Montalembert, de Falloux, de Berryer et de Guizot.

Frédéric Morin, dans l'*Avenir national*, mena une campagne en faveur du même mouvement. Il signalait les efforts faits par les conseils municipaux pour donner la publicité à leurs travaux et ainsi augmenter leur importance politique, les tentatives de certaines assemblées municipales de publier annuellement par voie d'affiches le budget communal, l'essai d'organisation de cours d'adultes gratuits (1).

Jules Favre, profitant de son passage en Algérie, y prononça un discours en faveur de l'autonomie des colonies françaises (2).

Dans les grandes villes comme Marseille, Lyon, Bordeaux, Toulouse, l'opposition républicaine et libérale plaçait constamment les revendications d'autonomie communale parmi les articles essentiels de son programme.

Tandis que l'accès au Corps législatif fut pendant longtemps rendu difficile, par suite des conditions de la candidature officielle, les élections aux assemblées locales offraient une plate-forme plus commode où l'opposition pouvait lutter souvent avec succès (3).

pour Gambetta ; il a ce qui est rare, le sens politique. » *Souvenirs inédits* de M. Ferdinand Dreyfus.

(1) V. l'*Avenir national*, 9, 13, 14, 15 octobre 1865.
(2) V. l'*Avenir national*, 4 novembre 1868.
(3) Les recueils administratifs, contenant les arrêts du conseil d'Etat, rarement consultés par les historiens, portent à chaque page la trace de la lutte soutenue par les conseils municipaux contre le pouvoir central. Dans la ville de Lyon, la lutte en faveur de l'autonomie municipale se poursuivit après la chute de l'Empire. V. *Journal officiel*, les discours et propositions de M. Ed. Millaud, 1871, 4864 ; 1873, 2126, 2277, 2205, 2386.

Orléanistes, républicains et légitimistes marchèrent ensemble dans cette campagne, en limitant, il est vrai, leur effort commun à la conquête de la liberté politique. C'est sur le même terrain que se placèrent plus tard les partisans du mouvement communal, sous l'inspiration des doctrines de Proudhon, en inscrivant sur leur programme, à côté des réformes politiques, les réformes sociales (1). La même rencontre allait s'opérer dans l'application d'un programme unique, à propos des sociétés coopératives.

Prêcher le développement des sociétés coopératives, c'était marquer une préférence pour un système économique qui excluait l'intervention directe de l'Etat dans les relations économiques de la société, c'était, par conséquent, préconiser dans le domaine social le système de la liberté qui avait prévalu dans le domaine politique. Aussi, monarchistes, républicains et tous les libéraux furent-ils d'accord pour contribuer à la reprise et au développement du mouvement coopératif parmi les ouvriers. Les sociétés coopératives, qui furent si nombreuses et si puissantes à la veille du coup d'Etat, furent impitoyablement frappées par les mesures du 2 décembre. Ayant offert par leurs cadres un refuge naturel

(1) Dans la correspondance inédite de Ferdinand Hérold à Jules Ferry, on trouve la lettre suivante :

« Mon cher ami,

« Les décentralisateurs de Nancy réclament à grands cris quelque chose de Clamageran. Ne sachant où le trouver, je vous en réfère. J'ai déjà écrit à Cournault que Clamageran était momentanément condamné au repos d'esprit. Cournault revient à la charge. Vous ne pouvez imaginer, dit-il, le cas que l'on fait de Clamageran, l'importance que l'on attache à une manifestation quelconque émanant de lui.... L'œuvre est bonne, conduite par d'honnêtes gens et l'on tient infiniment... à y ajouter le nom de votre beau-frère. Je trouve qu'on a grande raison, et comme adhérent j'insiste, à mon tour, auprès de vous deux pour que cette chose si simple soit accordée.

« Bien à vous. J. FERRY »

aux républicains, elles furent assimilées par la législation qui les régissait aux sociétés secrètes, et, comme telles, elles furent supprimées. Dans certains départements, elles furent dissoutes en bloc (1).

Pourtant, malgré les persécutions administratives, un certain nombre de ces sociétés existaient encore en 1852 (2).

En mai 1852, la société de Beauregard près Vienne, dans l'Isère, arriva à se relever ; il en fut de même, en 1855, d'une société alimentaire à Saint-Etienne. Quelque temps plus tard, un effort sérieux fut fait pour reprendre le mouvement, par l'organisation à Paris d'une *Banque de solidarité commerciale*. Les futurs associés, craignant la surveillance de l'administration, se donnèrent rendez-vous dans la forêt de Vincennes, et là, entourés de leurs femmes et de leurs enfants, faisant le guet, étudièrent les bases du crédit populaire et formèrent la première société de crédit mutuel, société mère de la *Solidarité commerciale* (3).

La publication par Beluze, gendre de Cabet, de sa brochure : *Société de crédit au travail*, avait imprimé une énergique impulsion au mouvement qui fut poursuivi par J. Macé en Alsace, — il l'avait également appliqué à la fondation des bibliothèques populaires — ; par Fr. Petit dans la Somme; par Fottard, Granet, Vasseur, dans le Midi.

Comme nous l'avons dit, tous les partis répondirent à l'appel. « Le Crédit au travail », fondé avec Beluze comme gérant, comptait parmi ses souscripteurs des royalistes libéraux comme Casimir-Perier, des jeunes révolutionnaires comme Clemenceau et Naquet, des catholiques libéraux comme Arnaud (de l'Ariège).

(1) V. Tchernoff, *Associations et sociétés secrètes sous la deuxième République*, page 33 et suiv.
(2) V. *Almanach de la coopération pour 1867*, page 121.
(3) V. *Almanach pour 1869*, page 99.

En même temps, parut une brochure sous le titre : *Des sociétés de coopération et de leur constitution légale*. Elle résumait le travail fait en commun par quelques hommes politiques et économistes. Les auteurs, parmi lesquels figuraient : le duc d'Audiffred-Pasquier, Barrot, le prince Albert de Broglie, Cochin, le comte d'Haussonville, Casimir-Perier, Léon Say, Jules Simon, concluaient au régime du droit commun en faveur des sociétés, sans aucune autorisation des pouvoirs publics.

Mais le gouvernement, de son côté, cherchait également à attirer les ouvriers par des créations placées sous le patronage impérial. En janvier 1866, fut fondée la Caisse des sociétés coopératives, au capital d'un million, dont 500.000 francs souscrits par l'Empereur. Une autre société, celle des *Tisseurs Lyonnais*, avait reçu du prince impérial un prêt de 300.000 fr. Ces tentatives du gouvernement impérial d'embrigader les ouvriers par les subventions qui leur étaient offertes furent dénoncées par les républicains. Le mouvement coopératif fut orienté par eux dans un sens nettement démocratique. L'*Association*, revue fondée en 1864 et qui était le véritable moniteur des associations coopératives, comprenait dans son conseil de surveillance et son comité de rédaction des républicains avérés comme Elisée Reclus, Noël Parfait, Eugène Despois, Laurent Pichat, Chaudey, Chassin, Cohadon, gérant de l'association des maçons, Henri Lefort, etc... Aussi, sa publication avait-elle rencontré des difficultés. Publiée à Bruxelles pour échapper aux investigations de l'administration, elle fut à plusieurs reprises arrêtée à la frontière, et malgré ses progrès rapides (elle augmentait tous les mois de 100 exemplaires), elle dut suspendre son existence (1).

La *Coopération* lui succéda, mais elle-même dut se dissoudre

(1) V. Dans le *Phare de la Loire*, du 2 septembre 1866, l'*histoire de l'Association*, par Chassin.

parce que le gouvernement avait appliqué à sa rédaction la nouvelle loi sur les réunions (de 1868) ; elle céda la place à la *Réforme* qui avait publié un véritable manifeste politique et social signé par de nombreux républicains. D'après la *Réforme*, le système coopératif, « l'alliance du parti libéral avec le parti de solidarité », c'était l'initiative individuelle renforcée par la puissance de la collectivité. Le manifeste contenait en même temps tout un programme politique dans lequel figuraient : la liberté individuelle, la liberté du travail, la liberté du crédit, la liberté des échanges, la liberté de penser, la liberté de réunion et d'association, la séparation de l'Eglise et de l'Etat, l'abolition du budget des cultes, la restriction dans leurs limites rationnelles des attributions de l'Etat, l'affranchissement des communes, cantons et départements de la tutelle administrative pour tout ce qui concerne les intérêts locaux, l'instruction primaire gratuite et obligatoire, le principe de solidarité s'affirmant par l'assistance publique toutes les fois que les associations particulières se reconnaissent impuissantes par suite de crises extraordinaires, le suffrage direct et universel loyalement exercé en dehors de toute pression gouvernementale, l'abolition de la peine de mort, la transformation des forces offensives en forces défensives, c'est-à-dire la substitution des milices nationales aux armées permanentes..., la civilisation européenne protégée contre la barbarie asiatique par l'alliance des peuples libres..., Rome rendue aux Romains et, en général, abstention de toute intervention en faveur d'un souverain quelconque, les colonies représentées au corps législatif, l'Algérie assimilée à la France, les Arabes délivrés du joug de la féodalité, etc., etc. (1).

(1) Parmi les signataires du programme on rencontre :
Abac, fondateur de la Société coopérative de Bourges ; Edmond Adam,

Dans les *Almanachs de la Coopération*, qui furent publiés jusqu'en 1870, Massol exposait, sous forme de catéchisme, les principes fondamentaux de la morale indépendante ; Henri,

secrétaire de la mairie de Paris en 1848 ; Allain-Targé, l'un des rédacteurs de l'*Avenir national* ; Mme André Léo, auteur ; Andrieu, avocat, président de la Société du Crédit mutuel d'Alger ; Arthur Arnould, journaliste ; l'Association générale des ouvriers tailleurs de Paris ; Bancel, ancien représentant du peuple ; Jules Barni ; Albert Baume, étudiant en droit ; Bouchet, avocat à Marseille ; Boutteville, professeur libre ; Charles Boyssel, ancien représentant du peuple à Chalon-sur-Saône ; Brun, président de la Société des ouvriers passementiers à Orléans ; Charles Brun, de l'Association des ouvriers en limes ; Charassin, ancien représentant du peuple ; Léon Chotteau, avocat ; J.-J. Clamageran, avocat ; Jules Claretie, homme de lettres ; Cohadon, co-gérant de l'Association des ouvriers maçons de Paris ; Georges Coulon ; Corbon ; Crémieux ; d'Etchegoyen, ancien représentant du peuple ; Deustch, propriétaire ; Etex, sculpteur, architecte peintre ; Fauvety, rédacteur en chef de la *Solidarité* ; Favelier, administrateur de la Société de consommation la *Sincérité* ; Eugène Flottard ; Ferdinand Gambon ; Gauthier, tisseur à Lyon, président de la délégation lyonnaise à l'Exposition universelle ; Génain, fondateur de la Banque populaire de Châlons-sur-Marne ; Ernest Hendlé ; Hérold ; Hirsch, homme de lettres ; Hubert-Valleroux ; Paul Hubert-Valleroux, avocat ; Edouard Laboulaye ; Laforest, directeur gérant du Crédit du travail de Saint-Etienne (Loire) ; Lambrecht, secrétaire de la société coopérative l'*Avenir social de Lyon* ; Lamy ainé, de l'Association des ouvriers en limes ; Lauth, avocat ; Charles Lemaire, ancien rédacteur de la *Revue philosophique* ; Charles Lemonnier ; Louis Léopold, de l'Association des ouvriers en limes ; Levasseur, directeur gérant de la société de Crédit mutuel d'Oran (Algérie) ; Albert Le Roy ; Benoit-Malon ; Antide Martin, ancien conseiller général de la Loire ; Henri Martin ; Alexandre Massé ; Paul Maccarty, directeur du Crédit au travail de Nantes ; Menu, directeur gérant de la société coopérative la *Ruche Stéphanoise*, à Saint-Etienne (Loire) ; Achille-Mercier, publiciste ; Michon, gérant de la société de Crédit mutuel des ouvriers tisseurs à Paris ; Noirot, directeur de la Librairie sociale à Paris ; Patrice, négociant à Lille ; Elie Reclus ; Urbain Rossignol, paysan, ancien collaborateur du *Censeur de Lyon*, à Campagnac (Aveyron) ; André Roussel, avocat ; Stehelin-Scheurer, manufacturier à Bischwiller-Thann (Haut-Rhin) ; F. Suchet, ancien représentant du peuple à Toulon ; Tenaillé-Saligny, avocat à la Cour de cassation ; Verly, rédacteur politique de l'*Echo du Nord* ; Eugène Véron, hommes de lettres. V. *La Réforme*, le 4 juillet 1868.

Brisson engageait les ouvriers à ne pas séparer la cause de la démocratie de celle de la liberté ; Elisée Reclus y formulait les vœux du parti radical qui comprenaient « la réforme par les associations coalisées de nos systèmes de production, de consommation, de circulation (1) ».

En même temps, les travailleurs et les associations de Lille et de Roubaix tinrent plusieurs réunions pour protester contre la concurrence résultant du système du libre échange, lequel devait, d'après eux, être complété par d'autres réformes libérales et notamment l'abolition du monopole qui exploite l'industrie ; l'exploitation en régie de la Banque de France ; la réduction de l'armée, etc. (2)

Le mouvement coopératif, qui avait pendant quelque temps joui d'une très grande faveur, ne suffisait pas pour satisfaire les vœux de la classe ouvrière, et alors vint, à son tour, l'*Internationale*.

(1) Voir Elisée Reclus, *Almanach de la Coopération*, 1869, page 212.
(2) Voir, *Le Travail*, 21 novembre 1869.

CHAPITRE XIII

L'« Internationale » en France et de ses rapports avec les groupements bourgeois.

I. La fondation de l'*Internationale* à Paris.
II. Son développement et le congrès de Genève.
III. Les rapports de l'*Internationale* avec la *Ligue de la paix*.
IV. Les poursuites contre l'*Internationale* à Paris, et ses nouvelles tendances.
V. L'entrée en scène de Bakounine et l'orientation définitive de l'*Internationale*.
VI. Conclusion.

I

Dans le projet d'organisation présenté par la délégation de Paris aux ouvriers de Londres, la nécessité de la fondation d'une association internationale de travailleurs fut expliquée dans les termes suivants :

« Depuis longtemps, grâce aux découvertes scientifiques, l'industrie développe chaque jour sa production ; l'emploi de machines, en facilitant la division du travail, augmente sa puissance, tandis que les traités de commerce inspirés par les doctrines du libre-échange lui offrent partout de nouveaux débouchés... Progrès industriel, division du travail, libre échange, tels sont les points qui doivent aujourd'hui fixer notre attention, car ils vont modifier profondément les conditions économiques de la société.

« Poussés par les besoins du temps, par la force des choses, les capitaux s'organisent en puissantes associations financières et industrielles. Si nous n'y prenons garde, cette force sans contre-poids régnera bientôt despotiquement.

« Devant cette organisation puissante et savante, tout plie, tout cède, l'homme isolé n'est rien, il sent tous les jours diminuer sa liberté d'action et son indépendance.... aussi. Par défaut d'enseignement professionnel, la science est le privilège du capital ; par la division du travail, l'ouvrier n'est plus qu'un agent mécanique, et le libre échange sans la solidarité des travailleurs engendrera le servage industriel, plus implacable et plus funeste à l'humanité que celui détruit par nos pères en ces grands jours de la Révolution française. Ceci n'est point un cri de haine, non ; c'est un cri d'alarme. Il faut nous unir, travailleurs de tous pays, pour opposer une barrière infranchissable à un système funeste qui diviserait l'humanité en deux classes. (1) »

Ce n'était pas la première fois que l'idée d'une organisation internationale avait fait son apparition. Sous l'influence des doctrines saint-simoniennes et fouriéristes, reprises et développées par Louis Blanc dans sa brochure « Organisation du travail », l'idée d'une association universelle s'était rapidement propagée. En 1842, les ouvriers qui rédigeaient à Paris le journal *Atelier* adressèrent aux chartistes anglais, qui représentaient le mouvement socialiste d'outre-Manche, un appel dans lequel fut proposée une alliance entre les ouvriers des deux pays (2).

(1) L'original de cette adresse dont lecture avait été donnée au meeting de Saint-Martin's-Hall, nous a été communiqué par Henri Lefort.

(2) Bibliographie. En plus des documents inédits cités et fournis pour la plupart par Henri Lefort, il faut signaler les ouvrages suivants : *Procès de l'Association internationale des travailleurs*, 216 pages, in-16, 1870 ; Fribourg, *L'Association internationale des Travailleurs* ; Golovine, *L'Internationale*, 1872 ; Villetard, *Histoire de l'Internationale* ; Paul Strauss, *Le Parti socialiste*, *Temps*, 24 avril-5 mai 1884 ; *Le Rappel*, 5 juillet 1870 ; J. Guillaume, *L'Internationale*, 1906 ; Guéroult, *Les Théories de l'Internationale*, 1872 ; Limousin, *L'International journal des Économistes*, avril 1875 ; Tolain, *Discours à l'Assemblée nationale* le 4 mars 1872 ; Testut, *Le livre bleu de l'Internationale*, 1871, *L'Internationale*, 3ᵉ édition ; Malon (Benoît), *Revue socialiste*, t. V, 1887 ; Nettlau, Bakounine (en allemand, autographié) ; Bakounine, *Correspondance*, 1896. On trouvera des renseignements précieux dans la revue publiée par Bakounine à Genève, sous le titre : *Narodnoié Délo*, 1868-1869, nᵒˢ 4, 5, 6, 7). Albert Richard, *Bakouninie et l'Internationale de Lyon* ; Georges Weill, *Le Mouvement social*, 1905, p. 95 et

Une année après Mᵐᵉ Flora Tristan se proposait de fondre une société de l'*Union universelle*, et parlait dans sa brochure l'*Union ouvrière* de l'*Internationale* destinée à supprimer l'autorité et les privilèges sociaux.

En 1848, la commission du Luxembourg était en relations suivies avec plusieurs groupements ouvriers étrangers, et la *Fédération ouvrière* qui s'y rattachait, créée sous l'inspiration de Jeanne Derouin, proposait comme dernier terme de son extension la fédération universelle de toutes les sociétés ouvrières.

Ce projet reçut un commencement d'exécution non seulement à Paris, mais aussi dans plusieurs autres villes comme Lyon et Limoges. Il ne s'agissait pas, dans l'esprit de leurs fondateurs, de restreindre le cercle de l'activité de ces associations à une localité déterminée ou même à la France, mais de l'étendre à la classe ouvrière du monde entier, sous forme d'une immense société coopérative, destinée moins à lutter contre la classe capitaliste qu'à exercer une influence sur l'ensemble de l'organisation sociale par le développement des coopératives.

Dès ce moment apparut la différence qui sépara plus tard le point de vue des organisations ouvrières en Angleterre des idées qui animaient les premiers représentants de l'Internationale en France. Dans l'adresse envoyée à Louis Blanc, le comité exécutif de l'Association nationale des corporations unies de la Grande-Bretagne pour la protection de l'industrie exprimait le vœu de voir « s'établir parmi les nations une

---

suiv.; Levasseur, *Histoire des classes ouvrières et de l'industrie en France*, de 1789 à 1870, 2ᵉ édition, 1904; Bourdeau, *L'évolution du socialisme*, 1901. D'Eichtal (Eugène), *Socialisme, communisme et collectivisme*, 2ᵉ édition, 1901. Paul Louis, *Histoire du socialisme français*, 1901. — L'*Almanach de l'Internationale*, 1870, contient une bibliographie assez complète des publications relatives à l'Internationale.

ligue de travailleurs pour émanciper leurs enfants de leur intolérable misère » et pour lutter « contre la ligue de capitalistes formée en Europe pour fortifier, pour concentrer leur ascendant ». (1)

La politique intérieure de trade's-unions en Angleterre les conduisait à une politique de combat dans le domaine international. De même, déjà en 1842, dans leur réponse aux ouvriers de l'*Atelier*, les chartistes anglais disaient que pour eux l'affranchissement politique n'était que « le moyen d'arriver à la destruction des misères et des iniquités sociales ».

En 1846, des révolutionnaires socialistes de plusieurs pays avaient fondé une Association démocratique internationale ayant son siège à Bruxelles. Mellinet, dont le père était bonapartiste, en était le président honoraire. Son comité était représenté dans tous les pays de l'Europe, l'Italie exceptée. A Londres, il avait des relations avec la société des « Fraternal démocrates », à la tête de laquelle se trouvaient les chefs du mouvement chartiste. En France, il avait des rapports avec Proudhon et les rédacteurs de la *Réforme*, et entre autres Flocon.

La Révolution de 1848 arrêta, au début, le développement des unions internationales comprenant des associations libres, car on comptait sur les nouveaux gouvernements pour établir une alliance entre les démocraties européennes, après le triomphe universel d'une révolution politique et économique. La réaction et le 2 décembre ayant mis fin à ces illusions, l'idée d'une association internationale fut à nouveau mise en avant, et elle apparut sous deux formes. Mazzini, Ledru-Rollin et ceux qui faisaient partie du Comité central européen se prononcèrent pour une organisation fédérative bourgeoise,

(1) V. I. Tchernoff, *Louis Blanc*, 1904, p. 84, et du même, *Associations et sociétés secrètes sous la deuxième République*, op. cit., p. 126 et suiv.

ayant pour but principal et unique la restauration des libertés politiques et de l'indépendance des nations opprimées. De ce mouvement l'âme était Mazzini, le créateur de la jeune Italie, qui, pour aboutir à l'émancipation politique des nations, préconisait l'intervention et la lutte armée, en se conformant à la tradition de la Révolution. Les mêmes moyens furent préconisés par une association comptant dans son sein des partisans de Blanqui et des communistes, par la *Commune révolutionnaire*.

Mais il y eut aussi, et notamment à Londres, une autre tendance, plus pacifique par ses moyens d'action, représentée dès 1840 par une alliance des communistes réfugiés de plusieurs pays dont les doctrines se ressentaient de l'influence des sociétés républicaines en France sous la monarchie de juillet, quelques-uns de leurs membres ayant été obligés de se réfugier en Angleterre, après les procès de 1831 et 1840. A ce groupement se rattachaient en 1847 Karl Marx et Engel. C'est de là qu'était sorti le célèbre manifeste communiste (1).

Avec ce manifeste ne faisant que suivre sur ce point le chemin tracé par le saint-simonisme, le fouriérisme et Proudhon qui avait développé avec force cette notion, commence la tentative d'une action internationale non armée, révolutionnaire dans son but, sans doute, car elle devait aboutir au changement de l'organisation sociale, mais non par ses moyens, car elle comptait non sur l'action militaire, mais sur l'union des classes ouvrières. Cette forme de l'action internationale apparait même comme plus libérale et plus conforme aux organisations nationales que les interventions internationales préconisées jusqu'à cette époque par les libé-

(1) V. Ch. Andler, *Le manifeste communiste*, t. II, p. 1 et suiv. 1901 ; P. Rech, *Die Internationale*, 1886, Leipzig ; I. Tchernoff, *Le Parti républicain sous la Monarchie de Juillet*, p. 337.

raux de tous les pays, car elle ne suppose pas le changement du régime politique et social du pays par une action armée et extérieure, mais par la transformation des pouvoirs publics, après une lutte intérieure ; sa tendance internationale, loin de lui imprimer un caractère révolutionnaire, le lui enlève, en montrant qu'un problème économique ne se résout pas par un simple changement, localisé sur un territoire déterminé et accompli dans les limites d'un Etat.

C'est pour cette raison que la première Internationale parut suspecte aux groupements républicains en France. Pourtant ce n'est pas à l'idée communiste que se rattacha, dans la pensée de ses fondateurs français, l'organisation de la première Internationale. Elle n'était pour eux que le prolongement du mouvement coopératif ou plutôt mutualiste prêché par Proudhon auquel on donnait une portée internationale. Le gouvernement impérial essaya d'abord d'introduire dans le mouvement, pour l'enrayer, l'idée corporative : la résurrection des anciennes corporations, organisations purement économiques, s'accommodant de tous les pouvoirs politiques.

L'idée de l'organisation corporative des ouvriers avait été réveillée, à cette époque, en France par un homme qui avait pris une part importante au mouvement des clubs sous la deuxième République, Armand Lévy. Tuteur des enfants d'Adam Mickévitch, il devait à cette situation des relations avec les colonies aristocratiques polonaise, hongroise et italienne qui lui avaient permis de fonder un journal à tendances internationales, *L'Espérance*, dans lequel il défendait le principe des nationalités, et où il essaya de défendre également la politique de la démocratie impérialiste. Il renoua des relations avec des ouvriers qu'il avait connus dans les clubs et les banquets socialistes et leur proposa de collaborer à son journal où une rubrique spéciale allait être mise à leur disposition: la *Tribune des travailleurs*. On devait, au point de vue économique, y plaider la cause des sociétés ouvrières, reprenant leur développement à la faveur de la tolérance administrative. Cette alliance avec l'administration impériale n'était pas du goût de beaucoup d'ouvriers dont quelques-uns, de retour de la proscription, en 1859, avaient une haine implacable pour le régime impérial. Malgré tout, un petit groupe se constitua et essaya de propager en France le système des trade's-unions qui avait si bien réussi en Angleterre.

Comme on était à la veille de l'Exposition universelle de Londres, Armand Lévy crut utile de faire comprendre au prince, président de la commission impériale française, qu'il serait possible de s'allier une fraction des ouvriers en favorisant l'envoi d'une délégation ouvrière à Londres. Une demande fut formulée sous forme de deux lettres adressées, l'une à l'Empereur, l'autre au prince Napoléon, et signées par quelques ouvriers, pour la plupart rédacteurs de l'*Espérance*.

De son côté, le *Progrès de Lyon*, dans son numéro du 29 septembre 1860, en obéissant à une inspiration différente, conseillait aux ouvriers de se cotiser entre eux afin de leur permettre de se rendre au congrès industriel qui se préparait en Angleterre. Arlès-Dufour, saint-simonien gouvernemental, trouva l'idée excellente et attira sur elle l'attention de la commission impériale, déjà bien disposée par les démarches antérieures.

Une lettre publiée dans l'*Opinion nationale* par Tolain, qui semblait affirmer que les ouvriers ne demandaient pas mieux que de faire eux-mêmes leurs propres affaires, avait eu raison des hésitations d'ordre officiel. La commission impériale accepta le projet et mit à la disposition des délégués ouvriers

200.000 francs. Le fait nouveau n'était pas dans l'envoi des délégués ouvriers à une exposition universelle ; il s'était déjà produit en 1851, lors de la première exposition de Londres ; mais alors les ouvriers avaient été envoyés par les patrons. En 1862, les ouvriers furent invités à présider eux-mêmes à l'élection de leurs délégués, et ainsi plusieurs centaines de milliers de travailleurs furent mis à même d'user de leur droit électoral.

Les élections des 200 délégués ouvriers eurent lieu dans l'ordre le plus parfait ; les délégués se rendirent à Londres, et furent reçus avec enthousiasme par les ouvriers anglais.

Le 5 août, la fête de la « Fraternisation internationale » réunissait à la taverne des Francs-Maçons tous les délégués. L'adresse lue par les ouvriers anglais à leurs frères de France donne une idée des sentiments que cette rencontre entre les travailleurs des deux pays avait provoqués. Les ouvriers anglais disaient :

« Nous... saisissons avec bonheur l'occasion de votre présence à Londres pour vous tendre une main fraternelle, et nous vous disons de tout cœur : soyez les bienvenus !... Dans un siècle d'ignorance et d'obscurantisme, nous n'avons su que nous haïr ; c'était le règne de la force brutale ; aujourd'hui, sous l'égide de la science civilisatrice, nous nous rencontrons comme enfants du travail. Le règne de la force morale est venu. »

Après ce discours, les délégués français, par l'organe de Melleville-Glover, exprimèrent le vœu de voir le comité ouvrier s'entendre « pour l'échange des correspondances sur les questions d'industrie internationale ». Le vœu devait être exaucé.

De retour à Paris, les ouvriers s'empressèrent de rompre leurs relations avec le prince Napoléon. Les tendances d'Armand Lévy furent démenties par la majorité des délégués envoyés à Londres. Il abandonna alors son projet primitif, l'*Espérance* disparut, et il se décida à publier avec un certain nombre de collaborateurs une série de brochures ouvrières à couverture orange qui furent vues d'un bon œil par l'administration impériale (1). D'autre part la candidature ouvrière lancée en 1863-1864, qui marque l'effort de la bourgeoisie républicaine pour soustraire les ouvriers au danger de la démocratie impériale et qui avait provoqué l'organisation d'un comité, avait contribué à conserver des cadres qui furent utilisés pour la création de l'*Internationale*. C'était le président des réunions qui avaient été tenues passage Saint-Sébastien en faveur de la candidature de Tolain, Henri Lefort, qui s'était rendu en 1863, au nom d'un groupe d'étudiants et d'ouvriers, à Londres, pour aller porter à la capitale de l'Angleterre la proposition précise d'une association internationale. Il y fut introduit par son ami Lelubez, un proscrit, qui lui avait servi d'interprète dans un meeting d'ouvriers anglais réunis pour discuter sur un projet de réception à faire à Garibaldi et présidé par Odger, ouvrier cordonnier qui devait être plus tard candidat au Parlement. La discussion de la question à l'ordre du jour fut interrompue, la lecture de l'adresse des ouvriers parisiens fut acclamée et prise en considération (2).

En 1864, à propos d'un meeting convoqué pour protester contre la politique de la Russie à l'égard de la Pologne, une nouvelle délégation ouvrière de Paris se rendit à Londres, et alors eut lieu, le 26 septembre 1864, le célèbre meeting de Saint-Martin's Hall. Les ouvriers parisiens avaient présenté un projet d'organisation précis d'après lequel une associa-

(1) V. *La Cloche*, 9 octobre 1871, un article de M. L.
(2) Renseignements fournis par M. H. Lefort qui a raconté cette séance dans le *Rappel* du 5 juillet 1870.

tion internationale de *Travailleurs solidaires* devait être créée et avoir son siège à Londres, dans le but « d'établir spécialement avec la presse qui représente les intérêts des travailleurs, et, là où cette presse n'existe pas, avec la presse périodique, des relations suivies qui permettraient de mettre à l'étude et de résumer ainsi une série de questions discutées simultanément en Angleterre, en France, en Allemagne, en Italie, etc. » D'après ce plan, la commission centrale choisirait dans les grandes villes du continent une sous commission ou un correspondant chargé de recevoir les adhésions, de réunir les documents nécessaires « pour établir le résumé particulier de chaque nation ». Un congrès devait se tenir, en outre, à Bruxelles, en 1865. Ainsi, dans la pensée de ses auteurs, ce projet n'était conçu que dans le dessein d'affirmer la solidarité des ouvriers, sans se prononcer pour une doctrine déterminée, communiste ou mutuelliste (1).

L'intervention de Karl Marx ne se produisit pas immédiatement au meeting, mais plus tard, au sein du comité dont la nomination fut décidée par le meeting.

Une lettre inédite du 29 septembre 1864 de Lelubez adressée à Henri Lefort donne des renseignements détaillés sur tous les incidents de cette réunion.

« 29 septembre 1864.

« ... Nous sommes enchantés de nos amis Tolain, Perrachon et Limousin ; ils ont été charmants et souvent éloquents. Le meeting a été un succès complet, et les résultats, comme vous le verrez, laisseront un monument durable de leur passage. Comme dit le *Star*, le meeting a été très nombreux et « rempli d'enthousiasme » ; en effet, au moment où nous sommes entrés sur la plate-forme ou estrade, il y avait beaucoup de personnes debout, tous les sièges étaient pris. Les Allemands ont chanté un chœur, puis le président, M. le professeur Beesley, ami éprouvé des travailleurs et démocrate avancé, a ouvert le meeting par

---

(1) L'original de ce projet m'a été fourni par M. H. Lefort ; il fut élaboré en partie chez lui, rue de l'Ouest.

un speech éloquent et rempli de sympathie pour les peuples opprimés. S'il a condamné l'occupation de Rome, il n'a pas oublié celle de Gibraltar ; en exécrant la conduite de la Russie en Pologne et en Circassie, il a dit qu'elle avait son parallèle dans la conduite de l'Angleterre en Irlande, en Chine, dans le Japon, dans l'Inde, et surtout dans la Nouvelle-Zélande où l'on assassinait les indigènes pour la seule raison de les voler.....

« Le président a fait l'histoire des causes qui ont donné lieu à ce meeting, puis est venue la lecture de l'adresse des Anglais aux Français qui a été très applaudie. Ensuite, Tolain a lu l'adresse en réponse à celle des Anglais avec un vrai *chic* dont je me suis un peu inspiré en la traduisant. J'ai été fréquemment interrompu par les applaudissements de l'assemblée qui a été des plus chaudes. Tolain et les délégués ont été très applaudis, et le vœu a été exprimé et applaudi avec vocifération d'une candidature ouvrière anglaise aux prochaines élections. J'ai alors expliqué le plan d'organisation qui a semblé être bien compris et qui a été fort applaudi. Puis est venue la proposition du comité soumise au meeting. Proposée par M. Wheeler et accompagnée d'un speech éloquent dans lequel il a dit que les gouvernements auraient beau dire aux peuples de s'entre-haïr, les peuples sentent qu'ils devraient s'aimer, que les Français avaient toujours l'avantage sur les Anglais, que ces derniers avaient envoyé leur adresse tandis que les premiers l'apportaient eux-mêmes avec un plan d'organisation tel que cela nous prouvait une fois de plus que le progrès vient toujours de France même quand les Français sont les plus opprimés. Voici le texte de cette résolution : « que le meeting ayant entendu les réponses de nos frères Français, nous proclamons encore leur bienvenue, et comme leur programme est de nature à améliorer la condition des travailleurs, l'acceptons comme base d'une organisation internationale, et que ce meeting nomme un comité, avec pouvoir de s'adjoindre d'autres membres, pour former des règlements pour une telle association ».

« Il a plaidé avec énergie l'admission de cette résolution, et il a exprimé son plaisir en voyant une telle foule dans un si louable but. M. Dell a ensuite pris la parole pour appuyer cette résolution, il a parlé en termes les plus flatteurs des Français et des avantages d'une union entre les peuples. Puis est venue la lecture de l'adresse que vous m'avez envoyée. Le président l'a annoncée comme un speech du citoyen H. Lefort. Ce speech que j'ai trouvé extrêmement bien a été fort applaudi et a produit un bon effet. Puis est venu un M. Icarini au nom des Allemands, puis le major Wolff au nom des Italiens, puis le citoyen Bocquet pour remercier le président d'avoir parlé en termes si élogieux de la grande Révolution française. Du reste, toutes les fois que ces mots ont été prononcés, les applaudissements ont été immenses. La résolution a été mise aux voix et adoptée à l'unanimité. Ensuite, on a élu un comité pour organiser une association internationale pour toute l'Europe. Il y a 21 membres de nommés, entre autres Denoual et moi. Alors on a chanté « la Marseillaise » en allemand, en français et en anglais, avec une verve presque française. »

Ainsi, et insistons encore une fois sur ce point, en dehors de la nécessité de fédérer la classe ouvrière, aucune idée économique précise ne fut formulée au cours de la première séance. Ce n'est qu'au sein de la commission que Karl Marx fit précéder le règlement provisoire d'un manifeste où se retrouvaient son influence et les idées directrices de son système.

Voici le document qui résulta de cette délibération. Il est composé de deux parties, l'une doctrinale, due à Karl Marx, l'autre purement réglementaire qui est la reproduction presque textuelle du projet apporté par la délégation française.

CONGRÈS OUVRIER

ASSOCIATION INTERNATIONALE DES TRAVAILLEURS.

RÈGLEMENT PROVISOIRE

Considérant :

Que l'émancipation des travailleurs doit être l'œuvre des travailleurs eux-mêmes ; que les efforts des travailleurs pour conquérir leur émancipation ne doivent pas tendre à constituer de nouveaux privilèges, mais à établir pour tous les mêmes droits et les mêmes devoirs ;

Que l'assujettissement du travailleur au capital est la source de toute servitude politique, morale, matérielle ;

Que, pour cette raison, l'émancipation économique des travailleurs est le grand but *auquel doit être subordonné tout mouvement politique;*

Que tous les efforts faits jusqu'ici ont échoué, faute de solidarité entre les ouvriers des diverses professions dans chaque pays, et d'une union fraternelle entre les travailleurs des diverses contrées ;

Que l'émancipation des travailleurs n'est pas un problème simplement local ou national, qu'au contraire ce problème intéresse toutes les nations civilisées, sa solution étant nécessairement subordonnée à leur concours théorique et pratique;

Que le mouvement qui s'accomplit parmi les ouvriers des pays les plus industrieux de l'Europe, en faisant naître de nouvelles espérances, donne un solennel avertissement de ne pas retomber dans les vieilles erreurs et conseille de combiner tous ces efforts encore isolés ;

Par ces raisons :

Les soussignés, membres du Conseil élu par l'Assemblée tenue le 28 septembre 1864, à Saint-Martin's-Hall, à Londres, ont pris les mesures nécessaires pour fonder l'*Association internationale des travailleurs*;

Ils déclarent que cette association internationale, ainsi que toutes les sociétés ou individus y adhérant, reconnaîtront comme devant être la base de leur conduite envers tous les hommes : la vérité, la justice, la morale, sans distinction de couleur, de croyance, ou de nationalité ;

Ils considèrent comme un devoir de réclamer non seulement pour eux les droits d'homme et de citoyen, mais encore pour quiconque accomplit ses devoirs. Pas de droits sans devoirs, pas de devoirs sans droits.

C'est dans cet esprit qu'ils ont rédigé le règlement provisoire de l'*Association internationale*.

Article premier. — Une association est établie pour procurer un point central de communication et de coopération entre les ouvriers des différents pays aspirant au même but, savoir : le concours mutuel; le progrès et le complet affranchissement de la classe ouvrière.

Art. II. — Le nom de cette association sera *Association Internationale des Travailleurs*.

Art. III. — En 1865, aura lieu en Belgique la réunion d'un Congrès général. Ce Congrès devra faire connaître à l'Europe les communes aspirations des ouvriers. Arrêter le règlement définitif de l'Association internationale. Examiner les meilleurs moyens pour assurer le succès de son travail et élire le Conseil général de l'Association. Le Congrès se réunira une fois l'an.

Art. IV. — Le Conseil général siégera à Londres et se composera d'ouvriers représentant les différentes nations faisant partie de l'Association internationale. Il prendra dans son sein, selon les besoins de l'Association, les membres du bureau, tels que président, secrétaire général, trésoriers et secrétaires particuliers pour les différents pays.

Art. V. — A chaque congrès annuel, le Conseil général fera un rapport public des travaux de l'année. En cas d'urgence, il pourra convoquer le Congrès avant le terme fixé.

Art. VI. — Le Conseil général établira des relations avec les différentes associations d'ouvriers, de telle sorte que les ouvriers de chaque pays soient constamment au courant des mouvements de leur classe dans les autres pays ; que les questions proposées par une société, et dont la discussion est d'un intérêt général, soient examinées par toutes, et que lorsqu'une idée pratique ou une difficulté internationale réclamerait l'action de l'Association, celle-ci puisse agir d'une manière uniforme. Lorsque cela lui semblera nécessaire, le Conseil général prendra l'initiative des propositions à soumettre aux sociétés locales ou nationales.

Art. VII. — Puisque le succès du mouvement ouvrier ne peut être assuré dans chaque pays que par la force résultant de l'union et de l'association ; que, d'autre part, l'utilité du Conseil général dépend de ses rapports avec les sociétés ouvrières, soit nationales, soit locales, les membres de l'Association internationale devront faire tous leurs efforts, chacun dans son pays, pour réunir en une association nationale les diverses sociétés d'ouvriers existantes, ainsi que pour créer un organe spécial. Il est bien entendu toutefois que l'application de cet article est subordonnée aux lois particulières qui régissent chaque nation. Mais, sauf les obstacles légaux, aucune société locale n'est dispensée de correspondre directement avec le Conseil général à Londres.

Art. VIII. — Jusqu'à la première réunion du Congrès ouvrier, le Conseil élu en septembre agira comme conseil général provisoire. Il essayera de mettre en communication les sociétés ouvrières de tous pays. Il groupera les membres du Royaume-Uni. Il prendra les mesures provisoires pour la convocation du Congrès général. Il discutera avec les sociétés locales ou nationales les questions qui devront être posées devant le Congrès.

Art. IX. — Chaque Membre de l'Association internationale, en changeant de pays, recevra l'appui fraternel des membres de l'Association.

Art. X. — Quoique unies par un lien fraternel de solidarité et de coopération, les sociétés ouvrières n'en continueront pas moins d'exister sur les bases qui leur sont particulières (1).

Pour le Conseil général de l'*Association internationale des travailleurs* :

Le Président,   Le Secrétaire général,   Le Trésorier,
ODGER.   CREMER.   WHEELER.

La rédaction exacte de ce manifeste ne fut pas connue immédiatement en France. Son sens pouvait prêter à des discussions. En déclarant que la question principale était la réforme sociale à laquelle se trouvait subordonnée la réforme politique, ses rédacteurs semblaient prononcer un divorce complet entre les libertés politiques et le progrès social.

(1) Le texte est donné d'après un exemplaire très rare que je tiens de M. Henri Lefort, publié par l'imprimerie Edouard Blot, rue Saint-Louis, 46.

Pourtant, il n'était pas douteux que, dans l'esprit des membres français et autres du meeting, l'idée de la liberté politique était solidaire de la réforme sociale. Dans le discours de H. Lefort dont lecture fut donnée au meeting de Saint-Martin's Hall, il était nettement dit que « la liberté et l'égalité devaient être les deux devises de l'association internationale des travailleurs ». Mais il y avait quelque chose de plus significatif. Le manifeste tel qu'il avait paru en français ne donnait pas une traduction précise du texte anglais. Cette question fut agitée dans la correspondance de Lelubez et de Henri Lefort. Ce dernier, dans sa lettre du 4 février 1865, écrivait ces lignes à son ami, à Londres :

« L'*Avenir national* (nouveau journal de Peyrat) publia un article de Horn, mon collègue au comité de rédaction de l'*Association*. L'article est très bienveillant et Horn a une grande réputation et autorité dans les questions économiques. Or, il critiquait le sens d'une phrase dont le sens n'était pas douteux pour nous, mais dont la formule malheureusement peut être en effet mal interprétée... Je cite de mémoire : Le mouvement politique doit être subordonné au mouvement économique. Horn comprend que nous mettons de côté la question politique et que nous croyons qu'on peut arriver à des progrès économiques indépendamment de la politique. Il dit qu'il y a une tendance fâcheuse à cela dans une partie de la classe ouvrière en effet ; c'est le bonapartisme, c'est la démocratie impériale..... (1). »

La réponse de Lelubez révéla la véritable pensée des auteurs du manifeste. Il écrivait, en effet : « J'avais oublié de vous dire que notre déclaration des principes n'est pas très bien traduite, et que même quelquefois le sens est com-

(1) Extrait d'une lettre inédite du 4 février 1865 qui nous a été remise par M. Henri Lefort, qui l'a retrouvée parmi les papiers de M. Lelubez.

plètement changé..... Le paragraphe dont Horn parle n'est pas complètement rendu. Voici ce qui suit le considérant : « Que l'émancipation économique des classes travailleuses est donc le grand but auquel tout mouvement politique doit être subordonné comme moyen (1). » Ainsi, sous une autre forme, on reprenait une formule qui avait été déjà prononcée « que la politique était le moyen, et la réforme sociale le but », mais le manifeste ne proclamait nullement « le divorce entre les libertés politiques et les libertés sociales (1) ». Que le manifeste comportât une réforme politique, et qu'il eût en même temps un caractère révolutionnaire, au point de vue social, cela ne faisait pas l'objet d'un doute ; suivant l'expression de Bakounine, cela résultait même des idées qui avaient inspiré la rédaction du document (2).

Un autre événement précisa les tendances de la société naissante. En 1865, Lelubez annonçait à Henri Lefort les progrès rapides de la société et l'adhésion de trois sociétés démocratiques allemandes ainsi que celle de la société italienne, composée d'environ 360 membres ; mais en même temps, il ajoutait que les sociétés démocratiques d'Allemagne hésitaient à s'allier à « l'Internationale », car le correspondant de leur journal, *Le Social Démocrate* de Berlin, avait écrit de Paris que la société était fondée pour l'intérêt du Palais-Royal dont Tolain était l'homme-lige, et qu'il n'avait été nullement élu par les ouvriers démocrates de Paris (3).

En effet, à Paris, Tolain dut se défendre contre les accusations et les suspicions qui pesaient sur lui et dont il tenta

---

(1) L'extrait de cette lettre nous a été également fourni par M. H. Lefort, de Paris. — V. aussi la comparaison entre le texte français et anglais dans l'*Internationale*, par James Guillaume, 1905, II, p. 12-13.

(2) Bakounine, *Association internationale* (en russe), 1866, p. 24.

(3) Lettre inédite du 18 janvier 1865 qui nous a encore été confiée par M. Henri Lefort.

de se justifier dans une lettre qu'il adressa à un membre de la section internationale à Londres et dans laquelle il écrivait :

« Mon cher Monsieur Lelubez,

« La correspondance parisienne insérée dans *Le Social Démocrate* de Berlin et qui me signalait comme ayant des rapports avec le Palais-Royal, cette correspondance émanait de M. Maurice Hess... Je suis allé trouver celui-ci pour savoir à quelle source il a pu puiser de semblables renseignements. — C'était auprès de M. Reclus. — Après explications, la bonne foi de M. Hess m'est apparue hors de doute... Quant à M. Reclus que je suis allé trouver... il m'a avoué qu'aux élections des 20 et 21 mars 64, il avait souscrit pour la candidature ouvrière, et l'avait appuyée, que s'il avait depuis changé d'avis, c'est que des ouvriers... lui avaient dit que le Palais-Royal était là-dessous... Que des hommes... au courant de la politique croient sur le dire du premier venu que des hommes comme Delescluze, Noël Parfait, Laurent Pichat et d'autres se soient mêlés niaisement à un mouvement électoral provoqué par le Palais-Royal et qu'ils se le tiennent pour dit, sans se renseigner près de ces personnes, qu'ils répètent ces absurdités..., c'est inqualifiable...

« Quant à la non-insertion dans le journal *l'Association*, voici l'explication de M. Reclus. « On n'a pas inséré parce qu'on a cru voir dans l'*Association internationale* une machine politique, et de mauvaise politique... » J'ai été membre de la commission ouvrière pour l'exposition, c'était un autre grief. Eh bien ! dans le comité de surveillance du *Crédit au travail*, se trouve M. W... qui fut vice-président de la commission ouvrière, et y resta bien plus longtemps que moi... De ma conversation avec M. Reclus il me reste la conviction intime qu'on s'est servi d'un prétexte pour refuser l'insertion, et que le vrai motif est celui-ci : on est mécontenté, froissé de voir que nous marchons sans le secours de personne, et, de plus, irrité de voir que nous voulons rester nous-mêmes. Tout est là...

« La situation est difficile avec une autorité soupçonneuse, et cela se complique des petites rivalités de la presse, sans compter les petites vanités, les petites ambitions des petits hommes d'Etat, passés, présents et même futurs... Si jusqu'ici tout va bien, c'est que nous avons fait nous-mêmes, en gardant la neutralité envers les petites églises et les petits bons-Dieu.

« Dans la presse, les uns appuient ou insèrent, les autres se taisent sans montrer jusqu'à présent d'hostilité. L'autorité ne nous a pas donné signe de vie et les adhésions arrivent en assez grand nombre, il y a tout lieu d'espérer à un véritable succès ; mais surtout que le Conseil général de Londres se garde bien d'accréditer ou de confier une mission en France, quelle qu'elle soit, à un homme qui ne serait pas ouvrier. Dès le jour où vous négligeriez cette mesure de prudence, tout pourrait être compromis, car l'*Association internationale* perdrait alors son caractère aux yeux de l'administration et du public. Ce n'est que sous le couvert des ouvriers, ce n'est que par eux-mêmes que l'œuvre peut être menée à bonne fin (1). »

C'était donc une question de tactique moins qu'une certaine conception de la lutte des classes qui avait entraîné les fondateurs de l'Association internationale à donner à leur association le caractère d'une institution purement ouvrière. Guidée par ces considérations, la section de l'Internationale à Paris décida de décliner le concours d'Henri Lefort qui avait été tout d'abord désigné comme correspondant à Paris du Comité central de Londres.

Le même effort fut accompli par Karl Marx qui s'appliqua à écarter de l'Internationale toute espèce de patronage émanant d'un homme politique quelconque. La mesure prise par lui dans cet ordre d'idées contre M. Bealess, prouvait encore une fois que ce n'était pas une détermination nettement arrêtée de faire la révolution économique sans le secours de la bourgeoisie, ni la conception nettement affirmée de la lutte des classes qui l'avait poussé à cette résolution.

Voici, en effet, dans quels termes il expliquait à Lebulez son attitude : (2)

« 15 Feb. 1865.

« My dear Lubez,

« The very success of our association warns us to be cautious. In my opinion, M. Bealéss joining our council would spoil the whole affair, I believe him an honest and sincere man ; at the same time, he is nothing and can be nothing save a Bourgeois politician. He is weak, mediocre and ambitious. He wants to stand for Marylebone at the next Parliamentury election. By that single fat he ought to be excluded from

(1) Extrait d'une lettre inédite du 10 février 1865 adressée par Tolain à M. Lelubez ; cette lettre nous a été communiquée par M. H. Lefort.

(2) Lettre communiquée par M. Henri Lefort.

entering our comithee. We canot become le *piedestal* for small par llamentury, ambitions.

« You wery be sure that if Beales is admitted le ton cordial, sincere et franc that distinguishes now our Debates, will be gone, and make place to *word vongering*. In the wake of Beales woll follow. *Taylor*, this unbearable nuisance and tufthunter.

« In the eyes of the world, Beales admission will change the whole character of our society, we will diminish into one of the numerous society which he favours with patronage. Where he has driven in the wedge, others of his class will follow, and our efforts, till now succesfuly at freing the English working class movement from all middle class or aristocratie patronage will have been in vain.

« I know beforehead that if Beales be admitted, there will arise question mainly of a social sort, which will force him to tender his demission. We will have to issue manifestos on *the land* question etc., which he *canot* sign. Is it not better not to let him instead of giving him afterwards an opportunity of denying us...

« Yours fraternelly,

« Signée : K. Marx. »

A Genève, la section de l'Internationale fut fondée par deux proscrits français, Dupleix et Morel, ennemis de l'Empire ; le premier refusa de rentrer en France, ne voulant pas accepter l'amnistie (1).

Malgré ce caractère nettement antigouvernemental de l'Internationale à Paris, pour ce qui concerne les idées dominantes en matière économique, elles n'étaient pas certainement les mêmes en France et dans les autres pays. Ainsi, dans un manifeste publié plus tard par les ouvriers anglais, il y eut un appel direct à la lutte des classes, une invitation à combattre la coalition des patrons par les grèves ; il s'y rencontre en même temps une affirmation de la nécessité qui s'imposait aux classes ouvrières de s'opposer aux projets belliqueux des gouvernements dynastiques (2).

Le manifeste publié par la section allemande s'inspirait

(1) Renseignements fournis par M. Dupleix.
(2) Voir ce manifeste dans l'*Association internationale des travailleurs*, 28 janvier 1866.

d'idées différentes. Il disait notamment : « Il ne s'agit pas de faire la guerre au capital, mais, au contraire, il s'agit de mettre fin à la guerre de tous contre tous. Le salaire doit enfin être remplacé par le bénéfice du travail; la domination du capital par la domination du travail manuel et intellectuel.... L'Association internationale des travailleurs, par son organisation et son action, est une franc-maçonnerie de la classe ouvrière, une franc-maçonnerie répondant complètement aux besoins du temps, et bouillante d'une vie nouvelle (1). »

Le manifeste français insistait sur les banques de crédit mutuel et sur le développement des associations coopératives (2).

Il semblait ainsi que l'Internationale, au début, n'avait de bien précis que le but de travailler à l'affranchissement des ouvriers par l'effort d'une solidarité universelle.

Quant aux solutions à proposer inspirées des doctrines communistes ou mutuellistes, tout cela était laissé à la discussion, et depuis le commencement jusqu'à la fin, des doctrines diverses s'étaient fait jour dans le sein de l'Association.

Pourtant, le caractère de la section française de l'Internationale à Londres se montra, du premier coup, plus accentué que celui de la section à Paris. Le refus par le conseil central de charger du rôle de correspondant à Paris un républicain militant entraîna immédiatement les protestations de Bordage, de Leroux et de Lelubez.

Pendant toute la durée de l'existence de l'Association, la section française à Londres se montra très ardente au point de vue politique, se rapprochant par ses tendances du parti blanquiste, et encline à accepter le communisme. Félix Pyat,

(1) V. l'*Association internationale*, 28 janvier 1866.
(2) V. l'*Association internationale des travailleurs*, 11 mars 1866.

un des membres les plus actifs de la Commune révolutionnaire, entra en relations avec les journaux ouvriers publiés à Paris, en acceptant les idées du communisme militant et révolutionnaire.

Mais, en tous cas, le caractère républicain de la section de l'Internationale à Paris n'était pas douteux, et Fribourg, qui avait travaillé à donner à la représentation de l'Internationale à Paris un caractère nettement ouvrier, proposa comme correspondant Pierre Vinçard, ex-délégué du Luxembourg en 1848, et qui offrait des garanties incontestables au point de vue de son républicanisme (1).

(1) Voici la lettre qu'il avait écrite à ce propos et qui nous a été communiquée par M. H. Lefort :

« Cher concitoyen,

« Ainsi que nous vous l'indiquions hier dans nos trois lettres, nous avons fait des démarches pour trouver un travailleur qui voulût bien s'adjoindre à nous comme correspondant de l'Association.

« Le citoyen Pierre Vinçard nous a paru réaliser notre idéal, et c'est en le quittant que je vous adresse ces quelques lignes sur lui.

« Ex-délégué du Luxembourg en 1848, il n'a jamais donné aucune prise à la malveillance. Généralement connu et estimé de la classe ouvrière, son nom ralliera bien des timides. Ayant toujours été et se trouvant encore *travailleur*, il ne faussera en rien le principe fondamental de l'Association.

« Ecrivain de mérite, il pourra facilement soit défendre, soit attaquer. Enfin, comprenant que le problème n'est ni *local*, ni *national*, mais bien *social*, il saura toujours se maintenir à cette hauteur.

« Pour toutes ces raisons, il est le candidat que nous vous proposons aux lieu et place de Monsieur Lefort, lequel, j'en suis convaincu, abandonnera toute prétention aussitôt qu'il aura connaissance de ce fait ; en terminant, je jette de nouveau le cri d'alarme *à des cartes, des cartes !* » ; oublions toutes personnalités, songeons à l'œuvre, et que le différend qui vient de s'élever n'arrête pas l'impulsion donnée, car que ce soit moi ou un autre, il faut marcher, le fruit est mûr, sachons le cueillir.

« Le citoyen Pierre Vinçard demeure à Paris, rue Pirouette, 3.

« Si vous croyez avoir quelques explications à lui demander, il se fera, dit-il, un véritable plaisir de vous répondre.

« Croyez toujours, et quoi qu'il arrive, à nos sentiments fraternels ».

II

Rentrée à Paris, la section de l'Internationale s'installa rue des Gravilliers, ce qui fit donner à ses membres le nom de « Gravilliers ». Elle se mit immédiatement en règle avec l'autorité, en faisant parvenir deux exemplaires des statuts, le premier au préfet de Paris, le second au ministre de l'intérieur. Mais, par cet acte, l'Association, ayant affirmé son caractère anti-révolutionnaire, se mit en conflit avec l'élément blanquiste. Pourtant, les correspondants parisiens faisaient tout leur possible pour souligner leur caractère nettement républicain. Obligés de renoncer à la publication de leur journal, *La Tribune Ouvrière*, ils s'adressèrent à l'*Avenir National*. Le *Siècle* imprimait leurs communications. Jules Simon, Elisée Reclus à Paris, plus tard Ferdinand Buisson en Suisse leur avaient donné leur adhésion. Chaudey, disciple et exécuteur testamentaire de Proudhon, faisait de la propagande en leur faveur. Afin de désarmer les méfiances, les Gravilliers prirent le parti de convoquer un certain nombre d'ouvriers et des républicains pour expliquer le but véritable de la société. Cette réunion avait permis de réorganiser le bureau et d'instituer une commission comprenant 17 membres, dont faisaient partie d'abord Varlin, Camélinat, Murat, Héligon, puis Benoist Malon et Chemalé.

La propagande commença immédiatement dans toute la France; des bureaux furent établis à Rouen, Lyon, Nantes, Le Havre, Caen, Condé, Lille, Amiens, Roubaix, Saint-Etienne, Libourne. Les sections départementales se constituaient en empruntant souvent la forme d'une bibliothèque populaire ou d'un autre groupement quelconque, pour se soustraire ainsi aux soupçons de l'administration.

Le principal effort de la section de Paris consistait dans la préparation et l'étude des questions qui devaient faire l'objet du congrès de 1865 et qu'on se proposait de tenir à Bruxelles. Mais par suite du manque de ressources et l'opposition du gouvernement belge, le projet de congrès fut abandonné, et l'on dut se contenter d'aller à Londres où l'on célébra l'anniversaire de la fédération. Les membres de la section parisienne s'y trouvèrent en présence des proscrits français Vesinier et Lelubez, qui les reçurent avec beaucoup de froideur. D'autre part, les Parisiens éprouvèrent un échec en essayant de faire décider que l'Association ne serait ouverte qu'aux travailleurs manuels, et que la question politique serait étrangère au but de l'Internationale.

Pourtant, le caractère politique de l'œuvre de l'*Internationale*, même à Paris, ne manqua pas de s'affirmer. D'abord, l'*Internationale* reçut un appui précieux de la part du *Courrier Français*, dirigé par Vermorel dont le républicanisme n'offrait pas le moindre doute, mais qui, s'inspirant des doctrines proudhoniennes, devait faire bon accueil aux membres de l'Internationale. Tolain fut un de ses collaborateurs et exposa les idées des autres disciples de Proudhon sur la guerre austro-prussienne qui allait changer la politique internationale en Europe. Plus tard, les membres de la section de l'Internationale protestèrent contre le projet d'une nouvelle organisation militaire et répondirent à une adresse des mécaniciens de Berlin relative à des bruits de guerre qui planaient dans l'air. Des adresses analogues furent envoyées au commencement de 1867 par des sections de l'Internationale à Lyon, Vienne, Neuville-sur-Saône et Amiens.

On arriva ainsi au *Congrès de Genève* qui devait avoir lieu en 1866. Il s'ouvrit le 5 septembre 1866 dans la brasserie Truber sous la présidence de Jung, délégué du conseil central de Londres dont il était membre. Le nombre total des délégués s'élevait à 40 ; Paris y était représenté par Murat, Tolain, Fribourg, Varlin, Bourdon, Guillard, Perrachon, Malon, Camélinat; Chemalé, Cultin, Aubry (de Rouen); Schettel, Secrétan, Richard; Bondy (de Lyon); Eugène Dupont (de Londres); Dupleix (de Genève). Douze délégués représentant la Suisse votèrent constamment avec ceux de la France.

« L'émotion des Français, raconte Benoist Malon, fut au comble lorsque la fanfare de Genève fit éclater la *Marseillaise*. Les plus jeunes ne l'avaient presque jamais entendue ; elle leur apparut comme un avant-goût de liberté et de république, et ce fut avec un sentiment inexplicable que la foule, dans laquelle les proscrits français donnèrent le ton, entonna l'hymne de la délivrance en se rendant rue du Rhône, où un banquet fraternel devait réunir les délégués (1). »

Parmi les résolutions prises, les plus intéressantes portaient sur la nécessité d'une statistique du travail et la réduction des heures de travail comme premier but dans la voie de l'émancipation du prolétariat ; sur l'interdiction du travail des femmes dans les manufactures, « comme une cause de dégénérescence de la race humaine et de démoralisation ». Le congrès invitait toutes les sociétés ouvrières à travailler à la généralisation du mouvement coopératif, tout en n'oubliant pas qu'elles devaient agir surtout contre le système capitaliste et viser le grand but, celui de l'émancipation de la classe ouvrière tout entière. L'égalisation des charges fiscales, l'impôt direct furent préconisés. Les sociétés de crédit furent conviées à se fédérer entre elles. Enfin, on avait mis à l'étude les moyens d'universaliser les sociétés de secours mutuels.

En dernière analyse, le programme était empreint d'un caractère nettement mutuelliste et proudhonien. L'émanci-

(1) Voir Benoist-Malon, *Nouvelle Revue*, 1884, page 739.

pation sociale et la lutte contre le capital, tout en ayant été affirmées comme le but principal du prolétariat, devaient résulter de l'action progressive et pacifique des sociétés ouvrières organisées en une fédération universelle.

Quant à la nécessité de la prise de possession du pouvoir politique par les classes ouvrières, il n'en était pas question. On écarta la question politique. La neuvième question discutée par le congrès était pourtant ainsi conçue : « De la nécessité d'anéantir l'influence russe en Europe par l'application du droit des peuples de disposer d'eux-mêmes et la reconstitution d'une Pologne sur des bases démocratiques et sociales. »

Ce soin d'éviter de se prononcer sur les questions de politique brûlante devait contribuer à creuser un fossé entre l'élément ouvrier de l'Internationale et l'élément militant de la jeunesse blanquiste. Le désaccord entre eux s'affirma dès le début du congrès.

A l'ouverture de la première séance publique, Protot, membre de la délégation de Paris, demanda à examiner les titres des délégués français, des « Gravilliers » (1). A la séance du lendemain Jeannon et Labouray demandèrent la parole pour soutenir Protot. Jung, le président, après s'être montré, au début, favorable aux blanquistes, leur refusa la parole, et quand Protot essaya malgré tout de prononcer son réquisitoire contre les « Gravilliers », une dizaine d'individus se précipitèrent sur lui et il fut expulsé par force de la salle. De retour à Paris, de violentes discussions éclatèrent entre les membres de l'Internationale et les étudiants blanquistes. Il fut décidé qu'on procéderait à un arbitrage au café de la Renaissance. C'est au moment de cette discussion que de

---

(1) Protot se fit inscrire comme membre de l'Internationale juste à la veille de son départ de Paris pour avoir le droit de participer au congrès de Genève.

nombreux étudiants et ouvriers furent arrêtés et plus tard poursuivis pour délit de société secrète et condamnés. Cet incident n'était pas de nature à faciliter la propagande de l'Internationale à Paris. Le gouvernement, d'autre part, se montrait hostile. Il avait interdit l'introduction du mémoire des résolutions votées par le congrès de Genève, empreint pourtant d'un caractère modéré. La mesure était d'autant plus incompréhensible que son texte fut inséré par le *Courrier International*, publié à Londres et ainsi connu en France. La véritable cause de l'opposition impériale était dans le refus des membres du bureau de l'Internationale d'accepter le patronage de l'Empereur par l'addition d'une phrase qui aurait proclamé « que l'Empereur avait fait beaucoup pour les ouvriers ».

Les délégués anglais, de retour de Genève, furent arrêtés à la frontière, fouillés, et leurs papiers saisis. L'ambassade anglaise dut faire une démarche énergique pour en obtenir la restitution.

Malgré tout, la propagande se poursuivit, et réussit, grâce à l'intervention de la section parisienne de l'Internationale pendant la grève des bronziers. Comme, dans la circonstance, le conflit entre les patrons et les ouvriers fut déterminé par le désir des patrons de provoquer la dissolution de la Société coopérative de crédit mutuel, tous les ouvriers s'étaient sentis solidaires dans la lutte. Leur enlever la possibilité de se grouper en associations, c'était réduire à néant la dernière possibilité qu'ils avaient de résister aux prétentions patronales. Tolain et Fribourg avec les délégués des ouvriers bronziers se rendirent à Londres et obtinrent en faveur de la grève quelques milliers de francs. Les patrons, hantés par l'idée du spectre rouge et craignant de se trouver en présence d'une organisation disposant de millions, capitulèrent.

Le premier succès de l'intervention de l'Internationale devait lui assurer de nombreuses adhésions, mais par là même son véritable caractère était fixé. L'Internationale à Paris allait désormais travailler à l'organisation des sociétés de résistance. Aussi la plupart des adhésions qu'elle avait reçues étaient motivées par les grèves. A propos d'un conflit entre les patrons et les ouvriers, il arrivait généralement que toute une corporation ouvrière manifestait son désir d'adhérer à l'Internationale sans en partager toutes les idées (1).

L'Exposition de 1867, pendant laquelle la section de l'Internationale à Paris avait nettement refusé d'accepter le patronage impérial et s'était affirmée comme indépendante de toute organisation ayant un caractère officiel, permit encore à cette section de gagner de nombreuses recrues.

On arriva ainsi au deuxième congrès, qui eut lieu à Lausanne en septembre 1867 ; le nombre des adhérents de tous les pays était évalué à 180.000 ; 71 délégués y représentaient 6 nations : la France, la Suisse, l'Allemagne, l'Angleterre, la Belgique et l'Italie. Cette fois encore la prépondérance était assurée à l'élément franco-suisse, qui comptait plus de 30 délégués.

Le caractère de ce congrès resta incontestablement mutualiste. Ainsi, pour ce qui concerne les sociétés de crédit et de coopération, il continuait à admettre leur action, en les invitant à appliquer leurs fonds à la création de sociétés de production et en leur rappelant que la « transformation sociale ne pourrait s'opérer d'une manière radicale et définitive que par les moyens agissant sur l'ensemble de la société et conformés à la réciprocité et à la justice ».

(1) Voir *Troisième procès de l'Association internationale*, publié en 1870, p. 200 ; déposition de Bertin, pour la société de résistance et de solidarité des imprimeurs typographes, pages 159, 162, 163.

Quant aux rapports du capital et du travail, la résolution suivante fut proposée : « Dans l'état actuel, qui est la guerre, on doit se prêter aide mutuelle pour la défense des salaires, mais il ne faut pas oublier qu'il y a un but plus élevé à atteindre, la suppression du salariat. »

On reprit l'ancienne résolution pour ce qui concerne le travail des femmes. Mais, cette fois, on rencontra une résistance qui devait être victorieuse au congrès de Bruxelles, celle de César de Paepe.

En attendant, le vote sur la sixième question relative au rôle de l'Etat confirma les tendances mutuellistes de la majorité du congrès. En effet, il fut admis que l'Etat devait borner son rôle à exécuter les lois votées et reconnues par les citoyens ; que l'Etat pouvait seulement être propriétaire des moyens de transport et de circulation afin de lutter contre le monopole des grandes compagnies.

Le congrès accentua ses tendances au point de vue politique. Il y eut une question ainsi conçue : « La privation des libertés politiques n'est-elle pas un obstacle à l'émancipation ouvrière ? »

La réponse fut exempte de toute équivoque ; elle disait que l'émancipation sociale des travailleurs est inséparable de leur émancipation politique, que « l'établissement des libertés politiques est une mesure première, une absolue nécessité. »

Les membres du congrès eurent également l'occasion de manifester leur opinion au point de vue religieux, quand, lors de l'arrivée des délégués, le président d'une société de Lausanne eut l'idée de leur souhaiter la bienvenue en appelant sur leurs travaux les bénédictions de la Providence. Ces paroles furent accueillies par des protestations et des réclamations. Buchner, l'auteur de la *Force et matière*, figurait parmi les délégués. On déclara que le congrès entendait « faire ses affaires lui-même sans que la Providence eût à s'en mêler ». Cette attitude jeta un froid à Lausanne, où dominait l'Eglise libre.

D'autre part, les rapports qui allaient s'établir entre le congrès de l'Internationale à Genève et un congrès réuni à cette époque à Lausanne devaient marquer une phase importante dans l'évolution de l'Internationale en France, au point de vue politique.

III

Le congrès de la Ligue de la paix qui s'était tenu à Lausanne était dû à l'initiative d'Accolas et d'Alfred Naquet. Il constituait une importante manifestation républicaine à laquelle avaient participé, grâce à l'entremise de Scheurer-Kestner, les anciens et les jeunes républicains (1).

(1) V. *Annales du Congrès de Genève*, 1866, et Scheurer-Kestner, *op. cit.*, p. 109 et suiv. Dans une lettre inédite adressée à Hérold, Garnier-Pagès montre les craintes qui tenaient certains républicains à l'écart. Voici cette lettre :

« Mon cher ami,

« J'ai reçu de M. Lemonnier, rue Tronchet, 4, une invitation pour assister au congrès international de la Paix à Genève. Il m'annonçait que notre ami Clamageran était officieusement chargé de nous faire cette proposition.

« Vous savez les motifs qui nous ont fait ajourner notre décision.

« Mais aujourd'hui un grand nombre de nos amis se proposent d'aller à Genève et de là à Venise. Durier, Carnot se disposent à aller dans ces deux villes. Nous voilà donc entraînés...

« Il serait pourtant bon d'avoir quelques renseignements sur les nouvelles adhésions et sur la direction qui devra être donnée aux travaux, afin de ne pas tomber dans l'excentrique, ou dans des pièges de police qui nous seront certainement tendus, car les émissaires de la rue de Jérusalem, plus ou moins ouvriers, étudiants en droit ou en médecine, seront exacts à ce rendez-vous... »

La France y était représentée par Louis Blanc, Victor Hugo, Albert, ancien membre du gouvernement provisoire, Quinet, Carnot, Garnier-Pagès, Schœlcher, Henri Brisson, Jules Favre, Jules Simon, Eugène Pelletan, Auguste Barbier, Lavertujon, Gustave Isambert, Lemonnier, Adrien Hébrard, Massol, Antonin Proust, Elisée Reclus, Jules Vallès, Barni, Wyrouboff, Eugène Despois, Clamageran, Vacherot, Dumesnil, Gustave Flourens, Littré, etc., etc.

Le caractère de ce congrès ne se confondait pas avec un autre qu'avait réuni Frédéric Passy, fondé sur le modèle des anciennes ligues anglo-américaines, et dans le comité duquel figuraient Michel Chevalier, sénateur, Arlès-Dufour et le père Gratry.

La réunion de la Ligue de la paix à Genève avait été provoquée par la nouvelle de la réunion des grandes puissances à Londres pour régler la question du Luxembourg. Dans la pensée de ses promoteurs, la Ligue de la paix devait avoir un caractère international. Aussi des appels furent adressés à Garibaldi et à Mazzini, de même qu'aux démocrates allemands. Ces derniers, dans la personne de Goegg, avaient répondu à l'appel, mais le représentant du parti libéral progressiste, Schulze Delitzsch, avait décliné l'invitation en répondant : « Nous sommes, nous autres Allemands, le plus pacifique de tous les peuples. Mais au point de vue politique, l'adhésion des chefs de la démocratie allemande à la Ligue de la paix serait une faute qui compromettrait à jamais son influence, car cette démarche paraîtrait antinationale, en ce moment où l'on ne parle en Allemagne que des armements de la France. » Garibaldi avait ouvert le congrès en émettant un vœu hostile à la papauté. Alfred Naquet avait proposé de flétrir Napoléon Ier, « le plus grand scélérat du monde ». Les autres discours, comme, notamment, celui de Quinet, celui de

Charles Longuet qui profita de l'occasion pour faire un exposé des idées mutuellistes et pour déclarer que le salut de l'Europe ne pouvait venir que d'une fédération des peuples libres, celui de César de Paepe qui disait qu'il fallait faire supprimer toutes les tyrannies, les tyrannies politiques aussi bien que les tyrannies économiques, montraient la diversité des opinions représentées. A la fin, les résolutions suivantes furent proposées et votées :

« Considérant que les gouvernements des grands Etats d'Europe se sont montrés incapables de conserver la paix, et d'assurer le développement régulier de toutes les forces morales et matérielles de la société moderne ; considérant que l'existence et l'accroissement des armées permanentes constituent la guerre à l'état latent, et sont incompatibles avec la liberté et avec le bien-être de toutes les classes de la société, principalement de la classe ouvrière, le Congrès international désireux de fonder la paix sur la démocratie et la liberté décide qu'une Ligue de la paix et de la liberté, vraie fédération cosmopolite, sera fondée ; qu'il sera du devoir de chaque membre de cette Ligue de travailler à éclairer et à former l'opinion publique sur la véritable nature du gouvernement...., de préparer par ses constants efforts la substitution des milices nationales à celle des armées permanentes ; de faire mettre à l'ordre du jour, dans tous les pays, la situation des classes laborieuses, et d'observer enfin que le bien-être individuel et général vienne consolider la liberté politique des citoyens. ».

Le comité avait reçu l'adhésion de plusieurs organisations, par exemple, de la Société ouvrière de Genève, des associations coopératives parisiennes qui furent représentées par El. Reclus, de la loge de la Franche Union du Grand Orient de Paris. Le Congrès offrit également aux membres de l'Association internationale des travailleurs de donner leur adhésion, en espérant recevoir un accueil favorable, d'autant plus que les membres de la Ligue de la Paix avaient affirmé la solidarité entre les réformes politiques et les réformes sociales ; mais la réponse faite par l'Internationale ne donna pas entière satisfaction parce qu'elle semblait insister surtout sur les réformes sociales et, par là même, reléguer à l'arrière plan la nécessité de combiner tous les efforts pour le triomphe préalable de la liberté politique (1).

Malgré cette réserve, l'accord, grâce à l'intervention de Chaudey, fut établi, et bientôt se traduisit par des actes.

De retour à Paris, les membres de la section participèrent, le 2 novembre 1867, aux manifestations sur la tombe de Manin et celles dirigées contre l'expédition en faveur du pouvoir temporel du Pape qui devait aboutir à Mentana. Dans la circonstance, ils furent même les premiers à prendre l'initiative. Ainsi, ils vinrent trouver Naquet et Acollas pour leur proposer une manifestation commune. Cela donna lieu à un procès de « manœuvres à l'intérieur et de société secrète » dirigé contre Acollas, Naquet, Verlière, les « trois bossus » comme on les appelait, et quelques autres. La manifestation, il est vrai, était sans importance. Naquet, qui s'y était rendu de bonne heure, s'attendant à se trouver en présence d'une foule nombreuse, n'y rencontra que quelques ouvriers, plusieurs

(1) La réponse des membres de l'*Association internationale des travailleurs* réunis à Lausanne s'exprimait, en effet, comme suit : « Considérant que la guerre pèse principalement sur la classe ouvrière, en ce qu'elle ne la prive pas seulement des moyens d'existence, mais qu'elle l'astreint à verser le sang du travailleur ; que la paix armée paralyse les forces productives en ne donnant au travail que des œuvres inutiles....; que la paix, première condition d'un bien être général, doit à son tour être consolidée par un nouvel ordre des choses ; décide d'adhérer pleinement au Congrès de la Paix et de participer à tout ce qu'il pourrait entreprendre pour réaliser l'abolition des armées permanentes.... Considérant encore que la guerre a pour cause première et principale le paupérisme et le manque d'équilibre économique ; que pour arriver à supprimer la guerre, il ne suffit pas de licencier les armées, mais qu'il faut encore modifier l'organisation sociale dans le sens d'une répartition plus équitable de la production, subordonne son adhésion à l'acceptation par le Congrès de la Paix de la déclaration ci-dessus énoncée. »

réfugiés russes, notamment Troussof, Ozeroff, Wyrouboff, et les agents provocateurs (1).

En vue de prévenir l'affaire Mentana, Naquet et Acollas avaient fait imprimer à Genève plusieurs pamphlets rédigés par Delescluze, Versigny et El. Reclus, qui avaient pour titre : *La France ne s'appartient plus. Il y a 16 ans la République a été nuitamment égorgée. Le règne de Bonaparte a commencé par un crime.* La femme d'Acollas qui suivait un traitement en Suisse fit envoyer ces publications à Paris; mais ils arrivèrent trop tard, l'affaire Mentana ayant déjà eu lieu.

On voulait pourtant les utiliser, et plusieurs milliers de ces exemplaires furent envoyés sous enveloppes. La police ne tarda pas à découvrir les expéditeurs, et c'était là le premier chef de l'accusation pour manœuvres à l'intérieur. D'autre part, Naquet fut amené à entrer en relations avec plusieurs ouvriers, et notamment Chotteau ; il fut entendu qu'on rédigerait les statuts d'une nouvelle société à laquelle, pour une raison inconnue, on s'avisa de donner le nom de « Commune révolutionnaire ». Les statuts étaient rédigés dans un langage tel qu'ils devaient servir facilement de base à l'accusation ; on proposa de les enfermer dans une cave pour les soustraire aux investigations policières ; cet excès de précaution mit en défiance Naquet, qui se retira de la souricière où il flairait la police. Il fut sollicité de se rendre à plusieurs réunions pour s'entendre avec les ouvriers. Il persista dans son refus. Un jour, pourtant, il eut l'imprudence de transcrire sur un bout de papier la formule d'un explosif qui lui fut demandé et qu'il trouva dans le premier dictionnaire médical à sa portée. Comme on découvrit également chez lui un exemplaire du manifeste qui s'était égaré entre les feuillets d'un livre, il fut

(1) Renseignement fourni par M. Alfred Naquet.

poursuivi pour délit de société secrète, condamné en compagnie d'Acollas, transféré au pavillon Gabrielle de l'hôpital Saint-Louis; ils furent placés dans deux chambres situées en face l'une de l'autre, séparées par un couloir dans lequel se trouvaient deux policiers. La surveillance fut des moins rigoureuses; les agents demandaient aux détenus de l'encre et des plumes pour faire leurs rapports. Plus tard, l'un des agents, grâce à des conversations des plus subversives qu'il eut avec les condamnés, participa au mouvement révolutionnaire, et Naquet fut obligé de faire des démarches pour faire revenir en France son ancien gardien, mêlé aux agitations de la Commune (1).

IV

Les membres de l'Internationale, ayant ainsi pris part à une manifestation de concert avec des républicains militants, devinrent suspects à l'administration et, à la fin de 1867, le Gouvernement ordonna des poursuites contre l'Association. Parmi les prévenus figuraient Chemalé, Tolain, Héligon, Camélinat, Murat, Perrachon, Fournaise, Gauthier, Dauthier, Bellamy, Gérardin, Bastien, Delahaye, Delorme. La poursuite pour société secrète fut abandonnée. On se contenta de relever à leur charge des réunions illicites. Le ministère public appréciait la valeur individuelle des membres de l'Internationale et requérait simplement la dissolution de la société. Tolain, chargé de présenter une défense commune, s'exprima en termes très modérés, en enlevant à sa plaidoirie tout caractère révolutionnaire. Il disait :

« Nous ouvriers, nous avions un intérêt immense à savoir ce que nous deviendrions, voilà la cause première de l'Asso-

(1) Renseignements fournis sur tous ces points par M. Alfred Naquet.

ciation internationale. Les ouvriers voulaient voir par eux-mêmes, en dehors des économistes officiels. » (1)

Il insistait sur les considérations uniquement économiques qui les avaient guidés dans leur tentative d'organisation.

Condamnés, ils interjetèrent appel. Mais déjà devant la cour d'appel leur conduite fut beaucoup plus ferme, et Murat déclara catégoriquement qu'ils avaient cru possible de se contenter de l'autorisation tacite résultant de la tolérance administrative ; mais, ajoutait-il, jamais il n'aurait pu leur venir à l'idée de se soumettre à l'humiliation de l'autorisation : car « l'affranchissement des travailleurs doit être l'œuvre des travailleurs eux-mêmes, et qui dit autorisation dit soumission, subordination, patronage, en un mot servage ; et c'est justement de cela, et sous toutes ses formes, que l'Association internationale tend à débarrasser les travailleurs ». En élargissant le terrain de la discussion, il se livra à une charge en règle contre les capitaux, libres de s'associer, et dénonça la rigueur de l'administration qui fait que les ouvriers, eux qui n'ont que leur travail et ne peuvent l'associer sans s'associer eux-mêmes, tombent sous les pénalités sévères d'une loi faite par des capitalistes.

Tout en signalant le conflit entre le capital et le travail, le représentant de l'Association internationale, fidèle aux principes proudhoniens, ne demandait que le droit d'association pratiqué librement par les ouvriers.

Pendant la longue instruction motivée par le premier procès, les inculpés, pour empêcher leur œuvre de tomber, avaient provoqué le 8 mars 1868 l'élection d'une nouvelle commission, par les sociétaires parisiens. Par sa composition, cette dernière marqua un pas en avant. Elle compre-

(1) V. le *Procès de l'Association internationale des travailleurs*, première et deuxième commissions du bureau de Paris, 2ᵉ édit., 1870.

naît plusieurs communistes comme Varlin, Combault, Malon; l'élément révolutionnaire s'introduisait ainsi dans l'Internationale, répondant mieux par ses aspirations à l'état d'esprit des masses ouvrières où un vague communisme avait toujours conservé des sympathies.

La grève générale du bâtiment à Genève détermina l'entrée en scène immédiate du nouveau bureau de la section de Paris. Le gouvernement décida alors de nouvelles poursuites. Cette fois ce fut Varlin qui, le 22 mai, fut chargé de présenter la défense commune des neuf prévenus qui étaient : Varlin, Malon, J.-B. Humbert, Granjon, Bourdon, Charbonneau, Combault, Landrin, Mollin. Comme il fallait s'y attendre, la défense, cette fois, fut plus énergique encore. Varlin adressait à la société bourgeoise l'avertissement suivant : « Consultez l'histoire et vous verrez que tous les peuples comme toutes les organisations sociales qui se sont prévalus d'une injustice et n'ont pas voulu entendre la voix de l'austère équité, sont entrés en décomposition... Mettez le doigt sur l'époque actuelle, vous y verrez une haine sourde entre la classe qui veut conserver et la classe qui veut reconquérir, vous y verrez l'égoïsme effréné et l'immoralité partout... Une classe qui n'a encore paru sur la scène du monde que pour accomplir quelques grandes justices sociales, et qui a été l'opprimée de toutes les époques et de tous les règnes, la classe du travail, prétend apporter un élément de régénération. » Pour éviter la crise imminente, Varlin ne demandait que la liberté absolue, pouvant seule « épurer l'atmosphère chargée d'iniquités ». Il demandait aux pouvoirs, au lieu de comprimer puisque les compressions ne font qu'éclater plutôt, laisser ceux qui ont foi dans l'avenir établir l'équité sociale.

Condamnés à trois mois de prison, les membres de la nouvelle commission se rencontrèrent à Sainte-Pélagie avec quelques blanquistes auxquels, sans doute, contrairement à ce qu'on disait parfois, ils n'avaient pas emprunté les doctrines communistes, auxquels plutôt ils les avaient transmises, mais avec lesquels une entente avait pu facilement s'établir par suite de la résistance du gouvernement qui les rejetait définitivement vers l'élément révolutionnaire.

Cette condamnation provoqua quelques défections dans les rangs de l'Internationale à Paris. Au congrès de Bruxelles, ce n'étaient plus des organisations régulières qui furent présentées, mais des sociétés ouvrières coopératives ou de résistance. C'était, pour ainsi dire, l'ensemble des masses ouvrières qui avait envoyé les délégués. Alors on vit reparaître les tendances communistes plus accentuées qui devaient conquérir la place et regagner le terrain qu'allaient perdre les mutuellistes, fidèles disciples de Proudhon.

Au congrès de Bruxelles qui s'ouvrit le 6 septembre, on remarquait parmi les délégués français Tolain, Murat, Theisz, Roussel, Pindy, Fahaut et Henry. L'assemblée comprenait 98 délégués de sept nations. Les délégués anglais et allemands arrivèrent cette fois avec des mandats nettement collectivistes. Comme les délégués italiens étaient décidés à voter pour les plus avancés, il était visible que le mutuellisme, triomphateur aux congrès précédents, allait être en minorité au congrès de Bruxelles. Si sur les cinq premières questions on avait confirmé simplement les résolutions votées au congrès de Lausanne, si on avait accepté à la presque unanimité l'appropriation collective des machines, c'est que les mutuellistes le voulaient eux aussi, quoiqu'au point de vue coopératif, pour donner des instruments de travail aux associations.

Une vive discussion s'engagea, au contraire, à propos de la

question 6, relative à la propriété. Les collectivistes remportèrent la victoire en faisant voter la résolution suivante : « Considérant que les nécessités de la production et l'application des connaissances agronomiques réclament une culture faite en grand, et avec ensemble, exigent l'introduction des machines et l'organisation de la force collective...., considérant que dès lors le travail agricole et la propriété du sol arable doivent être traités sur le même pied que le travail même et la propriété du sol,... le congrès pense que l'évolution économique fera de l'entrée du sol arable à la propriété collective une nécessité sociale, et que le sol sera concédé aux compagnies agricoles, comme les mines aux compagnies minières, les chemins de fer aux compagnies ouvrières, et ce, avec des conditions de garantie pour la société et pour les cultivateurs analogues à celles nécessaires pour les mines et les chemins de fer. »

Ces discussions ne furent pas une surprise pour les sociétaires étrangers, car elles furent déjà préparées par des discussions antérieures qui se poursuivirent en Belgique où se fit sentir l'influence de Colins, et où César de Paepe, interprète le plus éloquent de la doctrine collectiviste, représentait une association dont la fondation remontait à 1848. Les doctrines communistes de cette époque se retrouvèrent intactes, développées et précisées en 1868. En France, où on avait cru, par suite de l'absence de toute liberté de presse, que les idées communistes étaient définitivement oubliées et qu'elles étaient frappées du discrédit que l'histoire officielle avait jeté sur les journées de Juin, le vote de la résolution de Bruxelles provoqua des protestations et des réserves dans la presse, et même dans le rang des partis avancés (1).

(1) Voir *infrà*, chapitre suivant.

Pourtant, au point de vue politique, le congrès de Bruxelles ne fut pas un triomphe complet pour les éléments extrêmes de l'Association internationale. En effet, Catalani, orateur génevois, ayant voulu faire inscrire à l'ordre du jour une proposition nettement anti-militariste, se résumant en ces termes : « La guerre à la guerre », la majorité des délégués écarta cette question qui fut ainsi étouffée (1).

En même temps que l'Internationale s'engageait ainsi dans une voie collectiviste et étatique, il se produisit au congrès de Berne, tenu par les membres de la Ligue de la Paix, un événement d'une très grande importance qui devait faire sortir de ce mouvement même une réaction énergique due à Bakounine.

V

Le congrès de la Ligue de la Paix, réuni à Berne le 4 septembre 1868, dans la cour du Grand Conseil, avait eu une portée particulière parce que la plupart des Etats européens y avaient été représentés. Des protestations y furent formulées contre l'inexécution du traité de Prague, en ce qui concerne le Sleswig-Holstein et contre l'attitude du peuple prussien secondant son gouvernement dans ses tentatives contre la liberté des autres peuples. La question de la guerre fut examinée à nouveau. Un des membres de la réunion, ayant émis la proposition : « Tous les moyens sont légitimes pour empêcher la guerre injuste, désolatrice », les Français firent rayer ce point du programme, ayant fait remarquer qu'on pouvait y voir une justification du régicide. C'est au milieu de cette discussion d'un caractère modéré qu'un Russe, Bakounine, formula une proposition qui souleva

(1) Voir *La Cigale*, 13 septembre 1868. (Publié en Belgique).

un débat orageux. Le révolutionnaire russe, ami de Proudhon, qui avait suivi de près la révolution de Février, après avoir été expulsé de France par Guizot, et qui déjà, en 1848, avait préconisé le communisme avec l'égalité du salaire et l'abolition des Etats, reprit sa proposition en termes plus énergiques et avec une portée beaucoup plus générale au congrès de Berne. Opposant sa doctrine à celle des communistes, il se déclara collectiviste anti-étatiste ; il voulait non seulement l'égalisation complète des droits publics et sociaux par l'abolition de la propriété héréditaire et par la remise des capitaux et autres instruments de travail aux associations industrielles, mais, en outre, la destruction de toute organisation politique, la liquidation de l'Etat avec toutes ses institutions politiques, civiles et religieuses. L'opposition entre l'organisation politique et économique qui a produit l'anarchie de Proudhon, poussée jusqu'au bout dans un esprit d'extrême défiance pour tout ce qui est organisation, l'avait amené à rêver une société amorphe, du néant de laquelle pousserait une forme de vie sociale, plus conforme aux exigences de la nature humaine. Cette doctrine fut formulée avec éclat juste au moment où la résolution relative à la propriété foncière du congrès de Bruxelles restaurait la propriété, collective il est vrai, de la nation, et laissait pressentir une organisation devant remplacer l'état bourgeois. A tous ces traits distinctifs, Bakounine ajoutait l'action révolutionnaire armée, dont l'efficacité, dans l'esprit de cet individualiste effréné, devait reposer surtout sur le « déchainement des mauvaises passions » de l'homme, douées d'une force destructrice suffisante pour bouleverser la société.

Cette proposition fut combattue par l'élément républicain et radical du congrès, et le communisme anarchiste de Bakounine fut battu à une grande majorité.

Les dissidents se séparèrent en protestant dans les termes
suivants : « La minorité révolutionnaire du congrès de Berne
ayant demandé que le congrès mit à l'étude les moyens propres à réaliser l'égalisation économique et sociale des classes
et des individus.....; et constatant que cette proposition a
été rejetée, déclare se séparer. » La proposition fut signée par
Bakounine, Jaclard, Elisée Reclus, A. Rey, A. Richard,
Fanelli, Ward (1). Bakounine, ainsi battu, décida de concentrer sa propagande sur l'Internationale. Il se trouvait déjà à
cette époque à la tête d'une autre organisation qui s'appelait
« Union fraternelle internationale » qu'il avait fondée en 1865
avec le concours de Fanelli et que Malon appelait la première
section de l'Internationale. Il trouva de nombreux partisans
en Italie et en France ; Elisée Reclus et Alfred Naquet en faisaient partie.

En 1868, Bakounine, qui avait commencé par fixer les cotisations annuelles à 20 francs, décida d'en doubler le montant
par suite des événements qui s'étaient déroulés en Espagne.
Elisée Reclus fut envoyé en Andalousie en vue d'y seconder le
mouvement révolutionnaire. Il ne put réaliser complètement
le programme du fondateur de la *Fraternité*. Bakounine le fit
rappeler et, l'ayant interrogé sur ce qu'il avait fait, décida de
le remplacer par Troussoff. Elisée Reclus avait péché à ses
yeux pour n'être pas allé jusqu'à « déchaîner les mauvaises
passions » (2).

Cette *Fraternité* qui avait existé, quoique sans agir beaucoup,
avait été reprise par Bakounine et lui servit à constituer, après
le congrès de Berne où il fut mis en minorité, l'Alliance de la
démocratie socialiste dont les idées principales s'annonçaient
dans ses statuts où on lisait : « L'Alliance se déclare athée ;

(1). Voir *La Cigale*, 18 octobre 1868.
(2) Renseignements fournis par M. Naquet.

elle veut l'abolition des cultes, la substitution de la foi et de la justice humaine à la justice divine. Elle veut avant tout l'*égalité politique, économique et sociale des classes et des individus*... (1) Ennemie de tout despotisme, ne reconnaissant d'autre forme politique que la forme républicaine, et rejetant absolument toute alliance réactionnaire, elle repousse aussi toute action politique qui n'aurait point pour but immédiat et direct le triomphe de la classe des travailleurs contre le capital. La question sociale ne pouvant trouver sa solution définitive et réelle que sur la base de la solidarité internationale universelle des travailleurs de tous les pays, l'Alliance repousse toute politique fondée sur le soi-disant patriotisme et sur la rivalité des nations... »

Les théories de Bakounine devaient rencontrer des sympathies parmi les membres de l'Internationale, qui allait se reconstituer sur les ruines de l'Internationale mutuelliste, réduite et affaiblie par les poursuites antérieures.

Au congrès de Bruxelles, une nouvelle entente se produisit entre Albert Richard, délégué de Lyon, et Aubry, délégué de Rouen ; et grâce au concours de Bastelica, de Marseille, de Varlin et de Benoit-Malon, à Paris, l'œuvre de l'Internationale fut reprise, mais avec des idées entièrement différentes.

D'abord c'est le communisme qui fut accepté, mais en s'alliant avec une action politique contre l'Empire ; en cela la fraction de l'Internationale en France se conforma à la tactique révolutionnaire de tous les groupements avancés et fut contraire à la ligne de conduite préconisée par les socialistes belges, et, notamment, par Cesar de Paepe qui, dans une série d'articles ayant soulevé de vives objections, déclarait

---

(1) V. l'*Alliance de la Démocratie socialiste*, 1873, Londres.

que la forme de gouvernement importait peu à la solution de la question sociale (1).

D'ailleurs la section de l'*Internationale* à Paris devait forcément subir l'influence du travail qui se faisait dans les sections internationales à Londres où les manifestations politiques se succédaient, où l'influence des anciens proscrits était toujours très grande. Ainsi, le 2 février 1868, un grand meeting fut organisé sous la présidence d'Eugène Dupont. Dans les adresses, dont lecture fut donnée à cette occasion, il y avait des critiques violentes contre le gouvernement français, et Félix Pyat y renouvela son appel à la révolution. Dans un autre meeting du 20 octobre, Vésinier donnait lecture d'une protestation où il déclarait que l'Association internationale devait être considérée comme étant une société essentiellement politique, républicaine, démocrate, sociale, universelle, partageant les principes, le but et les moyens proclamés par la *Commune révolutionnaire*.

En 1869, il y eut une célébration de l'anniversaire de l'attentat d'Orsini auquel avaient pris part plusieurs membres de la section de l'Internationale de Londres.

Dans la Suisse romande, à Genève, l'*Egalité*, qui pendant quelque temps fut l'organe de Bakounine, préconisait une tactique nettement révolutionnaire en critiquant à la fois : les prêtres, le gouvernement, et les politiques bourgeois, sans en excepter les plus rouges (2).

Le congrès de Bâle, où une rencontre eut lieu entre Marx et Bakounine, marqua le triomphe définitif du communisme appliqué à la terre. A cette époque, l'Association était à son apogée. Le nombre de ses adhérents était

---

(1) V. *Rive gauche*, 23 juillet 1865, et l'adresse de la Section bruxelloise aux ouvriers de Genève. Sans date.

(2) V. Villetard. *Histoire de la Commune*, ouvrage 189. — Testut, *L'Internationale et les Jacobins*, p. 17 et suiv.

évalué à près de 2.000.000 dont près de 1.200.000 en Europe. La question de la propriété fut remise à l'ordre du jour, et après une nouvelle intervention de Cesar de Paepe, la résolution du congrès de Bruxelles fut ratifiée à l'unanimité moins 4 voix et 15 abstentions. Les alliancistes ou bakounistes, par l'organe de Bakounine et d'Albert Richard, proposèrent l'abolition de l'héritage, mais ils furent battus. L'élément anarchiste, quoique en minorité au congrès de Bâle, y disposa malgré tout d'un nombre de voix considérable et allait avoir une action grandissante dans les années suivantes. Sa réussite en France s'expliquait précisément par un certain mélange entre les idées communistes, qui rappelaient les traditions de 1848, avec les doctrines de Proudhon qui proposait également la destruction de l'Etat. C'était le communisme libéral et révolutionnaire opposé au communisme étatique et collectiviste. En fait, au point de vue de la tactique pour l'action immédiate, la divergence n'était pas grande. Qu'il se fût agi de s'emparer de l'Etat pour faire des pouvoirs publics l'instrument de nouvelles réformes, ou de prendre possession de l'Etat pour le détruire, il eut toujours fallu commencer par être le triomphateur. Dans la doctrine de Bakounine, il y avait pourtant un appel plus précis à la collaboration de toutes les classes en faveur de la réalisation de son programme et, se rappelant les conditions de la vie sociale en Russie, il y assignait une large place aux classes rurales. Il serait cependant peu exact de dire que l'Internationale à Paris et en France d'une façon générale eût subi l'influence d'une doctrine déterminée. En 1870, on vit apparaître des divergences entre les principaux membres de l'Internationale : Bastelica, Aubry, Varlin, Murat, Héligon, qui, tout en étant d'accord pour la nécessité de la liquidation sociale, se déclaraient, les uns mutuellistes, les autres communistes autoritaires.

Après le congrès de Berne, il n'y eut plus de rapports entre l'Internationale et la Ligue de la Paix ; celle-ci tint pourtant un nouveau congrès en 1869 à Lausanne où les cinq questions suivantes furent discutées : 1° déterminer les bases d'une organisation fédérale de l'Europe ; 2° quelles solutions doivent recevoir, suivant les principes de la Ligue, les diverses questions engagées et contenues sous le titre général de la question d'Orient, y compris la question polonaise ; 3° quels sont les moyens de faire disparaître tout antagonisme politique et social entre les citoyens...

Parmi les résolutions adoptées, l'une déclarait que la cause fondamentale et permanente de l'état de guerre dans lequel se perpétuait l'Europe était l'absence d'une institution juridique et internationale dont le congrès proposait la création. Elle préconisait en même temps la constitution d'une fédération européenne devant garantir à chacun des peuples qui la composerait la souveraineté, l'autonomie, la liberté individuelle, la liberté du suffrage, la liberté de la presse, de réunion et d'association ; la liberté de conscience, du travail, etc.

Pour ce qui concerne les mesures économiques, le congrès, après avoir rappelé que la question sociale est inséparable de la question politique, proposait l'abolition de tout monopole industriel, et spécialement du monopole des transports, l'intervention du législateur en vue d'écarter toute réglementation particulière de nature à porter atteinte aux principes fondamentaux du droit commun ; l'établissement des syndicats pour les ouvriers de tout ordre aussi bien que pour les patrons. Ces résolutions marquèrent la place de plus en plus importante que les questions sociales tenaient dans les délibérations des républicains, mais en même temps la persistance de la tendance à ne pas s'engager dans la voie de l'étatisme. Les discours prononcés à ce congrès soulignèrent l'importance des délibérations prises. Charles Lemonnier avait essayé d'établir la solidarité entre la liberté politique et la liberté internationale. Quinet avait cru utile de mettre en garde les Allemands contre le bruit qu'on faisait courir que les républicains parlaient de faire la guerre à l'Allemagne et que seul le gouvernement bonapartiste s'y opposait. Le discours de F. Buisson, qui était de passage à Lausanne, se rendant à Neuchâtel, fit sensation. Il se prononça pour la nécessité de faire pénétrer les idées antimilitaristes par l'éducation, en communiquant l'horreur de la guerre à l'enfant. Sa véritable pensée était d'affirmer qu'une éducation analogue à celle reçue par les Suisses pouvait suffire pour entretenir le sentiment patriotique, de même que l'organisation des milices suffisait pour assurer la défense du pays; mais ses paroles, inexactement reproduites, furent interprétées comme une charge à fond de train contre l'armée et la guerre et, à ce titre, reçurent un accueil enthousiaste de la part des congressistes (1).

Wyrouboff, qui avait participé au congrès de Berne, avait repris la première proposition relative à la nécessité de travailler à l'égalisation des classes. Il rencontra une opposition quasi-unanime. Victor Hugo, en clôturant le congrès qu'il avait présidé, en avait souligné le sens. Il avait rappelé que 20 ans auparavant, à un congrès de la Paix qui avait eu lieu à Paris le 24 août, le jour même de l'anniversaire de la Saint-Barthélemy, s'étant trouvé en présence d'un prêtre catholi-

---

(1) Ces paroles furent plus tard reprochées à M. Buisson qui offrit à Jules Ferry de donner sa démission. Ce dernier refusa de l'accepter.

Jules Ferry lui-même prononça à ce congrès un discours rappelant les trois « destructions nécessaires » de son programme aux élections de 1869. — Clément Laurier, que les lauriers de Jules Ferry empêchaient de dormir, prononça de son côté un discours violemment anti-étatiste.

que et d'un pasteur protestant, avait évoqué le souvenir néfaste de 1572, et en s'adressant à eux, leur avait dit : « Embrassez-vous ». Vingt ans après, c'était le même appel qu'il adressait aux républicains et aux socialistes. Pour lui, le socialisme était le programme de tout le parti républicain, « car il embrasse, disait-il, tout le problème humain, il proclame l'enseignement obligatoire et gratuit, il proclame le droit de la femme l'égale de l'homme, il proclame le droit de l'enfant, cette responsabilité de l'homme ; il proclame enfin la souveraineté de l'individu qui est le but de la liberté ». « Tout cela, concluait aussi Victor Hugo, c'est le socialisme, et c'est aussi le républicanisme (1) ».

Victor Hugo, qui était l'inspirateur du *Rappel*, et les membres de l'Internationale, de retour à Paris, se rencontrèrent et unirent leurs efforts à propos des manifestations qui allaient se produire. En effet, malgré la doctrine de la lutte des classes qui fut préconisée en termes de plus en plus formels par les dernières résolutions des congrès de l'Internationale, en France une union se faisait entre les différents éléments du parti républicain pour la lutte contre l'Empire.

Une lettre, adressée par Varlin à Aubry, en expliquait la raison :

« Paris, 8 mars 1870.

« Mon cher Aubry,

« Et vous, comment voulez-vous que je ne devienne pas aussi révolutionnaire en présence d'un état de choses pareil, qui semble s'aggraver encore tous les jours. Quand l'arbitraire et l'iniquité auront disparu, quand la liberté et la justice régneront sur la terre, je ne serai plus révolutionnaire ; mais, jusque-là, croyez bien que plus je serai exposé à supporter les coups du despotisme, plus je m'émeuterai contre lui, plus je serai dangereux. Mais vous aurez tort de croire un seul instant que je néglige le mouvement socialiste pour le mouvement politique. Si, dans

---

(1) Voir compte-rendu de la *Démocratie* du 26 septembre 1869 et dans l'*Almanach de la Coopération*, de 1870.

ces circonstances graves, le parti socialiste se laissait endormir par la théorie abstraite de la science sociologique, nous pourrions bien nous réveiller, un beau matin, sous de nouveaux maîtres plus dangereux pour nous que ceux que nous subissons en ce moment, parce qu'ils seraient plus jeunes, et conséquemment plus dangereux et plus puissants (1) ».

Les deux organisations qui groupaient les ouvriers, d'une part, la fédération des sections de l'Internationale, et d'autre part, la fédération des sociétés ouvrières dont les promoteurs étaient Avrial et Varlin, avaient un caractère incontestablement républicain et marchaient d'accord avec les organes les plus avancés du parti républicain. C'était *La Marseillaise*, le journal de Rochefort, qui était l'organe de l'Internationale. Plusieurs membres des plus actifs de la section parisienne y collaboraient.

La fédération des chambres syndicales était le couronnement de l'effort qui poussait les corps ouvriers à se constituer en chambres syndicales. L'impulsion au mouvement fut donnée par les ouvriers mécaniciens et cordonniers. Les statuts de ces derniers, rédigés en 1867, prévoyaient la formation d'un capital permettant d'accorder des secours à ceux de ses membres qui se trouveraient sans travail, par suite de différends entre patrons et ouvriers. La chambre syndicale devait en même temps encourager l'enseignement professionnel et servir de bureau de placement (2).

(1) V. *Gazette des Tribunaux*, 24 juin 1870.
(2) Elle était très loin de prétendre au rôle d'unique représentant dans les rapports entre les patrons et les ouvriers. En effet, d'après son article 5, si la chambre devait veiller aux intérêts de la profession dès que des questions d'intérêt général viendraient à se présenter, les décisions prises par les chambres ne pouvaient avoir qu'un effet moral et les conventions particulières entre les patrons et les ouvriers devaient toujours être respectées. Un exemplaire des statuts de la chambre des ouvriers cordonniers m'a été fourni par M. Michon, secrétaire de cette chambre sous l'Empire.

Le mouvement syndical, en apparence économique, n'était pas indifférent aux luttes politiques (1). Dans les assemblées générales on évitait de toucher aux questions politiques ; mais dans les réunions de syndicats, on ne s'entretenait le plus souvent que de cela.

Les chambres syndicales prirent un grand développement à la veille de l'Empire. « Ce fut par les rapports des groupes syndicaux que toutes les énergies ouvrières arrivèrent à se connaître et à s'apprécier », écrit un témoin de ce mouvement... « Tous les groupes parisiens au moment de la guerre étaient presque entièrement fédérés, et, de plus, reliés avec les groupements de la province (2) ».

(1) Les républicains bourgeois ne restèrent pas de leur côté étrangers au mouvement syndical, comme nous l'avons déjà vu.
Plusieurs lettres de Jules Simon adressées à Hérold montrent leurs efforts communs en faveur de la constitution de syndicats ouvriers.
On relève dans une lettre de Jules Simon, du 9 décembre 1869, ces lignes : « Je vous envoie une lettre des ouvriers de Lyon à laquelle je ne veux pas répondre sans votre avis préalable et à laquelle je voudrais cependant répondre demain. On m'écrit également de Dijon pour me demander dans quelles conditions on peut faire un syndicat. Il me semble qu'il n'y a pas de droit légal. »
A vous, Jules Simon. »
Dans une lettre du 22 avril 1867 : « La corporation des cordonniers a rédigé les statuts ci-joints. Je voudrais que vous prissiez la peine de les lire le plus tôt possible, car ils sont très pressés. » — *Correspondance inédite de F. Hérold*. — Il n'est pas inutile de rappeler que la plupart des Associations coopératives avaient comme conseils judiciaires des républicains.
(2) Michon, *Souvenirs d'un oublié* (en manuscrit), que nous avons pu consulter grâce à l'obligeance de l'auteur.
Dans un autre passage, en parlant de l'élite ouvrière qui travailla à la création de chambres syndicales, le même auteur dit : « Que ne faisaient pas ces dévoués pour servir la cause ouvrière ? Ils allaient aux assemblées des syndicats de 9 heures à minuit, dans le fond d'une cour en forme de puits et dans une chambre sans air, venant de la rue Blanche, des Vosges, de Grenelle, de Belleville et de tous les quartiers excentriques, et cela après de longues journées de travail. »

L'idée de la fédération des chambres syndicales fut, en apparence, mise en avant pour empêcher les corps ouvriers de se laisser entraîner par un mouvement purement politique et pour les amener à concentrer leur effort sur leurs intérêts professionnels ; mais les ouvriers, républicains de longue date, associèrent ensemble leurs préoccupations politiques et sociales. Une nécessité d'ordre pratique imposa bientôt une confusion, rue de la Corderie, entre l'Internationale et la Fédération des chambres syndicales. Les membres parisiens de la première créèrent d'abord des sections distinctes, et le terme donné à ces groupements était un ressouvenir des sections de la Révolution. Quand le gouvernement se mit à poursuivre l'Internationale à Paris, pour se soustraire aux investigations de la justice, les ouvriers durent se grouper en associations de moins de vingt personnes, ce qui gênait beaucoup la propagande. Afin d'y échapper, on prit le parti de faire des adhésions collectives, émanant des chambres entières. On tournait ainsi la difficulté, mais on donnait, d'autre part, une idée fausse de la puissance de l'Internationale à Paris ; tandis que ses membres n'étaient pas plus de 10.000, la peur et la mauvaise foi aidant, on rangeait sous sa bannière des centaines de milliers d'ouvriers (1).

Quoiqu'il en soit, la Fédération des chambres syndicales, au lieu de soustraire les ouvriers fédérés à l'action des militants de l'Internationale, finit par se fondre avec ses sections réunies, ayant le même siège, rue de la Corderie. L'autorité, en accordant, tout d'abord, à la chambre syndicale l'autorisation de se réunir, finit vite par s'apercevoir de ses nouvelles tendances. En effet, à ses délibérations prenaient part Varlin et Héligon. Son organisation même, qui répudiait l'action

(1) Sur tous ces points, nous avons mis à profit les renseignements oraux et les notes écrites de M. Michon.

d'un président permanent et qui admettait le principe démocratique de l'élection du président à chaque assemblée, dénotait suffisamment ses sentiments.

Nous verrons plus tard les membres de l'Internationale marcher d'accord avec les éléments révolutionnaires les plus avancés pendant les manifestations provoquées par Victor Noir, à propos du plébiscite, et aux élections de 1869. Les candidatures ouvrières suscitées par l'Internationale ne furent pas l'affirmation d'une politique antirépublicaine. Les organes qui soutenaient les doctrines de l'Internationale avaient, au contraire, tous proposé de voter pour les candidats insermentés en donnant ainsi à leur opposition un caractère extrême. L'attitude prise par les prévenus, à propos du troisième procès de l'Internationale, enlevait d'ailleurs tout doute sur leurs sentiments.

Cette fois, 38 prévenus furent poursuivis devant le tribunal correctionnel (1).

Le ministère public relevait contre eux le délit de société secrète, continuant l'équivoque et la confusion — qui ont si bien réussi à entretenir le spectre rouge — entre les sociétés illicites et les sociétés secrètes. Il reprochait ensuite aux affiliés de l'Internationale leur participation aux luttes politiques, en faisant remonter le caractère politique de la société au moment de sa fondation qui aurait été provoquée par Mazzini. L'accusation mettait à la charge de l'association poursuivie

(1) Ce furent Varlin, Benoit-Malon, Murat, Johannard, Pindy, Héligon, Avrial, Sabourdy, Golmia dit Franquin, Passedouet, Rocher, Assi, Pagnerre, Langevin, Robin, Leblanc, Carle Allard, sous l'inculpation d'avoir, depuis moins de trois ans, à Paris, fait partie, comme chefs ou fondateurs, d'une société secrète; Theisz, Collot, Casse, Ducauquie, Flahaut, Landeck, Chalain, Ansel, Bertin, Boyer, Girode, Delacour, Durand, Duval, Fournaise, Frankel, Giot, Mazieux, pour participation à une société secrète.

les grèves, inspirées, d'après elle, par des considérations politiques et déchainées par une puissance occulte, s'appuyant sur une caisse centrale. La défense collective, rédigée par Theisz et Avrial, fut prononcée par Chalain (1).

Celui-ci repoussait le délit de société secrète en disant : « Il n'y a pas de société qui recherche plus de publicité ; pas une section n'est fondée, pas une résolution n'est prise sans que les 25 journaux de l'opposition et un nombre considérable de feuilles indépendantes n'en fassent immédiatement un fait de notoriété publique. » Pour ce qui concerne le rôle économique de l'association, il le justifiait par les vices de l'organisation sociale et non par des incitations politiques. « Selon cette façon d'envisager les choses, faisait remarquer Chalain, les ouvriers... se soulèveraient sans cause, souvent contre leurs intérêts, à la voix d'agitateurs inconnus. Pour obéir au premier venu.. ils s'exposeraient à la répression, aux fusillades, aux condamnations... », et il soulignait l'article du programme de l'Internationale tendant à obtenir l'affranchissement des travailleurs par les travailleurs eux-mêmes.

Pour ce qui concerne les grèves, les prévenus, et notamment Héligon, montraient que leur développement était rendu possible par les chambres syndicales dont la création avait été conseillée même par Emile Ollivier, quand il n'était pas encore le président de l'Empire libéral. Le plaidoyer de Chemalé se terminait par une profession de foi où il demandait le droit pour le peuple de se gouverner lui-même sans intermédiaire et surtout sans sauveur ; la liberté complète ; l'abolition de l'usure, des monopoles, du salariat, des armées permanentes ; l'instruction intégrale ; l'application des réformes à l'aide

(1) D'après une note, écrite de la main d'Avrial, sur un exemplaire du *Troisième procès de l'Internationale* qui m'a été communiqué par lui avant sa mort.

desquelles il serait permis d'atteindre l'égalité des conditions (1).

Ce programme n'impliquait nullement l'adhésion aux décisions communistes du récent congrès de l'association, et était destiné à concilier les doctrines différentes et parfois divergentes professées par les affiliés de l'*Internationale* à Paris.

Les prévenus furent condamnés. Le jugement qui les frappa provoqua une nouvelle protestation. Des réunions furent tenues dans la salle de la *Marseillaise* et au café du Bazar des Halles. Elles donnèrent lieu à de nouvelles poursuites contre les signataires de la protestation, en tête desquels se trouvaient Combault et Michon, pour outrage à l'Empereur, à la magistrature et pour l'inévitable délit de société secrète. Michon, interrogé par le juge sur le dernier chef de la prévention, répondit : « L'Empereur jusqu'à son avènement au pouvoir a toujours fait partie des sociétés secrètes et a été l'instigateur de plusieurs complots. Pourquoi trouve-t-il mauvais qu'on fasse contre son gouvernement ce qu'il a fait contre les autres ? » Ainsi, la multiplication des poursuites ne faisait qu'accentuer la violence de la résistance. L'arrivée du 4 septembre empêcha cette nouvelle poursuite d'aboutir (2).

Malgré la scission qui s'opéra plus tard dans le sein de l'Internationale, par suite de la lutte entre Karl Marx et Bakounine et par la constitution de la Fédération Jurassienne, l'attitude de l'*Internationale* à Paris ne changea pas. Le congrès romand du 4 avril 1870 avait bien fait la déclaration suivante : « Considérant que l'émancipation définitive du travail ne peut avoir lieu que par la transformation de la société politique fondée sur le privilège et l'autorité en société économi-

(1) V. le *Troisième procès de l'Internationale*, p. 106.
(2) Renseignements fournis par M. Michon.

que fondée sur la légalité et la liberté ; que toute participation de la classe ouvrière à la politique bourgeoise gouvernementale ne peut avoir d'autre résultat que la consolidation de l'ordre des choses existant, ce qui paralyserait l'action révolutionnaire socialiste du prolétariat...; le congrès recommande à toutes les sections de l'Association internationale des travailleurs de renoncer à toute action ayant pour but d'opérer la transformation sociale au moyen des réformes politiques nationales et de porter leur activité sur la constitution fédérative des corps de métiers » (1). Mais, en France, les chefs de l'*Internationale*, dont Varlin était un des types les plus caractéristiques, continuèrent à prendre une part active à la lutte politique, et le mouvement ouvrier sous la Commune n'en était que le prolongement puisqu'il avait pour but avant tout de sauver la République menacée et non une transformation sociale immédiate (2).

Malgré cette évolution nettement républicaine et démocrate, l'Internationale fut suspecte autant au parti républicain qu'aux autres classes de la société. Les uns, craignant que les affirmations de l'Internationale n'eussent pour effet d'effaroucher la bourgeoisie, étaient parfois tentés de voir dans ses membres de véritables agents de la police bonapartiste. Pour ce qui concerne les conservateurs, ils confondaient l'Internationale avec l'ensemble des ouvriers. En fait, l'effectif des partisans de l'Association internationale en France était peu considérable. Au congrès de Bruxelles et au congrès de Bâle, les ouvriers français ne furent pas, répétons-le, représentés par des organisations régulières. C'étaient des

---

(1) V. sur la Fédération jurassienne, *La Solidarité* (du 11 avril 1870) ; James Guillaume, *op. cit.*, p. 103 et suiv.; Claris, *Les Proscrits français en Suisse*, 1871-1872, Genève, p. 100 et suiv.

(2) Faillet, *Biographie de Varlin*. S. d.

groupements détachés, des sociétés de secours, de résistance, des sociétés coopératives qui envoyaient des délégués.

L'organisation corporative des ouvriers qui se trouvaient toujours réunis en masses, par ateliers, faisait qu'une adhésion pouvait être facilement donnée par l'un d'eux, au nom de toute une collectivité, et cette tactique, comme nous l'avons vu, avait été imposée par la législation en vigueur. Le succès de la propagande de l'Internationale était particulièrement grand lorsqu'il s'agissait d'une grève, à l'origine de laquelle elle restait complètement étrangère pour la plupart du temps. La grève une fois commencée, un membre de l'Internationale se présentait dans la région, et les ouvriers, manquant presque toujours de direction, acceptaient avec enthousiasme d'adhérer à une association qui représentait pour eux l'expression de la solidarité ouvrière. Il n'est pas inutile d'ajouter que l'adhésion à une société dont le siège était établi à l'étranger était un moyen indirect de tourner la loi qui prohibait les associations à l'intérieur du territoire.

Au point de vue purement économique, l'Internationale en France n'avait servi qu'à seconder la création des sociétés de résistance et de syndicats et même des sociétés coopératives. A ce point de vue, il faut insister sur ce point, les efforts des ouvriers se rencontraient avec ceux des républicains bourgeois. La section de l'Internationale à Lille comprenait, à côté de quelques ouvriers, Patrice et même Legrand (1). Au point de vue des doctrines, elle avait plutôt servi à enrayer le mouvement communiste, en le précisant, en lui donnant un caractère plus scientifique. Le communisme n'était pas sorti des délibérations des congrès de l'Association internationale. Il fut le résultat du travail

(1) Renseignement fourni par M. Patrice.

invisible qui continuait à se faire dans les groupements ouvriers, et qui n'était apparu qu'à partir du jour où les représentants ouvriers avaient pu prendre la parole dans des réunions ou dans des congrès. On ne pouvait même pas dire que les membres de l'Internationale fussent les interprètes de la doctrine d'un auteur déterminé dont ils auraient suivi l'influence exclusive. Les discussions qui se produisirent au cours des réunions publiques où des questions économiques furent mises à l'ordre du jour, montrent qu'il y avait dans les esprits un fonds de doctrines où pêle-mêle le saint-simonisme, le fouriérisme, Louis Blanc, le *Voyage en Icarie* furent mis à contribution pour fournir des formules plus ou moins précises. Tout d'abord, Proudhon triompha, car il fut le seul à écrire sous l'Empire, mais quand l'*Internationale* se propagea, immédiatement les anciennes tendances cachées reparurent, et le communisme reprit sa place.

Au point de vue politique, l'idée apparente de Proudhon, la distinction entre la forme politique du gouvernement et l'organisation économique, fut énoncée par les premiers membres de l'Internationale à Paris, mais elle fut mise en avant pour des considérations de tactique. On ne tarda pas à affirmer, dès le congrès de Lausanne, la solidarité existante entre la forme politique et les questions sociales, et la coopération des ouvriers avec la bourgeoisie républicaine dans toutes les manifestations qui eurent lieu, sans être le résultat de l'attitude de l'Internationale, constitua la prolongation du mouvement que les historiens du coup d'Etat avaient essayé de dissimuler. A la fin de l'Empire comme en 1848, on vit constamment les ouvriers affirmer leur solidarité étroite avec la bourgeoisie quand il s'agissait de lutter pour la République.

CHAPITRE XIV

L'opposition républicaine dans la presse et dans les réunions publiques (1868-1870)

I. Les réunions publiques (leurs tendances politiques et sociales).
II. La presse à Paris et dans les départements.
III. L'affaire Baudin.

I

La nouvelle législation sur les réunions publiques et sur la presse avait permis aux opposants de manifester plus librement leurs idées.

Les réunions publiques constituaient une manifestation hardie de certaines opinions plutôt qu'une opposition positive et précise.

C'était dans une salle de bal, au Vaux-Hall, que s'était ouverte la première réunion, le dimanche 28 juin 1868. L'attitude du public qui se pressait aux abords de la salle au nombre de plus de mille personnes montrait la hâte que l'on avait de recouvrer le libre usage de la parole. Les ouvriers qui constituaient la plus grande partie des assistants étaient parmi les plus pressés à répondre à l'appel des organisateurs, Horn et Beslay.

Les proudhoniens placèrent immédiatement la discussion sur le terrain économique. A l'ordre du jour furent inscrits successivement : « Constitution de la richesse sociale ; rôle que remplit le capital ; conditions actuelles de l'échange ; législation révélant les rapports entre le travail et le capital ; organisation de l'enseignement ; conditions économiques, juridiques et morales dans lesquelles se meut la famille. »

Dès le début, à propos de la discussion sur le travail des femmes, on avait vu reparaitre les anciens qualificatifs, « citoyens et citoyennes », qui donnaient aux débats un caractère démocratique et quasi-révolutionnaire.

Le ton relativement modéré de la première assemblée changea lorsque ces réunions furent transportées dans la salle des fêtes de la Maçonnerie écossaise, rue Jean-Jacques Rousseau. Les travailleurs étaient toujours en majorité, mais le programme des discussions s'était élargi (1).

Rapidement, de tous les côtés, de nouvelles réunions eurent lieu, au Pré-aux-Clercs ; au quartier Mouffetard ; à la salle du Vieux-Chêne ; dans le faubourg Saint-Antoine, à la salle Raisin ; à la place du Trône, dans la salle de la Jeune Gaule, chez l'instituteur Budaille ; à Ménilmontant ; à Belleville ; à Montmartre ; au quartier Saint-Martin, salle Molière ; au quartier des Halles, etc., etc.

Les opinions les plus différentes se firent jour à propos des discussions portant sur les questions morales ; les catholiques, les protestants, les matérialistes y venaient aux prises, mais les idées antireligieuses y jouissaient d'une popularité incontestable et dominaient. Dans le *Confédéré* (2), le correspondant parisien faisait la description suivante de la physionomie d'une de ces réunions :

(1) Benard, *Le Socialisme d'hier et d'aujourd'hui*, 1870 ; Albert, *Réunions publiques*, 1869 ; Gustave Lefrançais, *op. cit.*, p. 245 et suiv.; Vitu, *Réunions publiques*, 1869 ; Molinari, *Le mouvement socialiste*, 1849 ; Faure et Fontaine, *Le peuple et la place publique*, 1869 ; *Le Diable à quatre*, 20 février 1869, par A. Duchesne ; Pressensé, *Réunions publiques*, 1869.

(2) 6 novembre 1868.

… « Querelle entre les catholiques et les matérialistes et athées. — Le président a dit : « Je suis matérialiste et athée », couvert d'applaudissements… Beaucoup de passions, beaucoup de gaminerie ; des gens de parti-pris, venus pour exciter du trouble, dans les deux sens ; un mélange de commis, d'artisans, de jeunes gens du cercle catholique ; des interruptions d'un quart d'heure où l'on crie : « à la porte ». . On ne tolère pas que les mots de Dieu, de foi, de chrétien, d'évangile, soient prononcés. On hue les orateurs qui s'en servent. Un orateur a été fort applaudi… « Vous prétendez être amis du progrès (dit-il s'adressant aux cléricaux) et je vous demande comment il se fait qu'il n'y ait pas un crime dans l'histoire que vous n'ayez consacré ?… (10 minutes d'applaudissements) ».

Devant ce débordement des idées antireligieuses et du communisme, quelques partisans de l'économie classique avaient eu l'idée d'organiser des conférences contradictoires qui furent faites à la Redoute Saint-Honoré sous la présidence de Joseph Garnier, professeur d'économie politique à l'Ecole des ponts et chaussées, à qui on attribuait des idées républicaines et pour lequel Proudhon professait une grande estime. Parmi les autres promoteurs de ces réunions figuraient aussi Bénard du *Siècle*, Simonnin de la *Presse*, Molinari des *Débats*, Frédéric Passy, membre de l'Institut, Courcelles-Seneuil du *Temps*, Clamageran et Horn. Elles n'eurent pas grand succès. Dans ces différentes réunions, on avait vu paraître toutes les nuances des doctrines soutenues depuis 1848, qui par un travail souterrain avaient continué à cheminer dans les esprits pour faire explosion aussitôt qu'une certaine liberté avait été rendue à la parole. S'y rencontraient à la fois des disciples de Proudhon comme Langlois ; les mutuellistes de l'Internationale comme Tolain, Murat, Chemalé,

Longuet, dont la critique spirituelle s'exerçait sur le compte des communistes et des fouriéristes auxquels il reprochait de vouloir embrasser dans le communisme jusqu'aux femmes ; les blanquistes communistes et révolutionnaires comme Jaclard et Moreau qui avaient repris la propagande que le premier avait essayé de faire au congrès de la Ligue de la paix, à Berne. Des communistes purs allant du babouvisme le plus foncé de Gaillard jusqu'au communisme mélangé de fouriérisme de Lefrançais et de Ranvier y exposaient également leurs idées. Rigault et Casse y faisaient entendre leurs furieuses protestations, le premier contre la police à laquelle il attribuait tous les malheurs, et l'autre contre tout le monde, mû surtout par un besoin d'agir. Millière, secrétaire, en 1848, du club la *Révolution*, présidé par Barrès, y prêchait un communisme mystique et religiositaire.

Chauvière, à la salle du Vieux-Chêne, au boulevard de la Chapelle, à Belleville, traitant du chômage, de l'éducation et de l'instruction des enfants, saisissait l'occasion pour faire le procès de la société capitaliste, et terminait un de ses discours par ces mots : « Relevons le drapeau rouge contre le drapeau blanc, contre l'esclavage (1). »

Cournet, dont le père tomba victime d'un duel à Londres, y développait les idées révolutionnaires inspirées par le *Réveil* de Delescluze ; Cauzard expliquait les doctrines positivistes ; Ducasse, ex-élève en théologie de l'école calviniste, se livrait à une propagande ardente contre les jésuites à côté de Lenormand, orateur catholique qui coudoyait le pasteur de Pressensé ; Paule Minck y plaidait la cause des femmes. Parmi les orateurs les plus intelligents figurait Briosne qui soutenait une espèce de communisme libéral et presque indi-

(1) *Gazette des Tribunaux*, 30 janvier 1869, 6 mars, 4 avril.

vidualiste. Vermorel avait essayé de mettre un peu d'ordre dans les discussions en organisant des réunions avec un bureau tout prêt, et ayant comme sujet de discussion les doctrines de Proudhon. Après quelques tentatives, il dut renoncer à son projet (1).

Au fond, au point de vue économique, les solutions votées n'étaient pas empreintes d'une exagération particulière. Ce qui prédominait, c'étaient les idées mutualistes qui, sans doute, impliquaient « la liquidation sociale », mais qui voulaient la voir se faire par le jeu normal et libre des associations, après l'abolition de l'article 291 du Code pénal, et non pas par l'intervention autoritaire de l'Etat. Un ordre du jour signé par Briosne, Fribourg et Sicard formulait comme suit les idées des orateurs sur l'hérédité :

« Ni accumulation des richesses par l'Etat, ni par les individus. Il faut transformer la propriété, en lui restaurant son véritable caractère d'instrument de production possédé par ceux qui, seuls ou associés, le mettent en œuvre par le travail. Cette liquidation ne pourra se faire à l'amiable que par la suppression de l'article 291 du Code pénal qui permettra aux travailleurs de s'associer et de constituer une force égale au capital accumulé lorsque le moment viendra de discuter les conditions du rachat (2) ». C'était, on le voit, le communisme libéral qui dominait; mais toutes ces motions étaient accompagnées des expressions qui marquaient le tempérament révolutionnaire des orateurs; l'un vantait la méthode d'action de Babeuf, l'autre s'attaquait à la bourgeoi-

(1) Renseignements fournis par M. Wyrouboff.
(2) V. Benard, *op. cit.*, passim. Toutes les propositions plus ou moins raisonnées relatives à la liquidation sociale excluaient l'intervention de l'Etat par voie d'autorité. Ces discussions avaient contribué à rapprocher la théorie de l'équivalence des fonctions de Proudhon avec l'idée de la plus-value de Karl Marx.

sie et évoquait le rôle qu'elle avait joué aux journées de Juin ; le troisième faisait des allusions transparentes au régime impérial et évoquait le souvenir du 2 Décembre. Des attaques virulentes se produisaient contre certains députés et visaient particulièrement Jules Favre ; des applaudissements enthousiastes avaient accueilli les déclarations de Rigault, qui ne voulait pas se laisser défendre par Jules Favre, parce qu'étant matérialiste il ne voulait pas avoir pour avocat un spiritualiste.

Les réunions paraissaient moins dangereuses par l'action précise à laquelle elles pouvaient pousser l'auditoire que par la tendance d'esprit qu'elles dénotaient. C'était, disait encore le correspondant du *Confédéré*, « le volcan jetant les gourmes » ; et de Pressensé, dans sa brochure consacrée aux réunions publiques, montrait la véritable cause qui poussait les orateurs vers la violence et l'exagération ; c'était l'interdiction de discuter sur des sujets politiques, c'est-à-dire des questions précises se rattachant à la réalité, aux questions quotidiennes, l'esprit par là même s'égarant dans les abstractions, allant jusqu'au bout de ses conclusions, même les plus absurdes (1).

Après une tolérance complaisante et suspecte de la part de l'administration impériale, les réunions furent exposées à de nombreuses poursuites. Ainsi, en janvier 1869, Girault et Gaillard furent poursuivis pour des opinions émises dans une discussion relative au mariage et au divorce, car en critiquant l'organisation de la famille ils niaient l'existence du droit positif, du droit « qui est le fondement de la société et ne peut jamais être considéré comme une opinion politique qu'il soit possible de discuter ». Raoul Rigault fut englobé

(1) De Pressensé, *Les réunions publiques*, 1868.

dans les mêmes poursuites, car, « sans avoir égard aux sentiments universels, il avait affirmé que le mariage consistait dans un simple rapprochement des deux sexes » (1).

En avril de la même année, c'était le tour de Gustave Flourens, Feret, Pellerin, Pichon, Bachelery, d'être traduits devant le tribunal correctionnel pour avoir, dans une discussion relative à l'organisation du travail et aux causes de chômage, prononcé la phrase suivante : « Depuis que la société est organisée, on nous a menés, opprimés, par des mots... supprimé la liberté, tout cela avec les mots... Honneur, Patrie, Drapeau (2) ».

D'autres orateurs furent inculpés pour avoir évoqué le souvenir « du constitutionnel Bailly, du révolutionnaire Pétion, du traître Louis XVI, que la justice du peuple avait frappés et qui ont porté leurs têtes sur l'échafaud égalitaire (3) ».

A plus forte raison, de lourdes pénalités frappèrent ceux qui rappelaient les événements du 2 Décembre, comme c'était le cas de Pellerin qui disait, au cours d'une réunion : « Nous ne sommes plus aujourd'hui ce peuple qu'on mitraillait dans les faubourgs au 2 Décembre... Jurons une haine mortelle aux tyrans, aux empereurs, aux rois ; nous ne voulons qu'un maître, le peuple.... Un souffle révolutionnaire a traversé l'Europe... Nous ne voulons pas être les esclaves d'un tyran, quand de toutes parts se manifeste l'ère nouvelle de la liberté des peuples. »

Amouroux se faisait poursuivre pour avoir dit dans une réunion, place du Trône : « Je suis socialiste radical, je veux la révolution, je veux le remplacement de l'Empire, de cet Empire fondé par l'assassinat et le parjure (4). »

(1) V. *Gazette des tribunaux*, 23 janvier 1869.
(2) V. *Gazette des tribunaux*, 27 avril 1869.
(3) V. *Gazette des tribunaux*, 27 avril 1869.
(4) V. *Gazette des tribunaux*, 16 avril 1869.

Les idées antireligieuses n'étaient pas traitées avec plus de tendresse par les tribunaux. Constant-Louis Pichon, élève architecte, se voyait poursuivi et frappé pour excitation à la haine et au mépris des citoyens, pour outrage à la morale publique et religieuse parce qu'il avait dit, en traitant de l'enseignement national obligatoire : « Ceux qui veulent faire triompher la révolution doivent empêcher la propagande de toutes les religions, par tous les moyens, car ce système est lié au système politique dont nous subissons le joug depuis longtemps... », ce qui n'était qu'une simple traduction d'une des célèbres pages d'Edgar Quinet dans son *Histoire de la Révolution* (1).

Peyrouton fut inculpé d'apologie de régicide et d'assassinat pour avoir dit dans une réunion du boulevard Rochechouart : « Les rois et les princes sont incorrigibles, il n'y a qu'un moyen de s'en débarrasser, c'est la mort (2). »

L'instituteur Budaille ne fut pas ménagé par la justice, car dans ses réunions on organisait de véritables cours dans lesquels on apprenait aux enfants des prières laïques dont voici un échantillon :

« Liberté adoreras et serviras parfaitement ;
Le sang ne répandras que pour ta défense seulement ;
Mois de février célébreras, et son retour joyeusement (3) ».

Tel fut le ton de ces réunions où les allusions aux aigles, « oiseaux pillards, cruels par tempérament », revenaient souvent. Et comment s'étonner de la violence du ton des orateurs quand des hommes politiques, des républicains d'avenir comme Henri Brisson étaient traduits devant un tribu-

(1) V. *Gazette des tribunaux*, 4 avril 1869.
(2) V. *Gazette des tribunaux*, 20 mars 1869.
(3) V. *Gazette des tribunaux*, 21 mars 1869.

nal correctionnel pour des paroles dans lesquelles on trouvait un véritable appel à la révolution.

A propos d'une question relative à l'éducation et à l'instruction de l'enfant, l'élève de Massol, après avoir parlé de l'attitude des libéraux et des radicaux, s'était exprimé ainsi :

« Je ne vous parlerai pas des cléricaux, vous les avez repoussés avec tout le dégoût qu'ils inspirent. Mais je viens relever une erreur qui se commet généralement. Il semblerait que parce que nous sommes des radicaux, des communistes, nous voulons nous débarrasser de la liberté ! Cette liberté, nous la voulons, mais nous voulons aussi le moyen de transition qui doit l'amener ; nous voulons détruire le vieux virus qui date depuis qu'on a inventé le bon Dieu... » et l'orateur ajoutait : « Ils ont affaire à un corps social gangrené et ils prétendent le guérir avec de l'eau tiède ; ces plaies on ne les guérira qu'avec le fer et le feu. Comprenez bien que c'est pour sauver la société que nous devons passer par cette terrible nécessité. Nous voulons donc la liberté et par le chemin le plus court et le plus radical (1). »

Tous ces propos furent relevés et reproduits par les journaux officiels, et une brochure spéciale due à la plume de Vitu, intitulée *Réunions publiques*, fut répandue à profusion dans les campagnes. Elle devait, dans la pensée de l'administration, remplir le rôle qu'avait joué sous la seconde République le *Spectre rouge* de Romieu.

Devant l'usage que faisait l'Empire des excès de langage qui marquaient les discussions dans les réunions publiques, quelques démocrates et surtout les hommes de 48 qui avaient connu le discrédit jeté sur le parti républicain par les journées de juin furent effrayés. Garnier-Pagès protesta au Corps

(1) V. *Gazette des tribunaux*, 6 février 1869.

législatif contre ceux qu'il considérait comme les agents provocateurs et les complices de l'Empire.

L. Ulbach dans la *Cloche*, Peyrat dans l'*Avenir national*, adressèrent des avertissements aux orateurs des réunions; même Delescluze, dans le *Réveil*, appliqua le sévère qualificatif « d'endormeurs » à ceux qui, par l'évocation soudaine des doctrines socialistes et communistes, semblaient jeter l'épouvante dans les rangs de la bourgeoisie.

Dans la *Revue politique*, Allain Targé disait : « Ce qui nous a véritablement affligés... ce sont des hommes qui se croient démocrates, qui se donnent le nom de socialistes, et qui, en réalité, sont les dupes d'illusions dont ils devraient être revenus, car ils ont vu qu'une longue tolérance n'empêchait pas le pouvoir protecteur des ouvriers d'envoyer les ouvriers en police correctionnelle, quand une association ouvrière supportée longtemps devenait embarrassante », et, marquant la véritable cause de son inquiétude, il ajoutait : « Il existe encore toute une secte que Proudhon n'a pas su détruire... et qui s'imagine qu'il est possible d'isoler les questions sociales des questions politiques et de résoudre les premières par la force, par les mesures dictatoriales. (1) »

Il y avait eu une certaine méprise sur les sentiments des orateurs et des mandataires, quand on les avait crus prêts à accepter l'Empire et les réformes sociales émanant du pouvoir dictatorial. Les tendances révolutionnaires de la plupart des orateurs témoignaient contre ces présomptions, mais on était encore à cette époque sous le coup de la légende fausse d'après laquelle les mesures du coup d'État auraient réussi grâce à la complicité des classes ouvrières prêtes à échan-

(1) *Les dernières réunions de Vaux-Hall*, par Allain Targé, *Revue politique*, 1868. — V. aussi *Le diable à quatre*, Alphonse Duchesne, 23 janvier 1869.

ger la liberté politique contre l'égalité sociale. Les événements ultérieurs devaient montrer ce qu'il y avait de faux dans ces arguments.

En tous cas, après différentes manifestations, un certain nombre d'ouvriers, parmi lesquels figuraient les orateurs les plus réputés des clubs et quelques membres de l'Internationale, adressèrent aux représentants républicains au Parlement et dans la presse un appel, les invitant à venir discuter les moyens nécessaires pour arriver à la réforme sociale par les moyens pacifiques. Les signataires de ce document se disaient convaincus « qu'un pouvoir quelconque ne pourrait jamais révolutionner à sa guise une société qui ne veut pas être révolutionnée ou la faire marcher dans un sens contraire à celui dans lequel, à tort ou à raison, elle veut marcher ».

Par une collaboration commune, les représentants des ouvriers déclaraient vouloir formuler avec les représentants des démocrates bourgeois un ensemble de mesures législatives « telles que, la liberté du travail et la liberté des transactions restant sauves, l'égalité des conditions en résulterait progressivement et promptement, sans spoliation ni banqueroute (1) ».

Si ces réunions servirent à effrayer quelques timides, il ne faudrait pas pourtant oublier qu'elles permirent pour la première fois à beaucoup de jeunes gens d'apprendre l'existence des problèmes d'ordre social qui furent pendant longtemps négligés, et même discrédités (2).

(1). Parmi les signataires de cette adresse figuraient : Chemalé, A. Murat, Lefrançais, Briosne, Tolain, Dumay, Longuet, Pierre Denis, Langlois, etc., etc. — V. Faure et Fontaine, *Le peuple et la place publique*.
(2) D'après les renseignements qui m'ont été fournis par M. Georges Renard, c'était le cas de plusieurs élèves de l'Ecole normale.

II

Les manifestations de la presse républicaine furent plus variées, aussitôt après la publication de la nouvelle loi sur la presse. Les anciens journaux comme le *Nain jaune* et l'*Avenir national* prirent une nouvelle importance. Plusieurs organes se fondèrent.

D'abord, parut l'*Electeur* sous la direction d'Ernest Picard. Il formula son programme ainsi : « La politique est une science dont les lois sont impérieuses. Elle nous a appris, par la méthode expérimentale, que la liberté résidait dans certaines institutions qui en sont la condition essentielle. Une Chambre librement élue peut seule profiter des libertés parlementaires. L'indépendance électorale exige la liberté municipale, l'indépendance des maires. Le jury peut seul prononcer dans les causes où le gouvernement est pour ainsi dire partie (1). »

Au point de vue de la tactique préconisée — c'était par là qu'Ernest Picard se distinguait des autres membres de l'opposition — il affirmait que les anciens partis en France s'étaient fondus en un grand parti qui voulait la liberté et le gouvernement du pays par le pays, et que, par conséquent, une alliance était possible avec tous les éléments de l'opposition pour combattre l'Empire. Le principal et l'essentiel était de combattre, d'exclure les candidats du gouvernement (2).

Malgré ce large programme, l'*Electeur* n'avait pas donné son adhésion à l'Empire libéral d'Ollivier, et s'était prononcé contre le plébiscite. Sans aller jusqu'à accepter le gouvernement direct, il se prononçait pour une Assemblée constituante

(1) V. l'*Electeur* du 22 juillet 1869.
(2) V. l'*Electeur* du 29 juillet 1869.

pouvant seule réviser les bases de la constitution (1).

En somme, il préparait les voies au régime parlementaire pratiqué par l'union de toute l'opposition libérale. Grâce à son programme modéré, il avait reçu l'adhésion de plusieurs libéraux comme Prévost-Paradol, Léon Say, etc., etc. (2).

L'*Electeur* fut frappé de plusieurs condamnations.

La *Tribune*, dirigée par Eugène Pelletan, traduisait une tendance plus avancée; elle comptait comme collaborateurs Lavertujon, Jules Ferry (au début), Glais-Bizoin, Vacherot, Cluseret, Jacques, Emile Zola, Asseline, Alfred Naquet, Jules Claretie. Vacherot continuait à y exposer sa philosophie et préconisait la publication d'un catéchisme « plus rationnel que ceux des spiritualistes chrétiens, plus digne de la nature humaine et de la moralité moderne que ceux du matérialisme soi-disant scientifique ». Eugène Pelletan y publiait ses souvenirs sur le coup d'Etat qui avaient contribué pour beaucoup à provoquer la manifestation motivée par la souscription en faveur du monument de Baudin (3).

Lavertujon se fit condamner pour un article hardi intitulé : « La seconde bataille de Clichy » (4).

(1) *Ibd.*, 22 mars 1870.
(2) Le premier lui fit connaître son adhésion par une lettre qui se trouve dans la correspondance d'Ernest Picard. Léon Say avait écrit à Ernest Picard la lettre suivante (le 20 février 1869) : « Les opinions politiques sont faciles à définir. J'aurais toujours voté pour l'opposition dans tous les cas qui se sont présentés, et toutes les fois qu'il y a eu des voix d'opposition des deux côtés, j'aurais voté avec Ernest Picard ».
(3) V. la *Tribune*, 27 septembre 1868.
(4) En voici les passages incriminés : « Il ne s'agissait point, comme à d'autres époques, en 1836 à Strasbourg par exemple, d'un pronunciamento militaire tenté dans une ville forte par quelques officiers ayant reçu à l'avance une grasse indemnité pour prix de leur trahison. Il ne s'agissait pas davantage, comme en 1840 à Boulogne, d'une descente à main armée exécutée au milieu d'une paix profonde dans un petit port de la Manche, par des conspirateurs... Il ne s'agissait pas non plus, comme au 2 décembre 1851, de supprimer une constitution votée par

La *Revue politique*, dirigée par Challemel-Lacour, s'appliquait à élaborer un véritable programme pour le parti démocrate gouvernemental. C'était là que Gambetta, dans un article intitulé : « La politique et les affaires », à propos du libre échange, avait exposé la théorie de la politique opportuniste. « Cette théorie de la liberté des échanges, écrivait-il, n'est qu'une donnée exacte de la science économique pure; ce n'est pas un dogme inéluctable, inflexible, qu'il faille appliquer rigoureusement, et sur l'heure, à toutes les sociétés quelles qu'elles soient. »

Dans un autre numéro de la *Revue politique*, en parlant du budget militaire, Gambetta développa les quatre points suivants : « Obligation pour les Etats d'augmenter le chiffre effectif de leurs armées; nécessité de ne pas peser indéfiniment sur la nation; simplifier les rouages de l'administration militaire; faciliter le passage du pied de paix au pied de guerre. »

Henri Brisson y annonçait le péril de la politique prussienne, et mettait en garde l'Empire contre de futurs désastres (1).

Ainsi la politique extérieure commençait à préoccuper sérieusement l'esprit de l'élite du parti républicain.

La *Revue politique* suivait également, avec Henri Brisson, avec un intérêt soutenu, toutes les manifestations du corps électoral, et dénonçait les candidatures officielles.

On examinait en même temps l'attitude à prendre en face des divers éléments de l'opposition.

Dans un article important, Challemel-Lacour mettait en

900 représentants, d'expulser ou d'emprisonner les membres d'une assemblée nationale, de fusiller ou de transporter 40.000 citoyens. Non, le danger est d'une toute autre gravité. »

(1) *Revue politique*, juin 1868 ; Neucastel, *Gambetta*, p. 36 et suiv.

garde contre des illusions possibles les libéraux et les socialistes qui croient qu'il suffirait d'une certaine substance du libéralisme et du socialisme, de certaines réformes réalisées pour qu'il importât peu de se prononcer en faveur d'une forme de gouvernement déterminée.

« Il est temps, disait-il, ce nous semble, de sortir du vague, de dire son nom, de préciser son but. Nous repoussons pour notre part ces étiquettes banales qui servent aux opinions contraires... Les esprits droits, libéraux ou républicains, doivent avoir à cœur de s'expliquer, et de rompre toute communauté, même de langage, avec ceux qu'ils combattent. Si le mot de liberté sonne aussi bien dans la bouche d'un ami de l'Empire que dans toute autre, ... cela veut dire que ce mot se ne suffit pas à lui-même ; que la chose qu'il exprime n'est rien, séparée des formes qui la déterminent et des conditions qui la garantissent (1). »

C'était une protestation, à la veille des élections, contre la politique de ralliement à outrance.

Les groupements républicains, malgré les divergences qui les séparaient, avaient conscience de leur doctrine propre et tendaient à éliminer de leur tactique tout ce qui pouvait les confondre avec les partisans de la démocratie bonapartiste ou de l'empire libéral. Ce programme nettement républicain n'empêcha pas, comme nous l'avons vu, des hommes de nuances différentes de se grouper autour de la *Revue politique*.

Le plus important, parmi les nouveaux journaux, était le *Réveil*, publié par Delescluze, dont le programme n'était que le rappel des principes de la révolution de 48 avec une accentuation marquée dans le sens de la responsabilité person-

(1) V. *Revue politique*, 1869, *La Démocratie radicale et les élections*, p. 100.

nelle du pouvoir exécutif. Ayant écrit dans son manifeste-programme : « c'est dans la révolution, le secret de cette résurrection prodigieuse dont la France a souvent ébloui l'Europe, et dont nous ne tarderons pas à saluer encore une fois l'aurore », il s'exposa à des poursuites et à une condamnation rigoureuse.

La personnalité de Delescluze était caractéristique parce que, sans compter de nombreux partisans, il exprimait un état d'esprit qui était commun à un grand nombre de républicains. Il se rattachait à la grande révolution, à ses traditions et à sa méthode d'action. Delescluze était l'apôtre et le martyr de la révolution. Dans une lettre adressée à un de ses correspondants, il nous révèle son état d'âme...

« Je suis, je vous l'avoue, très peu d'humeur à fêter l'anniversaire de Février qui me rend si douloureux le spectacle du présent et me rappelle trop le profond abaissement du parti. Si, au lendemain de la victoire, on reporte un pieux souvenir sur les grandes époques de l'histoire révolutionnaire, c'est justice. Des mains libres peuvent applaudir aux fêtes de la liberté. Mais aujourd'hui que la honte nous écrase, je ne me sens pas, pour ma part, la force de m'associer à un souvenir qui nous accuse.... J'ai cessé de suivre les réceptions de nos amis, tout en leur restant sincèrement attaché et d'affection et d'estime. Il m'a semblé que, dans ces temps de malheur et de prostration, on ne pouvait échapper à l'amertume et à l'impuissance qu'en s'enfermant silencieusement dans sa conscience.

« Un jour, il faut l'espérer, disparaîtra cette maladie morale qui travaille notre malheureuse France, et si, à ce moment, nos amis trouvent un milieu pour le développement de nos idées communes, qu'ils me fassent signe, et j'accourrai, heureux de prendre place au dernier rang, pourvu que j'aie ma part dans le devoir (1) ».

Parmi les idées maîtresses de Delescluze était la suprématie de Paris dans l'action révolutionnaire qui était à la fois une barrière contre l'idée monarchique et contre une invasion de l'étranger. Après avoir salué l'*Internationale* quand,

(1) Lettre inédite adressée à M. H. Lefort, le 21 février 1865.

à son deuxième procès, elle s'était fait condamner à Paris pour une profession de foi nettement républicaine, il critiqua avec véhémence les illusions des ouvriers républicains qui acceptaient de bonne foi les affirmations pacifiques des ouvriers allemands; il considérait les socialistes allemands comme les dupes ou complices du gouvernement de Bismarck (1).

Il se plaignait également de l'invasion du matérialisme.

Les questions sociales tenaient dans le *Réveil* une place importante ; à propos des réunions publiques il avait marqué l'évolution qui s'était produite dans ses idées en attribuant une large place à la nécessité des réformes sociales. Autour du *Réveil* se groupèrent un certain nombre de républicains, dont Ranc, qui définissait en ces termes le programme de la jeune génération : « Inébranlablement attachés à leurs convictions politiques, prêts à suivre jusqu'au bout le prolétariat dans ses légitimes revendications, résolus à faire table rase des dogmes vieillis, des métaphysiques surannées, et à les remplacer par les réalités de la science révolutionnaire, enfin révolutionnaires dans la forme et dans le fond, voilà nos hommes nouveaux à nous. »

Aux élections de 1869, Delescluze avait opposé l'Union démocratique à l'Union libérale préconisée par l'*Electeur*, et son programme répondait si bien à la tendance de la majorité du parti républicain à Paris, que son journal était celui qui avait le plus d'abonnés. Tandis que l'*Electeur* tirait à 900, malgré le patronage de Favre et de Picard, la *Tribune*, qui marquait déjà une tendance plus avancée, tirait à 2.500 environ, et le *Réveil*, qui était le dernier venu et le plus mal-

(1) V. le *Réveil*, 28 septembre 1869. — Le *Travail* du 10 octobre 1869 protesta contre cet article et publia le 21 novembre un manifeste des socialistes berlinois contre le système des armements à outrance.

traité par l'administration, laquelle lui refusait le droit de vendre le journal sur la voie publique, tirait à 12.000, et il lui arrivait de ne pas répondre à plus de 2.000 demandes (1).

La *Démocratie*, fondée par Chassin, représentait, au point de vue de ses tendances doctrinales, les idées maîtresses de son directeur. Appartenant lui-même par son éducation à la révolution de 48, ayant connu les militants de cette époque, ayant étudié l'histoire de la grande révolution, il se proposait de renouer par son organe, comme le prospectus l'annonçait, la tradition de 1789, de 1792, de 1830 et de 1848. Il sut s'entourer de nombreux collaborateurs où les différentes écoles du parti républicain étaient représentées. Louis Blanc, Quinet, Cantagrel, y figuraient à côté de Boysset, G. Flourens, Vinçard, E. Champion, A. Naquet, Cluseret, Gustave Hubbard, A. Lefèvre, Boutteville, L. Mulheim, etc... (2)

Louis Blanc y avait largement tracé le programme économique du journal en reprenant ses idées favorites, exposées déjà dans sa brochure, *L'organisation du travail*: la transformation de la société par le développement des associations, dont le terme final devait être la suppression du salariat. Subissant lui-même l'influence des idées libérales et impressionné par ses observations en Angleterre, il substituait à l'État l'effort individuel « des hommes les plus éclairés ». La *Démocratie* consacrait une rubrique spéciale au *Bulletin du travail et des associations* rédigé par Vinçard. Cantagrel y développait ses idées phalanstériennes que combattait Naquet. S'étant proposé d'être l'organe de toutes les écoles économiques, Chassin accueillit, d'une part, les articles de Chemalé sur l'association internationale, et ouvrit, d'autre part, une souscription pour la fondation d'une colonie pha-

(1) V. le *Confédéré*, 6 décembre 1868.
(2) La collection complète de cet important journal nous a été communiquée par H. Monin, le dépositaire des papiers de Chassin.

lanstérienne. On sait qu'il avait été le promoteur d'une société civile de libres penseurs et la « chronique irréligieuse » de la *Démocratie* tenait ses lecteurs au courant de toutes les manifestations de la libre pensée dans la presse et dans les loges maçonniques. G. Flourens s'y occupait de la politique extérieure et y étudiait, par exemple, la question d'Orient au point de vue français.

Félix Pyat y reprenait ses doctrines sur la démocratie universelle; en parlant d'Humboldt, il crut nécessaire de rappeler à toutes les nations que « la démocratie française n'a pas l'exclusivisme enfantin des peuples élus »; qu'elle « est assez forte sans leur faiblesse », que « chaque nationalité a pour elle sa raison d'être (1) ». Malgré les personnalités d'élite qui composaient la rédaction de la *Démocratie*, ce journal n'avait pas une grande action sur la masse des lecteurs.

Il en fut de même de la *Cloche*, journal quotidien, dirigé par Louis Ulbach, qui comptait parmi ses collaborateurs Ranc, Assolant, Claretie, Chavette, etc. Son programme tendait à la constitution d'un parti républicain sans mélange d'éléments hétérogènes. La *Cloche* repoussait le ralliement aux promesses de l'Empire libéral qui semblait vouloir englober tous les éléments de l'opposition. Dans un article spirituel, Louis Ulbach, à propos de la nomination de Prévost-Paradol comme représentant de la France aux Etats-Unis, dénonçait toute solidarité avec les partis qui, dépassant la gauche ouverte, pouvaient être qualifiés « de partis des principes entre-bâillés ». Pour ce qui concerne la tactique à suivre par l'opposition démocratique, il disait :

« Je compte sur le suffrage universel, j'attends uniquement de lui la réalisation de mes espérances patriotiques, je crois

(1) V. la *Démocratie*, 26 septembre 1869.

fermement que nous arriverons par lui ; je le crois tellement que je regarde toutes les provocations à la guerre civile, les évocations absurdes du passé, les exagérations de langage comme les seules causes du retard que nous subissons (1). »

Bien plus puissante fut l'action de certaines publications périodiques, et notamment des pamphlets de Rochefort qu'il publiait dans la *Lanterne*. L'auteur de *La Grande Bohème* avait au plus haut degré le don des allusions transparentes et de l'attaque dirigée contre les personnes. Il représentait le journalisme particulier qui s'épanouissait sous l'Empire, où on ne pouvait formuler un principe, où les idées générales exposaient l'auteur à des poursuites judiciaires, où une critique de l'action gouvernementale devait porter sur des petits faits se prêtant à des mots d'esprit. D'un esprit intarissable quoique superficiel, très courageux quand il tenait la plume à la main, Rochefort battait en brèche, en le couvrant de ridicule, le prestige de l'Empire.

La tournure particulière de son talent qui lui permettait de saisir le petit côté du sujet s'adaptait à merveille à ce régime qui reposait sur le pouvoir personnel, et où l'attaque contre la personne était le meilleur moyen d'ébranler le système. Il débuta, en écrivant dans le premier numéro de sa *Lanterne* : « La France contient, dit l'*Almanach impérial*, 36 millions de sujets, sans compter les sujets de mécontentement.. » Une autre fois il employait son esprit à tracer le plan d'une pièce militaire en trois caisses et six emprunts, ayant pour titre : « Les guerres du second Empire » et finissant au quatrième emprunt par la danse des écus avec un ballet pantomime, se terminant par un emprunt du Bengale (2).

(1) V. la *Cloche*, 6 février 1870, 22 mars 1870.
(2) V. la *Lanterne* du 20 juin 1868.

A propos d'une attaque très vive dirigée contre Billault, dans l'affaire de Sandon, l'administration essaya de le noyer sous les flots d'un communiqué qui remplissait la moitié de la brochure réservée à l'auteur. Après une certaine tolérance administrative, frappé de plusieurs condamnations, il dut se réfugier, pendant quelque temps, à Bruxelles d'où il continua sa lutte contre l'Empire (1).

D'autres publications de ce genre comme *Le Diable à quatre* poursuivaient la même campagne. Dans ce dernier, Claretie, Ranc et Lockroy évoquaient le souvenir du coup d'Etat, rappelaient l'attention sur les dernières victimes de la transportation, s'occupaient des actualités politiques et, grâce à la forme que revêtait la publication, pouvaient s'occuper des questions brûlantes à l'ordre du jour avec une plus grande liberté que n'aurait pu le faire un journal quotidien (2).

E. Lockroy s'y fit poursuivre pour avoir fait une supposition un peu trop hardie « que l'Empereur était dans l'intention d'abdiquer » et pour avoir fait faire à Napoléon la réflexion « qu'il était un gêneur » (3) ; il fut condamné à la prison, et, dans la maison municipale Dubois, put se rencontrer avec Delescluze et A. Naquet (4).

Après la *Lanterne*, Rochefort reprit sa campagne dans la

(1) V. la *Lanterne*, 1ᵉʳ juin 1868.
(2) Les articles de M. Ranc, publiés dans *Le Diable à quatre*, méritent une mention spéciale. Ils constituent une véritable source pour l'histoire du parti républicain sous le second Empire.
(3) V. *Gazette des tribunaux*, 8 janvier 1869.
(4) Il eut là avec le premier, adorateur de la grande révolution, des discussions portant parfois sur la tactique à suivre lors de la future révolution. Delescluze adoptant sans réserve la ligne politique des jacobins, E. Lockroy lui demandait malicieusement pourquoi la Convention avait fait guillotiner Lucie Desmoulins ; Delescluze rentrant parfaitement dans le rôle des conventionnels, s'animait et les défendait avec ardeur, en démontrant la nécessité de cette mesure de salut public. Renseignement fourni par M. Naquet.

Marseillaise, qui était d'une part l'organe des ouvriers de l'Internationale, et qui d'autre part accueillait la collaboration des blanquistes révolutionnaires. Dans les bureaux de la rédaction, Raoul Rigault engageait des discussions passionnées avec Alphonse Humbert, ce dernier vantant Robespiere tandis que le premier se posait en partisan fanatique d'Hébert (1). En même temps, Raspail y écrivait : « Qu'on se rassure donc ; votre *Marseillaise* ne va pas ramener ces époques de gloire et de sang qui ne sont plus de notre siècle ; nous avons à renverser autre chose, et avec une arme que nos pères n'avaient pas, — le suffrage universel (2). » Gambon y proposait le refus de l'impôt ; il avait déjà essayé de se livrer à cette propagande parmi les paysans du Cher (3). Jules Vallès y rappelait les souvenirs du coup d'Etat (4) et exposait ses doctrines sociales, où se retrouvait l'influence visible de Proudhon. Dans un article intitulé : *Le terme*, il écrivait : « Le terme, voilà le terme. S'ils voulaient pourtant, et s'ils voulaient, ces prolétaires !... Ils sont 30.000 riches qui détiennent sur une surface de 30 lieues carrées le sol de la patrie. Nous sommes 14.000.000 qu'ils exploitent et qu'ils ruinent (5). » Millière y rédigeait une rubrique spéciale dans laquelle il développait ses idées sur les réformes sociales ; sa pensée sur ce point se résumait dans la formule suivante : « Chaque individu a droit au produit, suivant ses besoins. Quant à la détermination de cette part de devoirs proportionnelle aux facultés, et de cette part de droit proportionnelle aux besoins, elle ne peut être faite que par l'individu

---

(1) Renseignement fourni par M. Ranc.
(2) *La Marseillaise*, 19 décembre 1869.
(3) *La Marseillaise*, 20 décembre 1869.
(4) *La Marseillaise*, 2 janvier 1870.
(5) *La Marseillaise*, 8 janvier 1870.

lui même. » C'était une espèce de communisme libéral où se trouvait l'influence de Pierre Leroux et de Louis Blanc (1).

Le *Rappel*, fondé par Victor Hugo, permettait au grand poète d'exercer une influence directe sur les lecteurs, influence que l'Empire cherchait à combattre. A Paris, toutes les pièces de Victor Hugo ne pouvaient pas être reproduites sur la scène des théâtres. *Le roi s'amuse*, *Lucrèce Borgia*, *Angelo*, *Les Burgraves* étaient proscrits, mais les *Châtiments* avaient pénétré sur les bancs des écoles, les *Misérables* étaient entre les mains de tout le monde (2). Ce fut avec un grand éclat que fut célébré, à Bruxelles, le banquet organisé par les éditeurs des *Misérables* en 1862. Le *Rappel*, par son titre même exprimait le programme de Victor Hugo qui disait : « Le Rappel ! j'aime tous les sens de ce mot : — Rappel des principes, par la conscience ; rappel des vérités, par la philosophie ; rappel du devoir, par le droit ; rappel des morts, par le respect ; rappel du châtiment, par la justice ; rappel du passé, par l'histoire…; rappel du progrès, par la science, par l'expérience et le calcul ; rappel de Dieu, par la religion, par l'élimination de l'idolâtrie…; rappel du peuple à la souveraineté, par le suffrage universel renseigné ; rappel de l'égalité, par l'enseignement gratuit obligatoire ; rappel de la liberté, par le réveil de la France ; rappel de la lumière, par le cri *fiat jus*. »

Une brillante rédaction dont faisaient partie François Hugo, Michelet, Lockroy, H. Rochefort, C. Pelletan, seconda le maitre dans sa campagne ardente contre l'Empire.

Une certaine influence fut également exercée par le *Courrier français* rédigé par Vermorel qui, au point de vue économique, reprenait les doctrines de Proudhon dont il préco-

(1) *La Marseillaise*, 19, 21, 26 décembre 1869.
(2) H. Rochefort, *Les Aventures de ma vie*, t. I, p. 297.

nisait aussi la tactique, en attachant une importance prépondérante aux questions sociales. Dans le manifeste qu'il publia, le 20 mai 1866, il écrivait : « Il faut en finir une bonne fois avec les rabâchages parlementaires, et avec toutes ces rengaines soi-disant libérales qui peuvent servir l'ambition de quelques hommes, flatter les instincts aristocratiques d'une élite de badauds, mais qui seront toujours pour le peuple une immense duperie. Toute politique qui n'a pas pour objet direct et immédiat l'éducation morale et l'amélioration du sort du plus grand nombre est nécessairement stérile et ne saurait en aucune façon convenir à une démocratie... C'est sur les bases larges et solides de l'instruction universelle et du bien-être universel, que nous voulons fonder la liberté (1). »

Jules Vallès, mal à l'aise dans les journaux auxquels il avait prêté sa brillante mais bruyante collaboration, essaya de fonder un journal à lui. Dans *La Rue*, qui parut du 1" juin 1867 au 11 janvier 1868, il avait réuni autour de lui : A. Arnould, Paul Arène, Jules Clarétie, Ranc, Cladel, Cavallier et Zola. Un article intitulé « Cochons vendus » provoqua sa suppression. Il essaya de fonder *Le Peuple*, qui eut le même sort.

Les Hébertistes, auxquels la disparition du *Candide* avait enlevé le seul organe dont ils disposaient, essayèrent de développer leurs idées dans le *Démocrite* qui groupait Raoul Rigault, Villeneuve et quelques autres blanquistes. Dans un article intitulé « L'athéisme et les Girondins », R. Rigault comparait les Girondins avec les Hébertistes.

---

(1) Vermorel fut dénoncé par Rochefort comme suspect de connivence avec l'administration. C'était faux. La vérité était que, pour donner satisfaction à son dévorant besoin d'agir, il dut promettre de s'abstenir d'attaquer certaines choses. Il subit de nombreuses condamnations et ne ménagea nullement l'Empire.

Pour lui, la grande différence entre les deux partis, c'était que les Girondins faisaient de l'athéisme philosophique sans le mêler à la politique, et que les Hébertistes lui avaient fait une place dans leur système politique. « Un athée digne de ce nom, affirmait-il, a une foi qui en vaut bien une autre, la foi de l'humanité ; sans être fanatique, il a le droit de chercher à imposer sa foi, car — cette formule explique son rôle dangereux sous la Commune, — souvenons-nous qu'il n'y a que ce qui est bien détruit qui ne reparait pas. Il doit revendiquer énergiquement l'application, par des moyens énergiques, des principes que la science a donnés comme certains (1). » Il soutint une polémique contre Delescluze qui avait écrit dans le *Réveil* : « France, je te regarde marcher comme un homme ivre, emportée.... hors du droit chemin,... aujourd'hui tu roules dans les flots impurs d'un matérialisme immonde (2). »

La *Réforme*, dont nous avons déjà indiqué le programme coopératif, et où Vermorel avait repris son œuvre, après la suppression du *Courrier Français*, malgré la modération de ses idées au point de vue social, adoptait une tactique franchement révolutionnaire au point de vue politique. Charles Habeneck y invitait la gauche à se déclarer franchement républicaine, la Constitution étant perfectible. Aux élections de 1869, la *Réforme* avait proposé de voter pour Rochefort, Ledru-Rollin, Félix Pyat, Alphonse Gent (3).

La *Tribune populaire*, journal consacré plus spécialement aux questions ouvrières, comptait parmi ses collaborateurs Longuet, Briosne, Morot, Verdure, Paulet, Hendlé,

(1) V. le *Démocrite*, 3 décembre 1868.
(2) V. le *Démocrite*, 10 décembre 1868.
(3) V. la *Réforme*, 13 juin 1869 et 21 juin 1869. Parmi ses collaborateurs figuraient H. Maret et Cantagrel.

Langlois, Millière, A. Lévy. Elle s'intitulait « Organe de la démocratie radicale et socialiste » et donnait une large publicité aux ordres du jour votés par les réunions publiques. Elle obtint l'adhésion de Félix Pyat, qui déclara que son concours était toujours acquis à tout journal insermenté, irréconciliable, prêchant les réformes sociales. G. Flourens recommandait à la nouvelle rédaction « d'éviter les erreurs de l'époque où chacun a cru trouver dans son école la vérité entière ». D'après lui, « la vérité est indépendante de tous les systèmes, et nous ne la découvrons que par une recherche assidue et impartiale (1). »

Le *Travail*, organe des associations ouvrières, dans son manifeste du 21 novembre 1869, formulait un programme dans lequel figuraient les réformes suivantes :

Abolition des armées permanentes, séparation de l'Eglise et de l'Etat, élection de la magistrature par le suffrage universel, le droit à l'existence et le droit au travail garantis par l'Etat, instruction laïque et intégrale, obligatoire, indemnité alimentaire à tous les enfants pendant la durée des études, impôt progressif, suppression de tous les monopoles, expropriation de toutes les compagnies financières et appropriation par la nation (2), etc.

Au point de vue politique, il se rangeait du côté de l'opposition la plus avancée et, aux élections de 1869, il se prononçait pour les insermentés. Félix Pyat y prêchait le communisme révolutionnaire et acceptait l'alliance des membres de l'Internationale pour l'œuvre commune : la destruction de l'Empire (3).

La *Voix du peuple* était également l'organe d'un groupement d'ouvriers parisiens qui prêchait la séparation de l'Eglise et de l'Etat, l'application du budget de la guerre à

(1) V. la *Tribune populaire*, 16 janvier 1869.
(2-3) V. le *Travail*, 21 novembre 1869.

l'instruction publique, le crédit et l'outillage rendus accessibles aux producteurs, le dégrèvement d'impôts sur les matières premières.

Comme on se l'imagine aisément, cette presse si abondante et si variée, où la polémique était souvent vive, n'était pas vue d'un bon œil par l'administration et les poursuites étaient nombreuses.

En avril 1869, Jules Favre ayant fait un bilan des condamnations prononcées contre la presse pendant les 13 derniers mois, relevait 118 procès, près de 10 ans de prison, et 135.200 francs d'amendes (1).

Les condamnations frappaient particulièrement les petits journaux littéraires qui, d'après la nouvelle loi, étaient dispensés du cautionnement. Ils trouvaient le moyen de se soustraire à la restriction qui s'imposait à leur programme par des allusions plus ou moins précises à des matières politiques. Tantôt c'était le *Hanneton* qui, en parlant de l'*Œil-de-bœuf* faisait une description désobligeante de la personne de Napoléon (2) ; tantôt, c'était la *Lune* qui se livrait à une vigoureuse critique de la politique intérieure dans un article intitulé : Les lutteurs masqués (3). Une autre fois, c'était le *Pavé*, où l'auteur supposait qu'il voulait faire un article qui lui était défendu par la législation existante et où il se plaisait à écrire ce que serait l'article ainsi supposé (4). L'*Indépendant du Nord*, l'*Impartial de la Nièvre*, quoique publiés dans les départements, n'échappaient pas à la surveillance de l'administration, non plus que le *Courrier de la Sarthe*, le *Propagateur de l'Aude*. La condamnation qui avait

---

(1) V. la *Démocratie*, 11 avril 1869.
(2) *Gazette des tribunaux*, 11 juillet 1868.
(3) *Gazette des tribunaux*, 8 février 1868.
(4) *Gazette des tribunaux*, 31 décembre 1868.

frappé le *Prolétaire*, publié dans le département du Gard, pour provocation à la haine des citoyens dans un article intitulé : « Au pilori », prouvait que l'administration défendait aux journaux de province aussi bien qu'aux journaux de Paris de s'occuper des questions sociales (1). Le *Satan*, le *Corsaire* et la *Causerie* rappelèrent à l'administration l'insistance que les petits journaux mettaient à réapparaître, sauf à se transformer et à changer de titre (2).

L'année 1869 ne fut pas plus clémente pour la presse ; la *Cloche* de Louis Ulbach, pour s'être amusée à démontrer que le nom de Napoléon, traduit en grec, voulait dire « véritable exterminateur », l'*Avenir* (3), le *Peuple* (4), le *Peuple de Marseille*, la *Discussion* de Lyon, l'*Avenir national* furent traduits successivement devant le tribunal correctionnel (5).

L'*Auvergne* encourut une condamnation pour avoir dit que la résurrection des idées socialistes et communistes dans les réunions publiques était l'effet du despotisme qui avait pesé sur la France depuis 1850 (6).

A la fin du second Empire, les petits journaux furent très nombreux et firent véritablement rage. Le *Jocko*, le *Gueux* furent condamnés (7). Cela n'intimida pas le *Misérable* et le *Faubourg* qui naturellement eurent le même sort. La *Misère*, le *Sans culotte*, le *Rrran*, la *Tante Duchesne*, le *Père Duchesne*, le *Paysan*, multiplièrent leurs flèches contre l'Empire qui n'hésita pas à les poursuivre, mais qui fut exposé à l'attaque

---

(1) *Gazette des tribunaux*, 13 et 17 octobre 1868.
(2) *Gazette des tribunaux*, 12 et 20 février 1868.
(3) *Gazette des tribunaux*, 31 janvier 1869.
(4) *Gazette des tribunaux*, 28 février 1869.
(5) *Gazette des tribunaux*, 24 janvier, 27 avril, 31 janvier, 28 février, 14 et 21 mars 1869.
(6) *Gazette des tribunaux*, 6 janvier 1869.
(7) *Gazette des tribunaux*, 6 mars 1870.

de nouveaux journaux qui ne cessaient pas de paraître (1).
L'opposition de la presse, contre laquelle l'Empire luttait avec une vigueur extrême, apparaissait sous les formes les plus variées. Si l'*Emancipation* de Toulouse avait eu 9 condamnations en 9 mois et continuait à braver sans hésitation les poursuites, la *Discussion* de Lyon, après une nouvelle condamnation, trouva le moyen de faire de l'opposition par un procédé ingénieux. En 1869, au lieu du discours d'ouverture de la session, elle reproduisit le discours prononcé le 20 décembre 1848 par Louis Bonaparte, après la prestation du serment à la République.

La propagande et l'agitation soutenue par la presse étaient d'autant plus importantes qu'après 1868 de nombreux journaux s'étaient créés dans les départements. Leur création était parfois due à l'initiative des républicains militants de Paris. Ainsi Delescluze avait fondé le *Réveil* en partie pour permettre aux journaux républicains des départements d'y trouver des renseignements susceptibles d'être donnés sans beaucoup de frais aux lecteurs (2).

Avec une activité infatigable, il s'occupa de réveiller la vie républicaine dans les départements et provoquer la formation de nouveaux organes là où un noyau assez important de démocrates pouvait les soutenir. Dans une lettre adressée à H. Lefort, rédacteur en chef du *Suffrage Universel*, qui allait paraître à Caen, il lui traçait dans les termes suivants son devoir et son programme : « Pas de phrases, une simple entrée en matière, aussi concise que possible, sans mots irritants. Sur-

(1) *Gazette des tribunaux*, 5 et 12 mars 1870.
(2) Dans une *lettre inédite*, il écrivait à H. Lefort : « Pensez au *Réveil* et soyez sûr que les nouveaux journaux qui vont se créer en province ont indispensablement besoin de s'appuyer sur un journal de Paris. » Lettre du 9 mai 1868 qui m'a été fournie par son destinataire.

tout pas d'éreintement contre le système; il faut faire avaler aux patriotes du lieu votre programme, dont il vous sera plus tard loisible d'accentuer les développements, sans cependant manquer de prudence. Il me semble que vous pouvez vous engager à soutenir ce que soutiennent à peu près tous les journaux de province en voie de formation : liberté individuelle garantie, suffrage universel émancipé et éclairé, instruction du premier degré gratuite et obligatoire, liberté de l'enseignement supérieur, liberté de conscience, liberté de la presse, de réunion et d'association, libertés municipales, élection des maires, réduction et équitable répartition des impôts, suppression des armées permanentes, suppression du budget des cultes, séparation complète des Eglises et de l'Etat, abolition des monopoles, des octrois, de l'impôt des boissons, développement du principe d'association et de coopération (1). »

Si l'impulsion donnée à la création de la presse périodique partait surtout de Paris, une certaine indépendance résultait pour les journaux de province même au point de vue politique de ce fait très simple que les ressources pour le fonctionnement du journal étaient généralement fournies par les démocrates de la localité intéressée.

Pourtant, à propos de la création de la presse périodique dans les départements, la question de la décentralisation pouvait être posée; une certaine autonomie, une certaine liberté ne devaient-elles pas être pratiquées, précisément pour permettre à la propagande démocratique de s'adapter aux conditions spéciales dans lesquelles elle se produisait? C'était l'avis de Chaudey, disciple de Proudhon, qui, dans une lettre adressée à un ami formulait ainsi son opinion : « Ne craignez

(1) *Lettre inédite du* 25 *avril 1869* adressée à M. H. Lefort.

pas de vous regimber quelquefois contre les impulsions parisiennes, de présenter des observations, de suggérer des objections. Cela donnera de la force et de la considération à votre organe, en faisant sentir là une originalité, une individualité, une opinion autonome. La presse provinciale, appelée à de si grandes destinées dans la voie démocratique qui est *encore à venir*, ne peut valoir que par la spontanéité et l'indépendance de ses mouvements. Il n'y aura de France ayant des mœurs politiques et capable d'avoir des libertés, que lorsqu'il y aura une presse provinciale, organe d'un esprit provincial, qui soit en mesure de donner le ton au lieu de le prendre. Voyez ce qui se passe en Espagne. Tout l'espoir est dans ce qui peut y venir de vie propre à Barcelone, à Séville, etc... S'il n'y a rien qu'à Madrid, tout sera perdu Il n'y a point de presse dirigeante à Washington. Il n'y en a point non plus à Berne (1). »

Comme conséquence du réveil de la vie républicaine en province des journaux importants se fondèrent, en effet, après la loi de 1868. L'*Emancipation* à Toulouse, le *Peuple* à Marseille, dirigé par Gustave Naquet, l'*Indépendant du Midi* à Nimes, dont le rédacteur en chef était Yves Guyot et quelques autres, exercèrent une réelle influence sur la vie politique. Les journaux le *Phare de la Loire* et la *Gironde*, malgré une nouvelle concurrence, tiraient à un nombre d'exemplaires de plus en plus considérable, en dépit des condamnations qui continuaient à les frapper (2).

(1) *Lettre inédite* adressée à M. H. Lefort, le 28 novembre 1868.
(2) Dans une *lettre inédite*, Jules Simon écrivait à Ferdinand Hérold :
« La *Gironde* est condamnée dans une affaire de diffamation ; Lavertujon m'écrit que si son pourvoi est rejeté, le journal cessera nécessairement de paraître, et il me prie d'employer mes amis pour écarter ce résultat. Vous seul, pouvez me dire à qui il faut parler, et quelles personnes nous devons employer... La *Gironde* est peut-être le meilleur journal dans les départements. » Lettre sans date, qui remonte probablement à 1865.
Correspondance de Jules Simon avec Ferdinand Hérold.

C'est ainsi que se préparait peu à peu cet état de choses qui fit qu'après la chute de l'Empire, la troisième République fut proclamée presque simultanément dans plusieurs villes des départements, avant même son avènement à Paris.

III

C'était à l'action de la presse qu'était due la résurrection des souvenirs des journées de Décembre. Déjà l'avant-goût de cette agitation était donné par la publication due à George Sand, d'un article dans la *Revue des Deux-Mondes* qui évoquait les souvenirs des journées de Juin. Ranc, qui, en prenant prétexte de cet article, s'était proposé d'en tirer des conclusions dans le *Nain jaune*, fut frappé d'une condamnation.

La souscription pour l'érection d'un monument à Baudin avait eu son origine dans un article du correspondant parisien du *Confédéré* (de Fribourg) qui, le 19 juin, avait rappelé les exploits de Pastoureau, ancien préfet du Var, ayant fait fusiller deux fois un républicain, Martin Bidoré. Le préfet, à la publication de cette accusation dirigée contre lui, eut la malencontreuse idée de porter plainte en diffamation contre le *Figaro* qui avait raconté cet incident. La protestation, en faveur du préfet, du sénateur Richemont, soutenu par le conseil général, motiva un article d'Eugène Pelletan dans la *Tribune* et ainsi les souvenirs du 2 Décembre furent réveillés. C'est dans ces circonstances que parut l'ouvrage de Ténot : *Paris en décembre 1851*. Son premier ouvrage, *La province en décembre 1851*, ne fut guère remarqué, mais pour sa dernière publication, étant donnée la crainte qu'on avait de réveiller les souvenirs du coup d'Etat, on avait refusé à l'éditeur la permission de l'annoncer par voie d'affiches. Malgré la mauvaise volonté de l'administration, l'ouvrage fut vite enlevé, et 10,000 exemplaires furent distribués (1). De nouveaux témoignages vinrent s'ajouter à ceux produits par Ténot ; une grande enquête fut ainsi ouverte sur les journées du 2 Décembre Laurent Pichat, dans un article publié par le *Réveil,* invita tous les citoyens à continuer l'instruction.

Cette évocation du coup d'Etat effraya l'empereur qui, probablement, ignorait lui-même toutes les horreurs commises par les commissions mixtes et, le 5 octobre 1868, le ministère d'Etat adressa au garde des sceaux la lettre suivante :

« Les événements de Décembre 1851 ont été l'objet de publications récentes qu'il convient de contrôler par leur rapprochement avec les documents officiels conservés dans plusieurs départements ministériels. Sa Majesté m'a donné l'ordre de prier Votre Excellence de faire recueillir les pièces et les rapports relatifs aux faits de cette époque qui sont entre les mains de son administration et de vouloir bien m'en donner communication (2). »

C'est au milieu de cette agitation que l'idée vint à l'esprit de plusieurs personnes de reprendre la manifestation qui s'était produite à propos de Manin en la renouvelant en l'honneur du représentant Baudin, tué le 3 décembre, et dont le corps avait été déposé dans le cimetière Montmartre. Comme le jour des morts approchait, il semblait opportun de faire un acte de protestation contre l'Empire en rendant un hommage public à la victime du coup d'Etat. Le bruit s'étant répandu alors que le cimetière serait fermé, le *Réveil* inséra, le 29 octobre, les lignes suivantes : « Un journal annonce que le 2 novembre, jour des morts, les cimetières de Paris seront

(1) V. le *Confédéré*, 8 novembre 1868.
(2) V. A. M. J., Dossiers relatifs au coup d'Etat, préparés à la suite de cette lettre, et ne portant pas de cote.

fermés. Ce journal est évidemment mal informé. On ne peut empêcher le peuple de s'honorer lui-même, en honorant la mort de ceux qui lui ont légué de grands exemples, de ceux qui, comme Godefroy Cavaignac, ont usé leur vie aux luttes de la liberté ; de ceux qui, comme Baudin, sont tombés, martyrs, en défendant la loi. »

La manifestation eut réellement lieu. C'était avec beaucoup de peine que Gaillard père et fils étaient parvenus à découvrir le lieu où reposait le corps de Baudin. Un rédacteur du *Réveil* prononça quelques paroles, qui se terminèrent par les cris de « vive la liberté! vive la République!... » Gaillard fils déclama quelques vers qui débutaient ainsi :

> Vingt ans, vingt ans d'oubli, de douleur, de silence
> Ont passé sur la pierre où ton nom seul est mis,
> O toi qui, pour l'amour du peuple de la France,
> Est tombé bravement sous les traits ennemis........
>
> Mais le règne insolent d'un pouvoir tyrannique
> Jusqu'à la fin des temps, non, ne saurait durer !
> Pleurons sur qui mourut pour notre République;
> Pour qui sut bien mourir, ah ! sachons bien pleurer! (1)

La cérémonie finie, quelques-uns, frappés de la modestie de la pierre qui constituait le seul monument de l'héroïque représentant ayant donné l'exemple de la résistance avaient eu l'idée d'une souscription en faveur d'un monument. Hébrard courut chez Delescluze pour lui exposer cette idée. Le directeur du *Réveil* fut ému de cette initiative qui lui paraissait être heureuse en disant: « Maintenant la République est sauvée (2). » C'est alors que le *Réveil*, la *Revue politique*, l'*Avenir national* ouvrirent une souscription publi-

---

(1) V. Taxile Delord, *op. cit.*, t. V, p. 192.
(2) Renseignements fournis par M. Hébrard.

que; c'était une manifestation dirigée contre l'Empire (1). Baroche et Rouher furent opposés aux poursuites. Pourtant, ils durent céder aux sollicitations de l'Empereur qui considérait cette affaire comme ayant un caractère de conservation dynastique. Les journaux officieux furent eux-même divisés sur l'attitude à adopter, mais la presse opposante se solidarisa tout entière avec les directeurs des organes poursuivis. Le *Temps*, le *Siècle*, le *Journal de Paris*, *La Tribune* ouvrirent leurs colonnes à la souscription. L'occasion était excellente pour le parti démocratique de faire publiquement le procès du coup d'Etat. Dans une réunion qui eut lieu chez Crémieux, le plan de l'attaque fut combiné. Peyrat et Delescluze avaient commencé par choisir comme défenseurs les avocats connus de l'époque, mais Challemel-Lacour proposa deux de ses jeunes collaborateurs, Léon Gambetta et Clément Laurier, qui, n'ayant pas de situation acquise et de ménagements à garder vis-à-vis de l'administration, pourraient apporter plus d'ardeur et de hardiesse dans leurs attaques contre le régime établi. Précisément, Delescluze avait eu l'occasion d'apprécier le talent de Gambetta qui, dans un procès antérieur, avait plaidé contre lui. Les débats eurent lieu le 13 novembre. Vivien, vice-président du tribunal civil, auquel on reprochait, non sans raison, ses idées orléanistes, dirigea le procès avec une indulgence qui permit aux avocats de se livrer aux attaques les plus hardies contre

(1) Le 3 décembre eut lieu une autre manifestation à l'occasion de l'anniversaire de la mort de Baudin. Kellermann, Lemaire, Moissenet et Chauvière se firent poursuivre devant le tribunal correctionnel pour avoir tenté de pénétrer au cimetière. Chauvière, à peine âgé de 18 ans, fut inculpé d'avoir porté un coup de casse-tête à un sergent de ville, en essayant de dégager un républicain. Le ministère public lui reprochait en outre, d'avoir gardé sur lui un exemplaire du *Réveil* et une chanson démagogique « de la pire espèce » (1).

(1) V. *Gazette des Tribunaux*, 24 décembre 1868

l'Empire. Crémieux, E. Arago, avaient surtout envisagé le côté juridique du débat. Il en fut autrement quand la parole fut donnée à Gambetta.

Il disait, plus tard, que la véhémence de son discours eût été plus grande s'il avait parlé à la première séance. Une partie de la nuit qui précéda le jour où il devait prendre la parole, il se promena au bois de Boulogne, improvisant son plaidoyer (1). Le lendemain, dans une harangue enflammée, il mit sur la sellette le coup d'Etat.

« Il est donc clair, disait-il, qu'on n'a pas sauvé la société en mettant la main sur le pays. Le pays a approuvé, dit-on, le coup d'Etat. Oui, grâce aux moyens de communication, la vapeur, le télégraphe, on a trompé Paris avec la province, et la province avec Paris. Paris est soumis, affichait-on, quand Paris était assassiné, mitraillé.

« Que parle-t-on de plébiscite, de ratification par la volonté nationale? La volonté du peuple ne saurait changer la force en droit, pour détruire ce peuple lui-même. Après dix-sept ans, on cherche à interdire la discussion de ces faits. Mais on n'y réussira pas. Ce procès a été jugé hier; il le sera demain, toujours, jusqu'à ce que la conscience universelle ait reçu sa suprême satisfaction. Depuis dix-sept ans, vous qui êtes les maîtres de la France, vous n'avez jamais osé célébrer le 2 Décembre comme un anniversaire national ; eh bien ! cet anniversaire, c'est nous qui le prenons. »

Les inculpés furent sans doute condamnés, mais l'Empire fut le principal accusé de ce procès. Gambetta, le héros du jour, fut acclamé par tous les opposants, radicaux aussi bien que légitimistes et orléanistes. D'Haussonville et Casimir-Perier lui adressèrent des félicitations enthousiastes (2).

(1) Renseignements fournis par M. Ferdinand Dreyfus.
(2) V. Joseph Reinach, *Le premier plaidoyer politique de Gambetta*, *Grande Revue*, mars 1899. Dans sa lettre, d'Haussonville rappelait

Le procès eut sa répercussion dans les poursuites intentées aux journaux des départements qui accueillirent également l'idée de la souscription.

Les directeurs du *Phare de la Loire*, du *Peuple* à Marseille, se virent condamnés à des amendes considérables et à la prison, mais il y eut des résistances ; l'*Indépendant du Tarn* fut acquitté ; le tribunal de Clermont-Ferrand, appelé à juger l'*Indépendant du Centre*, rendit un jugement remarquable dans lequel il disait : « Attendu qu'en regard de toutes ces considérations de fait et de droit, la raison de la justice étant dans la loi morale qui est universelle, essentielle, absolue, la dignité de la conscience s'accorde avec le bon sens pour repousser l'application d'une disposition légale de droit exceptionnel par voie d'extension immodérée ou de captieuse analogie (1). »

La souscription en faveur du monument de Baudin était la meilleure préface pour la nouvelle campagne qui se préparait à la veille des élections de 1869. D'autres manifestations ne manquèrent pas de se produire. A propos de la première représentation du *Vengeur* dans laquelle on voyait le fameux vaisseau qui sombrait aux cris de : « Vive la République ! », il y eut une affluence telle que plus de 2.000 personnes ne purent pénétrer au Châtelet.

Bordeaux, Toulouse, Montauban, furent également agités.

à Gambetta le *Bulletin français*, qu'il avait fondé en Belgique et qu'il assimilait lui-même à *La Lanterne*. Quand les circonstances le permettaient, les orléanistes tenaient à rappeler que leur opposition n'était pas moins violente que celle des républicains. J.-J. Weiss, qui plus tard se rallia à l'Empire libéral, prononça un plaidoyer violent contre l'auteur du coup d'Etat. Berryer, mourant, envoya son adhésion au journal l'*Electeur*. V. Gambetta, *Discours et plaidoyers*, publiés par M. Joseph Reinach, t. I, p. 1 et suiv.

(1) *Gazette des tribunaux*, 25 et 28 mars 1868.

CHAPITRE XV

Les élections de 1869 à Paris et dans les départements (1).

I. La candidature officielle.
II. La lutte électorale à Paris (les candidatures de Gambetta, Jules Ferry, Jules Favre, Bancel et Thiers).
III. La lutte électorale dans les départements.
IV. Le résultat des élections.
V. Les manifestations du 26 octobre.
VI. Les élections complémentaires et la candidature de Rochefort.

I

Les élections de 1869 marquèrent une phase nouvelle dans l'histoire de l'opposition républicaine. La veille des élections, Rouher avait annoncé que quatre millions d'électeurs devaient remplacer un nombre égal d'électeurs ayant voté l'Empire en 1851. Quelle allait être la réponse donnée par la génération qui arrivait à la vie politique, et qui avait appris les horreurs du coup d'Etat par le procès Baudin et les publications auxquelles il avait donné lieu ?

L'Empire avait toujours pour lui son système de la candi-

(1) Voir, pour l'histoire des élections de 1869, la *Chronique électorale* du *Temps* et une série d'articles très importants de Montigny, sous le titre de *La France électorale en 1869*, et notamment : 17, 19, 23, 24, 25, 28 février ; — 1, 3, 5, 9, 10, 14, 15, 19, 20, 24, 31 mars ; — 1, 7, 8, 12, 14, 16, 18, 20, 27, 29 avril ; — tous les jours en mai ; — 1, 10 juin ; — 3, 6, 8, 9, 11, 13 juillet ; — 8, 14, 16, 27, 29 octobre (*La France électorale en 1869*, par L. Montigny); — 20, 22, 24, 25, 26, 27 novembre, suite de *La France électorale en 1869*.

dature officielle et la pression administrative. Les circonscriptions électorales furent remaniées là où il s'agissait de prévenir l'élection d'un candidat démocrate, comme à Bordeaux, à Nantes, ou encore là où il fallait assurer l'échec d'un député n'ayant pas fait preuve de servilité suffisante, comme dans le Nord.

Les préfets avaient pris la précaution d'avertir quelques démocrates militants que la loi de sûreté générale était encore en vigueur. La terreur dans les campagnes était encore telle qu'une candidature démocratique continuait à y avoir peu de chances de réussite. A Aix, lors des élections, le docteur Chabrier et B. Abram, avocat, faisant partie du comité de Jules Favre, et chargés d'assurer l'affichage de sa profession de foi, furent dans l'impossibilité de trouver un afficheur et obligés, avec l'aide d'un habitant du pays, un jeune républicain, Jauffret, d'aller préparer de la colle, d'acheter un pinceau et d'afficher eux-mêmes. Dans certaines communes, personne ne consentait à les recevoir. A Vitrolles, un habitant désigné comme républicain les pria de partir au plus tôt en leur disant que depuis la période électorale il était sous la surveillance constante de la gendarmerie (1).

Certains conseils municipaux dont la majorité était composée des éléments de l'opposition émirent une délibération pour inviter l'administration locale à défendre aux agents de police de se charger de la distribution des bulletins des candidats officiels ; leurs délibérations furent annulées comme sortant de la compétence qui leur était assignée par la loi (2).

Dans la Gironde, le même sort frappa la délibération du conseil municipal de Bordeaux qui exprimait le vœu que l'unité électorale de la ville fût respectée. Le vœu fut annulé par le

(1) Renseignements fournis par M. B. Abram.
(2) C'était le cas du Conseil municipal d'Alais.

conseil de préfecture ; un appel fut interjeté devant le conseil d'Etat et 14 membres du conseil donnèrent leur démission (1). Mais si l'administration conserva ses procédés, elle n'en fut pas moins obligée d'élargir son programme, ses candidats ne se contentaient plus de prendre l'étiquette de candidats officiels ; la grande majorité se déclarait gouvernementale et libérale. On vit dans le département de Seine-et-Marne, à Coulommiers, le sous-préfet prendre part à la lutte électorale en reprochant au candidat de l'opposition, de Lasteyrie, de ne pas professer des idées suffisamment avancées (2).

II

Malgré la persistance de la candidature officielle, les élections allaient se passer dans des conditions plus favorables aux républicains. Déjà l'élection de Grévy, dans le département du Jura, montrait que l'idée républicaine avait pénétré jusque dans les campagnes. La poussée fut telle que dans certaines régions des hommes nouveaux et sans appui, rien que par suite de leur attitude, purent passer malgré la résistance de toutes les forces coalisées de l'administration. Tel fut le cas par exemple de de Kératry dans le Finistère, et de Guyot-Montpeyroux dans la Haute-Loire. Dans la Haute-Marne, Steenackers ayant loué par hasard une propriété appartenant au prince de Joinville, les orléanistes du département avaient fait leur candidat du locataire du prince.

Pourtant le parti républicain crut utile de s'organiser. L'*Electeur* inspiré par Ernest Picard se chargea de cette tâche (3). Par ses soins, une liste de candidats pour toute

(1) V. le *Temps*, 7 mai 1869.
(2) V. le *Temps*, 15 mai 1869.
(3) Une note écrite de la main d'Ernest Picard, contenant les candi-

la France fut dressée, et des rapports avec des correspondants locaux furent établis (1).

G. Coulon publia une remarquable instruction aux électeurs sous le titre « Nouveau guide aux électeurs de 1869 ». Un comité judiciaire de la défense électorale fut constitué et composé de J. Favre, E. Picard, G. Coulon, Laferrière, H. Rousseau, etc. Dans le département de Seine-et-Oise, M. Peigné-Crémieux proposa la création d'une société à responsabilité limitée, destinée à se charger de la distribution des bulletins et des professions de foi des candidats républicains (2).

Mais il était visible, à l'approche des élections, que cette fois les comités et les organisations joueraient un rôle moins important qu'aux élections précédentes. Les électeurs entendaient exercer personnellement et librement leur droit de vote. Cet état d'esprit se traduisit par des manifestations en faveur de l'établissement du mandat impératif. Il y eut là moins le désir de subordonner les députés aux électeurs par un engagement précis, qu'une protestation contre les pratiques antérieures. En effet, pendant tout le temps de l'Empire, par suite des entraves mises par l'administration à l'organisation

dats de l'opposition pour la plupart des circonscriptions en France, m'a été communiquée par M. Georges Coulon. Elle se trouve reproduite dans l'*Electeur libre* du 6 mai 1869.

(1) Parmi les correspondants figuraient ; pour le département de Lot-et-Garonne, M. Rabain, rédacteur du *Messager du Sud-Ouest* ; pour Agen, Baze et Delpech; pour l'arrondissement de Nérac, Martinelli, correspondant de la *Gironde* ; pour le département de la Dordogne, Lavertujon ; pour le département des Basses-Pyrénées, Esgaris et Garait ; pour les Hautes-Pyrénées, Candellé, Bayle ; pour le Gers, J. Charton ; pour la Charente, Babaud-Laribière ; pour la Charente-Inférieure, Bethmont et Vallain à Saintes ; pour les Deux-Sèvres, Delvau, rédacteur du *Mémorial des Deux-Sèvres*. — V. Lettre inédite de David Raynal à Georges Coulon qui me l'a communiquée.

(2) *La Démocratie*, 18 avril 1869.

des comités réguliers, la désignation du candidat se faisait par un petit nombre d'individus et s'imposait ainsi à la masse électorale qui était appelée à voter pour ainsi dire aveuglément et de confiance. C'est contre ce rôle passif assigné aux électeurs que l'idée du mandat impératif fut émise.

A Paris, la divergence entre les opinions était plus grande en 1869 qu'en 1863. Il y eut d'abord un comité abstentionniste qui, prenant pour base la maxime de J.-J. Rousseau : « A l'instant qu'un peuple se donne des représentants, il n'est plus libre, il n'est plus », proposait l'abstention comme l'expression d'une « protestation constante et inflexible ». Parmi ses signataires figuraient C. Longuet, G. Maillard, L. Marchand, étudiant, Pilhes, ancien représentant du peuple (1).

Mais, à la vérité, il y eut peu de partisans de l'abstention. L'action était dans l'esprit de tout le monde. Dans la presse la plus avancée, et notamment dans le *Réveil*, dirigé par Delescluze, une tendance s'était affirmée à faire des élections une manifestation révolutionnaire en proposant des candidats d'extrême-gauche contre tous les députés sortants. « Leur idée actuelle, écrivait Clément Laurier à Gambetta, est une idée d'extrême-gauche, sans conciliation quelconque. Avoir un candidat républicain dans chaque circonscription, même contre Simon, même contre Favre, faire la guerre à la députation de Paris qui représente l'atermoiement, la discussion vis-à-vis du gouvernement contre lequel on ne peut agir que par la révolution (2). »

Peyrat fut chargé de rédiger le programme du parti radical, mais une entente ne put s'établir sur les principaux articles d'une profession de foi commune.

(1) *La Démocratie*, 23 janvier 1869.
(2) *Lettre inédite de mars* 1869. Collection d'autographes de M. Joseph Reinach.

En même temps (mai 69), un comité publia un manifeste qui débutait ainsi : « Reconnaissants des services rendus par des hommes nouveaux, dont l'audace généreuse s'éveille dans l'esprit populaire aujourd'hui, nous aurions voulu manifester nos sympathies aux citoyens Rochefort, Gambetta, etc., etc... Mais il ne conviendrait pas, quant à présent, au socialisme de s'appuyer, pour une revendication personnelle, sur les seules hardiesses du pamphlet politique... Nous croyons faire acte politique et œuvre sociale, en proposant au choix de nos concitoyens, les candidats suivants : Félix Pyat en remplacement de Carnot ; d'Alton Shée en remplacement de Thiers ; Bancel en remplacement d'Ollivier ; G. Flourens en remplacement de E. Picard ; Raspail en remplacement de Garnier Pagès ; J. Pagès en remplacement de Guéroult ; Brisson, condamné de juin, en remplacement de Darimon ; Henri Brisson en remplacement de J. Simon ; Vidal, ancien représentant, en remplacement de Pelletan. »

La candidature ouvrière eut également quelques partisans. Dans sa correspondance avec Aubry, de Rouen, et Bastelica, de Marseille, Varlin insistait en faveur de la candidature ouvrière pour marquer l'importance des réformes sociales (1). Aubry, avec le secours de toutes les associations coopératives de la région, avait fait dresser un programme dont les articles politiques répondaient en tous points aux réformes proposées par le parti radical pur. A Paris, Tolain patronna la candidature de Briosne, mais en même temps il fit une propagande active en faveur de Bancel. A Marseille, contre Gambetta se présenta, au titre de candidat

---

(1) V. *Troisième procès de l'Internationale*, *Gazette des Tribunaux*, 18 juin 1869.

ouvrier, un homme dont le nom figurait sur la liste des émargeurs de la préfecture. Il y eut un véritable représentant du parti ouvrier, un vieil exilé du coup d'Etat, Leballeur-Villiers (1). A Lyon, A. Richard essaya également de faire prévaloir une candidature ouvrière ; il engagea une discussion avec Bancel en lui demandant s'il n'accepterait pas certains articles du parti socialiste. Bancel, sollicité de donner son avis sur l'impôt progressif, sur la suppression des monopoles et la création des lois spéciales et de tribunaux spéciaux pour réglementer dans un sens démocratique et égalitaire les rapports entre les patrons et les ouvriers, accepta quelques points du programme, mais tout en affirmant que dans une République il ne pouvait y avoir de représentants de classes (2). Les candidatures ouvrières n'eurent pas de succès, et la masse ouvrière vota avec ensemble pour les candidats d'opposition.

Une divergence plus profonde se produisit entre les jeunes et les vieux. La publication par Vermorel de sa brochure *Les hommes de 48* que nous avons déjà eu l'occasion de citer marque très bien cet état d'âme (3).

Jules Favre, Marie, Carnot, Jules Simon, Garnier Pagès furent exposés à ses attaques. Seul Crémieux trouva grâce devant lui, pour n'avoir jamais participé à des mesures de répression. Dans le *Diable à quatre*, Méphistophelès traduisait ainsi cette tendance d'esprit : « Si l'opposition n'introduit pas des éléments nouveaux dans son sein, si elle pense arrêter l'histoire en 1848, elle se trompe étrangement... Des

(1) Tournier, *Gambetta*, p. 172.
(2) *Elections de 1869*, par A. Richard, Lyon.
(3) Coutant et Faure exposèrent les mêmes idées dans les brochures : *Les Candidatures ouvrières* (1869) et *Les Potentats de la Démocratie* (1868).

hommes plus hardis, plus jeunes surgiront dans la mêlée (1). »

Rochefort, dans sa profession de foi, disait également :

« Si je me présente à vos suffrages, c'est qu'à mon avis la France a besoin d'hommes nouveaux qui exigent ce qu'on ose nous refuser (2). »

Aussi, vit-on aux élections de 1869 des candidats nombreux se présenter dans les mêmes circonscriptions. Dans la première, Léon Gambetta disputa le siège à Carnot ; dans la deuxième circonscription, d'Alton Shée se présenta contre Thiers ; dans la troisième, Bancel fut opposé à Emile Ollivier ; dans la quatrième, Ernest Picard devait compter avec Gustave Lefrançais ; dans la cinquième, Garnier-Pagès avait contre lui Georges Baudin, candidat suscité par le *Réveil*, et Raspail qui fut soutenu par quelques membres qui avaient mis en avant sa candidature à la présidence en 48, sur la proposition de Proudhon ; dans la sixième, Guéroult allait se mesurer avec Jules Ferry et Cochin, candidat catholique libéral ; Henri Brisson songea également à ce siège, mais il crut devoir se retirer pour une considération de discipline ; dans la septième, à Jules Favre, républicain modéré, étaient opposés à la fois Rochefort, candidat radical et irréconciliable, et Cantagrel, fouriériste ; dans la huitième, Jules Simon eut à affronter Jules Vallès, le candidat de la misère ; Ernest Pelletan se représentait dans la neuvième circonscription.

Les élections de Bancel, de Gambetta, de Jules Ferry et de Thiers avaient particulièrement passionné l'opinion publique.

La candidature de Bancel, dirigée contre celle d'Emile Ollivier, fut lancée par les loges maçonniques. Pour assurer son élection, on le fit connaître d'abord à une séance de maçonnerie blanche où il prononça un discours avec Jules

(1) *Diable à quatre*, 6 mars 1869.
(2) V. le *Temps* du 13 mai 1869.

Simon et Eugène Pelletan, dans une solennité organisée par la loge « Mars et les Arts » et qui eut lieu dans la salle des fêtes du Grand Orient de France, le dimanche 14 mars. Un négociant, Chavagnat, mit à la disposition du comité de Bancel qui se forma immédiatement, un immense local rue des Fontaines. Tolain, Lemaitre, Loiseau-Pinson, Dujarrier usèrent de leur influence sur les ouvriers pour lui rallier le plus grand nombre d'électeurs. Massol, Spuller, Brisson, Ant. Dubost s'offrirent pour rédiger les circulaires. Comme moyen de propagande, on eut recours à l'Association polytechnique qui avait l'habitude en 1869 de réunir dans les salles, les plus vastes de Paris, un public nombreux. D'autres réunions publiques eurent lieu à la salle Molière, à la Redoute. Un succès éclatant couronna ces efforts : Bancel fut élu, sur 36.076 électeurs qui avaient pris part au vote, par 22.845 voix, contre les 12.848 accordées à Emile Ollivier (1).

Le succès de la candidature de Gambetta fut plus facilement assuré, malgré son absence prolongée de Paris, à la veille des élections ; la dépense fut à peine de 1.400 francs. Au commencement de 1869, Jules Ferry lui écrivait : « Ici les choses vont d'un train d'enfer, la période électorale va commencer et tu y fais un vide immense. Tel ou tel... te mettrait volontiers dans son sac aux oublis qui s'appelle l'absence (2). » On ne savait pas exactement dans quelle circonscription il poserait sa candidature, mais son succès fut assuré par le désir unanime du parti républicain de faire une manifestation en faveur de celui qu'on considérait comme l'adversaire irréconciliable de l'Empire.

(1) V. sur le détail de ces élections, Caubet, *op. cit.*, p. 23.
(2) *Lettre inédite* de Jules Ferry à Gambetta, collection d'autographes de M. Joseph Reinach.

Henri Brisson lui écrivit :

« Cher ami.....

« Croyez que ma grande affaire à moi et à Laurier, c'est vous, c'est votre succès (1). »

La candidature de Gambetta se présentait à la fois comme une manifestation énergique, mais réfléchie, de la démocratie irréconciliable. Il fit dresser par ses électeurs le « cahier » des revendications qu'il s'engageait à défendre à la Chambre, sans accepter pourtant formellement l'idée du mandat impératif qui fut fiévreusement agitée à cette époque. Son manifeste se terminait ainsi : « Démocrate radical, dévoué avec passion aux principes de liberté et de fraternité, j'aurai pour méthode politique dans toutes les discussions de relever et d'établir en face de la démocratie césarienne la doctrine, les droits, les griefs, les incompatibilités de la démocratie loyale. Pour mener à bien une telle entreprise, j'ai besoin de tenir de vos libres volontés une commission nette et précise, je l'ai dit à vos délégués, et, je vous le répète, je ne comprends, je ne sollicite, je n'accepte d'autre mandat que le mandat d'une opposition irréconciliable. » Par le cahier de ses électeurs, il s'engageait à l'accomplissement des réformes suivantes : application la plus radicale du suffrage universel, tant pour l'élection des maires et conseillers municipaux que pour l'élection des députés ; abrogation de la loi de sûreté générale ; suppression de l'article 75 de l'an VIII, liberté d'association pleine et entière, suppression du budget des cultes et séparation de l'Eglise et de l'Etat, instruction primaire laïque, gratuite et obligatoire, suppression des octrois, des gros traitements et

(1) Extrait d'une lettre inédite de M. Henri Brisson (1869). Collection d'autographes de M. Joseph Reinach.

des cumuls, modification de notre système d'impôts, suppression des armées permanentes, abolition des privilèges et monopoles qui constituent une prime à l'oisiveté ; réformes économiques qui « touchent au problème social dont la solution, quoique subordonnée à la transformation politique, doit être constamment étudiée et recherchée au nom du principe de justice et d'égalité sociale ».

Il fut élu à Paris au premier tour par 21.734 voix contre Carnot, qui en obtint 9.142. Il posa également sa candidature à Marseille où il se rendit vers la fin de 1868 à l'occasion d'une élection partielle, alors qu'il était déjà réputé par sa participation au procès Baudin. Ce fut Delescluze qui fit connaître à Gustave Naquet, directeur du *Peuple*, sa décision à l'égard de la candidature qui lui fut proposée définitivement. « Allez donc de l'avant, écrivait Delescluze ; si le comité adopte et si toutes les nuances du parti lui offrent la candidature, il accepte, à condition cependant de ne pas s'exposer à l'insuccès qui serait aussi fâcheux pour le parti que pour lui (1). »

À Marseille, quoiqu'il fut soutenu seulement par le *Peuple*, de G. Naquet, et qu'il eut contre lui la candidature officielle de F. de Lesseps appuyée par le *Courrier* et le *Phare de Marseille*, celle du marquis de Barthélemy soutenue par la *Gazette du Midi*, celle de Thiers défendue par le *Sémaphore*, il eut un grand succès. Il n'y fut pas élu au premier tour ; avant le scrutin de ballottage, il adressa un manifeste qui contenait ces lignes : « On aura beau nous dire, écrivait-il à ses électeurs : « vous êtes l'anarchie, vous êtes la démagogie », je répondrai, encore plus pour rendre hommage à la vérité que pour éclairer vos consciences : « je renvoie de semblables accusations à ceux qui les adressent » ; en effet, la démocratie

---

(1) Extrait d'une lettre inédite de Delescluze à G. Naquet, 4 septembre 1868. Collection d'autographes de M. Joseph Reinach.

sincère, loyale est la seule ennemie de la démagogie, le seul frein, le seul rempart aux attentats des démagogues de tout ordre. Les démagogues : ils sont de deux sortes, ils s'appellent César ou Marat ; que ce soit aux mains d'un seul ou aux mains d'une faction, c'est par la force qu'ils veulent satisfaire les uns et les autres leurs ambitions et leurs appétits.

« La politique démagogique est l'opposition de la politique scientifiquement organisée qui devait rendre la nation politiquement plus libre, intellectuellement plus savante, économiquement plus aisée, moralement plus juste, et socialement plus égale (1). »

Cette profession de foi, qui impliquait une critique de la tactique révolutionnaire, avait provoqué des protestations même de la part de ses amis intimes (2).

La clairvoyance politique de Gambetta apparut dans le patronage qu'il avait donné à la candidature de Jules Ferry. C'était lui qui avait présenté, pour la première fois, Jules Ferry aux électeurs dans l'enceinte du Gymnase de la Sorbonne où se pressaient 500 personnes, parmi lesquelles se trouvait Ténot, rédacteur du *Siècle*. Jules Ferry avait ex-

(1) Neucastel, *op. cit.* p. 41, pour le personnel qui patronna la candidature de Gambetta.

(2) Notamment, Ranc, dans *Le Diable à quatre*, lui avait répondu par les lignes suivantes :

« Non content d'être désagréable à Marat, Gambetta a encore jugé nécessaire d'apprendre aux Marseillais qu'il est dévoué à l'ordre « principe fondamental des sociétés », un peu plus il se proclamait ami de l'ordre. Est-ce à lui qu'il faut enseigner que l'ordre n'est pas un principe et qu'il a dit simplement une chose qui n'a aucune espèce de sens ?....

O ! Gambetta ! toi qui aimes la Révolution ; qui as, par un rare privilège, le tempérament d'un artiste et l'esprit d'un politique, la grande éloquence et le sens des affaires ; toi qui as fait entendre la plus forte parole qui ait retenti en France depuis que Michel est mort et Ledru exilé ; toi enfin qui peux être la voix de la jeune Révolution, Gambetta, cher Gambetta, voudras-tu n'être qu'un candidat ? » Le *Diable à quatre*, n° 36, p. 53.

posé un programme qui comprenait les fameuses libertés nécessaires, la réforme de la magistrature, la réforme dans le service militaire, la réforme fiscale, la séparation de l'Eglise et de l'Etat. Au cours de la réunion quelques qualificatifs désagréables furent adressés à Jules Favre ; Gambetta se dressa comme s'il était insulté lui-même et répondit par une superbe improvisation en défendant le grand orateur républicain (1).

Comme le *Réveil* et *l'Avenir* étaient très défavorables à la candidature de Jules Ferry, Clément Laurier, craignant que la candidature de Gambetta ne s'en ressentit, lui écrivit une lettre le priant de se montrer plus réservé dans ses sympathies pour son compagnon de lutte. « Je te recommande bien, écrivait-il, de ne rien écrire à Ferry dont il puisse faire arme. Tu es assez compromis de ce côté et, en présence de la candidature de Brisson, tu dois être assez réservé (2). »

Pourtant, la campagne électorale de Jules Ferry avait un caractère d'opposition très marqué. Sa profession de foi signalait la nécessité des réformes dont quelques-unes avaient un caractère presque révolutionnaire. Elle se terminait ainsi : « Aussi faut-il vouloir, par dessus tout, la décentralisation administrative, la séparation absolue de l'Eglise et de l'Etat, la réforme des institutions judiciaires par un large développement du jury, la transformation des armées permanentes. Ce sont là les *destructions nécessaires*. En y travaillant, la génération actuelle préparera d'une manière plus sûre l'avènement de l'avenir (3). »

---

(1) Ces renseignements sont contenus dans une note renfermée dans la collection d'autographes de M. Joseph Reinach.

(2) Extrait d'une lettre inédite de Clément Laurier à Gambetta, du 18 mars 1869. Collection d'autographes de M. J. Reinach.

(3) V. le *Temps* du 11 mai 1869.

C'était la lutte contre l'Eglise qui constituait le trait essentiel de son programme. « La France, ajoutait-il, n'aura pas de liberté tant qu'il existera un clergé d'Etat, une Eglise ou des Eglises officielles : l'alliance de l'Etat ou de l'Eglise n'est bonne ni à l'Etat ni à l'Eglise ; elle nous a valu, entre autres, cette interminable occupation romaine qui fausse notre situation en Europe, et qui tend à faire dégénérer entre nous les questions politiques en questions religieuses. » Il maintint sa formule relative aux « *destructions nécessaires* », s'appliquant à l'armée, à l'Eglise, à la magistrature, malgré les instances de son frère Charles Ferry et d'un ami, Léon Becquet (1). Pour lui, toute la question était dans cette formule : « Il n'y a que deux partis en France, le parti clérical, et le parti de la liberté, entre lesquels il faut opter. »

Interrogé par un électeur, au cours d'une réunion publique, sur son attitude éventuelle à l'égard du pouvoir, Ferry répondit que vis-à-vis du pouvoir, détenteur illégal des libertés, les élus du suffrage universel devraient se comporter comme des juges, et il acceptait l'idée du rejet du budget malgré le serment. C'est à ce titre que sa candidature avait été patronnée par des hommes comme Littré, Michelet, Corbon, etc. Pour ce qui concerne la question sociale, il repoussait énergiquement toute idée d'antagonisme de classes. Il répondit à un interrupteur qui l'interpellait sur ce point : « C'est l'antagonisme des classes qui nous a perdus en 1851. Pendant que les classes se combattaient, est survenu, comme dit la fable, un troisième larron qui a confisqué la liberté (2). »

La candidature de Jules Favre fut âprement discutée, même par les républicains. On le déclarait responsable de la chute

(1) Renseignements fournis par M. Charles Ferry.
(2) V. *Compte-rendu des réunions publiques*, avant le scrutin de ballottage, le *Temps* du 4 juin 1869 ; des 2 et 6 mai 1869.

de la République. En outre, ses idées spiritualistes avaient creusé un fossé entre lui et la jeune génération acquise aux idées matérialistes et positivistes. Ses échecs à Lyon et dans les départements avaient déterminé un mouvement en sa faveur au scrutin de ballottage.

La noble éloquence « du divin Jules » ne devait pas cesser de se faire entendre à la tribune de la Chambre. Une adresse, rédigée par Ferdinand Dreyfus, fut immédiatement couverte de nombreuses signatures des étudiants en droit, en médecine, et des écoles des Chartes et des Beaux-Arts (1).

Un comité de « mineurs » travaillait ferme pour recueillir de nombreuses adhésions en faveur de Jules Favre, et on voyait « un futur préfet de la République, Léon Cohn, son pot de colle à la main, afficher la profession de foi du grand orateur (2). »

Grâce à ces efforts, il réussit à battre Henri Rochefort qui était arrivé en tête au premier tour de scrutin (3).

Thiers dont on annonçait la candidature à la fois dans le Nord et à Paris, n'eut pas pour lui aux élections de 1869 l'unanimité des électeurs républicains comme en 1863. Delescluze, partisan de l'union démocratique à opposer à l'union libérale, lui suscita un concurrent dans la personne de d'Alton Shée (4).

Pourtant, au scrutin de ballottage, les républicains comme Vacherot engageaient les électeurs à voter pour l'auteur des *libertés nécessaires*. « Quelle est la question à l'ordre du

---

(1) On relève parmi les signataires les noms suivants : René Millet, H. Naquet, Gaston Mayer, Gabriel Monod, James Darmesteter, Charles Simon, de Masure, Avenel, Léon Cohn, de Lasteyrie, Lafont, Fernand Worms, Rouvier, Pichon, Gay-Lussac.

(2) Souvenirs inédits de M. Ferdinand Dreyfus.

(3) A l'Ecole normale, où l'on avait l'habitude d'organiser des réunions politiques à la veille des élections, les républicains s'étaient prononcés au deuxième tour de scrutin pour Jules Favre. — Renseignements fournis par M. G. Renard.

(4) V. le *Réveil*, 7 juin 1869.

jour? disait Vacherot; le pouvoir personnel en face de la souveraineté nationale. La démocratie radicale n'oubliera pas la devise : liberté des candidats au premier tour de scrutin; retrait au deuxième de toutes les candidatures opposantes devant celle qui a réuni le plus de suffrages (1). »

Quant à Thiers, pour lui la grande question du dix-neuvième siècle était toujours de savoir si les nations de l'Europe pourraient arriver à la liberté sous la monarchie (2).

Malgré cela, la jeunesse républicaine ne lui marchanda pas son concours. Decrais, Pallain, Léon Renault, les deux Cambon furent chargés spécialement d'inspecter les bureaux électoraux, le jour du vote. Si la lutte électorale rapprochait ainsi de Thiers quelques jeunes républicains, le résultat du scrutin ne le réconcilia pas avec Paris. Thiers eut des larmes aux yeux, en apprenant que les électeurs de la deuxième circonscription lui infligeaient un scrutin de ballottage. Il oubliait qu'il avait été écouté avec respect, en développant, dans des réunions privées, ses idées sur le maintien du pouvoir temporel des papes, au milieu d'un quartier où dominait l'élément bourgeois, nettement anticlérical (3).

III

Dans les départements, la campagne électorale se poursuivit avec non moins d'activité. Au lieu de recevoir le mot d'ordre de Paris et d'accepter les candidats que lui désignait la capitale, la province cherchait ses représentants parmi les notabilités locales; le candidat étranger n'était agréé que si son nom pouvait favoriser l'union entre les différentes

(1) V. le *Temps*, 16 mai 1869.
(2) V. le *Temps*, 16 mai 1869.
(3) Renseignements fournis par M. Ferdinand Dreyfus.

fractions du parti ou s'il prenait l'engagement de ne pas opter pour Paris (1). Dans tout le Midi, surgirent de nombreuses candidatures républicaines. Dans le département de l'Hérault, à Montpellier, E. Picard se présentait à la place de Lisbonne, compris dans la proscription de 1852; à Béziers, C. Floquet, dans la troisième circonscription; à Lodève, E. Ollivier comptait pour réussir sur ses anciennes relations avec les victimes de 1852 qu'il avait soigneusement cultivées jusqu'à la fin de l'Empire. Dans la quatrième circonscription c'était encore Jules Simon qui briguait le siège. Dans les Pyrénées-Orientales, à Perpignan, Em. Arago se présentait avec quelques chances, soutenu par l'*Indépendant* et par les conseillers municipaux qui, par suite de la campagne faite dans ce département par Péreire en 1863, étaient favorables à l'opposition. C'était encore Em. Arago qui se présentait dans la deuxième circonscription.

Une délibération du conseil municipal de Perpignan en vue d'interdire aux agents de l'autorité municipale la distribution des bulletins de vote fut annulée par un arrêté du préfet, comme ayant été prise en dehors des attributions normales du conseil. Dans l'Aude, Raynal, un ancien proscrit, se présentait à Narbonne; dans le département des Landes, Victor Lefranc; dans le Gard, Cazot, Bonnefoy-Sibour, André Pasquet, rédacteur du *Siècle*, soutenus par le *Peuple Nimois*.

(1) En avril 1869, Jules Simon écrivait cette lettre à Ferdinand Hérold, candidat dans le département de l'Ardèche :... « Il ne faut pas indiquer aux électeurs de l'Ardèche que vous pensez en même temps à les conquérir et à les quitter. Il y a un mois que je reçois vingt lettres par jour contenant cette question : êtes-vous ennemi de la famille et de la propriété? et vingt autres lettres contenant celle-ci : opterez-vous pour nous? C'est la grande préoccupation des électeurs qui élisent un parisien. » *Correspondance inédite* de Jules Simon avec Ferdinand Hérold.

Dans l'Ardèche, à Tournon, Hérold engagea la lutte en s'appuyant sur l'élément protestant de la région ; Chambrun posa sa candidature dans la Lozère, où l'opposition avait déjà enregistré un succès relatif aux élections de 1863. Dans le département du Vaucluse, Gent, le condamné du complot de l'Ouest, et Taxile Delord, soutenus par le *Démocrate du Midi*, disputèrent deux sièges aux candidats officiels. Dans le Gers, le Lot-et-Garonne et le Lot, une agitation électorale s'organisa autour du *Messager du Sud-Ouest* à Agen, et de l'*Avenir* à Auch. Il y eut des réunions préparées par la rédaction du journal l'*Avenir* en l'honneur d'Ernest Picard qui avait plaidé pour David, rédacteur du journal poursuivi par l'administration.

Les partisans de Jules Favre firent une campagne active dans le Gers. A Marmande et à Villeneuve, c'était encore Emmanuel Arago qui avait mené la campagne électorale. Dans la circonscription de Mirande, la lutte s'annonçait comme très vive parce que même les électeurs bonapartistes n'acceptaient plus la candidature officielle de Granier de Cassagnac. A Toulouse, de Rémusat, élu premier conseiller municipal en 1865, avait posé sa candidature nettement hostile à l'Empire. Dans l'Isère, la première circonscription avait pour candidat opposant Eymard-Duvernay ; dans la deuxième, Riondel, opposant, était arrivé à faire agréer sa candidature, même par les paysans. Aux élections du conseil municipal qui avaient eu lieu à Saint-Marcellin, on avait vu la liste de l'administration battue par la liste républicaine. La troisième circonscription fut taillée de la façon la plus arbitraire ; elle comprenait une fraction de l'arrondissement de Grenoble, les cantons de Saint-Laurent-du-Pont et de Voiron, et en outre quelques fractions des arrondissements de Saint-Marcellin, de Bourgoin et même de Vienne. Dans la cinquième circonscription, le journal l'*Impartial Dauphinois* exerçait une grande influence.

Dans la Savoie, il y eut une brusque poussée des idées républicaines, due à l'action des sociétés dites de l'Union qui étaient composées des membres ayant pris l'obligation de se passer après leur décès des cérémonies de l'Eglise. Par suite d'une hostilité très vive existant contre le clergé, l'administration crut utile de ne pas intervenir dans la lutte.

Dans le département de la Drôme, le succès du mouvement démocratique se traduisait par la rapide extension du journal républicain l'*Indépendant de la Drôme et de l'Ardèche* qui, à peine paru, était tiré à 1.600 exemplaires, tandis que le *Courrier de la Drôme* n'en comptait que 400. La loge maçonnique de Valence provoqua les candidatures de Bancel et de Crémieux. C'était pour la première fois depuis 1852 que la vie politique reprenait une certaine activité dans cette région. Le « Congrès de Valence », qui eut lieu, à l'instigation d'Alphonse Gent, sous la présidence et dans la maison de Saint-Prix, les 29 et 30 juin 1850, détermina des poursuites devant le conseil de guerre de Lyon ; cette affaire, connue sous le nom de « Complot de Lyon », décima le parti républicain dans le département de la Drôme ; la violence de la répression, après le 2 décembre, acheva la désorganisation du parti. Pourtant, l'idée républicaine continuait à y compter des défenseurs. Aux républicains de 1848 qui restaient : Fayard et Clerc, se joignirent Bès, Agrenier, Bret, Reboul, Ruzan, Belan, Malens, etc. La loge l'Humanité de la Drôme leur servit de point de ralliement. En 1869, le triomphe de plusieurs républicains aux élections municipales leur permettait d'espérer un succès aux élections législatives (1).

(1) Renseignements fournis par M. Marius Villard et M. Paul Faure, ancien député de Vaucluse.

Dans les départements du Cher, de l'Indre et de la Nièvre, par suite des persécutions du coup d'Etat qui avaient décimé le parti républicain, la lutte était plus difficile à engager. Pourtant deux journaux, l'*Impartial de la Nièvre* et le *Messager du Centre*, avaient contribué à ranimer la vie politique de la région. Dans la deuxième circonscription de la Nièvre, Girerd et Gambon avaient posé leur candidature.

A Lyon, la fraction la plus avancée avait décidé de substituer à Hénon et à Jules Favre, Raspail et Bancel. Ce dernier y avait été connu par les loges maçonniques, Raspail s'y était fait connaître par des conférences.

Dans le département de la Loire, à Saint-Etienne, la fraction la plus avancée avait porté Martin Bernard; celui-ci ayant refusé, Dorian finit par être le candidat du parti. Dans l'arrondissement de Roanne, un ancien transporté de 1851, Brisson, se présentait avec Raffin, président du conseil des prud'hommes, secondé par ses contre-maîtres. Des relations existaient entre Saint-Etienne et Lyon grâce au journal l'*Eclaireur* et par l'intermédiaire d'Antide Martin.

Dans le Doubs et dans le Jura, où le triomphe de Grévy avait causé une émotion si profonde, des journaux démocratiques comme le *Doubs* et l'*Indépendant* à Gray, firent, ainsi que la société des « Bons Cousins » ou « Charbonniers » qui s'était maintenue dans l'arrondissement de Dôle, une propagande active en faveur de Grévy et d'Edouard Ordinaire, candidat démocrate, dont les services étaient connus en Franche-Comté. Son aïeul fut le premier maire élu à Besançon, le premier juge élu du district, le premier administrateur élu du département, lorsque la révolution rendit à la France les libertés municipales. Son père et son oncle avaient été recteur de l'Académie de Besançon. E. Ordinaire lui-même avait pris une part très active au développement des sociétés coopératives. Il publia une brochure, *Les candidatures officielles et leurs conséquences*. Avec lui se présentait Jouffroy, le fils du philosophe, comme candidat indépendant et libéral.

Dans la Haute-Marne c'était Gilot, médecin, ancien maire de Langres en 1848, qui se présentait avec Steenackers dont la réputation, grâce à une large participation aux œuvres de bienfaisance, faisait un candidat redoutable.

Dans la Côte-d'Or, Magnin allait retrouver ses électeurs ; dans la circonscription de Beaune, c'était l'ancien représentant Joigneaux qui espérait réunir les voix républicaines dans les cantons de Seurre et de Saint-Jean de Losne ; dans la troisième circonscription (Semur et Châtillon), c'était encore Floquet qui avait posé sa candidature, secondé par Lavalle, un démocrate très actif.

Dans la Seine-Inférieure, contre Pouyer-Quertier se présentait Deseaux, appartenant au parti de Cavaignac, un des membres les plus importants du barreau ; il s'était porté candidat en 1857, et en 1863 le candidat officiel ne l'avait emporté que de quelques voix. A Elbeuf, un candidat socialiste se présentait, soutenu par le *Progrès de Rouen* ; au Havre, avec l'appui du *Journal du Havre*, s'étaient portés comme candidats Cazavan, Ancel et Lecœsne.

Dans le département de l'Eure, Dupont (de l'Eure), fils de l'ancien membre du Gouvernement provisoire, et le duc de Broglie se proposaient à nouveau de tenter la chance.

Dans la plupart des candidatures, posées dans les départements, un fait apparut très caractéristique : c'était le retour à la vie politique des hommes connus avant le 2 décembre 1851. En effet, on retrouvait parmi eux, dans l'Isère, Brillier, compagnon de Baudin au 2 décembre ; Chaix dans les Hautes-Alpes, Arnaud dans l'Ariège ; Lignier dans l'Aube, le premier ayant recommencé l'action, et qui avait eu 14.000 voix en 1863; Babaud-Laribière dans la Charente; Gaudin dans la Charente-Inférieure ; Latrade dans la Corrèze ; Fayolle dans la Creuse ; de Gasté dans le Finistère et la Manche ; Ducoux dans le Loir-et-Cher ; Bertholon dans la Loire ; Pereira, l'ancien préfet, dans le Loiret; Calmon dans le Lot ; Corne dans le Nord ; E. Leroux dans l'Oise ; Boysset dans la Saône-et-Loire ; Maurice Aubry dans les Vosges ; Théodore Raynal dans l'Aude ; Rodat dans l'Aveyron ; le docteur Chavoix et le docteur Guépin-Mulé à Toulouse ; Viox dans la Meurthe ; le docteur Guépin, Waldeck-Rousseau à Nantes, etc., etc.

Pour ce qui concerne le programme des candidats de l'opposition, il fut en 1869 ce qu'il avait été en 1863. Orléanistes, légitimistes et républicains s'accordaient pour demander la réduction des charges militaires et la diminution du contingent. La séparation des Églises et de l'Etat, la suppression du budget des cultes furent acceptées par toute l'opposition démocratique.

Au point de vue des idées économiques, il y eut à Paris une accentuation dans le sens des réformes sociales. Jules Simon qui se qualifia de « candidat républicain-socialiste » fit, au cours d'une réunion tenue à la barrière du Trône, la déclaration suivante : « Vous me demandez si je suis communiste ? Non, mille fois, non. Si je suis socialiste ? Distinguons. Si, la liberté étant acquise, tout arbitraire étant détruit, toute tyrannie et tout tyran ayant disparu, il s'agit de vouer son intelligence à la réforme de ce qui est mal, à la réorganisation de la propriété, à l'organisation du travail, oui, je suis candidat démocrate-socialiste (1). »

C'est dans ces conditions qu'allait s'engager la bataille électorale en 1869.

(1) Une des plus caractéristiques, à ce point de vue, fut la profession de foi de Tachard, candidat de l'opposition démocratique et libérale à Mulhouse, qui déclara se refuser à reconnaître « aucune des classes dans

IV

Le succès à Paris dépassa toutes les espérances (1). Après le scrutin de ballottage, la capitale comptait parmi ses élus : Gambetta, Bancel, Picard, Raspail, Ferry, Jules Favre, Jules Simon et Pelletan. Dans l'ensemble de la France, les chiffres suivants traduisent avec éloquence les progrès faits par le parti républicain entre 1863 et 1869 : aux élections de 1863 les candidats du gouvernement réunissaient, en chiffre rond, 5.300.000 voix et les candidats de l'opposition 2.000.000, en 1869 le gouvernement n'obtenait pour ses candidats que 4.438.000 suffrages, tandis que l'opposition arrivait au chiffre de 3.355.000 voix ; par conséquent, le gouvernement perdait 662.000 suffrages, l'opposition en gagnait 1.350.000, et la différence en faveur du gouvernement, qui était en 1863 de 3.300.000, était descendue en 1869 à 1.083.000. Presque toutes les grandes villes avaient donné la majorité aux républicains, submergées souvent par les campagnes environnantes. (2).

Au point de vue des alliances conclues par les républicains, une constatation s'imposait : l'union libérale avait presque partout subi des échecs. Les candidats orléanistes avaient été vaincus par l'administration ou distancés par l'opposition démocratique. Dans les départements, Thiers, J. de Lasteyrie,

laquelle on prétend parquer les citoyens ». V. le *Temps*, 10 mai 1869. Pour les autres professions de foi, voir : pour Carnot, le *Temps*, 18 mai 1869 ; pour Bancel, 23 avril et 7 mai 1869 ; pour Gambetta, 8 mai 1869 ; pour Brisson, 6 et 12 novembre 1869 ; pour Laboulaye, 3 mars 1869 ; pour Casimir Perier, 13 juillet 1869 ; pour Renan, dont la candidature avait une signification surtout anti cléricale, 9 mai 1869 ; et Darimon, le *Tiers Parti*, p. 399.

(1) Le total des abstentions fut de 76.500 sur 391.000 électeurs inscrits.

(2) V. la *Démocratie* du 30 mai 1869.

Baze, Prévost-Paradol, Casimir-Perier, Bocher, Cornélis de Witt, Passy, de Broglie, de Lur-Saluces, le duc Pasquier, Lacave-Laplagne ne furent pas élus (1).

A Bordeaux, Lavertujon échoua encore une fois devant l'arbitraire de la candidature officielle, mais Jules Simon et Amédée Larrieu furent élus; le premier avait 3.000 voix d'avance sur la candidature officielle et obtenait la majorité, non seulement dans les cantons urbains, mais aussi dans les cantons ruraux. Lavertujon réunissait à Bordeaux 6.588 voix contre 2.777 accordées à son adversaire bonapartiste Johnston.

Larrieu obtint à Bordeaux, dans les cinquième et sixième cantons, 8.297 voix contre 1.918 au baron Travot, député officiel sortant. Grâce à cette écrasante majorité, il put triompher du candidat rural (2).

(1) V. la *Démocratie*, ibidem.

(2) POUR LES AUTRES VILLES :

	OPPOSITION	GOUVERNEMENT
Paris et Seine	234.104	77.033
Lyon	46.465	13.746
Bordeaux	17.679	5.540
Nantes	11.026	2.971
Toulouse	16.400	6.056
Strasbourg	7.988	4.200
Limoges	7.143	1.977
Mulhouse	5.159	1.647
Rouen	8.192	7.253
Reims	6.338	4.471
Saint-Quentin	3.500	977
Arles	2.491	1.267
Châlons-sur-Marne	2.580	364
Narbonne	2.081	1.459
Marseille (1re circonscription)	15.000	4.000

L'opposition eut encore la majorité dans les villes de Lisieux, Pont-l'Évêque, Honfleur, Falaise (4.006 à André Pasquet contre 689 à Paulmier), Caen (4.386 contre 1.807), etc., etc.

Il faut remarquer, en outre, que les minorités recueillies par l'opposition étaient très importantes. Dans la deuxième circonscription des Bouches-du-Rhône, cand. offic. 15.529, Eugène Pelletan, 11.969; dans la Drôme, cand. offic. 13.189, Crémieux, 12.926; dans le Finistère,

Dans le Nord, depuis 1857 la première circonscription était représentée au Corps législatif par Plichon, catholique libéral. Le gouvernement, pour l'empêcher d'être réélu, modifia la circonscription en y comprenant Dunkerque ; le candidat officiel échoua, grâce à l'appoint apporté par le parti républicain et par un petit journal le *Pilote Dunkerquois*. En 1869, l'opposition créa le *Messager du Nord*, où la collaboration du parti républicain fut également assurée. Pourtant, aux élections municipales de 1865, quelques républicains passèrent, et notamment Frédéric Duriau, Fichaux, Malo, Lebleu, Petyt. Au mois de juillet 1870, un comité indépendant se forma et dressa une liste de couleur républicaine qui échoua ; mais un mois plus tard, lorsqu'on procéda à de nouvelles élections, les vides produits dans le Conseil par des retraites volontaires furent comblés par des noms républicains sur la liste unique qui fut alors présentée aux suffrages des électeurs (1).

A Lille, malgré l'importance des éléments républicains, composés surtout des ouvriers qui votaient en masse pour la République, le succès était difficile à obtenir, par suite du remaniement arbitraire des circonscriptions électorales. Pourtant en 1855, à l'occasion d'une élection au Corps législatif, un comité libéral composé de républicains se constitua. Il fut présidé par le docteur Godefroy, et comptait parmi ses membres Fémy, Honnorat, Otten, Viseur, Patrice, Schneider. Aucun succès électoral ne put couronner ses efforts.

Après l'amnistie, avec la reconstitution du parti républicain, on y vit se former un groupe modéré avec Testelin en tête, et ayant pour organe l'*Echo du Nord*. Le *Progrès du Nord*, dirigé par Masure, représentait une

cand. offic. 15.032, Thiers, 12.681 ; dans l'Hérault. cand. offic. 14.329, J. Simon, 13.006 ; dans la Loire, cand. offi. 14.830, Berthelon, 14.131 ; dans la Meurthe, cand. offi. 15.457, Viox, 15.088.

(1) Renseignements fournis par M. Em. Bouchet.

nuance plus avancée. Le *Travailleur du Nord* traduisait plus spécialement les aspirations des masses ouvrières. Un mouvement coopératif se produisit qui fut marqué par la formation des sociétés « Le Crédit au travail » et « Le Progrès ». On fit même, comme nous l'avons vu, une tentative de fonder une section de l'Internationale dont faisaient partie Masure, Legrand, Patrice, et quelques autres (1). A propos du procès intenté au *Progrès du Nord*, Gambetta se rendit à Lille où sa présence donna lieu à une grande manifestation républicaine.

A Dieppe, la Ligue de l'enseignement fondée en 1868 contribuait au réveil du parti républicain. Le comité de cette ligue comptait dans son sein les démocrates les plus actifs, notamment P.-J. Féret, président, S. Hardu, pasteur, vice-président, L. Lebon, secrétaire. Elle organisa une série de conférences et des bibliothèques populaires. La fondation par Lebon du journal la *Ligne directe*, avec le concours d'Ulric de Fonvielle et Edouard Dupin, donna un organe autorisé au parti.

Deux anciens députés de Dieppe, Levavasseur et Estancelin, renforcèrent l'opposition qui pouvait compter sur le *Phare de Dieppe* et la *Normandie indépendante*, quoique dirigées dans un sens clérical.

Aux élections de 1863, Estancelin fut le candidat de l'opposition, quoiqu'il eût été question pendant quelque temps de défendre la candidature d'Henri Rochefort. Pourtant le parti radical avait au premier tour son candidat, Lebon.

Les élections de mai 1869 donnèrent au candidat officiel, Lidier, 12.770 voix, mais les candidats de l'opposition en avaient réuni, Estancelin 6.674, Ch. Lebon 3.893, Levavasseur 2.708 et avaient par conséquent la majorité. Au scrutin de ballottage, Estancelin l'emporta sur le candidat de l'administration

---

(1) Renseignements fournis par M. Patrice et V. Durand, *op. cit.*, p. 91.

par 14.486 voix contre 11.727. Pour se venger, le parquet poursuivit la *Ligne directe* sous l'inculpation d'injures adressées à l'empereur. U. de Fonvielle, signataire de l'article incriminé, fut condamné à deux mois de prison et 1.000 francs d'amende (1).

A Nantes, l'opposition s'était groupée autour de Guépin et Prévost-Paradol. Comme d'habitude, l'administration remania la circonscription en accolant à la ville plusieurs cantons ruraux, ce qui motiva une protestation des notabilités démocratiques de la localité (2). Guépin, qui avait eu la majorité dans la ville, fut battu, noyé sous le flot des votes des campagnards.

En Alsace, l'opposition n'avait pas remporté de succès, sauf à Mulhouse. Pourtant le mouvement démocratique y était très puissant. Des circonstances spéciales rendaient les populations de ces régions attentives à la politique impériale. On savait très bien que la présence au pouvoir du neveu de Napoléon avait réveillé les méfiances en Allemagne. Le *Courrier du Bas-Rhin* suivait avec attention l'agitation antifrançaise qui se faisait dans les provinces voisines. Le 16 mars 1859, il inséra une protestation contre des bruits qui, « dans des intentions malveillantes, » tendent « à troubler les excellents rapports entre les habitants des frontières française et badoise. (3) »

(1) Voir, Georges Lebas, *Histoire de la ville de Dieppe de 1830 à 1875*, p. 280 et suiv.
(2) Voir dans la *Démocratie*, 15 juin 1869. Gaudin, le candidat officiel fut élu par 16.832 contre 14.504 à Guépin.
(3) V. Charles Staehling, *Histoire contemporaine de Strasbourg et de l'Alsace*, t. II, pages 86-94.
En 1863, Odilon-Barrot obtint à Strasbourg 4.000 voix, contre 5.500 données à A. de Bussière, candidat de l'administration.
Dans la circonscription de Mulhouse, A. Gros, candidat du gouvernement, fut élu par 12.519 voix contre 11.848 données à M. Tachard, can-

Après 1863, le travail de propagande républicaine s'accentua dans cette région. Le passage des débris de l'armée polonaise, écrasée en 1865 et pour laquelle le *Courrier du Bas-Rhin* organisa une souscription, donna lieu à une manifestation.

C'est dans le département du Haut-Rhin que Jean Macé avait créé déjà en 1863 la société des bibliothèques communales, avec le concours d'Engel Dolfus de Mulhouse. L'œuvre prit une extension rapide, en 1865, après la publication par Jean Macé de sa brochure : *Morale en action* (1).

En 1868, la démission de de Bussière avait fourni au parti démocratique de Strasbourg l'occasion de tenter un effort sur le nom de Laboulaye. Sa candidature fut soutenue par le *Courrier du Bas-Rhin*, mais les quatre cantons ruraux représentant 20.000 électeurs, attachés à Strasbourg, (qui ne comptait que 10.000 votants), avaient permis au candidat de l'administration de l'emporter. A Strasbourg, sur 9.923 votants, Laboulaye eut 6.948 voix, tandis que de Bussière n'en obtint que 2.978.

La même année, les Alsaciens eurent le pressentiment des dangers dont les menaçait la Prusse en voyant arriver un convoi de sept à huit cents Hanovriens qui, après s'être réfugiés en Hollande, puis en Suisse, furent obligés de quitter même l'Alsace sur la réclamation du gouvernement prussien.

Aux élections de 1869, la poussée démocratique fut plus forte dans le Bas-Rhin. L'opposition avait comme candidat à Strasbourg Charles Bœrsch, rédacteur en chef du *Courrier du Bas-Rhin*, à Wissembourg Rodolphe de Turckheim. A Strasbourg, le candidat démocratique avait obtenu 7.597 voix contre 4.302 accordées à A. de Bussière. Les campagnes

didat de l'opposition, qui cependant obtint à Mulhouse 7.593 voix contre 2.050 à Gros.

(1) Collection Hetzel, 1865.

l'emportèrent encore une fois sur la ville. A Colmar, le parti libéral avait comme candidat Fr. Hartmann qui réunit une minorité imposante de 14.737 voix contre les 18.693 obtenues par le candidat officiel.

On fut plus heureux à Mulhouse, où le parti démocratique fut tellement puissant que l'administration fut forcée, malgré elle, d'adopter comme candidat officiel Alfred Kœchlin-Steinbach. C'est Tachard qui, par 15.291 voix triompha du candidat officiel qui ne recueillait que 6.423 suffrages.

Après les élections, la propagande démocratique se poursuivit et, dans le Bas-Rhin, on créa *le Volksblatt*; à Mulhouse, fut fondé également l'*Electeur souverain*. Les deux feuilles étaient destinées particulièrement à faire une propagande parmi les habitants des campagnes.

Grâce à tous ces succès et à ce réveil de la vie politique, l'opposition républicaine au parlement fut renforcée; il semblait désormais possible de compter sur une action utile du Corps législatif (1).

V

A Paris, l'agitation réveillée par les élections ne se calma pas tout de suite. Sans doute, au scrutin de ballottage, Rochefort fut battu par Jules Favre, dont le triomphe marqua la discipline du parti, décidé à conserver au parlement un grand orateur, quand même il ne répondait pas à ses aspirations (2).

---

(1) L'opposition démocratique de la nouvelle Chambre comptait comme nouveaux membres dans ses rangs : Barthélemy Saint-Hilaire, Bethmont, Cochery, Desseaux, Esquiros, Gagneur, Guyot-Montpayroux, Jouvencel, Kératry, Larrieu, Mège, Ordinaire, Lecesne, Rampont, Riondel, Wilson.

(2) Le résultat du premier scrutin provoqua des vives inquiétudes parmi les modérés. Une *Lettre inédite* de Jules Simon à Ferdinand Hérold, du 27 mars 1849, reflète cet état d'âme : « Je suis depuis trois jours dans la désolation ; rien ne peut me remettre depuis l'échec de

Mais une mesure prise par le gouvernement qui avait ajourné les Chambres au mois de novembre, au lieu de s'arrêter à la date légale du 26 octobre, avait donné lieu à une nouvelle manifestation.

Kératry, violemment combattu dans sa circonscription par l'administration, proposa, une fois élu, de protester contre l'illégalité de la mesure. L'idée fut accueillie par la presse la plus avancée et donna lieu à une fermentation révolutionnaire.

En septembre 1869, Clément Laurier écrivait à Gambetta :
« Il ne faut pas te dissimuler que tout cela est plein de poudre, et qu'il suffirait d'une étincelle pour y mettre le feu (1). »

En octobre, il écrivait encore à Gambetta, qui s'était prononcé, dans une lettre publique, pour une manifestation énergique : « Au point de vue des électeurs de Paris, tu as très bien fait de l'écrire (la lettre) et elle a été reçue avec enthousiasme par les amis de la première. Dans les circonstances actuelles, et après la convocation du Corps législatif, quelque tardive qu'elle soit, cette lettre prend le caractère d'un appel aux armes, je veux dire par là non point que ce soit ton intention, mais que c'est l'intention attribuée. Or, dans cette voie-là, attends toi à n'être suivi de personne, ni par Raspail qui se retire, ni par Bancel qui ne s'est pas encore avancé, ni par aucun des irréconciliables... Dans le peuple, on est extrêmement mécontent, très inquiet, et porté à agir si une bonne occasion se présentait, mais on regarde cette

---

Jules Favre, Glais, Bizoin, Emmanuel Arago, Carnot, et que le corps électoral, après les expériences de ces dernières années, réélise tant de muets et de serviles ! Si les ballotages ne donnent pas de meilleurs résultats, tout est à craindre, soit de l'aplatissement au dedans de la Chambre, soit de la colère des impatients au dehors. On avait une si belle occasion de conquérir la liberté et d'assurer l'ordre: Jules Simon. »
Correspondance inédite de Hérold avec Jules Simon.

(1) Extrait d'une lettre inédite ; collection d'autographes de M. J. Reinach.

occasion comme mauvaise et en tout cas comme manquée (1). »

Il y avait dans l'appréciation de Clément Laurier un pessimisme exagéré, et une lettre de Jules Ferry à Gambetta contenait une impression plus juste de l'état d'esprit des électeurs parisiens :

« Mon bien cher Léon,

« Tu sais le bouillonnement de ces derniers jours. On voulait qu'à nous quatre (Simon, Thiers, Pelletan) seuls présents à Paris, nous fissions une adresse pour calmer le peuple. Et il se calme tout seul. La raison qui dispense de toutes les autres, c'est que le peuple ne s'en est pas mêlé. Thiers, qui marche d'un train d'enfer, nous a dit, le vieux routier : « Si les Parisiens ont envie de faire une révolution, pourquoi les en dégoûterions-nous ? » Somme toute, éléments connus : l'agitation qui suit naturellement des élections longues et passionnées ; la brutalité provocante, impudente, plus ou moins préméditée, des hommes de police... Eléments obscurs : bandes de casseurs de vitres, jeunes gens, blouses blanches, inconnus de tes électeurs de Belleville, au milieu desquels ils apparaissent après la nuit close, armés de bâtons de fer, sortant on ne sait d'où (2). »

VI

Les élections complémentaires qui eurent lieu par suite des options exercées par les élus dans plusieurs circonscriptions donnèrent lieu à une nouvelle agitation.

Hérold, E. Arago et Gent disputèrent le siège de Jules Si-

(1) Extrait d'une *Lettre inédite*. Collection d'autographes de M. J. Reinach.

(2) *Lettre inédite*, novembre 1869. Collection d'autographes de M. Joseph Reinach.

mon. Glais-Bizoin posa sa candidature dans la circonscription de Picard ; Crémieux dans celle de Bancel ; et Rochefort avait commencé une campagne électorale dans la circonscription laissée vacante par le départ de Gambetta.

Félix Pyat saisit l'occasion pour proposer la candidature de quatre insermentés. Dans un article intitulé *La Conscience*, il expliquait ainsi son projet :

« Pureté est dureté, les barricades ne se font pas avec de la boue ; il faut du pavé. Après la révolution de droit en 89, après la révolution du mépris en 48, on fera en 69 la révolution de la conscience (1). »

Il n'avait pas l'intention d'entrer au parlement. Quand on lui eut offert la candidature, il répondit : « Moi, soussigné, je lègue ma modeste fortune de 50.000 francs à qui sauverait la liberté. »

La candidature des insermentés devait être une protestation révolutionnaire contre l'Empire. Ledru-Rollin, qui avait commencé par prêter son nom à cette manifestation, se retira ensuite. Une lutte s'engagea entre U. Parent qui essaya de le confirmer dans sa résistance à la prestation du serment, et Spuller qui croyait rendre service au parti républicain en ramenant à Paris le tribun populaire. Briosne, Tolain et Lefrançais décidèrent de soutenir sa candidature en l'expliquant ainsi :

« Cette alliance prouvera que, sans plus se préoccuper du passé, les républicains radicaux affirment hautement et sans réserve l'impossibilité d'accomplir la révolution sans la simultanéité des réformes politiques et des réformes sociales (2). »

Ledru-Rollin finit par décliner toute candidature, surpris lui-même de la faveur dont jouissait Rochefort, porté sur la même liste. Dans une lettre adressée au *Times*, il écrivait :

« Je veux la liberté, mais je la veux vêtue de blanc... je pré-

(1) V. la *Démocratie*, 31 octobre 1869.
(2) V. Gustave Lefrançais, *Souvenirs d'un révolutionnaire*, p. 371.

vois qu'avec des hommes comme Rochefort, on en arrivera forcément à la guerre civile. »

La candidature du brillant rédacteur de la *Lanterne* fut soutenue parce que, suivant le comité qui le patronait, il représentait toutes les haines des générations nouvelles (1).

D'ailleurs, il manœuvra habilement. Interpellé sur ses intentions à l'égard du serment, il avait répondu qu'il se refuserait à cette formalité si les trois autres candidats non assermentés venaient à Paris et s'unissaient à lui pour faire une manifestation collective.

En revanche, dans les réunions auxquelles avait donné lieu sa candidature et où il fut acclamé avec un enthousiasme délirant, il s'exprimait dans des termes qui ne laissaient aucun doute sur ses intentions révolutionnaires. A une réunion publique tenue boulevard de Clichy, il disait : « Je me tiendrai toujours à la disposition du peuple. Si je suis élu, je consacrerai mon traitement de député à la location d'une vaste salle dans laquelle je réunirai, deux fois par semaine, les électeurs en réunions privées. Ce n'est pas un procédé nouveau ; Robespierre, au sortir de la Convention, consultait, le soir, le peuple dans les clubs... Le peuple peut compter sur moi, et je serai prêt, le jour où il le faudra, à transporter mon mandat du Corps législatif dans la rue (2). »

La question du serment n'arrivait pas à passionner les partis. Si les réunions dans lesquelles la question avait été débattue étaient passionnées, cela tenait beaucoup à l'attitude de l'administration, qui empêchait de discuter l'opportunité du serment.

Aux élections qui eurent lieu, sauf Rochefort, les républicains modérés furent élus.

(1) V. la *Démocratie*, 14 novembre 1869.
(2) V. la *Démocratie*, 14 novembre 1869.

CHAPITRE XVI

L'Empire libéral et la lutte contre l'Empire

I. La politique de l'Empire libéral et Emile Ollivier.
II. Les groupements républicains : la gauche-fermée, la gauche-ouverte, les blanquistes.
III. L'affaire de Victor Noir et le plébiscite.

I

Le 12 novembre 1869, le Procureur général de la cour d'appel de Rouen, à la veille des élections de 1869, s'exprimait ainsi : « L'opinion s'accrédite qu'il y a des modifications à apporter dans les rouages du gouvernement... qu'il faut affranchir le nouveau Corps législatif de toute attache administrative et lui attribuer une influence plus considérable dans la marche des affaires... -

« Peut être serait-il aussi d'une bonne politique de renouveler un peu les éléments de la majorité, en favorisant l'élection au Corps législatif d'hommes nés à la vie politique avec l'Empire, et qui ont prêté jusqu'à ce jour un concours dévoué; d'un âge mûr aujourd'hui, ils sont également éloignés de l'inexpérience de la jeunesse et des défaillances de la vieillesse qui ont atteint beaucoup de candidats choisis lors des premières élections. Ne serait-il pas prudent de compter avec ces intelligences qui ont conscience de leur valeur, aussi bien qu'avec ces quatre millions d'électeurs nés à la vie politique depuis

1851, et dont M. Rouher parla avec tant de raison ? Les négliger, ne serait-ce pas créer tout autant d'adversaires redoutables aux institutions impériales ? (1) »

Les résultats des élections de 1869 montrèrent en effet que de nouvelles couches arrivaient à la vie politique, et demandaient leur place au soleil.

Pour répondre aux nouvelles aspirations du corps électoral, le gouvernement impérial se décida à faire un pas en avant, et c'est ainsi que fut constitué un ministère présidé par Emile Ollivier, par l'homme dont la biographie, suivant l'expression de Blanqui, pourrait s'intituler « *Cours de gymnastique politique*, ou *Essai sur les moyens de parvenir* (2) ».

L'auteur de l' « Empire libéral » prétendait rester fidèle à la politique suivie par lui depuis le commencement de l'Empire. Dans sa profession de foi aux électeurs du Var il disait : « J'ai pour adversaires ceux qui trouvent toujours bien, et ceux qui trouvent toujours mal ce que fait le gouvernement; je suis repoussé par ceux qui ne veulent ni la révolution ni la liberté, et par ceux qui veulent la liberté par la révolution. » Ainsi, il s'appropriait les reproches adressés par l'Empire au parti républicain, qui traitait ce dernier comme un parti révolutionnaire. Aucune question de principe ne semblait devoir l'éloigner de Napoléon III. La constitution du 21 mai 1870 ratifiée par le plébiscite du 8 mai lui donnait une complète satisfaction. Dans l' « Empire libéral », il affirme qu'il ne s'était jamais proposé de rétablir « le détestable parlementarisme ni la monstrueuse imbécillité; le roi règne et ne gouverne pas ». Il souhaitait seulement que l'Empereur

---

(1) A. M. J. Rapport du 12 novembre 1869.
(2) Voir la biographie d'Emile Ollivier, par Blanqui, dans les manuscrits de la bibliothèque nationale. Nouvelles acquisitions françaises. 5559, t. VII, 2; V. aussi, Henri Daniel, *De 1815 à 1900*, p. 177.

ajoutât à sa responsabilité devant la nation, celle de ses ministres devant le parlement (1).

En effet, la constitution impériale de 1870 déclarait les ministres responsables devant le parlement, mais en revanche elle affirmait la responsabilité personnelle de l'Empereur, et, ce qui était beaucoup plus grave, elle maintenait pour le chef de l'Etat la faculté de faire appel au corps électoral par la voie du plébiscite.

Le pouvoir personnel, malgré les concessions faites, restait ainsi intact et, suivant l'expression exacte d'un auteur, ce n'était pas l'orléanisme qui triomphait de l'empire, c'était au contraire l'empire qui étranglait l'orléanisme; aussi, les contradictions entre le texte de la constitution, qui semblait être animé d'un esprit libéral, et la pratique du gouvernement impérial, malgré les sincères intentions d'Emile Ollivier, n'avaient pas manqué de se manifester. D'une part, on restaura le contrôle des Chambres, mais, d'autre part, l'empire eut recours au plébiscite pour faire sanctionner, une fois de plus, et par plusieurs millions de voix, un programme personnel. Les messages de l'Empereur affirmaient toujours : « l'Empire c'est la paix », et pourtant la constitution lui permettait de déclarer la guerre de sa propre initiative. L'empire avait poursuivi l'Association internationale des travailleurs, mais en même temps de graves soupçons pesaient sur l'administration à laquelle on pouvait reprocher d'avoir suscité plusieurs grèves. Ainsi, la grève du Creusot fut stimulée par un rédacteur du *Parlement*, Jean Laroque, envoyé là-bas par Ganesco, dont les relations intimes avec Rouher étaient connues de tout le monde (2). En Alsace, on vit éclater une grève dont les origines ne pouvaient être attribuées qu'aux agissements de l'ad-

(1) V. Emile Ollivier, *Empire libéral*, tome V, page 104.
(2) J. Claretie, *op. cit.*, page 51.

ministration. Dans le Haut-Rhin, la grève n'avait ménagé que la vallée de Munster où les ouvriers, en grande partie protestants, échappaient à l'influence du clergé et de l'administration (1).

La contradiction entre l'éclat apparent qui entourait l'empire libéral et le fonds chancelant sur lequel il reposait n'apparut pas tout de suite. Il y eut un moment d'illusion. E. Ollivier, avec l'attendrissement qui gagnait facilement son tempérament de méridional, disait à ses amis, en parlant de l'Empereur : « Je lui ferai une belle vieillesse. » Beaucoup de personnes croyaient vraiment à un changement radical du régime. Le président du conseil institua de nombreuses commissions où il fit entrer des orléanistes de marque et où il essaya d'enrôler jusqu'aux républicains (2). Les salons de la chancellerie de la place Vendôme n'avaient jamais vu une foule aussi nombreuse et empressée. « On ne se rappelle pas avoir vu une telle foule chez aucun ministre de l'empire », écrivait le correspondant d'un journal étranger à propos de la première réception du garde des sceaux (3).

Mais tout ce système de gouvernement ne reposant que sur l'adhésion de quelques personnalités n'impliquait pas l'acceptation du programme ; et il suffisait du moindre incident pour réveiller toutes les craintes à l'endroit de la réserve du pouvoir personnel qui persistait dans la constitution.

II

Étant donné la menace constante que l'exercice du pouvoir personnel maintenu et garanti par la constitution de 1870

(1) Scheurer-Kestner, *Souvenirs de jeunesse*, pages 140 et suiv.
(2) V. Clamageran, *op. cit.*, p. 331.
(3) V. *Journal de Genève*, 21 janvier 1870.

suspendait sur toutes les têtes, on comprend l'agitation provoquée par l'affaire de Victor Noir. Elle n'était en effet qu'une explosion de méfiance à l'égard du pouvoir auquel, à tort, sans doute, on attribuait jusqu'au droit de faire disparaître un homme sans en rendre compte à personne.

L'opposition parlementaire ne pouvait que continuer sa lutte contre le pouvoir personnel. Il lui importait avant tout de dissiper une confusion qui pouvait résulter de la juxtaposition des éléments existants.

A propos de la nomination de Prévost-Paradol à l'ambassade des Etats-Unis, Louis Ulbach signala la présence d'un parti « de principes entre-bâillés (1) ».

Le parti républicain vit avec tristesse se séparer de lui, en même temps, Weiss qui avait combattu en termes si violents le coup d'Etat à propos du procès Baudin. Déjà, dans la *Revue politique*, comme nous l'avons vu, Challemel-Lacour avait mis en demeure les orléanistes, — ceux qui se disaient libéraux, — de se prononcer nettement sur la question de savoir s'il leur était indifférent d'obtenir la liberté de n'importe quelle forme de gouvernement et si l'octroi des libertés nécessaires n'était pas le terme de leurs revendications. Dans une lettre adressée à l'*Avenir national*, le 30 juillet 1869, et provoquée par la mesure illégale qui devait motiver la manifestation du mois d'octobre, Gambetta avait préconisé la constitution d'une gauche ayant un programme précis et nettement républicain. Il disait : « L'idée de constituer la gauche avec une coalition d'hommes appartenant à des partis et à des principes contraires, est une idée fausse sur la valeur politique de laquelle de brillantes et illustres personnalités ont pu jeter une illusion passagère; mais qui ne saurait ré-

(1) V. *La Cloche*, 18 juin 1870.

sister à l'épreuve des événements.... Il faut organiser une gauche composée exclusivement de citoyens ralliés aux mêmes principes. Il ne s'agit pas d'épurer, il s'agit d'uniformiser... La première fraction comprend les partisans de la monarchie constitutionnelle. Tous ceux qui croient que le suffrage universel peut s'accommoder des libertés nécessaires doivent se ranger sous les ordres de M. Thiers et de ses amis... ; l'autre fraction se recrute dès lors uniquement parmi ceux qui estiment que le peuple est le seul véritable et le seul légitime souverain, mais qu'il lui faut la réalité du pouvoir. A ceux-ci, en effet, la responsabilité ministérielle ne saurait suffire, il leur faut la responsabilité directe, immédiate, de quiconque exerce une fonction ; il leur faut surtout la responsabilité soigneusement organisée, facilement praticable du chef du pouvoir exécutif.(1). »

La différence que Gambetta signalait entre les républicains radicaux et orléanistes libéraux ne tenait pas seulement à une question de tactique, mais reposait sur une divergence de fond. Dans une série de notes que Gambetta eut l'occasion d'écrire sur un exemplaire de la *France nouvelle* de Prévost-Paradol, cette différence apparait d'une façon très précise. En établissant les bases d'un gouvernement démocratique et libre, l'auteur de la *France nouvelle* s'attachait à n'admettre que « des éléments également acceptables pour une démocratie monarchique et pour une démocratie républicaine ». Gambetta pensait, au contraire, qu'il « n'y a pas de démocratie monarchique (2). »

Pour Prévost-Paradol, le suffrage universel avait cet avan-

(1) *Avenir national,* 30 juillet 1869.
(2) V. p. 130, exemplaire de M. Pallain. A propos d'un autre passage, Gambetta souligne la différence qui existe entre la démocratie césarienne et la démocratie républicaine, *op. cit.*, p. 6.

tage qu'on ne pouvait « rien inventer ni proposer au-delà pour séduire l'imagination populaire », et que les agitateurs ne pouvaient « revendiquer aucun moyen plus radical de connaitre et de satisfaire la volonté du plus grand nombre » ; Gambetta trouvait dans ces lignes « deux raisons politiques du fait et non du droit » (1).

Dominé par les préjugés du régime censitaire, Prévost-Paradol voyait dans le gouvernement démocratique plutôt une nécessité qu'un régime stable ; d'après lui, la société même, quand elle touche « enfin à ce gouvernement démocratique, qui semble être le seul port dans lequel il lui soit possible de trouver le repos, découvre une mer nouvelle..., plus périlleuse que tous les parages qu'elle a traversés. » En parcourant ces lignes, Gambetta ne put s'empêcher d'écrire : « absurde ; et quel cruel besoin que celui de la rhétorique (2). »

L'inspiration aristocratique de Prévost-Paradol se retrouvait encore quand il écrivait : « L'obéissance est, en effet, le lien des sociétés humaines, et, quand ce lien se relâche, elle semble sur le point de se dissoudre. » Gambetta trouvait cette observation « ou féroce ou banale (3) ».

Interprète d'une pensée qui porte l'empreinte de la philosophie doctrinaire, Prévost-Paradol écrivait encore : « La démocratie n'est point avide de libertés politiques, mais de bien-être. » Gambetta, qui a lu Proudhon, lui répondait : « Lisez : justice. » Paradol continuait : « Le despotisme démocratique se déclare toujours particulièrement et exclusivement chargé du bien-être de la multitude » ; Gambetta lui

(1) V. op. cit., p. 51-52.
(2) V. op. cit., p. 22.
(3) V. op. cit., p. 32.

répondait encore : « Ce qui est la nécessité même de la forme politique (1). »

Gambetta ne se contenta pas de marquer son point de vue particulier sur la philosophie du gouvernement démocratique ; il exprima son désaccord sur le fonctionnement même du régime parlementaire dans une République. Il indiqua l'amendement Grévy comme moyen d'organiser la responsabilité présidentielle qui paraissait presque irréalisable à l'auteur de la *France nouvelle* ; à ce dernier qui admettait la dissolution du Corps législatif qu'il appelait royale quand « elle est faite sans le consentement des ministres », Gambetta opposait cette brève réplique : « c'est le coup d'Etat. »

Avec Gambetta se constituait le parti républicain gouvernemental et parlementaire, ayant sa doctrine propre qui le séparait des autres groupements libéraux.

Mais la lutte contre le pouvoir personnel, par la force des choses, devait donner au parti républicain un caractère révolutionnaire parce qu'il semblait s'attaquer à une des dispositions fondamentales de la constitution promulguée.

Gambetta, avec sa science profonde des réalités politiques, s'appliquait à montrer la différence entre la tactique légale de l'opposition et la tactique révolutionnaire que l'administration impériale essayait de confondre. A propos d'une interpellation motivée par des mesures disciplinaires prises contre deux militaires du 71ᵉ de ligne qui avaient assisté à une réunion publique, le général Lebœuf, ministre de la guerre, crut utile de terminer sa réponse en ajoutant « qu'il les mettrait en tête des colonnes s'il y avait une émeute, et qu'ils seraient les premiers à faire leur devoir ». Gambetta

(1) V. *op. cit.*, p. 35, et un article fortement documenté de M. Joseph Reinach, sous le titre modeste de « Notes et impressions ». La *Grande Revue*, juillet 1900.

releva immédiatement le gant en répondant : « Vous n'êtes pas le seul gouvernement qui, en s'abritant sous des prétextes de légalité, se soit prévalu de la force brutale. Tous ceux qui vous ont précédé depuis 60 ans disaient comme vous en se tournant du côté de l'opposition : Descendez donc dans la rue et vous éprouverez notre vigueur (1). »

A l'occasion d'un banquet qui lui avait été offert par les étudiants, il leur exposa une fois de plus le programme de la tactique du parti républicain qui devait être « le triomphe de la raison, et non d'une échauffourée révolutionnaire ». « Avoir raison, Messieurs, leur disait-il, avoir raison, c'est cesser d'être un parti... Je dis que les temps héroïques du parti républicain sont clos. Ah! non pas, entendez-le bien, que, si dans une heure de vertige ou de provocation, au mépris du droit éternel, un homme osait pour la seconde fois tenter les aventures de la violence, je veuille dire qu'on ne puisse pas opposer la force à la force ; mais ce suprême recours ne doit être que la suprême revanche du droit menacé. Jusque là, tant que le champ reste ouvert à la discussion, à la controverse, au prosélytisme, à la propagande, tant que l'homme peut aborder l'homme, le citoyen, le citoyen... il faut proclamer hautement que l'on méprise la force entre ses mains, comme on la méprise entre les mains des usurpateurs... (2) »

C'était le programme de la gauche fermée.

La crainte d'être confondu avec le parti révolutionnaire, l'exagération de l'épouvante du spectre rouge et certaines convenances personnelles avaient poussé E. Picard, au cours de la campagne antiplébiscitaire, à provoquer la création de la gauche ouverte. La rencontre, rue de la Sourdière, de jour-

(1) Gambetta, *Discours etc.*, publiés par M. J. Reinach, 1880, t. I, p. 91.
(2) Voir *Neucastel, op. cit.*, page 57.

nalistes et d'hommes sans mandat politique avec des députés lui paraissait pouvoir évoquer le souvenir fâcheux des anciennes organisations révolutionnaires, où des hommes sans qualité officielle s'érigeaient en pouvoirs publics.

Pourtant ce n'était pas là, de son côté, un acheminement vers l'acceptation du pouvoir impérial ; les lettres échangées à ce propos entre Jules Favre, E. Picard et Hénon en donnent la preuve. « Entre républicains, écrivait E Picard à un ami, je distingue les partisans de la République imposée, des partisans de la République acceptée (1). »

Hénon, de son côté, en envoyant à Ernest Picard son adhésion, écrivait : « Que ceux qui se cachaient quand il y avait un risque à courir, qui plus tard faisaient une abstention commode pour se tenir à l'abri, et qui combattaient avec acharnement ce qu'ils appelaient la politique des Cinq, que ceux-là vous gardent rancune, cela se comprend ; mais... vous savez comme moi, que pendant que nous blâmions hautement le coup d'Etat, un d'eux en faisait l'éloge, sans signer l'article bien entendu ; et ce sont des purs de ce genre qui vous attaquent et vous dénigrent... Il est évident qu'il doit vous être désagréable de voir s'éloigner de vous des hommes comme notre ancien collègue et ami Jules Favre, comme mes amis Pelletan, Dorian, Glais-Bizoin ; vous les regretterez, sans doute, comme moi ; mais, à côté de cela, pesez les compensations politiques, et rappelez-vous que si vous aviez comme auxiliaires les paroles modérées et conciliantes de MM. Grévy et Gambetta, vous aviez aussi à supporter votre part de responsabilités dans les folies de Raspail et consorts (2). »

(1) *Extrait d'une lettre inédite*, adressée à M. B.
(2) Extrait d'une *Lettre inédite* du 10 juin 1870 ; voir aussi Introduction aux discours parlementaires d'Ernest Picard, tome III (1890).

Ainsi, c'était une question de tactique et non pas une question de fond qui séparait véritablement les deux fractions du parti républicain. Dans une lettre par laquelle J. Favre annonçait à Ernest Picard son adhésion à la gauche fermée, il lui écrivait aussi : « Je ne connais d'autre droit positif que celui qui émane du libre consentement de tous, et c'est pourquoi je suis l'adversaire de l'Empire personnel ou parlementaire, parce que l'Empire a toujours une réserve despotique qui, à une heure donnée, détruit les droits de la nation. Mais il n'y a rien, dans le manifeste adressé en commun entre les journalistes et les députés, qui contrarie ces idées. Loin de là, je ne les trouve pas assez fortement exprimées. »

Seuls, Raspail et Rochefort constituaient un groupe à part dans l'opposition parlementaire. Le 8 décembre 1869, Raspail donna lecture d'un projet de loi qui exprimait son programme propre, et qui comportait : la décentralisation, le suffrage universel débarrassé de toute candidature officielle, un impôt unique, progressif, l'organisation des milices, etc... c'est-à-dire un programme qui, en réalité, avait été accepté par un grand nombre des membres de l'opposition. La personnalité des auteurs de la proposition, leurs attaques avec les éléments révolutionnaires séparaient les différentes fractions de l'opposition.

Il y eut dans la psychologie de l'opposition républicaine de cette époque un état d'âme qui ne s'expliquait que par l'influence, par le ricochet de la tactique impériale. Cette dernière, dans les luttes électorales et au cours de la campagne en faveur du plébiscite, n'attaquait plus l'idée républicaine, ni les idées libérales. Son unique et principal argument était le spectre rouge renouvelé et constamment présenté sous des formes nouvelles. Aussi, semblait-il à l'opposition républicaine qu'il fallait avant tout graver dans l'esprit des électeurs l'idée fondamentale que le parti démocratique n'était pas un parti révolutionnaire. Une fois cette idée ancrée dans les consciences, croyait-on, la majorité serait acquise aux éléments anti-bonapartistes. C'était cette préoccupation qui expliquait le discours de Gambetta à Marseille après le premier tour de scrutin, où il se déclarait aussi éloigné de la démagogie césarienne que de la démagogie démocratique. Une certaine méfiance qui régnait à l'égard des masses ouvrières dans quelques éléments de la bourgeoisie conservatrice, se confondait avec l'idée du spectre rouge. La résurrection et l'évocation des idées communistes, même en l'absence de toute idée révolutionnaire, habilement exploitées, faisaient croire à l'imminence d'un danger à la fois politique et social. On ne se rendait pas compte du tout que la tactique révolutionnaire, malgré toutes les précautions qu'on prenait pour en dégager le parti républicain, s'imposait par la force des choses, en face du pouvoir personnel qui pouvait, à chaque instant, par un retour en arrière, par des mesures réactionnaires, provoquer des résistances. Les idées sociales, la tendance à faire intervenir l'Etat dans les rapports économiques n'étaient pas, en principe, incompatibles avec un état stable et l'absence de toute secousse révolutionnaire.

Cependant, vers la fin de l'Empire, avant les bouleversements et l'insurrection de la Commune de Paris, il y eut, malgré les apparences, un travail de rapprochement entre les différentes classes de la société, et un livre publié par Mézières(1), *La société française*, en était le symptôme caractéristique. L'auteur, dans cet ouvrage, faisait l'analyse de l'état d'esprit des différents éléments de la société. Après avoir étudié les paysans et signalé leur caractère essentiellement égoïste, incapable de

---

(1) V. Mézières, *La Société française*, 1869, p. 44.

générosité, éloigné de toute idée de bien-être général et collectif, il parlait en ces termes de l'ouvrier : « Il est en même temps citoyen de son pays ; sa fraternité cosmopolite ne lui fait pas oublier ce qu'il doit à la France. Le mot de patriotisme, qui n'éveille chez le paysan que des idées militaires, éveille chez l'ouvrier des idées politiques ; il a une opinion personnelle ou plutôt collective sur la marche des affaires, et il l'exprime énergiquement par ses votes...... Par générosité naturelle et par tradition, il défend la cause libérale et vote généralement pour les candidats indépendants. A la campagne on craint que les candidats libéraux ne soient des candidats révolutionnaires. »

Aussi, l'attitude à prendre envers les ouvriers et les réformes sociales que les luttes contre le pouvoir personnel semblaient reléguer au second plan n'étaient pas précisément celles qui, comme on pourrait le croire, divisaient le plus le parti républicain.

On reprochait, plus tard, à Gambetta d'avoir, dans son discours du Havre, en 1872, nié le socialisme, en déclarant qu'il n'y avait pas « une question sociale » ; mais on oubliait qu'il avait ajouté que la seule manière « de bien poser le problème dans une république » était de le faire de façon à ce que toutes les questions fussent comprises et résolues « au point de vue de l'amélioration intellectuelle, morale et physique de la classe la plus nombreuse et la plus pauvre (1) ».

S'il y avait, — et il faut insister sur ce point, — une divergence entre les différents éléments du parti républicain, c'était beaucoup moins au point de vue de la nécessité des réformes sociales, qu'au point de vue de la tactique à adopter en face

(1) Spuller, *Figures disparues*, tome III, page 242.

du pouvoir personnel. Ledru-Rollin, qui avait été un des premiers à déclarer que le suffrage universel était le moyen destiné à aboutir aux réformes sociales, critiquait les nouvelles utopies « qui entendaient étouffer la spontanéité humaine pour la renfermer dans un système étroit (1) ». Les utopies sociales lui paraissaient dangereuses parce qu'elles tendaient à l'exagération du rôle de l'Etat et qu'elles favorisaient le maintien du pouvoir personnel fort. Cette crainte se retrouvait même chez les hommes de la fraction du parti républicain socialiste inspirée par Proudhon ; en rendant compte de l'ouvrage de Saint-Ferréol, « Réponse d'un vieux démocrate » où il reprenait les idées en faveur en 1848 sur le rôle de l'Etat, la *Rive gauche*, tout en appréciant ce qu'il y avait de socialiste dans cette œuvre, lui reprochait de compter trop sur l'action des pouvoirs publics (2).

En résumé, le parti républicain de cette époque, même dans ses nuances les plus avancées, n'était révolutionnaire que dans la mesure où il était, par la force des choses, placé dans la nécessité de combattre le pouvoir personnel. Son action révolutionnaire, dans tous les cas, n'était pas destinée, dans sa pensée, à provoquer une réforme sociale immédiate. Il n'y avait aucun lien entre la lutte contre le pouvoir personnel de l'Empire, les mesures extrêmes qu'elle pouvait provoquer et les réformes sociales préconisées par les éléments les plus avancés (3).

---

(1) V. *Rive gauche*, 21 janvier 1866.
(2) V. *Rive gauche*, 6 mai 1866.
(3) Pour s'en rendre compte avec plus de précision, il faut lire *Le Parti socialiste*, par Vermorel (1870), où se reflète l'influence toute puissante de Proudhon. En lutte avec les hommes de 48, dont il était l'adversaire irréductible et auxquels il reprochait leur esprit jacobin au point de vue économique, Vermorel se prononçait pour les solutions les plus libérales, excluant l'intervention de l'Etat.

Il n'y eut véritablement qu'une seule fraction révolutionnaire, c'était celle organisée par Blanqui.

Le parti blanquiste (dont nous avons observé la reconstitution à Sainte-Pélagie autour de Blanqui, qui y avait rencontré Tridon, Taule, Clemenceau, Protot et qui avait recruté de nouveaux partisans à la clinique chirurgicale de Nélaton, et à Necker, notamment, les frères Levraud, Jaclard, Paul Dubois, de Villeneuve, Lafargue et quelques autres), s'était développé par l'adhésion d'un certain nombre d'ouvriers comme Genton et Bazin, et de quelques étudiants militants comme Eude et Granger. Les entrevues des étudiants avec les ouvriers du faubourg Saint-Antoine, les rencontres au congrès de Genève, à Liège, et dans les différents congrès qui avaient eu lieu à l'étranger avaient donné à cette fraction une certaine importance. Au début, quand Blanqui, de retour de la prison, se fut mis en relations avec Ranc, il eut un moment d'hésitation et crut devoir changer sa tactique. On essaya de faire comprendre au « vieux », que l'ancien système de conspiration, de l'organisation des sociétés secrètes, n'était plus praticable avec le suffrage universel. Il fut entendu que Blanqui avec Ranc et A. Regnard publieraient un journal *La Renaissance*, destiné à contrebalancer l'influence des périodiques moins avancés. L'idée blanquiste devait pénétrer dans le public moins par l'action secrète que par la publicité. A la première réunion du futur comité directeur qui eut lieu chez Régnard, rue des Ecoles, il fut entendu que Ranc serait chargé du programme politique, Regnard de la partie scientifique et Blanqui du programme économique. Ce dernier sembla opposer une certaine répugnance à avoir à formuler un programme de réformes sociales. Sur l'observation de Ranc « que le maitre était pourtant le mieux désigné pour remplir cette tâche », Blanqui, avec le fin sourire qui lui était familier, répondit : « La chose est très difficile, car les doctrines socialistes en sont à la période critique.... (1). »

L'idée de la publication de *La Renaissance* fut abandonnée, et Blanqui, dominé par les éléments militants et, notamment, par Eude et par Granger qui représentaient une nouvelle couche blanquiste, se rejeta vers l'action, sans être suivi dans cette voie par les disciples de la première heure, Ranc et Tridon.

Paris fut divisé en plusieurs sections, des listes furent dressées désignant les hommes les plus capables de prendre part à une action armée. Genton, un ancien ouvrier qui avait été pris sur les barricades de Juin, fut le principal intermédiaire entre les ouvriers et les blanquistes agissants ; ensuite, on se prépara à agir, pour le cas où les circonstances devaient s'y prêter.

Mais ici, encore, il faut noter qu'il ne s'agissait pas de faire triompher uniquement une certaine doctrine sociale ; la conception de Blanqui était qu'une révolution ne pouvait réussir que par une préparation psychologique et intellectuelle. Dans une note qui se trouve parmi ses manuscrits, il se demande ce qu'il y aurait à faire pour faire réussir une révolution, et il y répond qu'il faut surtout préparer les esprits, car, sans un travail intellectuel préalable, toute révolution est destinée à un échec certain (2).

Sa pensée maîtresse, il l'avait exprimée dans *La Critique sociale* : « L'organisme social est l'œuvre de tous, se formant par le temps, les tâtonnements, l'expérience progressive, par un courant inconnu et spontané. » Le but de la tactique révolutionnaire consiste, d'après lui, simplement à « abaisser les

---

(1) Renseignements fournis par M. Ranc.
(2) V. Manuscrit de Blanqui à la Bibliothèque nationale, *Nouvelles acquisitions françaises*, 9539, liasse 8, 27.

obstacles », à « créer une pente », mais sans avoir « la prétention de créer le fleuve (1) ». Il avait l'habitude de dire : « On ne crée pas un mouvement, on ne fait que le dériver. » Dans la propagande, que les étudiants blanquistes faisaient en se rendant chez les ouvriers qu'on réunissait par groupes de 5 ou 6, ils leur montraient le lien étroit qui existait entre les réformes politiques et les réformes sociales ; en leur expliquant les événements de la seconde République, les causes de sa chute, ils liaient intimement les événements des journées de juin 48 au coup d'Etat de 1851.

Le volume de H. Castille qui montrait la portée sociale de la Révolution de 48 et les conséquences néfastes de la répression des journées de Juin leur servait utilement de guide et de manuel. « Nous sommes les vaincus de Juin et de Décembre », telle était la conclusion de la propagande qu'on faisait dans les ateliers (2).

Même dans la conception blanquiste, la révolution ne pouvait pas se faire au nom d'un certain système économique, au nom d'une révolution sociale s'installant immédiatement et triomphalement sur les ruines du gouvernement vaincu.

On pouvait dire que ce qui distinguait avant tout les différentes fractions du parti républicain, c'était plutôt une question de tactique qu'une question de fond : les uns, partisans avant tout du renversement du pouvoir établi par des mesures légales, poussant le souci de la légalité jusqu'à éviter le moindre contact avec les éléments dits révolutionnaires ; d'autres, au contraire, en face du pouvoir personnel qui leur

---

(1) V. Tchernoff, *Le Parti républicain sous la monarchie de Juillet*, 1901, page 352.
(2) Renseignement fourni par M. Levraud, député, qui avait été un des premiers à recruter les ouvriers sur lesquels cette propagande s'était exercée.

semblait un défi constant à la légalité et à la liberté, prêts à avoir recours même à l'action révolutionnaire, pour le supprimer.

Ranc, après avoir constaté l'émiettement, les divisions qui partageaient le parti républicain en plusieurs fractions, disait : « Ce n'est pas seulement sur des questions de doctrine que la division existe... Ce qui est mortel, c'est que l'émiettement existe aussi sur les moyens d'agir, qu'on ne s'entend pas sur la tactique révolutionnaire, et qu'un centre d'action n'existant pas autour duquel on puisse se grouper, chacun marche de son côté et combat en volontaire...

« A l'heure présente, il y a deux forces en présence : d'une part la gauche, de l'autre Rochefort et sa popularité.

« La gauche, considérée dans son ensemble, a creusé entre elle et la population un abime qui grandit chaque jour davantage, mais il y a en elle des éléments qui pourraient se dégager et venir à nous. D'un autre côté, beaucoup de gens sincères dans Paris ont trouvé les attaques dirigées contre les députés dans les réunions publiques et dans nos journaux, trop âpres, trop persistantes, en tout cas inopportunes et impolitiques... Je conclus à la réconciliation de Gambetta et de Rochefort, de Paris et de Belleville (1). »

L'union entre ces différentes fractions ne s'était pas accomplie, même parmi les partisans de la révolution. Delescluze se défiait des membres de l'Internationale ; Blanqui et Delescluze se détestaient mortellement ; aucune entente n'existait donc plus dans les rangs de la démocratie la plus avancée (2).

(1) Le *Diable à quatre*, n° 68, pages 62 et 64.
(2) Pourtant, un banquet qui avait eu lieu le 26 septembre 1869, pour célébrer l'abolition de la royauté, avait réuni un certain nombre de républicains militants appartenant à des groupements différents.

Etienne Arago, qui avait refusé la présidence pour ne pas rappeler une autre présidence ayant conduit au coup d'État, célébra la Républi-

Pourtant, si la désunion régnait dans le parti républicain, l'Empire se chargeait d'y mettre fin en provoquant des manifestations qui groupaient contre lui tous les éléments de l'opposition.

III

L'assassinat de Victor Noir par le prince Pierre Bonaparte, en présence de ses témoins, Paschal Grousset et Ulric de Fonvielle, assassinat commis au cours d'une polémique de presse, avait provoqué des manifestations qui montraient toute la profondeur de la haine qu'éprouvait dans son cœur Paris contre l'Empire.

Rochefort ouvrit le feu par un article où il écrivait : « Voilà dix-huit ans que la France est entre les mains ensanglantées de ces coupe-jarrets, qui, non contents de mitrailler les républicains dans les rues, les attirent dans des pièges immondes pour les égorger à domicile. Peuple français, est-ce que décidément tu ne trouves pas qu'en voilà assez? »

C'était l'appel à l'insurrection. Félix Pyat, de son côté, se montrait non moins véhément. « Il faut, écrivait-il, que désormais les citoyens se protègent eux-mêmes » et il terminait son article par ces lignes menaçantes : « Les barricades

que, la grande exilée. Chassin y déplora l'impuissance du parti, par suite de sa désunion ; Frédéric Morin but « à la vigilance » ; Henri Brisson « aux hommes d'action » ; il disait, notamment : « L'avenir appartient aux hommes d'action, et non plus à ceux qui se borneraient à faire de la politique scientifique ; je bois donc, citoyens, aux hommes d'action ». Gustave Lefrançais marqua une note discordante en évoquant le souvenir des ouvriers de Lyon. Claretie porta un toast à Armand Barbès, à Tibaldi et à Ledru-Rollin ; Chavanne formula un vœu en faveur de l'union de Paris et des départements ; Gustave Flourens annonça que la « jeunesse était prête à rentrer dans les grandes traditions révolutionnaires » et but à l'union entre les socialistes, les ouvriers et les hommes de plume. — Voir la *Démocratie*, 26 septembre 1869.

de la pensée ne doivent pas dispenser des autres. Au besoin, la délivrance légale a besoin d'être accomplie par la délivrance matérielle... L'homme n'est pas un pur esprit, et il a un bras comme une tête pour servir à la révolution (1) ».

Un journal relativement modéré, la *Cloche,* adressait à l'Empire cet avertissement : « La balle qui a tué Victor Noir va ricocher loin (2). » La *Solidarité* ajoutait : « C'est parce que, depuis le 2 décembre, depuis le premier attentat commis contre la conscience, il s'est formé en France un parti pour excuser la violation des lois morales... qu'aujourd'hui le crime d'Auteuil divise les opinions (3) ».

A l'occasion de l'enterrement de Victor Noir, qui eut lieu le 12 janvier à Neuilly, on crut un instant à une émeute. Rochefort et Delescluze s'y opposèrent en détournant la foule de l'idée de porter le cercueil vers Paris, vers les Champs-Elysées où étaient massées les troupes.

« Vous êtes dans l'erreur, écrivait Varlin à Aubry, lorsque vous pensez que l'influence de notre fédération a probablement contribué à empêcher que les manifestations du 12 janvier ne se transforment en insurrection ; les délégués de la chambre fédérale ne s'étaient réunis ni concertés à l'avance, et tous se sont rencontrés avec la plupart des membres des sociétés ouvrières à l'enterrement de Noir, et je puis vous affirmer que la majeure partie d'entre eux eût été disposée à agir si Rochefort avait dit : « A Paris (4). »

En l'absence d'une action révolutionnaire par suite de l'opposition des chefs, le spectacle de Paris montra la violence

(1) Voir *Réforme,* 6 janvier 1870.
(2) Voir *La Cloche,* 12 janvier 1870.
(3) Voir *La Solidarité,* 18 janvier 1870.
(4) V. *Troisième procès de l'Internationale, Gazette des tribunaux,* 24 janvier 1870.

de la secousse qu'il éprouvait. Au moment de la saisie de la *Marseillaise* à midi et demi, cent quarante-cinq mille exemplaires avaient été déjà tirés. Tous les journaux tirèrent toute la journée. « On ne se souvient pas d'avoir rien vu de pareil... C'était une vraie fureur... ; l'émotion dans les quartiers populaires était extrême », (1) écrit un contemporain.

Dans la foule qui avait suivi le convoi de Victor Noir, il y eut beaucoup de femmes qui étaient les plus ardentes à manifester, comme cela arrive souvent quand il s'agit du sang versé. Malgré la pluie battante, cent mille personnes se réunirent à Neuilly, devant le domicile du défunt, et, chose frappante, dans ce nombre, il y eut peu de vieillards, la majorité était composée des hommes de la jeune génération (2).

L'acquittement du prince Bonaparte par la Haute-Cour de justice avait provoqué une nouvelle agitation. « Bourgeois de France, écrivait Ranc, vous avez assisté au spectacle qui s'est déroulé devant vous depuis le 10 janvier; le haut jury a prononcé, prononcez à votre tour, faites entendre votre voix souveraine. Sinon, ne vous en prenez qu'à vous-même, à votre apathie, à votre ignorance, à votre égoïsme, si un jour se dressent en face de vous et contre vous les revendications implacables (3). »

Les troubles qui suivirent l'assassinat de V. Noir, l'arrestation de Rochefort et de tous les rédacteurs de la *Marseillaise* avaient aggravé la situation. Briosne, l'orateur des réunions publiques, Flourens, ancien professeur au collège de France, que l'injustice du gouvernement avait jeté dans

---

(1) V. *Journal de Genève*, 14 janvier 1870.
(2) *Ibid.*
(3) Voir *La Cloche* du 30 mars 1870.

l'opposition, tentèrent une prise d'armes que Flourens a raconté lui-même dans la *Réforme* (1).

Ayant appris, à la réunion de la Villette, l'arrestation de Rochefort, il invita l'assemblée à se mettre en état de révolution, et arrêta le commissaire de police après lui avoir déclaré qu'aucun mal ne lui serait fait. Sa tentative de provoquer des barricades n'ayant pas réussi, il dut se réfugier à Londres ; là, il célébra avec les autres réfugiés une fête en l'honneur de Tibaldi, de retour de la Guyane.

Il s'y rencontra avec quelques soldats et sous-officiers qui, se croyant compromis par les révélations portées par eux à la *Marseillaise*, se réfugièrent à Londres. Flourens, très exalté et manquant complètement de prudence, crut avoir découvert dans l'un d'eux, Beaury, l'homme capable de supprimer l'Empereur. Beaury, cédant en apparence aux suggestions de Flourens, rentra à Paris ; en possession d'une certaine somme d'argent, il s'empressa d'aller la dépenser dans une maison de prostitution, puis il se mit à la recherche des républicains que la police tenait à compromettre pour leur annoncer dans le plus grand mystère son projet de tuer Napoléon III. Il se présenta ainsi chez Protot, qui, craignant un complot policier, se mit sur ses gardes et bientôt acquit la conviction que le terrible conspirateur, une fois son projet d'attentat annoncé, s'empressait d'aller rejoindre ses compagnons qui l'attendaient dans une voiture et qui n'étaient autres que Lagrange, le fameux commissaire de police, chargé de la découverte et au besoin de la confection de complots politiques, et enfin Pietri. Protot, avec plusieurs de ses amis et, notamment, Kellerman, Guyon, Bricon, continua à suivre l'étrange personnage en constatant les mêmes manœuvres.

(1) Voir la *Réforme*, 7 février 1870.

Cela lui valut la visite du commissaire de police Clément qui, prétendant avoir été menacé par Protot, tira sur lui. Lorsque la police eut estimé avoir compromis un grand nombre de républicains, le *Moniteur* annonça la découverte d'un complot, et cela juste à la veille du plébiscite (1).

Les accusés furent traduits devant la Haute-Cour de Blois dont l'arrêt ne put être exécuté par suite des événements de la guerre.

Le plébiscite était une nouvelle manifestation du pouvoir personnel de l'Empereur. L'appel au peuple ne ressemblait en rien au fonctionnement du gouvernement direct tel qu'il est pratiqué en Suisse, aux États-Unis. Il n'admettait pas une discussion approfondie, même sur l'ensemble des dispositions constitutionnelles qu'il consacrait; la réponse ne pouvait être que par « oui » ou par « non ». L'éventualité d'un vote négatif était considérée comme la menace d'une révolution. La proclamation qui suivait le décret du 23 avril disait nettement : « En apportant au scrutin un vote affirmatif, vous conjurez les menaces d'une révolution. »

Tout le système de la candidature officielle s'était reproduit pour le vote du plébiscite, avec cette simple différence que cette fois elle s'appelait « l'activité dévorante de l'administration » ; en vain, le parti républicain avait-il essayé, par l'organe de Gambetta, de régulariser la procédure qui devait présider au vote du plébiscite (2).

Emile Ollivier se flattait d'obtenir pour le plébiscite l'approbation de quelques groupements républicains, et il tenta une démarche dans ce sens auprès de Deroisin (3).

---

(1) Ces renseignements m'ont été fournis par M. Protot.
(2) Voir Gambetta, *Discours et plaidoyers*, tome I, page 237, publiés par M. Joseph Reinach.
(3) Renseignement fourni par M. Deroisin.

Plusieurs organisations bonapartistes furent constituées, comme au moment du vote du plébiscite de 1848, pour exercer une pression sur les électeurs (1).

Les républicains, de leur côté, s'organisèrent, mais plus lentement, et en accusant les divergences qui avaient paralysé leurs efforts. Une première réunion eut lieu, composée des députés et des journalistes de la gauche, chez Crémieux. Immédiatement se manifesta une scission, Ernest Picard ne voulant pas délibérer avec des hommes sans mandat public. Après de longs efforts, le comité démocratique de la rue de la Sourdière arriva à rédiger un manifeste, dont l'élaboration n'alla pas toute seule : ainsi, Delescluze protesta énergiquement contre un passage qui condamnait la centralisation excessive, « confisquant l'autonomie des communes et ne laissant même pas aux populations le droit d'élire leurs magistrats municipaux (2) ». On crut utile d'adresser un manifeste spécial aux soldats, qui débutait par ces mots : « Vous êtes citoyen avant d'être soldat. Votre cœur bat comme le nôtre aux idées de Patrie et de Liberté. Écoutez donc notre voix fraternelle... Nous avons à vous parler de vos intérêts les plus chers, que nous ne séparons pas des nôtres (3). »

La *Marseillaise* et le *Rappel* ne se firent pas représenter dans le comité formé chez Crémieux. Pour pouvoir embrasser tous les opposants, même les plus avancés, Delescluze provoqua dans les bureaux de son journal une réunion de journalistes de Paris et des départements, à laquelle assistèrent Ledru-Rollin et Gambetta. Les représentants de l'Internationale essayèrent d'y faire admettre des délégués désignés par eux pour participer à la rédaction d'un manifeste com-

---

(1) Voir Taxile Delord, tome VI, pages 92 et suiv.
(2) Voir Claretie, *op. cit.*, page 65.
(3) Taxile Delord, tome VI, page 96.

mun. Ils se heurtèrent à un refus ; même Delescluze ne crut pas possible d'accepter leur collaboration, craignant de donner un caractère trop révolutionnaire à la manifestation projetée (1).

L'Internationale tenta une manifestation pour son compte ; la section de Londres se prononça pour le vote par bulletins blancs, vote devant avoir un caractère révolutionnaire et anti-constitutionnel ; la section de Marseille adressa un appel à l'armée. Le vote, à propos du plébiciste, ne devait pas avoir pour une fraction des ouvriers affiliés à l'Internationale un sens seulement politique, mais aussi une signification sociale (2). En tout cas, les sections de l'Internationale, partout où elles avaient une organisation, à Rouen aussi bien qu'à Lyon, à Marseille comme à Paris, participèrent à la campagne antiplébiscitaire, et la décision de voter blanc marquait une opposition plus irréductible que celle prise par les fractions bourgeoises du parti républicain.

Avec les républicains, marchèrent certains groupements orléanistes. Ainsi les membres du comité qui aux élections de 1869 avait soutenu la candidature de Thiers, s'étaient prononcés à l'unanimité contre le vote du plébiscite, car il n'était « pas possible à des amis de la liberté de voter pour le plébiscite », parce qu'il était « un acte du gouvernement personnel », et parce que le régime plébiscitaire « était la négation absolue du principe représentatif ».

Casimir-Perier et son fils avaient voté contre le plébiscite (3).

(1) Testut, *L'Internationale*. page 71, lettre de Murat à Theiz.
(2) Voir *La Cloche*, 24 avril 1870.
(3) Renseignement fourni par M. Casimir-Perier, ancien président de la République, qui eut à voter pour la première fois en 1869.
Parmi les opposants de marque, Laboulaye fut un des rares à se prononcer pour le plébiscite. Son attitude lui valut des manifestations hostiles de la part des étudiants qui, au Collège de France, lui criaient :

A ces manifestations s'ajoutaient des lettres de Victor Hugo et de Quinet publiées par les journaux. Louis Blanc prêcha l'abstention, mais la campagne abstentionniste avait moins de chance que jamais de réussir. Une brochure de Chaudey, *L'empire parlementaire*, avait eu un très grand retentissement. C'est elle qui avait fourni à Gambetta l'étoffe de son grand discours prononcé à la Chambre le 30 avril 1870.

Reprenant la méthode dialectique de son maître Proudhon, Chaudey essayait de tirer logiquement du suffrage universel la conclusion qu'il n'était pas compatible avec un pouvoir personnel, et qu'il devait conduire inévitablement à la forme républicaine du gouvernement. « Il s'agit, disait-il, de savoir si, après avoir été un gouvernement de force, l'Empire peut devenir un gouvernement de raison. »

A ceux qui affirmaient que toutes les formes du gouvernement pouvaient se concilier avec le principe de la souveraineté nationale, il répondait catégoriquement. « Je n'hésite pas, pour ma part, à contester formellement, énergiquement, avec tout ce que j'ai pu rassembler de notions politiques et historiques, ces deux propositions, que je traite hardiment de sophismes » et il concluait : « Il est impossible de regarder comme conciliable avec la souveraineté nationale une forme de gouvernement, une combinaison constitutionnelle à raison de laquelle le droit de recourir à un plébiscite, de convoquer la nation à une manifestation de sa volonté, relativement à un changement de la constitution, soit exclusivement attribué au pouvoir exécutif. »

Pour lui, il n'y avait qu'un « pouvoir électif, qui, par la mobilité de la personne dans la perpétuité des fonctions, puisse

« Rendez-nous l'encrier », en faisant allusion à l'encrier qui lui fut donné comme souvenir de la campagne électorale par ses électeurs de Strasbourg, en 1868.

supporter la liberté et la discussion telles que les voulait la démocratie moderne ».

La conséquence de ce raisonnement était que l'élection comme principe de gouvernement devait conduire à la République. Cette argumentation fut développée par Gambetta, Jules Ferry, Grévy, et quelques hommes du tiers-parti qui ne reconnaissaient qu'à la Chambre le droit de procéder à une revision constitutionnelle. Mais la théorie de la souveraineté de la Chambre opposée à celle du chef du pouvoir exécutif, n'avait recueilli que très peu de voix. Les principes en présence ayant été formulés des deux côtés, la propagande commença dans le pays. Toute l'organisation de la candidature officielle fut mise en mouvement, et la lecture des rapports des préfets et des procureurs publiés dans la *Correspondance de la famille impériale* (1) montre comment le Président de l'Empire libéral avait su s'en servir. Il avait tiré profit du prétendu complot qui devait être jugé par la Haute-Cour de Blois. Le procès intenté à l'Association Internationale, à laquelle on reprochait ses prétendues relations avec Mazzini, devait faire accréditer, dans l'esprit des électeurs ruraux, le bruit que la France était menacée d'une véritable révolution ; on affirmait ainsi qu'avec le triomphe du parti républicain, on courait inévitablement à la guerre, et que l'Empire c'était la paix.

Le manque de ressources, qui avait paralysé le succès de la propagande républicaine aux élections précédentes, s'était retrouvé au moment du vote du plébiscite. Pourtant, un secours inattendu lui vint de Cernushi qui, expulsé de France, mit 100.000 francs à la disposition de la campagne anti-plébiscitaire. A Paris, deux ouvriers, Lanquet et Marchand,

(1) V. *Correspondance de la famille impériale*, t. I, p. 458 et suiv.

s'engagèrent à donner 64.000 bulletins portant : « non » (1).

Dans les réunions publiques qui furent ouvertes à propos du plébiscite on pouvait voir le degré de la haine qui animait quelques couches de la population des grandes villes contre l'Empire; déjà l'affaire de Victor Noir avait fait monter le diapason des discours prononcés dans les réunions populaires. Généralement, un crêpe était placé sur une tringle au-dessus du bureau où siégeaient le président et les assesseurs; un signe de deuil flottait pour rappeler la victime du prince Bonaparte.

C'est au cours des arrestations provoquées par le prétendu complot que se place l'acte de Mégy, qui tua l'agent de la sûreté chargé de l'arrêter; ce dernier, avec Flourens et Rochefort, furent constamment proclamés les présidents d'honneur des réunions. Lissagaray fut condamné à un an de prison et 5,000 francs d'amende pour avoir proposé comme président d'honneur le citoyen Mégy, « l'héroïque enfant du peuple », et pour avoir invité les soldats « à lever fraternellement la crosse de leur fusil » s'ils étaient appelés à réprimer un mouvement populaire (2).

Un discours prononcé par Lermina donne l'idée de l'exaltation qui régnait. Appelé à parler contre le plébiscite, il donna lecture d'un acte d'accusation ainsi conçu : « Au nom de la justice universelle et de la conscience publique, attendu que Charles Louis-Bonaparte, dit Napoléon III, a, dans la nuit du 2 décembre 1851, fait arrêter arbitrairement et incarcérer un grand nombre de citoyens; attendu que dans les journées des 2, 3 et 4 décembre 1851 à Paris, et dans tout le courant de décembre, dans tous les départements, il a fait assassiner par des hommes à sa solde, des citoyens, les uns en

(1) V. *La Cloche*, 28 avril 1870
(2) V. *Gazette des tribunaux*, 10 et 13 février 1870.

état de légitime défense, les autres demeurés étrangers à la lutte... Attendu que depuis 1851 il a commis d'innombrables actes attentatoires à la liberté individuelle et aux droits civiques...; attendu qu'en plaçant son effigie sur les monnaies de France il les a contrefaites et altérées...; attendu que dans son intérêt personnel, et non justifié, il a lancé les armées françaises sur des pays non ennemis », l'orateur proposait, en vertu de plusieurs articles du code pénal, « la mise en accusation et la déchéance du dit Napoléon » (1).

Malgré tous les efforts, le plébiscite fut voté à une écrasante majorité. L'opposition n'avait pu réunir que 1,560,709 voix. Mais certains chiffres avaient frappé l'administration. En effet, le nombre des opposants dans l'armée intérieure était de 40,181, auxquels il fallait ajouter 5,874 votes hostiles de la marine et 6,029 de l'armée d'Algérie.

Le procureur général de Toulouse avait cru expliquer ces sentiments anti-dynastiques de l'armée par l'influence des jeunes gens venus de Paris. A Metz la propagande anti-bonapartiste se faisait dans l'armée grâce au sentiment républicain des élèves de l'Ecole d'application d'artillerie et du génie, sortant de l'Ecole polytechnique, très aimés de la population locale par suite de leurs aspirations démocratiques (2). La même influence fut exercée à Strasbourg par les élèves de l'Ecole de médecine militaire (3).

Une fois le plébiscite voté, le gouvernement impérial se sentit consolidé par les millions de voix qu'il avait vu se réunir sur son nom. La question se posait s'il allait user de son autorité en faveur de l'extension des principes libéraux, ou s'il n'allait pas faire machine en arrière, conformément au principe même qui l'avait constamment inspiré.

(1) *Gazette des tribunaux*, 8 mai 1870.
(2) Renseignement fourni par un Messin.
(3) Renseignement fourni par M. Taule.

CHAPITRE XVII.

La Guerre et le 4 Septembre.

I. La guerre et l'attitude des républicains.
II. Blanqui.
III. Le 4 Septembre.

I

Usant de la réserve du pouvoir personnel qui se trouvait contenue dans la constitution de 1870, le gouvernement impérial déclara la guerre à la Prusse en cédant à l'influence du parti catholique (1). Il resta jusqu'au bout ce qu'il avait été pendant toute la durée de l'Empire.

Les avertissements pourtant ne lui manquèrent pas. Les procureurs généraux annonçaient au gouvernement impérial que l'opinion publique était hostile à toute nouvelle intervention fondée sur le principe des nationalités. « On exploite aussi, écrivait le procureur général de Besançon, en dépit des assurances pacifiques si souvent renouvelées, les dangers de guerre... Le principe des nationalités, invoqué par la France, serait sur le point de se retourner contre elle ; l'ambition démesurée de la Prusse étendrait ses convoitises jusqu'à nos frontières de l'Est (2). » Le procureur général

---

(1) Pour comprendre le véritable caractère de la guerre de 1870, il faut lire l'analyse pénétrante des documents diplomatiques de l'époque dans le *Manuel historique de la politique extérieure*, par Emile Bourgeois, 1905, t. II, p. 715 et suiv. et surtout p. 720 et suiv.

(2) Rapport du 17 avril 1869.

de Colmar signalait à l'Empereur « les ridicules prophéties »
émises souvent à Berlin et qui « assignaient à la chute de
l'Empire une date quelconque de l'année 1869 (1). » Le
Phalzicher Kurier écrivait : « L'Empereur faiblit et vieillit,
la fermeté qu'il revendique n'est qu'une infirmité recouverte
de fard (2). » La *Gazette du peuple de Cologne*, presque à
la même date, reproduisait les propos suivants d'un homme
politique : « Songez à mes paroles et soyez persuadé que dans
les cercles diplomatiques et militaires on croit sérieusement
à une guerre prochaine (3). »

Le parti républicain connaissait ces menaces et se rendait
compte de l'inaptitude radicale de l'Empire à conjurer le
danger, en se rappelant ces lignes de l' « Histoire du droit de
paix et de guerre » de Marc Dufraisse :

« Il ne faut pas se lasser de l'écrire pour l'édification de
l'avenir ; ce n'est ni la génération de 1792, ni « le gouvernement déclamatoire de la Convention », ni les représentants
du peuple aux armées, ni les avocats du Directoire, ce n'est
pas la République qui a laissé violer la patrie par l'étranger.
Ce n'est pas le civil, entendez-vous ? qui a livré deux fois la
capitale aux ennemis ; c'est le pouvoir militaire qui perdit la
France, c'est sous l'Empire qu'elle fut deux fois vaincue et
subjuguée... (4) »

Avant la déclaration de guerre, Thiers, Jules Favre et
Gambetta essayèrent de l'arrêter en réclamant la communication de la dépêche envoyée d'Ems, dans laquelle le gouvernement impérial voyait une offense à la dignité de la France.
Le 15 juillet 1870, Gambetta disait : « C'est ici que je supplie

(1) Rapport du 9 août 1869.
(2) *Phalzicher Kurier*, 26 février 1869.
(3) V. *Gazette*, 18 mars 1869.
(4) *Démocratie*, 18 avril 1869.

la Chambre de ne pas m'interrompre, parce que c'est là la thèse parlementaire que je veux lui présenter ; qu'elle n'ait aucune défiance de ma parole, je ne veux et je ne cherche dans cette discussion qu'une seule chose qui doit vous intéresser aussi ardemment que je suis préoccupé moi-même, celle de savoir si les choses que vous travaillez à rendre définitives rencontreront l'estime de l'Europe et surtout celle de la France.

« Eh bien ! vous ne pourrez compter sur cette sympathie nécessaire, sur cet allié indispensable lorsque vous avez tiré l'épée, qu'à une condition, c'est qu'il résulte de vos explications que vous avez été profondément et réellement outragés. »

Ces paroles et l'avertissement de l'opposition ne furent pas entendus ; la guerre fut déclarée. On attachait beaucoup d'importance à quelques manifestations contre la guerre pour reprocher à tout le parti républicain des sentiments contraires aux intérêts vitaux de la France. La vérité fut qu'il n'y eut qu'une petite manifestation contre la guerre, tentée par un petit cercle mutualiste de l'Internationale. Une fois la guerre déclarée, la nouvelle des premiers désastres arrivée, un mouvement de patriotisme ardent se produisit particulièrement dans le sein du parti républicain. L'*Association internationale* en France, qui avait cru, à un certain moment, les socialistes allemands assez puissants pour arrêter la guerre contre la France, adressa aux ouvriers allemands l'appel suivant : « La France républicaine t'invite au nom de la justice à retirer tes armées ; sinon, il nous faudra combattre jusqu'au dernier homme, et verser à flots ton sang et le nôtre !... Le peuple français ne fait pas la paix avec un ennemi qui occupe son territoire. Il ne s'immisce point dans le gouvernement des autres peuples. Il ne souffre point que les autres nations s'immiscent dans le sien (1). »

(1) V. Tolain, *Association internationale*, 1872.

Les velléités de manifestations hostiles à la guerre, trouvèrent en Delescluze un critique violent. Après la défaite de Mac-Mahon à Reischoffen, il lançait le 7 août un manifeste qui rappelait le ton énergique des appels adressés par la Convention, et qui débutait ainsi : « L'heure des résolutions viriles est arrivée. Songeons au salut de la patrie. D'énergiques mesures ne sauraient trop tôt être prises. La première est la mise en état de la défense de Paris, la réorganisation immédiate de la garde nationale. Les événements se précipitent avec une incroyable rapidité, chaque heure de retard accroît le péril. Des armes à tous les citoyens, des armes..., (1) »

Le 10 août, le *Réveil* était suspendu (2), mais son appel n'en prouve pas moins l'état d'esprit d'un des membres les plus actifs de la future Commune. Déjà, d'ailleurs, dans le *Proscrit* de 1850, où écrivaient des réfugiés français, on avait envisagé avec angoisse l'éventualité d'une invasion, résultat de l'avènement au trône de Napoléon. L'appel à l'action révolutionnaire n'était nullement un sentiment anti-patriotique, mais un ressouvenir des exploits héroïques des armées de la Révolution qui, en combattant au nom des idées de la justice universelle, avaient su vaincre la coalition de toutes les tyrannies. Le 3 octobre 1870, Louis Blanc écrivait à Gambetta : « Dans des situations aussi extrêmes que celles où nous sommes, tout ce qui est de nature à frapper les imaginations a une importance réelle et quelquefois décisive. Je ne doute pas que le nom de Garibaldi et sa présence n'exer-

(1) V. le *Réveil*, 7 août 1870.
(2) Pour la nature des articles incriminés pendant la guerre, voir la *Gazette des Tribunaux*, 24 août, poursuites contre la *Cloche* pour un article de Victor Considérant « Discours patriotique » et 3 août, pour un article d'Emile Zola « Vive la France ».

çassent une action puissante sur les esprits inflammables du Midi, et n'y déterminassent un élan révolutionnaire dont nous avons grand besoin. Car si la province n'est fortement remuée, il me semble maintenant que Paris est perdu (1). »

Même les partisans de la révolution internationale n'envisageaient pas sans terreur la victoire de l'Allemagne qui devait marquer, à leurs yeux, la défaite de l'esprit de civilisation. Dans ses *Lettres à un Français,* Bakounine parle avec inquiétude de la menace du « joug des Prussiens », du « triomphe du despotisme militaire », de la perte de l'Alsace et de la Lorraine «qui ne veulent pas être allemandes », et de l'accroissement du mouvement libéral dans tous les pays, dans le cas où la France démocratique triompherait (2).

II

Après Frœschwiller et Forbach, la question se posa immédiatement de savoir s'il n'était pas utile de renverser le gouvernement ; des attroupements se produisirent dans les rues et devant le Palais-Bourbon pour exercer une pression sur les députés.

Chez Jules Ferry, on discutait sur la nécessité de procéder rapidement au changement de gouvernement, même par une voie révolutionnaire (3).

On hésita pourtant, ne voulant pas que la République naquit d'une émeute. Seul, Blanqui, conformément à sa tactique habituelle, jugea utile de profiter des circonstances pour provoquer une insurrection. Il dirigea une attaque sur la caserne des pompiers, à la Villette, s'imaginant que les pompiers

---

(1) *Revue bleue,* 3 septembre 1904, *Une lettre inédite du siège,* par Monin.
(2) Bakounine, *Lettres à un Français,* 1871.
(3) Renseignement fourni par M. Charles Ferry.

devaient être plus facilement accessibles à des sentiments anti-bonapartistes; mais la prise d'armes aboutit à un échec. Parmi les principaux conjurés, Eude et Brideau furent pris, mais seulement le soir, dans un café du quartier Latin, ayant eu l'imprudence de conserver des revolvers dans leurs poches, ce qui les dénonça.

Blanqui se réfugia chez Paul Dubois, qui, sur le conseil de Ranc, le conduisit chez Cléray, un ancien transporté de Juin, où un abri plus sûr lui fut offert, et où il resta même pendant la Commune (1).

Gambetta crut un instant que cette émeute avait été provoquée par des agissements d'espions prussiens, mais le lendemain, renseigné par Ranc, il alla entretenir le président du conseil, pour le détourner de l'idée de faire fusiller, comme coupables d'intelligences avec l'extérieur en temps de guerre, ceux qu'on pouvait considérer comme les principaux auteurs du complot.

De son côté, Ranc eut un entretien avec Clément Duvernois, ministre du commerce, qu'il connaissait de longue date; il lui fit comprendre que l'Empire chancelait sur ses bases, que sa chute était possible, et que si l'on versait le sang des accusés, on s'exposerait, le jour du triomphe de la République, à des représailles sanglantes que les éléments sages du parti républicain n'arriveraient pas à arrêter et à conjurer (2).

---

(1) C'est au café Madrid que Paul Dubois avait appris à Ranc que « le vieux » s'était réfugié chez lui. Ranc, sachant Paul Dubois surveillé, l'engagea vivement à conduire Blanqui ailleurs, à reprendre ensuite ses visites médicales pour se procurer un alibi. Ce conseil « en avant ! pour les alibis ! », par lequel il termina son entretien, lui a été reproché plus tard.

(2) Renseignements fournis par M. Ranc.

Blanqui, après le 4 septembre, reprit la plume et publia un journal dont le titre seul marque l'inspiration : *Paris en danger*. Le patriotisme et la révolution s'accordaient chez cet homme, qu'une erreur de tactique avait voué à la conspiration jusqu'à la fin de sa vie.

III

Ce que l'action révolutionnaire n'était pas arrivée à faire, fut rendu inévitable par la force des choses. Le Corps législatif fut réuni à la nouvelle des défaites, le 9 août. Le même jour, Jules Favre demanda la constitution d'une commission de 15 membres ; cette proposition fut rejetée par 196 voix contre 53, mais dès ce moment Gambetta avait déjà dit : « Vous y viendrez », et Jules Favre avait ajouté : « Quand vous y viendrez, il sera trop tard. » Le ministère Ollivier, éphémère vestige des aspirations libérales de l'Empire, se disloqua pour céder sa place au ministère Palikao.

Le 22 août, une nouvelle proposition fut faite émanant de de Kératry et tendant à adjoindre neuf députés au Comité de défense de Paris, déjà constitué.

La Chambre se décida à voter à l'unanimité l'urgence sur la question ; mais, par suite de l'opposition du général Palikao, elle revint sur sa décision. Dans la réunion des bureaux motivée par cette proposition, et où Thiers fut nommé rapporteur, se manifesta une proposition intermédiaire consistant à réduire de neuf à trois le nombre des députés à adjoindre au Comité de défense. La commission fut unanime pour la constitution de ce Comité, mais le gouvernement continua à résister énergiquement.

Le 27 août, la proposition se retrouva, mais sous une autre forme, dans la bouche de Latour-Dumoulin, qui demandait que cinq membres fussent nommés pour se tenir en communication avec le gouvernement et concourir aux moyens à employer pour la défense de Paris et de la France. Le Gouvernement opposa la même résistance.

Le 31 août, une nouvelle proposition reparut, émanant de Keller, qui avait été ému par les nouvelles désastreuses venant de Strasbourg. On savait que le Haut-Rhin et le Bas-Rhin étaient déjà envahis. Le général Palikao maintint son attitude en essayant d'abuser l'opinion publique par l'exagération des pertes qu'auraient subies les Prussiens. On s'approchait ainsi du désastre de Sedan. Quelques jours auparavant, J. Favre, Gambetta, Magnin, Thiers, s'étant trouvés dans les bureaux du Corps législatif, avaient agité, une fois de plus, l'idée de la constitution d'un gouvernement issu de la Chambre. Il fut entendu qu'il ne comprendrait pas des républicains, mais qu'on y mettrait le président Schneider, le général Trochu, gouverneur de Paris, le général Palikao et Thiers, qui déclinait énergiquement la candidature.

Le 3 septembre arrive. A nouveau J. Favre, Ferry, E. Picard, J. Simon renouvellent leurs insistances auprès de Thiers. On hésite encore et on décide de renvoyer la solution à une séance de nuit. Cette séance débuta par une proposition de Jules Favre tendant à proclamer la chute de l'Empire, à faire nommer une commission de gouvernement, et à faire maintenir Trochu comme gouverneur de Paris. Au lieu de prendre une solution ferme et rapide, on arriva jusqu'au 4 septembre, et au moment où il s'agissait de voter la proposition de Thiers, élaborée de concert avec quelques républicains, la foule arriva du dehors, envahit la Chambre aux cris de : « La déchéance ! » et « Vive la République ! »

Ce mouvement qui s'était produit spontanément aurait dû pourtant être prévu. Une sourde agitation s'était manifestée à Paris depuis la nouvelle des premiers échecs. L'idée de la chute du gouvernement impérial hantait tous les esprits. Le 9 août, il y eut des conciliabules auxquels prirent part des rédacteurs des journaux démocratiques, Pelletan et deux délégués de l'Internationale qui s'étaient montrés dans la circonstance les plus calmes ; il s'agissait de réunir dans une manifestation devant la Chambre 100.000 personnes pour exercer une pression sur les députés et les amener à nommer un Comité de défense nationale (1).

Mais le projet fut combattu et on décida d'attendre les événements ; on gardait encore l'espoir que l'Empire qu'on avait cru si puissant militairement arriverait à repousser l'invasion.

En attendant, tous les groupements républicains se rapprochaient. A la veille même du 4 septembre, Gambetta eut une entrevue avec Victor Schœlcher et Ledru-Rollin. Les anciens, qui avaient déjà vu plusieurs révolutions, acceptaient plus facilement l'idée d'un changement de régime (2).

Le 4 septembre se produisit, répétons-le, avec une rare spontanéité ; l'agitation des journées précédentes aboutissait à son terme final, la chute de l'Empire. Il n'y eut qu'une seule mesure concertée, prise la veille, chez Cleray. Après une discussion à laquelle prirent part Ranc et quelques officiers de la garde nationale du troisième arrondissement, il fut décidé, sur la proposition de Cleray, que les 53e et 54e bataillons viendraient en armes sur la place de la Concorde ; ils furent en effet les premiers à franchir le pont et à se diriger sur le Palais-Bourbon (3).

(1) Renseignements fournis par M. Ferdinand Dreyfus.
(2) V. Lavertujon, *op. cit.*, p. 83. Le matin même du 4 septembre, il y eut une réunion au comité alsacien qui comprenait, entre autres, Schœlcher, Etienne Arago, Valentin, et où l'on envisageait la chute imminente de l'Empire. Renseignement fourni par M. Ferdinand Dreyfus.
(3) Renseignements fournis par M. Ranc.

Depuis le matin de ce jour, Paris offrait le spectacle d'une animation inusitée dans les rues où l'on voyait stationner de nombreux groupes, criant : « Vive la République » et « La déchéance ! », mais aucun désordre ne marqua ces manifestations. Vers onze heures, la place de la Concorde fut occupée par une foule assez compacte qui ne cessait d'acclamer la République. Le pont de la Concorde et les abords du Corps législatif furent protégés par deux escadrons de gendarmerie auxquels vinrent se joindre deux régiments de ligne et deux ou trois escadrons de gardes municipaux à cheval. Vers une heure, la foule devint énorme et les manifestations républicaines ne discontinuaient pas. Des gardes mobiles, aux applaudissements de la foule, attachèrent leurs écharpes rouges aux réverbères en guise de drapeaux. La statue de la ville de Strasbourg, toute couverte de pluie depuis la veille, reçut également une écharpe rouge. En même temps deux canonniers, suivis bientôt de quelques officiers de la ligne, traversèrent la foule en criant « Vive la République ! » Ce fut le premier signal de la défection de l'armée.

Comme, malgré tous ces symptômes, annonçant la chute inévitable du régime, il fallait encore compter avec la force armée organisée, des cris s'élevèrent dans la foule réclamant la garde nationale, et ceux des assistants qui faisaient partie de cette milice quittèrent aussitôt la place pour aller chercher les uniformes et les armes (1). D'autre part, le bruit se répandit que le général Trochu avait donné l'ordre à la garde nationale de se trouver sans armes devant le Corps législa-

(1) M. Charles Lyon-Caen, professeur à la Faculté de droit, qui se trouvait parmi les manifestants du 4 septembre sur la place de la Concorde a attiré mon attention sur ce fait qu'il y avait beaucoup de modérés, sans aucune attache, à cette époque, avec les éléments révolutionnaires, qui réclamaient la garde nationale armée et la marche sur le Corps législatif.

tif. Peu de temps après, les colonnes de la garde nationale débouchèrent sur la place, tambour battant, avec quelques bataillons, fusil sur l'épaule, salués, à leur passage, par les cris de « Vive la République! ». Plusieurs groupes de gardes nationaux se présentèrent à l'entrée du pont, suivis de quelques citoyens qui bientôt pénétrèrent dans leurs rangs.

Un détachement de gendarmerie à cheval leur barrait le passage. L'officier commanda une charge ; quinze gendarmes remirent leur sabre au fourreau ; leurs camarades suivirent leur exemple. Les manifestants entrèrent alors sur le pont, criant : « Passage, passage ». Une compagnie de sergents essaya de les arrêter, mais le 54ᵉ bataillon, baïonnette au fusil, s'étant avancé, les sergents de ville, effrayés, livrèrent passage.

La masse des assaillants se heurta ensuite à un escadron de garde municipale à cheval qui lui opposa une résistance. Mais déjà, la rue Royale et la place de la Concorde s'étaient remplies de gardes nationaux armés, et la garde municipale commença à fléchir. De la foule sortaient des individus sommant l'officier qui la commandait de se retirer, sa mission ayant pris fin avec la déchéance de l'Empire. Il se retira, en effet, avec sa troupe. On se trouva enfin devant la grille défendue par un détachement du 30ᵉ de ligne qui leva aussitôt les crosses en l'air et fraternisa avec la garde nationale.

Les envahisseurs, maîtres de la place, s'élancèrent dans la salle des Pas-perdus, envahirent les tribunes et enfin la salle des délibérations.

La foule précipita la crise mais ne la détermina pas. Le *Moniteur* de ce jour ne porte pas ce détail qu'avant la proclamation de la déchéance par le peuple, Schneider, le président de la

Chambre, protestant de son attachement aux idées libérales, se déclara prêt pour en donner la preuve, à prononcer, sur l'avis de l'Assemblée, la déchéance de Bonaparte qui était déjà dans tous les esprits.

L'Empire ne fut pas renversé, il s'écroula.

Parmi les envahisseurs du Corps législatif figuraient des proscrits, de retour à Paris, des jeunes militants ayant déjà pris part à l'action à côté de la foule anonyme et de ces hommes d'action que la fièvre révolutionnaire met en avant et dont la spontanéité simultanée est souvent plus redoutable et plus efficace que la conspiration la mieux organisée (1).

La déchéance de la dynastie régnante proclamée au Palais-Bourbon, la révolution ne rencontra aucun obstacle. Vers quatre heures, le drapeau au chiffre impérial qui flottait au dessus du Corps législatif fut abaissé et remplacé par un drapeau tricolore, et Emmanuel Arago, paraissant au haut des degrés, annonça, au milieu d'interminables acclamations, l'avènement de la troisième République.

Jamais Paris ne s'était montré plus complètement unanime que ce jour-là.

Les Lyonnais, qui avaient appris la nouvelle de la capitulation de Sedan avant qu'elle ne parvînt à Paris furent les premiers à proclamer la République. La première impression, après la nouvelle de la défaite du corps d'armée de Mac-Mahon, fut celle de la stupeur. Comme par une réaction immédiate, une foule énorme s'était réunie sur la place des

(1) Je me suis inspiré, pour le récit des événements du 4 septembre, très imparfaitement rapportés par les journaux de Paris, d'une série de correspondances publiées par le *Journal de Genève* du 5 au 7 septembre et qui concordent avec les souvenirs personnels, écrits ou rapportés de vive voix dont j'ai pu avoir communication, de ceux notamment de M. Ranc, de M. Alfred Naquet, qui se trouvait dans la foule avec Lockroy et Grimaux, de M. Michon, ancien membre de l'Internationale.

Terreaux en réclamant des armes et la proclamation de la République. Bientôt, du balcon de l'Hôtel-de-Ville envahi, des orateurs inconnus annoncèrent la chute de l'Empire. Un drapeau rouge fut hissé sur le beffroi de l'Hôtel-de-Ville et on sonna le tocsin. De nombreux groupes surgis de tous les côtés parcouraient la rue en criant : « Vive la République ». Peu après, un comité de salut public fut nommé, comprenant un très petit nombre de socialistes. Hénon, un vieux républicain, appartenant à la fraction la plus modérée du parti, apparut, de son côté, sur le balcon de l'Hôtel-de-Ville pour proclamer la République. Les soldats de service se retirèrent crosse en l'air ; un escadron de cavalerie qui arrivait le sabre au poing, le mit au fourreau, en débouchant sur la place des Terreaux.

Une garde nationale fut immédiatement formée par plusieurs groupes de citoyens qui s'étaient emparés de quelques fusils appartenant aux pompiers ; des sentinelles furent placées sur divers points de l'Hôtel-de-Ville et on remarqua sur une porte cette inscription : « Respect aux archives de la ville ». Il n'y eut pas à Lyon la moindre manifestation d'une émeute (1).

A Marseille, on commença par se livrer à des manifestations contre la statue de l'Empereur. On apprit d'abord la nouvelle de la proclamation de la République à Lyon, puis celle de Paris à 10 heures du soir. C'est après la réception de cette dépêche que le Conseil municipal escorté par les pompiers, portant des torches enflammées, se rendit avec un cor-

---

(1) V. le *Journal de Genève* du 5 septembre et le *Salut public* des 4 et 5 septembre, dont j'ai suivi le récit de très près. V. aussi Andrieux, *La Commune à Lyon*, dans la *Revue des deux-Mondes* du mois d'août 1905, p. 761-762, et surtout le récit très détaillé de la *Décentralisation*, du 5 septembre.

tège immense, sur la place de l'Hôtel-de-Ville, et proclama la République. Un comité fut immédiatement nommé dans les bureaux du journal le *Peuple*. Il comprenait Gustave Naquet, Delpech, Rouvier, A. Leroux, Morel, E. Menard (1)..

A Aix, la commission municipale, composée presque en totalité des membres du comité anti-plébiscitaire, avait remplacé, dans la nuit du 4 septembre le Conseil municipal en fonction ; elle comprenait A. Bédarride, B. Abram, Victor Leydet, Chabrier, etc. (2).

A Bordeaux, la nouvelle de la défaite de Sedan était connue le 4 septembre vers trois heures. On y apprenait en même temps les incidents qui s'étaient déroulés au Corps législatif, au cours de la séance de la nuit du 3 au 4. Comme la majorité du Conseil municipal était déjà acquise à l'opposition, c'est la Municipalité qui prit immédiatement les mesures commandées par les circonstances. Elle adressa à la population un appel reproduit par la *Gironde*, et affiché à Bordeaux. Il débutait ainsi : « De graves nouvelles nous plongent dans la douleur, en ce moment, mais n'abattront point notre courage. L'héroïsme de l'armée a dû céder un instant devant le nombre de nos ennemis. La France tout entière acceptera ce revers avec la résolution que commandent les circonstances.

« Serrons-nous dans un même esprit ; qu'aucune agitation n'aggrave dans notre cité cette situation (3). »

---

(1) V. Aubray et Michelezi, *Histoire des événements de Marseille, 1870-71*, 1872.

(2) Renseignements fournis par MM. Abram et Leydet.

(3) La *Gironde*, 5 septembre 1870. V. pour les autres villes, Jules Pointu, *Histoire de la chute de l'Empire*, 1874. L'auteur souligne ce fait que, dans certaines villes, les membres de la droite s'étaient joints aux républicains pour demander la déchéance de la dynastie.

Ainsi l'avènement de la République coïncidait avec les résolutions viriles prises pour combattre l'ennemi commun. « Il ne reste plus au parti républicain qu'à sauver la République, qui peut seule préparer la revanche », écrivait Jules Ferry à Gambetta (1).

(1) Février 1871. Collection d'autographes de M. Joseph Reinach.

CONCLUSION

La chute de l'Empire, l'invasion étrangère, la Commune, se succédèrent avec une rapidité telle qu'il était difficile, même à l'observateur attentif, d'examiner tous ces événements avec l'impartialité qu'un certain recul rend seul possible.

Pour beaucoup d'esprits, il y avait un lien intime entre l'agitation révolutionnaire de la fin de l'Empire, la journée du 4 septembre, la faiblesse de la résistance opposée à l'ennemi, les « crimes » des hommes de la Commune. N'a-t-on pas répété souvent que l'opposition des républicains avait empêché Napoléon d'avoir une armée plus forte, que les républicains avaient compromis la défense en procédant à la révolution en pleine guerre? N'a-t-on pas affirmé que la Commune, ayant allumé la guerre civile dans un pays dont le sol était encore foulé par l'ennemi victorieux, avait obéi à un sentiment anti-patriotique?

La vérité est bien différente.

L'Empire s'est écroulé seul ; il a succombé à ses fautes, à sa faiblesse. Nulle part, les événements du 4 septembre n'ont été préparés. Jamais la division parmi les républicains n'a été aussi forte qu'à la veille de la chute de l'Empire. J'ai montré les fractions les plus avancées du parti en lutte entre elles. La petite fraction de l'*Internationale* était en butte aux atta-

ques de Delescluze qui lui-même détestait mortellement
Blanqui. C'était Delescluze qui représentait l'élément le plus
actif de la Commune, où les membres de l'*Internationale*
étaient en minorité et discrédités par suite de leur modération ; or Delescluze était avant tout un jacobin patriote qui
croyait que Paris soulevé serait un obstacle invincible à l'invasion de l'ennemi.

Aucun rapport n'existait entre les manifestations révolutionnaires de l'année 1870 et les aspirations sociales de
la masse ouvrière. En négligeant les conditions de la formation de nouvelles couches républicaines, on avait complètement oublié que, aux élections de 1869, arrivait à la vie politique une génération à laquelle le procès Baudin avait appris
les horreurs des commissions mixtes qu'elle avait ignorées.
Il faut se rappeler qu'ils étaient nombreux ceux qui avaient
appris pour la première fois, en 1868, l'histoire du coup d'Etat.
Quand la vérité, à la faveur même d'une certaine liberté de
la presse, fut connue, il y eut une brusque explosion d'indignation ; on en voulait à l'Empire des violences commises, de la vérité cachée, de la liberté étouffée ; et tout cela
précisément au moment où les échecs diplomatiques du gouvernement de Napoléon III montraient sa faiblesse, ses hésitations, la faillite du système de compression. La génération
de 1869, qui n'avait pas connu elle-même les souffrances de la
proscription et de l'exil, s'était montrée plus violemment
indignée que les témoins et les victimes directes du coup
d'Etat, car elle avait plus de sève, plus d'énergie, plus d'ardeur combative. Les arrestations opérées en 1869 portaient
sur des hommes très jeunes, c'était la jeunesse qui composait
en grande partie le convoi qui suivait Victor Noir à Neuilly.
Mais cette génération était précisément celle qui était la moins
portée à faire une révolution uniquement sociale ; on lui avait

reproché d'avoir méconnu l'importance des réformes sociales.

Il faut le répéter : le mouvement de la fin du second Empire était révolutionnaire non pas parce qu'il était socialiste, mais parce qu'il était dirigé contre le pouvoir personnel, contre la dictature d'une personne ; or, dans ces conditions, toute résistance revêt forcément un caractère révolutionnaire. Et cela était tellement vrai que, considérant l'armée comme le principal soutien du régime issu du coup d'Etat, des hommes d'opinions différentes, le légitimiste Berryer, le catholique Montalembert, Prévost-Paradol et de nombreux orléanistes, protestèrent contre l'augmentation du contingent militaire dans des termes non moins violents que les républicains.

Et ce ne sont pas les vœux platoniques émis contre l'armée permanente qui ont paralysé l'élan patriotique du pays en 1870. Bien autrement grande fut l'action des journaux de l'Empire qui, pendant la campagne du plébiscite, n'avaient pas cessé de répéter aux paysans que l'Empire c'était la paix, que le triomphe de la République c'était la guerre. Et c'est parmi les populations rurales que les partisans de la paix recrutèrent leurs électeurs. C'est un irréconciliable, Gambetta, qui ramassa le drapeau abandonné par le bonapartisme dont la gloire militaire avait été la seule raison d'être.

C'étaient les fautes de l'Empire qui avaient provoqué cette secousse suprême qu'était la Commune. Toute la politique du pouvoir personnel consistait à se poser en sauveur de la société, à évoquer constamment le spectre rouge, à montrer partout l'anarchie et la lutte des classes. L'Empire avait pratiqué un régime électoral qui opposait les campagnes aux villes, les départements à Paris. Le mouvement communal de Paris et de Lyon était une protestation contre ces pratiques de l'Empire. Dans une lettre adressée à Gambetta, Spuller écrivait : « Considéré en lui-même, ce mouvement, fait au nom de la revendication des franchises et des libertés communales, en réalité fait au nom de la suprématie des villes menacées par les campagnes, offre ce caractère particulier qu'il dure où du moins qu'il a duré avec la coopération active d'une immense portion de la garde nationale et l'abstention systématique ou presque sympathique de l'autre. C'est là un fait des plus graves qui ne s'est pas encore vu et qui assure à l'idée mère du mouvement un certain avenir. » (1)

C'est encore l'Empire qui, grâce à une déplorable imprévoyance du parti catholique, contribua, suivant la juste expression de Jules Ferry, à faire dégénérer les luttes politiques en luttes religieuses. Il lui fallait un soutien pour son pouvoir personnel; il le trouva auprès d'un parti dont il était loin de partager les idées, mais dont il épousa tous les préjugés et dont il dut suivre la politique.

De toutes ces fautes faut-il rendre responsable la personnalité de Louis Bonaparte ? Ceux qui l'avaient connu ne pouvaient pas se défendre d'un sentiment de sympathie pour lui; il avait des idées généreuses, était un ami sûr, et ignorait probablement toutes les horreurs qui se commettaient en son nom. Les désastres de l'Empire étaient dus à un système qui reposait sur le dogme de l'autorité, incarnée dans la personne du chef de l'Etat. Napoléon se croyait prédestiné au rôle de sauveur de la société et s'estimait assez fort pour réprimer d'une part les aspirations anarchistes et d'autre part y donner satisfaction par voie d'autorité.

Il échoua dans son entreprise. Le parti républicain, en faisant son éducation sous la dictature, avait nettement dégagé cette idée qu'il n'y a pas de pouvoir prédestiné, qui, au nom de sa mission providentielle, pouvait sacrifier les libertés

---

(1) Lettre du 11 avril 1871.

individuelles ; un mouvement profond de libre-pensée aboutit à la conception de l'Etat débarrassé de tout dogme, de toute alliance avec la théologie religieuse, à la séparation complète de l'Eglise avec l'Etat. D'autre part, la majorité du parti républicain avait aussi proclamé que le progrès social ne peut s'accomplir sans le progrès politique, qu'il faut à toute idée, si haute que soit son inspiration, un moyen pour recevoir sa réalisation, un moyen juridique, un instrument politique.

Ainsi, sous l'influence des circonstances et par l'enseignement d'un passé douloureux, fut forgé l'instrument parlementaire qui, en permettant à tous les partis de participer au pouvoir, assure une solution pacifique aux conflits que suscite la marche de la vie sociale. Cet instrument étant trouvé, ayant fait ses preuves, le parti républicain commettrait une lourde erreur si, cédant à des craintes qui s'expliquaient sous l'Empire, il ne s'engageait pas résolument, courageusement dans la voie du progrès social sans lequel le progrès politique lui-même n'est qu'une illusion.

ANNEXE AU CHAPITRE I

« L'autorité administrative a eu des craintes de soulèvement pour la fin de ce mois dans le département. Mon substitut et les juges de paix, interrogés à cet égard, n'ont pu découvrir aucun symptôme qui justifiât ces inquiétudes. Les sociétés secrètes ont une organisation très complète sans doute dans ce département, elles y ont une force spéciale, car les démagogues y sont nombreux ; mais les hommes les mieux informés ne pensent pas qu'un mouvement puisse y éclater sans que Paris ait donné l'exemple.

« On me signale dans ce département de nombreux envois gratuits de journaux démagogiques et notamment de la *Feuille de Village* et du *Bien universel*. C'est là un mal auquel il est difficile de faire obstacle autrement qu'en poursuivant les feuilles elles-mêmes si leurs articles le rendent possible.

« Dans la ville de S...... et dans quelques communes de cet arrondissement, la garde nationale a été désarmée, mais les armes sont déposées aux mairies (1). »

Si le pays était calme, cela voulait-il dire que la propagande républicaine s'était brusquement arrêtée ; cette propagande était-elle de nature à jeter l'inquiétude dans les esprits ; de quelle nature était-elle ?

Le rapport du procureur de la Cour d'appel de Rennes nous fait saisir sur le vif le caractère de la propagande bien inoffensive qu'on redoutait et les mesures bien autrement graves qu'on prenait contre elle et qui constituaient déjà la préface du coup d'Etat et de l'action des commissions mixtes. En août 1851, le magistrat écrivait :

« J'ai eu l'honneur de vous faire connaître dans mon dernier rapport mensuel, qu'une poursuite était dirigée à Lannion (Côtes du Nord) contre les nommés .... inculpés d'exci-

(1) A. M. J. 48. P., P. C. A. Bordeaux, 30 novembre 1851. Département de la Dordogne.

tation à la haine et à la révolte contre une classe de citoyens. Ces individus avaient été surpris chantant en breton au milieu de groupes nombreux des chants où l'on disait que les classes pauvres étaient abandonnées, que les riches amassaient tout, que les fermiers ne pouvaient payer, que les huissiers travaillaient toujours, que les pauvres seraient toujours dupes et qu'il était temps pour eux d'ouvrir les yeux.

« Le tribunal correctionnel de Lannion, faisant aux deux premiers prévenus application des articles 9 et 10 de la loi du 25 mars 1822 et 1er de la loi du 17 mai 1819, les a condamnés à 15 jours d'emprisonnement. La sieur X..... a été acquitté, sur les conclusions conformes du ministère public.

« La chanson qui a déterminé cette poursuite produit l'effet le plus déplorable dans les campagnes; le maire de Plouaret, le juge de paix, en ont informé le parquet, un huissier cité comme témoin a raconté aux débats que le jour où cette chanson était entendue à Plouaret, un homme contre lequel il avait une saisie à formaliser lui avait dit : « Vous entendez ce que l'on chante; venez donc maintenant saisir chez moi ! »

« Les condamnés ont promis en pleurant de ne plus chanter de chanson politique.

« Le tribunal de Lannion ne paraît pas avoir aperçu qu'il était incompétent. Les circonstances de ce procès sont telles que je n'ai pas cru devoir provoquer un appel (1). »

Elle n'était pas bien grave cette manifestation démocratique; mais elle était toujours utile pour insinuer que l'ordre social était menacé. Arrivons au mois d'octobre.

« A Saint-Malo, le bruit s'est répandu que MM. Ledru-Rollin et Louis Blanc étaient à Jersey et qu'ils espéraient trouver chez les démagogues de cette ville un concours qui leur permettrait de s'emparer de cette place. Ces bruits, malgré leur invraisemblance, trouvent de l'écho, et l'on ne doit pas se dissimuler que le parti de la démagogie, et à Saint-Malo et à Saint-Servan, compte dans ses rangs des hommes d'une situation sociale assez élevée pour qu'ils ne soient pas sans une certaine influence dans le pays.

« A Rennes, les meneurs du parti s'agitaient aussi depuis qu'ils prévoyaient de prochains embarras politiques. L'un des plus actifs, le sieur Blin, le rédacteur du *Républicain breton*

(1) A. M. J. 48 P., P. C. A. Rennes, 2 août 1851.

est l'objet d'une active surveillance. Il avait quitté Rennes il y a trois mois ; il y est revenu le 16 octobre. Du 16 au 21, jour de son départ pour Saint-Brieuc, il n'a cessé ses conférences avec les hommes les mieux connus pour leur exagération politique et leurs sentiments anti-sociaux. Serait-ce, comme l'a pensé la police, dans le but d'organiser une levée de boucliers ? La police veille, et le sieur Blin ne fait pas un pas qui ne soit l'objet de ses investigations.

. . . .

« Dans les arrondissements de Paimbeuf, Châteaubriant et Ancenis, il ne s'est passé aucun fait qui mérite de fixer l'attention. Cependant, les idées socialistes semblent faire des progrès dans la population rurale du dernier de ces arrondissements, malgré la surveillance de l'autorité et les mesures répressives prises pour empêcher les fonctionnaires publics de s'en rendre les propagateurs. Deux instituteurs auraient été invités par le recteur de l'académie à résigner leurs fonctions, et, bien que le motif de cette invitation ne soit pas officiellement connu, mon substitut pense que c'est pour mettre un terme à la propagande socialiste dont ces deux instituteurs passaient pour être les apôtres (1). »

. . . .

Enfin nous voici à la veille du coup d'Etat.

« J'ai l'honneur de vous adresser le rapport sur la situation morale et politique du ressort de la Cour de Rennes pendant le mois qui vient de s'écouler. Cette situation n'a éprouvé aucun changement notable. *Malgré l'incertitude de l'avenir qui préoccupe tous les esprits, la tranquillité la plus parfaite règne partout.* Il ne faut pas se dissimuler toutefois que les ennemis de l'ordre travaillent secrètement à égarer l'opinion publique et n'attendent qu'une occasion favorable pour le troubler. On remarque dans certains arrondissements, notamment dans celui de Loudéac (Côtes-du-Nord), de fréquentes réunions entre les hommes les plus exaltés. On signale toujours le sieur Leroy, prêtre interdit, ex-rédacteur de la *Presse*, l'ex-greffier Maritheux, les sieurs Nevos, instituteur révoqué, Frossit, vétérinaire, les deux frères Leverger, le pharmacien Bourhy et le sieur Morhery, membre de l'Assemblée constituante, chez qui les réunions ont le plus

(1) A. M. J. 48 P., P. C. A. Rennes, 31 octobre 1851.

habituellement lieu. La société dite des Travailleurs, composée d'environ 40 membres, semble se ranimer sous leur influence. L'administration parait disposée à en prononcer la dissolution. En attendant, elle est soigneusement surveillée.

« Partout ailleurs, la population s'inquiète peu des luttes qui éclatent entre les deux pouvoirs et se borne à faire des vœux pour le maintien de la paix publique. Un voyage que le sieur Morhery a fait à Rennes le 13 de ce mois a été signalé par la police, qui a remarqué ses relations avec les socialistes les plus avancés de notre ville. Le Cercle des Travailleurs, à Rennes, a renouvelé son bureau, qui est aujourd'hui composé des hommes les plus ardents et les plus dangereux. Ce cercle était fréquenté par quelques militaires du 55º ; le colonel en a été averti et a pris des mesures pour les en éloigner (1). »

Le calme apparent ne suffit pas à satisfaire l'administration. Elle se doute qu'il se passe quelque chose dans les esprits qui lui échappe. Les perquisitions n'aboutissent à rien. Les républicains ont beau proclamer tout haut et dans leurs lettres privées, dont la police judiciaire s'empare, qu'ils sont résolus à attendre les élections de 1852, qu'ils se soumettent au verdict du suffrage universel. Peu importe, l'éventualité des élections de 1852 *doit* inspirer des craintes, parce qu'on n'est pas sûr des dispositions de la masse. Il n'y a qu'une issue, le coup d'Etat. Qu'on lise encore, pour se rendre compte de cet état d'esprit, les rapports du procureur général de la Cour d'appel d'Orléans :

« *Loir-et-Cher*, Blois. Les réflexions générales qui commencent ce rapport s'appliquent spécialement à l'arrondissement de Blois. Nulle part, sous l'apparence de la tranquillité, les passions mauvaises ne sont dans une plus grande fermentation. Dans un conciliabule tenu secrètement par les sieurs Laforie, Cros, Racouillat, Laumuzeau, on a longuement discuté sur une lettre du sieur Gouté, condamné pour délit politique par les assises du Loir-et-Cher, maintenant réfugié à Londres, à l'un des membres du comité socialiste européen. Dans cette lettre il recommandait, comme le mot d'ordre transmis à tous, de garder le plus grand calme jusqu'aux prochaines élections,

(1) A. M. J. 48 P., P. C. A. Rennes, 30 novembre 1851.

mais de se tenir prêts à soutenir la lutte que le socialisme se propose de livrer par toute la France en poussant aux portes des assemblées électorales les individus non portés sur les listes (1). »

Deux mois avant le coup d'Etat le magistrat donne des nouvelles plus rassurantes encore :

« Calme complet, les plus remuants des fauteurs d'anarchie sont surveillés de près ; ils le savent et ne bougent pas. Ils attendent, disent-ils, les élections de 1852. Les démagogues se réservent pour le moment opportun.

« Tours. Aucun événement grave n'a marqué dans cet arrondissement le mois expiré.....

« La population s'est fort peu inquiétée soit des débats devant la Cour d'assises, soit des résultats des affaires Brisset et Monmousseau (Cris séditieux et outrages envers M. le Président de la République).

« Chinon. Il est résulté des renseignements recueillis que, dans cet arrondissement, les meneurs socialistes, en petit nombre d'ailleurs dans le pays, loin de se réunir plus fréquemment et d'avoir des correspondances et des communications plus actives, se découragent et se voient, en ce moment, dans l'impossibilité de rien entreprendre.

« A prendre mon ressort dans son ensemble, mon rapport sur son état moral et politique pendant le mois de septembre pourrait se réduire à ceci :

« La tranquillité a régné partout, même dans les lieux où se trouvent en plus grand nombre les démagogues les mieux connus pour tels. Ils se sont tenus dans la réserve la plus extrême et dans la plus complète inaction. On ne m'a signalé aucune démarche de ces agents nomades qui vont d'ordinaire semant dans les villes et les campagnes la propagande anarchique. Il semblerait que le calme est revenu et que les honnêtes gens n'ont plus qu'à se livrer aux flatteuses espérances d'un avenir meilleur.

« Il est malheureusement à croire qu'il y a dans la situation telle que je la dépeins, plus d'apparence que de réalité. Les travaux des champs occupent à un tel point les ouvriers agricoles que les courtiers de la démagogie perdraient, dans la saison où nous sommes, leur temps et leurs peines auprès

(1) A. M. J. 48 P., P. C. A. Orléans, 4 avril 1851.

d'eux, et dans les villes, l'obligation de satisfaire aux commandes qu'on doit exécuter avant l'hiver fournit un travail qui détourne les ouvriers industriels de tout ce qui a trait à la politique.

« Les journaux du parti socialiste et les chefs de ce parti recommandent, d'ailleurs, une prudence nécessaire, disent-ils, pour assurer le succès qu'ils promettent en 1852. Ils se comptent en silence et défendent toute manifestation saisissable. On obéit à leurs ordres, tant est forte la discipline à laquelle ils condamnent leurs adeptes.

« Tels sont les renseignements que me donnent unanimement mes substituts qui ne voient dans cet état de choses qu'une excitation à redoubler de zèle et de surveillance.....

« Montargis. Les esprits se sentent, malgré l'absence d'agitation actuelle, mal à l'aise dans cet arrondissement. On ne croit pas à la conversion des meneurs démagogiques, et l'on voit avec terreur s'approcher l'effrayante échéance de 1852.

« Gien. Dans cet arrondissement aussi, les habitants occupés à rentrer leurs récoltes se sont montrés le mois dernier indifférents à la politique, mais l'esprit de désordre, quoique latent aujourd'hui, n'en travaille pas moins plusieurs communes importantes, et l'on doit craindre que la démagogie, si elle surprenait son succès à Paris et dans les départements voisins, ne trouve d'ardents auxiliaires dans les cantons de Briare et de Châtillon-sur-Loire.

« Un assez grand nombre d'exemplaires du journal *Le Bien-Être Universel*, contenant les discours de MM. Hugo et Michel contre la revision de la Constitution, a été transmis par la voie de la poste à plusieurs honorables habitants du canton de Châtillon-sur Loire et des cantons environnants (1). »

Les constatations de l'administration ne varient pas, aux approches de décembre 1851.

« Quoique le mois d'octobre qui vient de s'écouler ait été marqué par quelques incidents dont j'ai eu l'honneur de vous rendre compte par des rapports spéciaux ; quoique le journal démagogique *La Constitution* ait été plus violent contre les actes du gouvernement, plus actif dans l'enseignement de ses

(1) A. M. J. 48 P., P. C. A. Orléans, 2 octobre 1851.

détestables principes et plus agressif que jamais contre les personnes ; malgré les événements du Cher et de la Nièvre, mon ressort n'a pas été notablement troublé.....

« Peu de gens se sont occupés des affaires publiques ; les travaux de la vendange, la rentrée des derniers produits de la terre, les sémailles, éloignaient les esprits de tout ce qui se trouvait étranger à ces opérations si importantes pour la campagne.

« On remarque cependant une sourde inquiétude parmi les amis de l'ordre et, parmi les fauteurs du désordre, un mouvement et une insolence qui font croire à l'attente d'un événement grave. Plusieurs de ces derniers, en effet, ne se lassent d'en appeler à 1852.

« Blois. La propagande, malgré la surveillance incessante de la gendarmerie, s'exerce activement par des agents socialistes qui empruntent toutes les formes, qui s'adressent à tous les moyens, à la poste aux lettres, par exemple, pour faire pénétrer partout des idées et des écrits anarchiques. Ainsi, le sieur Esquiros, auteur de *l'Évangile du Peuple*, est arrivé dernièrement à Blois en compagnie d'un individu resté inconnu, et les deux hommes ont fait des excursions dans le département, et ont remis à domicile, chez les démagogues, des écrits incendiaires, sans qu'il eût été possible à l'autorité judiciaire de rien constater.

« Vendôme. Il est un symptôme qui indique, dans cet arrondissement, le degré de confiance que les démagogues ont dans leur avenir. Les ouvriers qui appartiennent au parti du désordre s'expriment avec moins de réserve et de convenance. La propagande socialiste semble s'être fait jour jusqu'à des hommes sur lesquels on avait toujours cru devoir compter (1). »

C'est encore la même note que nous donne le rapport, du 12 novembre 1851, du procureur général de Douai, dont le ressort comprend Lille et de nombreux groupements ouvriers.

« Dans le mois qui vient de s'écouler, la situation politique du ressort de la cour d'appel de Douai a subi quelques modifications qui, sans se révéler par des faits graves, n'en doivent pas moins appeler l'attention du gouvernement. La dernière crise ministérielle et les causes qui l'ont amenée

(1) P. C. A. Orléans, 7 novembre 1851.

ont fait sortir les esprits du calme et de l'apathie dans lesquels, depuis un certain temps, ils semblaient s'endormir. Les hommes d'ordre s'alarment d'un conflit possible entre les grands pouvoirs de l'Etat et je sais trop, M. le Ministre, que je vous dois la vérité tout entière pour dissimuler que beaucoup d'entre eux se sont vivement émus du projet de loi tendant à l'abrogation de la loi du 31 mai que le pouvoir exécutif vient de présenter à l'Assemblée nationale, et se prononcent énergiquement contre ce projet (1). »

(1) A. M. J. 48 P., P. C. A. Douai, 12 novembre 1851.

ANNEXE AU CHAPITRE III

« L'autorité militaire et l'autorité administrative ont complété, en janvier, dans l'arrondissement de Troyes, les mesures d'ordre et de sûreté publique qui n'avaient pu être achevées en décembre. Un certain nombre d'individus que les autorités locales n'avaient pas eu l'occasion ou le courage de signaler ont été arrêtés par ordre du général commandant l'état de siège.

. . . .

« Avant le décret qui prononce en principe la dissolution de toutes les gardes nationales, le général avait dissous celle d'Aix-en-Othe, de Saint-Mard-du-Marais, d'Estissac et d'Ervy. Le maire et l'adjoint d'Estissac ont été révoqués, le Conseil municipal a été dissous. Un grand nombre de cafés et de cabarets ont été fermés. Le Conseil des prud'hommes où le socialisme était largement représenté et où les ouvriers électeurs venaient en décembre de porter le nommé Sauriau a été dissous. Cet ensemble de mesures a suffi pour atterrer les révolutionnaires de l'arrondissement et les réduire partout au silence. Les menées démagogiques ont cessé, et les populations rurales qu'elles avaient égarées entendent aujourd'hui la voix des honnêtes gens (1). »

« Blois. Nulle part le socialisme n'était mieux discipliné que dans le Loir-et-Cher. Un noyau d'hommes aussi ardents qu'intelligents est parvenu, comme j'ai eu bien des fois l'occasion de vous le dire, à transformer l'un des pays les plus heureux et les plus calmes et à en former une contrée à la dévotion de la démagogie. Ces meneurs dispersés, l'agitation a disparu et le calme est revenu comme par enchantement. Aussi attache-t-on, avec raison, une grande importance à ce que le noyau ne puisse pas se reformer, et que Germain Sarrut particulièrement, qui a été le centre de toutes les manœuvres, ne puisse pas revenir dans le pays et s'y livrer à une agitation

(1) 48 P., P. C. A. Paris, 22 février 1852.

nouvelle. Germain Sarrut est actuellement détenu à Paris par suite d'une condamnation prononcée par la Cour d'assises de la Seine, dans l'affaire de la « Solidarité républicaine »; la durée de sa peine va bientôt expirer. Or, comme il exerce, dans le département de Loir-et-Cher, une influence considérable, que son nom y est un drapeau, sa présence dans le pays qu'il habitait autrefois serait, sinon dans le présent, au moins dans l'avenir, un véritable sujet de crainte pour l'ordre public.

« Il est donc bien désirable qu'on lui interdise le département de Loir-et-Cher (1). »

« Un office d'huissier est vacant par la révocation que vous avez récemment prononcée de l'huissier Quitin ; le sieur Benoit, notaire, suspendu pendant trois années, et qui est, en outre, l'objet de mesures politiques, est mis en demeure de présenter, dans le plus bref délai, un successeur. Le sieur Lisguillin, avoué, se trouve dans une situation analogue. Je recommande à mon substitut d'examiner scrupuleusement l'aptitude et la conduite des candidats qui se présenteront pour succéder (2). »

« Dans l'arrondissement de Sainte-Menehould, le parti socialiste est en pleine désorganisation.

« Le sieur Morel, clerc de notaire, à Sainte-Menehould, m'ayant été signalé comme affilié au parti socialiste et comme notoirement connu par ses menées démagogiques, j'ai prescrit à mon substitut d'enjoindre au notaire Laferrière, son patron, de l'expulser de son étude. Cette mesure a été immédiatement exécutée et a produit le meilleur effet sur l'esprit de la population ; elle a achevé de porter le découragement dans les rangs de la démagogie. Le café socialiste voit tous les jours le nombre de ses habitués diminuer. Son propriétaire, fort déconcerté, s'efforce de protester de la modération de ses opinions. Le journal *La Revue de la Marne* qui, depuis 1848, a grandement contribué à l'altération de l'opinion politique dans l'arrondissement, a, par un soudain revirement, pris en main la bannière de Napoléon et se pose aujourd'hui comme un zélé défenseur du gouvernement (3). »

(1) A. M. J. 48 P., P. C. A. d'Orléans, 6 avril 1852.
(2) A. M. J. 48 P., P. C. A. Orléans, 6 avril 1852.
(3) A. M. J. 48 P., P. C. A. Paris, 22 février 1852. Marne, Sainte-Menehould.

ANNEXE AU CHAPITRE VI

A M. J., Parquet de la Cour impériale de Paris. 955 P.

Paris, novembre 1853.

Monsieur le Garde des Sceaux,

J'ai l'honneur de rendre compte à Votre Excellence des résultats du verdict que le jury a rendu dans l'affaire dite des complots de l'*Hippodrome* et de l'*Opéra comique*:

Ont été *acquittés* les nommés : 1° *Bratiano;* 2° *Thirez;* 3° *Martin;* 4° *Baudy;* 5° *Laftize;* 6° *Ranc.*

Bratiano. — Parce que dépositaire de l'imprimerie qui avait servi à la publication des bulletins insurrectionnels des *20 mai* et *5 juin*, il maintenait n'avoir jamais été au-delà de ce simple dépôt, et qu'il n'y avait nulle relation *établie* entre les accusés et lui.

Thirez. — Parce que sa présence à l'Hippodrome était combattue par les doutes d'un *alibi* invoqué.

Martin. — Espèce d'illuminé, qui s'était dénoncé lui-même au préfet de police et regrettait fort de s'être mêlé à la conspiration.

Baudy. — Trouvé armé d'un mauvais poignard, homme faible, ignorant, qu'on ne retrouvait nulle part dans les détails du complot.

Laftize et *Ranc.* — Etudiants, têtes exaltées, mais poussés et dominés par *Laugardière*, qui était le chef de la société des écoles, esprit faux, cœur sec, caractère vaniteux. Le jury a donné la haute leçon à la jeunesse, en condamnant *Laugardière*; j'avais moi-même ouvert cette voie.

Condamnés sur toutes les questions, sans *atténuations* :

1° *Ruault*, déportation; 2° *Lux*, id.; 3° *Gérard*, id.; 4° *Copinot*, id.; 5° *Demerin*, id.; 6° *Mariet*, id.; 7° *Gabrat*, id.

Ruault. — Tailleur de pierres au Louvre, conspirateur résolu, dangereux, l'un des organisateurs du complot.

Lux. — Démagogue, émeutier de profession, ancien *vorace* à Lyon.

Gérard. — L'un des organisateurs, actif, chef de faction.

Copinot. — Brutal, exalté, l'un des plus actifs.

Demerin. — Belge, fanatique, envoyé de Londres, capable de tout.

Mariet. — Tout jeune, mais violent, perdu de démagogie, intelligent, chef de faction.

Gabrat. — Brute, fanatique, dangereux.

Condamnés avec circonstances atténuantes :

1° *Folliet*, bannissement, 8 ans ; 2° *Monchirond*, détention, 10 ans ; 3° *Alix*, bannissement, 8 ans ; 4° *Deney*, détention, 5 ans ; 5° *Baillet*, détention, 5 ans ; 6° *Turenne*, détention, 7 ans ; 7° *Jaud*, détention, 5 ans ; 8° *Commés*, détention, 5 ans ; 9° *Joiron*, détention, 5 ans.

Cette série d'accusés a été très bien appréciée par le jury ; la plupart d'entre eux avaient fait des aveux plus ou moins complets. Condamnés sur *toutes les questions*, ils ont pu ainsi recueillir le bénéfice des circonstances atténuantes.

Condamnés sur les deux questions principales, la *circonstance aggravante écartée*, celle *d'un acte commencé ou consommé pour préparer l'exécution :*

1° *Decroix* ; 2° *Maltz* ; 3° *Mazille* ; 4° *Follot* ; 5° *de Laugardière*.

Décision aussi judicieuse. — *Decroix* avait prêté la maison à une seule réunion, pas d'autre fait.

Maltz avait intrigué, conspiré, mais n'avait été ni à l'Hippodrome, ni à l'Opéra comique.

Follot est le médecin qui s'était laissé entraîner, avec la troupe, pour soigner les blessés.

De Laugardière n'avait pas consenti à être au nombre des exécuteurs du complot ; il devait seulement, après la mort de l'Empereur, pousser à l'insurrection.

Du reste, le débat a été constamment calme, digne, sévère, et il a été mené avec autant de fermeté que d'intelligence par M. le président Zangiacomi.

Je suis avec respect, Monsieur le Garde des Sceaux, votre très humble et obéissant serviteur.

BONTOUX.

P. S. — Tous les *acquittés* auront à comparaître devant le Tribunal correctionnel, pour purger la prévention du délit de *société secrète*.

ANNEXE AU CHAPITRE VII

Tableau des élections générales de 1857.

DÉPARTEMENTS.	CIRCONS-CRIPTIONS.	GOUVERNEMENT.	OPPOSITION.	
Aisne............	4	20.931	Sorel.......	2.753
Ariège...........	1	24.666	Arnaud...	2.998
Ardennes.........	1	30.661	Garnier-Pagès.....	1.802
Aude............	1	29.239	Falgons.....	1.372
—	2	28.383	Vallière....	1.298
Bouches-du-Rhône.	1	10.194	T. Delord...	4.777
—	2	15.602	Carnot:....	1.224
—	3	16.927	De Valory..	1.682
			J. Ollivier..	1.141
Charente.........	1	16.623	Albert......	6.870
—	2	13.369	Bouraud....	11.085
—	3	18.248	Duclaud....	4.333
Charente-Inférieure	2	13.418	Dupont de Bussac..	1.303
Cher............	1	18.860	Bazille.....	4.214
—	2	23.247	Carnot.....	1.322
Côte-d'Or........	1	22.779	Magnin....	5.615
—	2	19.723	Carnot.....	4.898
—	3	18.023	A. Lévy....	6.621
			Philippon..	1.785
Côtes-du-Nord.....	1	16.000	Glais-Bizoin	6.200
Creuse...........	1	12.188	Leyrand....	6.474
Dordogne.........	2	18.755	Lanauve....	2.490
—	3	14.406		6.693
Doubs...........	1	17.387	De Montalembert..	4.378
Drôme...........	2	17.700	Curnier....	2.053
—	3	20.547	Montier....	2.283
Eure............	1	13.875	Davy	11.220
—	3	27.093	Dupont fils (de l'Eure) non acceptant...	5.399
Eure-et-Loir	1	18.046	Barthélemy	6.963
—	2	15.428	Bosselet....	10.416
Finistère	2	20.820	Trichet.....	2.579
Garonne (Haute-)...	1	19.871	Pagès (de l'Ariège).	2.750

DÉPARTEMENTS.	CIRCONS-CRIPTIONS.	GOUVERNEMENT.	OPPOSITION.	
Garonne (Haute)...	2	17.340	Arago......	5.639
Gard.............	1	13.624	Troupel,...	6.757
—	3	23.792	Cazot	1.141
Gironde	1	7.622	Curé, élu...	9.386
—	2	14.489	Billot des Minières.	2.889
Hérault.........	1	16.385	Serre	7.173
Indre.............	1	20.098	Royer-Nioche...	5.000
—	2	18.033	J. Favre....	3.800
Isère.............	1	24.491	Dupont-Delporte...	3.669
—	4	19.252	Ponsard....	5.335
Jura.............	2	24.970	Charlier....	2.664
Landes	1	22.307	Dullamon ..	7.264
Loire.............	1	13.204	Pelletan....	7.218
—	2	12.489	Pain	5.638
—	4	17.534	Cherpin....	6.065
Loiret	3	13.685	Rondeau ...	4.840
Lot-et-Garonne	1	19.635	Arago......	1.807
—	2	22.306	Duthil......	1.243
—	3	22.148	Arago......	2.344
Manche...........	1	21.146	Havin, non acceptant.	2.448
—	3	18.917	Plaine	5.875
—	4	22.128	De Casté...	1.997
Maine-et-Loire.....	1	11.538	Bordillon...	10.267
Mayenne	3	8.196	De Craon...	6.203
Meurthe...........	1	18.618	Cavaignac..	3.731
—	2	23.926	Cavaignac..	3.448
—	3	28.058	Cavaignac..	653
Morbihan..........	1	20.203	Cavaignac..	3.857
Moselle...........	1	19.030	J. Reynaud.	3.303
Nord	1	12.257	Loiset	11.652
—	2	14.293	Bramé, élu.	20.704
—	8	21.191	Carnot	3.043
Nièvre.............	1	21.563	Bonabeau ..	6.447
—	2	24.503	Labédollière ...	1.032
Oise..............	2	19.689	Gérard.....	2.054
—	3	20.483	Leroux.....	5.564
Orne..............	2	18.512	S. Pagès....	4.397
—	3	14.408	Hamard.....	5.340
Pyrénées(Hautes-).	1	21.052	Ferré.......	5.767
Rhin (Haut-)	3	10.506	Migeon, élu.	17.025

ANNEXE AU CHAPITRE VII.

DÉPARTEMENTS.	CIRCONS-CRIPTIONS.	GOUVERNEMENT.	OPPOSITION.	
Rhône	1	12.021	Bacot	10.117
—	2	10.827	Hénon, élu.	12.270
—	3	19.170	Morin	3.219
—	4	17.251	J. Favre	4.369
Saône-et-Loire	1	8.478	Lamartine, non acc.	2.340
—	3	14.525	Daron	4.793
—	4	18.367	Boutelier	6.562
Sarthe	1	18.362	Raspail	1.446
			Laboulaye	4.670
Seine	1	10.071	Jean Reynaud	1.682
—	2	10.472	Bethmont	9.070
—	3	9.952	Cavaignac, élu	10.950
—	4	10.006	E. Ollivier, élu	11.005
—	5	8.426	Carnot, élu	12.034
—	6	10.454	Goudchaux, élu	13.042
—	7	11.038	Darimon, élu	12.078
—	8	13.820	Vavin	9.033
			J. Simon	2.268
—	9	11.363	De Lasteyrie	8.100
—	10	15.416	Pelletan	7.249
Seine-Inférieure	1	8.001	Lemasson	5.081
—	2	21.077	Villiers	5.692
Somme	3	16.372	Dermigny	4.122
			Hamel	2.248
—	4	9.605	De Morgan	8.699
Tarn	1	19.960	Canet	4.022
Tarn-et-Garonne	1	20.868	Delastours	3.612
Var	1	21.000	Conte	3.200
Vaucluse	1	15.280	Cavaignac	5.241
—	2	17.544	Meynard	5.035
Vendée	1	8.994	De Puyberneau	3.366
Vienne	1	14.858	Candidats réunis	6.082
—	2	21.051	—	1.746
Vienne (Haute-)	1	12.063	Bastide	5.832
—	2	16.363	De Röffignac	4.089
Yonne	1	15.085	Guichard	7.340
—	2	11.029	Javal, élu	14.089
—	3	20.116	Charton	3.746
			Gariet	1.578

V. Albiot, *Campagnes électorales sous l'Empire.*

ANNEXE AU CHAPITRE XI

ÉLECTIONS DE 1863.
Résultats des élections.

TOTAUX PAR DÉPARTEMENT.

	Inscrits.	Votants.	Candidats du Gouvernement.	Candidats de l'Opposition.
Ain....................	104,225	71,650	67,731	3,919
Aisne.................	154,520	127,496	91,417	36.079
Allier.................	94,738	63,994	55,648	8,346
Alpes (Basses-).......	43,637	34,556	31,375	3,181
Alpes (Hautes-).......	34,153	28,353	5,692	22,661
Alpes-Maritimes......	54,842	34,808	28,605	6,203
Ardèche...............	93,085	63,075	56,931	6,144
Ardennes.............	90,735	73,133	58,688	14,445
Ariège................	82,005	58,370	49,439	8,931
Aube..................	84,369	68,178	47,560	20,618
Aude..................	85,910	67,058	60,025	7,033
Aveyron...............	108,094	84,942	55,914	29,028
Bouches-du-Rhône...	139,911	79,101	45,734	33,367
Calvados..............	135,561	97,161	67,319	29,842
Cantal.................	61,764	42,840	25,315	17,525
Charente..............	112,363	75,945	59,210	16,735
Charente-Inférieure..	143,263	105,024	73,610	31,414
Cher...................	85,340	59,116	46,161	12,955
Corrèze................	82,818	60,197	51,566	8,511
Corse..................	65,621	49,735	25.836	23,899
Côte-d'Or.............	119,993	87,161	62,144	25,017
Côtes-du-Nord........	152,243	112,428	73,798	38,630
Creuse................	56,085	39,543	34,196	5,347
Dordogne.............	138,476	102,932	68,186	34,746
Doubs.................	82,440	65,548	41,467	24,081
Drôme.................	95,313	65,449	44,880	20,569
Eure...................	123,206	99,489	73,965	25,524

ANNEXE AU CHAPITRE XI. 631

TOTAUX PAR DÉPARTEMENT.

	Inscrits.	Votants.	Candidats du Gouvernement.	Candidats de l'Opposition.
Eure-et-Loir	83,576	66,974	42,567	24,407
Finistère	151,494	101,100	75,078	26,022
Gard	124,661	79,475	53,755	25,720
Garonne (Haute-)	155,474	104,957	73,904	31,053
Gers	91,928	72,558	54,610	17,948
Gironde	176,742	125,144	86,300	38,844
Hérault	124,688	89,262	71,135	18,127
Ille-et-Vilaine	147,371	113,093	79,138	33,955
Indre	74,117	49,451	45,926	3,525
Indre-et-Loire	103,741	71,857	49,586	22,271
Isère	157,927	114,549	83,896	30,653
Jura	85,918	59,889	57,904	1,985
Landes	79,369	59,793	46,259	13,534
Loir-et-Cher	73,860	54,918	42,736	12,162
Loire	127,863	89,754	61,359	28,395
Loire (Haute-)	69,862	52,820	36,977	15,843
Loire-Inférieure	147,256	97,445	71,412	26,033
Loiret	92,847	69,703	42,389	27,314
Lot	85,008	68,308	67,584	724
Lot-et-Garonne	103,126	75,604	56,685	18,919
Lozère	39,614	29,591	9,445	20,146
Maine-et-Loire	151,776	102,028	75,923	26,105
Manche	154,679	101,635	85,467	16,168
Marne	108,590	81,288	73,973	7,315
Marne (Haute-)	77,377	58,445	47,101	11,344
Mayenne	101,004	69,782	50,055	19,727
Meurthe	118,099	90,693	69,145	21,548
Meuse	88,415	64,848	53,318	11,530
Morbihan	110,738	79,114	71,201	7,913
Moselle	110,892	88,043	75,037	13,006
Nièvre	88,961	61,456	54,411	7,045
Nord	305,923	233,436	147,464	85,972
Oise	116,982	95,777	72,134	23,643
Orne	125,678	75,206	68,330	6,876
Pas-de-Calais	197,006	160,472	102,872	57,600
Puy-de-Dôme	161,329	107,036	94,934	12,102
Pyrénées (Basses-)	108,899	87,986	86,160	1,826
Pyrénées (Hautes-)	65,423	56,118	55,795	323

ANNEXE AU CHAPITRE XI.

TOTAUX PAR DEPARTEMENT.

	Inscrits.	Votants.	Candidats du Gouvernement.	Candidats de l'Opposition
Pyrénées-Orientales	47,890	29,152	28,519	633
Rhin (Bas-)	141,097	112,736	89,689	23,047
Rhin (Haut-)	127,971	95,192	65,638	29,554
Rhône	167,607	117,242	62,529	54,713
Saône (Haute-)	91,659	69,951	38,883	31,068
Saône-et-Loire	160,310	112,006	90,155	21,851
Sarthe	128,810	100,277	80,607	19,670
Savoie	69,966	47,249	45,328	1,921
Savoie (Haute-)	71,864	44,889	37,778	7,111
Seine	326,066	237,738	83,290	154,448
Seine-Inférieure	200,490	145,634	88,315	57,319
Seine-et-Marne	107,911	80,566	43,048	37,518
Seine-et-Oise	137,643	111,052	65,907	46,145
Sèvre (Deux-)	89,708	69,783	52,662	17,121
Somme	164,723	130,127	100,997	29,130
Tarn	106,425	78,621	58,948	19,673
Tarn-et-Garonne	74,868	55,713	43,999	11,714
Var	65,900	53,274	37,129	16,145
Vaucluse	56,731	46,732	37,671	9,061
Vendée	111,382	60,279	58,860	1,419
Vienne	89,833	65,658	47,342	18,316
Vienne (Haute-)	79,908	55,255	45,025	10,231
Vosges	116,411	79,554	57,753	28,801
Yonne	109,759	87,053	60,666	26,387
Totaux	9,938,685	7,262,623	5,308,254	1,954,369

(D'après l'*Annuaire du Corps législatif*, 1864. Paris.)

ANNEXE AU CHAPITRE XV

Résultats des élections de 1869

d'après le *Moniteur*.

DÉPUTÉS

Ain.
1re circonscription.
Inscrits, 31,840. — Votants, 25,743.
Comte Léopold Le Hon (Gouv. lib.). 23,324
2e circonscription.
Inscrits, 36,328. — Votants, 28,879.
Girod de l'Ain (Off.)................ 22,579
3e circonscription.
Inscrits, 38,140. — Votants, 30,805.
Germain (Gouv. lib.)................ 17,059

Aisne.
1re circonscription.
Inscrits, 37,230. — Votants, 32,438.
Hébert (Off.)........................ 20,132
2e circonscription.
Inscrits, 34,691. — Votants, 20,480.
Malézieux (Opp. lib.)................ 21,982
3e circonscription.
Inscrits, 42,948. — Votants, 37,795.
Piette (Gouv. lib.).................. 18,829
4e circonscription.
Inscrits, 38,322. — Votants, 32,010.
De Tillancourt (Opp. lib.).......... 21,125

Allier.
1re circonscription.
Inscrits, 31, 882. — Votants, 19,390.
Baron de Veauce (Gouv. lib.)...... 18,102
2e circonscription.
Inscrits, 31,882. — Votants, 24,774.
Desmaroux de Gaulmin (Off.)....... 15,222
3e circonscription.
Inscrits, 37,638. — Votants, 31,478.
Mony (Gouv. lib.).................. 22,759

Alpes (Basses-).
Circonscription unique.
Inscrits, 43,539. — Votants, 31,478.
Le colonel Réguis (Gouv. lib.)...... 30,690

Alpes (Hautes-).
Circonscription unique.
Inscrits, 32,382. — Votants, 28,800.
Clément Duvernois (Gouv. lib.). ... 17,651

Alpes-Maritimes.
1re circonscription.
Malausséna (Gouv. lib.), élu à l'unanimité.
2e circonscription.
Inscrits, 25,708. — Votants, 20,620.
Duc de Rivoli (Gouv. lib.).......... 19,913

Ardèche.
1re circonscription.
Inscrits, 39,911. — Votants, 27,822.
Général Dautheville (Off.).......... 15,608
2e circonscription.
Inscrits, 32,208. — Votants 23,051.
Comte de Rochemure (Gouv. lib.).... 18,514
3e circonscription.
Inscrits, 40,212. — Votants, 31,402.
Marquis de la Tourette (Off.)....... 18,993

Ardennes.
1re circonscription.
Inscrits, 31,139. — Votants, 25,011.
De Montagnac (Off.)................ 18,021
2e circonscription.
Inscrits, 29,450. — Votants, 26,111.
De Ladoucette (Gouv. lib.).......... 23,561
3e circonscription.
Inscrits, 29,880. — Votants, 24,984.
Baron Sibuet (Gouv. lib.)........... 19,675

Ariége.
1re circonscription.
Inscrits, 37,969. — Votants, 28,356.
Denat (Gouv. lib.).................. 21,204
2e circonscription.
Inscrits, 36,107. — Votants, 26,987.
Busson-Billault (Off.)............... 22,430

Aube.
1re circonscription.
Inscrits, 44,216. — Votants, 39,203.
D'Argence (Gouv. lib.).............. 20,871
2e circonscription.
Inscrits, 39,336. — Votants, 34,955.
De Plancy (Gouv. lib.).............. 18,713

Aude.
1re circonscription.
Inscrits, 38,609. — Votants, 27,400.
Birotteau (Gouv. lib.)............... 22,014
2e circonscription.
Inscrits, 29,022. — Votants, 23,825.
Peyrusse (Gouv. lib.)............... 15,970
3e circonscription.
Inscrits, 22,801. — Votants, 19,023.
Isaac Pereire (Off.)................. 10,079

Aveyron.
1re circonscription.
Inscrits, 38,174. — Votants, 30,454.
Girou de Buzareingues (Gouv. lib.)... 20,096
2e circonscription.
Inscrits, 37,304. — Votants, 29,780.
Calvet-Rogniat (Gouv. lib.).......... 16,248
3e circonscription.
Inscrits, 41,449. — Votants, 36,574.
Dessailligny (Gouv. lib.)............ 18,383

Bouches-du-Rhône.
1re circonscription.
Votants : 18,272.
Gambetta (Opposition démocrat.).... 12,865
2e circonscription.
Inscrits, 34,196. — Votants, 24,551.
Laugier de Chartrouse (Officiel)...... 12,520
3e circonscription.
Chartroux (Off.).................... 11,299
4e circonscription.
Inscrits, 30,483. — Votants, 21,204.
Esquiros (Opp. rad.)................ 11,244

Cantal.
1re circonscription.
Inscrits, 34,433. — Votants, 19,738.
Bastide (Opp. lib.).................. 19,016
2e circonscription.
Inscrits, 29,502. — Votants, 20,497.
Creuzet (Off.)........................ 14,441

Calvados.
1re circonscription.
Inscrits, 34,371. — Votants, 26,555.
Comte de Germiny (Gouv. lib.)...... 13,400
2e circonscription.
Inscrits, 32,049. — Votants, 22,800.
Douesnel (Off.)...................... 15,513
3e circonscription.
Inscrits, 34,576. — Votants, 24,849.
De Colbert (Off.)..................... 16,123
4e circonscription.
Inscrits, 32,433. — Votants, ...
Paulmier (Off.)....................... 24,520

Charente.
1re circonscription.
Inscrits, 42,191. — Votants, 27,784.
Laroche-Joubert (Opp. lib.)......... 21,635
2e circonscription.
Inscrits, 37,267. — Votants, 30,188.
Planat (Opp. lib.)................... 20,081
3e circonscription.
Inscrits, 36,055. — Votants, 25,736.
André (Officiel)..... 24,279

Charente-Inférieure.
1re circonscription.
Inscrits, 32,140. — Votants, 24,300.
Baron Vast-Vimeux (Officiel)........ 16,265
2e circonscription.
Inscrits, 30,121. — Votants, 25,604.
Bethmont (Opposition démocratique). 13,323
3e circonscription.
Inscrits, 48,917. — Votants, 41,247.
Baron Eschassériaux (Gouv. lib.) ... 23,795
4e circonscription.
Inscrits, 38,964. — Votants, 31,141.
Roy de Loulay (Gouv. lib.). 17,092

Cher.
1re circonscription.
Inscrits, 37,595. — Votants, 27,200.
Marquis de Nesle (Gouv. lib.). 16,027
2e circonscription.
Inscrits, 35,131. — Votants, 23,524.
Giraud (Opp. lib.)... 11,984
3e circonscription.
Inscrits, 23,087. — Votants, 19,485.
Guillaumin (Officiel)................ 12,275

Corrèze.
1re circonscription.
Inscrits, 40,355. — Votants, 28,526.
Baron Lafont de Saint-Mür (Off.).... 25,255
2e circonscription.
Inscrits, 43,372. — Votants, 32,092.
A. Mathieu (Off.)..................... 24,826

Côte-d'Or.
1re circonscription.
Inscrits, 44,177. — Votants, 37,895.
Magnin (Opp. dém.)................ 23,428
2e circonscription.
Inscrits, 36,765. — Votants, 30,553.
Marey-Monge (Gouv. lib.)........... 19,477
3e circonscription
Inscrits, 36,451. — Votants, 31,517.
Rolle (Gouv. lib.)................... 18,959

Côtes-du-Nord.
1re circonscription.
Inscrits, 44,861. — Votants, 30,858.
La Motterouge (Off.)................. 18,343
2e circonscription.
Inscrits, 32,783. — Votants, 24,183.
De Champagny (Gouv. lib.) 10,833
3e circonscription.
Inscrits, 29,533. — Votants, 17,870.
Le Calvez (Gouv. lib.)............... 15,305
4e circonscription.
Inscrits, 34,110. — Votants, 23,415.
De la Tour (Off.)..................... 12,474
5e circonscription.
Inscrits, 27,003. — Votants, 22,553.
Carré-Kerisouët (Gouv. lib.)........ 13,729

Creuse.
1re circonscription.
Inscrits, 36,450. — Votants, 23,290.
Delamarre (Off.)..................... 15,525
2e circonscription.
Inscrits, 38,814. — Votants, 24,640.
Cornudet (Off.)....................... 14,205

Dordogne.
1re circonscription.
Inscrits, 44,875. — Votants, 32,961.
Paul Dupont (Gouv. lib.)............ 22,136
2e circonscription.
Inscrits, 34,310. — Votants, 28,257.
Comte Boudet (Gouv. lib.).......... 19,989
3e circonscription.
Inscrits, 33,131. — Votants, 22,477.
W. de La Valette (Off.)............. 21,441
4e circonscription.
Inscrits, 35,339. — Votants, 29,078.
De Bosredon (Off.).................. 19,052

Doubs.
1re circonscription.
Inscrits, 44,523. — Votants, 36,213.
Docteur Ordinaire (Opp. dém.)...... 18,288
2e circonscription.
Inscrits, 36,973. — Votants, 30,646.
Latour-Dumoulin (Opp. lib.)........ 17,122

Drôme.
1re circonscription.
Inscrits, 34,017. — Votants, 27,123.
Lacroix-Saint-Pierre (Gouv. lib.).... 14,865
2e circonscription.
Inscrits, 32,000. — Votants, 26,615.
Monnier de la Sizeranne fils (Off.).... 13,189
3e circonscription.
Inscrits, 33,439. — Votants, 27,072.
Morin (Gouv. lib.).................. 17,284

Eure.
1re circonscription.
Inscrits, 29,870. — Votants, 25,065.
Duc d'Albuféra (Gouv. lib.)......... 14,397
2e circonscription.
Inscrits, 27,270. — Votants, 23,238.
Philène-Fouquet (Off.).............. 14,041
3e circonscription.
Inscrits, 32,778. — Votants, 24,897.
D'Arjuzon (Off.)..................... 14,614
4e circonscription.
Inscrits, 32,314. — Votants, 25,664.
Guillaume Petit (Off.)............... 12,981

Eure-et-Loir.
1re circonscription.
Inscrits, 43,620. — Votants, 36,345.
Rollle (Off.)......................... 20,416
2e circonscription.
Inscrits, 37,651. — Votants, 31,507.
Général Lebreton (Gouv. lib.)........ 18,817

Finistère.
1re circonscription.
Inscrits, 40,750. — Votants, 29,381.
Comte du Couëdic (Off.)............. 17,851
2e circonscription.
De Keratry (Opp. lib.)............ .. 10,927
3e circonscription.
Inscrits, 25,160. — Votants, ...
Kerjegu (Gouv. lib.)................. 8,135
4e circonscription.
Inscrits, 25,939. — Votants, 18,184.
Boisviel (Off.)....................... 14,087
5e circonscription.
Inscrits, 36,270. — Votants, 27,884.
Dein (Off.)... 13,032

Gard.
1re circonscription.
Inscrits, . — Votants, 26,746.
Paulin Talabot (Off.)............... 14,827
2e circonscription.
Genton (Off.).................. 11,129
3e circonscription.
Dumas (Off.)........................ 16,500
4e circonscription.
Edouard André (Off.).... .. - 11,800

Garonne (Haute-).
1re circonscription.
Inscrits, 34,853. — Votants, 27,470.
D'Ayguesvives (Off.)... 15,611
2e circonscription.
Inscrits, 41,173. — Votants, 33,335.
De Campaigno (Off.)......... 16,801
3e circonscription.
Inscrits, 38,331. — Votants, 32,320.
Piccioni (Gouv. lib.)................ 16,523
4e circonscription.
Inscrits, 32,354. — Votants, 24,893.
Ch. Tron (Gouv. lib.)............... 17,837

Gers.
1re circonscription.
Inscrits, 30,189. — Votants, 25,134.
Aylies (Gouv. lib.).................. 16,136
2e circonscription.
Inscrits, 30,630. — Votants, 23,611.
Lagrange (Gouv. lib.) 15,668
3e circonscription.
Inscrits, 32,070. — Votants, ...
Granier de Cassagnac (Officiel)....... 14,176

Gironde.
1re circonscription.
Inscrits, 39,158. — Votants, 30,002.
Nathaniel Johnston (Officiel)........ 16,073
2e circonscription.
Inscrits, 30,711. — Votants, 29,845.
Jules Simon (Opp. dém.)............ 17,530
3e circonscription.
Inscrits, 37,570. — Votants, 27,782.
A. Larrieu (Opp. dém.).............. 15,281
4e circonscription.
Inscrits, 33,714. — Votants, 28,297.
Dréolle (Officiel)..................... 17,300
5e circonscription.
Inscrits, 32,506. — Votants, 28,287.
Chaix d'Est-Ange (Officiel).......... 16,238
6e circonscription.
Inscrits, 29,189. — Votants, 24,220.
Jérôme David (Officiel)............... 18,917

Hérault.
1re circonscription.
Inscrits, 38,028. — Votants, 28,901.
Ernest Picard (Opp. dém.)........... 15,775
2e circonscription.
Inscrits, 34,208. — Votants, 26,513.
Roulleaux-Dugage (Officiel).......... 16,453
3e circonscription.
Inscrits, 30,332. — Votants, 21,529.
Cazelles (Gouv. lib.)................ 15,629
4e circonscription.
Inscrits, 32,908. — Votants, 27,335.
Coste-Floret (Officiel)............... 14,329

Ille-et-Vilaine.
1re circonscription.
Inscrits, 39,710. — Votants, 29,300.
Marquis de Piré (Gouv. lib.)......... 23,404
2e circonscription.
Inscrits, 35,810. — Votants, 27,370.
Rouxin (Off.)........................ 16,773
3e circonscription.
Inscrits, 41,191. — Votants, 35,177.
De Dalmas (Gouv. lib.).............. 21,660
4e circonscription.
Inscrits, 36,272. — Votants, 24,820.
De la Guistière (Off.).... 24,714

Indre.
1re circonscription.
Inscrits, 38,240. — Votants, 23,862.
Charlemagne (Officiel)................ 22,508
2e circonscription.
Inscrits, 38,309. — Votants, 27,346.
Delavau (Officiel).................... 21,155

Indre-et-Loire.
1re circonscription.
Inscrits, 36,157. — Votants, 26,995.
Houssard (Opp. libérale)............. 19,023
2e circonscription.
Inscrits, 28,345. — Votants, 24,798.
De Quinemont (Off.)................. 18,007
3e circonscription.
Inscrits, ... — Votants, 26,731.
Wilson (Opp. lib.)................... 19,052

Isère.
1re circonscription.
Inscrits, 32,271. — Votants, 24,757.
Vendre (Gouv. lib.)............. 13,020
2e circonscription.
Inscrits, 31,472. — Votants, 25,862.
Riondel (Opp. lib.).................. 14,654
3e circonscription.
Baboin (Off.)......................... 3,183
4e circonscription.
Inscrits, 31,823. — Votants, 25,529.
Marion (Opp. lib.)................... 15,405
5e circonscription.
Joliot (Gouv. lib.).................. 15,014

Jura.
1re circonscription.
Inscrits, 28,832. — Votants, 23,570.
Ed. Dalloz (Gouv. lib.).............. 14,475
2e circonscription.
Inscrits, 28,915. — Votants, 18,419.
Grevy (Opp. dém.).................. 15,952
3e circonscription.
Inscrits, 30,216. — Votants, 22,799.
Wladimir Gagneur (Opp. dém.)... 11,925

Landes.
1re circonscription.
Inscrits, 43,504. — Votants, 38,963.
De Guilloutet (Off.)................. 21,323
2e circonscription.
Inscrits, 40,105.
Darracq (Officiel)................... 25,134

Loire.
1re circonscription.
Inscrits, 38,732. — Votants, 29,631.
De Charpin-Feugerolles (Off.)........ 14,830
2e circonscription.
Inscrits, 31,830. — Votants, 17,727.
Dorian (Opp. dém.).................. 11,162
3e circonscription.
Inscrits, 35,339. — Votants, 27,956.
Bouchetal-Laroche (Gouv. lib.)..... 17,888
4e circonscription.
Inscrits, 40,464. — Votants, 30,077.
Dechastelus (Off.).................. 19,793

Loire (Haute-).
1re circonscription.
Inscrits, 44,000. — Votants, 30,000.
Latour-Maubourg (Gouv. lib.)....... 22,000
2e circonscription.
Inscrits, 38,000. — Votants, 31,553.
Léonce Guyot-Montpeyroux (Opp. lib.) 18,618

Loir-et-Cher.
1re circonscription.
Inscrits, 41,090. — Votants, 25,654.
Tassin (Opp. lib.)................... 24,093
2e circonscription.
Inscrits, 36,263. — Votants, 30,169.
Dessaignes (Gouv. lib.)............. 18,520

Loire-Inférieure.
1re circonscription.
Inscrits, 41,706. — Votants, 32,564.
De la Turmelière (Gouv. lib.)........ 19,955
2e circonscription.
Inscrits, 45,330. — Votants, 31,336.
Gaudin (Officiel).................... 16,842
3e circonscription.
Inscrits, 32,372. — Votants, 24,072.
Joseph Simon (Off.)................. 14,758
4e circonscription.
Inscrits, 35,247. — Votants, 23,491.
Anselme Fleury (Off.)............... 14,000

Loiret.
1re circonscription.
Inscrits, 39,292. — Votants, 31,409.
Nogent Saint-Laurens (Gouv. lib.).. 21,553
2e circonscription.
Inscrits, ... — Votants, 22,372.
Vignat, maire (Officiel).............. 13,167
3e circonscription.
Inscrits, 31,789. — Votants 27,330.
Cocheris (Opp. lib.)................ 13,911

Lot.
1re circonscription.
J. Murat (Gouv. lib.)............... 32,320
2e circonscription.
Deltheil (Off.)...................... 23,472

Lot-et-Garonne.
1re circonscription.
Inscrits, 34,662. — Votants, 28,306.
Noubel (Off.)........................ 19,278
2e circonscription.
Inscrits, 35,437. — Votants, 30,321.
Vicomte de Richemont (Gouv. lib.).. 22,090
3e circonscription.
Inscrits, 35,203. — Votants, 28,921.
Dollfus (Off.)....................... 16,617

Lozère.
Inscrits, 40,068. — Votants, 32,408.
Chambrun (Opp. lib.)................ 18,027

Maine-et-Loire.
1re circonscription.
Inscrits, 42,430.
Segris (Gouv. lib.)........................ 22,010
2e circonscription.
Inscrits, 34,180.
Bergar (Off.)........................ 21,233
3e circonscription.
Inscrits, 33,865. — Votants, inconnus.
Louvet (Gouv. lib.)........................ 17,974
4e circonscription.
Inscrits, 41,101. — Votants, 30,560.
De Sivrac (Gouv. lib.)........................ 15,697

Manche.
1re circonscription.
Inscrits, 39,953. — Votants, 33,409.
Auvray (Gouv. lib.)........................ 23,364
2e circonscription.
Inscrits, 37,292. — Votants, 28,902.
De Piannes (Gouv. lib.)........................ 28,635
3e circonscription.
Inscrits, 37,292. — Votants, 29,022.
De Saint-Germain (Gouv. lib.)...... 28,492
4e circonscription.
Inscrits, 37,651.—Votants, 31,356.
Daru (Opp. lib.)........................ 16,086

Marne.
1re circonscription.
Inscrits, 36,520. — Votants, 31,413.
Baron de Goerg (Opp. lib.).......... 16,430
2e circonscription.
Inscrits, 27,513. — Votants, 23,857.
Perrier (Officiel)........................ 15,997
3e circonscription.
Inscrits, 27,513. — Votants, 23,857.
Werlé (Off.)........................ 18,699

Marne (Haute-).
1re circonscription.
Inscrits, 40,101. — Votants, 30,092.
De Lespérut (Opp. lib.)........................ 30,468
2e circonscription.
Inscrits, 37,314. — Votants, 32,252.
Steenackers (Opp. lib.)........................ 17,548

Mayenne.
1e circonscription.
Leclerc d'Osmonville........................ (élu).
2e circonscription.
Inscrits, 34,410.—Votants, 21,809.
Baron Mercier (Off.)........................ 20,949
3e circonscription.
Inscrits, 26,640. — Votants, 21,495.
M. de Pierres (Officiel)........................ 13,753

Meurthe.
1re circonscription.
Inscrits, 46,943. — Votants, 37,414.
Vicomte Drouot (Off.)........................ 19,447
2e circonscription.
Inscrits, 38,377. — Votants, 31,047.
Baron Buquet (Off.)........................ 15,457
3e circonscription.
Inscrits, 33,425. — Votants, 28,480.
Chevandier de Valdrôme (Opp. lib.). 27,683

Meuse.
1re circonscription.
Inscrits, 35,904. — Votants, 28,400.
Millon (Gouv. lib.)........................ 22,131
2e circonscription.
Inscrits, 35,904. — Votants, 28,400.
Baron de Benoist (Off.)........................ 19,605
3e circonscription.
Inscrits, 25,556. — Votants, 20,926.
Chadenet (Off.)........................ 16,633

Morbihan.
1re circonscription.
Inscrits, 40,193. — Votants, 29,728.
De la Monneraye (Gouv. lib.)........ 15,740
2e circonscription.
Inscrits, 35,640. — Votants, 24,679.
Dupuy de Lôme (Gouv. lib.)........ 20,627
3e circonscription.
Votants, 24,321.
De Champagny (Gouv. lib.)........ 23,514

Moselle.
1re circonscription.
Inscrits, 42,441. — Votants, 35,180.
De Bouteiller (Officiel)........................ 19,310
2e circonscription.
Inscrits, 39,829. — Votants, 30,039.
Liegeard (Officiel)........................ 26,647
3e circonscription.
Inscrits, 32,486. — Votants, 24,776.
Le Joindre (Gouv. lib.)........................ 23,361

Nièvre.
1re circonscription.
Inscrits, 32,722 — Votants, 17,107
De Boucaumont (Gouv. lib.)........ 17,007
2e circonscription.
Inscrits, 32,118. — Votants, 26,302.
De Bourgoing (Officiel)........................ 19,732
3e circonscription.
Inscrits, 30,988. — Votants, 24,562.
Le Peletier d'Aunay (Officiel)........ 16,009

Nord.
1re circonscription.
Inscrits, 39,038. — Votants, 27,463.
Plichon (Opp. libérale)........................ 27,10
2e circonscription.
Inscrits, 35,371. — Votants, 26,480.
Kolb-Bernard (Opp. libérale)........ 21,597
3e circonscription.
Inscrits, 34,296. — Votants, 26,309.
Des Rotours (Off.)........................ 22,282
4e circonscription.
Inscrits, 34,296. — Votants, 26,309.
Brame (Opp. libérale)........................ 26,145
5e circonscription.
Inscrits, 29,941. — Votants, 25,591.
Choque (Off.)........................ 13,289

6e circonscription.
Inscrits, 33,540. — Votants, 25,838.
Baudoin (Opp. lib.)........................ 14,439
7e circonscription.
Inscrits, 35,920. — Votants, 29,824.
Pinard (Gouv. lib.)........................ 17,617
8e circonscription.
Inscrits, 31,811. — Votants, 28,442.
Seydoux (Off.)........................ 15,969
9e circonscription.
Inscrits, 33,603. — Votants, 27,098.
Hamoir (Off.)........................ 18,440

Oise.
1re circonscription.
Inscrits, 38,314. — Votants, 32,318.
Duc de Mouchy (Off.)........................ 29,834
2e circonscription.
Inscrits, 35,531. — Votants, 19,198.
Vicomte de Plancy (Gouv. lib.)...... 17,805
3e circonscription.
Inscrits, 42,914. — Votants, 34,180.
Barillon (Gouv. lib.)........................ 20,806

Orne.
1re circonscription.
Inscrits, 31,894. — Votants, 23,516.
Grollier (Gouv. lib.)........................ 12,212
2e circonscription.
Inscrits, 27,633. — Votants, 22,584.
Dugué de la Fauconnerie (Gouv. lib.). 16,338
3e circonscription.
Inscrits, 35,770. — Votants, 19,949.
Gevelot (Opp. lib.)........................ 17,813
4e circonscription.
Inscrits, 27,827. — Votants, 24,819.
Baron de Mackau (Gouv. lib.)...... 15,825

Pas-de-Calais.
1re circonscription.
Inscrits, 42,510 — Votants, 35,845.
Sens (Off.)........................ 21,845
2e circonscription.
Inscrits, 30,627. — Votants, 32,072
Delebecque (Off.)........................ 24,542
3e circonscription.
Inscrits, 31,752. — Votants, 25,918
Pinart (Off.)........................ 14,578
4e circonscription.
Inscrits, 28,552. — Votants, 24,823.
Jourdain (Off.)........................ 15,779
5e circonscription.
Inscrits, 20,843. — Votants, 22,085.
Martel (Opp. lib.)........................ 22,248
6e circonscription.
Mathieu (Off.)........................ élu.

Puy-de-Dôme.
1re circonscription.
Inscrits, 32,851. — Votants, 23,311.
Mége (Gouv. lib.)........................ 19,973
2e circonscription.
Inscrits, 34,704. — Votants, 28,852.
Burin-Desroziers (Off.)........................ 16,144
3e circonscription.
Inscrits, 33,862. — Votants, 20,779.
Christophle (Off.)........................ 18,413
4e circonscription.
Inscrits, 37,040. — Votants, 28,364.
Du Miral (Off.)........................ 14,077
5e circonscription.
Inscrits, 29,465. — Votants, 25,773.
De Barante (Opp. lib.)........................ 13,085

Pyrénées (Basses-)
1re circonscription.
Inscrits, 39,418. — Votants, 32,763.
Gustave Fould (Opp. lib.)........... 18,641
2e circonscription.
Inscrits, 34,819. — Votants, 29,251.
Chesnelong (Gouv. lib.)........................ 19,330
3e circonscription.
Inscrits, 35,606. — Votants, 30,159.
Labat (Gouv. lib.)........................ 22,153

Pyrénées (Hautes-).
1re circonscription.
Inscrits, 34,483. — Votants, 27,951.
A. Fould (Off.)........................ 25,778
2e circonscription.
Inscrits, 32,346. — Votants, 27,616.
A. Jubinal (Officiel)........................ 17,224

Pyrénées-Orientales.
1re circonscription.
Inscrits, 27,494. — Votants, 21,712.
Justin Durand (Gouv. lib.)........... 13,094
2e circonscription.
Inscrits, 25,721. — Votants, 19,170.
Calmètes (Gouv. lib.)........................ 11,757

Rhin (Bas-).
1re circonscription.
Inscrits, 37,026. — Votants, 29,337
De Bussierre (Off.)........................ 16,689
2e circonscription.
Inscrits, 39,243. — Votants, 30,373.
Couleaux (Off.)........................ 24,197
3e circonscription.
Votants, 29,000.
Bulach (Off.)........................ 22,419
4e circonscription.
Inscrits, 35,818. — Votants, 29,597.
De Leusse (Gouv. lib.)........................ 18,966

Rhin (Haut-).
1re circonscription.
Inscrits, 37,887. — Votants, 29,892.
Léon Lefebure (Gouv. lib.)........... 18,243
2e circonscription.
Inscrits, 29,465. — Votants, 22,088.
Taschard (Oppos. dém.)........................ 15,291
3e circonscription.
Inscrits, 33,212. — Votants, 27,420)
Viellard-Migeon (Opp. lib.)........ 14,321
4e circonscription.
Inscrits, 30,544. — Votants, 24,829.
Keller (Opp. lib.)........................ 15,068

Rhône.
1re circonscription.
Inscrits, 42,136. — Votants, 30,943.
Raspail (Opp. radic.)........................ 16,585
2e circonscription.
Inscrles, 40,220. — Votants, 29,495.
Bancel (Opp. radic.)........................ 16,953
3e circonscription.
Inscrits, 32,641. — Votants, 24,860
Perras (Off.)........................ 14,636
4e circonscription.
Inscrits, 24,844. — Votants, 18,705.
Laurent Descours (Off.)........................ 11,440
5e circonscription.
Inscrits, 38,493. — Votants, 29,075.
Terme (Gouv. lib.)........................ 20,479

Saône (Haute-).
1re circonscription.
Inscrits, 31,041. — Votants, 21,846.
Marquis d'Andelarre (Opp. lib.)...... 18,653
2e circonscription.
Inscrits, 38,425. — Votants, 31,441.
Marquis de Grammont (Opp. lib.)... 17,045
3e circonscription.
Inscrits, 24,012. — Votants, 21,581.
Baron de Gourgaud (Off.)........... 10,394

Saône-et-Loire.
1re circonscription.
Inscrits, 38,609. — Votants, 30,965.
Schneider (Gouv. lib.)........................ 19,130
2e circonscription.
Inscrits, 36,936. — Votants, 28,911.
Chagot (Gouv. lib.)........................ 14,491
3e circonscription.
Inscrits, 29,783. — Votants, 22,934.
Albert Huet (Off.)........................ 17,031
4e circonscription.
Inscrits, 33,377. — Votants, 23,669.
Bouteiller (Gouv. lib.)........................ 16,346
5e circonscription.
Inscrits, 30,203. — Votants, 21,899.
Lacroix (Gouv. lib.)........................ 12,998

Sarthe.
1re circonscription.
Inscrits, 34,603. — Votants, 29,885.
Haentjens (Gouv. lib.)........................ 18,700
2e circonscription.
Inscrits, 34,987. — Votants, 29,854.
Leret d'Aubigny (Off.)........................ 17,134
3e circonscription.
Inscrits, [illegible],330. Votants, 22,510.
Prince de Beauvau (Gouv. lib.)...... 12,130
4e circonscription.
Inscrits, 33,118. — Votants, 26,452.
Marquis de Talhouet (Opp. lib.)..... 23,947

Savoie.
1re circonscription.
Inscrits, 34,467. — Votants, 28,462.
De Boigne (Off.)........................ 20,642
2e circonscription.
Berard (Gouv. lib.)........................ 21,829

Savoie (Haute-).
1re circonscription.
Inscrits, 38,389. — Votants, 28,441.
Pissard (Gouv. lib.)........................ 17,262
2e circonscription.
Inscrits, 35,990. — Votants, 26,897.
D'Yvoire (Opp. lib.)........................ 13,798

Seine.
1re circonscription.
Gambetta (Opp. rad.)........................ 21,734
2e circonscription.
Thiers (Opp. lib.)........................ 15,909
3e circonscription.
Bancel (Opp. rad.)........................ 22,848
4e circonscription.
Ernest Picard (Opp. dém.)........... 24,444
5e circonscription.
Garnier-Pagès (Opp. dém.)........... 19,481
6e circonscription.
Jules Ferry (Opp. dém.)........................ 15,729
7e circonscription.
Jules Favre (Opp. dém.)........................ 18,316
8e circonscription.
Jules Simon (Opp. dém.)........................ 30,305
9e circonscription.
Pelletan (Opp. rad.)........................ 23,410

Seine-Inférieure.
1re circonscription.
Inscrits, 27,631. — Votants, 23,522.
Desseaux (Opp. dém.)........................ 11,936
2e circonscription.
Inscrits, 34,925. — Votants, 25,473.
Quesné (Off.)........................ 13,887
3e circonscription.
Inscrits, 34,392. — Votants, 23,545.
Corneille (Off.)........................ 22,417
4e circonscription.
Votants, 26,746.
Estancelin (Opp. lib.)........................ 14,486
5e circonscription.
Inscrits, 33,128. — Votants, 26,837.
Buisson (Gouv. lib.)........................ 13,925
6e circonscription.
Inscrits, 36,833. — Votants, 27,699.
Lecesne (Opp. dém.)........................ 15,788

Seine-et-Marne.
1re circonscription.
Inscrits, 35,720. — Votants, 31,130.
Choiseul-Praslin (Opp. lib.)........ 17,620
2e circonscription.
Votants, 26,746.
Paul de Jouvencel (Opp. dém.)...... 10,454
3e circonscription.
Inscrits, 31,621. — Votants, 28,175.
Josseau (Gouv. lib.)........................ 14,806

Seine-et-Oise.
1re circonscription.
Inscrits, 40,809. — Votants, 31,749.
Barthélemy Saint-Hilaire (Opp. lib.). 18,544
2e circonscription.
Inscrits, 37,530. — Votants, 31,783.
Darblay (Off.)........................ 16,843
3e circonscription.
Inscrits, 34,751. — Votants, ...
Lefebvre-Pontalis (Opp. lib.)........ 15,562
4e circonscription.
Inscrits, 34,966. — Votants, 28,167.
Maurice Richard (Opp. lib.)........ 16,713

Sèvres (Deux-).
1re circonscription.
Inscrits, 37,413. — Votants, 29,907.
Ferdinand David (Off.)........................ 21,683
2e circonscription.
Inscrits, 32,002. — Votants, 27,436.
Lasnonnier (Off.)........................ 16,443
3e circonscription.
Inscrits, 31,470. — Votants, 27,268.
Charles Le Roux (Off.)........................ 15,225

Somme.
1re circonscription.
Inscrits, 43,902. — Votants, 35,860.
Cosserat (Off.)........................ 18,490
2e circonscription.
Inscrits, 29,179. — Votants, 23,846.
Sénéca (Off.)........................ 17,533
3e circonscription.
Inscrits, 31,723. — Votants, 19,916.
D'Estourmel (Opp. lib.)........................ 17,943
4e circonscription.
Inscrits, 28,022. — Votants, 23,095.
Baron de Fourment (Off.)........... 17,943
5e circonscription.
Inscrits, 33,556. — Votants, 30,183.
Comte d'Hesecques (Opp. lib.)...... 16,911

Tarn.
1re circonscription.
Inscrits, 38,965. — Votants, 30,008.
Baron Gorsse (Opp. lib.)........... 17,258
2e circonscription.
Inscrits, 37,098. — Votants, 30,105.
Baron Reille (Gouv. lib.)........... 15,451
3e circonscription.
Inscrits, 34,092. — Votants, 27,584.
Deguilhon-Pujol (Off.)........................ 13,048

Tarn-et-Garonne.
1re circonscription.
Inscrits, 38,902. — Votants, 32,693.
Prax-Paris (Gouv. lib.)........................ 24,527
2e circonscription.
Inscrits, 34,983. — Votants, 29,221.
Belmontet (Off.)........................ 18,619

Var.
1re circonscription.
Inscrits, 37,830. — Votants, 25,523.
Emile Ollivier (Opp. lib.)........... 16,583
2e circonscription.
Inscrits, 52,087. — Votants, 34,093.
Pons-Peyruc (Gouv. lib.)........... 19,108

Vaucluse.
1re circonscription.
Inscrits : 41,114. — Votants : 29,834.
Pamard (Off.)........................ 17,139
2e circonscription.
Inscrits : 43,522. — Votants : 33,324.
Millet (Off.)........................ 17,542

Vendée.
1re circonscription.
Inscrits, 35,259. — Votants, 21,518.
Marquis de Sainte-Hermine (Off.).... 11,419
2e circonscription.
Inscrits, 41,701. — Votants, 32,410.
Alfred Le Roux (Gouv. lib.)........ 24,829
3e circonscription.
Inscrits, 32,207. — Votants, 26,569.
De la Poëze (Off.)........................ 15,739

Vienne.
1re circonscription.
Inscrits, 33,364. — Votants, 25,062.
De Beauchamp (Off.)........................ 18,856
2e circonscription.
Inscrits, 33,221. — Votants, 21,716.
De Soubeyran (Off.)........................ 20,008
3e circonscription.
Inscrits, 26,492. — Votants, 20,268.
Bourbeau (Gouv. lib.)........................ 12,477

Vienne (Haute-).
1re circonscription.
Inscrits, 48,718. — Votants, 31,797.
Noualhier (Off.)........................ 16,145
2e circonscription.
Inscrits, 37,661. — Votants, 25,846.
Calley Saint-Paul (Gouv. lib.)...... 15,859

Vosges.
1re circonscription.
Inscrits, 42,779. — Votants, 25,633.
Buffet (Opp. lib.)........................ 23,032
2e circonscription.
Votants, 31,390. — Inscrits, 36,263.
Dommartin (Opp. lib.)........................ 20,020
3e circonscription.
Inscrits, 38,571. — Votants, 31,404.
Gellot (Gouv. lib.)........................ 16,295

Yonne.
1re circonscription.
Rampont (Opp. lib)........................ 17,829
2e circonscription.
Inscrits, 36,038. — Votants, 31,852.
Javal (Opp. lib.)........................ 19,278
3e circonscription.
Inscrits, 36,005. — Votants, 29,496.
Eugène Lecomte (Off.)........................ 18,152

Paris. — Typ. Jaunin, quai Voltaire, 13.

BIBLIOGRAPHIE

I

Les documents tirés des ARCHIVES NATIONALES et du MINISTÈRE DE LA JUSTICE se trouvent résumés et analysés dans les premiers chapitres du volume :
Sur l'état de la France à la veille du coup d'Etat, v. page 21-28 ; — Sur le coup d'Etat, p. 28-81 ; — Sur le plébiscite et le rétablissement de l'Empire, v. p. 83-95 ; — Sur la proscription, p. 97-148 ; — Sur la reconstitution des groupements républicains après le coup d'Etat, p. 148-166 ; — Sur les procès et les conspirations jusqu'en 1859, v. p. 196-262.
Nous avons pu citer exceptionnellement quelques rapports de 1869, v. p. 567, 594, 695.
Les documents tirés des Archives nationales appartiennent à la cote F ; ceux du Ministère de la Justice à la cote P.
Ces derniers sont transférés en ce moment aux Archives nationales.

II

Pour les brochures et les imprimés, il faut voir le *Catalogue de l'histoire de France*, à la Bibliothèque nationale, Lb 52-56.
STAMMHAMMER. — *Bibliographie des Socialismus und communismus*, T. I 1893; T. II 1900 (Iéna).
Le *Répertoire méthodique de l'histoire moderne et contemporaine de la France* (depuis la fin de 1898).
La bibliographie, dans Georges Weill :
— Le *Parti républicain de 1814 à 1870*, Alcan, du même auteur.
— *Histoire du Mouvement social en France*, 1905.

III

Pour les Journaux et les Périodiques à consulter, v. chapitre XIV, p. 506 et suiv. de notre volume avec leur analyse. Il faut y ajouter : le *Siècle*, la *Presse*, la *Liberté*, le *Courrier du Dimanche*, le *Courrier de Paris*, la *Réforme*, le *Nain jaune*, l'*Avenir national*.

Pour la presse du *quartier Latin*, v. chapitre VIII, p. 339 et suiv.

Parmi les autres publications périodiques, il faut consulter : l'*Almanach de l'Internationale*, 1870 ; l'*Almanach démocratique*, 1870 ; l'*Almanach de la coopération*, 1867-1870 ; l'*Almanach de l'encyclopédie générale*, 1868 ; la *Lanterne*, le *Diable à Quatre*, 1868-1870.

Parmi les journaux étrangers en dehors du *Proscrit* (à Londres et à Jersey) ; du *Confédéré* (de Fribourg) ; de la *Nation* (à Bruxelles), je signale le *Journal de Genève*, dont les correspondances parisiennes sont très riches en renseignements ; l'*Indépendance belge* (Bruxelles) ; la *Cigale* ; l'*Espiègle* (Belgique) ; l'*Egalité* (Genève) ; la *Cloche*, dirigée par Herzen, publiée à Londres ; *Rationaliste* (Genève) ; la *Libre Recherche* (Bruxelles).

Journal de l'Association internationale des Travailleurs, 1866-1868.

Association, Bulletin international des Sociétés coopératives (Bruxelles).

Association internationale pour le progrès des sciences, 1862-1866 (Bruxelles).

Ces derniers particulièrement pour la fin du second Empire.

Pour les congrès de l'Internationale et de la Ligue de la Paix, il faut surtout consulter le *Courrier Français*, de Vermorel, et les remarquables correspondances du *Journal des Débats* 1866-1870.

Les manuscrits de Blanqui contiennent également des extraits des journaux relatifs à l'Internationale et au procès de la Renaissance. — (Nouvelles acquisitions françaises. Archives de la Bibliothèque nationale 9559).

La *Gazette des Tribunaux* ; *Les Tribunaux*, journal judiciaire et littéraire rédigé par le jeune barreau, à partir de 1861, contiennent des renseignements très importants sur les procès et les sociétés dites secrètes.

IV

Pour les travaux d'ensemble.

Taxile Delord, *Histoire du second Empire*, 6 vol. (n'est plus au courant); de la Gorce (conçu dans un esprit violemment conservateur).

J. Claretie, *Histoire de la Révolution de 1870*, 1875.

— *Les Murailles politiques de la France pendant la Révolution*, 1880.

Le dernier des Napoléon, 1874. Librairie Lacroix.

Un Anglais à Paris, notes et souvenirs, t. II, 1894. Librairie Plon.

Dix ans d'impérialisme (traduit de l'anglais), 1861.

Émile Bourgeois, *Manuel historique de la politique extérieure*, 1905.

Seignobos, l'*Histoire politique de l'Europe contemporaine*, 2ᵉ édition.

G. Weill, *Le parti républicain en France de 1814 à 1870*, 1900.

— *Le mouvement social*, 1905.

Darimon, *Histoire d'un parti*.

— *Les Cinq sous l'Empire*, 1885.

— *L'Opposition libérale sous l'Empire*, 1886.

— *Le Tiers parti sous l'Empire*, 1887.

— *Les irréconciliables sous l'Empire*, 1888.

— *Cent seize et le ministère du 2 janvier*, 1889.

Henri Doniol, *De 1815 à 1900*, 1901.

A consulter, en outre :

Tchernoff, *Le parti républicain sous la Monarchie de Juillet*, 1901.

— *Associations et sociétés secrètes sous la deuxième République*, 1905.

Jules Richard, *Comment on a restauré l'Empire*, 1884.

H. Magen, *Histoire de la terreur bonapartiste*, 1852.

Claris, *Les proscrits français en Suisse*, 1871-1872 (Genève).

Saint-Ferréol, *Les proscrits français en Belgique ou la Belgique contemporaine vue à travers l'exil*, 1870.

— *Impressions d'exil à Genève*.

Charles Hugo, *Les Hommes d'exil*, 1889.

Wauwermans, *Les Proscrits du coup d'Etat en Belgique*, 1890.

HERZEN, *Le Monde russe et la Révolution*, 1861.
E. TÉNOT et Antonin DUBOST, *Les suspects de 1858-1869.*
TÉNOT, *Paris en décembre. — La Province*, 1868.
L. GRÉNIER, *Le Quartier Latin*, 1860.
A. GOURNOT, *Essai sur la jeunesse contemporaine*, 1863.
Paul AVENEL, *Les étudiants de Paris*, 1857.
RANC, *Sous l'Empire ; Une évasion de Lambèse*, 1877.
Emile COURET, *Le Pavillon des Princes-Sainte-Pélagie.*
MÉZIÈRES, *La Société française*, 1869.
Émile OLLIVIER, *Le 19 janvier 1865.*
Pour les ÉLECTIONS, il faut surtout consulter les journaux de l'époque.
Voici quelques brochures, les plus importantes, relatives à la matière :
d'ALTON-SHÉE, *Légitimistes, orléanistes, républicains*, 1863.
PRÉVOST-PARADOL, *Les anciens partis*, 1860.
Arthur ARNOULD, *Une campagne à la Marseillaise*, 1870.
PRÉVOST-PARADOL, *Élections de 1863-1884.*
TOLAIN, *Quelques vérités sur les élections de Paris*, 1864.
Georges LEBAS, *Histoire de la ville de Dieppe de 1830 à 1875.*
Charles STAEHLING, *Histoire contemporaine de Strasbourg et de l'Alsace.*
Ed. DURAND, *Souvenir d'une vieille barbe*, 1892 (Lille).
E. SORIN, *La vie politique en province.*

CORRESPONDANCES, MÉMOIRES, SOUVENIRS.

M⁰ᵉ ADAM, *Mes premières armes,* 1904.
BAKOUNINE, *Correspondance*, 1896.
BÉRANGER, *Correspondance*, 1860 (4 vol.).
BOICHOT, *Souvenir d'un prisonnier d'État*, 1854-59.
CAUBET, *Souvenirs*, 1860 à 1869.
CHASSIN, *Félicien ou Souvenir d'un étudiant*, 1904.
Henri BAUER, *Mémoires d'un jeune homme*, 1895.
CLAMAGERAN, *Correspondance*, 1906.
S. COMMISSAIRE, *Mémoires et Souvenirs*, 1888.
Mémoires du général Cluseret, t. III. *La fin de l'Empire*, 1888.
ETEX, *Souvenirs d'un Artiste*, 1877.
HERZEN, *Les Mémoires posthumes* (en russe).
KROPOTKINE, *Autour d'une vie*, 1902 (in-12).
LAMENNAIS, *Correspondance*, 1858 (2 vol.).

Jean LAROQUE, *Souvenirs révolutionnaires*, 1888.
Gustave LEFRANÇAIS, *Souvenirs d'un révolutionnaire*, Bruxelles.
Rapport de MAUPAS. Papiers secrets et correspondances du second Empire (réimpression de 1871).
Mme de MEYSENBUG, *Mémoires d'un idéaliste*, avec préface de G. Monod.
MARTIN-NADAUD, *Mémoires de Léonard*, 1895.
PROUDHON, *Correspondance*, 1874-1875 (14 vol.).
Edgar QUINET, *Lettres d'exil*, 1884-1886 (4 vol.).
Mme Edgar QUINET, *Mémoires d'exil*, 1868-1870.
Joseph REINACH, *Quelques lettres à Alphonse Peyrat*, Paris, Fasquelle, 1903.
H. ROCHEFORT, *Les Aventures de ma vie*.
George SAND, *Correspondance*, 1882-1884 (6 vol.).
SCHEURER-KESTNER, *Souvenirs de Jeunesse*, 1905.
Jules SIMON, *Souvenir du 4 Septembre 1874*.
Papiers et correspondances de la famille impériale, 1871.

V. — Biographies.

ALLOU et CHENU, *Les grands avocats du siècle*, 1894.
MAURICE JOLY, *Le Barreau de Paris*, 1863.
AMBERT, *Portraits républicains*, 1870.
Philibert AUDEBRAND, *Nos révolutionnaires*, 1886.
Jules CLÈRE, *Les Hommes de la Commune*, 1872.
LOUDUN, *Les derniers orateurs*, 1855.
PINARD, *Le Barreau au XIXe siècle*, 1864-1865.
SPULLER, *Figures disparues*, 1905.
NETTLAU, *Michel Bakunin* (en allemand. Ouvrage autographié à 50 exemplaires ; il y en a un à la bibliothèque du Musée social. A voir aussi pour la période suivante).
BARBOU, *Louis Blanc*, 1880.
J. TCHERNOFF, *Louis Blanc*, 1904.
Gustave GEFFROY, *L'Enfermé*, Blanqui.
Charles BIGOT, *Eugène Despois*, 1898.
H. FAZY, *James Fazy*, 1887, Genève.
Jules FAVRE, *Henri Beloal*, 1880 (autobiographie).
Alfred BARBOU, *Gambetta*.
LAVERTUJON, *Gambetta inédit*, 1905.
TOURNIER, *Gambetta*, 2e édition, Neucastel. *Gambetta*.

Joseph REINACH, *Le premier plaidoyer politique de Gambetta* (grande Revue, mars 1899).
GAMBETTA, *Publications de la société Gambetta*, 1905.
Joseph REINACH, *Léon Gambetta*.
BERTHELOT, *F. Hérold*, 1882.
COURMEAUX, *Ledru-Rollin*, 1885.
CHEREST, *La vie et les œuvres de Marie*, 1873.
SAINT-MARTIN, *Raspail*, 1878.
Léon SÉCHÉ, *Jules Simon*, 1887.
Laurent MARTIN, *A. Thiers*, sans date.
FAILLET, *Biographie de Varlin*.
L. MICKIEWICZ, *Adam Mickiewicz*, 2ᵉ édition, 1888.
Mᵐᵉ VENTURI, *Mazzini*, 1881.
VERMOREL, *Biographie contemporaine, Jules Simon*, 1870.
Charles PROLÈS, *Les Hommes de la Révolution de 1871, Raoul Rigault*, 1898; *G. Flourens*.
Elie SORIN, *Jules Grévy*, 1873 (bibliothèque démocratique).
ODYSSE-BAROT, *Emile de Girardin*, 1866 (collection Michel-Lévy).
Augustin COCHIN, *Abraham Lincoln*, 1869 (bibliothèque libérale).

VI. — Discours.

Jules FAVRE, *Discours parlementaires*, 1881 (2 vol.).
Jules FERRY, *Œuvres et discours*.
GAMBETTA, *Discours et plaidoyers politiques*, 1881.
Jules GRÉVY, *Discours politiques et judiciaires*, 1888 (2 vol.).
Ernest PICARD, *Discours parlementaires*, 1886-1890.

VII. — Mouvement des idées.

J. BARNI, *La morale dans la démocratie*, 1885.
Fr. MORIN, *Les idées du temps présent*.
RENOUVIER, *Science de la morale* (2 vol.), 1869.
VACHEROT, *Démocratie*, 1860.
Louis BLANC, *Questions d'aujourd'hui et de demain*.
BOYSSET, *Catéchisme du XIXᵉ siècle*, 1868.
Victor GUICHARD, *La liberté de penser*, 1869.
Ernest HENDLÉ, *La séparation de l'Eglise et de l'Etat*, 1868.
HERZEN, *Du développement des idées révolutionnaires*, 1853, Londres.

Emile Ollivier, *Démocratie et Liberté*, 1867.
Prévost-Paradol, *La France nouvelle*, 1869.
Jules Simon, *Mignet, Michelet, Henri Martin*, 1889.
— *La politique radicale*, 1868.
Corbon, *Le Secret du peuple de Paris*.
Huet, *Histoire de la vie et des ouvrages de Bordas-Desmoulin*, 1861.
Poirier, *Le Sens commun*, 1894.
Dupanloup, *L'Athéisme et le péril social*, 1866.
Morale indépendante (revue), 1865-1868, dirigée par Massol.
La Philosophie positiviste, par Littré et Wyrouboff.
L'Année philosophique, publiée par Pillon, 1868-1870.
Sur les idées sociales et l'Internationale :
Bénard, *Le socialisme d'hier et d'aujourd'hui*, 1870.
Bourdeau, *L'évolution du socialisme*, 1901.
Faure et Fontaine, *Le peuple et la place publique*, 1869.
Fournière, *Les théories socialistes au XIXe siècle, de Babeuf à Proudhon*, 1904, in-8 (Paris, F. Alcan).
Eugène d'Eichtal, *Socialisme, communisme et collectivisme*, 2e édition, 1901.
Levasseur, *Histoire des classes ouvrières et de l'industrie en France, de 1789 à 1870*, 2e édit., 1904.
Paul Louis, *Histoire du socialisme français*, 1901.
Molinari, *Le Mouvement socialiste*, 1869.
Procès de l'Association internationale des Travailleurs, 216 pages, in-16, 1870.
Troisième procès de l'Association internationale, 1870.
Fribourg, *l'Association internationale des Travailleurs*.
Golovine, *l'Internationale*, 1872.
Gueroult, *Les Théories de l'Internationale*, 1872.
J. Guillaume, *L'Internationale*, 1906.
Limousin, *Journal des Economistes*, avril 1875.
P. Rech, *Die internationale 1886*, Leipzig.
Paul Strauss, *Le Parti socialiste*, Temps, 24 avril 5 mai 1884.
Testu, *Le Livre bleu de l'Internationale*, 1871,
Tolain, *Discours à l'Assemblée nationale le 4 mars 1872*.
Villetard, *Histoire de la Commune*.
Ch. Andler, *Le manifeste communiste*, 1901.
Bakounine, *Association Internationale* (en russe), 1866.
L'Alliance de la Démocratie socialiste, 1873, Londres.
Proudhon. *Œuvres 1868-1876*, 33 vol. in-12.

Pour le résumé et la bibliographie des écrits de Proudhon,
v. H. Bourgin.
1902, in-8.
BLANQUI, *Critique sociale*, 1885, 2 vol. in-12.
J.-A. LANGLOIS, *L'Homme et la Révolution*, 1867.
TRIDON, *Œuvres diverses*, Paris, 1891.
Paul BROUSSE, *Le suffrage universel et le problème de la souveraineté du peuple*, Genève, 1874, in-12.
— *Le Marxisme dans l'Internationale*, 1882, in-12.
— *La propriété collective et les services publics*, 1883, in-12.
COMPAGNON, *Les classes laborieuses*, 1858, in-12.
HÉLIGON, *Le mouvement ouvrier de 1848 à 1870* (discours à la loge des Trinosophes de Bercy, 1880, in-18.
ALBERT, *Réunions publiques*, 1869.
VITU, *Réunions publiques*, 1869.
Commission ouvrière de 1867 : Recueil des procès-verbaux des Assemblées générales des délégués et des membres des bureaux électoraux, 1868-1869, 2 vol.
VERMOREL, *Le Parti socialiste*, 1870.
Camille PELLETAN, *Le Comité central de la Commune*, 1894.

INDEX ALPHABÉTIQUE
DES NOMS CITÉS

Abac, 436.
About (Ed.), 312, 343, 346, 353.
Abram (Benjamin), 325, 412, 413, 533, 607.
Accolas, 337, 467, 470, 471, 472.
Adam (Juliette), 195, 321.
Adam (Ed.), 436.
Agoult (Mme d'), 216, 217.
Agrenier, 550.
Alavoine, 131, 231, 233.
Albert, 102, 106, 242, 496.
Albiot, 207, 208, 209.
Alcan, 127.
Alembert (d'), 302, 318.
Alfieri, 341.
Alglave, 352.
Alibaud, 255.
Aline, 51.
Allain-Targé, 437.
Allard, 320.
Allard (Carle), 489.
Allemand, 26.
Allou, 279, 335.
Alte, 26.
Alton-Shée (d'), 397, 537, 539, 546.
Amat, 221.
Amiel, 270.
Amot, 412.
Amouroux, 337, 501.
Ancel, 552.
Andasse (L.), 341.

Andler (Ch.), 443.
André (G^{al}), 300.
Andrieu, 437.
Andrieux, 324, 411, 606.
Andryane (A.), 191.
Anglade, 26.
Angot, 233.
Ansel, 489.
Anthelmy, 412.
Antoine, 26.
Antony, 72.
Arago (Em.), 278, 394, 417, 531, 548, 549, 561, 562, 605.
Arago (Et.), 97, 117, 119, 143, 144, 214, 336, 344, 372, 409, 582, 602.
Arago (F.), 223.
Arène (Paul), 518.
Arlès-Dufour, 192, 445, 468.
Arnaud (de l'Ariège), 41, 270, 305, 434, 552.
Arney, 112.
Arnould, 171, 255, 337, 341, 437, 518.
Asseline, 310, 314, 364, 507.
Assi, 489.
Assolant, 219, 327, 396, 513.
Attibert (F.), 97, 100, 106.
Aubray, 607.
Aubry, 482, 485, 537, 584.
Aubry (M.), 553.
Aubry (V.), 401.

Aubry (de Rouen), 462, 480, 537.
Auclerc (J.), 77.
Audiffred-Pasquier (Duc), 435.
Audiffrend, 189, 301.
Audiganne, 401.
Audouard (Olympe), 328.
Augeard, 26.
Aulard, 40, 166, 361.
Aulnoy, 97
Aumale (Duc d'), 430, 431.
Aussage (Jean, dit Périne), 75.
Autran, 26.
Avenel, 546.
Avenel (G.), 289, 348.
Avenel (P.), 339.
Avrial, 486, 489, 490.
Avril, 112.

Babaud-Laribière, 535, 553.
Babeuf, 499.
Bac, 72.
Bac (Th.), 410.
Bachelery, 501.
Bailly, 501.
Bakounine, 440, 454, 477, 478, 479, 480, 481, 482, 491, 598.
Baluche, 241.
Balzac, 344, 350.
Bancel, 72, 119, 289, 315, 324, 325, 327, 409, 437, 532, 537, 538, 539, 540, 550, 551, 554, 561, 563.
Bandsept, 72.
Barbès, 37, 64, 102, 106, 107, 108, 109, 117, 123, 129, 135, 191, 241, 247, 307, 338, 344, 427, 533.
Blanc (Louis), 15, 37, 64, 114, 125, 129, 130, 132, 145, 147, 153, 192, 231, 253, 272, 290, 343, 440, 441, 442, 468, 494, 512, 517, 590, 597.
Blanqui, 37, 106, 107, 108, 109, 131, 143, 154, 188, 190, 191, 192, 229, 233, 249, 254, 286, 289, 315, 336, 337, 338, 346, 347, 356, 358, 367, 370, 371, 383, 407, 421, 566, 579, 580, 582, 594, 598, 599.
Barbier, 38.
Barbier (A.), 219, 468.
Barckhausen, 413.
Barellot, 340.
Barnave, 168.
Barni, 143, 186, 187, 219, 289, 294, 295, 314, 437, 468.
Baroche, 529.
Barrier, 400.
Barrot, 278, 435.
Barthélemy, 132, 542.
Barthélemy-Saint-Hilaire, 430, 560.
Basset, 26.
Bastelica, 412, 480, 482, 537.
Bastide, 218, 229, 232, 270, 318, 394.
Bastien, 472.
Baudin, 37, 143, 191, 335, 369, 380, 495, 526, 527, 529, 531, 532, 542, 552, 569.
Baudin (G.), 539.
Baudy, 233.
Baume (A.), 437.
Baune, 72, 119.
Baury, 586.
Bayle, 288, 535.
Bazard, 111, 308, 359.
Baze, 535, 555.
Bazin, 358, 579.
Bealess, 456.
Beaucard, 226.
Beaufour, 260.
Beaumarchais, 288.
Béchet (J.), 412.
Becquet (L.), 545.
Bédarride (A.), 607.
Bédarride (D.), 221, 412.
Beesley, 448.
Belan, 550.

INDEX ALPHABÉTIQUE. 649

Belgrand, 26.
Belin (Drôme), 72.
Bellamy, 472.
Bellemare, 104, 233, 246.
Beluze, 196, 434.
Belval (H.), 278.
Bénard, 293.
Bénard, 496, 497, 499.
Benazé, 271.
Benoist, 239.
Benoit-Malon, 437, 440, 460, 462, 474, 479, 480, 489.
Benoît (Rhône), 72, 191.
Béranger, 151, 223, 371.
Bernard (Cl.), 294.
Bernard (M.), 551.
Berru (Camille), 118.
Berryer, 116, 379, 395, 396, 398, 417, 427, 432, 531.
Bersot, 186, 266.
Berthé (J.), 225.
Berthelon, 556.
Berthelot, 40, 216, 294.
Bertholon, 72.
Bertholon, 553.
Bertillon, 301.
Bertin, 489.
Bès, 550.
Besançon (G^{al} de), 112.
Beslay (Ch.), 271, 393, 406, 494.
Besse, 72.
Bethmont, 270, 281, 535, 560.
Bianchi, 131, 137, 231, 244.
Biccio (Th.), 341.
Bigot (Ch.), 220.
Billault, 269, 376.
Bizos, 361.
Blanc (J.-J.), 183, 383, 406, 407.
Blatin, 349.
Blignières (C. de), 151, 188, 301.
Blot (E.), 452.
Bocquet, 449.
Bœrsch (Ch.), 559.
Bœrsch (J.-J.), 260.

Boichot, 97, 106, 108, 109, 112, 117, 131, 139, 140, 235, 236, 251.
Boinet (Mme), 140.
Boisjoilin, 345.
Boiteux, 371.
Bonald, 353.
Bonaparte (Louis), 8, 13, 14, 17, 26, 29, 30, 31, 32, 33, 34, 39, 43, 46, 47, 48, 50, 56, 65, 68, 80, 89, 90, 94, 110, 112, 121, 151, 161, 181, 198, 202, 206, 523.
Bonaparte (Pierre), 259, 583.
Bondy (de Lyon), 462.
Boniface, 307.
Bonnard, 26.
Bonnefoy-Sibour, 548.
Bonnet, 26.
Borain, 137.
Bordage, 458.
Bordas-Demoulin, 306.
Bordillon, 278.
Bory, 412, 417.
Bouchet, 415, 437, 556.
Boudoneau (E,), 75.
Bouet (Jean, dit Jeannet), 74.
Bouquin Jean, 75.
Boudilh, 221.
Bourdeau, 441.
Bourdon, 462, 474.
Bourgeois, 456.
Bourgeois (Emile), 594.
Bourgin, 172.
Bourzat, 72.
Bourzat, 119.
Boutoile (A.), 414.
Boutteville, 219, 301, 314, 337, 437, 512.
Bouvier, 320.
Bouzin, 26.
Boyer, 412.
Boyer, 489.
Boysset, 72.
Boysset (Ch.), 437, 512, 553.

INDEX ALPHABÉTIQUE

Bratiano, 232, 233.
Bray, 372.
Brémond, 412.
Bresse (ou Bressi), 26.
Briard, 137.
Bricon, 26, 586.
Brideau, 599.
Briosne, 255, 498, 499, 505, 519, 537, 563, 585.
Brismée, 362.
Brisson (Henri), 186, 289, 306, 308, 309, 310, 323, 327, 337, 340, 365, 428, 429, 468, 502, 508, 537, 539, 540, 541, 544, 554, 583.
Brisson, 537.
Brives, 72.
Broca, 301.
Brochier, 324, 412.
Broglie (Albert de), 398, 435, 552, 555.
Broussin, 233.
Brun, 437.
Brun (Ch.), 437.
Brunel, 243.
Bruys, 72.
Bryas (de), 85.
Buchez, 318, 359.
Buchez (Lieut), 63, 270, 304.
Buchner, 129, 294, 314, 466.
Budaille, 496, 502.
Buette, 372.
Buffet, 335.
Buisson (Ferd.), 143, 306, 307, 312, 385, 460, 484.
Brillier, 552.
Buonarroti, 131, 191.
Burgard, 72.
Bussière (A. de), 558, 559.
Buyat, 411.

Cabassud, 412.
Cabet, 86, 132, 195, 196, 231, 434.
Cahaigne (J.), 130.
Cail, 372, 406.

Calary (Raoul), 293.
Callay, 235.
Calmon, 553.
Cambon, 547.
Camélinat, 460, 462, 472.
Candellé, 535.
Canrobert, 45.
Cantagrel, 195, 400, 512, 519, 539.
Cardon, 87.
Caritte, 371.
Carnot (Ad.), 154.
Carnot, 37, 127, 187, 192, 196, 216, 229, 259, 270, 272, 276, 280, 307, 318, 336, 393, 394, 402, 406, 417, 421, 432, 467, 468, 537, 538, 539, 542, 554, 561.
Caron, 233.
Carpezza (Ch.), 225, 249.
Carré (E.), 342, 343, 345.
Carrel (Armand), 224.
Cartier, 26.
Casimir-Perier (J.), 431, 589.
Casimir-Perier, 395, 397, 404, 431, 434, 435, 530, 554, 555, 589.
Cassagnac (G. de), 44, 45, 192.
Cassal, 72.
Casse, 315, 337, 345, 354, 489, 498.
Castagnarey, 171, 301, 327.
Castellane (G^{al} de), 111.
Castille (H.), 581.
Catalani, 477.
Caubet, 308, 321, 322.
Caussidière, 37, 139, 343.
Cauzard, 498.
Cavaignac (Eug.), 127, 144, 152, 161, 223, 259, 270, 276, 320, 359, 396, 552.
Cavaignac (Godfroy), 278, 528.
Cavallier, 518.
Cavour, 343.
Cazavan, 552.
Cazot, 417, 548.
Cernuschi, 591.
Cézanne, 412.

Chabrier, 413, 533, 607.
Chaix, 552.
Chalain, 489, 490.
Challemel-Lacour, 118, 123, 344, 376, 431, 508, 529, 569.
Chambaul, 412.
Chambay (Dr), 414.
Chambord (Cte de), 202, 221.
Chambrun, 549.
Champion (E.), 512.
Channing, 307.
Charavey, 191.
Charbonneau, 474.
Charnacé (Mme de), 217.
Charpentier, 67.
Charras, 72, 115, 123, 137, 138, 141, 142, 143, 144, 147, 169, 239, 395, 413, 422, 427.
Charrassin, 72, 191, 352, 437.
Charton (E.), 270, 307, 394.
Charton (J.), 535.
Chartres (Duc de), 331, 334.
Chassin, 141, 143, 171, 195, 289, 316, 317, 352, 358, 388, 422, 435, 512, 583.
Chassiron, 87.
Chateaubriand, 289.
Chattel (Abbé), 200.
Chaudey, 335, 336, 396, 435, 460, 470, 524, 590.
Chaudey (G.), 154, 185, 216, 289, 329.
Chauffour, 72, 123, 142, 345.
Chaumet, 371.
Chauvière, 498, 529.
Chavagnat, 540.
Chavanne, 583.
Chavet, 314.
Chavette, 513.
Chavoix (Dr), 553.
Chavoix, 72.
Chemalé, 460, 462, 472, 490, 497, 505, 512.
Chenu, 279, 335.
Chevalier (C.), 63.

Chevalier (Michel), 192, 468.
Chevandier, 324.
Cholat, 26, 72.
Chotteau (L.), 437, 471.
Cladel, 518.
Clamageran, 329, 378, 394, 397, 398, 399, 404, 410, 417, 432, 433, 467, 468, 497, 568.
Clamageran (J.-J.), 40, 185, 216, 294, 307, 308, 437.
Claretie (J.), 289, 324, 327, 437, 507, 513, 515, 518, 567, 583, 588.
Claris, 492.
Clary (E.), 381.
Clémenceau (G.), 143, 218, 292, 293, 300, 301, 316, 336, 337, 338, 345, 346, 358, 405, 434, 579.
Clément, 253, 254, 587.
Clément (J.-B.), 337.
Clément-Laurier, 375, 376.
Cléray, 599, 602.
Clerc (Abbé), 304.
Clerc, 289, 324, 550.
Clerc-Lasalle, 50.
Clootz (Anacharsis), 348, 349.
Clotton, 242.
Cluseret, 307, 512.
Cochery, 560.
Cochin, 435, 539.
Cœurderoy, 132.
Cohadon, 435, 437.
Cohn (Léon), 546.
Coignet, 308, 401.
Coignet (Mme), 193, 194.
Coingt, 131.
Colani, 307.
Colfavru, 26, 72, 130, 131.
Colins, 470.
Collard (J.-N.), 117.
Collet, 26.
Collignon, 348.
Collin (V.), 212.
Collomb, 204.
Collot, 489.

Colmia (dit Franquin), 489.
Comte, 129, 168, 181, 188, 189, 294, 303, 349.
Combault, 474, 491.
Combier, 72.
Commissaire, 106, 109.
Condorcet, 318.
Considérant (Victor), 126, 308, 597.
Constant, 26.
Corbet (Ch.), 225.
Corbon, 271, 304, 417, 437, 545.
Corcelle, 360.
Corne, 401.
Cortier (L.), 139.
Cotillon (F.), 75.
Cotte, 26.
Cotte fils, 26.
Cottet, 112.
Coulon (G.), 324, 329, 331, 386, 393, 437, 535.
Corcelles fils (de), 359.
Courcelles-Seneuil, 497.
Cournault, 333, 334.
Cournet, 36, 37, 132.
Cournet, 498.
Couret (E.), 338.
Cousin, 310.
Coutant, 538.
Couturat, 26.
Cultin, 462.
Cremer, 452.
Crémieux (A.), 36, 324, 372, 394, 437, 529, 530, 538, 550, 555, 563, 588.
Crémieux (G.), 324, 412.
Crépit, 218.
Crestin, 411.
Croiset, 361.
Crujeot, 414, 415.
Cucheval-Clarigny, 186.
Curé, 85, 404.
Curé (Gustave), 413, 414.
Curie, 277.
Curnier, 324.

Daniol (H.), 566.
Danton, 167, 168, 169, 173, 239, 254, 289, 300, 387.
Darimon, 174, 276, 278, 282, 337, 342, 377, 396, 402, 423, 537, 554.
Darmesteter (J.), 546.
Darntz, 24, 110.
Darwin, 294, 344.
Daumont, 161.
Dauthier, 472.
David, 26, 234, 549.
David d'Angers, 223.
Deboisse (Roger), 76.
Decrais, 547.
Dejacques, 132, 133.
Delabarre, 278.
Delacour, 489.
Delage (Jean), 75.
Delahaye, 472.
Delboz, 233.
Delescluze, 24, 73, 97, 103, 106, 109, 125, 128, 192, 235, 237, 238, 251, 335, 337, 338, 367, 408, 455, 456, 471, 498, 504, 509, 510, 511, 515, 523, 528, 529, 536, 542, 546, 582, 584, 588, 589, 597.
Delestre, 218, 394.
Delhasse, 117.
Dell, 449.
Delord (Taxile), 223, 375, 425, 427, 528, 549, 588.
Delorme, 472.
Delpech (E.), 412, 535, 607.
Delprat, 387.
Deluns-Montaud, 185.
Deluns-Montaud, 294.
Delvau, 535.
Demérin, 228.
Denis (P.), 342, 345, 505.
Denoual, 450.
Deroisin, 49, 123, 188, 189, 190, 193, 210, 217, 224, 270, 272, 273, 274, 275, 280, 284, 334, 374, 378, 379, 386, 393, 587.
Derouin (Jeanne), 67, 105, 441.

INDEX ALPHABÉTIQUE. 653

Derouin (Léon), 316.
Deschanel (Em.), 118, 186, 326, 328.
Descharme, 414.
Deseaux, 552.
Deslandes (Em), 341.
Deslay, 36.
Desmarest, 270, 273, 329, 332, 334, 335, 397.
Despois (E.), 169, 186, 219, 220, 289, 294, 307, 318, 323, 344, 435, 468.
Desprey (A.), 309.
Desseaux, 560.
Dethou, 62.
Deustch, 437.
Deville, 106.
Dewinck, 392, 393.
Dhennin, 104, 244, 245.
Diderot, 302, 310, 314, 318.
Dolfus (Engel), 559.
Doniol (M.), 383.
Dorian, 551, 574.
Doton, 233.
Dourlen, 358.
Doutre, 7.
Dréo, 394, 397, 417.
Dreyfus (Ferdinand), 387, 430, 431, 432, 530, 546, 547, 602.
Dubois (P.-J.), 357.
Dubois (H.), 143.
Dubost (Antonin), 260, 300, 324, 540.
Ducamp (Maxime), 192, 294.
Ducarre, 411.
Ducasse, 498.
Ducauquie, 489.
Duchamp, 123.
Duché, 72.
Duchesne (A.), 292, 496, 504.
Ducos, 88.
Ducoux, 553.
Dufaure, 224, 398, 417.
Dufraisse (Marc), 72, 123, 137, 301, 362, 363, 595.
Dugaillon, 63.

Dujarrier, 540.
Dulac, 72.
Dumas (Alexandre), 327.
Dumay, 505.
Dumesnil (A.), 341, 468.
Dupanloup (Mgr), 301, 302, 313, 319.
Dupin (E.), 557.
Dupleix, 457, 462.
Dupont (de Bussac), 72.
Dupont (de l'Eure), 552.
Dupont (Pierre), 26.
Dupont (de Londres), 481, 462.
Duprat (Pascal), 72, 137, 329, 332.
Dupré-Lassalle, 226, 237.
Durand, 227, 343, 489, 557.
Durand (B.), 225.
Durand, 26.
Durand (Emmanuel), 382
Duriau (Frédéric), 556.
Durier, 394, 397, 417, 467.
Durrien (Xavier), 137.
Dussoubs, 72.
Duval (D^r), 336.
Duval (Ferdinand), 429.
Duval, 337.
Duval, 489.
Duvernois (Cl.), 327, 388, 395, 418, 429, 599.
Duvier, 335.

Edmond (Ch.), 178.
Eichtal (E. d'), 441.
Eiflo, 140.
Enfantin, 111, 192, 193, 308, 309.
Engel, 443.
Engelhardt, 142, 143.
Ennery, 72.
Esgaris, 535.
Esmein, 420.
Espinasse, 260.
Esquiros, 72, 314, 560.
Estancelin, 557.
Etchegoyen, 437.

Etex, 437.
Eude, 314, 339, 579, 580, 599.
Everaert, 414.
Eymard-Duvernay, 549.

Fabre, 26.
Fahaut, 475.
Faillet, 492.
Falloux, 418, 432.
Fanelli, 479.
Farçonet, 395.
Fau, 26.
Faure (Paul), 100, 550.
Faure, 496, 505, 538.
Faure (du Rhône), 26, 72.
Fauvety, 321, 437.
Favelier, 437.
Favier, 411.
Favre, 412, 511, 536.
Favre (Henri), 225, 329.
Favre (Jules), 37, 43, 126, 153, 232, 259, 276, 278, 284, 307, 313, 361, 386, 391, 397, 402, 417, 418, 423, 424, 425, 426, 427, 428, 432, 468, 500, 521, 532, 533, 538, 539, 544, 545, 546, 549, 551, 554, 560, 561, 574, 575, 595, 600, 601.
Fayard, 324, 550.
Fayolle, 553.
Fazy (James), 32, 34, 111, 120.
Fazy (H.), 32, 96.
Fémy, 556.
Féret (P.-J.), 557.
Feret, 501.
Ferlin, 324.
Fernand, 194.
Ferrouillat, 411, 423.
Ferry (Ch.), 148, 188, 273, 331, 334, 378, 380, 545, 598.
Ferry (Jules), 148, 176, 188, 270, 273, 291, 292, 300, 329, 331, 334, 367, 370, 372, 378, 379, 385, 387, 388, 394, 397, 416, 417, 429, 432, 433, 484, 507.

532, 539, 540, 543, 544, 554, 562, 591, 598, 601, 608.
Feuerbach, 294.
Fichaux, 556.
Fichte, 294.
Fieschi, 258.
Flahaut, 489.
Flaubert, 312.
Flaux, 51.
Flers, 261.
Flocon, 144.
Floquet (Ch.), 261, 273, 275, 323, 327, 329, 334, 378, 387, 388, 393, 394, 397, 417, 429, 548, 552.
Flottard, 411, 434, 437.
Flourens (G.), 468, 501, 512, 513, 520, 537, 583, 585, 586, 592.
Folliot, 230.
Follot, 228.
Fontaine, 342, 354, 496, 505.
Fonvielle (Ulric de), 557, 558, 583.
Fonvielle (W. de), 215, 388.
Forge (Anatole de la), 327.
Fortoul, 26, 221, 224.
Fortune (H.), 341.
Fould, 267.
Foultier, 77.
Foultier (Gilbert), 76.
Fouque, 26.
Fouquier (H.), 327.
Fourier, 193, 194, 231, 294.
Fournaise, 472, 489.
Fox, 274.
France (Anatole), 289.
François, 517.
François Ier, 178.
François-Joseph (empereur), 354.
Frank, 353.
Frankel, 489.
Frémeau (Mme), 371.
Frémy, 232.
Fribourg, 440, 462, 464, 499.
Friedel (de), 336.

INDEX ALPHABÉTIQUE.

Friedrich (M¹ˢ), 332.
Furet, 233.

Gaepke, 330.
Gagneur, 560.
Gaillard (père et fils), 337, 498, 500, 528.
Gambetta, 148, 176, 185, 188, 274, 294, 300, 324, 335, 355, 367, 370, 372, 373, 376, 378, 380, 381, 382, 383, 384, 385, 386, 387, 393, 395, 407, 412, 431, 432, 508, 529, 530, 531, 532, 536, 537, 538, 539, 540, 543, 544, 554, 557, 561, 562, 563, 569, 570, 571, 572, 573, 574, 575, 577, 587, 588, 590, 591, 595, 597, 599, 600, 601, 602, 608.
Gambon, 72, 102, 367, 394, 437, 516, 551.
Ganesco, 396, 567.
Garait, 535.
Garibaldi, 136, 146, 247, 354, 371, 374, 447, 468, 597.
Garnier (J.), 497.
Garnier-Pagès, 216, 271, 273, 280, 329, 333, 388, 394, 398, 402, 417, 427, 432, 467, 468, 503, 537, 538, 539.
Gasté (de), 553.
Gaudin, 553, 558.
Gauthier, 437, 472.
Gay (E.), 304.
Gay-Lussac, 546.
Génain, 437.
Genay, 238.
Geneste (R¹), 412.
Gent, 65, 103, 519, 549, 550, 562.
Genton, 339, 357, 579, 580.
Geoffroy (Gustave), 97, 338.
Gérardin, 472.
Germain, 398.
Gillet, 221.
Gilot, 552.

Giot, 489.
Girard, 161.
Girardin (E. de), 429.
Giraud, 254.
Giraudeau, 362.
Girault, 500.
Girerd, 401, 551.
Girode, 489.
Giulgot, 72.
Glais-Bizoin, 266, 402, 507, 561, 563, 574.
Godefroy (D'), 556.
Godzi-Rinaldeau, 243.
Golovine (Iv.), 112, 440.
Googg, 468.
Goudchaux (Michel), 97, 119, 125, 127, 128, 141, 143, 210, 211, 214, 215, 228, 233, 235, 239, 259, 266, 271, 275, 276, 319.
Goudereau, 314.
Goujon, 132, 241.
Gounouilhou, 265, 413.
Goupy, 97.
Gournot (A.), 339.
Granet, 412, 434.
Granger, 339, 579, 580.
Granier (de Cassagnac), 549.
Granjon, 301, 474.
Gratigny, 260.
Gratry, 468.
Greffe, 357.
Grénier (L.), 355.
Greppo, 25, 26, 39, 72, 370, 372, 394.
Grévy, 142, 293, 394, 417, 534, 551, 572, 574, 591.
Grimanelli, 324, 412.
Grimaud, 301.
Grimaux, 605.
Grollier, 414.
Gros, 559.
Groulez, 244.
Grousset (Paschal), 303, 337, 583.
Guépin (D'), 192, 193, 553, 558.

Guépin-Mulé (Dr), 553.
Guérin (Veuve), 139.
Guéroult, 334, 402, 421, 423, 440, 537, 539.
Guesde (J.), 418.
Guillard, 462.
Guillaume (J.), 440, 454, 492.
Guillemin, 178.
Guilleminet (Louis), 74.
Guilleminet (Jean), 74.
Guinard, 196, 371, 394.
Guiter, 72.
Guizot, 169, 307, 425, 432, 478.
Guyon, 586.
Guyot-Montpeyroux, 534, 560.
Guyot (Yves), 525.

Habeneck (Ch.), 519.
Hachard, 26.
Hardu (S.), 557.
Hartmann (Fr.), 560.
Haussonville (Comte d'), 116, 333, 334, 382, 383, 422, 435, 530.
Havet, 353.
Havin, 215, 267, 271, 383, 402, 421, 423.
Hébert, 167, 169, 172, 289, 362, 516.
Hébrard (A.), 327, 388, 389, 393, 407, 429, 468, 528.
Hecht (E.), 381.
Hegel, 184, 294.
Héligon, 460, 472, 482, 488, 489, 490.
Hendlé (E.), 437, 519.
Hénon, 277, 278, 282, 283, 395, 402, 411, 551, 574, 606.
Henricy, 337.
Henry, 475.
Herbillon (Gᵃˡ), 44.
Hérédia (J. de), 341.
Hérisson, 397, 417.
Hérold (F.), 271, 275, 329, 333, 379, 386, 388, 391, 393, 394, 397, 403, 433, 417, 431, 432, 437, 467,
487, 528, 548, 549, 560, 561, 562.
Hérold (Mᵐᵉ), 216.
Hervé (E.), 396, 429.
Herzen, 97, 132, 184.
Hess (M.), 455.
Hirsch, 437.
Hamel (E.), 289, 397, 401.
Hochstuhl, 72.
Holbach (d'), 302, 314.
Honnorat, 556.
Horn, 329, 453, 454, 495, 497.
Houssaye (Arsène), 209.
Hubbard (G.), 192, 512.
Hubert, 106, 108.
Hubert-Valleroux, 304, 437.
Huet, 306, 340, 394.
Hugo, 359, 517.
Hugo (Ch.), 97.
Hugo (Victor), 37, 72, 125, 133, 136, 137, 138, 140, 146, 162, 184, 219, 259, 311, 341, 344, 345, 346, 359, 468, 484, 485, 517, 590.
Humbert (Cˡ), 122.
Humbert (A.), 337, 357, 516.
Humbert (J.-B.), 474.
Humboldt, 513.

Icarini, 449.
Imbert, 26.
Isambert (G.), 329, 336, 342, 343, 359, 395, 468.

Jaclard, 120, 131, 192, 338, 479, 498, 579.
Jacoby, 136.
Jacques, 186, 235, 507.
Jacquin (frères), 244, 245, 246.
Jacquin (Nicolas), 116.
Jacquot, 249, 250.
Jacquot (dit de Mirecourt), 337.
Jaillet (fils), 141.
Janet, 186.

INDEX ALPHABÉTIQUE.

Janson, 352.
Jeannon, 357, 358, 463.
Jannot, 112.
Jaubert, 233.
Jeunesse, 357.
Johannard, 489.
Johnston, 555.
Joigneaux, 72, 118, 552.
Joinville (Pre de), 221, 534.
Joly, 72, 327.
Joseph, 255.
Jouhanneau (Denis), 77.
Jouffre, 413.
Jouffroy, 552.
Jourdan, 218, 327.
Jourdan (G.), 217, 318.
Jourdan (Louis), 192.
Jouvencel (Paul de), 323, 560.
Jozon, 417.
Jung, 461, 463.

Keller, 260, 390, 601.
Kellermann, 529, 586.
Kératry, 560, 561, 600.
Kestner, 123.
Kissel, 114.
Kœchlin-Steinbach (Al.), 560.
Koph, 112.
Kossuth, 136, 145, 207, 247.

Labadie, 412.
Labarre, 143.
Labbé, 334.
Labiche, 378, 392, 400.
Labiénus, 351, 352.
Laborde, 26.
Laboulaye, 25, 72, 307, 353, 429, 437, 554, 559, 589.
Labosse, 99.
Labouray, 463.
Lacave-Laplagne, 555.
Lacombe, 301.
Lacroix (Sigismond), 337.
Lafargue, 184, 293, 314, 338, 351, 354, 362, 579.

Lafayette, 111.
Laferrière, 337, 416, 535.
Laffitte, 300.
Laflize, 233.
Lafont, 72.
Lafont, 301, 316, 546.
Laforest, 437.
Laget, 26.
Lagrange, 72, 586.
Lallier (de), 244, 245.
Lamartine, 219, 289, 364, 421.
Lambrecht, 437.
Lamennais, 223.
Lamothe, 26.
Lamy, 233.
Lamy aîné, 437.
Lance, 238, 239.
Landeck, 489.
Landowski, 357.
Landolphe, 26.
Landrin, 474.
Lanfray, 313.
Lange (Pascal), 104.
Langepied, 110.
Langevin, 489.
Langlois, 226, 337, 497, 505, 520.
Lanjuinais, 391.
Lanquet, 591.
Lalaurie, 85.
Lanfrey, 147.
Laratte, 226.
Largillière, 357.
Laroque (Jean), 567.
Larrieu, 555, 560.
Lasteyrie (F. de), 327, 534, 546.
Lasteyrie (J. de), 554.
Latarde, 72, 553.
Latour, 26.
Latour-Dumoulin, 600.
Laurent, 26.
Laurentie, 337.
Laurier (Cl.), 148, 385, 387, 431, 484, 529, 536, 544, 561, 562.

42

Laussedat, 118.
Lauth, 437.
Lavalle, 552
Lavavasseur, 557.
Lavertujon (A.), 265, 329, 384, 385, 386, 392, 404, 413, 414, 468, 507, 525, 535, 555, 603.
Lavis, 325.
Leballeur-Villiers, 538.
Lebas (G.), 558.
Lebelle, 239.
Leblanc, 489.
Lebleu (capitaine Ezechiel), 414.
Lebleu, 556.
Leblond, 397.
Lebœuf (Général), 572.
Lebon (Ch.), 557.
Lebon (L.), 557.
Leboucher, 240.
Lebienne (J.), 359.
Lecamp (B.), 235.
Lecesne, 552, 560.
Lecompte, 249.
Leconte de Lisle, 289.
Ledru-Rollin, 24, 37, 86, 110, 116, 117, 125, 131, 132, 145, 147, 161, 207, 223, 238, 239, 241, 253, 261, 291, 352, 442, 519, 543, 563, 578, 583, 588, 602.
Lefèvre (A.), 314, 512.
Lefort (H.), 45, 73, 133, 141, 146, 154, 181, 182, 184, 217, 218, 224, 256, 343, 344, 360, 406, 407, 408, 409, 410, 435, 440, 447, 448, 449, 452, 453, 454, 456, 459, 510, 523, 524, 525.
Lefranc (Pierre), 72.
Lefranc (Victor), 398, 548.
Lefrançais (G.), 97, 105, 119, 125, 132, 133, 303, 337, 496, 498, 505, 539, 563, 583.
Legay, 325.
Legouvé, 327.
Legrand, 493, 557.
Leguernay, 414.

Lejeune, 240.
Lelubez, 447, 453, 454, 455, 456, 458, 461.
Lemaire (Ch.), 437, 529.
Lemaitre, 540.
Lemée, 414.
Lemoine, 357.
Lemonnier (Ch.), 192, 193, 437, 467, 468, 484.
Lenormand, 498.
Léo (Mme André), 437.
Léopold (Louis), 437.
Le Poisson, 107.
Leray (Abbé), 303.
Lermina, 592.
Le Royer, 324.
Le Play, 192.
Leroux, 458.
Leroux (Pierre), 67, 105, 129, 132, 145, 192, 371, 517.
Leroux (E.), 553.
Leroux (A.), 607.
Leroux (Jules), 72.
Leroy (A.), 326, 437.
Leroy de Saint-Arnaud, 27, 30, 42.
Lesseps (F. de), 327, 342.
Letourneau, 314.
Levaillant, 307.
Levasseur, 40, 437, 441.
Leven (Narcisse), 218.
Levraud (Ed.), 338, 357, 579, 581.
Levraud (L.), 357.
Lévy (A.), 444, 445, 446, 520.
Lévy (Michel), 318.
Lévylier (Mme), 97, 128, 210, 215, 276.
Leydet (Vict.), 12, 261, 413, 607.
Leygues, 120.
Libersalle (Mme), 236.
Lidier, 557.
Lignier, 401, 552.
Limousin, 440, 448.
Lincoln, 358.
Liouville (de), 277.
Lissagaray, 327, 337, 592.

INDEX ALPHABÉTIQUE.

Littré, 168, 188, 189, 190, 216, 294, 300, 301, 302, 310, 349, 380, 382, 394, 468, 545.
Lockroy (Ed.), 301, 307, 331, 515, 517, 605.
Loiseau-Pinson, 540.
Longomazino, 103.
Longuet (Ch.), 185, 186, 310, 338, 348, 349, 350, 351, 469, 498, 505, 519, 536.
Losson, 348, 354.
Loth, 256.
Loubert, 303.
Louchel, 323.
Louis-Philippe, 31, 111, 160, 202, 258, 267, 378.
Louis (Paul), 441.
Loyson (H.), 304, 310.
Lucain, 359.
Lusarche, 357.
Lux, 228.
Lur-Saluces (de), 555.
Lyman de St-Fargeaux (Yonne), 317.
Lyon-Caen (Ch.), 220, 603.

Mabilly, 412.
Mac-Mahon, 597, 605.
Maccarty (P.), 437.
Macé (Jean), 314, 318, 409, 434, 539.
Machinal, 225.
Madier de Montjau, 37, 72, 118, 133, 324.
Magen (H.), 97, 162.
Magnan (M¹), 41, 42, 321.
Magne, 85, 221.
Magnin, 402, 552, 601.
Magon-Barbaroux, 412.
Maigne (Fr.), 72, 402.
Maillard (G.), 536.
Malardier, 72.
Maleus, 324, 550.
Malet, 90.
Malnourri, 26.
Malo (Gaspard), 414, 556.

Mangin, 234.
Mangin (Frères V. et E.), 265.
Manin, 216, 218, 273, 341, 374, 470, 527.
Manot, 415.
Manuel, 150.
Marat, 168, 239, 254, 348, 543.
Marc, 301.
Marcel, 219.
Marchadier, 357, 358.
Marchais, 238.
Marchand, 236, 591.
Marchand (L.), 536.
Marcori, 243.
Maret (H.), 519.
Marie, 281, 394, 395, 397, 402, 417, 421, 538.
Marion (Juste), 195.
Marquetty, 26.
Marrast, 223.
Martel, 26.
Martin (A.), 437, 551.
Martin, 228, 233.
Martin-Bernard, 114, 394.
Martin Henri, 307, 394.
Martin (Louis-Auguste), 337.
Martineau (J.), 304.
Martinelli, 535.
Marx (Karl), 351, 443, 448, 450, 456, 457, 481, 491, 499.
Mary, 372.
Mascaradine, 136.
Masse (A.), 437.
Masselin, 234.
Masselin (Ch.), 341.
Massini, 247.
Massol, 186, 195, 289, 295, 305, 307, 309, 310, 322, 323, 324, 326, 429, 437, 468, 503, 540.
Masson, 359.
Masure, 556, 557.
Masure (de), 546.
Mathé, 72.
Mathieu (Drôme), 72.
Mauduit, 41, 45.

Maupas, 41, 42, 97.
Maurice (Et.), 341.
Mayer, 44.
Mayer (G.), 546.
Mayer (Sara), 375.
Mazard, 26.
Mazieux, 489.
Mazzini, 24, 110, 112, 120, 129, 135, 136, 145, 191, 216, 222, 229, 231, 237, 238, 239, 245, 273, 442, 443, 468, 489, 591.
Médicis (A.), 205.
Mège, 560.
Mégy, 592.
Méline, 324, 343, 345.
Melleville-Glover, 446.
Mellinet, 442.
Melsheim, 417.
Menard (E.), 607.
Menu, 437.
Méphistophelès, 538.
Merceron, 26.
Mercier (A.), 437.
Merlet, 85.
Meynadier, 161.
Meysenburg (V. M. de), 124.
Mézières, 576.
Michel, 543.
Michel (de Bourges), 25, 37, 66, 167, 290, 379.
Michel (H.), 172.
Michel (Louise), 342.
Michelet, 149, 168, 169, 170, 171, 172, 179, 219, 227, 229, 289, 291, 307, 312, 343, 349, 352, 353, 394, 517, 545.
Michelezi, 607.
Michon, 437, 486, 487, 488, 491, 605.
Michot-Boutet, 72.
Mickévitch (A.), 444.
Microlavsky, 136.
Mignet, 307.
Millaud (Ed.), 315, 324, 328, 411, 432.
Millet, 227, 372.

Millet (R.), 546.
Milliard (Al.), 342.
Millière, 498, 516, 520.
Milliet (F.), 122, 374.
Milliet (P.), 97, 122, 146, 194.
Millotte, 72.
Miloslawski (Général), 218.
Mink (Pauline), 328, 498.
Miot (Jules), 25, 26, 39, 72, 100, 337, 370, 372.
Miraslowsky, 378.
Mirabeau, 168, 172, 275, 289, 291, 318, 383.
Mocqrice, 323.
Moissenet, 529.
Molé, 190, 332, 335, 386.
Molière, 288.
Molinari, 496, 497.
Mollin, 474.
Monin (H.), 171, 195, 317, 422, 512, 598.
Monod (G.), 124, 546.
Montagut, 413.
Montaigne, 280, 288.
Montalembert, 187, 198, 282, 288, 304, 337, 395, 399, 432.
Montigny, 532.
Montfalcon, 249.
Moreau, 498.
Morel, 254, 329, 457, 607.
Morin (Frédéric), 169, 219, 231, 249, 271, 304, 308, 310, 318, 326, 336, 339, 340, 344, 394, 396, 411, 432, 583.
Morny, 21, 27, 30, 34, 42, 43, 48, 57, 284.
Morot, 519.
Morterat, 243.
Moutard, 301.
Mouton (Colonel), 97.
Mouton, 372.
Mulheim (L.), 512.
Murat, 460, 462, 472, 473, 475, 482, 489, 497, 505, 589.
Murat (P.-Lucien), 87, 319, 320, 321.

INDEX ALPHABÉTIQUE: 661

Murger (Henri), 343.
Musset (Alfred de), 205.

Nadaud, 39, 66, 72, 97.
Napias (H.), 343.
Napoléon Ier, 31, 33, 151, 199, 205, 468.
Napoléon III, 29, 30, 31, 109, 112, 113, 115, 116, 123, 139, 145, 151, 152, 180, 182, 199, 201, 221, 222, 224, 257, 258, 261, 267, 273, 282, 352, 358, 360, 373, 374, 404, 418, 419, 566, 586, 592. (V. Louis Bonaparte).
Napoléon (P.), 69, 93, 192, 312, 320, 321, 356, 377.
Naquet (Al.), 143, 151, 195, 300, 301, 302, 358, 467, 468, 470, 471, 472, 479, 507, 512, 515, 605.
Naquet (G.), 412, 434, 525, 542, 607.
Naquet (H.), 546.
Nefftzer, 312, 389, 395, 429.
Nettlau, 440.
Neucastel, 508, 543, 573.
Nicolas, 26.
Nisard, 73, 182, 223, 253, 360.
Noirot, 437.
Noirot (Abbé), 305.

Odger, 447, 452.
Odi, 103.
Odilon-Barrot, 116.
Odilon-Barrot, 558.
Ollier, 242.
Ollivier (Aristide), 273.
Ollivier (Démosthène), 25, 26, 70, 273, 374.
Ollivier (Émile), 16, 69, 70, 185, 216, 263, 271, 273, 274, 275, 276, 278, 280, 281, 284, 335, 378, 380, 382, 397, 399, 402, 416, 423, 424, 427, 490, 506, 537, 539, 540, 541, 548, 565, 566, 567, 568, 587, 600.

Onimus, 301, 316.
Ordinaire, 560.
Ordinaire (Edmond), 551.
Orgeas, 97.
Orléans (Prince d'), 202.
Orsini, 26, 121, 132, 133, 143, 197, 253, 256, 257, 258, 259, 260, 267, 276, 284, 373, 378, 382, 413, 481.
Otten, 556.
Oudet, 337.
Ozanam, 305.
Ozeroff, 471.

Padoue (Duc de), 261.
Paepe (César de), 131, 351, 466, 469, 476, 480, 482.
Pagès (de l'Ariège), 278.
Pagès (J.), 537.
Pagnerre, 489.
Palikao, 600, 601.
Pallain, 381, 383, 384, 385, 547, 570.
Palmerston (lord), 124.
Papon, 51.
Prévost-Paradol, 217, 381, 382, 385, 416, 430, 507, 513, 555, 558, 569, 570, 571.
Parent (Ulysse), 323, 563.
Parfait (Noël), 72, 394, 408, 435, 455.
Paris (J.), 48.
Paris (Cte de), 264, 431.
Pasquet (A.), 548, 555.
Pasquier (Duc), 555.
Pasquier, 250.
Passedouet, 489.
Passy (F^{ic}), 192, 468, 497, 555.
Passy (Louis), 398.
Pastoureau, 526.
Pâté (H.), 225.
Patrice, 437, 493, 556, 557.
Paulet, 519.
Paulin, 359.
Péan, 72.

Peigné-Crémieux, 535.
Pellerin, 352, 501.
Pellepot, 26.
Pelletan (C.), 517.
Pelletan (Eugène), 45, 169, 185,
 271, 294, 307, 318, 322, 324,
 327, 329, 336, 344, 394, 398,
 402, 417, 418, 421, 425, 427,
 432, 468, 507, 526, 537, 539,
 540, 554, 555, 574, 602.
Pelletier, 72.
Pelletier (Cl.), 225, 226.
Peloux, 412.
Pelouze (de), 336.
Pepoli, 26.
Perdiguier, 72.
Pereira, 401, 553.
Pereire, 548.
Perjean (Ph.), 130.
Périgois (E.), 80.
Perrachon, 448, 462, 472.
Persigny, 27, 269, 375.
Pessard, 377, 418, 429.
Pétion, 501.
Petit (Antoine), (dit Majot), 76.
Petit (Fr.), 434.
Petyt, 556.
Peyrat (Al.), 291, 292, 312, 504, 529.
Peyrouton (Abel), 337.
Peysell, 26.
Philis, 273, 378, 388, 393.
Pianciani, 136.
Pianori, 246, 253, 255.
Piat (Jacques), 75.
Picard (Ernest), 271, 273, 274,
 278, 280, 284, 315, 328, 335,
 341, 378, 386, 395, 397, 399,
 402, 411, 423, 425, 506, 507,
 534, 535, 537, 539, 548, 549,
 573, 574, 575, 588, 601.
Picard (P.), 424, 511, 554, 563.
Picard (Mᵐᵉ Ernest), 282, 342.
Picavet (François), 381.
Pichat (Laurent), 143, 216, 217,
 265, 271, 294, 318, 327, 336,
 343, 394, 408, 409, 435, 455,
 527.
Pichon, 501, 546.
Pichon (C. Lᵃ), 502.
Piéri, 257, 258.
Piétri, 258, 586.
Pilhes, 337, 536.
Pindy, 475, 489.
Piou, 204.
Pitt, 274.
Plichon, 391, 556.
Plocq, 414.
Pointu (J.), 607.
Poirier, 131, 306.
Poisson, 233.
Polignac (L. de), 154.
Pommereau (F.), 314.
Ponnat (Bᵒⁿ de), 314, 316.
Pothier, 190.
Pouchat, 327.
Poupet, 414.
Pouyer-Quertier, 552.
Prat (E.), 412.
Prat (F.), 185.
Pressensé (E. de), 306, 329, 330,
 334, 496, 500.
Protot, 220, 316, 337, 345, 348, 356,
 358, 463, 579, 586, 587.
Proudhon, 134, 136, 149, 154, 168,
 169, 171, 172, 174, 175, 176, 177,
 179, 180, 181, 182, 183, 184, 185,
 186, 190, 253, 271, 277, 282, 286,
 287, 288, 289, 290, 291, 294, 306,
 309, 317, 335, 337, 346, 349, 351,
 353, 368, 371, 379, 386, 393, 406,
 407, 421, 427, 433, 443, 444, 460,
 461, 475, 478, 482, 494, 497, 499,
 504, 516, 524, 517, 539, 578, 590.
Proust, 333, 334, 468.
Prunelle, 192.
Purson, 221.
Pust, 413.
Pyat (Félix), 112, 125, 131, 132,
 135, 138, 139, 162, 337, 356,

372, 458, 481, 513, 519, 520, 537, 563, 583.

Quinestel (M**me**), 107.
Quinet (Edgar), 72, 97, 122, 129, 133, 136, 141, 147, 149, 168, 169, 170, 171, 289, 291, 292, 311, 312, 340, 341, 344, 345, 349, 364, 468, 484, 502, 512, 590.

Rabain, 535.
Rabelais, 288.
Rachel, 4.
Racouchot, 72.
Radio, 258.
Raffin, 551.
Raison (déesse), 349.
Ramadé, 249, 250.
Rampont, 560.
Ranc, 38, 45, 73, 97, 102, 103, 104, 105, 108, 119, 123, 131, 153, 166, 171, 181, 185, 188, 192, 196, 227, 229, 232, 233, 301, 303, 312, 314, 315, 323, 337, 338, 339, 352, 363, 365, 370, 373, 383, 384, 387, 397, 428, 429, 430, 510, 513, 515, 516, 518, 526, 543, 579, 580, 582, 585, 599, 602, 605.
Randon (G**al**), 100.
Ranvier, 498.
Raspail, 106, 153, 221, 223, 310, 315, 516, 537, 539, 551, 554, 561, 574, 575.
Raspail (B.), 45, 64.
Raspail (C.), 72.
Ratisbonne, 327.
Ravaisson (F.), 305.
Raynal (David), 413, 535.
Raynal (Th.), 348, 553.
Raynaud (Jean), 26, 271.
Reboul, 550.
Rech (P.), 443.
Reclus (Elysée), 327, 435, 438, 460, 468, 469, 471, 479.
Reclus (E.), 437, 455.

Regard (A.), 579.
Régnard, 189, 301, 314, 354, 579.
Régnault (E.), 169.
Régnier, 233.
Reinach (J.), 291, 373, 376, 381, 383, 530, 531, 537, 540, 541, 544, 561, 562, 572, 573, 587, 608.
Rémusat, 549.
Renan, 186, 194, 216, 301, 310, 312, 345, 554.
Renard (G.), 361, 505, 546.
Renaud (H.), 72, 193.
Renaud (Claude), 77.
Renault (Léon), 398, 547.
Renouvier, 169, 170, 187, 193, 294, 295, 303, 310.
Réville, 307.
Revin (G**al**), 204.
Rey (A.) 479.
Reybell, 45.
Reynaud (Jean), 305.
Ribault de Laugardière, 227.
Ribeyrolles, 105, 114, 134.
Ribert, 217, 218.
Ricard (L. X.). 289, 335.
Richard, 462.
Richard (A.), 440, 479, 480, 482, 538.
Richard (J), 359.
Richard (Jules), 27, 36.
Richardet, 72.
Riche-Gardon, 320.
Richemont, 526.
Rich-Roch (M**me** de), 67, 163.
Rigade (Luc), 353.
Rigaud, 325.
Rigault (Raoul), 314, 337, 357, 498, 500, 516, 518.
Riondel, 349, 560.
Rique, 26.
Robespierre, 168, 169, 174, 239, 254, 289, 292, 300, 388, 516, 564.
Robin, 233, 294, 302, 489.
Robinet, 301.
Rochefort (de Cl.), 41.

Rochefort (H.), 45, 337, 361, 386,
486, 514, 515, 517, 518, 519, 532,
537, 539, 546, 557, 560, 563, 564,
575, 582, 583, 584, 585, 586, 592.
Rocher, 234, 489.
Rodat, 553.
Royannez, 412.
Rogard, 256.
Rogeard, 218, 224, 275, 343, 346,
351, 352, 354, 408.
Roger (Auguste), 76.
Rogier, 115.
Roland (Ch.), 401.
Rolland, 112, 256.
Rolland (Jean), 408.
Rolland (Pauline), 67, 104, 256.
Romieu, 503.
Roque, 26.
Roselli-Mollet, 72.
Rossignol (U.), 437.
Rostolan (G^{al}), 79.
Rothschild (de), 357.
Rouget, 131.
Rouher, 424, 426, 529, 532, 566, 567.
Roulleaux (M.), 188, 193, 388.
Rousseau (H.), 535.
Roussel (A.), 346, 437.
Roussel, 475.
Rouvier, 412, 546, 607.
Roux, 85.
Roux (Ferdinand), 324.
Royer, 353.
Royer (Mlle Cl.), 334, 344.
Royer-Collard, 387.
Roylin, 36.
Ruault, 227, 228.
Ruge, 24, 110.
Ruzan, 550.

Sabourdy, 489.
Sainte-Beuve, 185, 223, 302, 311, 312, 353, 360.
Saint-Ferréol, 72, 117, 131, 134, 135, 136, 137, 141, 143, 578.

Saint-Just, 254, 289, 358.
Saint-Simon, 294.
Sariot (J.), 333.
Saisset, 186.
Saligny, 334.
Sallé (Ch.), 76.
Salvandy, 393.
Salvetor, 359.
Sand (George), 31, 72, 80, 81, 105, 109, 129, 135, 146, 307, 317, 343.
Sangeon, 413.
Sanglar, 26.
Sansas, 413.
Sarcey (Francisque), 303, 396, 431.
Savoye, 72.
Say (Léon), 435, 507.
Schaeffer, 323.
Scheffer (Ary), 359.
Schérer, 312.
Schettel, 462.
Scheuner, 142.
Scheurer-Kestner, 142, 261, 276, 302, 336, 337, 344, 362, 437, 467, 568.
Schmidt, 232.
Schneider, 556, 601, 604.
Schœlcher, 37, 72, 97, 125, 127, 140, 147, 210, 213, 214, 215, 239, 468, 602, 603.
Schulz, 136.
Schulze-Delitzsch, 468.
Scianou, 325.
Sénard, 397, 417.
Séché (Léon), 299.
Secrétan, 250, 462.
Seignobos (Charles), 55, 355.
Sengot, 321.
Senior, 202, 208, 260.
Sicard, 499.
Sigaloux, 26.
Signard, 72.
Simiot, 413.
Simon (Ch.), 546.
Simon (Jules), 97, 169, 186, 187,

210, 217, 219, 271, 275, 294, 299,
307, 329, 332, 341, 388, 394, 402,
418, 421, 422, 425, 432, 435, 460,
468, 487, 525, 537, 538, 539, 540,
548, 553, 554, 556, 560, 561, 562,
601.
Simon, 333, 334, 536.
Simonnin, 497.
Sirven (A.), 337.
Sobrier, 106.
Sommier, 72.
Soustre (fils), 26.
Spuller, 292, 301, 304, 428, 429,
540, 563, 577.
Staehling (Ch.), 260, 558.
Steenackers, 534, 552.
Sterbie, 136.
Stern (D.), 165, 216.
Strauss, 310.
Strauss (P.), 440.
Suchet (F.), 437.
Sue (Eugène), 31, 123, 125, 144,
307, 317.
Suzamel (Blanqui), 346.

Tachard, 553, 558, 560.
Taine, 294, 301, 312.
Tajan-Rogé, 308, 309.
Targé (Allain), 504.
Taule, 261, 301, 316, 337, 338,
345, 346, 579, 593.
Ténot, 29, 38, 40, 41, 42, 43, 44,
45, 46, 52, 63, 64, 153, 260, 366,
526, 527, 543.
Tenaillé-Saligny, 437.
Terquem (Paul), 414.
Terrier, 72.
Teste, 38, 161, 191.
Testelin, 72, 556.
Testut, 440, 481, 589.
Theisz, 475, 489, 490.
Thierry, 169.
Thiers, 239, 272, 275, 295, 324, 381,
382, 392, 395, 396, 417, 418, 424,
425, 427, 431, 532, 537, 539, 542,

546, 547, 554, 556, 562, 570, 589,
595, 600, 601.
Thirez, 233.
Thore, 112.
Thourel, 413.
Thouret, 72.
Tibaldi, 246, 253, 583, 586.
Tibère, 352.
Tilleul, 238.
Tocqueville (A. de), 169.
Tolain, 357, 407, 408, 409, 410,
411, 440, 445, 447, 448, 449, 454,
456, 461, 462, 464, 472, 475, 497,
505, 537, 540, 563, 596.
Tournier, 324, 372, 412, 538.
Travot (baron), 555.
Trébuchet, 38.
Trélat, 152, 383.
Tridon, 154, 185, 289, 290, 314,
337, 338, 348, 349, 354, 356,
357, 407, 579, 580.
Trinquet, 337.
Tristan (Mme Flora), 441.
Trochu (général), 601, 603.
Truber, 461.
Trystram, 414, 415.
Troussof, 471, 479.
Türckleim (Rodolphe de), 559.

Ulbach (L.), 327, 344, 504, 513,
522, 569.

Vacca, 319.
Vacherot, 187, 218, 219, 220, 271,
286, 287, 294, 296, 297, 335,
337, 340, 344, 394, 432, 468,
507, 546, 547.
Vaissier, 357.
Valentin, 39, 72, 602.
Valette (de la), 388.
Vallain, 535.
Vallès, (J.), 166, 171, 327, 337,
429, 468, 516, 518, 539.
Varlin, 460, 462, 474, 480, 482,
485, 486, 488, 489, 492, 537, 584.

Varambon, 411.
Vassel, 372.
Vasselin, 321.
Vasseur, 434.
Vauthier, 337.
Vautrin, 335.
Vavin, 275, 276.
Vazangool, 26.
Velan (J.-G.), 76.
Verdure, 519.
Verlet, 314.
Verlière, 470.
Verly (V. Durand), 325, 437.
Vermont, 321.
Vermorel, 142, 167, 185, 291, 337,
341, 342, 343, 364, 377, 461,
499, 517, 518, 519, 538, 578.
Verney, 51.
Véron (E.), 437.
Versigny, 72, 118, 471.
Vésinier, 461, 481.
Vial, 112.
Viardot, 211.
Victor Noir, 369, 429, 489, 565,
569, 583, 584, 585, 592.
Victoria (Reine), 125.
Vidal, 123, 537.
Vieillard, 189.
Vignaud, 236.
Viguier, 72.
Viguier (A.), 225.
Villard (Marius), 324, 550.
Villeneuve, 338, 342, 348, 357,
358, 518, 579.

Villetard, 440, 481.
Villière, 131.
Vinçard (P.), 459, 512.
Viox, 553.
Viseur, 556.
Vitu, 496, 503.
Vivien, 529.
Vogt, 294.
Volney, 288.
Voltaire, 151, 288, 293, 302, 312.

Waldeck-Rousseau, 553.
Walevski, 329.
Ward, 479.
Wasser, 125.
Watteau, 227, 233, 244.
Wauwermans, 97, 115, 119.
Weill (A.), 321.
Weill (G.), 97, 105, 327, 440.
Wein (Th.), 260.
Weiss, 166, 219, 327, 382, 396,
429, 531, 569.
Wheeler, 449, 452.
Wilson, 560.
Witt (Cornélis de), 555.
Wolff, 449.
Worms (F.), 546.
Wurtz, 313, 336.
Wyrouboff, 192, 300, 322, 323,
380, 468, 471, 484, 499.

Zaberre, 260.
Zangiacomi, 232.
Zola (E.), 345, 346, 507, 518, 597.

INDEX ALPHABÉTIQUE
DES LOCALITÉS

Agen, 12, 61, 62, 535, 549.
Aix, 8, 57, 60, 61, 63, 64, 68, 69, 70, 71, 91, 94, 104, 144, 154, 156, 165, 246, 261, 325, 391, 395, 412, 533, 607.
Alais, 391, 533.
Alençon, 414.
Alger, 437.
Amiens, 278, 403, 460, 461.
Amsterdam, 328.
Andalousie, 479.
Angers, 104, 238, 240, 241, 250, 251, 401.
Angoulême, 83.
Annecy, 123.
Antibes, 26.
Anvers, 118.
Arles, 391, 555.
Armot (Canton d'), 145.
Auch, 549.
Auteuil, 581.
Auxerre, 62, 71.
Avignon, 278, 319.

Bagnolet, 391.
Bâle, 143, 158, 260, 481, 482, 492.
Barcelone, 144, 525.
Barcelonnette, 64, 144, 204.
Barraux, 320.
Beaucaire, 391.
Beaune, 154, 552.
Beauregard, 434.

Beaurepaire (chef-lieu de canton), 92.
Belfort, 142.
Belle-Isle, 90, 106, 107, 108, 109, 238, 246.
Belleville, 498, 562, 582.
Bercy, 141.
Bergerac, 74.
Berlin, 332, 454, 455, 461, 595.
Berkaden, 102.
Berne, 111, 120, 121, 329, 331, 334, 477, 478, 479, 483, 484, 498, 525.
Besançon, 111, 112, 144, 195, 551, 594.
Béziers, 22, 548.
Bicêtre, 70, 104.
Billancourt, 391.
Bischwiller-Thann (Haut-Rhin), 437.
Blaye, 85.
Blois, 587, 591.
Bône, 98, 102, 105.
Bordeaux, 7, 9, 12, 54, 94, 247, 249, 257, 265, 278, 372, 383, 392, 398, 403, 404, 413, 432, 531, 533, 555, 607.
Boulogne, 33, 391, 507, 530.
Bourg, 85.
Bourges, 9, 77, 78, 83, 247, 436.
Bourgoin, 549.
Brest, 95, 203, 403.

INDEX ALPHABÉTIQUE.

Brignoles, 26, 60.
Brioude (Haute-Loire), 4.
Bruxelles, 97, 105, 115, 116, 117, 118, 130, 131, 137, 138, 143, 153, 193, 212, 213, 214, 238, 244, 246, 257, 303, 328, 352, 435, 442, 448, 461, 466, 475, 476, 477, 478, 480, 482, 492, 515, 517.

Caen, 14, 460, 523, 555.
Calais, 110.
Campagnac (Aveyron), 437.
Cannes, 26.
Carpentras, 161.
Cayenne, 58, 69, 72, 73, 75, 77, 78, 96, 97, 98, 99, 100, 102, 104, 106, 108, 117, 233, 238, 248, 260.
Châlons-sur-Marne, 437, 555.
Châlon, 163, 256.
Châlon-sur-Saône, 163, 256, 437.
Charolles, 207.
Chartres, 400.
Châteaudun, 400.
Châteauroux, 80.
Chassiron (canton de la Jarrie), 87.
Châtillon, 100, 552.
Chaux de Fonds, 144.
Cherbourg, 391.
Clairvaux, 106.
Clamecy, 53, 59, 105, 154, 162.
Clarens, 148.
Clermont-Ferrand, 531.
Clichy, 391, 507, 564.
Colmar, 12, 18, 138, 142, 145, 158, 159, 247, 560, 595.
Condé, 460.
Constantinople, 309.
Corte (Corse), 109.
Coulommiers, 534.
Creusot, 567.

Dieppe, 557, 558.
Digne (Basses-Alpes), 26.
Dijon, 18, 67, 68, 154, 216, 361, 487.

Dôle, 551.
Douai, 7, 245.
Doullens, 106.
Douvres, 110.
Draguignan, 26.
Dunkerque, 143, 161, 414, 556.

Elbeuf, 70, 86, 552.
Epinal, 398.
Evreux, 50, 51.

Falaise, 555.
Fayence, 26.
Fécamp, 321.
Flèche (La), 357.
Fontenay (dép¹ de l'Yonne), 83.
Forbach, 598.
Fourette de Vence, 26.
Fréjus, 26.
Fribourg (Suisse), 143, 267, 333, 359, 360, 362, 440, 459, 526.
Frœschwiller, 598.

Gand, 328.
Genève, 9, 29, 32, 38, 39, 65, 96, 108, 110, 111, 112, 119, 120, 121, 122, 141, 191, 198, 199, 222, 252, 264, 270, 271, 272, 275, 276, 278, 295, 356, 357, 358, 393, 401, 439, 440, 457, 461, 462, 463, 464, 467, 468, 469, 471, 474, 481, 579, 585.
Gex, 110.
Grasse, 26.
Gray (Haute-Saône), 9.
Grenoble, 90, 151, 246, 320, 519.
Guadeloupe, 125.
Guernesey, 125, 133, 146, 344.
Guyane, 72, 98, 101, 102, 103, 586.

Havre (Le), 214, 403, 460, 552, 577.
Honfleur, 555.

Interlaken, 333.
Issoire, 3.
Ivry, 69.

INDEX ALPHABÉTIQUE.

Jersey, 123, 125, 137, 138, 140, 153, 184, 214, 229, 231, 252.
Joigneaux, 62.

Kabylie, 27.

La Haye, 123, 144.
Lambersart, 244.
Lambessa, 58, 69, 73, 74, 75, 76, 77, 78, 97, 98, 102, 105, 106, 123, 233, 358.
La Mure, 320.
Langres, 552.
Laon, 266.
Lausanne, 123, 385, 465, 466, 467, 470, 475, 483, 484, 494.
Libourne, 460.
Liège, 356, 358, 362, 579.
Lille, 49, 104, 114, 116, 137, 227, 228, 231, 244, 245, 325, 372, 391, 403, 437, 438, 460, 493, 556, 557.
Limoges, 54, 66, 67, 162, 165, 215, 404, 441, 555.
Lisieux, 555.
Locle, 144.
Loges, 247.
Londres, 24, 108, 110, 123, 125, 132, 133, 139, 140, 153, 196, 210, 212, 213, 214, 215, 229, 231, 235, 236, 238, 240, 241, 252, 254, 283, 309, 317, 358, 439, 442, 443, 445, 446, 447, 448, 451, 452, 453, 455, 456, 458, 461, 462, 464, 468, 480, 481, 498, 586, 589.
Lorient, 107.
Luçon, 202.
Luxembourg, 25, 67, 193, 352, 410, 459, 468.
Lyon, 7, 10, 11, 12, 18, 20, 23, 32, 51, 64, 65, 67, 90, 94, 99, 105, 107, 108, 111, 112, 120, 138, 144, 163, 220, 221, 222, 241, 242, 248, 254, 261, 265, 272, 277, 279, 280, 282, 283, 308, 315, 324, 325, 328, 394, 398, 399, 400, 403, 406, 411,

432, 437, 441, 445, 460, 461, 480, 487, 522, 523, 538, 546, 550, 551, 555, 583, 589, 606.

Mâcon (Saône-et-Loire), 401.
Madrid, 525.
Maestricht, 332.
Marquises (Iles), 102, 103.
Marennes, 163.
Marmande, 549.
Marseille, 8, 26, 54, 63, 64, 80, 82, 89, 91, 92, 93, 189, 261, 315, 319, 324, 325, 328, 372, 391, 395, 398, 403, 412, 431, 432, 437, 480, 522, 525, 531, 537, 542, 555, 576, 589, 606.
Martinique, 125.
Mayence, 385.
Meillant (arr^t de St-Amand), 74, 75, 76, 77.
Mère (Ile de la), 103.
Metz, 164, 208, 310, 319, 404, 593.
Milan, 139.
Mirande, 549.
Montauban, 307, 531.
Montlouis, 303.
Montpellier, 10, 22, 69, 95, 278, 328, 548.
Mont-St-Michel, 106.
Mourillon (Le), 26.
Mouscron, 244.
Mulhouse, 142, 158, 401, 555, 558, 559, 560.
Munster, 568.

Namur, 332.
Nancy, 12, 333, 338, 380, 404, 432, 433.
Nantes, 24, 68, 192, 234, 237, 238, 241, 251, 265, 328, 391, 403, 437, 460, 533, 553, 555, 558.
Narbonne, 266, 548, 555.
Nérac, 535.
Neuchâtel, 484.
Neuilly, 391, 584, 585.

Neuville-sur-Saône, 461.
New-York, 125, 133.
Nice, 144.
Nîmes, 7, 22, 49, 50, 54, 55, 56, 59, 391, 403, 417, 525.
Novilac, 75.

Ollioules, 26.
Oran, 22, 437.
Orléans, 7, 164, 234, 241, 251, 319, 359, 404.
Ostende, 114.

Pantin, 391.
Paris, 7, 11, 18, 20, 21, 24, 25, 33, 34, 35, 36, 37, 38, 40, 41, 43, 44, 46, 47, 48, 49, 50, 51, 55, 56, 58, 62, 64, 67, 69, 70, 80, 82, 83, 85, 90, 91, 97, 99, 104, 106, 112, 117, 119, 133, 139, 140, 142, 143, 150, 153, 156, 158, 159, 179, 188, 193, 194, 196, 198, 206, 209, 211, 212, 213, 214, 215, 216, 217, 222, 223, 225, 226, 227, 228, 229, 233, 234, 235, 236, 237, 238, 240, 241, 246, 249, 250, 251, 252, 253, 255, 256, 258, 259, 260, 261, 265, 266, 269, 270, 271, 272, 282, 290, 294, 304, 305, 306, 307, 308, 309, 310, 314, 317, 321, 322, 325, 326, 327, 328, 330, 335, 339, 342, 352, 353, 355, 356, 359, 364, 365, 366, 367, 368, 370, 372, 380, 383, 388, 389, 391, 392, 393, 394, 397, 398, 399, 400, 401, 402, 403, 409, 410, 411, 412, 422, 425, 426, 429, 434, 437, 439, 440, 441, 446, 447, 454, 456, 457, 458, 459, 460, 461, 462, 463, 464, 465, 469, 470, 471, 473, 474, 475, 480, 481, 482, 484, 485, 488, 491, 494, 495, 510, 511, 517, 522, 523, 524, 526, 527, 529, 530, 532, 536, 537, 540, 542, 546, 547, 548, 553, 555, 560, 561, 562, 563, 564, 576, 580, 582, 583, 584, 586, 587, 589, 591, 592, 593, 597, 598, 600, 601, 602, 603, 606, 605.
Passy, 186.
Pau, 246.
Pérenchies, 214, 246.
Périgueux, 305.
Perpignan, 548.
Poitiers, 391.
Pont de Las, 26.
Pont-l'Evêque, 555.
Prague, 477.

Reims, 68, 235, 236, 403, 555.
Reischoffen, 597.
Rennes, 7, 68, 71, 107, 140.
Riom, 3, 5, 55, 56, 99, 106, 222.
Roanne, 551.
Rochelle (La), 241.
Rome, 120, 219, 360, 436.
Roubaix, 137, 438, 460.
Rouen, 51, 57, 70, 86, 164, 321, 403, 429, 460, 480, 537, 552, 555, 561, 589.

Saint-Amand, 78.
Saint-Cloud, 225, 228.
Saint-Etienne, 11, 90, 94, 163, 199, 403, 434, 437, 460, 551.
Saint-Fargeaux (Yonne), 317.
Saint-Flour, 51.
Saint-Fons (Com. de), 242.
Saint-Hubert (village), 118.
Saint-Jean-d'Angely, 163.
Saint-Jean-de-Losne, 552.
Saint-Joseph (Ile), 103.
Saint-Laurent-du-Pont, 549.
Saint-Louis, 142.
Saint-Luc, 26.
Saint-Marcellin, 549.
Saint-Malo, 90, 140, 141.
Sainte-Menehould, 68.
Saint-Merry, 76.
Saint-Michel, 109.
Saint-Quentin, 555.
Saint-Sébastien, 144.

INDEX ALPHABÉTIQUE. 671

Saint-Tropez, 26.
Saintes, 535.
Salernes, 26.
Salut (Iles du), 103.
Sedan, 113, 189, 601, 607.
Semur, 92. 552.
Sétif, 105.
Seurre, 552.
Séville, 525.
Strasbourg, 32, 33, 158, 260, 307, 308, 348, 349, 385, 403, 507, 555, 558, 559, 593, 601, 603.

Texas (Amérique), 194.
Thann, 123, 142.
Thor, 161.
Tlemcen, 95.
Toulon, 26, 60, 372, 392, 404, 437.
Toulouse, 6, 204, 243, 244, 278, 403, 432, 523, 525, 531, 549, 553, 555, 593.
Tourcoing, 115 137.
Tournai, 244.

Tournon, 549.
Tours, 234, 238, 241, 251, 391.
Toury (Eure-et-Loir), 392.
Troyes, 203.

Uzès, 391.

Valence, 23, 324, 550.
Venise, 467.
Versailles, 49, 62, 109, 123, 225.
Veytaux, 148.
Vidaubon, 26.
Vienne, 461, 549.
Villeneuve, 549.
Vincennes, 36, 37, 39, 391, 434.
Vitrolles, 533.
Voiron, 320, 549.
Voûte (Haute-Loire), 4.

Wissembourg, 559.

Ypres, 244.

Zurich, 123.

TABLE DES MATIÈRES.

Avant-propos ....
Chapitre I. — L'état politique de la France à la veille du coup d'Etat... 1
    I. La tranquillité du pays à la veille du coup d'Etat, d'après les rapports des procureurs généraux.
    II. Le succès de la propagande républicaine.
    III. L'élaboration progressive de la théorie légale du coup d'Etat, et la destruction de toutes les organisations républicaines.

Chapitre II. — Le coup d'Etat............................... 30
    I. La véritable psychologie du coup d'Etat.
    II. Le coup d'Etat conçu par Louis Bonaparte.
    III. Le coup d'Etat imposé par les circonstances. La nécessité de terroriser Paris.
    IV. La résistance imprévue : la lenteur des adhésions, l'insurrection dans les départements.
    V. Le coup d'Etat, envisagé après coup comme une mesure de conservation contre les agissements des sociétés secrètes. Fausseté de ce point de vue.
    VI. La répression, les commissions mixtes et les fiches.

Chapitre III. — Les Plébiscites et le rétablissement de l'Empire 82
    I. Le développement de la terreur et le système des otages.
    II. Les prétendus complots et la légende de la machine infernale de Marseille.
    III. Le vote.

Chapitre IV. — Les républicains proscrits.................... 96
    I. Les républicains transportés.
    II. Les républicains détenus.
    III. Les républicains à l'étranger (les lieux de refuge, l'évolution intellectuelle et l'idée de la patrie chez les réfugiés, l'action des émigrés sur la vie politique en France par la contrebande littéraire).

Chapitre V. — Les éléments et la formation du parti républicain sous le second Empire................................ 149

I. La rupture définitive entre les éléments républicains et bonapartistes.
II. Les nouveaux éléments du parti républicain.
III. La persistance des groupements républicains dans les départements.
IV. La psychologie des nouvelles générations républicaines.
V. L'influence de Michelet et de Quinet.
VI. L'influence de Proudhon.
VII. L'influence du positivisme.
VIII. Le rôle du kantisme.
IX. Le maintien des anciennes influences babouvistes, saint-simoniennes, fouriéristes, icariennes.

CHAPITRE VI. — **De l'opposition républicaine depuis le commencement de l'Empire jusqu'en 1859**................ 197
I. La politique de l'Empire autoritaire et son attitude envers les républicains.
II. L'opposition républicaine dans les groupements et les salons.
III. Les complots et les procès pour délit de société secrète.
IV. L'attentat d'Orsini et la loi de sûreté générale.

CHAPITRE VII. — **L'action parlementaire du parti républicain jusqu'en 1859**.................. 264
I. Les élections de 1857 et la signification de la candidature d'Emile Ollivier.
II. Les Cinq.

CHAPITRE VIII. — **Le développement des idées républicaines et le réveil du quartier latin sous l'Empire**........... 286
I. Les tribunaux et les doctrines officielles.
II. La rénovation de l'étude de l'histoire de la Révolution.
III. Les nouvelles tendances philosophiques.
IV. Les manifestations théoriques de la libre-pensée.
V. La libre-pensée mise en pratique.
VI. Les bibliothèques populaires.
VII. La propagande dans les loges maçonniques.
VIII. Les conférences.
IX. Les congrès de l'Association pour l'avancement des sciences morales.
X. Le barreau.
XI. La propagande dans les prisons et le rôle de Blanqui.
XII. Les journaux et les autres publications du quartier latin.
XIII. Les manifestations républicaines du quartier latin et le procès de la Renaissance.

TABLE DES MATIÈRES. 675

Chapitre IX. — **Les groupes républicains depuis 1859** 363
  I. Les deux générations.
  II. Le classement des groupes républicains.

Chapitre X. — **L'action des groupements républicains de 1859 à 1863.** 370
  I. L'action révolutionnaire (Blanqui, Greppo, Miot).
  II. Le gouvernement parlementaire de l'Empire et l'opposition légale de la jeunesse républicaine.
  III. Jules Ferry et Gambetta.
  V. La politique des Cinq et la presse.

Chapitre XI. — **Élections de 1863 et le réveil de la vie politique** 390
  I. La candidature officielle et la politique de l'Empire.
  II. L'action électorale des groupements républicains.
  III. Les résultats des élections.
  IV. La candidature ouvrière.
  V. Le réveil de la vie politique dans les départements.

Chapitre XII. — **L'opposition parlementaire du parti républicain de 1863 à 1869** 416
  I. Le programme de l'opposition parlementaire et la tactique d'Émile Ollivier.
  II. Le rapprochement des républicains avec les orléanistes libéraux. — Le programme décentralisateur de Nancy et le mouvement en faveur des sociétés coopératives.

Chapitre XIII. — **L'« Internationale » en France et de ses rapports avec les groupements bourgeois** 439
  I. La fondation de l'*Internationale* à Paris.
  II. Son développement et le congrès de Genève.
  III. Les rapports de l'*Internationale* avec la *Ligue de la paix*.
  IV. Les poursuites contre l'*Internationale* à Paris et ses nouvelles tendances.
  V. L'entrée en scène de Bakounine et l'orientation définitive de l'*Internationale*.
  VI. Conclusion.

Chapitre XIV. — **L'opposition républicaine dans la presse et dans les réunions publiques (1868-1870)** 495
  I. Les réunions publiques (leurs tendances politiques et sociales).
  II. La presse à Paris et dans les départements.
  III. L'affaire Baudin.

Chapitre XV. — **Les élections de 1869 à Paris et dans les départements** 532

I. La candidature officielle.
II. La lutte électorale à Paris (les candidatures de Gambetta, Jules Ferry, Jules Favre, Bancel et Thiers).
III. La lutte électorale dans les départements.
IV. Le résultat des élections.
V. Les manifestations du 26 octobre.
VI. Les élections complémentaires et la candidature de Rochefort.

Chapitre XVI. — **L'Empire libéral et la lutte contre l'Empire**. 565
    I. La politique de l'Empire libéral et Émile Ollivier.
    II. Les groupements républicains : la gauche-fermée, la gauche-ouverte, les blanquistes.
    III. L'affaire de Victor Noir et le plébiscite.

Chapitre XVII. — **La Guerre et le 4 Septembre** 594
    I. La guerre et l'attitude des républicains.
    II. Blanqui.
    III. Le 4 Septembre.

Conclusion 609
Annexe au Chapitre I... 615
— au Chapitre III.. 623
— au Chapitre VI.. 625
— au Chapitre VII... 627
— au Chapitre XI.. 630
— au Chapitre XV... 633
Bibliographie.. 639
Index alphabétique des noms cités 647
— des villes... 667
Table des matières.. 673

CHAUMONT. — Typographie et Lithographie CAVANIOL.

www.ingramcontent.com/pod-product-compliance
Lightning Source LLC
Chambersburg PA
CBHW050100230426
43664CB00010B/1392